KOREAN NATIONAL POLICE UNIVERSITY

경찰대학 기출문제

국어

2024~2015

10 개년

연차별 동형 기출문제

인쇄일 2023년 10월 1일 9판 1쇄 인쇄
발행일 2023년 10월 5일 9판 1쇄 발행
등 록 제17-269호
판 권 시스컴2023

ISBN 979-11-6941-198-1 13710
정 가 20,000원

발행처 시스컴 출판사
발행인 송인식
지은이 경찰대학입시연구회

주소 서울시 금천구 가산디지털1로 225, 514호(가산포휴) | **홈페이지** www.nadoogong.com
E-mail siscombooks@naver.com | **전화** 02)866-9311 | **Fax** 02)866-9312

발간 이후 발견된 정오사항은 나두공 홈페이지 도서정오표에서 알려드립니다.(나두공 홈페이지 → 자격증 → 도서정오표)

머리말

경찰대학은 국가치안부문에 종사하는 경찰간부가 될 자에게 학술을 연마하게 하고 심신을 단련시키기 위하여 설립된 국립대학입니다. 경찰대학을 졸업하면 초급 간부인 경위로 임관하여 국가 수호의 주도적인 역할을 하게 됩니다. 즉, 경찰대학에는 졸업과 동시에 취업이 보장된다는 이점이 있기 때문에 해마다 응시 인원이 증가하고 있어 경찰대학의 높은 인기를 실감할 수 있습니다.

그렇다면 경찰대학에 입학하려면 무엇이 가장 중요할까요?

당연한 말이지만 바로 1차 필기시험입니다. 왜냐하면 1차 시험에서 6배수 안에 들어야 그 다음 사정에 응시할 수 있는 기회가 주어지기 때문입니다. 1차 시험을 잘 보기 위해서는 무엇보다도 기출문제를 꼼꼼하게 파악하고 풀어보는 것이 중요합니다. 그래야 실제 시험에서 긴장하지 않고 실수를 최소화할 수 있기 때문입니다. 기출문제 풀이는 모든 시험의 필수적인 요소라고 할 수 있습니다.

이에 본서는 경찰대학 입시에 필수적인 과년도 최신 기출문제를 실어 연도별로 기출문제를 풀어볼 수 있도록 구성하였으며, 정답 및 해설에서 알기 쉽고 자세하게 풀이하였습니다.

본서는 여러분의 합격을 응원합니다!

경찰대학 입학 전형

모집 정원

50명(남녀통합선발)(일반전형 44명, 특별전형 6명)

※학과는 법학과/행정학과 각 25명 정원이며 2학년 진학 시 결정

※일반/특별전형 미충원 시 다른 전형 정원으로 전환함

지원 자격

- 1983. 1. 1부터 2008. 12. 31까지 출생한 대한민국 국적을 가진 자
  ※군복무 기간 1년 미만은 1세, 1년 이상~2년 미만은 2세, 2년 이상은 3세 연장
- 고등학교 졸업자, 2025. 2월 졸업예정자 또는 법령에 따라 이와 같은 수준 이상의 학력이 있다고 인정된 자
  ※인문 · 자연계열 구분 없이 응시 가능
  ※검정고시 응시자는 2024년 12월 31일 이전에 합격한 사람에 한함

결격 사유

- 「경찰공무원법」 제8조 제2항의 결격사유에 해당하는 자
  ※「국적법」 제11조의2 제1항의 복수국적자는 입학 전까지 외국 국적 포기 절차가 완료되어야 함
- 경찰대학 학생모집 시험규칙으로 정한 신체기준(신체 조건과 체력 조건을 말한다)에 미달하는 자
- 위에서 지원 자격으로 제시된 학력, 연령, 국적에 해당하지 않는 자

1차 시험 방법

과목		국어	영어	수학
문항수		45문항	45문항	25문항
시험시간		60분	60분	80분
출제형태		객관식(5지 택일 형태) ※수학은 단답형 주관식 5문항 포함		
배점	전체	100점	100점	100점
	문항	2점, 3점	2점, 3점	3점, 4점, 5점
출제범위		독서, 문학	영어 Ⅰ, 영어 Ⅱ	수학 Ⅰ, 수학 Ⅱ

전형 절차

구 분		내 용	장 소
인터넷 원서접수 (11일간)		■ 대학 홈페이지에 접속하여 원서접수 (대행업체 홈페이지와 링크)	인터넷
1 차 시험	시험	■ 지구(14개) : 서울 · 부산 · 대구 · 인천 · 광주 · 대전 · 경기 · 강원 · 충북 · 전북 · 경남 · 울산 · 제주 · 충남 ※ 지정장소는 원서접수 후 홈페이지 공지 ■ 수험표, 컴퓨터용 사인펜, 수정테이프, 신분증(주민등록증, 학생증, 운전면허증, 여권 등 사진 대조 가능) 휴대	응시지구 지방경찰청 지정장소
	시험문제 이의제기	홈페이지 1차 시험 이의 제기 코너에서 이의 접수	인터넷
	합격자 발표	■ 대학 홈페이지 발표 ■ 원서접수 홈페이지 성적 개별 확인	인터넷
2 차 시험	구비서류 제출	미제출자 불합격 처리	인편 또는 등기우편
	자기소개서 제출	제출 기간 내 원서 접수 대행업체 "자기소개서 업로드"에 작성 완료한 자기소개서 제출(파일 업로드)	인터넷
	신체검사서 제출	경찰공무원 채용 신체검사(약물검사 포함) 가능한 국 · 공립 병원 또는 종합병원에서 개별 수검(검사비용 등 수험생 부담) ※ 미제출자 불합격 처리	인편 또는 등기우편
	체력 · 적성검사, 면접시험	세부 일정은 1차 시험 후 홈페이지 공지 ※ 식비는 수험생 부담	경찰대학
최종 합격자 발표		대학 홈페이지 발표	인터넷
합격자 등록		원서접수 홈페이지에서 입학등록 및 입학등록표 출력	인터넷
1차 추가합격자 발표		원서접수 홈페이지 개별 확인	인터넷
1차 추가합격자 등록		원서접수 홈페이지에서 입학등록 및 입학등록표 출력 ※ 이후 등록포기자 발생 시 개별 통지	인터넷
청람교육 입교		본인이 직접 입교 후 합숙 예정 ※ 미입교 및 퇴교자 발생 시 추가합격 개별 통지	경찰대학

신체 및 체력조건

– 신체조건(남 · 여 공통)

구 분	내 용
체격	국 · 공립병원 또는 종합병원에서 실시한 경찰공무원 채용시험 신체검사 및 약물검사의 결과 건강상태가 양호하고, 직무에 적합한 신체를 가져야 함
시력	시력(교정시력 포함)은 좌 · 우 각각 0.8 이상이어야 함
색각	색각 이상(약도 색약은 제외)이 아니어야 함
청력	정상(좌우 각각 40데시벨(db) 이하의 소리를 들을 수 있는 경우를 말함)이어야 함
혈압	고혈압 또는 저혈압이 아니어야 함 • 고혈압 : 수축기 혈압이 145mmHg을 초과하거나 확장기 혈압이 90mmHg 초과 • 저혈압 : 수축기 혈압이 90mmHg 미만이거나 확장기 혈압이 60mmHg 미만
사시(斜視)	복시(複視 : 겹보임)가 없어야 함(다만, 안과 전문의가 직무수행에 지장이 없다고 진단한 경우는 제외)
문신	내용 및 노출여부에 따라 경찰공무원의 명예를 훼손할 수 있다고 판단되는 문신이 없어야 함

– 순환식 체력검사 기준

채용기준	4분 40초 이하

• 합격 기록: 5분 10초 이하

• 불합격 기록: 5분 10초 초과

채용기준	4.2kg 조끼 착용

• 4.2kg 조끼 미착용 후 평가 실시

• 순환식 체력검사 불합격 시 당일에 한해 2회 추가기회 부여

• 경찰대학 입학생들은 졸업(임용) 전 채용기준으로 「순환식 체력검사」를 통과하여야 함

• 채용기준: 4.2kg 조끼를 착용하고 신체저항성 기구 32kg으로 중량 강화하여 4분 40초 이하 수행

최종 사정(1,000점 만점) 방법

- 1차 시험 성적(20%) : 환산 성적 200점 만점 → 최종사정 환산 성적=(3과목 합계점수)×200/300
- 체력검사 성적(5%) : 환산 성적 50점 만점 → 최종사정 환산 성적=20점+[(평가 원점수)×3/5]
- 면접시험 성적(10%) : 환산 성적 100점 만점 → 최종사정 환산 성적=50점+[(평가 원점수)÷2]

<table>
<tr><th>항 목</th><th>점수(100)</th><th>비고</th></tr>
<tr><td>적성</td><td>40</td><td rowspan="4">■ 평가원점수 100점 만점 기준 60점 미만 불합격
※적성 면접 평가 40점 만점 기준으로 4할(16점) 미만자는 전체 평가 원점수 60점 이상이어도 불합격
■ 생활태도 평가의 감점상한은 최대 10점으로 하고, 감점하는 사유는 면접시험 안내 시 별도로 설명</td></tr>
<tr><td>창의성 · 논리성</td><td>30</td></tr>
<tr><td>집단토론</td><td>30</td></tr>
<tr><td>생활태도</td><td>감점제</td></tr>
</table>

- 학교생활기록부 성적(15%) : 교과 성적 135점, 출석 성적 15점 만점(고등학교 1학년 1학기~3학년 1학기)

교과성적 산출방법

■ 이수단위와 석차등급(9등급)이 기재된 전 과목 반영
■ 산출공식 = 135점 – (5 – 환산평균) × 5
- 환산평균 = (환산총점) ÷ (이수단위 합계)
- 환산총점 = (과목별 단위 수 × 석차등급 환산점수)의 합계
- 학교생활기록부 석차등급 환산점수

석차등급	1등급	2등급	3등급	4등급	5등급	6등급	7등급	8등급	9등급
점 수	5점	4.5점	4점	3.5점	3점	2.5점	2점	1.5점	1점

※ 예체능 교과(우수, 보통, 미흡 3등급 평가) 제외

출석성적 산출방법

1 · 2학년 및 3학년 1학기까지 결석일수를 5개 등급으로 구분

결석일수	1일 미만	1~2일	3~5일	6~9일	10일 이상
점 수	15점	14점	13점	12점	11점

- 무단지각, 조퇴, 결과는 합산하여 3회를 결석 1일로 계산
- 질병 및 기타 인정사항으로 인한 결석, 지각, 조퇴, 결과는 결석일수 계산에서 제외
  ※ 학교생활기록부 출결사항에서 사고(무단)의 경우만 산정

학생부 비적용 대상자

대학수학능력시험 성적에 따라 유사한 성적군의 학교생활기록부 성적과 비교하여 산출한 비교내신 반영
- 고등학교 졸업학력 검정고시 출신인 사람
- 고등학교에서 조기졸업을 하였거나 상급학교 조기입학 자격을 갖춘 사람
- 외국 소재 고등학교에서 과정의 1개 학기 이상을 이수하여 고등학교 1학년 1학기부터 3학년 1학기까지 1개 학기 이상의 학교생활기록부가 없는 사람
- 그 밖에 위에 나열한 사람에 준하는 사유로 고등학교 1학년 1학기부터 3학년 1학기까지 1개 학기 이상의 학교생활기록이 없는 사람
- 석차등급(9등급제)을 적용받지 않은 사람

- 대학수학능력시험 성적(50%) : 국어 · 수학 · 영어 및 탐구 2과목 필수(계열 구분없이 사회 · 과학탐구 영역 중 2과목 선택), 한국사 필수

영 역	합계	국어 · 수학	영어	탐 구	한국사
점 수	500점	각 140점	등급별 환산점수	80점	수능 환산 점수에서 등급별 감점

※ 탐구영역에서 제2외국어 · 직업탐구는 제외(사회탐구 · 과학탐구 대체 불가)

※한국사 : 수능 환산점수에서 등급에 따라 감점 적용

등급	1	2	3	4	5	6	7	8	9
반영점수	0	−0.5	−1	불합격					

구비 서류

1차 시험	■ 대상 : 응시자 전원 ■ 홈페이지에서 대행업체 웹사이트 접속하여 응시원서 접수(수수료 : 25,000원) ■ 인터넷에 게시된 양식에 따라 응시원서 작성 ■ 컬러사진 3.5cm×4.5cm(온라인 응시원서 작성 시 첨부파일로 첨부)
2차 시험	■ 대상 : 1차 시험 합격자 ■ 신원진술서 2부 ■ 개인정보제공동의서 2부 ■ 기본증명서(상세) 1부 ■ 가족관계증명서(상세) 1부 ■ 고등학교 학교생활기록부 2부 (비적용 대상자는 졸업증서나 검정고시 합격증 사본 등을 제출하되 원본은 면접시험 시 지참) ■ 고등학교 개인별 출결 현황 1부(해당자만) ※3학년 기간 중 결석, 지각, 조퇴, 결과 기록이 있는 경우 발생한 학기의 증명을 위해 제출

응시자 유의사항

- 응시자는 경찰대학 홈페이지의 입학안내 게시사항을 확인하고 안내에 따라야 함
- 다음에 해당하는 응시자는 불합격(합격 및 입학 취소) 처리됨
  1. 제출기간 내 구비서류 미제출자
  2. 1차 시험 또는 2차 시험에 결시한 자
  3. 원서 접수 후 지원자격에 부합하지 않은 사실이 확인된 자
  4. 부정행위, 서류의 허위 기재, 위조, 변조, 기타 부정한 방법으로 지원한 자
  5. 신체검사, 체력검사, 면접시험 등 기준 미달자
  6. 국내 또는 외국 소재 고등학교 졸업(예정)자로서 최종 합격한 자 중 2022학년도 학기 개시일 이전 졸업 증명서를 제출하지 않은 자
  7. 사회적 물의 야기 등으로 경찰대학 대학운영위원회에서 합격취소 결정한 자
- 제출한 서류는 반환하지 않음

모집 요강은 추후 변동될 수 있으므로 반드시 경찰대학 홈페이지에서 확인하시기 바랍니다.

순환식 체력검사

구분	합격		불합격
기록	5분 10초 이하		5분 10초 초과
	채용기준	4분 40초 이하	

※ 4.2kg 조끼 미착용 후 평가 실시	채용기준	4.2kg 조끼 착용

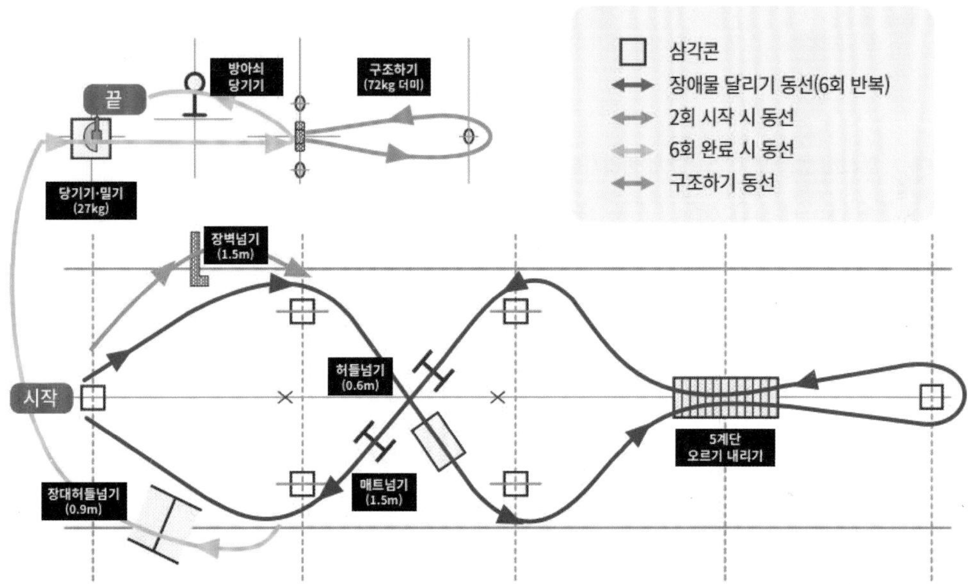

수행방법	
	① [파란선] 매트넘기, 5계단오르내리기, 허들넘기로 구성된 장애물 달리기* 1회 *장애물 달리기: 매트넘기 1회, 5계단오르내리기 2회(왕복), 허들넘기 2회 ② [주황선] 장애물 달리기 2회 시작 시 1.5m 높이 장벽 넘기 ③ [파란선] 장애물 달리기 추가 5회 반복 수행 ④ [노란선] 장대허들(0.9m) 넘기 왕복 3회 ⑤ [노란선] 신체저항성 기구(27kg) 당기기 · 밀기 각 3회 총 6회 채용기준 32kg ⑥ [초록선] 72kg 더미 끌고 반환점 돌아오기(10.7m) ⑦ [노란선] 38권총 방아쇠 당기기(주손 · 반대손 각 16, 15회)

※ 순환식 체력검사 불합격 시 당일에 한해 2회 추가기회 부여

※ 경찰대학 입학생들은 졸업(임용) 전 채용기준으로 「순환식 체력검사」를 통과하여야 함

– 채용기준: 4.2kg 조끼를 착용하고 신체저항성 기구 32kg으로 중량 강화하여 4분 40초 이하 수행

경찰대학 Q&A

Q1 경찰대학의 학과에는 무엇이 있나요?

법학과, 행정학과 총 2개의 학과가 있습니다.

Q2 학과별로 모집하나요?

학과 구분 없이 50명을 모집하며, 2학년 진학 시 학생의 희망에 따라 각 학과별 25명씩 학과를 선택합니다. 특정 학과 지원자가 많을 경우 1학년 성적에 의하여 강제로 나뉠 수 있습니다.

Q3 특성화 고등학교, 검정고시 합격자도 지원할 수 있나요?

특성화 고등학교, 검정고시 합격자 모두 아무 제한 없이 지원할 수 있습니다. 다만, 경찰대학에서 요구하는 대학수학능력시험의 영역을 응시해야 합니다.

Q4 편입학제도가 있나요? 타 대학 수시합격자도 지원할 수 있나요?

2023학년도부터 편입학제도가 실시됩니다.(일반 대학생 25명, 재직경찰관 25명)
※ 경찰대학은 특별법에 의해 설립된 대학으로 복수지원 금지규정에 해당되지 않습니다.

Q5 외국어 특기, 경시대회 입상, 학생회 활동, 봉사활동, 무도 단증 등에 대한 가산점이 있나요?

어떤 종류에 대해서도 가산점을 부여하지 않고 있으며, 아울러 차별이나 감점도 없습니다.

Q6 아버지, 친척 등이 전과자인데, 응시에 제한을 받나요?

연좌제는 법으로 금지되고 있으므로 부모, 형제, 친척의 전과 등으로 인해 본인에게 영향은 없습니다.

Q7 1차 시험은 어디에서 보나요?

1차 시험은 수험생 응시지구의 관할 지방경찰청이 지정하는 장소에서 실시되며 보통 해당 지방경찰청 소재지 내 지정학교에서 시행됩니다. 장소는 원서접수 후 홈페이지에 별도로 공지합니다.

Q8 1차 시험은 어떤 과목을 보나요?

1차 시험 과목은 국어, 영어, 수학입니다. 각각 100점 만점 기준 고득점자 순으로 모집정원(50명)의 6배수를 선발합니다. 커트라인 동점자는 모두 합격처리합니다.

Q9 1차 시험의 시험시간, 출제형태, 난이도 등은 어떻게 되나요?

1차 시험의 시험시간은 국어 60분(45문항), 수학 80분(25문항), 영어 60분(45문항)이고, 객관식(5지 택일 형)이며 수학 과목만 단답형 주관식 5문항이 포함되어 있습니다. 말하기, 듣기 평가는 제외됩니다. 문제의 난이도는 응시자의 수준을 고려하여 출제하므로 일반적인 시험보다 어렵다고 느끼는 학생들이 있으며, 문제 형식은 가급적 수능시험 형태를 유지하는 것을 기본으로 합니다.

Q10 수학능력시험은 최종에 어떤 방법으로 반영하나요?

국어, 수학, 영어 및 탐구 2과목(계열 구분없이 사회 · 과학탐구 영역 중 2과목) 표준점수를 총 500점 만점으로 반영합니다. 국어, 수학은 각 140점 만점으로 반영하고, 영어는 등급별 환산점수로, 탐구는 80점 만점으로 반영합니다. 최종사정 1,000점 만점 중 500점을 반영하므로 50% 반영하는 것입니다.

Q11 내신은 어떤 방법으로 산출 하나요?

내신성적 산출은 학교생활기록부에 기재된 과목별 석차등급(1-9등급)을 반영하여 산출하게 되며 1학년 1학기부터 3학년 1학기까지 5학기를 적용하고 학기별 배점비율은 동일합니다.

Q12 수능시험만 잘 봐도 합격이 가능한가요?

최종합격생 선발 시, 대학수학능력시험 성적은 50%가 반영되므로 수능만 잘 본다고 해서 반드시 합격하는 것은 아닙니다.

이 책의 구성과 특징

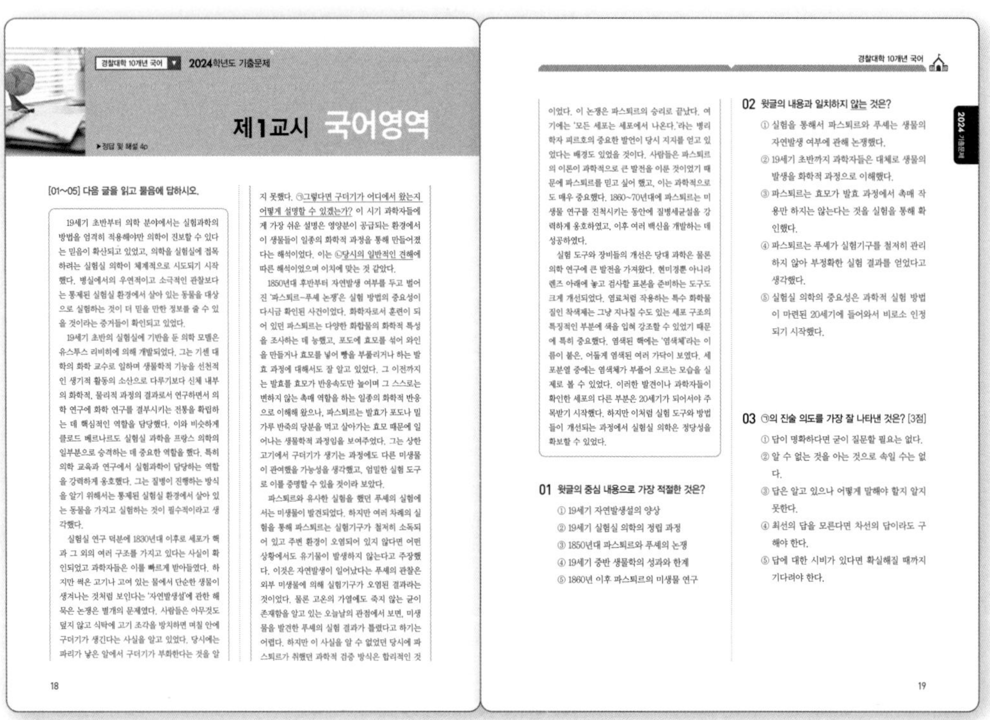

경찰대학 연도별 최신 10개년 기출문제

- 경찰대학 1차 시험 국어영역의 기출문제를 2024학년도부터 2015학년도까지 연도별로 정리하여 수록함으로써 연도별 기출 경향과 출제 방향을 파악할 수 있도록 구성하였습니다.

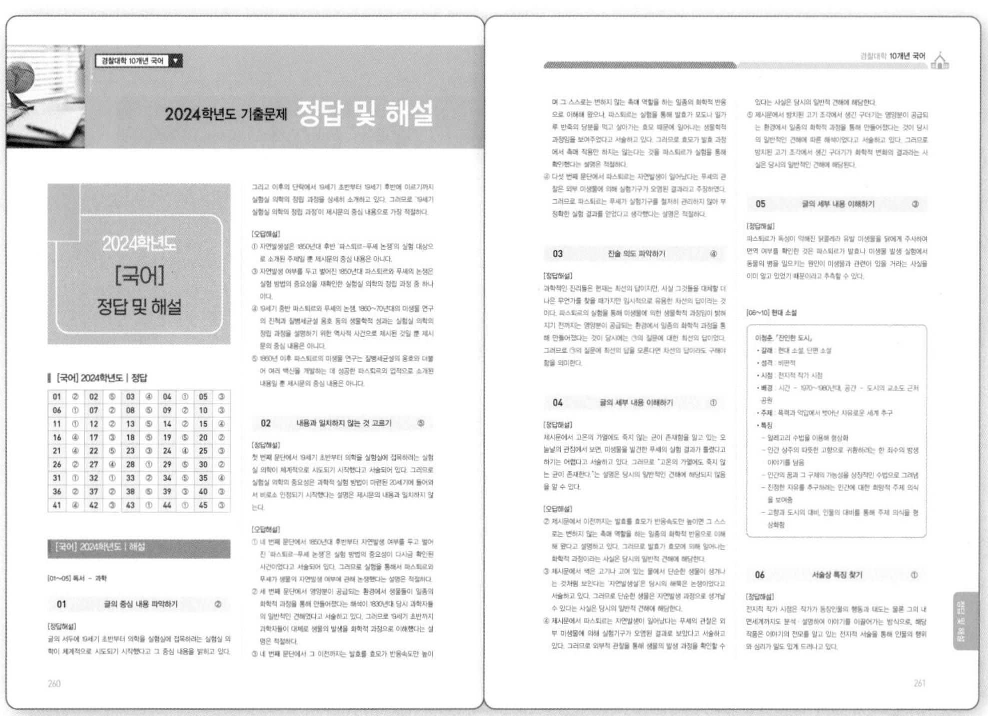

경찰대학 10개년 국어

2024학년도 기출문제 정답 및 해설

2024학년도
[국어]
정답 및 해설

[국어] 2024학년도 | 정답

01	②	02	⑤	03	④	04	①	05	③
06	①	07	②	08	⑤	09	②	10	③
11	①	12	②	13	⑤	14	②	15	④
16	④	17	③	18	⑤	19	⑤	20	②
21	④	22	⑤	23	③	24	④	25	③
26	②	27	④	28	①	29	⑤	30	②
31	①	32	①	33	②	34	⑤	35	④
36	②	37	②	38	⑤	39	③	40	③
41	④	42	③	43	①	44	①	45	③

[국어] 2024학년도 | 해설

[01~05] 독서 - 과학

01 글의 중심 내용 파악하기 ②

[정답해설]
글의 서두에 19세기 초반부터 의학을 실험실에 접목하려는 실험실 의학이 체계적으로 시도되기 시작했다고 그 중심 내용을 밝히고 있다. 그리고 이후의 단락에서 19세기 초반부터 19세기 후반에 이르기까지 실험실 의학의 정립 과정을 상세히 소개하고 있다. 그러므로 '19세기 실험실 의학의 정립 과정'이 제시문의 중심 내용으로 가장 적절하다.

[오답해설]
① 자연발생설은 1850년대 후반 '파스퇴르-푸셰 논쟁'의 실험 대상으로 소개된 주제일 뿐 제시문의 중심 내용은 아니다.
③ 자연발생 여부를 두고 벌어진 1850년대 파스퇴르와 푸셰의 논쟁은 실험 방법의 중요성을 재확인한 실험실 의학의 정립 과정 중 하나이다.
④ 19세기 중반 파스퇴르와 푸셰의 논쟁, 1860~70년대의 미생물 연구의 진척과 질병세균설 옹호 등의 생물학적 성과는 실험실 의학의 정립 과정을 설명하기 위한 역사적 사건으로 제시된 것일 뿐 제시문의 중심 내용은 아니다.
⑤ 1860년 이후 파스퇴르의 미생물 연구는 질병세균설의 옹호와 더불어 여러 백신을 개발하는 데 성공한 파스퇴르의 업적으로 소개된 내용일 뿐 제시문의 중심 내용은 아니다.

02 내용과 일치하지 않는 것 고르기 ⑤

[정답해설]
첫 번째 문단에서 19세기 초반부터 의학을 실험실에 접목하려는 실험실 의학이 체계적으로 시도되기 시작했다고 서술되어 있다. 그러므로 실험실 의학의 중요성은 과학적 실험 방법이 마련된 20세기에 들어와서 비로소 인정되기 시작했다는 설명은 제시문의 내용과 일치하지 않는다.

[오답해설]
① 네 번째 문단에서 1850년대 후반부터 자연발생 여부를 두고 벌어진 '파스퇴르-푸셰 논쟁'은 실험 방법의 중요성이 다시금 확인된 사건이었다고 서술되어 있다. 그러므로 실험을 통해서 파스퇴르와 푸셰가 생물의 자연발생 여부에 관해 논쟁했다는 설명은 적절하다.
② 세 번째 문단에서 영양분이 공급되는 환경에서 생물들이 일종의 화학적 과정을 통해 만들어졌다는 해석이 1830년대 당시 과학자들의 일반적인 견해였다고 서술하고 있다. 그러므로 19세기 초반까지 과학자들이 대체로 생물의 발생을 화학적 과정으로 이해했다는 설명은 적절하다.
③ 네 번째 문단에서 그 이전까지는 발효를 효모가 반응속도만 높이며 그 스스로는 변하지 않는 촉매 역할을 하는 일종의 화학적 반응으로 이해해 왔으나, 파스퇴르는 실험을 통해 발효가 포도나 밀가루 반죽의 당분을 먹고 살아가는 효모 때문에 일어나는 생물학적 과정임을 보여주었다고 서술하고 있다. 그러므로 효모가 발효 과정에서 촉매 작용만 하지는 않는다는 것을 파스퇴르가 실험을 통해 확인했다는 설명은 적절하다.
④ 다섯 번째 문단에서 파스퇴르는 자연발생이 일어났다는 푸셰의 관찰은 외부 미생물에 의해 실험기구가 오염된 결과라고 주장하였다. 그러므로 파스퇴르는 푸셰가 실험기구를 철저히 관리하지 않아 부정확한 실험 결과를 얻었다고 생각했다는 설명은 적절하다.

03 진술 의도 파악하기 ④

[정답해설]
과학적인 진리들은 현재는 최선의 답이지만, 사실 그것들을 대체할 더 나은 무언가를 찾을 때가지만 임시적으로 유용한 차선의 답이라는 것이다. 파스퇴르의 실험을 통해 미생물에 의한 생물학적 과정임이 밝혀지기 전까지는 영양분이 공급되는 환경에서 일종의 화학적 과정을 통해 만들어졌다는 것이 당시에는 ㉠의 질문에 대한 최선의 답이었다. 그러므로 ㉠의 질문에 최선의 답을 모른다면 차선의 답이라도 구해야 함을 의미한다.

04 글의 세부 내용 이해하기 ①

[정답해설]
제시문에서 고온의 가열에도 죽지 않는 균이 존재함을 알고 있는 오늘날의 관점에서 보면, 미생물을 발견한 푸셰의 실험 결과가 틀렸다고 하기는 어렵다고 서술하고 있다. 그러므로 "고온의 가열에도 죽지 않는 균이 존재한다."는 설명은 당시의 일반적인 견해에 해당되지 않음을 알 수 있다.

[오답해설]
② 제시문에서 이전까지는 발효를 효모가 반응속도만 높이면 그 스스로는 변하지 않는 촉매 역할을 하는 일종의 화학적 반응으로 이해해 왔다고 설명하고 있다. 그러므로 발효가 효모에 의해 일어나는 화학적 과정이라는 사실은 당시의 일반적 견해에 해당한다.
③ 제시문에서 썩은 고기나 고여 있는 물에서 단순한 생물이 생겨나는 것처럼 보인다는 '자연발생설'은 당시의 해묵은 논쟁이었다고 서술하고 있다. 그러므로 단순한 생물은 자연발생 과정으로 생겨날 수 있다는 사실은 당시의 일반적 견해에 해당한다.
④ 제시문에서 파스퇴르는 자연발생이 일어났다는 푸셰의 관찰은 외부 미생물에 의해 실험기구가 오염된 결과로 보았다고 서술하고 있다. 그러므로 외부적 관찰을 통해 생물의 발생 과정을 확인할 수 있다는 사실은 당시의 일반적 견해에 해당한다.
⑤ 제시문에서 방치된 고기 조각에서 생긴 구더기는 영양분이 공급되는 환경에서 일종의 화학적 과정을 통해 만들어졌다는 것이 당시의 일반적인 견해에 따른 해석이었다고 서술하고 있다. 그러므로 방치된 고기 조각에서 생긴 구더기가 화학적 변화의 결과라는 사실은 당시의 일반적인 견해에 해당된다.

05 글의 세부 내용 이해하기 ③

[정답해설]
파스퇴르가 독성이 약해진 닭콜레라 유발 미생물을 닭에게 주사하여 면역 여부를 확인한 것은 파스퇴르가 발효나 미생물 발생 실험에서 동물의 병을 일으키는 원인이 미생물과 관련이 있을 거라는 사실을 이미 알고 있었기 때문이라고 추측할 수 있다.

[06~10] 현대 소설

이청준, 「잔인한 도시」
- 갈래 : 현대 소설, 단편 소설
- 성격 : 비판적
- 시점 : 전지적 작가 시점
- 배경 : 시간 - 1970~1980년대, 공간 - 도시의 교소도 근처 공원
- 주제 : 폭력과 억압에서 벗어난 자유로운 세계 추구
- 특징
  - 알레고리 수법을 이용해 형상화
  - 인간 상주의 따뜻한 고향으로 귀환하려는 한 죄수의 방생 이야기를 담음
  - 인간의 꿈과 그 구제의 가능성을 상징적인 수법으로 그려냄
  - 진정한 자유를 추구하려는 인간에 대한 희망적 주제 의식을 보여줌
  - 고향과 도시의 대비, 인물의 대비를 통해 주제 의식을 형상화함

06 서술상 특징 찾기 ①

[정답해설]
전지적 작가 시점은 작가가 등장인물의 행동과 태도는 물론 그의 내면세계까지도 분석·설명하여 이야기를 이끌어가는 방식으로, 해당 작품은 이야기의 전모를 알고 있는 전지적 서술을 통해 인물의 행위와 심리가 밀도 있게 드러나고 있다.

정답 및 해설

260

261

정답 및 해설

- **정답해설** : 각 문항별로 자세하고 알기 쉽게 풀이하여 수험생들이 쉽게 이해할 수 있도록 구성하였습니다.
- **오답해설** : 정답을 아는 것에서 나아가 오답이 오답인 이유를 명백히 이해할 수 있도록 오답에 대한 해설도 함께 수록하였습니다.
- **TIP** : 문제와 관련된 내용을 TIP으로 정리하여 배경지식을 넓힐 수 있도록 구성하였습니다.
- **작품분석** : 작품에 대한 분석을 함께 수록하여 작품을 좀 더 쉽게 이해할 수 있도록 구성하였습니다.

목차

기출문제

2024학년도 | 기출문제 18

2023학년도 | 기출문제 42

2022학년도 | 기출문제 66

2021학년도 | 기출문제 90

2020학년도 | 기출문제 114

2019학년도 | 기출문제 136

2018학년도 | 기출문제 160

2017학년도 | 기출문제 184

2016학년도 | 기출문제 208

2015학년도 | 기출문제 232

정답 및 해설

2024학년도 | 정답해설 260

2023학년도 | 정답해설 272

2022학년도 | 정답해설 284

2021학년도 | 정답해설 295

2020학년도 | 정답해설 305

2019학년도 | 정답해설 315

2018학년도 | 정답해설 324

2017학년도 | 정답해설 338

2016학년도 | 정답해설 348

2015학년도 | 정답해설 355

경찰대학 스터디 플랜

날 짜	연 도	과 목	내 용	학습시간
Day 1~3	2024학년도	• 국어영역 기출문제		
Day 4~6	2023학년도	• 국어영역 기출문제		
Day 7~9	2022학년도	• 국어영역 기출문제		
Day 10~12	2021학년도	• 국어영역 기출문제		
Day 13~15	2020학년도	• 국어영역 기출문제		
Day 16~18	2019학년도	• 국어영역 기출문제		
Day 19~21	2018학년도	• 국어영역 기출문제		
Day 22~24	2017학년도	• 국어영역 기출문제		
Day 25~27	2016학년도	• 국어영역 기출문제		
Day 28~30	2015학년도	• 국어영역 기출문제		

2025
경찰대학
10개년 국어

2024학년도 기출문제

국어영역

제1교시 국어영역

▶정답 및 해설 260p

[01~05] 다음 글을 읽고 물음에 답하시오.

19세기 초반부터 의학 분야에서는 실험과학의 방법을 엄격히 적용해야만 의학이 진보할 수 있다는 믿음이 확산되고 있었고, 의학을 실험실에 접목하려는 실험실 의학이 체계적으로 시도되기 시작했다. 병실에서의 우연적이고 소극적인 관찰보다는 통제된 실험실 환경에서 살아 있는 동물을 대상으로 실험하는 것이 더 믿을 만한 정보를 줄 수 있을 것이라는 증거들이 확인되고 있었다.

19세기 초반의 실험실에 기반을 둔 의학 모델은 유스투스 리비히에 의해 개발되었다. 그는 기센 대학의 화학 교수로 일하며 생물학적 기능을 선천적인 생기적 활동의 소산으로 다루기보다 신체 내부의 화학적, 물리적 과정의 결과로서 연구하면서 의학 연구에 화학 연구를 결부시키는 전통을 확립하는 데 핵심적인 역할을 담당했다. 이와 비슷하게 클로드 베르나르도 실험실 과학을 프랑스 의학의 일부분으로 승격하는 데 중요한 역할을 했다. 특히 의학 교육과 연구에서 실험과학이 담당하는 역할을 강력하게 옹호했다. 그는 질병이 진행하는 방식을 알기 위해서는 통제된 실험실 환경에서 살아 있는 동물을 가지고 실험하는 것이 필수적이라고 생각했다.

실험실 연구 덕분에 1830년대 이후로 세포가 핵과 그 외의 여러 구조를 가지고 있다는 사실이 확인되었고 과학자들은 이를 빠르게 받아들였다. 하지만 썩은 고기나 고여 있는 물에서 단순한 생물이 생겨나는 것처럼 보인다는 '자연발생설'에 관한 해묵은 논쟁은 별개의 문제였다. 사람들은 아무것도 덮지 않고 식탁에 고기 조각을 방치하면 며칠 안에 구더기가 생긴다는 사실을 알고 있었다. 당시에는 파리가 낳은 알에서 구더기가 부화한다는 것을 알지 못했다. ㉠<u>그렇다면 구더기가 어디에서 왔는지 어떻게 설명할 수 있겠는가</u>? 이 시기 과학자들에게 가장 쉬운 설명은 영양분이 공급되는 환경에서 이 생물들이 일종의 화학적 과정을 통해 만들어졌다는 해석이었다. 이는 ㉡<u>당시의 일반적인 견해</u>에 따른 해석이었으며 이치에 맞는 것 같았다.

1850년대 후반부터 자연발생 여부를 두고 벌어진 '파스퇴르–푸셰 논쟁'은 실험 방법의 중요성이 다시금 확인된 사건이었다. 화학자로서 훈련이 되어 있던 파스퇴르는 다양한 화합물의 화학적 특성을 조사하는 데 능했고, 포도에 효모를 섞어 와인을 만들거나 효모를 넣어 빵을 부풀리거나 하는 발효 과정에 대해서도 잘 알고 있었다. 그 이전까지는 발효를 효모가 반응속도만 높이며 그 스스로는 변하지 않는 촉매 역할을 하는 일종의 화학적 반응으로 이해해 왔으나, 파스퇴르는 발효가 포도나 밀가루 반죽의 당분을 먹고 살아가는 효모 때문에 일어나는 생물학적 과정임을 보여주었다. 그는 상한 고기에서 구더기가 생기는 과정에도 다른 미생물이 관여했을 가능성을 생각했고, 엄밀한 실험 도구로 이를 증명할 수 있을 것이라 보았다.

파스퇴르와 유사한 실험을 했던 푸셰의 실험에서는 미생물이 발견되었다. 하지만 여러 차례의 실험을 통해 파스퇴르는 실험기구가 철저히 소독되어 있고 주변 환경이 오염되어 있지 않다면 어떤 상황에서도 유기물이 발생하지 않는다고 주장했다. 이것은 자연발생이 일어났다는 푸셰의 관찰은 외부 미생물에 의해 실험기구가 오염된 결과라는 것이었다. 물론 고온의 가열에도 죽지 않는 균이 존재함을 알고 있는 오늘날의 관점에서 보면, 미생물을 발견한 푸셰의 실험 결과가 틀렸다고 하기는 어렵다. 하지만 이 사실을 알 수 없었던 당시에 파스퇴르가 취했던 과학적 검증 방식은 합리적인 것

이었다. 이 논쟁은 파스퇴르의 승리로 끝났다. 여기에는 '모든 세포는 세포에서 나온다.'라는 병리학자 피르호의 중요한 발언이 당시 지지를 얻고 있었다는 배경도 있었을 것이다. 사람들은 파스퇴르의 이론이 과학적으로 큰 발전을 이룬 것이었기 때문에 파스퇴르를 믿고 싶어 했고, 이는 과학적으로도 매우 중요했다. 1860~70년대에 파스퇴르는 미생물 연구를 진척시키는 동안에 질병세균설을 강력하게 옹호하였고, 이후 여러 백신을 개발하는 데 성공하였다.

실험 도구와 장비들의 개선은 당대 과학은 물론 의학 연구에 큰 발전을 가져왔다. 현미경뿐 아니라 렌즈 아래에 놓고 검사할 표본을 준비하는 도구도 크게 개선되었다. 염료처럼 작용하는 특수 화학물질인 착색제는 그냥 지나칠 수도 있는 세포 구조의 특징적인 부분에 색을 입혀 강조할 수 있었기 때문에 특히 중요했다. 염색된 핵에는 '염색체'라는 이름이 붙은, 어둡게 염색된 여러 가닥이 보였다. 세포분열 중에는 염색체가 부풀어 오르는 모습을 실제로 볼 수 있었다. 이러한 발견이나 과학자들이 확인한 세포의 다른 부분은 20세기가 되어서야 주목받기 시작했다. 하지만 이처럼 실험 도구와 방법들이 개선되는 과정에서 실험실 의학은 정당성을 확보할 수 있었다.

01 윗글의 중심 내용으로 가장 적절한 것은?

① 19세기 자연발생설의 양상
② 19세기 실험실 의학의 정립 과정
③ 1850년대 파스퇴르와 푸셰의 논쟁
④ 19세기 중반 생물학의 성과와 한계
⑤ 1860년 이후 파스퇴르의 미생물 연구

02 윗글의 내용과 일치하지 않는 것은?

① 실험을 통해서 파스퇴르와 푸셰는 생물의 자연발생 여부에 관해 논쟁했다.
② 19세기 초반까지 과학자들은 대체로 생물의 발생을 화학적 과정으로 이해했다.
③ 파스퇴르는 효모가 발효 과정에서 촉매 작용만 하지는 않는다는 것을 실험을 통해 확인했다.
④ 파스퇴르는 푸셰가 실험기구를 철저히 관리하지 않아 부정확한 실험 결과를 얻었다고 생각했다.
⑤ 실험실 의학의 중요성은 과학적 실험 방법이 마련된 20세기에 들어와서 비로소 인정되기 시작했다.

03 ㉠의 진술 의도를 가장 잘 나타낸 것은? [3점]

① 답이 명확하다면 굳이 질문할 필요는 없다.
② 알 수 없는 것을 아는 것으로 속일 수는 없다.
③ 답은 알고 있으나 어떻게 말해야 할지 알지 못한다.
④ 최선의 답을 모른다면 차선의 답이라도 구해야 한다.
⑤ 답에 대한 시비가 있다면 확실해질 때까지 기다려야 한다.

04 ㉡에 해당하지 않는 것은?

① 고온의 가열에도 죽지 않는 균이 존재한다.
② 발효는 효모에 의해 일어나는 화학적 과정이다.
③ 단순한 생물은 자연발생 과정으로 생겨날 수 있다.
④ 외부적 관찰을 통해 생물의 발생 과정을 확인할 수 있다.
⑤ 방치된 고기 조각에서 생긴 구더기는 화학적 변화의 결과이다.

05 윗글을 바탕으로 〈보기〉를 이해한 내용으로 가장 적절한 것은?

〈보기〉

1879년에 파스퇴르는 우연한 일로 독성이 약해진 닭콜레라 유발 미생물을 닭에게 주사하여 면역 여부를 확인하게 되었는데, 닭이 콜레라에 걸리지 않았을뿐더러 면역이 생기기도 했음을 확인했다. 이를 바탕으로 그는 양이나 소와 같은 가축에 생기는 탄저병에 관한 백신도 만들었고, 많은 사람들 앞에서 행한 공개실험을 통해 그 효과를 증명하기도 하였다. 즉, 백신을 주사한 양과 주사하지 않은 양에게 탄저균을 주입하여, 백신을 맞지 않은 양들은 거의 죽어가고 백신을 맞은 양들은 한 마리도 죽지 않은 것을 사람들에게 보인 것이다.

① 파스퇴르가 닭콜레라를 치료하는 데 백신을 사용한 까닭은 소독이 병균 억제에 중요했기 때문이겠군.
② 파스퇴르가 백신 개발에 성공한 것은 푸셰와의 논쟁에 사용했던 실험 방법을 그대로 따랐기 때문이겠군.
③ 파스퇴르는 발효나 미생물 발생 실험에서 이미 알고 있었기에 동물의 병을 일으키는 원인을 미생물과 관련지어 생각했겠군.
④ 파스퇴르는 같은 실험에서도 다른 결과가 생길 수 있다는 것을 알고 있었기에 백신의 발견에서도 우연에 의존했겠군.
⑤ 파스퇴르가 백신의 효과를 공개실험을 통해 확인하려 한 것은 실험실 연구로는 확실한 성과를 얻을 수 없었기 때문이겠군.

[06~10] 다음 글을 읽고 물음에 답하시오.

변화 없던 사내의 얼굴에 비로소 어떤 심상찮은 표정이 떠오른 것은 그가 그 2백여 미터 남짓한 교도소 길목을 빠져나와 공원 입구께에까지 닿았을 때였다.

—새들은 하늘과 숲이 그립습니다.

공원 입구의 오른쪽으로 한 작은 가겟집이 비켜 앉아 있고, 그 가겟집 부근의 벚나무 가지들에 크고 작은 새장들이 줄줄이 매달려 있었다. 그리고 그 벚나무 가지들 중의 몇 곳에 그런 비슷한 광고 문구가 씌어진 현수막이 이리저리 내걸려 있었다.

—새들에게 날 자유를 베풉시다.

—자비로운 방생은 당신의 자유로 보답받게 됩니다.

새장의 새를 사서 제 보금자리로 날려 보내게 해 주는 이른바 방생의 집이었다.

사내는 비로소 긴 망각의 골목을 벗어져 나온 듯 거기서 문득 발길을 머물러 섰다. 그리고는 ㉠ <u>어떤 깊은 반가움과 안도감에 젖으며 고개를 두어 번 끄덕여 댔다.</u> 사내의 그 마르고 지친 얼굴 위로는 잠시 어떤 희미한 미소 같은 것이 솟아 번지기까지 하였다.

(가) 사내는 이윽고 다시 고개를 돌려 그가 걸어 나온 교도소 길목을 조심스럽게 한번 건너다보고 나서 그 방생의 집 쪽으로 길을 건너갔다.

마침 그때 그 길 건너 가겟집에서는 공원을 찾아온 중년의 사내 한 사람이 흥정을 한 건 끝내 가던 참이었다.

"이제 선생님께선 이 녀석에게 하늘과 숲을 마음껏 날 날개를 주신 겁니다. 그건 바로 이 녀석의 자유지요. 그리고 선생님께서 이 녀석의 자유를 사신 것은 바로 선생님 자신의 자유를 사신 것입니다……"

[중략 부분 줄거리] '방생의 집' 주인이 방생에 쓰일 새들의 날개에 상처를 입혀 새들이 멀리 날지 못하게 하여, 방생된 새들을 다시 수거하고서 장사에 재사용한다는 사실이 '사내'에 의해 밝혀진다. '사내'는 상처 입은 새를 구하여 고향을 향하는 길에 나선다.

"그래 어쨌거나 우리가 녀석을 떠나온 건 백 번 천 번 잘한 일이었을 게다. 게다가 이제부터 도시엔 겨울 추위가 몰아닥치게 되거든. 너 같은 건 절대로 그 도시의 추위를 견디지 못한다. 작자도 아마 그걸 알았을 게다. 글쎄, 네놈도 그 작자가 암말 못하고 멍청하게 날 바라보고만 있는 꼴을 봐뒀겠지. 내가 네놈을 데리고 떠나려 할 때…… 아, 그야 나도 물론 작자한테 그만한 값을 치르긴 했지만 말이다."

맞은편 산굽이께로부터 도시를 향해 길을 거꾸로 들어가고 있는 사람들의 한 패가 사내의 곁을 시끌적하게 떠들고 지나갔다.

㉡사내는 잠시 말을 끊고 그 도시로 들어가는 사람들의 일행을 스쳐 보냈다. 그리고 그들의 말소리가 등 뒤로 멀리 사라져 간 다음 다시 말하기 시작했다.

"마지막 반 해분만이라도 내 그 노역의 품삯을 한사코 주머니 속에 깊이 아껴 뒀던 게 천만다행이었지. 널 데려올 수 있었던 건 순전히 그 돈 덕분인 줄이나 알아라. 하기야 그건 내가 정말로 집엘 닿는 날까지 기어코 안 쓰고 지니려던 거였지만…… 하지만 난 후회 않는다. 암 후회하지 않구말구. 그까짓 돈이야 몇 푼이나 된다구…… 이런 몰골을 하고 빈손으로 고향 길을 찾기는 좀 뭣할지 모르지만, 그런다구 어디 사람까지 변했나…… 아니, 아니 내 아들 녀석도 물론 그런 놈은 아니구."

㉢사내는 제풀에 고개를 한번 세차게 흔들었다.

가슴속 녀석이 응답을 해 오듯 발가락을 몇 차례 꼼지락거렸다. 그 바람에 잠시 발길을 멈추고 녀석 의 발짓을 느끼고 있던 사내의 얼굴에 만족스런 웃음기가 번지고 있었다.

"그래, 어쨌든 잘했지. 떠나온 건 잘했어."

사내는 다시 발길을 떼 옮기며 말하기 시작했다.

"녀석도 아마 잘했다고 할 거야. 글쎄, 이렇게 내가 제 발로 녀석을 찾아 나섰기가 망정이지 하마터면 우리도 거기서 겨울을 지낼 뻔했질 않았나 말이다."

그리고 ㉣사내는 뭔가 더욱 은밀하고 소중스런 자신만의 비밀을 즐기듯 몽롱스런 눈길로 중얼거림을 이어갔다.

"너도 곧 알게 될 게다. 우리가 함께 남쪽으로 길을 나서길 얼마나 잘했는가를 말이다. 남쪽은 북쪽하곤 훨씬 다르다. 겨울에도 대숲이 푸른 곳이니까. 넌 아마 대숲이 있는 곳이면 겨울도 그만일 테지. 내 너를 그런 대숲이 있는 곳으로 데려다 줄 테다. 녀석의 집 뒤꼍에도 그런 대숲은 얼마든지 많을 테니까. 암 대숲이야 많구말구…… 넌 그럼 그 대숲으로 가거라. 그리고 거기서 겨울을 나려무나……."

사내의 얼굴은 이제 황홀한 꿈속을 헤매고 있는 사람의 그것처럼 밝고 행복하게 빛나고 있었다.

그는 계속 걸으면서 중얼댔다.

"넌 아마 그래야 할 게다. 가엾게도 작은 것이 날개를 너무 상했으니까. 이 겨울은 그 대숲에서 날개가 다시 길어 나기를 기다려야 할 게야. 내년에 다시 날이 풀리면 네 하늘을 맘껏 날 수가 있을 때까진 말이다. 그야 너만 좋다면 녀석의 집에서 이 겨울을 너와 함께 지내줄 수도 있지만, 그건 아무래도 네 맘은 아닐 테니까……"

석양의 햇발이 점점 더 풀기를 잃어 갔다.

ⓜ구불구불 남쪽으로 뻗어 나가고 있는 하얀 신작로 길도 먼 곳에서부터 차츰 윤곽이 아득히 흐려져 가고 있었다.

하지만 사내에겐 아직도 한줄기 햇볕이 등줄기에 그토록 따스할 수가 없었다. 그리고 그 한줄기 햇살이 꺼지지 않는 한 그의 눈앞에서 남쪽으로 뻗어 나가고 있는 좁은 신작로 길이 그토록 따뜻하고 맑게 빛나고 있을 수가 없었다. 그건 차라리 사내의 가슴속을 끝없이 비춰주는 영혼의 빛줄기와도 같았다.

– 이청준, 「잔인한 도시」

06 윗글의 서술상 특징으로 가장 적절한 것은?

① 이야기의 전모를 알고 있는 전지적 서술을 통해 인물의 행위와 심리가 밀도 있게 드러나고 있다.
② 동시에 벌어진 일들을 교차시켜 편집한 장면의 제시를 통해 이야기의 구성이 다각화되고 있다.
③ 이념에 대한 대조적 입장의 병치를 통해 인물들의 생각이 대립적 국면으로 극화되고 있다.
④ 인물로 등장한 서술자의 개입을 통해 주인공이 직면한 문제 상황이 해소되고 있다.
⑤ 인물의 행위에 대한 객관적 서술을 통해 갈등 양상에 대한 판단이 유보되고 있다.

07 (가)의 서사적 기능에 대한 설명으로 가장 적절한 것은?

① 변화된 시간적 배경이 제시되어 사건의 개연성이 부각된다.
② 인물이 처한 상황의 변화가 대비되어 사건의 계기가 형성된다.
③ 일상에 변화를 주는 행위가 묘사되어 사건의 반전이 이루어진다.
④ 인물의 감정이 변화된 정황이 드러나서 사건의 위기감이 고조된다.
⑤ 공간적 배경의 변화된 분위기가 조성되어 사건 해결의 실마리가 생긴다.

08 [녀석]에 대한 이해로 적절하지 않은 것은?

① '사내'의 연민을 부르는 대상이다.
② '사내'에게서 특별한 의미를 부여받은 대상이다.
③ '사내'가 몸의 감각을 통해 느낄 수 있는 대상이다.
④ '사내'로 하여금 마음의 위로를 얻게 하는 대상이다.
⑤ '사내'가 재회의 기대를 이루어 반가워하는 대상이다.

09 **문맥을 고려할 때, ㉠~㉤에 대한 이해로 적절하지 않은 것은?**

① ㉠: 자신이 바라는 어떤 것을 마주쳤음을 짐작하게 하는 행위가 나타난다.

② ㉡: 지향하는 가치관이 상반된 이들의 간섭으로 자신의 여정이 방해받고 있는 장면이 연출된다.

③ ㉢: 자신의 선택에 대해 잠시 들었던 의구심을 떨쳐 내려는 모습이 나타난다.

④ ㉣: 자신만의 생각에 몰입해 가는 정황이 드러난다.

⑤ ㉤: 시간의 변화로 대상의 속성이 약화되는 상황에 대한 의미가 부여되는 문맥이 형성된다.

10 **〈보기〉를 바탕으로 하여 윗글을 감상한 내용으로 적절하지 않은 것은?** [3점]

〈보기〉

「잔인한 도시」는 도시가 주요 인물처럼 설정된 소설이다. 수감 생활의 억압된 처지를 벗어난 자유로운 새 삶에 대한 염원을 새의 방생을 통해 기원하는 선한 의지가, 방생을 부당한 돈벌이 수단으로 악용하는 '잔인한 인간'에게 배신당하였음을 깨달은 '사내'는 도시를 떠나 고향을 향하는 길에 나선다. 이 길은 '잔인한 도시'에 대적하여 투쟁하는 수행에 수렴되는 것이라 해도 좋다. 다만 그 싸움의 승패를 섣불리 확신하기 어려운 것은, 대적의 상대가 현대 사회의 강력한 구조적 문제의 거점인 '도시'인 까닭이다.

① '교도소 길목'에서 '방생의 집'으로 향하는 '사내'의 심정은 자유로운 삶에 대한 염원을 기원하려는 선한 의지에 맞닿아 있겠군.

② '너 같은 건' '도시의 추위를 견디지 못한다'고 '새'에게 이르는 것을 보면, '방생의 집'으로 대변된 도시의 잔인한 이면에 대한 방증을 상처 입은 '새'의 처지를 보고 짐작할 수 있겠군.

③ '사내'가 자기 판단이 '잘한 일'이라고 말하는 장면에서 도시에 대적한 투쟁의 성공에 대한 확신과 의구심의 혼재가 '새'의 상태에서 비롯한 것임을 확인할 수 있겠군.

④ '겨울에도 대숲이 푸른 곳'은 '새'에게 상처를 준 '잔인한 도시'와는 달리 '새'의 상처를 치유할 수 있는 환경이라고 할 수 있겠군.

⑤ '사내'의 남행 길을 비추는 '한 줄기 햇볕'이 '영혼의 빛줄기'와 같다고 한 것을 보면, 도시를 떠나 고향을 향해 나선 '사내'의 새로운 삶에 대한 염원을 엿볼 수 있겠군.

[11~15] 다음 글을 읽고 물음에 답하시오.

(가)
어느 집에나 ㉠문이 있다
우리 집의 문 또한 그렇지만
어느 집의 문이나
문이 크다고 해서 반드시
잘 열리고 닫힌다는 보장이 없듯

문은 열려 있다고 해서
언제나 열려 있지 않고
닫혀 있다고 해서
언제나 닫혀 있지 않다

어느 집에나 문이 있다
어느 집의 문이나 그러나
문이라고 해서 모두 닫히고 열리리라는
확증이 없듯

문이라고 해서 반드시
열리기도 하고 또 닫히기도 하지 않고
또 두드린다고 해서 열리지 않는다

어느 집에나 문이 있다
어느 집이나 문은
담이나 벽을 뚫고 들어가
담이나 벽과는 다른 모양으로
자리 잡는다

담이나 벽을 뚫고 들어가
담이나 벽과 다른 모양으로
자리 잡기는 잡았지만
담이나 벽이 되지 말라는 법이나
담이나 벽보다 더 든든한
문이 되지 말라는 법은 없다

– 오규원, 「문」

(나)
㉡유리에 차고 슬픈 것이 어른거린다.
열없이 붙어 서서 입김을 흐리우니
길들은 양 언 날개를 파닥거린다.
지우고 보고 지우고 보아도
새까만 밤이 밀려 나가고 밀려와 부딪히고,
물 먹은 별이, 반짝, 보석처럼 박힌다.
밤에 홀로 유리를 닦는 것은
외로운 황홀한 심사이어니,
고운 폐혈관이 찢어진 채로
아아 너는 산새처럼 날아갔구나!

– 정지용, 「유리창 1」

11 (가), (나)에 대한 설명으로 가장 적절한 것은?

① (가)와 달리 (나)는 화자의 행동과 관련한 감각적 경험 내용이 직접 표현되고 있다.
② (가)는 (나)와 달리 현실과 환상을 함께 경험하는 화자가 모순된 감정을 느끼고 있다.
③ (가), (나) 어디에도 시적 대상에 대한 화자의 태도가 드러나지 않는다.
④ (가), (나)는 각기 상징적 표상을 사용하여 대상에 대한 통념을 비판한다.
⑤ (가), (나) 모두 작품 전반에 걸쳐 구조적인 반복과 병치를 사용함으로써 리듬을 형성한다.

12 (가)에 대한 감상으로 적절하지 않은 것은? [3점]

① 대상이 '우리 집'에서 '어느 집'으로 확대되어 가면서 시인의 인식도 확장되고 있군.
② 하루하루 살아가는 과정에서 깨닫게 된 삶의 무상함이 상징적 시어들을 통해 표현되고 있어.
③ 각각의 개인이 각각의 '집'이라 생각한다면 '문'이나 '담', '벽' 등은 사람들 사이의 다양한 소통 관계를 뜻한다고 할 수 있겠군.
④ 일상에서는 쉽게 놓칠 수 있는 대상의 여러 특징들을 성찰을 통해 발견하면서 대상의 의미에 대한 새로운 접근을 시도하고 있군.
⑤ 대상과 관련한 다양한 상황들을 제시하면서 그것의 의미들을 단정적으로 말하지 않는 것은 독자들이 직접 생각해 보게 하려는 까닭인 것 같아.

13 (가)의 주제와 가장 유사한 발상을 보여 주는 진술은?

① 우리 모두는 저마다 웃는 표정이 다르다.

② 어린아이의 웃음은 어른의 웃음보다 밝고 깨끗하다.

③ 어제는 모두가 웃고 있었지만, 오늘은 아무도 웃지 않는다.

④ 내가 보이는 웃음은 내 마음이 기쁘다는 것을 나타내는 표현이다.

⑤ 웃음이 선의를 나타낸다고 하지만, 그것은 어색함일 수도, 위선일 수도 있다.

14 (나)에 대한 이해로 적절하지 않은 것은?

① '차고 슬픈 것'에는 화자의 내면 심리가 투영되어 있다.

② '길들은 양 언 날개'는 시적 대상이 화자를 불러내었음을 보여준다.

③ 쉼표 전후에 배치한 '반짝'은 슬픔의 승화를 함축한다.

④ '고운 폐혈관이 찢어진 채'는 작품의 창작 배경을 암시한다.

⑤ '날아갔구나!'는 화자가 새삼 현실을 자각하게 되었음을 드러낸다.

15 ㉠, ㉡에 대한 설명으로 가장 적절한 것은?

① 각 시의 화자는 ㉠, ㉡을 통해 외부와 소통하고 있다.

② 각 시의 화자는 ㉠, ㉡에 대해 탐구적인 태도를 취한다.

③ 각 시의 화자는 ㉠, ㉡의 실체가 확인되자 절망하고 만다.

④ 각 시의 화자는 ㉠, ㉡을 가변적 속성을 지닌 것으로 인식한다.

⑤ 각 시의 화자에게 ㉠, ㉡과의 관계 형성은 중요한 과제이다.

[16~20] 다음 글을 읽고 물음에 답하시오.

(가)

인간이 공간에 존재한다는 것은 어느 사물이 그릇 속에 존재하는 것과는 의미가 다르다. 인간은 사물들 중의 하나가 아니라 주변 세계와 관계를 맺는 주체이며 그런 의미에서 인간은 ㉠지향성이라는 특징으로 설명되어야 한다. 사람들은 그저 세상에 던져져 주어진 자리에 머무른 채 살지는 않는다. 어떤 필요에 따라 사물들을 이용하거나 대상에 대해 어떤 감각이나 느낌을 가지고 상호 작용하며 이리저리 생각하면서 어떤 일을 해 나가는데, 이러한 과정에서 필요한 수행의 영역이 인간 삶의 공간에 상응한다. 이 공간은 수행의 진전 여하에 따라 확장되거나 축소될 수 있고 다른 양태로 변경될 수도 있다.

공간은 인간 존재의 지향에 따라 의미를 얻는다. 인간은 공간 속 '어딘가에', 즉 특정한 위치에 존재한다. 인간이 어느 곳에 처해 있는 방식은, 그가 우연히 '어딘가에' 버려졌다고 느끼는지 아니면 바로 그 곳이 자신에게 속해 있고 자신과 한 몸처럼 묶여 있다고 느끼는지에 따라 각기 다를 수 있다. 인간은 공간에 버려진 듯이 느낄 수도 있고 공간에서 안도감을 느낄 수도 있다. 또 공간과 일체감을 느끼기도 하고 공간을 낯설게 여기기도 한다. 이것이 인간이 처한 공간에서 공간과 맺는 관계의 변화 양상이다.

하이데거는 인간 실존이 세계에 던져져 있는 상태에 대해 얘기한다. 던져진 상태는 인간이 그의 의지와 무관하게, 혹은 그의 의지에 반하여 낯선 세계 안에 들어있음을 말한다. 이처럼 생각지도 않은 자리에 있는 인간은 무의미한 존재이기 때문에 그 상태에서 벗어나 삶의 영역에 상응하는 세계의 지평을 넓히려고 도모하는데, 이를 '존재의 기획'이라 한다. 이러한 기획을 성공적으로 수행하지 못할 경우, 인간은 던져진 상태에서 벗어나지 못하는 것이다. 이는 실제로 고향을 잃어버리고 뿌리가 뽑혀 나간 우리 시대의 인간이 공간과 맺고 있는 관계를 정확하게 본 모습이다. 이 모습은 인간과 공간의 관계에서 무엇인가 중요한 것이 결여된 경우에 나타나는 현대인의 특징이다.

(나)

사람들이 장소를 경험할 때는 보통 긴밀한 애착, 즉 친밀감이 생긴다. 친밀감은 특정 장소에서 '여기'를 알게 되는 과정의 일부이다. 우리가 장소에 내린 뿌리는 바로 이 애착으로 구성된 것이며, 이 애착이 포괄하고 있는 친밀감은 단지 장소에 대해 세부적인 것까지 알고 있는 것만이 아니라 그 장소에 대한 깊은 배려와 관심이다. 장소에 애착을 갖게 되고 그 장소와 깊은 유대를 가진다는 것은 인간의 중요한 욕구이다.

㉡<u>한 장소에 뿌리를 내린다는 것</u>은 세상을 내다보는 안전지대를 가지는 것이며, 사물의 질서 속에서 자신의 입장을 확고하게 파악하는 것이며, 특정한 어딘가에 의미 있는 심리적 애착을 가지는 것이다. 우리가 애착을 가지는 장소들은 그 속에 우리의 복잡다단한 경험이 있으며 복잡한 애정과 반응을 불러일으키는 환경이다. 그러나 장소를 소중히 여긴다는 것은 과거의 어떤 경험과 미래에 대한 기대 때문에 가지는 관심 이상이다. 실제로 어떤 장소에 대한 전적인 관심, 사람이 할 수 있는 어느 것 못지않은 심오한 관심이 거기에 있다. 소중히 한다는 것은 인간이 세계와 맺는 관계의 기초이기 때문이다.

그런 헌신과 책임에는 하이데거가 '아낌'이라고 부른 것이 포함된다. 즉, 아낌이란 사물, 여기서는 장소를, 그것이 존재하는 방식 그대로 두는 것이다. 예컨대 장소를 무리하게 인간의 의지에 복종시키려 하지 않으면서 건물을 세우거나 농사를 지음으로써 장소를 돌보는 것이 온당한 자세이다.

16 (가)의 내용에 부합하는 것은?

① 공간의 의미를 규정하는 유일한 기준은 인간과 공간의 일체감이다.
② 던져진 자리에 머무르는 행위는 사람들이 존재의 기획을 위한 주요 전략이다.
③ 어떤 곳에 묶여 있다고 느끼는 감각은 인간과 공간의 관계에 대한 올바른 이해를 방해한다.
④ 공간을 고정된 사물로 보는 것은 인간과 공간의 관계에 대한 논의의 전제로 적절하지 않다.
⑤ 인간이 특정한 공간에 부여한 의미에는 상황이나 조건의 변화에도 유지되는 불변의 자질이 있다.

17 (나)의 논지 전개 방식에 대한 설명으로 가장 적절한 것은?

① 기존 논의의 한계를 지적하며 새로운 논점을 제시하고 있다.
② 다른 학자의 견해를 제시하여 여러 해석의 가능성을 보이고 있다.
③ 용어의 개념적 이해를 바탕으로 논의의 논리적 맥락을 형성하고 있다.
④ 개념이 잘못 적용된 사례를 들고 이를 바로잡는 과정을 제시하여 설득력을 높이고 있다.
⑤ 난해한 표현을 대체할 일상적 표현을 제안한 뒤 둘의 공통점과 차이점을 해설하고 있다.

18 ㉠에 주목하여 추론한 생각으로 가장 적절한 것은? [3점]

① 인간이 사물과 관계를 맺는 방식은 ㉠을 배제할 때 가능해진다.

② 인간이 고정불변의 사물로 규정된다는 것은 ㉠을 전제로 할 때 타당하다.

③ 인간이 필요에 따라 사물을 이용할 때 이미 ㉠의 방향은 결정된 상태이다.

④ 인간이 사물과 구별되는 속성은 ㉠과 무관하게 선험적으로 부여받은 것이다.

⑤ 인간의 존재 방식과 사물의 존재 방식의 다른 점은 공간과 연관될 때 ㉠의 자질이 나타나는지 여부이다.

19 ㉡에 대한 이해로 적절하지 <u>않은</u> 것은?

① 인간이 세계에서 입지를 확고하게 할 수 있는 행위이다.

② 인간이 장소에 대해 친밀감을 가지려는 적극적인 행위이다.

③ 인간이 복잡다단한 삶을 이어갈 환경을 마련하는 행위이다.

④ 인간이 세계를 경험할 때 자신을 보호해 줄 영역을 확보하는 행위이다.

⑤ 인간이 과거 경험을 통해 미래의 장소에 대해 세부적인 것까지 알게 되는 행위이다.

20 윗글을 바탕으로 〈보기〉를 이해한 내용으로 적절하지 <u>않은</u> 것은?

〈보기〉

집은 건축물로서의 의미를 넘어, 생활 공동체의 근거지라는 가치를 함의한다. 가족들에게 집이란 거주의 공간이면서, 가족 구성원들에게 안정성을 보장하는 영역이다. 안정성이란 스스로의 의지에 따라 지속적으로 정착할 수 있는 가능성에서 비롯된다. 정착이 특정한 공간을 점유하는 것을 의미한다는 점을 고려할 때, 정착을 통해 집은 물리적 공간에서 개인적 · 심리적 가치를 지닌 곳으로 바뀔 수 있다.

외부 세계의 위협으로부터 보호와 안락을 제공하는 안식처로서의 집은, 가족들에게 자신들만의 고유한 가치를 부여한다. 일상생활을 함께 영위하면서 구성원들은 각자의 방식으로 외부 세계를 고찰하고 해석한다. 이 과정에서 발생하는 구성원들 간의 동질감은 생활 공동체를 유지하는 원동력으로 작용한다. 이때 집은 구성원들의 유대 관계를 형성하는 심리적 터전의 의미를 지닌다. 따라서 가족들이 집에 함께 머무는 것은 결속을 강화하여 외부 세계의 위협에 맞설 수 있는 계기가 된다.

① 집을 단순한 건축물이 아니라 공동체적 의미를 지닌 것이라 한 얘기는, 인간과 공간의 관계에 관한 생각을 드러내는군.

② 특정한 공간을 점유하는 인간과 공간의 관계는 공간을 돌보는 동시에 인간 자신의 의지에 복종시키는 현대인의 이중성을 드러내는군.

③ 정착을 통해 집의 가치가 물리적 차원에서 다른 차원으로 변환될 수 있다는 것은, 공간이 일정한 양태로 환원되지 않는다는 점을 방증하는군.

④ 집이 구성원들을 어우러지게 하는 심리적 터전이라고 보는 것은 인간이 특정한 장소에 심리적 애착을 가지는 성향이 있다는 견해와 부합하는 면이 있군.

⑤ 가족들이 집에 함께 머무는 것이 결속을 강화하여 외부 세계의 위협에 맞설 수 있는 계기가 된다고 하니, 어딘가에 거주하는 것이 안전지대를 얻고 자기 입장을 확고하게 파악하는 계기가 된다는 점을 이해할 수 있군.

[21~25] 다음 글을 읽고 물음에 답하시오.

서로 영향을 주고받는 상황에서 상대방의 행동을 고려하여 자신의 행동을 결정하는 것을 전략적 행동이라 한다. 게임이론은 이러한 '전략적 행동'을 연구하는데, 경제학에서 상호작용이 중요하게 작용하는 과점기업들의 경쟁을 설명하는 이론으로 활용된다. 현실에서 접하는 여러 경제 문제가 이 게임과 비슷한 구조를 지니고 있기 때문이다. 완전경쟁시장이나 독점시장의 분석에는 게임이론을 적용할 필요가 없다. 완전경쟁시장에서 각 기업의 규모는 시장 전체에 비해 매우 작아서 기업끼리의 상호작용은 중요하지 않으며, 독점시장에서는 기업이 하나뿐이어서 상호작용이라는 것이 가능하지 않기 때문이다. ㉠

게임이론에서 자주 인용되는 죄수의 딜레마 게임을 살펴보자. 명백하게 징역 1년 형 정도의 범죄를 저지른 두 사람이 체포되었다. 이에 더해 이들은 이보다 더 중대한 범죄를 저질렀을 것이라는 혐의를 받고 있었다. 그 혐의를 입증하는 방법의 하나로 두 사람의 자백을 받아 내기 위해 각각 격리된 채 조사를 받게 되었다. 중대 범죄를 시인하고 다른 사람을 주범이라 증언하면 수사에 협조한 대가로 석방되고 그 주범만 징역 20년 형을 받을 것이지만, 둘 다 시인하면 공범으로 8년 형씩 받을 것이라는 제안에 둘은 어떤 전략적 행동을 할까? 두 사람은 각각 자백과 침묵 중 하나를 선택할 수 있으므로 경우의 수는 네 가지로 한정된다. 이들이 받을 형량은 자신의 선택뿐만 아니라 상대방의 선택에도 달려 있다. 둘 다 자백하지 않는 것이 더 좋은 결과를 낳지만, 상대방이 자백할 것을 두려워하여 둘 다 자백하게 된다. ㉡

게임이론의 핵심 개념은 '최적 대응'과 '내쉬균형'이다. 최적 대응은 상대방의 전략에 대응하여 자신에게 더 유리한 결과를 가져올 전략을 말한다. 상대방이 선택한 전략이 무엇이든 상관없이 자신의 입장에서 볼 때 최적의 전략이라면 이를 '우월전략'이라 하고, 둘 다 우월전략을 선택해서 다른 상태로 바뀔 유인이 없는 상황을 '우월전략균형'이라 한다. 죄수의 딜레마 게임에서 자백은 두 사람 모두에게 우월전략이며, 이 전략을 사용한 결과로 나타난 균형, 즉 둘 다 자백한 상태가 [우월전략균형]에 해당한다. 그러나 죄수의 딜레마 게임처럼 우월전략균형이 존재하는 조건이 현실에서 완전히 충족되기는 무척 어려우며, 어느 한쪽만 우월전략을 갖는 경우도 그리 흔하지 않다. 게임에서 나타날 수 있는 여러 균형 중에는 우월전략균형 외에도 '내쉬균형'과 같은 다른 종류의 균형이 나타날 수 있다. 상대방의 모든 전략에 대해 최적 대응의 성격을 지니는 우월전략과 달리 [내쉬균형]의 전략은 주어진 상대방의 전략에 대해서만 최적 대응이라는 성격을 갖는다. 이는 존 내쉬(John Nash)가 제안한 균형 개념의 핵심으로, 균형이 아닌 상태에서는 적어도 한쪽이 자신의 전략을 바꿀 유인을 가지며, 따라서 그 상태가 유지되지 않기에 균형이 아니다. ㉢

죄수의 딜레마 게임에서 보듯이 과점기업들이 협조 관계를 유지한다면 더 많은 이윤을 얻을 수도 있지만 실제로 그렇게 하기는 어렵다. 정부가 과점기업들의 명시적 담합을 금지하고 있을 뿐만 아니라 기업들이 협조 관계를 유지하는 것이 말처럼 쉽지는 않기 때문이다. 그런데 현실에서는 협조 관계를 유지하는 경우도 발생한다. 만약 죄수의 딜레마 게임이 여러 번 반복된다면 상대방이 어떤 전략을 쓰는지 파악한 다음 자신의 전략을 수정할 수 있다. 예컨대 상대방도 범행을 부인하리라 믿고서 침묵으로 버텼는데 막상 상대방은 자백하는 전략을 선택했다고 하자. 반복되는 다음 게임에서는 자신도 자백하는 전략을 선택함으로써 상대방에게 보복을 가할 수 있다. 마찬가지로 기업 간의 협정을 위반해 일시적으로 이득을 얻을 수 있다고 해도 곧 다른 기업의 보복으로 인해 더 큰 손해를 입을 수 있다. ㉣

그렇다면 과점기업들이 현실적으로 협조 관계를 유지하기 힘들다는 것이 사회적 관점에서는 어떤 의미가 있을까? 공유자원을 사용하는 경우나 불필요한 군비 경쟁 등의 경우에는 협조 관계를 유지하는 것이 사회적으로 이득이 될 수 있다. 그러나 일반적으로는 과점기업들이 협조 관계를 유지하지 못하여 담합에 실패하는 것이 사회적으로 바람직할 수 있다. ㉤

21 윗글을 통해 답할 수 있는 질문으로 적절하지 않은 것은?

① 게임이론에서 핵심을 이루는 것은 무엇일까?

② 게임이론의 연구 대상인 전략적 행동은 무엇일까?

③ 게임이론에서 다루는 게임에는 어떤 것이 있을까?

④ 게임이론이 만들어져 지금까지 발전해 온 과정은 어떠한가?

⑤ 게임이론을 경제 문제의 분석에 적용하게 된 이유는 무엇일까?

22 윗글을 통해 알 수 있는 내용으로 적절하지 않은 것은?

① 인접한 두 나라 간에 벌어지는 국제적인 경제 정책과 그 효과를 분석하는 데에도 게임이론을 적용할 수 있다.

② 시장 전체의 규모에 비해 규모가 작은 다수의 기업이 경쟁하는 완전경쟁시장은 기업들의 상호작용이 중요하지 않다.

③ 담합을 통해 독점 이윤을 얻고자 하는 과점기업들이 협조 관계를 유지하지 못하는 것은 대체로 소비자들에게 유리하다.

④ 특정 재화를 독점 공급하는 기업이 이윤을 극대화하기 위해 가격정책을 수립하는 것에는 게임이론을 적용할 필요가 없다.

⑤ 과점기업들이 협정을 위반하는 것을 정부가 엄격히 단속하기 때문에 과점기업들은 더 많은 이윤을 얻기가 현실적으로 어렵다.

23 우월전략균형과 내쉬균형에 대한 이해로 가장 적절한 것은?

① ‘우월전략균형’은 ‘내쉬균형’을 이루기 위한 필수 조건이다.

② ‘내쉬균형’을 이루기 위한 전략은 상대의 전략과 상관없이 자신에게 최적인 전략이다.

③ ‘내쉬균형’을 이룬 상태에서 상대가 전략을 바꾸면 자신의 전략이 바뀔 수 있다.

④ 한 대상만 우월전략을 갖더라도 ‘우월전략균형’이 이루어질 수 있다.

⑤ 현실에서 ‘우월전략균형’의 조건이 충족되는 것은 불가능하다.

24 윗글의 주요 내용을 구체화하기 위해 〈보기〉의 사례를 추가한다고 할 때, 가장 적절한 곳은?

〈보기〉

우물이 2개뿐인 마을에서 각각의 소유주 두 사람은 물 공급량 결정을 매주 토요일 만나 결정하기로 한다. 물값은 공급량에 따라 시장에서 결정되며, 편의상 물을 퍼 올리는 비용은 들지 않는다고 하자. 또한 총생산량이 60갤런일 때 물값은 갤런당 60달러로 3,600달러의 최대 수입을 거두지만, 70갤런을 생산하면 물값은 갤런당 50달러로, 80갤런을 생산하면 갤런당 40달러로 점차 하락한다고 할 때 두 소유주의 물 공급량 결정은 어떠할까? 어느 한 소유주가 약속을 위반하고 40갤런을 생산하면 그 후로 둘은 모두 40갤런씩 생산하기로 하는 벌칙 조항을 정할 수 있다. 이런 벌칙만으로도 장래의 이윤을 중요하게 여기는 소유주라면 아무도 한 번의 높은 수입을 위해 약속을 위반하지는 않을 것이다.

① ㉠ ② ㉡ ③ ㉢ ④ ㉣ ⑤ ㉤

25 윗글을 바탕으로 〈보기〉를 이해할 때 가장 적절한 것은? [3점]

〈보기〉

어떤 마을에 경쟁 관계에 있는 서핑용품 판매점 A, B 두 곳만 있다. A와 B는 각각의 이득을 극대화하기 위해 광고를 할지 고민하고 있다. A와 B가 벌어들인 수익을 상황별로 제시하면 다음과 같다. 이를 바탕으로 새로운 전략을 세우려고 한다.

		A의 선택	
		광고함	광고 안 함
B의 선택	광고함	400만원 / 400만원	300만원 / 700만원
	광고 안 함	700만원 / 300만원	800만원 / 800만원

① A, B 모두 광고를 하지 않은 경우, A는 전략을 바꿀 유인을 가진다.

② A, B 모두 광고를 하지 않은 경우, B는 전략을 바꿀 유인을 가진다.

③ A가 광고를 하고 B가 광고를 하지 않은 경우, B는 전략을 바꿀 유인을 가진다.

④ A가 광고를 하지 않고 B가 광고를 한 경우, A는 전략을 바꿀 유인을 갖지 않는다.

⑤ A, B 모두 광고를 한 경우, B는 전략을 바꿀 유인을 가진다.

[26~30] 다음 글을 읽고 물음에 답하시오.

적정기술이란 한 사회의 환경, 윤리, 문화, 사회, 경제적인 측면을 모두 고려하여 특별히 고안된 기술로, 적은 비용으로 제품을 제작할 수 있고 지역 생태 환경에 적합하며 자주적으로 유지·운영할 수 있는 지속 가능한 기술을 말한다. 이 개념은 1973년 영국의 경제학자 에른스트 슈마허의 저서 『작은 것이 아름답다(Small is Beautiful)』로부터 비롯되었다. 슈마허는 대중에 의한 생산을 강조하면서 지역에서 생산되는 자원을 최대한 활용할 수 있고 저렴하며 전문가가 아니더라도 사용법을 쉽게 익힐 수 있다는 의미에서 중간기술을 제안했다. 이것은 기술혁신이 빠르고 기술 집약도가 높으며 고부가가치 창출을 실현하기 위해 대규모로 자원을 소비하는 특징을 지닌 첨단기술과 구분되고 전래부터 사용해 온 토속기술과도 구분되는 중간적 의미를 지니는 것이었다.

슈마허가 중간기술을 구상했을 때, 그것은 빈곤국의 자원과 필요에 적합하게 소규모이며 간단하고 돈이 적게 드는 기술을 의미했다. 어느 정도 '가난한 사람을 위한 착한 기술'이라는 다소 추상적이고 정신적인 슬로건에 가까웠다. 따라서 주로 저개발국의 빈곤 퇴치나 기술의 자주성에 초점이 맞춰진 단순한 기술, 또는 값싼 기술로 인식되는 것이 일반적이었다. 이는 구매력이 있는 상위의 소비자들만을 대상으로 하는 첨단의 기술이 진정한 의미에서 적정기술이 될 수 있느냐는 문제의식, 곧 기술이 무엇을 위해 존재해야 하는가 하는 목적론적 관점의 문제의식을 반영한 것이었다. ㉠

하지만 그 이후 현지화된 발전, 지속가능한 발전, 환경 친화적 발전 같은 요소들을 공통적으로 포함하는 개념이 정리되어 가면서 얼마 지나지 않아 부유한 선진국에서도 각 나라가 처한 상황에 적합한 새로운 형태의 적정기술이 필요하다는 것이 확인되기 시작했다. 보편적인 관점에서 실제적인 필요와 당위성이 생겼던 것이다. 1973~1974년에 일어난 석유 파동은 사람들이 값싸고 풍족하게 여겼던 석유가 한순간에 고갈될 수 있다는 사실을 깨닫게 하기에 충분했다. 오랫동안 첨단기술에 의존하여 그 속에서 편리를 추구해 왔던 사람들은 첨단기술이 정작 위기상황에 취약하다는 것을 알게 되었다. 첨단기술은 지속 가능성을 염두에 두고 설계된 것이 아니었기에, 지정학적 불안정, 환경 재해, 자원 고갈 같은 문제들은 모두 위기를 야기하는 요인들이었다.

위기는 새로운 상황을 기존 시스템이 수용하지 못할 때 발생하며 그 자체가 위기상황이 된다. 2004년 남아시아 대지진으로 35만 명의 사망자를 냈던 쓰나미 사태라든가 2008년 리만 브라더스 파산과 함께 찾아온 세계적 차원의 금융 · 경제 위기 등은 첨단기술에 의지하고 있는 사회 시스템이 일순간에 무력해질 수 있다는 사실을 확인시켜 주고 있었다. 이에 따라 사람들은 기존의 고비용 중앙집중식 에너지 공급의 한계, 원자력 발전의 재난 위기 취약성, 성장 위주 경제 발전의 부작용 등의 문제들에 대해 다시 생각하게 되었고, 그와 함께 적정기술의 가치에 대해서도 재발견하게 되었다.

적정기술의 재발견과 관련하여 주목할 만한 사례가 있다. 리만브라더스 사태 이후 미국에서는 장기 주택 담보 대출로 인한 고통을 피하려는 배경에서 '타이니 하우스'라는 새로운 주택 형태가 유행하였다. 10제곱미터 남짓의 작은 집 형태의 타이니 하우스는 이동이 가능한 데다가 태양광 발전으로 전기를 이용하고 빗물과 샘물을 활용하여 물을 얻는 친환경적 기술을 사용한다. 이 작은 집은 주택담보 대출의 과중한 부담으로부터 벗어나고 싶은 저소득층 청년들의 관심을 받아 인기를 끌었지만, 그 후로는 주거 환경에 대한 새로운 접근으로서 널리 알려졌다. 지속적인 경제 호황을 경험하던 시기에는 찾아보기 힘들었던 이러한 사례는 위기에 대응하면서 지속 가능한 발전을 모색하려는 적정기술의 지향적 가치에 부합하는 것이었다.

오늘날에 와서 적정기술은 경제적 수익을 창출하는 실용적이고 자립적인 기술로까지 개념이 확장되어 사용되고 있다. 미래의 자원을 끌어다 현재의 필요를 채우는 방식으로는 작동하지 않는 기술, 그렇기에 기본적으로 지속 가능한 시스템을 배경으로 작동하는 기술로서의 새로운 모색이다. 이제 적정기술은 단순하고 낮은 수준의 기술뿐 아니라 정보통신기술을 비롯한 첨단기술과의 접목을 통해 적은 비용으로 자원을 고갈시키지 않으면서 저개발 국가와 선진국의 다양한 사회 문제를 해결하는 복지 기술, 공동체 기술, 혹은 사회 문제 해결 기술 등과 같은 새 시대의 대안적 기술과 사업 모델로서 모색될 전망이다.

26 윗글의 서술 방식에 대한 설명으로 가장 적절한 것은?

① 가설과 검증을 통해 이론의 타당성을 마련하고 있다.

② 시간적 흐름에 따른 개념의 발전 과정을 소개하고 있다.

③ 다양한 사례를 통해 상반된 개념의 절충을 시도하고 있다.

④ 항목별로 구체적인 근거를 제시하면서 주장을 강화하고 있다.

⑤ 문제에 대한 서로 다른 관점에서의 분석 내용을 비교하고 있다.

27 **윗글의 내용과 일치하는 것은?**

① 적정기술은 극빈국 국민의 삶을 구제하기 위한 원조 기술이다.
② 영리를 기술 개발의 목적으로 삼는 것은 적정기술의 취지에 부합하지 않는다.
③ 적정기술은 사회 시스템의 도움을 받기 어렵기 때문에 대규모 위기상황에 취약하다.
④ 오늘날 적정기술은 다수의 시민들에게 경제적이며 실용적인 이득을 제공해 줄 수 있다.
⑤ 선진국이 적정기술에 새롭게 주목하는 까닭은 환경 문제 해결을 위해 첨단기술로부터 적정기술로의 전환이 필요해졌기 때문이다.

28 **윗글의 맥락을 고려할 때, '첨단기술'에 대한 설명으로 적절하지 <u>않은</u> 것은?**

① 적정기술과의 접목 가능성이 낮다.
② 저비용의 친환경적 기술로 보기 어렵다.
③ 저개발 국가에서는 사용하기 어려운 제약이 있다.
④ 대규모 에너지 공급을 안정적으로 지원받아야 한다.
⑤ 위기상황에 대처하는 유연한 체제를 갖추고 있지 못하다.

29 **㉠에 제시할 만한 사례로 적절하지 <u>않은</u> 것은?** [3점]

① 책가방 없이 학교에 오는 아이들이 대부분인 어느 학교에서는 교실에서도 아이들이 공책을 바닥에 놓고 공부하는 경우가 많다. 이 아이들을 위해 가방 기능을 하는 책상인 '헬프데스크'가 제작되었다. 폐지를 모양대로 자른 뒤 접어서 만들 수 있는 이 제품은 적은 비용으로 가방이나 책상을 사용할 수 있게 해 준다.
② 과일이나 채소 작물은 일시적으로 다량 생산된다. 이것들의 수확과 가공에는 주로 여성 노동이 투입되는데, 손으로 딱딱한 껍질을 제거하기에 긴 노동 시간과 부상의 위험이 뒤따른다. 금속과 콘크리트로 만든 '범용 견과 껍질 제거기'는 농촌 마을 여성들의 노동 부담을 줄여주며 판매 수익을 높이는 데 기여한다.
③ 물과 전기가 부족한 어느 시골에서는 '페달 펌프'가 제작되어 사용된다. 페달 펌프는 실린더를 제외하면 현지에서 나는 대나무 재료를 사용하여 만들 수 있고 사람의 힘으로 소규모 농업용수를 확보할 수 있다. 이 펌프를 사용하여 농부들은 지하 6~7미터 깊이에 있는 물을 쉽게 끌어올릴 수 있다.
④ 어느 시골에서는 전기가 안 들어와 대낮에도 움막 형태의 집안은 매우 어둡다. 투명 페트병 안에 물과 표백제를 넣고 지붕의 틈새에 끼워 태양 빛을 투과하게 하면 빛의 산란으로 집안은 상당히 밝아진다. 페트병은 매우 적은 비용을 필요로 할 뿐 아니라 꽤 오랫동안 사용할 수 있는 경제성을 지니고 있다.
⑤ 전기 사정이 안 좋은 어느 나라에서는 기부자나 투자자의 자본 및 기술 지원으로 소규모 친환경 태양광 발전소를 운영하고 있다. 다수의 태양광 패널을 결합하여 사용하면

소형 가전부터 냉장고나 텔레비전 같은 중형 가전의 전력을 공급할 수 있어 전기 문제를 해결할 수 있다.

30 **〈보기〉에 언급된 사례가 윗글에서 설명하는 '적정기술'로서 적합하지 <u>않은</u> 가장 주된 이유는?** [3점]

〈보기〉

플레이펌프(PlayPump)는 전기가 보급되지 않는 오지 지역의 주민들에게 놀이와 전력 공급이라는 두 가지 수단을 동시에 갖게 한 상품이다. 아이들이 회전목마를 돌리면서 놀기만 하면 그것이 동력이 되어 지하수를 끌어올려 탱크에 물을 채우는 장치이다. 이 간단한 아이디어 사업에 미국의 정치가와 기부자들이 동참했고, 수천만 달러의 기부금을 모아 남아프리카 모잠비크에 1,500대가 넘는 플레이펌프를 공급했다. 이로 인해 한때 적정기술의 대표적 사례로 다루어지기도 했다. 하지만 시간이 지난 후 이 제품은 실패한 적정기술의 사례로 회자되고 있다. 이 제품을 설치한 마을에서 아이들이 주민들이 먹을 만큼 지하수를 올리려면 학교도 가지 않고 하루 종일 놀이기구를 돌려야 하는 불편을 감수해야 한다는 사실이 확인되었기 때문이다.

① 다른 지역에 적용하기 어려웠다.
② 지속 가능한 발전을 고려하지 못했다.
③ 환경 친화적인 기술을 적용하지 않았다.
④ 사업에 필요한 자금을 기부를 통해 모았다.
⑤ 기술을 구현하는 데 많은 천연 자원이 필요했다.

[31~35] 다음 글을 읽고 물음에 답하시오.

(가)

추성(楸城) 진호루(鎭胡樓) 밖에 울어 예는 저 시냇물아
무엇을 하려고 주야로 흐르느냐
㉠<u>임 향한 내 뜻을 좇아 그칠 때를 모르는도다</u>
〈제3수〉

뫼는 길고 길고 물은 멀고 멀고
어버이 그리워하는 뜻은 많고 많고 크고 크고
어디서 ⓐ<u>외기러기</u>는 울고 울고 가나니 〈제4수〉

어버이 그리워할 줄을 처음부터 알았건마는
임금 향한 뜻도 하늘이 생기게 했으니
㉡<u>진실로 임금을 잊으면 불효인가 여기노라</u>
〈제5수〉

– 윤선도, 「견회요(遣懷謠)」

(나)

청천에 떠서 울고 가는 ⓑ<u>외기러기</u> 날지 말고 내 말 들어
한양성 안에 잠깐 들러 부디 내 말 잊지 말고 웨웨쳐 불러 이르기를 ㉢<u>월황혼 겨워 갈 때 적막한 빈방에 던진 듯 홀로 앉아</u> 임 그려 차마 못 살레라 하고 부디 한 말을 전하여 주렴
우리도 임 보러 바삐 가는 길이오매 전할동 말동 하여라

– 작자 미상

(다)

일조(一朝) 낭군 이별 후에 소식조차 돈절하야
㉣<u>자네 일정(一定) 못 오던가 무슨 일로 아니 오더냐</u>
이 아해야 말 듣소
황혼 저문 날에 개가 짖어 못 오는가
이 아해야 말 듣소
춘수(春水)가 만사택(滿四澤)하니 물이 깊어 못 오던가

이 아해야 말 듣소
하운(夏雲)이 다기봉(多奇峰)하니 산이 높아 못 오던가
이 아해야 말 듣소
한 곳을 들어가니 육관 대사 성진이는
석교(石橋)상에서 팔선녀 데리고 희롱한다
지어자 좋을시고
병풍에 그린 황계(黃鷄) 수탉이 두 나래 둥덩 치고
짧은 목을 길게 빼어 긴 목을 에후리어
사경(四更) 일점(一點)에 날 새라고 꼬꾀요 울거든 오려는가
자네 어이 그리하야 아니 오던고
너는 죽어 황하수(黃河水) 되고 나는 죽어 도대선(都大船) 되어
밤이나 낮이나 낮이나 밤이나
바람 불고 물결치는 대로 어하 둥덩실 떠서 노자
저 달아 보느냐
ⓜ<u>임 계신 데 명휘(明輝)를 빌리려문 나도 보게</u>
이 아해야 말 듣소
추월(秋月)이 양명휘(揚明輝)하니 달이 밝아 못 오던가
어데를 가고서 네 아니 오더냐
지어자 좋을시고

– 작자 미상, 「황계사」

31 (가)~(다)의 공통점으로 가장 적절한 것은?

① 대상의 부재를 시적 상황으로 삼고 있다.
② 계절의 변화에 따라 시상을 전개하고 있다.
③ 세태에 대한 비판적인 시선을 기본으로 하고 있다.
④ 자연과 속세를 대비하여 주제의식을 강조하고 있다.
⑤ 규범과 현실의 괴리로 인한 심리 상태를 부각하고 있다.

32 (가)의 표현상 특징으로 가장 적절한 것은?

① 시어의 반복을 통해 소재의 속성을 강조하고 있다.
② 색채 이미지를 활용하여 분위기를 조성하고 있다.
③ 점층법을 사용하여 화자의 감정을 표출하고 있다.
④ 반어적 표현을 통해 시적 긴장감을 형성하고 있다.
⑤ 다양한 의성어를 활용하여 생동감을 자아내고 있다.

33 ⓐ, ⓑ에 대한 이해로 가장 적절한 것은?

① ⓐ는 화자의 소망을 실현해 주는 자연물이고, ⓑ는 화자의 희망을 방해하는 자연물이다.
② ⓐ는 화자의 감정을 이입한 대상이고, ⓑ는 화자의 바람을 실행해 주기를 기대하는 대상이다.
③ ⓐ, ⓑ는 모두 화자의 불만을 유발하는 소재이다.
④ ⓐ와 달리 ⓑ는 화자의 추억을 촉발하는 요소이다.
⑤ ⓑ와 달리 ⓐ는 화자의 고민을 해결해 주는 존재이다.

34 ㉠~㉤에 대해 이해한 내용으로 적절하지 <u>않은</u> 것은?

① ㉠ : 어버이와 임금을 향한 뜻이 영원히 변치 않을 것이라는 다짐에서 화자의 강한 의지를 확인할 수 있다.

② ㉡ : 충성과 효도를 동등한 것으로 여기는 것에서 화자의 가치관을 파악할 수 있다.

③ ㉢ : 시간적 · 공간적 배경과 함께 진술된 외로운 상황에서 화자의 절박한 심정을 느낄 수 있다.

④ ㉣ : 상대방이 못 오는지 안 오는지 묻는 화자의 어조에서 상대방을 그리워하는 화자의 마음을 엿볼 수 있다.

⑤ ㉤ : 밝은 달빛을 빌려 임이 계신 곳을 비추려는 화자의 모습에서 임의 안위에 대한 화자의 걱정을 엿볼 수 있다.

35 〈보기〉를 바탕으로 (다)를 감상한 내용으로 적절하지 않은 것은? [3점]

〈보기〉

조선 후기 유행한 십이가사에는 관념적이고 추상적인 조선 전기 사대부 가사와 달리 정제된 형식적 틀에서 벗어나 가창 현장의 자유분방한 분위기가 반영되어 있다. 특정한 어구의 반복, 장황하다고 느낄 정도의 구체적 묘사 등은 가창 현장의 즉흥적이고 흥겨운 유흥적 상황이 반영된 결과들이다. 특히 대중의 통속적 흥미와 관심에 맞추기 위해 널리 알려진 소설, 시조, 한시 등으로 노랫말을 구성하다 보니, 작품 내용과 무관한 어구가 삽입되고 노랫말의 유기성이 떨어지는 특징을 보이기도 한다.

① '이 아해야 말 듣소'와 같은 표현을 반복적으로 사용한 것은 가창 현장의 특성을 고려하여 음악적 효과를 형성하기 위한 것이겠군.

② '육관 대사 성진이는 석교상에서 팔선녀 데리고 희롱한다'는 구절을 제시한 것은 대중들에게 잘 알려진 소설의 내용을 활용하여 대중들의 흥미를 불러일으키려고 한 것이겠군.

③ 노랫말의 맥락과는 동떨어진 정서의 '지어자 좋을시고'를 이용한 것은 가창 현장에 모인 대중들의 흥을 돋우기 위한 것이겠군.

④ '춘수가 만사택', '하운이 다기봉', '추월이 양명휘'라는 한시 구절을 인용한 것은 관념적이고 추상적인 사대부 가사에 문제를 제기하기 위한 것이겠군.

⑤ '병풍에 그린 황계 수탉'이 우는 모습을 구체적으로 묘사하여 나타낸 것은 가창 현장의 자유분방한 분위기에 발맞추기 위한 것이겠군.

[36~40] 다음 글을 읽고 물음에 답하시오.

여 부인이 상서를 심하게 꾸짖으니 상서가 아무 말도 못 하고 가만히 생각하다가 여쭙기를,

"누님께서 주관하신 줄 몰랐나이다. 예전에 양왕(梁王)이 구혼하여 허락했는데, 요즘 '선이 부모 모르게 미천한 사람을 얻어 혼례를 치렀다' 하여 조정에 시비가 들끓기에 낙양 수령에게 기별했나이다."

하니 여 부인이 말했다.

㉠"부부의 인연은 하늘이 정한 것이며, 애정에는 천하고 귀한 것이 없는지라. 옛날 송나라 황제도 정궁(正宮)을 폐하고 후궁(後宮)을 맞이하여 죽을 때까지 사랑한 일이 있소. 내가 비록 그대 모르게 주관했으나, 그 낭자는 첩과는 다르오. 또한 선이 급제하여 벼슬이 높아지면 두 부인을 얻는 것이 어렵지 않을 것이니, 그때 상서가 원하는 가문을 골라 며느리를 구해도 될 것이오. 그러니 더 이상 죄 없는 낭자를 죽이려 하지 마시오."

상서는 본래 충효를 겸비한 사람이었다. 속으로는 탐탁지 않았지만, 맏누이의 말씀이라 거역하지 못하고 말하기를,

"그렇게 하오리다."

하고 새로 보낸 낙양 수령을 불러 분부했다.

㉡"그 여자를 반드시 죽이려 했는데, 우리 누님이 하도 말리시니 그럴 수가 없도다. 그 여자를 죽이지 말고 놓아 주되, 멀리 보내 그 근처에 얼씬거리지 못하게 하라."

[중략 부분 줄거리] 상서 부인은 아들 이선을 낳을 때 해산을 도운 선녀가 남양 땅 김전의 딸 숙향이 아들의 배필이라고 한 말을 뒤늦게 떠올리고서 숙향을 다시 불러들인다.

"네 집은 어디며, 부모는 누구이고, 나이는 몇이나 되었느냐?"

낭자가 절을 하고 바르게 고쳐 앉으며 여쭈었다.

"다섯 살 때 부모님을 난리 중에 잃고 길거리를 방황했는데 어떤 짐승이 업어다 남군 땅 장 승상 댁에 내려놓았나이다. 마침 그 집에 자식이 없어 저를 친자식처럼 십 년을 기르셨으니, 고향은 물론 부모님의 성명도 모르옵나이다."

상서가 또 묻기를,

"장 승상이라 하면 남군 땅 장송밖에는 없는데, 거기 있다가 어찌하여 이화정 할미의 집으로 왔느냐?"

하니 낭자가 대답했다.

"승상 댁에 있던 사향이란 종이 승상 부인의 봉채를 훔쳐다 첩의 화장 그릇에 넣어 놓고 첩이 훔친 것처럼 모함했나이다. 그 일로 인해 승상 댁에서 쫓겨나 포진물에 빠져 죽으려 했는데, 마침 연꽃을 따는 아이들이 구해 주며 동쪽으로 가라 했나이다. 동쪽으로 가다 또 갈대밭에서 화재를 만나 거의 죽게 되었사온데, 화덕진군이라는 노인이 구하여 살아나게 된 것을 이화정 할미가 지나가다 보고 데려갔나이다."

"장 승상 댁에서 할미 집까지 며칠 만에 왔느냐?"

"장 승상 댁에서 하룻밤 자고, 그 이튿날 바로 왔나이다."

㉢"장 승상 댁에서 여기까지는 삼천삼백오십 리나 되니, 비록 천리마를 탔을지라도 쉽게 오기 어려우리라. 그런데 이틀 만에 왔다고 하니, 참으로 이상하도다."

상서와 낭자의 문답이 끝난 뒤에 부인이 물었다.

"네 이름은 무엇이며, 몇 년 몇 월에 태어났느냐?"

"이름은 숙향이옵고, 나이는 열여섯 살이오며, 기축년 4월 초파일 해시(亥時)에 났사옵니다."

"부모님 성명도 모르면서 생월생시는 어찌 그렇게 자세히 아느냐?"

"어렸을 때 부모님께서 제게 ⓐ비단주머니를 채워주셨는데, 자란 후에 보니 생월생시를 적어넣었더이다."

숙향이 주머니를 끌러 부인에게 드렸다. 부인이 비단주머니를 풀어 보니, 붉은 비단조각에 '이름은 숙향이요, 자는 월궁선이며, 기축년 4월 초파일 해시생이라'는 글씨가 금자(金字)로 쓰여 있었다.

부인이 크게 기뻐하며 말하기를,

"네가 내 아들과 나이가 같고, 이름도 선녀가 일러준 것과 같되, 다만 부모가 누구인지 모른다고 하니, 참으로 답답하구나."

하니 상서가 말하기를,

"이 글을 금자로 썼으니, 틀림없이 성은 김씨인가 하노라."

했다. 낭자가 말하기를,

㉣"제가 자란 후에 우연히 듣자오니, 지난번에 낙양 수령으로 계시던 김전이 제 부친이라 하더이다. 그러나 제가 어찌 그것을 자세히 알 수 있사오리까?"

하니 상서가 말했다.

"만일 그렇다면 오죽 좋으랴."

이에 부인이 묻기를,

"그 사람이 어떤 사람이나이까?"

하니 상서가 말했다.

"김전은 이부상서 운수 선생의 아들이라. 가문이 어찌 거룩하지 않으리오."

부인이 말하기를

㉤"시간이 지나면 자연 알게 되리이다."

하고 낭자에게 이선의 처소인 봉황당에 가 있으라고 했다. 낭자가 봉황당으로 내려가니, 낭군이 부리던 시녀 여남은 명이 낭자를 매우 공경하면서 극진하게 모시더라.

– 작자 미상, 「숙향전」

36 윗글의 서술상 특징으로 가장 적절한 것은?

① 배경 묘사를 통해 극적 긴장감이 고조되고 있다.
② 인물들의 대화를 통해 과거 행적이 드러나고 있다.
③ 편집자적 논평을 통해 비극적 분위기가 조성되고 있다.
④ 과거와 현재의 대비를 통해 부당한 현실을 비판하고 있다.
⑤ 구체적인 시대 상황을 통해 사건의 사실성에 주목하고 있다.

37 윗글의 내용으로 적절하지 않은 것은?

① 맏누이는 숙향을 죽이려는 상서를 질타했다.
② 이화정 할미는 숙향을 데려다 친자식처럼 십 년 동안 길렀다.
③ 상서 부부는 숙향의 부모가 누구인지 알고 싶어 한다.
④ 낙양 수령을 지낸 김전은 이부상서를 지낸 가문의 자손이다.
⑤ 낭자는 상서 부인의 말에 따라 낭군의 처소에 머물게 된다.

38 ㉠~㉤에 대한 설명으로 적절하지 않은 것은?

① ㉠ : 역사적 사실을 근거로 제시하여 자신의 요구를 관철하려는 태도가 드러나 있다.
② ㉡ : 연장자의 권위를 감히 침범하지 못하는 입장을 내세워 자신의 생각을 마지못해 수정하는 모습이 드러나 있다.
③ ㉢ : 현실적으로 실현되기 어려움을 지적하며 상대방의 말에 의문을 표하는 모습이 나타나 있다.
④ ㉣ : 자신이 알게 된 사실이 전해 들은 것임을 들어 판단에 신중을 기하는 태도가 나타나 있다.
⑤ ㉤ : 자연의 이치를 고려하면서 이후에 펼쳐질 사태에 대해 염려하는 자세가 나타나 있다.

39 ⓐ에 대한 설명으로 가장 적절한 것은?

① 사건이 현실성을 지니게 한다.
② 현재 사건의 원인이 드러나도록 한다.
③ 인물을 대하는 태도가 호의적으로 바뀌게 한다.
④ 권선징악의 주제의식이 표출되도록 한다.
⑤ 인물의 감춰진 재능이 발휘되게 한다.

40 〈보기〉를 참고하여 윗글을 감상한 내용으로 적절하지 않은 것은? [3점]

〈보기〉

조선 후기에 창작된 「숙향전」은 남녀 주인공의 결합을 위한 고난의 여정으로 이루어져 있다. 여러 차례의 위기가 두 인물의 결합을 방해하지만, 이들은 다른 존재의 도움으로 고난을 극복하며 하늘의 예정된 운명에 따라 혼인한다. 이 과정에서 애정을 중시하는 두 남녀가 봉건적 신분 질서와 가문을 중시하는 지배층과 갈등을 빚기도 한다. 개인적 차원의 애정이 권위적인 지배 이념과 충돌하는 대목을 통해 신분제가 동요되는 당시의 사회현상을 엿볼 수 있다.

① 불에 타 죽을 위기에 처한 숙향을 화덕진군이 구해주는 것은 다른 존재의 도움으로 고난을 극복한 경우이겠군.
② 부모 몰래 아들이 결혼한 것이 조정의 시빗거리가 되었다는 상서의 말은 권위적인 지배 이념에 따라 나타난 반응이겠군.
③ 숙향의 이름이 선녀가 일러준 것과 같다는 상서 부인의 말은 하늘의 예정된 운명을 받아들이려는 의지의 표현이겠군.
④ 아들이 미천한 여자와 결혼했다는 이유로 상서가 낭자를 죽이려는 것은 개인적 애정보다 가문의 위상을 중시한 결과이겠군.
⑤ 사향의 모함으로 장 승상 댁에서 쫓겨난 숙향이 죽으려 한 것은 남녀 주인공이 결합에 이르는 여정 중 겪는 고난에 해당하겠군.

[41~45] 다음 글을 읽고 물음에 답하시오.

융에 의하면, 인간에게는 태어날 때부터 마음의 토대를 이루고 있는 무의식의 층이 있다. 그것은 개인의 특수한 생활사에서 나온 무의식의 층과는 달리, 인간이면 누구나 태어날 때부터 갖추어져 있는 인간 고유의 원초적이며 보편적인 무의식의 층이다.

융은 이를 '집단 무의식'이라고 했다. 융의 이와 같은 가설은 환자뿐만 아니라 많은 건강한 사람의 꿈과 원시 종족의 심성, 신화와 종교, 서양 사상과 인도·중국 등 동양의 사상을 비교하여 고찰한 결과다. 융은 무의식이 개인 생활의 경험 자료만이 아니라 인류의 태곳적부터 끝없이 반복되어 경험되는 일정한 인간적 체험의 조건들을 갖추고 있다고 본다. 이러한 무의식은 수많은 신화적 상징으로 표현되고 경험되며 모든 의식된 마음에 활력을 주고 그 기능을 조절하여 의식과 통일된 '전체 정신'을 실현시킬 수 있는 원동력을 가지고 있다. 한마디로 무의식은 충동의 창고, 의식에서 쓸어 낸 쓰레기장이거나 병적인 유아기 욕구로 가득 찬 웅덩이에 불과한 것이 아니라, 마음을 성숙케 하는 '창조의 샘'이라는 얘기다.

㉠무의식의 창조적 작용은 자율성과 보상 작용으로 표현된다. 자아 의식이 한 방향으로만 나가면 무의식이 자율적으로 작동하여 의식의 방향과는 다른 방향의 이미지를 보내서 그것을 보상한다. 예컨대, 지나치게 이성적인 사람이 꿈속에서는 매우 불합리한 행동을 하거나 욕망에만 사로잡힌 일을 벌일 수 있는데, 이는 단순한 욕구 충족을 위해서가 아니라, 의식의 일방성을 깨우치고 의식이 소홀히 하고 있는 것이 무엇인지를 알려주기 위한 무의식의 의도를 드러낸 것이다. 무의식이 자율적으로 보상 작용을 발휘하여 의식화할 수 있는 기회가 생긴 셈이다.

이 맥락에서 융이 말하는 [그림자] 개념이 주목을 끈다. 그림자는 무의식의 열등한 인격으로, 자아의 어두운 면이다. 그림자는 자아와 비슷하면서도 자아와는 대조되는, 자아가 가장 싫어하는 열등한 성격을 지니고 있다. 자아의식이 한쪽 면을 지나치게 강조하면, 그림자는 그만큼 반대편 극단을 나타낸다. 그래서 일상적으로 자아는 자신이 어떤 그림자를 가지고 있는지 모른다. 그것은 자아에게는 보이지 않는 무의식의 그늘에 속하는 인격이기 때문이다. 자아의식으로서는 결코 있을 수 없는 성격, 가장 싫어하기 때문에 절대로 그렇게 되지 않으려고 노력해 온 바로 그 성격이다. 가령, 친구한테 비난당할 때 심한 분노를 느낀다면, 바로 그 순간 미처 의식하지 못하고 있던 자기 그림자의 일부를 발견할 수 있다.

그림자를 밖으로 투사(projection)할 때 그 투사 대상을 향한 자기의 감정을 살펴볼 수 있다. 투사란 어떤 대상에 대하여 강력한 감정 반응을 일으키고 자아가 그 대상에 집착하게 만든다. 투사는 나쁜 것은 남에게만 있다고 생각함으로써 괴로운 마음을 피하려는 자기 방어의 수단으로서만 아니라

자기의 무의식적인 마음의 일부를 의식화할 수 있는 기회를 갖도록 하는 목적으로도 일어난다. 무의식의 내용이 밖에 있는 어떤 대상에 투사되면 우리는 최소한 우리 안에 있는 것을 투사 대상에게서 경험하게 되고 그런 경험을 통해서 자기 마음속의 무의식적 내용을 깨달을 수 있는 가능성이 생긴다.

그림자의 투사는 집단 차원에서도 벌어진다. 그림자의 집단적 투사는 어떤 집단 성원의 무의식에 같은 성질의 그림자가 형성되어 다른 집단에 투사되는 것을 가리킨다. 이 경우 그림자는 개인적인 특성을 가지기보다 집단적 특성을 지닌다. 그러한 그림자가 생기는 이유는 그 집단의 구성원이 자신을 하나의 집단 의식과 동일시하고 있기 때문이다. 가령 '우리는 하나'로 대변되는 슬로건 밑에 결속을 다짐할 때, 거기에 속하지 않은 집단과의 차별화가 일어나고 이 집단은 쉽게 배타적이 되거나 다른 집단으로부터 배타적이라는 비난을 받게 된다. 그러므로 지향하는 집단적 목표가 일방적이고 뚜렷한 것일수록 이에 어긋나는 요소가 억압되어 공통된 그림자를 집단 성원이 나누어 가지게 된다. 아무리 선의로 뭉친 집단이라도 너무 밝은 목표에 치중한 나머지 자기 집단 성원의 그림자를 보지 못할 때 처음의 좋은 뜻을 펼치는 데 실패할 ㉡<u>공산이 크다.</u>

다만, 인간 집단은 집단 행동을 통하여 집단적 그림자를 만들어내고 이를 다른 집단에 투사하여 서로 반목하고 비난하며 싸우기도 하지만, 때로는 그림자를 사회 표면으로 끌어내어 사람들이 그것을 보고 경험하게 하는, '카니발'과 같은 문화적 장치를 가지고 있다. 한 사람에게 집단적으로 그림자를 투사하여 속죄양을 만들고 자기의 그림자를 보지 않으려는 부정적인 기능을 가진 경우가 아니라, 문화적으로 허용되고 예술적으로 승화된 형태에서 '그림자 놀이'를 통해 각자의 그림자를 살려서 도덕이나 규범 의식과 무의식적 충동 사이의 단절을 지양할 수 있는 것이다.

41 윗글을 통해 알 수 있는 것은?

① 의식과 무의식의 조화를 이루기 위한 시도는 불가능하다.

② 집단 무의식은 특정한 문화권에서만 발견되는 특수한 현상이다.

③ 무의식이 제어 불가능한 충동으로 가득차 있다는 점에서 집단적 무의식의 발현은 공동체에 위해를 가한다.

④ 속죄양에 관한 개념을 만들어 자아의 부정적인 이미지를 입히는 것은 무의식이 작용하는 결과이다.

⑤ 사회적인 차원에서는 무의식이 자율적인 방식으로 작동하므로 항상 예술적으로 승화된 형태의 결실을 낳는다.

42 ㉠에 대한 이해로 가장 적절한 것은?

① 의식이 안정된 상태에서 이루어지는 정신 활동의 일부이다.

② 의식이 무의식과 활발하게 상호 작용한 결과로 주어지는 보상이다.

③ 의식이 한 방향으로만 활성화될 경우 그에 반발하여 표출되는 무의식의 이미지 작용이다.

④ 의식이 작동하지 않는 상태에서 의식이 지향하는 인격을 대신 구현하려는 무의식의 작용이다.

⑤ 의식이 무의식을 억압하는 강도가 커질 때 무의식이 의식 표층에 떠오르는 이상 징이다.

43 그림자에 관한 이해로 적절하지 않은 것은? [3점]

① 분노의 상황에서는 그림자를 볼 수 없다.
② 그림자는 무의식의 그늘에 속하는 인격이다.
③ 그림자는 집단 차원에서도 나타나는 현상이다.
④ 그림자는 자아가 싫어하여 닮으려고 하지 않는 열등한 성격의 일부이다.
⑤ 사회 표면으로 그림자를 끌어 내어 경험할 수 있게 하는 문화적 장치가 있다.

44 윗글을 바탕으로 〈보기〉를 이해한 내용으로 적절하지 않은 것은?

〈보기〉

> 카니발은 가톨릭교회가 지배하고 있는 라인강 유역에서 명맥을 유지하고 있다. 해가 바뀌는 연말에는 각지에서 가면무도회가 열리고, 부활절 전의 카니발에서는 기상천외한 분장을 한 사람들이 대규모로 등장한다. 마치 근엄한 가톨릭 수도원 곳간에 유폐되었던 이교(異敎)의 귀신과 악마와 별의별 부도덕한 불한당들이 뚜껑을 열고 나온 듯하다. 신분적 위계나 윤리 규범의 제약 속에서 억압된 욕망을 분출하는 극적 상황이 연출되는 것이다. 이러한 양상은 신분적 위계 질서에서 하층에 속하는 이들이 펼치는 의례나 연희, 놀이 등에서 자주 확인된다. 가령 탈춤판에서 양반 세력을 희화화하고 농락하며 신분적 위계를 해체한 가운데 성원들 서로가 어우러지는 장이 펼쳐지는 것은 카니발을 떠올리게 한다.

① 기성 질서에서 지배층은 '집단적 그림자'가 만든 무의식의 그늘에서 벗어날 특권을 얻는다고 할 수 있겠군.
② '가면'을 쓰거나 기괴한 모습으로 '분장'하는 행위는 투사된 '그림자'를 극적으로 연출한 것이라고 할 수 있겠군.
③ '카니발'은 참여자들의 억눌린 감정을 표출할 수 있는 계기가 되므로, '그림자 놀이'를 설명하는 예로 삼을 수 있겠군.
④ '수도원 곳간'은 현실에서 허용되지 않는 욕망에 연관된 '집단적 그림자'를 가두는 수용소에 상응하는 표상이라 할 수 있겠군.
⑤ '탈춤'은 신분 질서에 억눌린 욕구가 연희를 통해 투사되는 장을 연다고 할 수 있으니 '집단적 그림자'가 승화된 형태라 할 수 있겠군.

45 문맥상 ⓛ을 바꿔 쓰기에 가장 적절한 것은?

① 기회(機會)가 많다
② 단서(端緖)가 많다
③ 여지(餘地)가 많다
④ 예외(例外)가 많다
⑤ 정보(情報)가 많다

2025
경찰대학 10개년 국어

2023학년도 기출문제

국어영역

제1교시 국어영역

▶정답 및 해설 272p

[01~05] 다음 글을 읽고 물음에 답하시오.

현대 사회와 문명의 발전을 대표하는 요인으로 과학과 민주주의를 들 수 있다. 그러나 이 요인들이 위기에 봉착하지 않는 것은 아니다. 과학은 환경 위기의 재앙을 낳았고 민주주의는 전체주의로 퇴행할 위험이 상존한다. [칼 포퍼]는 '반증주의'로 이러한 위기에 대응하고자 한다.

우선 그는 **과학 이론**이 논리적으로 모순이 없다고 해도 반드시 경험적 적용을 통해 타당성을 검증해야 한다고 본다. 이론들은 자연에 대해 이런저런 설명을 시도하지만 항상 오류 가능성을 포함하고 있다. 이때 경험적 적용은 이론의 예외가 되는 반증 사실이 있는지에 대해 검증하는 것으로서 만약 반증이 성립하면 그 이론은 수정되거나 폐기될 수밖에 없다. 반증은 과학 이론에 대해 지속적인 비판이 이루어진다는 것을 의미한다. 그러하기에 모든 과학 이론은 완전하지 않으며 반증 가능성을 통해 개선되거나 폐기된다.

그러나 모든 이론의 가설이 동일한 정도로 반증 가능성이 있는 것은 아니다. 예컨대 "검은 백조는 없다."라는 가설은 "여기 검은 백조가 있다."라는 경험적 적용을 통해 반증되지만, "모든 백조는 희다."라는 가설은 여러 색깔의 백조가 있을 가능성까지 배제하기 때문에 더 많은 반증이 필요하다. 이런 관점에서 좋은 이론은 반증 가능성이 큰 대담한 내용을 내포함에도 쉽게 무너지지 않는 이론으로 볼 수 있다. 포퍼는 자연의 진화처럼 과학 이론 역시 끊임없는 반증과 오류 제거를 통해 점진적으로 발전한다고 본다.

포퍼는 정치 역시 반증 가능성이 발전의 조건이 된다고 본다. 그는 현대 사회가 민주주의 사회로 발전했지만 다수결에 의해 폭군과 독재자가 통치하도록 결정될 수 있다는 역설을 배제할 수 없다고 본다. 민주주의 사회는 '열린 사회'지만 그렇다고 해서 '닫힌 사회'로 퇴보할 가능성이 없어진 것은 아니라는 것이다. 그가 보기에 닫힌 사회는 주술적이다. 통치자가 어떤 반박도 허용하지 않는 ㉠ <u>주술적 가치</u>를 통해 지배하기 때문이다. 열린 사회를 구성하는 합리주의는 자신의 한계를 인식하고, 범할 수 있는 오류를 인정하기에 다른 의견을 경청하는 지적 겸손의 태도를 지니는 반면, 닫힌 사회의 독단주의는 소수의 폐쇄된 집단만 사태를 정확히 인식한다고 전제하는 지적 오만을 드러낸다.

그리하여 포퍼는 역사가 어떤 일반적 법칙에 따라 정해진 목적을 향해 발전해 간다는 역사주의를 비판한다. 그에게 역사주의란 전체론, 역사적 법칙론, 그리고 유토피아주의를 합쳐놓은 사상이다. 먼저 그는 전체 자체를 인식할 수 있다는 전체론이 오류라고 지적한다. 예컨대 국가를 구성원들 간의 단순한 집합 이상의 것이라고 한다면, 구성원 개개인을 넘어서는 국가 전체의 정신이나 논리를 전제할 수밖에 없다. 이런 관점에서는 국민이 희생되어도 국가 전체에 대한 지식을 소유한 소수 집단에게 국가 운영을 맡겨야 한다는 전체주의가 ⓐ<u>싹트게</u> 된다. 그래서 그는 단편적 지식만 아는 다수가 자신이 아는 지식을 자유롭게 교환하면서 국가의 미래를 논의하는 것이 전체주의보다 낫다고 본다.

다음으로 그는 역사적 법칙이 미래를 확실히 예측하는 수단인 것 같지만 실제로 이러한 예측은 불가능하며 오히려 그 법칙이 독단이 되어 국민을 억압하게 된다고 역사적 법칙론을 비판한다. 예를 들어 공산주의는 유물론의 법칙에 따라 국가가 모순이 완전히 해결된 공산사회로 나아갈 것이라고 보았지만, 그것은 닫힌 사회로의 퇴행일 뿐이다. 포퍼는 인간의 역사를 독단적인 법칙에 따라 예언할

수 없으며, 자연의 진화처럼 사회도 시행착오와 오류 제거를 통해 변화한다고 본다.

마지막으로 유토피아주의는 불변적이고 절대적인 이상 사회에 대한 믿음을 뜻하는데, 이는 독단의 법칙에 의해 뒷받침된다. 미래에 실현될 최종 유토피아가 완전하면 할수록 현재의 세계는 더욱 극복해야 할 부정적 대상이 된다. 포퍼는 열린 사회에서는 유토피아처럼 궁극적인 최종 목적이 아니라 현재 문제를 점진적으로 해결하려는 합리적 과정을 통해 설정된 단기적 목적을 이루는 것이 더 중요하다고 본다. 미래가 어떨지는 누구도 알 수 없고, 그것을 주장하는 사람은 마법사일 뿐이라는 것이다. 이런 관점에서 그는 '누가 통치해야 하는가' 대신, ㉡'사악하거나 무능한 지배자들이 심한 해악을 끼치지 않도록 어떻게 정치 제도를 만들 것인가'를 질문해야 한다고 역설한다.

01 윗글에 따를 때, '과학 이론'에 대한 설명으로 적절하지 않은 것은?

① 반증 가능성의 정도가 각기 다를 수 있다.
② 오류 제거를 통해 점진적으로 발전할 수 있다.
③ 가치 있는 이론은 반증을 잘 견디는 성질이 있다.
④ 경험적 적용은 이론을 이상적으로 만드는 방안이다.
⑤ 이론에 논리적 모순이 없더라도 타당성이 없을 수 있다.

02 ㉠에 대한 설명으로 적절하지 않은 것은?

① 비판과 검증을 허용하지 않는 가치이다.
② 열린 사회에서는 배척되어야 하는 가치이다.
③ 사회를 무오류의 상태로 바꾸려는 가치이다.
④ 미래가 어떻게 될지 확신할 수 있는 가치이다.
⑤ 다수결에 따를 때는 나타날 수 없는 가치이다.

03 ㉡에 대한 답변으로 적절하지 않은 것은?

① 단편적인 지식을 가진 개인들의 의견을 모으게 하는 제도가 필요하다.
② 소수 집단이라 해도 자신의 의견을 자유롭게 개진하게 하는 제도가 필요하다.
③ 치열한 토론과 자유로운 의사 결정이 침해되지 않게 하는 제도가 필요하다.
④ 단기적 목적을 세워 문제를 합리적으로 해결하게 하는 제도가 필요하다.
⑤ 시행착오로 인한 희생이 있어도 이상적 미래를 구현하게 하는 제도가 필요하다.

04 ⓐ와 의미가 통하는 한자어로 가장 적절한 것은?

① 태동(胎動) ② 준동(蠢動)
③ 활동(活動) ④ 가동(可動)
⑤ 약동(躍動)

05 〈보기〉의 견해에 대해 칼 포퍼 가 제기할 만한 반론으로 가장 적절한 것은? [3점]

〈보기〉

어떤 시각 장애인이 코끼리 다리를 만지고 "코끼리는 원기둥 모양이다."라는 가설을 세웠다고 하자. 이후 많은 시각 장애인이 똑같이 그렇게 하여 같은 결론을 내린다면, 그 가설은 반증이 소용없다는 것을 뜻하는 것이 아닌가? 오히려 "우리가 만진 것은 코끼리 전체가 아닌 일부분이 아닐까?"라고 생각의 틀 자체를 바꾸는 발상이 필요하다. 과학의 발전은 한 이론적 틀에서 다른 틀로 급격히 전환되는 과정을 거쳐야만 이루어진다. 정치 역시 마찬가지다. 당면한 문제에 대한 방안은 치열한 토론으로 마련할 수도 있지만, 그것으로는 작은 과제들만 겨우 해결할 수 있다. 현대 정치가 부딪친 문제들은 작은 과제들이 아닌 전반적인 사회 구조에 의해 생기며, 따라서 정치는 사회 구조가 혁명적 과정을 통해 변해야만 발전할 수 있다.

① 과학의 이론적 틀은 하나여서 결코 바뀌지 않으며, 모든 정치적 문제는 작은 문제부터 해결하는 것이 출발점이 되어야 한다.

② 많은 반증이 제시된다고 해서 과학의 이론적 틀이 무너지는 것은 아니며, 사회 구조가 급격히 바뀐다고 해서 정치가 발전하는 것도 아니다.

③ 이전의 과학적 틀에 따른 가설들이 새로운 가설로 바뀌는 과정은 급격하며, 정치적 문제를 해결하는 방안들도 혁명 후에는 급격하게 바뀔 것이다.

④ 과학의 이론적 틀이 바뀌어도 반증을 통한 검증은 여전히 필요하며, 혁명적 과정에서 나타날 수 있는 정치적 독단은 문제 해결을 오히려 저해할 수 있다.

⑤ 과학의 이론적 틀은 여럿이기 때문에 어떤 틀을 택하는지가 중요하며, 정치적 문제의 해결책도 여럿이기 때문에 어떤 해결책을 택하는지가 중요하다.

[06~10] 다음 글을 읽고 물음에 답하시오.

(가)
알룩조개에 입맞추며 자랐나
눈이 바다처럼 푸를 뿐더러 까무스레한 네 얼굴
가시내 야
나는 발을 얼구며
무쇠다리를 건너온 함경도 사내

바람소리도 호개*도 인전 무섭지 않다만
어두운 등불 밑 안개처럼 자욱한 시름을 달게 마시련다만
어디서 흉참한 기별이 뛰어들 것만 같애
두터운 벽도 이웃도 못 미더운 북간도 술막

온갖 방자의 말을 품고 왔다
눈포래를 뚫고 왔다
가시내야
너의 가슴 그늘진 숲속을 기어간 오솔길을 나는 ㉠ 헤매이자
술을 부어 남실남실 술을 따르어
가난한 이야기에 고히 잠거다오

네 두만강을 건너왔다는 석 달 전이면
단풍이 물들어 천리 천리 또 천리 산마다 불탔을 겐데
그래두 외로워서 슬퍼서 초마폭으로 얼굴을 가렸더냐
두 낮 두 밤을 두리미처럼 울어 울어
불술기* 구름 속을 달리는 양 유리창이 흐리더냐

차알삭 부서지는 파도소리에 취한 듯

때로 싸늘한 웃음이 소리 없이 새기는 보조개
가시내야
울 듯 울 듯 울지 않는 전라도 가시내야
두어 마디 너의 사투리로 때아닌 봄을 불러 줄게
손때 수집은 분홍 댕기 휘 휘 날리며
잠깐 너의 나라로 돌아가거라

이윽고 얼음길이 밝으면
나는 눈포래 휘감아치는 벌판에 우줄우줄 나설 게다
노래도 없이 사라질 게다
자욱도 없이 사라질 게다

– 이용악, 「전라도 가시내」

*호개 : '승냥이'의 방언
*불술기 : '기차'의 방언

(나)
조국(祖國)을 언제 떠났노,
파초(芭蕉)의 꿈은 가련하다.

남국(南國)을 향한 [불타는] 향수(鄕愁),
너의 넋은 수녀(修女)보다도 더욱 외롭구나.

소낙비를 그리는 너는 정열(情熱)의 여인(女人),
나는 샘물을 길어 네 발등에 붓는다.

이제 밤이 차다,
나는 또 너를 내 머리맡에 있게 하마.

나는 즐겨 너를 위해 종이 되리니,
네의 그 드리운 치마자락으로 우리의 겨울을 ㉡가리우자.

– 김동명, 「파초」

06 (가), (나)의 공통점으로 가장 적절한 것은?

① 대상을 의인화하여 동적인 이미지를 구현한다.
② 독백적 어조로 자신의 상황을 반성적으로 성찰한다.
③ 장면을 시간순으로 배열하여 서사적 맥락을 형성한다.
④ 반어의 수사적 표현으로 대상의 부정적 면모를 부각한다.
⑤ 대상의 과거 상황을 상상하여 대상의 현재 처지를 이해한다.

07 (가), (나)의 화자가 시적 대상에 대해 가지고 있는 태도로 가장 적절한 것은?

① (가), (나) : 관조적 태도
② (가), (나) : 공감적 태도
③ (가), (나) : 반성적 태도
④ (가) : 풍자적 태도, (나) : 숭배적 태도
⑤ (가) : 비관적 태도, (나) : 낙관적 태도

08 [가시내]에 대한 이해로 적절하지 않은 것은?

① 고향을 그리워하고 있다.
② 가을 무렵 두만강을 건넜다.
③ 봄이 오면 술막을 떠날 예정이다.
④ 자신의 처지에 냉소적이기도 하다.
⑤ 먼 길을 떠나 현재의 장소에 오게 되었다.

09 **맥락에 따라 시어 [불타는]을 읽은 내용으로 적절하지 <u>않은</u> 것은?** [3점]

① '불타는'과 '정열(情熱)'은 모두 뜨거움의 의미를 갖는데 이는 '남국'의 특성이므로, '너'가 '남국'을 그리워하는 까닭을 알 수 있군.

② 뜨거움을 뜻하는 '불타는'이 '밤이 차다', '우리의 겨울'과 대립적이므로, '너'는 '밤'과 '겨울'에 저항하는 능동적인 존재임을 알 수 있군.

③ '향수(鄕愁)'를 '불타는' 것으로 설정한 데서 갈증이 연상되는데 '샘물'은 이를 해소해 줄 수 있으니, '너'가 '나'를 필요로 하는 까닭을 알 수 있군.

④ '불타는'은 '향수(鄕愁)'를 낫게 하기 위한 수단이 '소낙비'임을 암시하므로, '샘물'을 발등에 붓는 '나'의 행동이 '너'에 대한 배려를 뜻함을 알 수 있군.

⑤ '불타는'의 '불'은 '정열(情熱)'과 함께 상승적 이미지를 갖는데 이는 긍정적 가치로 볼 수 있으므로, '너'라는 시적 대상이 긍정적인 가치를 갖는 존재임을 알 수 있군.

10 **㉠, ㉡에 대한 설명으로 가장 적절한 것은?**

① ㉠의 행위 주체는 화자이지만, ㉡의 행위 주체는 청자이다.

② 화자와 청자의 심리적 거리는 ㉠의 행위로는 멀어지지만, ㉡의 행위로는 가까워진다.

③ ㉠, ㉡ 모두 청자에게 행위의 동참을 요구하고 있다.

④ ㉠, ㉡ 모두 불확실한 미래에 대한 걱정을 바탕으로 한다.

⑤ ㉠, ㉡ 모두 행위가 실현되면 현실의 고난에서 벗어날 수 있다는 믿음이 담겨 있다.

[11~15] 다음 글을 읽고 물음에 답하시오.

여기에는 여러 가지 이유가 있는 것이다. 그러나 ㉠<u>이러한 사실</u>도 그중의 중요한 원인들이 되었을 것이다. ―조선 사람은 외국인에게 대해서 아무것도 보여 준 것은 없으나, 다만 날만 새면 자릿속에서부터 담배를 피워 문다는 것, 아침부터 술집이 번창한다는 것, 부모를 쳐들어서 내가 네 애비니 네가 내 손자니 하며 농지거리로 세월을 보낸다는 것, 겨우 입을 떼어 놓은 어린애가 엇먹는 말부터 배운다는 것, 주먹 없는 입씨름에 밤을 새고 이튿날에는 대낮에야 일어난다는 것…… 그 대신에 과학지식이라고는 소댕 뚜껑이 무거워야 밥이 잘 무른다는 것조차 모른다는 것을, ㉡<u>외국 사람에게 실물로 교육을 하였다는 것</u>이다. 하기 때문에 그들이 조선에 오래 있다는 것은 그들이 우리를 경멸할 수 있는 사실을 골고루 보고 많이 안다는 의미밖에 아니 되는 것이다.

"담바구야 담바구야…… 노이구곤 오데기루네……."

입을 이상하게 뾰족이 내밀었다 오므렸다 하고, 젓가락으로 화롯전을 두들겨 가며 장단을 맞춰서 콧노래를 하다가 뚝 그치더니,

"얘가 제일 잘 해요. 우리는 온 지가 삼사 년밖에 아니 되었지만……."

하며 벙벙히 앉았는 [화롯불 가져온 아이]를 가리킨다.

"응! 그래? 너는 얼마나 있었길래?"

말담도 별로 없이 조용히 앉았는 것이 어디로 보아도 건너온 지 얼마 안 되는 숫보기로만 생각하였던 것이, 조선 소리를 잘 한다니 조선애가 아닌가도 싶다.

"예서 아주 자라났답니다. 제 어머니가 조선 사람인데요."

하며 담바고타령을 하던 계집애가 이때까지 하고 싶던 이야기를 겨우 하게 되었다는 듯이 입이 재게 즉시 대답하고 나서,

"그렇지!"

하며 당자에게 얼굴을 들이댄다. 그 소리가 너무도

커닿기 때문에 조소하는 것같이 들리었다. 일인 애비와 조선인 에미를 가졌다는 계집애는 히스테리컬하게 얼굴이 주홍빛이 되고 눈초리가 샐룩하여졌다. 어쩐지 조선 사람 어머니를 가진 것이 앞이 굽는다는 모양이다.

"정말 그래? 그럼 어머니는 어디 있기에?"

나는 호기심이 생겨서 물었다.

"대구에 있에요."

고개를 숙이고 앉았다가 간신히 쳐들면서 대답을 한다.

"그래 어째 여기 와서 있니? 소식은 듣니?"

왜 여기까지 와서 있느냐고 묻는 것은 우스운 수작이지만 나는 정색으로 이렇게 물었다.

그 계집애는 생글생글하며 나를 쳐다보더니,

"글쎄 그러지 않아두 누가 대구 가시는 이나 있으면 좀 부탁을 해서 알아보고 싶어두 그것도 안 되구……천생 언문으로 편지를 쓸 줄 알아야죠."

하며 이번에는 자기 신세를 조소하듯이 마음 놓고 커닿게 웃는다.

"그럼 아버지하군 지금 헤져서 사는 모양이구나?"

"그야 벌써 헤졌죠. 내가 열 살 적인가, 아홉 살 적에 장기(長崎)로 갔답니다."

"그래 그 후에는 소식은 있니?"

"한참 동안은 있었는데 지금은 어떻게 되었는지……? 하지만 이 설이나 쇠고 나건 찾아가 볼 테에요."

하며 흑흑 느끼듯이 또 한 번 어색하게 웃는다. 그 웃음은 어느 때든지 자기의 기이한 운명을 스스로 조소하면서도 하는 수 없다는 단념에서 나오는, 말하자면 큰일을 저지르고 하도 깃구멍이 막혀서 나오는 웃음 같았다.

"아무리 조선 사람이라두 길러낸 어머니가 정다울 테지? 너의 아버지란 사람이 어떤 사람인지는 모르겠다마는, 지금 찾아간대야 그리 반가워는 아니 할걸?"

조선 사람 어머니에게 길리어 자라면서도 조선말보다는 일본말을 하고, 조선옷보다는 일본옷을 입고, 딸자식으로 태어났으면서도 조선 사람인 어머니보다는 일본 사람인 아버지를 찾아가겠다는 것은, 부모에 대한 자식의 정리를 지나서 ⓒ<u>어떠한 이해관계</u>나 일종의 추세라는 타산이 앞을 서기 때문에 이별한 지가 벌써 칠팔 년이나 된다는 애비를 정처도 없이 찾아간다는 것이라고 생각할 제, 이 계집애의 팔자가 가엾은 것보다도 ⓔ<u>그 에미가 한층 더 가엾다고 생각지 않을 수 없었다</u>.

(중략)

젊은 사람들의 얼굴까지 시든 배춧잎 같고 주눅이 들어서 멀거니 앉았거나, 그렇지 않으면 빌붙는 듯한 천한 웃음이나 '헤에' 하고 싱겁게 웃는 그 표정을 보면 가엾기도 하고, 분이 치밀어 올라와서 소리라도 버럭 질렀으면 시원할 것 같다.

(가) '이게 산다는 꼴인가? 모두 뒈져 버려라!'
찻간 안으로 들어오며 나는 혼자 속으로 외쳤다.
'무덤이다! 구더기가 끓는 무덤이다!'

나는 모자를 벗어서 앉았던 자리 위에 던지고 난로 앞으로 가서 몸을 녹이며 섰었다. 난로는 꽤 달았다. 뱀의 혀 같은 빨간 불길이 난로 문틈으로 날름날름 내다보인다. 찻간 안의 공기는 담배 연기와 석탄재의 먼지로 흐릿하면서도 쌀쌀하다. ⓜ<u>우중충한 남폿불</u>은 웅크리고 자는 사람들의 머리 위를 지키는 것 같으나 묵직하고도 고요한 압력으로 지그시 내리누르는 것 같다.

– 염상섭, 「만세전」

11 윗글의 서술 방식으로 가장 적절한 것은?

① 인과 관계가 약한 사건들을 병치하여 우연성을 강조하고 있다.

② 서술자는 이야기 속 이야기를 통해 인물의 과거를 소개하고 있다.

③ 상징적 소재를 통해 중심 갈등이 해소되는 과정을 서술하고 있다.

④ 인물의 내적 독백을 통해 인물들의 긍정적인 면모를 부각하고 있다.
⑤ 등장인물인 서술자가 다른 인물들을 관찰하며 논평하고 있다.

12 **(가)에 드러난 태도로 가장 적절한 것은? [3점]**

① 실의에 빠진 대상을 포용하면서도 절망적인 상황에 좌절하는 태도
② 어떤 기대도 더 이상 할 수 없는 대상을 일방적으로 저주하는 태도
③ 한심한 모습의 대상에 대한 안타까움과 분노를 같이 드러내는 태도
④ 큰 소리로 말하고 싶지만 대상이 잘 받아들이지 않을 것을 염려하는 태도
⑤ 무기력한 대상을 구원하려던 시도가 좌절되었을 때의 실망한 태도

13 **[화롯불 가져온 아이]에 대한 설명으로 적절하지 <u>않은</u> 것은?**

① 조선에서 태어나고 자랐다.
② 자신이 혼혈인 것이 드러나는 것을 꺼린다.
③ 자신을 얕보는 동료에게 무례한 행위를 한다.
④ 어머니와 헤어진 상태이다.
⑤ 한글로 편지를 쓸 줄 모른다.

14 **㉠~㉤의 문맥적 의미를 해석한 것으로 적절하지 <u>않은</u> 것은?**

① ㉠: 조선인들이 일본인에게 천대를 받는 것은 조선인들에게 원인이 있다는 사실
② ㉡: 외국 사람에게 조선인들이 실제 물건들을 사용하여 교육하는 것
③ ㉢: 일본인 아버지에게 기대어 사는 것이 더 이롭다는 계산
④ ㉣: 그 어머니는 남편과 딸에게 모두 버림받았기 때문에 더 가엾다고 생각함
⑤ ㉤: 무덤 같은 찻간의 분위기를 더욱 무겁게 만드는 흐리고 침침한 램프 불빛

15 **〈보기〉를 참조하여 윗글에 드러난 '나'의 생각을 비판한 것으로 가장 적절한 것은?**

〈보기〉

「만세전」의 제목에 쓰인 '만세'는 3·1운동을 가리킨다. 이 작품은 3·1운동 직전인 1918년 12월 일본 동경에서 식민지 수도 서울로의 여행을 통해 일본에서 유학하던 주인공이 본 당시 식민지 조선의 상황을 그려내고 있다. 그 다음 해에 일어난 3·1운동은 일제강점기가 시작된 이후 펼쳐진 조선총독부의 억압적인 무단통치에 온 민족이 들고일어나 독립 만세를 외친 역사적 사건이다. 이 운동을 통해 우리 민족은 일제가 아니라 우리가 우리의 운명을 결정한다는 자주성을 높이 드러내었다.

① '나'는 무덤 같은 환경에 지배받았던 당시 조선인들의 삶을 그들이 자주적으로 선택한 삶이라 보고 있어.
② 일제 총독부의 무단통치가 낳은 폐해를 목격하면서도 '나'는 일본에 기대어야 한다는 생각을 벗어나지 못한 거야.
③ '나'는 구습에 젖은 당시 조선인들에게서도 희망을 발견하려는 자신이 우월하다는 생각에 갇혀 있어.

④ 당시 조선인들을 무덤 속 구더기로 보는 '나'의 관점으로는 조선에서 왜 자주적인 반세 운동이 일어났는지 이해할 수 없을 거야.

⑤ 시대에 뒤떨어졌다고 해서 조선인들을 경멸하는 것은 일본인들의 잘못이기에 '나'는 일본인들이 잘못을 깨달으면 상황이 나아질 것이라고만 보고 있어.

[16~19] 다음 글을 읽고 물음에 답하시오.

생물학에서 유전 물질 간의 전이는 DNA가 전사를 통해 RNA가 되며 이 RNA가 번역을 통해 단백질을 형성하는 과정을 거친다. 이 과정의 마지막 단계에서 형성된 단백질은 세포나 조직의 구조를 이루거나, 기능상 혹은 조절상 중요한 역할을 한다. 그 때문에 적절한 시점에 정상적으로 단백질이 발현되지 않으면 질병으로 이어지게 된다. 근본적인 유전 물질인 DNA의 변이가 질병의 원인일 경우 RNA와 단백질에도 문제가 생기게 되므로 유전자의 변이를 고칠 수 있다면 단백질 이상 발현이 생길 가능성이 현저히 줄어들 것이다. 이처럼 근본적인 원인이 되는 비정상 유전자를 고치는 것을 유전자 치료라고 하는데, 그중 현재 가장 발전한 것이 ㉠3세대 유전자 가위, 크리스퍼 시스템이다.

세균과 고세균에서만 발견되는 특이한 반복서열을 사용하였다고 하여 이름 붙여진 크리스퍼 시스템은 면역 반응을 이용하여 바이러스 유전체의 염기서열을 조작하는 유전자 치료 방법으로, 2012년 엠마뉴엘 샤펜티어 교수와 제니퍼 다우드나 교수 연구팀에 의해 제안되었다. 이 시스템은 기술적으로 비교적 다루기 쉽고 비용이 적게 든다는 장점이 있어 〈사이언스〉에서 가장 혁신적인 기술로 선정되기도 했다. 앞서 2000년대 초반 징크핑거 뉴클레아제가 1세대 유전자 가위로 등장했고 이후 2세대 유전자 가위로 탈렌이 등장한 바 있었으나, 기술적으로 다루기 어렵고 비용이 많이 든다는 단점이 있었다.

자연계에는 세균의 후천성 면역 작동 기제의 한 종류로 크리스퍼 시스템이 존재한다. 1987년 일본에서 박테리아의 유전체 분석 과정 중에 특이하게 반복되는 서열이 발견되었다. 이 서열은 일정한 간격(스페이서)을 두고 반복되었는데, 당시로는 그것이 갖는 중요성이 충분히 인지되지 못했다. 2000년대 초반에 염기서열 분석 기술이 비약적으로 발전하자 저렴한 가격으로 더 빠르게 유전체 분석을 할 수 있게 되었고, 지난 10여 년 동안 잊혔던 반복서열이 주목받기에 이르렀다. 2002년에 세균과 고세균에서만 발견되던 이 반복서열은 크리스퍼(CRISPR)라고 명명되었다. 크리스퍼 근처에 자리 잡고 있으면서 그 기능에 중요한 역할을 할 것이라고 예상되는 유전자도 발견되었으며, 이 유전자는 카스(Cas: CRISPR associated protein)라고 이름 붙여졌다.

이렇게 세균에서 구조적인 특징이 발견되자, 연구자들은 이 시스템의 기능 연구에 몰두하게 되었는데 2005년에 스페이서 서열이 세균을 숙주로 하는 바이러스의 유전체와 일부 동일하다는 여러 논문이 나왔다. 이 사실을 바탕으로 크리스퍼 시스템은 적응 면역과 관련 있을 가능성이 제시되었으며, 2007년 실험적으로 증명되어 〈사이언스〉에 발표되었다. 이 연구에서 크리스퍼 시스템은 다음과 같이 정리되었다. 우선 세균 내에서 크리스퍼의 반복서열을 인식하는 트랜스활성화RNA와, 스페이서 서열과 반복서열을 포함한 크리스퍼RNA를 만든다. 만약 이전에 감염된 적이 있는 바이러스의 유전체 서열 정보가 스페이서 서열에 포함되어 있다면, 다시 그 바이러스가 침입한 경우 이를 크리스퍼RNA가 인식하고, 이 반응에 맞춰 트랜스활성화RNA와 카스 단백질은 바이러스의 유전체를 공격해 절단한다. 또한 2012년에는 앞에서 언급한 엠마뉴엘 샤펜티어 교수와 제니퍼 다우드나 교수의 연구를 통해 세균 내에 따로 존재하는 트랜스활성화RNA와 크리스퍼RNA를 하나로 이어 만든 가이드RNA에 카스 단백질을 넣으면 세균의 크리스퍼 시스템의 모사가 가능하다는 사실이 밝혀지기도 했다. 또한 세균 내 스페이서 서열이 바이러스를 인식하는 것과 비슷하게 스페이서 서열 대신 우리가 원하는 표적의 서열을 넣으면 원하는 유전체를 자를 수 있다는 것도 증명되었다. 이듬해에는 인간을 포함한 고등생물에서도 이 크리스퍼 시스템이 사용될 수 있다는 것이 증명되기도 했다.

크리스퍼 시스템은 생명과학 분야에서 유전자 교정을 통해 동식물의 생산량과 안정성을 조절하는 데 기여할 수 있을 것으로 예상된다. 또한 유전자 드라이브, 곧 인간이 아닌 생물의 유전자를 변형시켜 유전자 구성을 바꾸는 과정을 통해 바이러스 매개체인 야생 모기 등을 멸종시키는 것도 가능할 것이다. 그리고 생명 윤리의 문제를 해결한다면 유전자 치료를 통해 유전질환을 치료하는 데에도 활용될 수 있을 것으로 기대된다. 하지만 크리스퍼 시스템은 아직까지는 기술적 정확성 면에서 한계가 있고 유전자 변이를 완벽히 통제하지 못하고 있다는 제약을 가지고 있다. 나아가 미래 생명 과학이 우생학적 편견 같은 잘못된 가치관과 만났을 때의 문제를 보여준 영화 〈가타카〉(1997)에서 알 수 있듯이 유전자 편집의 경계 기준이 단지 기술적인 차원에서뿐 아니라 생명 윤리의 차원에서 다루어질 필요도 있다는 점을 간과해서는 안 된다.

16 윗글의 서술 방식으로 가장 적절한 것은?

① 대상의 속성들을 나열한 후, 그것을 통일된 구조로 종합하고 있다.

② 대상을 정의한 후, 그와 관련된 사항들을 구체적으로 설명하고 있다.

③ 권위 있는 의견을 제시한 후, 대상이 그것에 부합함을 설득하고 있다.

④ 대상의 세부적인 요소를 분석한 후, 그 전체적인 외양을 묘사하고 있다.

⑤ 대상에 관한 다양한 사례를 제시한 후, 그것을 하나의 개념으로 요약하고 있다.

17 윗글에서 밝힌 사건의 순서를 바르게 파악한 것은?

〈보기〉

ⓐ 세균의 유전자에 존재하는 특정한 반복 염기서열을 크리스퍼로 명명

ⓑ 크리스퍼 시스템과 적응 면역의 관련 가능성을 실험적으로 증명

ⓒ 박테리아 유전체에서 일정한 스페이서를 둔 서열 발견

ⓓ 인간의 유전자에 크리스퍼 시스템을 사용할 수 있음을 확인

① ⓐ – ⓑ – ⓒ – ⓓ

② ⓐ – ⓒ – ⓓ – ⓑ

③ ⓒ – ⓐ – ⓓ – ⓑ

④ ⓒ – ⓐ – ⓑ – ⓓ

⑤ ⓓ – ⓐ – ⓑ – ⓒ

18 윗글에 따를 때, '크리스퍼 시스템'의 핵심적인 작동 기제는? [3점]

① 크리스퍼RNA와 트랜스활성화RNA의 결합

② 가이드RNA에 의한 스페이서 서열의 절단

③ 트랜스활성화RNA에 의한 크리스퍼RNA의 복제

④ 가이드RNA와 카스에 의한 표적 염기서열 절단

⑤ 트랜스활성화RNA와 크리스퍼RNA에 의한 표적 염기서열의 복제

19 ㉠의 의의를 진술한 것으로 적절하지 <u>않은</u> 것은?

① 비용이 비교적 적게 드는 처리 방법이다.
② 고등생물을 대상으로 사용할 수 있다고 증명된 방법이다.
③ 생명 윤리 차원에서 우생학적 편견을 안고 있는 방법이다.
④ 식량 증산을 위한 산업적 활용의 가능성이 있는 방법이다.
⑤ 현재까지는 기술적으로 가장 발전한 유전자 치료 방법이다.

[20~23] 다음 글을 읽고 물음에 답하시오.

국어사전에 따르면, '구독'은 '책이나 신문, 잡지 따위를 구입하여 읽음'으로 풀이되어 있다. 몇 년 전까지만 해도 무엇인가 '구독'한다고 할 때에는 주로 이 뜻을 떠올렸다. 하지만 요즈음 사전에서는 '정기적으로 내는 기부금, 가입, 모금, (서비스) 사용'으로도 정의한다. 영어로는 서브스크립션(subscription)이라고 하는데, 여기에는 '이용'한다는 의미가 담겨 있다. 실제로 구독 서비스는 소유보다는 이용에 초점을 두고 있으며, 이 때문에 구독 경제가 소유에서 이용으로 경제 패러다임을 전환시켰다는 평가를 받기도 한다. ㉠

1913년 자동차 대량생산을 위해 '포드 시스템'이 도입된 이래, 지난 백여 년간 우리의 주된 소비 방식은 구매하고 소유하는 것이었다. 소비자들에게는 선택권이 많지 않았고 기업과 소비자 사이에서 이루어지는 거래는 단순했다. 기업은 소비자의 수요를 고려하여 싸고 질좋은 제품을 판매하고 소비자는 합당한 가격을 지불하고 구매하여 소유하는 것이 당연한 일이었다. 경제 성장으로 노동자들의 수입이 증가하고 가처분 소득이 늘면서 소유가 주는 의미는 각별해졌다. 큰 집, 고급 승용차, 고가의 보석, 그리고 더 많은 물건을 내 것으로 만들어 자신이 거둔 성공을 과시하는 것이 소비의 목적 중 하나가 되었다. 지금도 소유는 어느 정도 그런 의미를 내포한다. 하지만 소유는 소비의 유일한 목적이 아니다. ㉡

책을 예로 들면, 소장 자체를 목적으로 책을 사는 소비자들도 있지만, 대개는 책을 읽으면서 지식을 넓히고 정서적 풍요를 누리며 무료한 시간을 즐겁게 보내려고 한다. 이 때문에 굳이 비싼 비용과 긴 시간의 기다림과 추가적인 보관 공간의 부담 없이도 이용할 수 있는 전자책 구독 서비스가 활성화되는 바탕이 마련된다. 소유를 하지 않더라도 구독을 통해 책을 읽는 각자의 목적이 충족될뿐더러 새로운 서비스로 인해 책과 관련된 경험이 여전히 풍부하고 즐거울 수 있는 것이다. 구독 서비스는 이렇게 소비자의 다양한 소비 목적 달성과 그 과정에서 얻게 되는 경험에 주목하는 경제 모델이다. 판매자와 소비자의 관계에서도 판매는 판매자가 상품을 소비자에게 건네주고 소비자가 그에 맞는 비용을 지불함으로써 그 관계가 일단 완성되는 반면, 구독은 소비자가 비용을 지불한 이후에도 계약 기간 동안 그 관계가 지속된다. ㉢

오늘날 구독 경제가 하나의 주요한 경제 모델로서 확산된 데에는 판매자와 소비자가 직접 연결될 수 있게 한 기술적 발전의 기여가 크다. 판매에서는 판매자와 소비자 사이에 계층화된 영업소와 영업사원이 있다. 이 전통적인 유통 채널은 일방향성이라는 소통적 특성과 시간적 지연으로 인해 소비자의 욕구와 불만을 후속 판매에 반영하는 데 제약이 있다. 소유를 전제로 한 이러한 경제 모델은 미래에도 존재할 것이다. 하지만 모바일 기술이나 콜드 체인 기술 같은 발전된 기술로 인해 판매자와 소비자가 직접 연결될 수 있게 되었고, 구독 서비스의 등장을 통해 기업이나 판매자가 소비자와 쌍방향적으로 직접 소통하며 소비자의 요구에 따라 특화되거나 개별화된 상품을 신속하게 제공하는 것이 가능하게 되었다. 기술적 발전 외에도 1인 세대가 증가한 것이 주요 원인이 되기도 했으며, 이른바 가성비를 중시하는, 혹은 이와는 달리 가격과 관계없이 높은 만족감을 주는 상품을 중시하는 가치 소비 세대로서 밀레니얼 세대가 새로운 소비 주체로 등장하게 된 것도 구독 경제의 규모를 키우는 주요한 요인이 되었다고 평가된다. ㉣

구독 경제는 소비 주체가 충성 고객이 될 수 있는지 여부에 항상 촉각을 곤두세운다. 충성 고객을 많이 확보할수록 판매자는 발전할 수 있고 구독 경제 또한 성장한다. 그렇기에 판매자인 유통 회사들은 자신들의 정체성을 판매업에서 서비스업으로 변화시키는 혁신에 나선다. 구독 경제에서 충성 고객이 되는 소비자들은 흔히 '최우수 고객'으로 불린다. 그들에게는 여느 고객이 누리는 혜택에 더하여 배타적이고 고객 특화적인 추가 혜택이 주어지며 무료 혜택이 함께 부여되기도 한다. 그런 만큼 이러한 자격을 갖게 된 소비자는 구독료가 비싸더라도 구독 서비스에 충성한다. 판매자 또한 충성도 높은 소비자를 확보하기 위해 구독료에 비해 훨씬 비싼 구독 서비스를 제공하는 비용 지출을 감수할 수 있다. 그것은 소비자의 반복된 구독에 의해 생산되는 구독 정보를 구독 서비스의 비용 절감을 위한 평가 및 예측 정보로 활용할 수 있고 나아가 상품이나 서비스와 직접 관련이 없는 소비자 정보까지도 빅데이터로 활용하여 새로운 사업 진출에 중요한 판단 근거로 활용할 수 있기 때문이다. ㉤

20 **윗글의 내용과 일치하지 <u>않는</u> 것은?**

① 구독 서비스는 비용을 지불한 서비스의 계약 기간을 조건으로 한다.

② 구독 경제에서는 상품을 위한 비용 지불 이후에도 판매자와 소비자의 관계가 지속된다.

③ 모바일 기술 발전으로 판매자와 소비자가 직접 연결됨으로써 판매자는 특정 소비자에 특화 상품 및 서비스를 제공할 수 있게 된다.

④ 밀레니얼 세대의 가치 소비 경향은 구독 경제를 지탱하는 주요한 요인 중 하나이다.

⑤ 충성도 높은 소비자를 유지하기 위해 구독 서비스가 선택하는 일반적인 전략은 값싼 구독료를 유지하는 것이다.

21 **윗글에 따를 때, 판매와 비교하여 구독 서비스가 갖는 특징으로 가장 적절한 것은?**

① 상품의 독점적 사용

② 상품의 저렴한 가격

③ 상품의 높은 품질과 명성

④ 유통 채널의 직접성과 쌍방향성

⑤ 소비 수요를 고려한 상품 생산과 제공

22 **윗글의 맥락을 고려하여 이해한 내용으로 적절하지 <u>않은</u> 것은?**

① 미래에는 소유를 목적으로 한 소비는 사라질 것이다.

② 구독 경제는 오늘날 경제에서 규모를 키워가고 있다.

③ 구독 서비스의 활성화는 세대 구성의 변화와 밀접한 관련이 있다.

④ 구독 서비스에서는 소비자가 상품 생산에 직접적인 영향을 끼치기도 한다.

⑤ 소비자의 구독 정보는 해당 구독 서비스 외의 목적을 위해서도 활용될 수 있다.

23 윗글의 주요 내용을 구체화하기 위해 〈보기〉의 사례를 추가한다고 할 때, 가장 적절한 위치는? [3점]

〈보기〉

ㅇㅇ는 꽃 구독 서비스이다. 2주 단위로 그 시기에 가장 아름다운 꽃을 주제로 꽃다발이나 꽃바구니를 꾸며 제공한다. 가격대별로 여러 방식으로 제공되는 서비스가 있으며 여기에는 꽃꽂이 강좌 구독 같은 병행 서비스도 포함된다. 기존의 꽃 배달 서비스가 상품인 꽃을 일회적으로 판매하는 것인 데 반해, 꽃 구독 서비스는 꽃의 선별과 장식, 그리고 정보 제공 등을 서비스의 대상으로 삼아 자기 자신을 위해 주문하는 소비자에게 주기적으로 제공한다. 꽃 구독 서비스는 자주 꽃을 사서 직접 장식하기에는 시간과 노력의 부담이 있지만 집을 아름답고 생기 있게 꾸미고자 하는 젊은 가치 소비 세대에게 특히 호응을 얻고 있다.

① ㉠ ② ㉡
③ ㉢ ④ ㉣
⑤ ㉤

[24~27] 다음 글을 읽고 물음에 답하시오.

'가스라이팅'은 1944년 조지 쿠커가 감독한 영화 〈가스등(Gaslight)〉에서 유래한 용어이다. 이 영화에서 남편 그레고리는 계속 상황을 조작하여 아내 폴라의 판단과 기억력에 영향을 줌으로써 그녀가 왜곡된 현실 감각으로 자신을 미쳤다고 의심하도록 정신적으로 조종한다. 영화에서처럼 현실의 인간관계에서도 정서적 학대를 동반하는 심리적 지배나 억압의 사례들이 많이 발견되는데, 이에 착안하여 가스라이팅이라는 용어가 생겼다. 이 용어는 이제 널리 퍼져서, 반복적인 강요나 압박, 두려움에 의한 복종 같은 것들과 혼동되기도 한다. 하지만 이런 것들과 달리 가스라이팅은 지속적인 심리 조작으로 피해자가 자기 불신과 가해자에 대한 자발적 순종 또는 의존을 하게 만드는 심리적 억압 기제를 갖는다. 여기에 반드시 범죄적 의도나 폭력적 강제가 동반되는 것은 아니다.

흔히 가스라이팅은 불평등한 남녀 관계와 관련하여 많이 주목되지만, 개인과 집단의 관계, 더 나아가 사회 제도와의 관계에서도 구조적으로 발생한다. 이 때문에 가스라이팅은 사회적 불평등에 뿌리를 둔 사회학적 현상이라고 주장되기도 한다. ㉠ 집단 내 가스라이팅은 특히 억압적 질서와 과잉된 친밀함을 제도화하고 있는 집단에서 강한 권력관계에 의한 불평등한 위계질서를 바탕으로 나타나며, 편견과 차별을 강화하는 방향으로 심화된다. 이러한 집단 내에서 구성원들에게 친밀감이나 정서적인 일체감을 강요하는 것은 일상적이다. 이때 발생하는 정서적 억압은 집단 내에 있지 않을 때 자신을 미약하고 무의미한 존재일 뿐이라고 여기게 하고 집단 내에 있어야 자신이 보호받을 수 있다고 생각하게 만듦으로써 자발적 복종에 이르게 한다.

집단 내의 가스라이팅은 강한 권력 관계를 바탕으로 주로 서열상 말단이나 하위에 있는 사람들을 피해자로 만든다. 권력 관계는 집단 구성원들이 불평등을 받아들이는 정도인 '권력 거리(power distance)'를 만드는데, 권력 관계가 강할수록 서열의 경계가 뚜렷해지고 상급자와 하급자가 분리되는 가운데 권력 거리도 커지는 공고한 위계질서가 생기게 된다. 권력 거리가 커질수록 피지배적 지위에 있는 하급자가 권력을 가진 상급자에게 자신의 의견을 나타낸다거나 저항, 도전, 항거 따위를 하기는 어렵다. 그리고 집단의 권력 관계가 강해지면, 더 커지는 권력 거리를 은폐하기 위해 집단 내 친밀성은 더 강하게 요구된다. 하지만 더 커진 권력 거리로 인해 피해자가 가스라이터의 거짓된 친밀함을 자각할 가능성도 커진다. ㉡아이러니한 것은, 가해자와의 더 큰 권력 거리로 인해 피해자는 더 큰 무력감을 느끼게 되고 자신이 겪는 고통도 해결할 수 없기에 심지어 가스라이팅을 자신의 무지와 무능 때문에 받는 처벌처럼 받아들여 가해자에게 의존할 가능성도 더 커진다는 것이다. 권력을 가진 상급자는 이러한 조직 특성을 악용하여 하급자에 대한 가스라이팅을 일상화한다.

집단 내 가스라이팅은 상급자에 의해 저질러지는 위계에 의한 성폭력 즉 권력형 성범죄를 포함하여 조직 내 괴롭힘의 형태인 폭력, 갑질, 업무 과중, 따돌림 등의 다양한 형태로 표현된다. 그래서 가스라이팅을 자각하는 경우라 하더라도 피해자는 여전히 가해자에 의한 과다한 업무 부여나 업무 배제로 인해 압박감을 느끼고, 승진 배제나 징계 등으로 좌절감을 느끼며, 집단 내 따돌림으로 인해 고립감을 겪게 될 수 있다. 피해자의 동료들이 도움이 될 수도 있지만, 이들이 만약 피해자와 비슷한 처지에 있다면 서로에게 느끼는 연민과 공감의 감정에도 불구하고 가해자에게 저항하기란 쉽지 않다. 개인 간 가스라이팅에 비해 집단 내 가스라이팅은 훨씬 공공연하고, 피해자와 동료 모두가 가해자가 지닌 권력의 통제권 내에 있기 때문이다. 집단 내 가스라이팅이 그 집단의 조직 문화인 것처럼 치부될 수 있는 것은, 피해자의 동료들이 침묵으로 가스라이팅의 방관자가 되고 무력감으로 인해 피해자와 동료들 모두가 순응하게 됨으로써 집단에 속한 다수나 전체, 더 나아가 집단 자체가 가학적이든 자학적이든 가스라이팅에 참여하게 되기 때문이다.

집단 내 가스라이팅은 사회적이며 구조적인 사태이기 때문에, 한 개인의 용기나 저항으로 해결되기는 쉽지 않다. 가스라이터는 자기 주관이 약하고 의존적인 심리를 갖는 사람을 표적으로 삼는다. 가스라이팅을 당하지 않거나 거기서 벗어나기 위해서 집단의 구성원은 자신의 목소리를 낼 수 있어야 할 뿐 아니라 그 목소리를 키우기 위해 같은 처지의 구성원들과 연대해야 한다. 가스라이팅은 권력에 의해 지배받지 않으려는 자유의지를 가진 구성원에게는 작동하지 않기 때문이다.

24 **윗글을 통해 답할 수 있는 질문으로 적절하지 <u>않은</u> 것은?**

① 가스라이팅이라는 용어는 어디서 비롯되었는가?
② 개인적 차원의 가스라이팅이 일어나는 까닭은 무엇인가?
③ 가스라이팅이 일어나는 집단은 어떤 특징을 지니는가?
④ 집단 내 가스라이팅은 어떤 방식으로 이루어지는가?
⑤ 가스라이팅을 극복하기 위한 방법은 무엇인가?

25 **윗글의 중심 내용을 뒷받침할 사례로 가장 적절한 것은?** [3점]

① 조금만 실수를 해도 “내가 없어서 그래.”라고 하면서 자신의 중요성을 강조하는 친구
② TV 토론에 나와 사회의 급격한 인구 감소 원인이 시민들이 자신의 삶만을 중시하는 이기적인 태도 때문이라고 주장하는 토론자
③ 전투에 앞서 부대원들에게 조국이 있어야 내가 있고 조국과 나는 한몸이라며 목숨을 내던져서라도 조국을 지켜야 한다고 연설하는 부대장
④ 학교의 유구한 전통과 진학 성과를 강조하면서 학생들에게 자랑스러운 학교의 구성원으로서 명문대에 합격해 줄 것을 믿는다고 매주 훈시하는 교장
⑤ 심판의 날이 다가왔다면서 신도들로 하여금 지옥에 떨어지지 않기 위해 모든 재산을 헌납하고 종교활동에만 몰두하도록 지속적으로 세뇌하는 신흥 종교의 교주

26 ㉠에 대한 설명으로 적절하지 않은 것은?

① 자기 주관이 강한 사람이 주로 가스라이팅의 표적이 된다.

② 피해자는 자신의 무지와 무능력 때문에 가스라이팅을 당한다고 자책한다.

③ 강한 권력 관계로 인해 불평등한 위계질서가 뚜렷한 조직에서 주로 나타난다.

④ 가해자는 친밀함으로 위장된 권력 관계를 이용하여 하급자에 대한 가스라이팅을 시도한다.

⑤ 피해자의 동료들이 침묵의 방관자가 되거나, 심지어는 가스라이팅의 동조자가 되기도 한다.

27 ㉡의 문맥적 의미에 대한 이해로 가장 적절한 것은?

① 친밀감이 커지면서 권력 거리도 커지는 것

② 가스라이팅이 지속될수록 가스라이팅의 정체가 드러나는 것

③ 가스라이팅의 고통에서 벗어나려고 가스라이터에게 더 의존하는 것

④ 문제 상황에 대한 인식이 분명해질수록 문제 해결의 의지가 커지는 것

⑤ 피해자와의 서열의 경계가 뚜렷해져서 가스라이팅을 하기가 더 어려워지는 것

[28~32] 다음 글을 읽고 물음에 답하시오.

(가)

㉠뎨 가ᄂᆞᆫ 뎌 각시 본 듯도 ᄒᆞᆫ뎌이고
텬샹(天上) ᄇᆡᆨ옥경(白玉京)을 엇디ᄒᆞ야 니별(離別)
ᄒᆞ고
ᄒᆡ 다 뎌 져믄 날의 눌을 보라 가시ᄂᆞᆫ고
어와 네여이고 이내 ᄉᆞ셜 드러 보오
내 얼굴 이 거동이 님 괴얌즉 ᄒᆞᆫ가마ᄂᆞᆫ
엇딘디 날 보시고 네로다 녀기실ᄉᆡ
나도 님을 미더 군ᄠᅳ디 젼혀 업서
ⓐ이ᄅᆡ야 교ᄐᆡ야 어ᄌᆞ러이 ᄒᆞ돗쎤디
반기시ᄂᆞᆫ ᄂᆞᆺ비치 녜와 엇디 다ᄅᆞ신고
누어 ᄉᆡᆼ각ᄒᆞ고 니러 안자 혜여ᄒᆞ니
내 몸의 지은 죄 뫼ᄀᆞ티 ᄡᅡ혀시니
하ᄂᆞᆯ히라 원망ᄒᆞ며 사ᄅᆞᆷ이라 허믈ᄒᆞ랴
셜워 플텨 혜니 조믈(造物)의 타시로다
글란 ᄉᆡᆼ각 마오 ᄆᆡ친 일이 이셔이다
ⓑ님을 뫼셔 이셔 님의 일을 내 알거니
믈 ᄀᆞᄐᆞᆫ 얼굴이 편ᄒᆞ실 적 몃 날일고
츈한 고열(春寒苦熱)은 엇디ᄒᆞ야 디내시며
츄일 동텬(秋日冬天)은 뉘라셔 뫼셧ᄂᆞᆫ고
쥭조반(粥早飯) 죠셕(朝夕) 뫼 녜와 ᄀᆞᆺ티 셰시ᄂᆞᆫ가
기나긴 밤의 ᄌᆞᆷ은 엇디 자시ᄂᆞᆫ고

– 정철, 「속미인곡」

(나)

어화 긔 뉘신고 염치(廉恥) 업산 ᄂᆡ옵노라
초경(初更)도 거읜ᄃᆡ 긔 엇지 와 겨신고
연년(年年)에 이러ᄒᆞ기 구차(苟且)ᄒᆞᆫ 줄 알건만ᄂᆞᆫ
쇼 업ᄉᆞᆫ 궁가(窮家)애 혜염 만하 왓삽노라
공ᄒᆞ니나 갑시나 주엄즉도 ᄒᆞ다마ᄂᆞᆫ
다만 어제 밤의 거넨 집 져 사람이
목 불근 수기치(雉)을 옥지(玉脂) 읍(泣)게 ᄭᅮ어 ᄂᆡ
고
간 이근 삼해주(三亥酒)을 취(醉)토록 권(勸)ᄒᆞ거든
이러한 은혜(恩惠)을 어이 아니 갑흘넌고
내일(來日)로 주마 ᄒᆞ고 큰 언약(言約) ᄒᆞ야거든
ⓒ실약(失約)이 미편(未便)ᄒᆞ니 사셜이 어려왜라

실위(實爲) 그러ᄒᆞ면 혈마 어이할고

– 박인로, 「누항사」

(다)

형님 온다 형님 온다 분고개로 형님 온다
형님 마중 누가 갈까 형님 동생 내가 가지
ⓛ<u>형님 형님 사촌 형님 시집살이 어떱뎁까</u>
이애 이애 그 말 마라 시집살이 개집살이
앞밭에는 당추 심고 뒷밭에는 고추 심어
고추 당추 맵다 해도 시집살이 더 맵더라
둥글둥글 수박 식기(食器) 밥 담기도 어렵더라
도리도리 도리소반 수저 놓기 더 어렵더라
오 리(五里) 물을 길어다가 십 리(十里) 방아 찧어다가
아홉 솥에 불을 때고 열두 방에 자리 걷고
외나무다리 어렵대야 시아버니같이 어려우랴
ⓓ<u>나뭇잎이 푸르대야 시어머니보다 더 푸르랴</u>
시아버니 호랑새요 시어머니 꾸중새요
동세 하나 할림새요 시누 하나 뾰족새요
시아지비 뾰중새요 남편 하나 미련새요
ⓔ<u>자식 하난 우는 새요 나 하나만 썩는 샐세</u>

– 작자 미상, 「시집살이 노래」

28 (가), (나), (다)에 대한 설명으로 적절하지 <u>않은</u> 것은?

① (가), (나), (다) 모두 대화체를 통해 주제를 표현하고 있다.
② (가)와 (나)는 억울한 일을 당한 원통함의 정서가 공통된다.
③ (가)와 (다)는 여성 화자를 등장시켜 주제를 선명히 하고 있다.
④ (가)에 비해 (나)는 화자의 경제적 궁핍이 구체적으로 그려져 있다.
⑤ (가)에 비해 (다)는 화자가 일상에서 겪는 실제적인 어려움이 나타나 있다.

29 〈보기〉와 (가)를 비교한 내용으로 가장 적절한 것은?

〈보기〉

엇그제 님을 뫼셔 광한뎐(廣寒殿)의 올낫더니
그 더ᄃᆡ 엇디ᄒᆞ야 하계(下界)예 ᄂᆞ려오니
올 적의 비슨 머리 얼킈연 디 삼 년(三年)이라
연지분(臙脂粉) 잇ᄂᆡ마ᄂᆞᆫ 눌 위ᄒᆞ야 고이 ᄒᆞᆯ고
ᄆᆞ음의 ᄆᆡ친 실음 텹텹(疊疊)이 ᄡᅡ혀 이셔
짓ᄂᆞ니 한숨이오 디ᄂᆞ니 눈믈이라

– 정철, 「사미인곡」

① (가)는 ‘님’과의 이별을, 〈보기〉는 ‘님’과의 재회를 그려낸다.
② (가)는 ‘님’에 대한 걱정을, 〈보기〉는 화자의 현재 처지를 나타낸다.
③ (가)는 슬픔과 자책의 감정을, 〈보기〉는 분노와 절망의 감정을 드러낸다.
④ (가)는 정중하고 우아한 태도를, 〈보기〉는 경박하고 소심한 태도를 보인다.
⑤ (가)는 고유어와 고사성어를, 〈보기〉는 한자어와 한시구를 주로 사용한다.

30 (나), (다)에 대해 비교하여 설명한 것으로 가장 적절한 것은?

① (나)는 낭만적인 분위기가, (다)는 고상한 취향이 나타나 있다.
② (나)는 시간의 역전을 통해, (다)는 공간의 배치를 통해 시상을 전개하였다.
③ (나)는 당시의 음식이 소재로 쓰였고, (다)는 가사노동의 양상이 반영되어 있다.
④ (나)는 상징적, 역설적인 표현을, (다)는 감각적, 직설적인 표현을 주로 사용하였다.

⑤ (나)는 대상을 풍자하기 위해, (다)는 주제를 드러내기 위해 서사적인 상황을 설정하였다.

31 ㉠, ㉡의 기능에 대한 설명으로 가장 적절한 것은? [3점]

① 화자의내면적 욕망을드러내는기능을 한다.

② 상대의 생각과 태도를 비판하는 기능을 한다.

③ 상대와의 친밀한 관계를 깨뜨리는 기능을 한다.

④ 시적인 상황에 대해 자세히 묘사하는 기능을 한다.

⑤ 상대의 발화를 이끌어내어 주제가 드러나게 하는 기능을 한다.

32 ⓐ~ⓔ에 대한 이해로 적절하지 않은 것은?

① ⓐ: 자기의 행동에 대한 자부심과 만족감이 드러나 있다.

② ⓑ: 화자가 예전에 '님'을 모신 적이 있음이 나타나 있다.

③ ⓒ: 부탁을 들어주기 어렵다는 거절의 뜻을 완곡하게 전달하고 있다.

④ ⓓ: 화자를 힘들게 하는 시어머니에 대해 말하고 있다.

⑤ ⓔ: 자녀 양육과 시집살이로 인한 마음의 고통을 나타내고 있다.

[33~37] 다음 글을 읽고 물음에 답하시오.

(가)

초란이 말했다.

"듣자 하니 특재라는 자객이 사람 죽이는 것을 주머니 속에서 물건 꺼내듯 한다고 하옵니다. 그에게 많은 돈을 주어 밤에 들어가 길동을 해하게 하면, 상공이 아신다 하더라도 어찌할 수 없사오리니 부인은 다시 생각하소서."

부인과 좌랑이 눈물을 흘리며 말했다.

"이는 차마 못 할 바이나, 첫째는 나라를 위함이요, 둘째는 상공을 위함이요, 셋째는 가문을 보존하기 위함이라. 너의 계교대로 행하라."

초란이 크게 기뻐하며 다시 특재를 불러 이 말을 자세히 이르고 오늘 밤으로 급히 행하라 하니, 특재가 응낙하고 밤이 깊어지기만을 기다렸다.

한편, 길동은 그 원통한 일을 생각하면 잠시도 머물지 못할 일이지만 상공의 엄명이 중하므로 어찌할 길이 없어 밤마다 잠을 이루지 못했다. 그날 밤 촛불을 밝히고 「주역」을 보며 깊이 생각하다가 문득 들으니 까마귀가 세 번 울고 가는 것이었다. 길동이 괴이하게 여겨 혼자 말하기를,

"이 짐승은 본디 밤을 꺼리거늘 지금 울고 가니 심히 불길하도다."

하고, 잠깐 팔괘를 벌여 점을 쳐 보고는 크게 놀라 책상을 물리고 둔갑법을 행하여 동정을 살피고 있었다. 사경쯤 되자 한 사람이 비수를 들고 천천히 방문을 열고 들어왔다. 길동이 급히 몸을 감추고 진언을 외우니, 홀연 한바탕 음산한 바람이 일어나며 집은 간데없고 ⓐ<u>첩첩산중(疊疊山中)</u>에 풍경이 거룩했다. 특재가 크게 놀라 길동의 조화가 신기함을 알고 비수를 감추고 피하고자 하니, 갑자기 길이 끊어지고 층암절벽이 앞을 가리니 ⓑ<u>진퇴유곡(進退維谷)</u>이었다. 사방으로 방황하고 있을 때 문득 피리 소리가 들렸다. 정신을 차려 살펴보니 한 소년이 나귀를 타고 오며 피리 불기를 그치고 꾸짖었다.

"네 무슨 일로 나를 죽이려 하느냐? 죄 없는 사람을 해하면 어찌 하늘의 재앙이 없으리오?"

소년이 진언을 외우니 홀연 한바탕 검은 구름이 일어나며 큰비가 퍼붓듯이 쏟아지고 모래와 돌이 날렸다. 특재가 정신을 수습하고 살펴보니 길동이었다. 비록 그 재주를 신기하게 여기나 '어찌 나를 대적하리오?' 하고 달려들며 큰소리로 말했다.

㉠"너는 죽어도 나를 원망하지 말라. 초란이가 무녀, 관상녀와 함께 상공과 의논하고 너를 죽이려 한 것이니 어찌 나를 원망하리오?"

특재가 칼을 들고 달려드니 길동이 분한 마음을 참지 못해 요술로 특재의 칼을 빼앗아 들고 크게 꾸짖었다.

"네 재물을 탐하여 사람 죽이는 것을 좋아하니 너같이 무도한 놈을 죽여 후환을 없애리라."

길동이 한번 칼을 드니 특재의 머리가 방 가운데로 떨어졌다. 길동이 분한 마음을 이기지 못해 그날 밤 바로 관상녀를 잡아 특재가 죽은 방에 들이밀고 꾸짖기를,

"네 나와 무슨 원수를 졌기에 초란과 더불어 나를 죽이려 했느냐?"하고 칼로 베니, 어찌 가련하지 않으리오.

– 허균, 「홍길동전」

(나)

일귀 왈,

"적실히 그러하면 유심의 집을 함몰하여 후환이 없게 함이 옳을까 하노라."

한담이 옳다 하고, 그 날 삼경에 가만히 승상부에 나와 나졸 십여 명을 차출하여 유심의 집을 둘러싸고 화약 염초를 갖추어 그 집 사방에 묻어 놓고 화심에 불붙여 일시에 불을 놓으라고 약속을 정하니라.

이때에 장 부인이 유 주부를 이별하고 충렬을 데리고 한숨으로 세월을 보내더니, 이날 밤 삼경에 홀연히 곤하여 침석에 졸더니 어떠한 한 노인이 홍선(紅扇) 일 병을 가지고 와서 부인을 주며 왈,

"이날 밤 삼경에 대변이 있을 것이니 이 부채를 가졌다가 화광이 일어나거든 부채를 흔들면서 후원 담장 밑에 은신하였다가 충렬만 데리고 인적이 그친 후에 남천(南天)을 바라보고 가없이 도망하라. 만일 그렇지 아니하면 옥황께서 주신 아들이 화광 중에 고혼이 되리라."하고 문득 간데없거늘 놀라 깨어 보니 ⓒ남가일몽(南柯一夢)이라.

충렬이 잠이 깊이 들어 있고 과연 홍선 한 자루 금침 위에 놓였거늘 부채를 손에 들고 충렬을 깨워 앉히고 안절부절하며 잠도 못 자던 차에, 삼경이 당하매 ⓓ일진광풍(一陣狂風)이 일어나며 난데없는 천불이 사면으로 일어나니 웅장한 고루거각이 일시에 무너지고 전후에 쌓인 세간 ⓔ추풍낙엽(秋風落葉) 되었도다. 부인이 창황 중에 충렬의 손을 잡고 홍선을 흔들면서 담장 밑에 은신하니, 화광이 충천하고 재만 땅에 가득하니 구산(丘山)같이 쌓인 기물 화광에 소멸하였으니 어찌 아니 망극하랴.

사경이 당하매 인적이 고요하고 다만 중문 밖에 두 군사가 지키거늘 문으로 못 가고 담장 밑에 배회하더니, 어슴푸레한 달빛 속으로 두루 살펴보니 중중(重重)한 담장 안에 나갈 길이 없었다. 다만 물 가는 수챗구멍이 보이거늘 충렬의 옷을 잡고 그 구멍에 머리를 넣고 복지(伏地)하여 나올 제, ㉡겹겹이 싸인 담장 수채로 다 지나 중문 밖에 나서니 충렬이며 부인의 몸이 모진 돌에 긁히어서 백옥 같은 몸에 유혈이 낭자하고 월색같이 고운 얼굴 진흙빛이 되었으니, 불쌍하고 가련함은 천지도 슬퍼하고 강산도 비감한다.

– 작자 미상, 「유충렬전」

33 (가), (나)를 비교하여 설명한 것으로 가장 적절한 것은?

① (가)와 (나)는 모두 적대자 측이 주인공의 부모 상봉을 방해한다.

② (가)와(나)는 모두 주인공 측이 위기에 빠졌을 때 구원자가 나타난다.

③ (가)와 (나)는 모두 주인공 측과 적대자 측의 갈등이 심각한 양상으로 나타난다.

④ (가)는 주인공의 내면적 고뇌, (나)는 주인공의 행동과 태도가 중점적으로 드러난다.
⑤ (가)는 적대자 측의 주인공 측에 대한 공격, (나)는 주인공 측의 적대자 측에 대한 포용이 나타난다.

34 〈보기〉를 참조하여 (가), (나)의 사건에 대해 설명한 것으로 가장 적절한 것은? [3점]

〈보기〉

영웅 소설은 영웅의 일대기 구조로 이루어진 소설들을 말한다. '고귀한 혈통—비정상적인 출생—비범한 능력—어릴 때 버려짐—구출 및 양육자의 도움—성장 후의 위기—승리와 성공'의 서사적 구조로 짜여 있다.

① 영웅이 애초에 고귀한 혈통으로 이 세상에 태어났다는 점을 강조하는 내용이다.
② 영웅이 당하는 고난의 동기가 비정상적인 출생에 있음을 보여주는 내용이다.
③ 비범한 능력의 영웅이 고난 중에 그 능력을 전혀 발휘하지 못하는 과정이다.
④ 영웅과 협력 관계를 맺고 있는 보조 인물들에 의해 도움을 받는 과정이다.
⑤ 최종의 성공에 이르기 위해 영웅이 역경에 처하여 고난을 겪는 과정이다.

35 ㉠에 대해 이해한 것으로 적절하지 않은 것은?

① 길동이 특재의 재물 욕심을 꾸짖는 이유가 되었다.
② 특재는 자신에게 잘못이 없다는 이유를 댄 것이다.
③ 특재가 이전의 상황에 거짓을 덧붙여 말한 것이다.
④ 특재와 길동이 날카롭게 대립하는 중에 나온 말이다.
⑤ 이후에 길동이 하는 행동을 촉발하는 계기로 작용하였다.

36 ㉡에 대한 설명으로 적절하지 않은 것은?

① 인물이 당하는 고난의 과정을 강조하여 그리고 있다.
② 사건 전개상 이후의 사건을 암시하는 복선이 들어 있다.
③ 인물과 사건에 대한 서술자의 직접적인 개입이 나타나 있다.
④ 평상시의 모습에 대조하여 인물의 현재 모습을 부각하고 있다.
⑤ 독자의 동정심을 유발하기 위해 감정을 자극하는 표현을 쓰고 있다.

37 ⓐ~ⓔ의 뜻풀이로 적절하지 않은 것은?

① ⓐ: 여러 산이 겹치고 겹친 산속
② ⓑ: 이러지도 저러지도 못하고 꼼짝할 수 없는 궁지
③ ⓒ: 꿈속에서 꿈 이야기를 하듯이 종잡을 수 없는 말
④ ⓓ: 한바탕 몰아치는 사나운 바람
⑤ ⓔ: 가을바람에 떨어지는 낙엽

[38~41] 다음 글을 읽고 물음에 답하시오.

장애가 오로지 의료나 복지의 문제로만 취급되는 것에 반대하면서, 이를 사회적 억압의 한 형태로 재공식화하는 작업은 1970년대 영국에서 시작되었다. 장애인과 장애 단체들은 여러 문제 중에서도 특히 거주 시설로의 수용, 노동 시장에서의 배제, 강요된 빈곤 등에 저항하기 위해 조직화하여 운동하였다. 이러한 ⓐ장애인 운동은 다시 장애에 대한 급진적이고 새로운 개념을 낳았다. 장애는 손상을 지닌 사람들을 고려하지 않고 사회 활동의 주류로부터 배제하는, 당대의 사회 조직에 의한 불이익이나 활동의 제한이라는 것이다. 이러한 재정의로 인해 장애인이 경험하는 활동의 제한과 수많은 불리함이 손상 자체에서 야기된 것보다는 손상을 지닌 사람들과 그렇지 않은 사람들 간의 사회적 관계의 결과로 간주되어 사회의 책임으로 돌려질 가능성이 열렸다. 의료적, 복지주의적 담론들 내의 장애 개념에 대해 ㉠반박할 수 있게 된 것이다.

장애가 사회 제도의 결과라는 ⓑ사회적 모델론의 개념은 장애학의 중심 사상이 되었다. 사회적 모델은 장애인 운동에 공감하는 장애 단체들을 불러 모으는 호각(號角)이었다. 장애인들이 사회적 모델을 접했을 때 그 효과는 계시적이고 해방적이었으며, 그들이 겪는 대부분의 어려움이 사회적으로 초래된 것임을 인식할 수 있게 해 주었다. 주거, 교육, 고용, 교통, 문화·여가 활동, 보건·복지 서비스, 시민적·정치적 권리 등 사회생활의 모든 영역에서 장애를 만들어 내는 장벽들이 시야에 들어와 장애인 운동이 다면화되었다.

당대의 사회 구조와 관행에 의해 부과된 활동의 제한으로서 장애는 어떻게 발생했는가? 그 답은 산업 자본주의의 등장에 있다. 영국에서 18세기 말부터 임노동 관계가 점점 더 대규모 산업과 연결되면서, 손상을 지닌 사람들은 경제 활동으로부터 체계적으로 배제되기 시작했다. 공장의 장시간 노동에 표준화된 숙련도·속도·강도가 요구되는 상황에서 그들 중 다수는 노동력을 팔 수 없었다. 그들은 사회적으로 점점 더 의존적인 존재로 자리매김되고 일반화된 상품 생산 경제에서 배제되었다. 19세기 동안 대규모 산업이 소규모 매뉴팩처와 소상품 생산을 잠식함에 따라 그들의 의존성은 공고화되었다. 20세기에 장애인들이 경험했던 배제와 의존성은 자본주의의 초기에 손상을 지닌 사람들이 '비생산적'이고 의존적인 존재로 강등되었던 사실에서 기원을 찾을 수 있다.

사회적 모델론은 장애가 초역사적이고 어디에나 존재하는 사회 현상이 아니며, 특정한 역사적 시점의 사회적 관계들과 밀접히 관련되어 있음을 주장한다. 장애란 언제나 어떤 유형의 '제한된 활동'을 발생시킨다는 개념을 넘어서 공간적, 시간적, 경제적으로 의미가 다르게 자리매김된다. 이러한 의의에도 불구하고 사회적 모델론은 자본주의 경제 체제 내에서 일어나고 있는 현대의 변화된 양상들을 다룰 수 있도록 이론적 분석을 새롭게 할 필요성이 있다. 지구적 자본주의 또는 초자본주의로 특징지어지는 현재의 경제 제도들이 손상을 지닌 사람들의 사회적 위상을 어떻게 변화시키고 있는지를 검토해야 한다.

근래에 들어 사회적 모델론은 그 자신이 비판의 대상이 되었다. 코커는 사회적 모델이 견지하는 유물론에서는 인간의 행위 주체성이 누락되고, 담론은 사회 구조의 부수적 효과로 간주되기 때문에, 행위 주체성도 담론도 사회 변화를 위한 초점이 될 수 없다고 비판한다. 그보다 ㉡손상을 지닌 사람들에 관한 부정적인 사회 문화적 인식들이 장애를 구성하는 역할을 하고 있다는 것을 강조한다. 이러한 인식들은 혐오스러운 것으로 속성화된 신체적·행동적 차이를 지닌 사람들을 제약하고, 무력하고 의존적인 상태에 위치시키며, 그들의 자존감과 정체성을 심각하게 훼손한다.

사회적 모델론자들은 손상을 지닌 삶에 대한 개인적 경험은 장애학의 관심사가 아니며, 지적이고 정치적인 에너지는 장애의 좀 더 넓은 사회적 원인들을 다루는 데 집중되어야 한다고 주장한다. 그러나 손상 자체에 주의를 기울여야 한다는 주장도 제기된다. 첫째, 사회적 모델이 손상을 '사적이고 개인적인 것'의 영역으로 격하한 것은, 공적·사회적

인 것과 개인적 · 사적인 것을 분할한 것이라고 주장한다. 손상의 경험은 장애의 정치와 장애학 내에서 논의되고 공유되어야 한다는 것이다. 둘째, 장애와 손상 간의 구별이 본질주의적 · 이원론적 사고의 산물이라는 주장이다. 이러한 관점에서는 손상과 장애는 모두 담론적으로 구성된 사회적 범주이고, 그중 손상은 생물학적 실재와 아무런 관련성을 갖지 않는 그 자체로 또 하나의 구성 개념이다. 셋째, 몸을 자체적 동력이 없는 물질적인 대상, 자아와 분리된 것으로 다룸으로써 손상을 생물학적 영역으로 격하해서는 안 된다는 주장이다. 손상에 대한 체험의 중요성을 강조하는 손상의 사회학, 몸의 사회학을 추구한다.

38 윗글에 대한 이해로 적절하지 않은 것은?

① 1970년대 이전에는 장애를 의료와 복지의 문제로 취급하였다.

② 사회적 모델론은 손상의 체험이 지닌 중요성이 간과되었다고 비판받았다.

③ 사회적 모델론은 인간의 행위 주체성이 누락되었다는 이유에서 비판받았다.

④ 사회적 모델론은 초기 자본주의가 장애에 끼친 영향을 다루지 못한 한계를 지닌다.

⑤ 지구적 자본주의 경제 제도에서 손상을 지닌 사람들의 사회적 위상에 대한 이론적 분석의 필요성이 제기된다.

39 〈보기〉의 관점에 대한 ㉠의 내용으로 적절하지 않은 것은?

〈보기〉

의료적 모델의 관점은 장애를 손상과 동일한 것으로 본다. 그래서 손상을 치료하거나 개선하여 정상적인 기능을 회복하도록 하는 것을 과제로 삼는다. 장애는 개인적 문제로 간주되고, 장애인이 사회 제도에 적응할 수 있도록 하는 것이 목표가 된다. 지식과 기술을 지닌 전문가에게 권한과 영향력이 부여된다.

① 장애는 손상과 구분되는 개념이다.

② 장애는 사회 제도에 의한 제약이다.

③ 장애는 손상 자체로부터 야기된 것이다.

④ 장애는 사회적 관계로부터 나타난 결과이다.

⑤ 장애에 대한 해결책을 전문가에게만 맡길 일은 아니다.

40 〈보기〉를 ㉡과 관련지어 이해한 것으로 적절하지 않은 것은? [3점]

〈보기〉

장애 보조 기술이나 보조 장치에는 장애를 두드러져 보이게 하는 것들이 많다. 시각 장애는 흰 지팡이를 사용할 때 더 드러난다. 발달장애 혹은 자폐가 있는 사람이 사진이나 그림, 스마트폰 앱을 이용한 '보완 대체 의사소통'을 쓴다면 장애는 더 드러날 것이다. 이처럼 기술이나 장치의 사용으로 숨겨져 있던 장애를 드러내고, 이를 통해 장애의 낙인 효과를 발생시키는 것을 '보조 기술 낙인'이라고 한다. 이 때문에 장애인들이 보조 기술 사용을 꺼리거나 아예 거부하기도 한다.

2023 기출문제

① 장애를 구성하는 데 사회 문화적 인식들이 역할을 하고 있다.
② 신체적 · 행동적 차이가 드러나기에 사회적 제약을 받을 수 있다.
③ 기술의 발달은 장애인을 사회적 의존 상태에서 벗어나게 한다.
④ 보조 기술 낙인은 장애에 대한 일종의 사회 문화적 인식이라 할 수 있다.
⑤ 보조 기술 낙인으로 인해 장애인의 자존감과 정체성이 훼손될 수 있다.

41 ⓐ와 ⓑ의 관계로 가장 적절한 것은?

① 서로 영향을 주고받는 상호 계기적 관계이다.
② 양쪽의 논리가 충돌하는 상호 모순적 관계이다.
③ 지향하는 목적이 상반되는 상호 대척적 관계이다.
④ 각각의 결점을 서로 채워주는 상호 보완적 관계이다.
⑤ 서로의 개념과 활동을 한정하는 상호 규정적 관계이다.

[42~45] 다음 글을 읽고 물음에 답하시오.

동굴 입구가 무너져 두 사람이 갇혔는데 산소가 모자란다. 당신이라면 어떻게 하겠는가? 가능한 방안은 1) 다른 사람을 희생시키거나, 2) 그냥 있거나, 3) 다른 사람을 위해 당신이 기꺼이 희생하는 것이다. 이 세 방안은 다른 윤리적 입장을 드러낸다. 2)는 피동적으로 운명에 맡기는 운명주의의 입장이지만, 사람들은 대개 적극적으로 1)이나 3)을 시도할 것이다. 이때 1)은 ㉠윤리적 이기주의로, 3)은 ㉡윤리적 이타주의로 부른다.

윤리적 이타주의는 타인의 이익을 위해 행동해야 한다는 입장이다. 몸으로 수류탄을 덮어 부하를 구한 경우가 전형적 사례이다. 이는 성인(聖人)의 경지라고 하겠지만, 가족을 위할 때나 익명으로 기부할 때처럼 평범한 이들도 이러한 행위를 할 수 있다. 그러나 윤리적 이타주의를 모두가 행할 수는 없으며, 설혹 타인을 위하려 해도 어려운 점이 있다. 무엇이 타인을 위한 행위가 되는지 모를 수 있고, 적절한 행위가 떠오른다고 해도 그것을 실제로 행할 능력이 없을 수도 있다. 실현성에서 윤리적 이타주의는 큰 난점이 있는 것이다.

반면에 윤리적 이기주의는 인간이 본능적인 이기심을 가진다는 사실과 부합한다. 인간은 무엇이 자신에게 이익이 될까 생각하고 실제로 그렇게 행동하기 때문이다. 이처럼 인간은 '오로지' 자기 이익을 위해서만 행동하도록 동기 부여된 존재이며 타인을 위한 동기를 갖지 않는다고 보는 것을 ㉢심리적 이기주의라고 한다. 윤리적 이기주의자들은 자신의 입장이 심리적 이기주의를 기반으로 성립한다고 주장한다. 심리적 이기주의가 타당하다면 인간은 자기 이익을 위해 행동하는 것이 마땅하다는 윤리 규범도 성립한다는 것이다.

(가) '이기심'이라는 용어에 대해 인간의 심리적 동기를 기준으로 살펴보면, 일반적으로 인간의 모든 심리적 동기는 여섯 유형으로 구분된다. 이는 1) 타인에게 해를 끼치는 악의적 동기, 2) 오로지 자신의 이익만 추구하는 이기적 동기, 3) 자신과 타인의 이익을 같이 고려하는 합리적 동기, 4) 타인의 이익만을 고려하는 이타적 동기, 5) 자신과 타인의 이익 대신 오로지 도덕적으로 옳은 것만을 고려하는 의무적 동기, 6) 마음의 유덕한 성품에서 저절로 우러나오는 유덕한 동기이다.

심리적 이기주의는 이 가운데 2)만 인정할 수밖에 없다. 그래서 일단 1)과 3)은 2)의 변형이며, 특

히 3)에 대해서는 자신의 이익이 우선일 것으로 본다. 여기에 4), 5), 6)까지 불가능해야 심리적 이기주의가 타당하게 될 것인데, 5)와 6)에 대해서는 그 이면에 자기 이익이라는 동기가 반드시 숨어 있을 것이므로 2)와 같다고 보며, 4)에 대해서는 이에 따른 행위가 불가능하다고 본다. 그러나 4)에 따른 행위가 실제로 있다는 반박에 대해 또 다른 해명을 시도한다. 4)는 겉으로는 이타적일지 몰라도 속으로는 심리적 자기만족이라는 동기가 숨어 있기에 결국 2)가 된다는 것이다. 그러나 이에 대해 또 다른 반박이 가능하다. 그러한 해명은 타인을 속이거나 무시하여 정당한 몫 이상의 이익을 추구한다는 이기적이라는 말의 뜻을 '고상한 욕구 만족'이라는 뜻으로 슬쩍 대체하여 4)를 2)인 것처럼 보이게 한 궤변이라는 것이다.

이로 볼 때 심리적 이기주의를 기반으로 윤리적 이기주의가 성립한다는 주장은 근거가 빈약하게 된다. 그러나 윤리적 이타주의로 되돌아가도 인간의 모든 행위를 포괄할 수 없다면, 실현성 있는 윤리적 이기주의를 좀 더 가다듬을 필요가 있다.

'죄수의 딜레마'로 불리는 실험이 있다. 이는 공범 관계의 두 혐의자에게 범죄를 먼저 자백한 사람은 바로 석방하지만 남은 사람에게는 5년의 형량을 부과하며, 모두 자백하지 않으면 3년을 부과한다고 제안하는 사고 실험이다. 이때 두 사람 각각에게 가장 이익이 되는 것은 동료를 배신하고 먼저 자백하는 것인데, 이는 부도덕하다는 비난을 받기 쉽겠지만 윤리적 이기주의의 입장에서는 타당한 것이 된다. 그러나 배신의 선택이 가장 나을까? 플러드와 드레셔는 이 같은 유형의 실험을 반복하는 연구를 수행한 결과, 배신하지 않을 확률이 높아진다고 보고하였다. 이는 이기심이 맹목적으로 지금 당장 자신만 위하게끔 하는 경향 외에 무엇이 자신에게 장기적으로 더 이익이 될 것인지 고려하면서 타인과 협력하거나 상호부조를 하게끔 하는 합리적인 경향으로도 나타날 수 있음을 시사한다.

이에 따라 윤리적 이기주의는 좀 더 큰 안목의 합리적인 경향으로 이기심을 드러내어야 한다는 규범을 마련할 수 있다. 이를 ㉣'합리적인 윤리적 이기주의'라고 한다면, 이는 이기심을 긍정하는 윤리의 출발점이 될 것이다.

42 윗글에 대한 이해로 적절하지 않은 것은?

① 윤리 규범은 인간의 심리적 사실을 기반으로 성립한다.

② 인간은 이기심을 통하여 타인과 상호부조를 할 수 있다.

③ 이기심으로 인간의 모든 행위를 포괄하여 설명하기 어렵다.

④ 어떤 행위를 해야 타인의 이익이 될 것인지 모를 때가 있다.

⑤ 성인이 아닌 평범한 사람은 타인을 위한 행위를 할 수 없다.

43 〈보기〉의 관점에서 ㉠이 ㉡을 평가하는 말로 가장 적절한 것은? [3점]

〈보기〉

칸트는 윤리 규범이 성립하기 위하여 요구되는 원칙으로 '당위 가능 원칙'을 들었다. 이 원칙에서 '당위'는 마땅히 해야 할 것을 뜻하며, '가능'은 실천에 옮길 수 있다는 것을 뜻한다. 곧 마땅히 해야 할 것이라 해도 실천할 수 있어야 규범이 될 수 있다는 것이다.

① 이타적인 행위를 정확히 정의할 수 없다면 ㉡은 규범으로 성립할 수 없다.

② 이타적인 행위가 아무리 옳다고 해도 실천할 수 없기에 ㉡은 규범으로 성립할 수 없다.

③ 이기적인 행위에도 이타적인 동기가 개입될 수 있으므로 ㉡은 규범으로 성립할 수 없다.

④ 이기적인 행위든 이타적인 행위든 모두 인간의 자연스러운 행위이기에 ㉡처럼 규범으로 정할 필요가 없다.
⑤ 이타적인 행위는 이기적인 행위와 관계없이 인간이 당연히 행해야 할 덕목이므로 ㉡처럼 규범으로 정할 필요가 없다.

44 〈보기〉는 (가)에 제시된 동기들의 사례를 든 것이다. 이에 대한 ㉢의 해석으로 적절하지 <u>않은</u> 것은?

〈보기〉

ⓐ 악의적 동기: 재판에서 피고인을 곤경에 빠뜨리려고 거짓 증언을 함
ⓑ 합리적 동기: 친구와 즐거운 시간을 보내려고 놀이 공원에 가고자 함
ⓒ 이타적 동기: 연인과 헤어진 동료에게 위로차 식사를 대접하고자 함
ⓓ 의무적 동기: 말기 암 환자에게 암에 걸린 사실을 알려주고자 함
ⓔ 유덕한 동기: 길거리에 쓰러진 할머니를 측은하게 여기는 마음으로 돕고자 함

① ⓐ: 피고인을 곤경에 빠뜨림으로써 얻는 유형무형의 이익이 반드시 있을 것이다.
② ⓑ: 자신의 즐거움이라는 이익을 보려 한 것이 우선일 것이며, 친구의 즐거움은 부수적일 것이다.
③ ⓒ: 동료에게 자신이 인간적임을 드러내는 만족감을 느끼려 했을 것이다.
④ ⓓ: 진실을 알려줌으로써 환자에게 죽음에 대비할 시간을 주려고 했을 것이다.
⑤ ⓔ: 할머니를 돕는 데 드는 노력과 시간보다 할머니를 외면함으로써 받을 도덕적 비난을 받지 않는 것이 더 낫다고 보았을 것이다.

45 ㉣의 입장에서 〈보기〉의 '그'에게 할 수 있는 말로 가장 적절한 것은?

〈보기〉

그는 고속도로로 차를 운전하며, 다른 사람들도 차를 운전한다. 그는 운전 중에 다른 운전자들을 의식하지 않고, 안전하게 교통 규칙을 지키면서도 목적지에 빠르게 도착하는 데에 관심을 쏟으면서 운전한다. 결국 그는 목적지에 빠르고 안전하게 도착한다.

① '그'를 포함한 모든 운전자들이 교통 규칙을 지키는 것이 더 이익이 된다고 믿었으니까 목적지에 빠르고 안전하게 도착하게 된 거야.
② 원래부터 목적지에 빠르고 안전하게 도착하게끔 예정된 운명이었으니까 '그'가 다른 운전자들을 의식하지 않아도 괜찮았던 거야.
③ '그'가 목적지에 빠르고 안전하게 도착하기만 하면 된다고 생각하면서 운전한 것이 의도치 않게 다른 운전자들에게도 이익이 된 거야.
④ 다른 운전자들을 의식하더라도 사정이 그다지 바뀌는 것은 없기에 '그'만 조심해서 안전하게 운전하는 것이 가장 큰 이익이야.
⑤ '그'는 다른 운전자들에게 폐가 될까 걱정해서 안전하게 운전했으니까 사고가 난 것보다 빠르게 목적지에 도착하는 이익을 거둔 거야.

2025
경찰대학 10개년 국어

2022학년도 기출문제

국어영역

제1교시 국어영역

▶정답 및 해설 284p

[01~05] 다음 글을 읽고 물음에 답하시오.

한국에 사는 외국인들의 한국어 구사 능력은 적응 정도에 따라 차이가 나지만, 그들이 구사하는 한국어는 한국어를 모국어로 배운 사람들의 한국어와는 꽤 다르다. 그들의 모국어가 새로 익힌 한국어에 간섭하고 있기 때문이다. 이것은 한국인이 외국어를 배울 때도 생기는 일이다.

한국어는 음운 구조나 통사 구조가 주류 언어들과 크게 달라서, 외국인들이 쓰는 한국어에는 이들의 모국어가 행사하는 간섭의 흔적이 짙어 보일 수밖에 없다. 많은 외국어에서 조음부가 같은 자음들을 성대 울림 유무(유성/무성)로 변별하는 데 견주어, 한국어는 조음부가 공기의 흐름을 어떻게 ㉠ 방해하는지에 따라 이 자음들을 변별한다. 그래서 한국인들에게는 너무 쉬운 /ㄱ/ /ㅋ/ /ㄲ/, /ㄷ/ /ㅌ/ /ㄸ/, /ㅂ/ /ㅍ/ /ㅃ/의 구별이 어떤 외국인들에게는 ㉡ 넘지 못할 산이다.

한국어에서 유성 자음은 /ㄴ/ /ㄹ/ /ㅁ/ /ㅇ/ 소리 말고는 유성음(이들 네 자음과 모음) 사이의 동화로만 실현된다. 예컨대 '가구'의 첫 음절과 둘째 음절은 둘 다 'ㄱ'으로 시작하지만, 음성 수준에선 각각 [k]와 [g]로 실현된다. 그래서 '가구'는 [kaːgu]로 발음된다. 둘째 음절의 무성 평자음 'ㄱ'이 그것을 둘러싼 두 모음의 영향을 받아 유성음으로 변하는 것이다. 한국인들은 어려서부터 이런 규칙을 깊이 내면화하고 있어서 그걸 깨닫지도 못한 채 실현하지만, 자신들의 모국어에 이런 규칙이 없는 외국인들에게는 이것이 쉽지 않다.

[A] 무성 평자음이 두 유성음 사이에서 유성 자음으로 변한다는 규칙을 비롯해 한국어는 복잡한 음운 규칙들을 많이 지니고 있다. 예컨대 '독립문'을 글자 그대로 [독립문]으로 읽지 않고 [동님문]으로 읽어야 하고, '실내'를 [실내]로 읽지 않고 [실래]로 읽어야 한다. 또 '낯을', '낮을', '낫을'을 발음할 땐 첫 음절 마지막 음운이 글자대로 [ㅊ], [ㅈ], [ㅅ]으로 실현되는 데 비해, 앞의 명사들이 홀로 남아 '낯', '낮', '낫'이 되면 그 마지막 소리가 왜 하나 같이 [ㄷ]으로 실현되는지 한국어를 배우기 시작한 외국인들은 알 도리가 없다.

사실 그 정확한 이유는 대다수 한국인들도 모른다. 그들은 다만 그 규칙을 내면화하고 있을 뿐이다. 그런데 그 내면화가 자신들의 모국어에 이런 규칙이 없는 외국인들에겐 매우 어려운 일이다. 예컨대 /ㅡ/나 /ㅢ/ 같은 모음을 지닌 언어는 매우 드물어서, 외국인들이 이 소리를 제대로 익히는 일도 쉽지 않다.

통사 수준의 어려움은 이보다 훨씬 더하다. 통사 구조가 한국어와 꽤 엇비슷한 일본어 화자가 아닌 경우에, 한국어 초보자 외국인들은 단어들을 똑바른 순서로 배열하는 데 적잖은 어려움을 느낀다. 또한 주격 조사 '이', '가'와 보조사 '은', '는'의 구별은 이들에게 ㉢ 악몽이다. 구별은커녕 많은 외국인들이 자신들의 모국어에 없는 조사라는 ㉣ 괴물을 아예 생략해 버린다. 통사 구조를 익히는 것으로 마무리될 일도 아니다. 한국인들도 더러 헛갈려 할 만큼 복잡한 경어 체계가 그 뒤에 기다리고 있다. 방송 프로그램에 나와서 유창하게 한국어를 구사하는 외국인들은 이 모든 ㉤ 어려움을 이겨낸 예외적인 사람들이다.

01 윗글의 내용과 일치하는 것은?

① 한국어와 일본어는 어순이 비슷하다.
② 한국어를 배우려는 외국인이 늘고 있다.
③ 한국어의 음운 구조는 통사 구조와 달리 체계적이다.
④ 한국어 음운 규칙의 이유를 한국인들은 잘 이해하고 있다.
⑤ 한국어의 조음부가 같은 자음은 성대 울림 유무로 변별된다.

02 [A]에 대한 이해로 적절하지 않은 것은?

① 무성 평자음이 두 유성음 사이에서 유성 자음으로 변한 사례로는 '논리[놀리]'가 있다.
② '독립문[동님문]'의 음운 규칙에 해당하는 사례로는 '섭리[섬니]'가 있다.
③ '실내[실래]'의 음운 규칙에 해당하는 사례로는 '칼날[칼랄]'이 있다.
④ '낫을', '낮을'의 음운 규칙에 해당하는 사례로는 '옷이', '옻이'가 있다.
⑤ '낫', '낮'의 음운 규칙에 해당하는 사례로는 '갓', '갖'이 있다.

03 윗글을 읽고 추론한 내용으로 적절하지 않은 것은?

① 어떤 외국인들은 '의사'를 정확하게 발음하기가 어렵겠군.
② 복잡한 음운 규칙을 내면화한 한국인이 외국어를 발음하기는 어렵지 않겠군.
③ 외국인들이 가끔 실수로 반말하는 것은 한국어의 경어 체계에 익숙하지 못하기 때문이겠군.
④ 외국인들이 "아이 학교 가요."라고 불분명하게 말하는 것은 조사선택에 어려움을 느꼈기 때문이겠군.
⑤ 영어 초보자 한국인이 "Marry me."라고 하지 않고 "Marry with me."라고 실수하는 것은 모국어인 한국어가 영어에 간섭한 것이겠군.

04 〈보기〉를 참고해 윗글을 이해한 내용으로 적절하지 않은 것은? [3점]

〈보기〉

음성은 사람의 입을 통해 나오는 소리 가운데 말할 때에 사용되는 소리를 가리킨다. 머릿속에서 추상적으로 인식하는 소리인 음운과 달리 음성은 물리적으로 귀에 들리는 구체적인 소리로, 의미변별의 기준이 되지 못한다. 반면에 음운은 의미 변별에 관여하는 최소의 말소리이다.

① 외국인에게는 '가구'의 'ㄱ'들이 서로 다르게 들릴 수 있겠군.
② '가구[ka:gu]'의 'k'와 'g'는 한국어에서 음운이 아닌 음성이겠군.
③ '가구'에서 둘째 음절의 'ㄱ'이 유성음이 됨으로써 의미 변별이 되는군.
④ 한국어에서는 성대 울림 유무만으로 단어의 뜻이 변별되는 경우는 없겠군.
⑤ 한국어에서는 음운으로서의 자격을 가지는 자음과 모음만 다른 글자로 표기하는군.

05 ㉠~㉤ 중 문맥상 의미가 다른 하나는?

① ㉠　② ㉡　③ ㉢　④ ㉣　⑤ ㉤

[06~08] 다음 글을 읽고 물음에 답하시오.

빌렘 플루서는 디지털 시대에 들어서서 글쓰기에 중요한 변화가 나타났다고 주장한다. 특히 그는 디지털이라는 형식이 긍정적이든 부정적이든 인간 행동, 의식, 지각에 커다란 영향을 끼친다는 점을 눈여겨보았다. 따라서 그는 ㉠ 패러다임 변화에 발맞추어 새로운 글쓰기 방식을 실험하고 구성해야 한다고 주장한다. 디지털 글쓰기 장(場)에서는 저자로부터 독자로 향하는 일방적 의미 전달 관계가 저자와 독자의 상호 대화적 관계로 변화할 수 있다. 이러한 소통방식은 글쓰기에 있어서 새로운 도전 영역이다. 우리는 이러한 방식을 어떻게 활용할 것인가에 대해 따져 보아야 한다.

[A] 디지털 시대는 글쓰기 조건, 지식 전달 방식, 지식 분배 방식을 변화시킨다. 디지털 글쓰기는 대화 구조에서 사용되는 양방향적 채널을 통해 지식을 확대·재생산한다. 이뿐만 아니라 과거 일방적 전달 방식이 구조화한 지식의 특징까지 비판적으로 수용할 수 있다.

디지털 시대 이전의 저자는 머릿속에 떠오른 이미지를 문자와 개념으로 바꿔 독자에게 의미를 전달하는 사람이었다. 하지만 ㉡ 디지털 시대의 저자는 문자와 개념을 디지털 이미지로 만들어 수용자와 주고받는 사람이다. 여기서 한 걸음 더 나아가면 만들어진 이미지를 개념으로 재구조화해 새로운 의미를 생산할 수도 있다.

플루서는 기술적 발전과 대중 매체 확산에 따른 대중문화 현상들이 인간과 세계를 의미화하는 강력한 방식으로 대두되었으므로 이에 대한 깊이 있는 인식이 절실하다고 강조한다. 그가 디지털 시대의 주도적 소통방식으로 명명한 ㉢ 기술적 형상은 이전 시대의 주도적 소통방식이었던 문자의 개념적 의미를 이미지로 펼쳐 보여준다. 하지만 쉽고 빠르게 수용자에게 전달되는 디지털 이미지는 그 안에 담긴 상징적 의미를 은폐하거나 왜곡할 가능성을 갖고 있다.

플루서는 디지털 이미지가 갖는 현실 은폐와 기만의 작용을 간파해야 한다고 강조한다. 그에 따르면 우리는 아직 기술적 형상이라는 새로운 소통방식에 어울리는 의식을 갖추지 못한 채 쉽고 간단한 이미지에 만족해 메시지를 주고받는 것에만 집중한다. 대중이 비판의 필요성을 간과하거나 무시할 때 권력과 자본은 기술적 형상을 장악하고 대중매체를 이용해 정보 수용자들을 탈정치화, 탈윤리화, 탈가치화할 수 있다. 이에 저항하려면 기술적 형상을 이해하고 기술을 이용해 상상과 개념을 종합하는 새로운 능력이 절실하다. 플루서는 이를 ㉣ 기술적 상상력이라고 이름 짓는다. 또한 기술적 상상력을 갖춘 사람을 기술적 상상가라고 부른다. 디지털 시대의 기술적 상상가, ㉤ 정보 유희자가 되려면 만인을 위한 커뮤니케이션 매체가 기만의 도구로 오용될 위험을 간파해야 한다.

06 문맥상 ㉠~㉤의 의미로 가장 적절한 것은?

① ㉠ : 글쓰기의 조건과 방식, 도구, 정보 전달 방향 등을 포함한 일체의 변화
② ㉡ : 이미지와 상징을 문자로 표현하는 사람
③ ㉢ : 디지털 도구나 기계를 이용해 만든 대화 구조
④ ㉣ : 문자가 개념화한 의미를 선형적으로 배열하는 능력
⑤ ㉤ : 디지털 이미지가 갖는 정보를 일방향적으로 전달하는 사람

07 [A]에 해당하는 사례로 적절하지 않은 것은?

① 바둑, 장기, 체스 경기 이해에 필요한 기본 규칙

② 폐쇄 회로 카메라와 얼굴 인식 기능의 영상 접속 프로그램

③ 누구나 글을 올리고 수정할 수 있는 소프트웨어 미디어 위키

④ 이용자 정보를 활용해 새로운 정보를 추천하는 SNS 알고리즘

⑤ 모든 것이 검색되고 저장되는 스마트 기기, 트위터, 구글, 페이스북

08 윗글의 논지를 지지하는 근거로 적절하지 않은 것은? [3점]

① 대중 매체와 대중문화 현상은 디지털 사회와 깊은 연관성을 갖고 있다.

② 기술적 발전은 의미의 해독과 생산을 방해해 수용자들을 탈정치화한다.

③ 상호 작용성, 지식 개방과 공유, 참여와 협력 등 디지털 글쓰기의 가능성을 개발해야 한다.

④ 디지털 글쓰기 주체들은 협력적으로 지식을 생산, 공유해 탈정치화에 저항할 수 있다.

⑤ 디지털 사회의 통제 위험성에서 벗어나기 위해 새로운 소통방식에 어울리는 의식을 갖추어야 한다.

[09~13] 다음 글을 읽고 물음에 답하시오.

(가)
바다는 뿔뿔이
달아나려고 했다.

푸른 도마뱀 떼같이
재재발렀다.

꼬리가 이루
잡히지 않았다.

흰 발톱에 찢긴
산호(珊瑚)보다 붉고 슬픈 생채기!

가까스로 몰아다 부치고
변죽을 둘러 손질하여 물기를 씻었다.

이 애쓴 해도(海圖)에
손을 씻고 떼었다.

찰찰 넘치도록
돌돌 구르도록

휘동그란히 받쳐 들었다!
지구(地球)는 연(蓮)잎인 양 오므라들고…… 펴고…….

– 정지용, 「바다2」

(나)
막차는 좀처럼 오지 않았다
대합실 밖에는 밤새 송이 눈이 쌓이고
흰 보라 수수꽃 눈 시린 유리창마다
톱밥 난로가 지펴지고 있었다
그믐처럼 몇은 졸고
몇은 감기에 쿨럭이고
그리웠던 순간들을 생각하며 나는
한 줌의 톱밥을 불빛 속에 던져 주었다
내면 깊숙이 할 말들은 가득해도
청색의 손바닥을 불빛 속에 적셔 두고

모두들 아무 말도 하지 않았다
산다는 것이 때론 술에 취한 듯
한 두름의 굴비 한 광주리의 사과를
만지작거리며 귀향하는 기분으로
침묵해야 한다는 것을
모두들 알고 있었다
오래 앓은 기침 소리와
쓴 약 같은 입술 담배 연기 속에서
싸륵싸륵 눈꽃은 쌓이고
그래 지금은 모두들
눈꽃의 화음에 귀를 적신다
자정 넘으면
낯설음도 뼈아픔도 다 설원인데
ⓐ 단풍잎 같은 몇 잎의 차창을 달고
밤 열차는 또 어디로 흘러가는지
그리웠던 순간들을 호명하며 나는
한 줌의 눈물을 불빛 속에 던져 주었다

– 곽재구, 「사평역에서」

(다)

마른 잎사귀에 도토리 알 얼굴 부비는 소리 후두둑 뛰어내려 저마다 멍드는 소리 멍석 위에 나란히 잠든 반들거리는 몸 위로 살짝살짝 늦가을 햇볕 발 디디는 소리 먼길 날아 온 늙은 잠자리 채머리 떠는 소리 맷돌 속에서 껍질 타지며 가슴 동당거리는 소리 사그락사그락 고운 뼛가루 저희끼리 소근대며 어루만져 주는 소리 보드랍고 찰진 것들 물속에 가라앉으며 안녕 안녕 가벼운 것들에게 이별 인사하는 소리 아궁이 불 위에서 가슴이 확 열리며 저희끼리 다시 엉기는 소리 식어 가며 단단해지며 서로 핥아주는 소리

도마 위에 다갈빛 도토리묵 한 모

모든 소리들이 흘러 들어간 뒤에 비로소 생겨난 저 고요
저토록 시끄러운, 저토록 단단한,

– 김선우, 「단단한 고요」

09 (가)~(다)에 대한 설명으로 가장 적절한 것은?

① (가)와 (나)는 이국적인 소재를 시어로 활용해 신선한 느낌을 주었다.
② (가)와 (다)는 대상을 살아 있는 것으로 비유하여 생동감을 드러내고 있다.
③ (나)와 (다)의 지배적 정서는 삶에 대한 슬픔과 회한이다.
④ (가)~(다)는 시제 변화를 통해 화자와 독자 사이 거리를 조절한다.
⑤ (가)~(다)는 화자의 시선 이동에 따른 공간 변화를 활용해 정서의 변화를 이루었다.

10 (가)의 표현상 특징으로 적절하지 않은 것은?

① 다양한 비유와 선명한 이미지를 사용했다.
② 색채 대비를 통해 파도치는 해변을 형상화했다.
③ 음성 상징어를 사용해 바다의 움직임을 제시했다.
④ 반어적 표현을 활용해 파도의 흔적을 구체화했다.
⑤ 전반부는 관찰을, 후반부는 상상을 중심으로 시상을 전개했다.

11 〈보기〉를 참고해 (나)를 감상한 내용으로 적절하지 않은 것은?

〈보기〉

「사평역에서」는 소박하고 일상적인 소재, 냉온 감각 등을 도입해 막차를 기다리는 사람들의 풍경을 그리고 있다. 고단한 삶을 사는 사람들에 대한 화자의 연민과 애정 어린 시선이 따뜻한 공감을 불러일으킨다.

① '대합실'은 다양한 서민 군상들이 모여 있어 애환이 느껴지는 공간이군.
② '톱밥 난로'는 막차를 기다리는 사람들을 위로해 주는 소재로 사용되었군.
③ '그믐처럼 몇은 졸고'는 사람들의 지친 모습을 나타내고 있군.
④ '모두들 아무 말도 하지 않았다'는 서로를 믿지 않는다는 점을 암시하는군.
⑤ '한 줌의 눈물을 불빛 속에 던져 주었다'는 고달픈 삶에 대한 화자의 연민을 보여 주는군.

12 〈보기〉를 참고할 때, 원관념과 보조 관념의 관계가 ⓐ와 유사한 것은? [3점]

〈보기〉

비유는 원관념과 보조 관념 각각의 구상성과 추상성에 따라 의미와 효과가 달라진다. ⓐ의 경우 원관념과 보조 관념이 모두 구상성을 지니고 있다.

① 사랑은 숭고한 정념
② 내 마음같이 푸른 모래밭
③ 추억인 양 내리는 물안개
④ 푸른 건반인 듯 주름진 계단
⑤ 해바라기처럼 타오르는 기도

13 (다)에 대한 설명으로 적절하지 않은 것은?

① 유사한 시구를 반복하여 리듬감을 조성했다.
② 역설법과 도치법을 통해 대상의 이미지를 강조했다.
③ 정서를 배제하고 대상의 회화적 이미지를 만들었다.
④ 다양한 감각을 활용해 대상의 변화 과정을 나타냈다.
⑤ 시적 대상이 만들어지는 단계에 따라 시상을 전개했다.

[14~17] 다음 글을 읽고 물음에 답하시오.

플라톤의 사유는 가짜 정치가들로부터 진짜 정치가를, 소피스트들로부터 진짜 철학자를 가려내기 위한 '진품 가려내기'의 철학이라고 할 수 있다. 그래서 플라톤의 철학은 일반적으로 가짜들 속에서 진짜를 가려내기 위한 철학이라고 본다.

플라톤에게 '진짜'와 '가짜'의 구분은 대단히 중요한 주제이다. 기만적 현실에 대한 의구심과 환멸에서 출발했기 때문에 그의 사유에는 가짜, 허상, 이미지 등에 대한 강한 저항 의식이 배어있다. 이러한 측면에서 그에게 진짜와 가짜의 구분은 본질적 문제였다. 여기에서 그의 사유 전체를 관류하는 기본적인 주제들 중 하나가 성립한다. 만일 진짜가 존재하고 우리가 그것을 알 수 있다면, 다른 모든 것들은 진짜에 대한 모방의 성공 정도에 입각해 존재론적으로 파악할 수 있다는 것이다. 물론 그의 이런 생각에는 현실 세계가 제작된 것으로 보는 관점이 맞물려 있으며, 이는 곧 현실 세계가 이데아 세계를 모방하도록 창조되었다는 의미이기도 하다.

이데아 모방론을 전제할 때 자연스럽게 따라 나오는 결론 중 하나는 인공물에 대한 자연물의 존재론적 우위에 관한 것이다. 자연은 이데아를 모방한 산물이지만 인공물은 자연물을 다시 모방한 산물이기 때문이다. 나아가 인공물 중에서도 실물과 그것을 그린 회화 사이에는 다시 존재론적 위계가 설정된다. 가령, '인공물로서의 의자' 그리고 '의자를 그린 그림'은 존재론적 위계에서 차이가 난다. 현실 세계의 의자는 의자의 이데아를 모방한 인공물이다. 의자를 그린 그림은 이 현실 세계의 의자를 다시 모방한 것으로 이데아로부터 두 단계나 떨어져 있다. 플라톤에게 있어 이데아의 세계와 현실 세계의 관계에서 후자의 폄하는 현실 세계와 인위적 세계의 관계에서 후자에 대한 폄하이다. 이러한 존재론적 위계는 플라톤의 사유 전체를 떠받치고 있다.

플라톤의 가치관이 압축적으로 담겨 있는 저서로 『소피스트』를 들 수 있다. 여기에서 플라톤은 '모상술(模像術)'을 '사상술(寫像術)'과 '허상술(虛像術)'로 위계화한다. 『소피스트』에서 플라톤은 이데아의 세계와 현실 세계를 구분하는 것 못지않게, 아니 그 이상으로 이데아와 유사한 것, 이데아로부터 아예 멀어진 것을 구분하는 것이 중요하다고 역설한다.

존재론을 우선시하는 일반적 해석과 달리, 플라톤이 이데아론을 체계화한 목적이 사실은 현실 세계 사물들 사이의 위계를 세우기 위함이었음을 추측해 볼 수 있다. 이데아는 바로 이 구분과 위계를 설명하는 기준이 된다. 즉, 이데아는 허상으로부터 직선을 긋고 그 선을 계속 연장할 때 도달하게 되는 가장 진실한 극점이다. 역으로 이데아라는 극점에서 직선을 긋고 그 직선을 계속 연장했을 때 도달하는 반대 극점은 허상이다. 이렇게 생각해 보면 이데아론은 애초부터 순수 존재론적 맥락에서가 아니라 오히려 가치론적 맥락에서 착상되지 않았을까 하고 추측해 볼 수 있다.

14 윗글에 대한 설명으로 가장 적절한 것은?

① 특정 이론의 견해를 구성하는 핵심 개념을 정의한 후 주장의 특징을 열거하고 있다.
② 특정 이론의 견해에 대한 통념을 제시하고 통념과는 다른 해석 관점을 설명하고 있다.
③ 특정 이론의 견해가 지닌 한계점을 지적한 후 이를 보완할 수 있는 새로운 견해를 주장하고 있다.
④ 특정 이론의 일반적 견해에 대한 상반된 평가 내용을 비교한 후 그 이론의 의의를 소개하고 있다.
⑤ 특정 이론의 견해가 등장한 역사적 배경을 설명하고 시대적 흐름에 따른 수용 양상을 제시하고 있다.

15 윗글의 내용과 일치하지 않는 것은?

① 일상생활에서 사용하는 의자는 실물과 유사하게 그린 의자 그림보다 이데아에 더 가깝다.
② 이데아론은 진짜와 가짜를 구분할 뿐 아니라 모방물 사이의 가치를 구분하는 기준이 된다.
③ 이데아 모방론에서는 자연물의 존재론적 가치와 인공물의 존재론적 가치를 다르게 평가한다.
④ 현실 세계의 존재들은 이데아로부터 얼마나 가까운가 떨어져 있는가를 기준으로 위계를 갖는다.
⑤ 현실 세계는 이데아의 세계보다 존재론적으로 가치가 있지만, 인위적 세계의 가치는 이데아에 대한 모방의 성공 정도에 따라 다르다.

16 윗글을 읽은 학생의 반응으로 적절하지 않은 것은?

① 아름 : 실제의 남자 철수와 실제의 여자 순이는 현실 세계에 존재하지만 남자의 이데아와 여자의 이데아는 현실 세계에 존재하지 않아.

② 다운 : 비슷한 맥락으로 볼 때 인간은 신을 모방한 창조물이라는 주장으로 나아갈 수 있겠네.

③ 우리 : 성공한 케이팝 아이돌의 이미지가 팬에게 힘을 발휘하기만 한다면 그 아이돌의 이미지는 이데아인 거야.

④ 강산 : 그림 그릴 때 활용하는 원근법, 명암, 투시법은 가짜를 진짜처럼 보이게 하는 방법이지.

⑤ 만세 : 여러 개의 의자 그림에 대해 가치를 매기려면 우선 의자의 이데아가 어떤 건지 알아야 하겠군.

17 윗글을 참고해 〈보기〉의 내용을 이해한 것으로 가장 적절한 것은? [3점]

〈보기〉

아리스토텔레스는 '서사시가 역사보다 위대하다.'고 보았다. 모방 대상의 본질을 꿰뚫은 허구는 이데아에 가깝기 때문이다. 이러한 진실을 '시적 진실'이라고 한다.

① '시적 진실'은 현실을 모방한 가짜의 극점이다.

② '시적 진실'은 '역사'보다 이데아로부터 떨어져 있다.

③ 모방 대상의 본질을 꿰뚫은 '서사시'는 '역사'보다 가치론적으로 우위에 있다.

④ '서사시'의 허구적 가치는 허상들의 위계를 명확히 구분하는가에 달려 있다.

⑤ '서사시가 역사보다 위대하다.'는 견해는 현실 세계에 대한 폄하가 반영되어 있다.

[18~20] 다음 글을 읽고 물음에 답하시오.

우리는 잠자리에서 몸을 보호하거나 장식하던 옷을 벗어 놓고 보다 편안한 상태가 되려 한다. 이어서 잠이 들 때는 마치 옷을 벗어 놓는 행위처럼 의식도 벗어서 한쪽 구석에 치워 둔다. 정신적 측면에서 볼 때 잠드는 일은 판단과 책임으로부터 자유로운 태아 상태로 돌아가는 것과 비슷하다. 정신분석학에서는 자궁 속 태아, 말 배우기 이전의 유아처럼 스스로의 행동을 책임지지 않아도 되는 상태로 되돌아가 자아를 보호하려는 방어 기제를 ⓐ <u>'퇴행'</u>이라고 부른다. 실제로 많은 사람들은 잠을 잘 때 자궁 속 태아와 같은 자세를 취한다. 그리고 잠자는 사람의 정신 상태는 의식의 세계에서 거의 완전히 물러나 있으며, 외부에 대한 관심도 정지되는 것처럼 보인다.

하지만 잠자는 동안 꿈을 통해 정신 활동은 계속 이루어지고 있다. 꿈을 자세히 관찰하면 수면 중 인간의 정신적 상태에 대해 많은 내용을 알 수 있다. 그동안 이루어진 여러 연구들은 꿈이 철저하게 자기중심적이라는 점, 꿈에서 주도적인 역할을 하는 주체는 항상 꿈꾸는 사람 자신이라는 점 등을 밝혀 주었다. 꿈의 이러한 특징을 '수면 상태의 나르시시즘'이라고 부르는데, 이는 정신의 작용 방향이 외부 세계에서 자기 자신으로 바뀌면서 나타나는 현상이다.

또한 꿈속에서는 모든 감각이 크게 과장되어 있어 깨어 있을 때보다 더 빨리, 더 분명하게 정신적, 신체적 이상 증상을 감지할 수 있다. 이러한 감각의 과장을 '꿈의 과장성'이라 부르는데 이 역시 수면 상태의 나르시시즘처럼 꿈꾸는 사람이 외부 세계로 향하던 정신적 에너지를 자아로 되돌려 집중하기 때문에 가능하다.

꿈이 중요한 또 다른 이유로 꿈꾸는 사람 자신이 깨닫지 못하는 무의식의 세계를 구체적 형태로 바꾸어서 보여 준다는 점을 들 수 있다. 꿈은 꿈을 꾼 사람이 미처 인식하지 못하지만 마음에 방해가 되는 어떤 사건을 암시해 주고 그 사건에 어떻게 대처하면 좋을지도 암시해 준다. 꿈속에서는 정신적 에너지를 외부 세계가 아닌 내면세계로 집중하므로 평소에 억누르고 있던 내적 욕구나 콤플렉스를 민감하게 느낄 수 있다. 정신 분석학에서는 무의식의 세계를 외적 형태로 구체화하는 꿈의 역할을 '투사'로 설명하기도 한다. 예를 들어 전쟁터에서 살아 돌아온 사람이 몇 달 동안 계속해서 죽은 동료의 꿈을 꾸는 경우, 이는 꿈꾸는 사람 내면에 잠재한, 그러나 깨어 있을 때는 인정하고 싶지 않은 죄책감이 구체화되어 나타난 투사로 볼 수 있다.

깨어 있을 때는 꿈이 알려 주는 문제를 쉽사리 알아내기가 어렵다. 따뜻하고 화려한 옷이 상처나 결점을 가려 주는 것처럼 깨어 있는 의식은 내면세계를 가리거나 보호해 내면의 관찰을 방해하기 때문이다. 우리는 정신이 옷을 벗기를 기다려 비로소 한 사람의 내면세계로 들어갈 수 있다.

18 윗글을 이해한 내용으로 적절하지 않은 것은?

① 꿈은 인간의 내면세계를 들여다볼 수 있게 해 주는 기제이다.

② 수면 상태에서는 외부로 향하는 정신 에너지가 더욱 강해진다.

③ 꿈을 꿀 때 정신의 작용은 외부 세계가 아니라 꿈꾸는 사람의 내면으로 집중된다.

④ 깨어 있는 사람의 정신 상태는 꿈이 알려 주는 문제를 가리거나 발견을 어렵게 한다.

⑤ 깨어 있을 때보다 꿈을 통해서 신체적 이상 징후를 더 신속하고 정확하게 알 수 있다.

19 ⓐ에 해당하는 사례로 가장 적절한 것은?

① 알코올 중독 치료 후 금주 강연을 다니는 사람

② 엄격한 부친을 두려워하지만 닮고자 하는 남자

③ 외모 콤플렉스로 인해 자신을 비하하는 청소년

④ 외과 수술에 거부 반응이나 두려움이 없는 의료진

⑤ 동생이 태어난 후 대소변을 제대로 못 가리는 아이

20 〈보기〉를 참고해 윗글을 이해한 내용으로 가장 적절한 것은? [3점]

〈보기〉

정신 분석학자 프로이트가 제시한 정신의 세 가지 영역은 꿈에도 영향을 준다.

- ㅇ 이드(id) : 즉각적인 쾌락을 추구하는 무의식. 쾌락 원칙을 따른다.
- ㅇ 자아(ego) : 현실을 고려하여 욕구를 억제하는 의식. 현실 원칙을 따른다.
- ㅇ 초자아(superego) : 성장 과정에서 규범과 가치를 내면화한 의식.도덕 원칙을 따른다.

① 꿈은 '이드'를 의식 세계와 연결하는 역할을 한다.

② 꿈은 '자아'의 표현이므로 쾌락 원칙으로 해석해야 한다.

③ '꿈의 과장성'은 '초자아'가 무의식에 관여하기 때문이다.

④ 꿈에서 '이드'는 정신 작용의 방향을 외부 세계로 돌린다.

⑤ 꿈은 외부 세계에 대한 관심이므로 도덕 원칙으로 해석해야 한다.

[21~25] 다음 글을 읽고 물음에 답하시오.

내가 지금까지 상상한 바로는, 도시란 결코 그처럼 가까운 곳에 있는 것이 아니었다. ㉠ 도시란 보다 더 멀고 아득한 곳에 있어야만 했다. 그래서 그곳에 닿기 위해서는 철로 위를 바람처럼 내달리는 급행열차로도 하루 낮 하루 밤은 꼬박 걸려야만 했다. 그런데 우리가 타고 온 것은 털털거리는 짐차였다. 그것으로도 고작 두세 시간밖에 걸리지 않다니…… 그처럼 가까운 곳에 있다는 사실이 무슨 결함처럼 내게는 느껴졌다.

녀석들은 지금도 그 교실에 앉아 있을 것이었다. 사철나무가 병사들처럼 늘어서 있는 남향 창으로는 풋풋한 햇살이 온종일 들이치고, 방아깨비 선생의 낮고 부드러운 목소리가 간단없이 흘러나오는 그 4학년 우리 반 교실에 말이다. 유일하게 나의 자리는 비어 있을 게다. 창 쪽으로 둘째 줄 여섯 번째 책상…… 거기 내가 남긴 흠집과 낙서를 누군가 눈여겨보고 있을지도 모른다. 그리고는 도회지로 전학 간 나를 조금은 부러워할 게다. 하지만 작정만 한다면 누구나 쉽게 우리 뒤를 쫓아올 수 있으리라고 나는 생각했다. 도시란 생각보다 훨씬 가까운 곳에 있기 때문이었다. 그래서 ㉡ 나는 조금 자존심이 상했다.

아버지는 물 대신 나에게 돈을 주셨다. 그것은 단풍잎처럼 작고 빨간 1원짜리 종이돈이었다. 나는 곧장 한길가로 뛰어나갔다. 딸딸이 위에다 어항보다 큰 유리 항아리를 올려놓은 물장수가 거기 있었다. 항아리 속엔 온갖 과일 조각들이 얼음 덩어리와 함께 채워져 있었다.

나는 꼭 쥐고 있던 돈을 한 잔의 물과 맞바꾸었다. 유리컵 속에 든 물은 짙은 오렌지 빛이었다. 손바닥에 닿는 냉기가 갈증을 더 자극했다. 그러나 ㉢ 나는 마시지 않았다. 이 도시와 그 생활이 주는 어떤 경이와 흥분 때문에 실상은 목구멍보다도 가슴이 더 타고 있었다. 나는 유리컵을 조심스럽게 받쳐 든 채 천천히 돌아섰다. 그러고는 두어 걸음을 떼어 놓았다. 물론 나의 그 어리석은 짓은 용납되지 않았다. 나는 금세 제지를 받았던 것이다.

"이봐, 너 어디로 가져가는 거냐?"

나를 불러 세운 물장수가 그렇게 물었다. 나는 금방 얼굴을 붉히었다. 무언가 잘못을 저지르고 있다고 판단되었기 때문이다.

㉣ 나는 아무런 대답도 하지 못했다. 그러자 물장수가 다시 말했다.

"잔은 두고 가야지, 너, 시골서 온 모양이로구나. 그렇지?"

나는 단숨에 잔을 비웠다. 숨이 찼다. ㉤ 콧날이 찡해지고 가슴이 꽉 막혔다. 그러나 ⓐ 그 자리에 더 어정거리고 있을 수는 없었다. 내던지듯 잔을 돌려준 나는 숨을 헐떡거리면서 가족이 있는 곳으로 되돌아왔다.

우리 세간살이들이 골목에 잔뜩 쌓여 있었다. 시골집 안방 윗목을 언제나 차지하고 있던 옛날식 옷장, 사랑채 시렁 위에 올려두던 낡은 고리짝, 나무로 만든 쌀 뒤주와 조롱박, 크고 작은 질그릇 등. 판잣집들이 촘촘히 들어서 있는 그 골목길 위에 아무렇게나 부려 놓은 세간살이들은 왠지 이물스런 느낌을 주었다. 그것들은 지금까지 흔히 보고 느껴 오던 바와는 사뭇 다른 모양이요, 빛깔이었다. 아마도 이웃인 듯한, 낯선 사람 몇이 아버지와 어머니의 바쁜 일손을 거들고 있었다.

나는 판자벽을 기대고 웅크려 앉았다. 물맛이 어떠했던가를 생각해 보려 했지만 도무지 기억에 남아 있지 않았다. 가슴이 답답하고 머리가 어지러웠다. 속이 메스껍기도 했다. 눈앞의 사물들이 자꾸만 이물스레 출렁거렸다. 이사를 왔다, 하고 나는 막연한 기분으로 중얼댔다. 그래, 도시로 이사를 왔다. 아주 맥 풀린 하품을 토해 내며 새삼 주위를 두리번거렸다. 촘촘히 들어앉은 판잣집들, 깡통 조각과 루핑이 덮인 나지막한 지붕들, 이마를 비비대며 길 쪽으로 늘어서 있는 추녀들, 좁고 어둡고 질척한 그 많은 골목들, 타고 남은 코크스 덩어리와 검은 탄가루가 낭자하게 흩어져 있는 길바닥들, 온갖 말씨와 형형색색의 입성을 어지러이 드러내고 있는 주민들, 얼굴도 손도 발도 죄다 까맣게 탄 아이들…… ⓑ 나는 자꾸만 어지럼증을 탔고, 급기야는 속엣것을 울컥 토해 놓고 말았다. 딱 한 잔 분량의, 오렌지 빛 토사물이었다.

세간살이들을 대충 들여놓은 다음에 우리 가족은 이른 저녁을 먹었다. 아니 그것은 때늦은 점심이기도 했다. 어쨌거나 우리 가족이 도시에서 가진 첫 식사였다.

밥은 오렌지 물을 들이기라도 한 것처럼 노란 빛깔이었다. 물이 나쁜 탓일 거라고 아버지가 말했다. 공동 펌프장에서 길어 온 그 물은 역할 정도로 악취가 심했다.

"시궁창 바닥에다가 한 자 깊이도 안 되게 박아 놓은 펌프 물이니 오죽할라구요……."

어머니는 아예 숟갈을 잡을 생각조차 없는 듯 조그만 목소리로 중얼대기만 했다.

"내다 버린 구싯물을 다시 퍼마시는 거나 다름없지 뭐예요."

하지만 나는 심한 허기에 시달리고 있던 판이었다. 게다가 어쨌든 귀한 이밥이었다. 식구들 중에서 제일 먼저 한 술을 떠 넣었다. 그러고는 생전 처음 입에 넣어 보는 음식처럼 조심스레 씹었다. 쇳내 같은, 아니 쇠의 녹 냄새 같은 게 혀끝에서 달착지근하게 느껴졌다. 다시 한 숟갈을 퍼 넣었다. 그러자 저 오렌지 빛의 물을 마시고 났을 때처럼 속이 다시 출렁거리기 시작했다.

– 이동하, 「장난감 도시」

21 윗글의 서술 방식에 대한 설명으로 가장 적절한 것은?

① 언어유희를 통해 당시의 세태를 희화화하고 있다.

② 인물이 서술자가 되어 자신의 경험을 서술하고 있다.

③ 요약적 서술을 통해 사건을 긴박감 있게 전개하고 있다.

④ 동시에 벌어지는 사건을 병치하여 주제를 강화하고 있다.

⑤ 공간적 배경의 변화를 통해 인물의 갈등이 해소되는 과정을 보여주고 있다.

22 ㉠~㉤에 대해 이해한 내용으로 적절하지 <u>않은</u> 것은?

① ㉠ : '나'에게 도시는 아무나 쉽게 갈 수 없는 곳으로 막연한 이상과 동경이 투영된 곳이었다.

② ㉡ : 도시가 '나'의 상상보다 실제로는 가까이 있었음을 그동안 미처 알지 못한 것이 스스로 부끄럽게 생각되었다.

③ ㉢ : '나'는 도시에서의 경이로운 체험이 주는 즐거운 흥분을 오래도록 느끼고자 한다.

④ ㉣ : '나'는 뭔가 잘못하였지만 그것이 구체적으로 무엇인지 알지 못해 당혹해 한다.

⑤ ㉤ : 도시의 낯선 생활에 대한 '나'의 실수로 인해 시골 출신이라고 무안당한 '나'의 심리가 나타난다.

23 ⓐ에서의 '나'의 상황에 어울리는 말로 가장 적절한 것은?

① 간에 기별도 안 간다.

② 도랑 치고 가재 잡는다.

③ 바늘 도둑이 소도둑 된다.

④ 쥐구멍에라도 들어가고 싶다.

⑤ 여우를 피하려다 호랑이를 만난다.

24 ⓑ의 이유로 가장 적절한 것은?

① 가족 간 갈등의 조짐이 보이기 시작했기 때문이다.

② 낯선 도시 생활에 대한 적응이 어려웠기 때문이다.

③ 도시의 물과 주변 환경이 비위생적이었기 때문이다.

④ 도시의 위치를 제대로 몰랐던 것을 알게 되었기 때문이다.

⑤ 도시를 두려워해 피하기만 한 자신이 부끄러웠기 때문이다.

25 〈보기〉를 참고해 윗글을 이해한 내용으로 적절하지 않은 것은? [3점]

〈보기〉

「장난감 도시」는 시골에서 도시로 이사 온 소년의 이야기이다. 이 작품에는 이주 초기에 소년 '나'가 여러 가지 사건을 겪으면서 도시에 대해 갖는 인상과 감정이 시골에서의 추억과 대비되거나, 어떤 사건을 경험하기 전과 후의 심리 변화가 다채롭게 표현되어 있다.

① 시골집에서는 아무렇지도 않게 생각되던 세간살이들이 이사 와서 보니 촌스럽고 보잘것없게 느껴졌다.

② 도시에 와서 첫 끼니로 시골에서는 귀했던 이밥을 지었으나 시골과 달리 나쁜 물 때문에 밥은 노란색을 띠고 녹 냄새가 났다.

③ 물장수로부터 핀잔을 듣기 전에는 새로운 도시 생활에 신기해했지만, 핀잔을 들은 후에는 가슴이 답답하고 머리가 어지럽고 속이 메스껍게 되었다.

④ 도시는 급행열차로 하루 낮과 하루 밤이 걸려 닿을 수 있을 것으로 예상했던 것과 달리 털털거리는 짐차로 두세 시간 만에 도착한 사실에 실망했다.

⑤ 시골 교실은 풋풋한 햇살이 비치고 선생님의 낮고 부드러운 목소리가 들리는 곳인 반면, 도시의 판잣집들 주변은 좁고 어둡고 질척한 곳으로 묘사된다.

[26~30] 다음 글을 읽고 물음에 답하시오.

계약을 이행하는 데 드는 비용이 계약 이행으로 당사자들이 얻는 편익보다 더 큰 경우에는 계약을 이행하지 않는 쪽이 더 효율적이다. 다시 말해 계약을 이행하지 않음으로써 사회적 순편익을 더 크게 만드는 경우가 있는데, 이를 '효율적 계약불이행'이라고 한다.

먼저 (가) 사례를 보자. 큰 레스토랑을 개업하려는 A는 한빛조명이란 회사에 2천만 원짜리 샹들리에를 주문하고 한 달 안에 공급받기로 계약을 체결했다. 그는 이 샹들리에에 대해 2천 5백만 원의 가치를 부여하고 있으며, 한빛조명이 이를 생산하는 데 드는 비용은 1천 7백만 원이다. 단, 이 사례에 등장하는 모든 경제주체는 위험 부담에 대해 중립적이라고 가정한다.

A는 계약 이행을 믿고 개업 전단지를 돌렸다. 이 광고에 2백만 원의 비용이 들었는데, 이 비용은 한빛조명이 계약을 이행하지 않아 A가 정한 날에 개업하지 못하면 전혀 쓸모없는 지출이 되고 만다. 그 광고비는 계약이 이행될 것을 믿고 행한 투자라는 의미에서 ㉠ 신뢰투자라고 부른다.

만약 한빛조명이 계약을 지켜 정해진 날짜까지 샹들리에를 갖다 주면 A는 이 계약으로부터 3백만 원에 해당하는 순편익을 얻게 된다. 한편 한빛조명은 이 거래로부터 3백만 원의 이윤을 얻을 것이므로, 계약이 이행되었을 경우의 사회적 순편익은 이 둘을 합친 6백만 원이 된다.

그런데 이 둘 사이의 계약 관계에 건축업자 B라는 인물이 끼어들었다. 그는 샹들리에를 급하게 구하고 있어, 최고 2천 8백만 원까지 지불해도 좋으니 구하기만 하면 다행이라고 생각했다. 그는 A에게 배달될 예정인 샹들리에를 발견하고 2천 4백만 원을 줄 테니 그것을 자신에게 팔라고 한빛조명에 제의했다. 만약 한빛조명이 이 제의를 받아들이면 그 회사의 이윤은 7백만 원으로 늘게 된다. 문제는 계약을 위반할 때 A에게 어느 정도의 손해배상을 해 주어야 하느냐에 있다. 그 회사는 계약 위반에서 생기는 추가적인 이윤이 손해 배상액보다 더 크다고 판단되는 경우에만 계약을 위반하려 할 것이기 때문이다.

(가) 사례의 경우, 사회적인 관점에서 볼 때는 원래의 계약이 파기되는 것이 더 효율적이라고 말할 수 있다. A가 아닌 B가 그 샹들리에를 공급받을 때 사회적 순편익이 더 크기 때문이다. 이를 표로 정리하면 다음과 같다.

	구입자의 순편익	한빛조명의 이윤	사회적 순편익
계약 이행 시	A : 300만 원	300만 원	600만 원
계약 불이행 시	A : −200만 원 (신뢰투자분) B : 400만 원	700만 원	900만 원

그렇다면 계약법에 손해 배상의 규칙을 어떻게 정해 놓을 때 이와 같은 효율적 계약불이행이 나타날 수 있을까? 다시 말해 효율적 계약불이행을 가져오기 위해서는 계약 위반 시의 구제 방법을 어떻게 만들어 놓아야 할까? 일반적으로 계약 위반이 일어났을 때 다음 두 가지 원칙 중 하나의 구제 방법이 채택되는 것이 보통이다.

ⓐ 기대손실의 원칙은 계약을 위반한 측이 이로 인해 손해를 본 측에게 만일 계약이 이행되었더라면 누렸을 효용 수준과 동일한 수준의 효용을 보장하는 금액을 배상할 것을 요구한다. 이때 신뢰투자로 지출한 것은 계약이 이행되어야만 의미를 갖기 때문에 이 부분도 보상을 해 주어야 한다는 점에 유의해야 한다. 반면에 ⓑ 신뢰손실의 원칙은 계약을 위반한 측이 이로 인해 손해를 본 측에게 애당초 그 계약이 맺어지지 않았더라면 누렸을 효용 수준과 똑같은 수준의 효용을 보장할 수 있는 금액을 보상해 줄 것을 요구한다.

계약을 위반하는 측인 한빛조명은 요구되는 손해 배상액이 계약불이행으로 말미암아 회사가 얻게 된 추가적 이윤보다 작으면 계약을 파기할 가능성이 크다. (가) 사례에서 계약을 위반함으로써 한빛조명의 이윤은 4백만 원만큼 증가하게 된다. 만약 요구되는 손해 배상액이 이보다 작으면 한빛조명은 계약을 이행하지 않는 선택을 하게 될 것이다. 따라서 (가) 사례의 경우는 신뢰손실의 원칙이 효율적 계약불이행을 유발한다고 볼 수 있는 반면에, 기대손실의 원칙하에서는 계약이 이행되는 비효율적 결과가 나타난다.

하지만 이 사례만 보고 신뢰손실의 원칙이 언제나 효율적인 계약불이행을 가져다주고, 기대손실의 원칙은 언제나 비효율적인 결과를 유발한다고 속단해서는 안 된다. (가) 사례의 내용 중 약간만 달리하여 (나) 사례를 상정해 보자. 즉 B가 그 샹들리에의 가치를 2천 4백만 원으로 평가하고 있으며, 한빛조명에게 2천 3백만 원을 제의한 것으로 바꾸면, 이번에는 신뢰손실의 원칙이 비효율적인 결과를 가져오게 된다.

(나) 사례에서는 한빛조명이 그 샹들리에를 B에게 팔면 6백만 원의 이윤을 얻는데 이는 계약을 이행했을 때 얻을 수 있는 이윤보다 3백만 원이 증가한 금액이다. 이 경우의 사회적 순편익은 B의 순편익 1백만 원에 한빛조명의 이윤 6백만 원을 더한 것에서 A의 신뢰투자 지출액 2백만 원을 빼어 구한 5백만 원이 된다. 그런데 계약 이행 시의 사회적 순편익은 (가)와 마찬가지로 6백만 원이 된다. 따라서 이와 같은 상황에서는 계약을 이행하는 것이 더 효율적이다.

그런데 한빛조명은 기대손실의 원칙하에서 손

해 배상액이 계약파기로 증가하는 이익보다 크므로 계약을 그대로 이행하기로 결정한다. 그러나 신뢰손실의 원칙하에서는 손해 배상액이 계약 파기로 증가하는 이익보다 작으므로 계약을 이행하지 않는 비효율적 결과가 나타난다. 즉 이제는 기대손실의 원칙이 효율적인 결과를 가져오는 상황으로 반전된 것이다.

26 **윗글의 내용 전개 방식으로 가장 적절한 것은?**

① 통계 자료를 활용하여 논지의 신뢰성을 강화하고 있다.

② 다양한 추론과 해석을 통해 문제의 원인을 규명하고 있다.

③ 가설 검증을 통해 기존의 권위 있는 학설을 비판하고 있다.

④ 서로 다른 주장과 사례를 비교해 근거의 타당성을 평가하고 있다.

⑤ 개념 정의와 예시를 통해 이해를 돕고 질문을 통해 설명의 범위를 확장하고 있다.

27 **㉠에 해당하는 사례로 가장 적절한 것은?**

① 백혈병 환우 돕기 캠페인에 참여하여 헌혈하는 경우

② 유동 인구가 많은 곳에 편의점을 임대하고 점포세를 받는 경우

③ 땅값이 오르고 있다는 지인의 조언을 듣고 부동산을 매입하는 경우

④ 조카에게 게임기를 사 주겠다며 친구와 사이좋게 지내라고 당부하는 경우

⑤ 방학 동안 해외에 있는 친구의 집을 빌려 쓰기로 하고 비행기표를 미리 구입하는 경우

28 **윗글에서 계약 위반 시의 구제 방법으로 ⓐ와 ⓑ를 채택했을 때, '한빛조명'이 'A'에게 보상해 주어야 할 금액은?** [3점]

	ⓐ	ⓑ
①	5백만 원	2백만 원
②	5백만 원	3백만 원
③	7백만 원	2백만 원
④	7백만 원	3백만 원
⑤	7백만 원	5백만 원

29 **(가) 사례에 대한 이해로 적절하지 <u>않은</u> 것은?**

① 효율적 계약불이행이 일어날 수 있는 사례가 된다.

② 계약불이행 시의 사회적 순편익은 B의 순편익과 한빛조명의 이윤을 더한 값이다.

③ 계약이 이행되었을 때의 사회적 순편익인 6백만 원보다 계약 불이행 시의 사회적 순편익이 더 크다.

④ 계약불이행 시의 한빛조명의 이윤은 B가 제안한 2천 4백만 원에서 샹들리에 제작비 1천 7백만 원을 뺀 것이다.

⑤ 계약불이행 시 B의 순편익은 샹들리에 구입에 지불할 용의가 있었던 2천 8백만 원에 샹들리에 구입을 제안한 금액인 2천 4백만 원을 뺀 것이다.

2022 기출문제

30 윗글을 읽고 추론한 내용으로 적절하지 <u>않은</u> 것은?

① 두 손해 배상 원칙 모두 과다한 신뢰투자를 유발할 수 있다는 문제점이 있다.

② 기대손실의 원칙하에서는 계약의 불이행이 효율적인데도 이행하게 되는 경향이 있다.

③ 어떤 손해 배상의 원칙이 효율적인 결과를 가져오는지는 주변여건에 따라 달라지지 않는다.

④ 신뢰손실의 원칙하에서는 과다한 계약 파기 혹은 과소한 계약이행의 문제가 발생할 수 있다.

⑤ 계약의 모든 당사자들은 위험 부담에 대해 선호하거나 기피하지 않고 화폐액의 기대치만을 기준으로 계약을 진행하고 있다.

[31~35] 다음 글을 읽고 물음에 답하시오.

(가)
어름 우희 댓닙 자리 보와 님과 나와 어러 주글만뎡
어름 우희 댓닙 자리 보와 님과 나와 어러 주글만뎡
졍(情)둔 오ᄂᆞᆳ 밤 더듸 새오시라 더듸 새오시라

경경(耿耿) 고침샹(孤枕上)애 어느 ᄌᆞ미 오리오
셔창(西窓)을 여러ᄒᆞ니 도화(桃花)ㅣ 발(發)ᄒᆞ두다
도화ᄂᆞᆫ 시름업서 쇼츈풍(笑春風)ᄒᆞᄂᆞ다 쇼츈풍ᄒᆞᄂᆞ다

넉시라도 님을 ᄒᆞᆫᄃᆡ 녀닛 경(景) 너기더니
넉시라도 님을 ᄒᆞᆫᄃᆡ 녀닛 경(景) 너기더니
벼기더시니 뉘러시니잇가 뉘러시니잇가

올하 올하 아련 비올하
여흘란 어듸 두고 소해 자라 온다
소콧 얼면 여흘도 됴ᄒᆞ니 여흘도 됴ᄒᆞ니

남산(南山)애 자리 보와 옥산(玉山)을 벼여 누어
금슈산(錦繡山) 니블 안해 샤향(麝香) 각시를 아나 누어
남산애 자리 보와 옥산을 벼여 누어
금슈산 니블 안해 샤향 각시를 아나 누어
약(藥)든 ᄀᆞ슴을 맛초ᄋᆞᆸ사이다 맛초ᄋᆞᆸ사이다

아소 님하 원ᄃᆡ평ᄉᆡᆼ(遠代平生)에 여힐ᄉᆞᆯ 모ᄅᆞᄋᆞᆸ새

– 작자 미상, 「만전춘별사」

(나)
[A] 이화우(梨花雨) 흩날릴 제 울며 잡고 이별한 님
추풍낙엽(秋風落葉)에 저도 나를 생각는가
천 리(千里)에 외로운 꿈만 오락가락 하괘라

– 매창

[B] 묏ㅅ버들 가려 걲어 보내노라 님의손대
자시는 창 밖에 심어두고 보소서
밤비에 새 잎 곧 나거든 나인가도 여기소서

– 홍랑

(다)
인간 이별 만사 중에 독수공방(獨守空房)이 더욱 섧다
㉠ <u>상사불견(相思不見) 이내 진정(眞情)을 제 뉘라셔 알리</u>
매친 시름 이렁저렁이라 흐트러진 근심 다 후리쳐 던져두고 자나 깨나 깨나 자나 임을 못 보니 가슴이 답답
어린 양자(樣姿)* 고운 소리 눈에 암암(黯黯) 귀에 쟁쟁(錚錚)
보고지고 임의 얼굴 듣고지고 임의 소리
비나이다 하느님께 임 생기라 비나이다
전생차생(前生此生) 무슨 죄로 우리 둘이 생겨나서
죽지 마자 하고 백년기약
만첩청산을 들어간들 어느 우리 낭군이 날 찾으리
㉡ <u>산은 첩첩하여 고개 되고 물은 충충 흘러 소(沼)</u>

가 된다
오동추야(梧桐秋夜) 밝은 달에 임 생각이 새로 난다
한번 이별하고 돌아가면 다시 오기 어려워라
㉢ 천금주옥(千金珠玉) 귀 밖이요 세사(世事) 일부(一富) 관계하랴
…(중략)…
일조(一朝) 낭군 이별 후에 소식조차 돈절(頓絶)하니
오늘이나 들어올까 내일이나 기별 올까
일월무정(日月無情) 절로 가니 옥안운빈공로(玉顔雲鬢空老)*로다.
이내 상사(相思) 알으시면 임도 나를 그리리라
㉣ 적적(寂寂) 심야(深夜) 혼자 앉아 다만 한숨 내 벗이라
일촌간장(一寸肝腸) 구비 썩어 피어나니 가슴 답답
㉤ 우는 눈물 받아내면 배도 타고 아니 가랴
피는 불이 일러나면 임의 옷에 당기리라
사랑겨워 울던 울음 생각하면 목이 멘다

– 작자 미상, 「상사별곡」

*양자 : 앳된 얼굴.
*옥안운빈공로 : 고운 얼굴과 머리숱 풍성하던 젊은 여인이 헛되이 늙음.

31 (가)~(다)의 공통점으로 적절하지 않은 것은?

① 임과의 이별 상황에서 임을 향한 애절한 목소리가 담겨 있다.
② 화자와 임 사이의 정서적 또는 물리적 거리감이 드러나 있다.
③ 임 소식이 없어 답답해하는 화자의 일방향적인 감정이 드러나 있다.
④ 상심에서 벗어나 사태를 객관적으로 파악하려는 화자의 태도가 나타나 있다.
⑤ 임에 대한 추억 또는 원망의 감정이 가장 고조되는 시간을 '밤'으로 설정하고 있다.

32 (가)~(다)의 표현상 특징으로 가장 적절한 것은?

① (가)의 '어러 주글만뎡'과 (나)의 '천 리(千里)에'는 과장적 표현을 반복하여 화자의 심정을 고조하고 있다.
② (가)의 '아련 비올하'와 (다)의 '피는 불이 일러나면'은 풍자적 기법을 활용하여 교훈의 효과를 높이고 있다.
③ (나)의 '보내노라 님의손대'와 (다)의 '듣고 지고 임의 소리'는 어순 도치를 통해 화자의 가치관을 강조하고 있다.
④ (나)의 '추풍낙엽'과 (다)의 '오동추야'는 시간과 자연물을 활용하여 화자의 심정을 드러내고 있다.
⑤ (나)의 '새 잎 곧 나거든'과 (다)의 '일촌간장 구비 썩어'는 과거와 현재를 대비하여 화자의 처지를 부각하고 있다.

33 (가)와 (나)를 이해한 것으로 적절하지 않은 것은?

① (가)의 2연에서 '도화'는 화자와 대비되어 화자의 마음을 아프게하는 객관적 상관물이다.
② (가)의 3연에서 '넉시라도 님을 혼듸'는 이별 전에 임과 화자가 함께 약속한 것이다.
③ (가)의 5연에서 '옥산'과 '금슈산'은 임과의 만남을 기대하며 상상해 낸 공간이다.
④ (나)의 [A]에서 '외로운 꿈'과 '오락가락'은 임과의 재회가 어려울 것이라는 화자의 심리를 드러내고 있다.
⑤ (나)의 [B]에서 '뫼ㅅ버들 가려 것어'는 임에 대한 화자의 원망을 행동으로 보여 주고 있다.

34 **(다)의 ㉠~㉤을 이해한 것으로 적절하지 않은 것은? [3점]**

① ㉠ : 작품 전체의 내용과 주제를 압축적으로 제시해 놓고 있다.

② ㉡ : 산과 물의 속성을 활용해 화자의 고립감을 부각하고 있다.

③ ㉢ : 화자가 임과 이별하게 된 이유를 간접적으로 드러내고 있다.

④ ㉣ : '적적', '혼자'는 '한숨'의 의미와 이유를 강조하고 있다.

⑤ ㉤ : 임을 향한 화자의 연정을 과장되게 나타내고 있다.

35 **〈보기〉를 참고해 (가)의 형식상 특징을 설명한 것으로 적절하지 않은 것은?**

〈보기〉

「만전춘별사」는 신라와 고려 시대 시가 갈래의 형식에 영향을 받아 만들어졌다고 보기도 한다. 기존 시가 갈래로는 분연체이면서 '위~경(景) 긔 엇더ᄒᆞ니잇고'가 반복되는 경기체가, 감탄사나 3단 구성이 보이는 10구체 향가, 시조, 향가계 고려 속요, 그리고 분연체와 후렴구가 두드러진 고려 속요 등이 있다. 향가계 고려 속요에는 「정과정」과 「도이장가」 2편이 있는데, 이중 '넉시라도 님은 ᄒᆞᆫᄃᆡ 녀져라 아으' 표현으로 대표되는 「정과정」은 충신연주지사의 시초이다.

① 제2연과 제5연에는 시조의 4음보 율격이 드러나 있다.

② 제2연과, 반복되는 부분을 뺀 제5연은 시조의 3단 구성과 유사하다.

③ 제3연의 '넉시라도 님을 ᄒᆞᆫᄃᆡ'는 향가계 고려 속요에도 등장한다.

④ 제3연에서 '너닛 경(景) 너기더니'는 경기체가의 양식적 특징과 유사하다.

⑤ 제6연의 '아소 님하'는 고려 속요에서 연과 연 사이에 발견되는 후렴구이다.

[36~40] 다음 글을 읽고 물음에 답하시오.

21세기에 인간은 자연 선택의 법칙을 깨면서 스스로의 한계를 초월하는 중이다. 40억 년에 걸쳐 이어져 온 자연 선택이라는 구(舊) 체제가 오늘날 완전히 다른 종류의 도전에 직면하고 있다. 전 세계의 실험실에서 과학자들은 살아 있는 개체의 유전자를 조작해 원래 해당 종에게 없던 특성을 제공하는 ㉠ 생명 공학을 통해 자연선택의 법칙을 위반하는 중이다. 이외에도 자연 선택을 지적 설계로 대체하는 기술로는 사이보그 공학, 비유기물 공학 등이 있다.

사이보그 공학에서 말하는 사이보그는 생물과 무생물을 부분적으로 합친 존재로, 생체 공학적 의수(義手)를 지닌 인간이 그 하나의 예이다. 어떤 의미에서 우리는 거의 모두가 생체 공학적 존재이다. 타고난 감각과 기능을 안경, 심장 박동기, 의료 보장구, 그리고 ㉡ 컴퓨터와 스마트폰으로 보완하고 있기 때문이다. 우리는 지금 진정한 사이보그가 되려는 경계선에 아슬아슬하게 발을 걸치고 있다. 이 선을 넘으면 우리는 신체에서 이러한 보완기를 떼어낼 수 없으며 우리의 능력, 욕구, 성격, 정체성이 달라지게 하는 비유기물적 속성을 갖게 될 것이다.

인간 역시 사이보그로 변하는 중이다. '망막 임플란트'라는 회사는 시각 장애인이 부분적으로라도 볼 수 있도록 망막에 삽입하는 장치를 개발 중이다. 환자의 눈에 작은 마이크로칩을 삽입하는 게 핵심이다. 마이크로칩을 활용해 광세포의 역할을 보완할 수 있기 때문이다. 광세포는 감각 수용체로

서, 눈에 비치는 빛을 흡수해 이를 전기 신호로 바꾸는 역할을 한다. 이 전기 신호는 망막의 손상되지 않은 신경 세포로 전달되고, 이 신호는 뇌로 전송된다. 뇌는 이 전기 신호를 번역해 무엇이 보이는지를 파악한다. 현재 이 기술은 환자들이 방향을 정하고 문자를 식별하며 심지어 얼굴을 인식하게 해 줄 정도로 발전했다. 한편, 현재 진행되는 프로젝트 중에 가장 혁명적인 것은 뇌와 컴퓨터를 직접 연결하는 방법을 고안하려는 시도다. 컴퓨터가 인간 뇌의 전기 신호를 읽어내는 동시에 뇌가 읽을 수 있는 신호를 내보내는 것이 목표다. 이런 인터페이스가 뇌와 컴퓨터를 직접 연결한다면, 혹은 여러 개의 뇌를 직접 연결한다면 어떻게 될까? 그렇게 해서 일종의 뇌 인터넷을 만들어 낸다면? 만일 뇌가 집단적인 기억 은행에 직접 접속할 수 있게 된다면 인간의 기억, 의식, 정체성에는 어떤 일이 일어날까? 그런 상황이 되면 가령 한 사이보그가 다른 사이보그의 기억을 검색할 수 있을 것이다. 그러면 마치 자신의 것인 양 기억하게 된다. 뇌가 집단으로 연결되면 자아나 성 정체성 같은 개념은 어떻게 될까? 어떻게 스스로를 알고 자신의 꿈을 좇을까? 그 꿈이 자신의 기억 속이 아니라 모종의 집단 기억 저장소에 존재한다면 말이다.

그리고 자연 선택의 법칙을 바꾸는 또 다른 방법은 완전히 무생물적 존재를 제작하는 것이다. 유전적 프로그래밍은 컴퓨터 과학에서 가장 흥미로운 분야인데, 유전자의 진화를 모방하려 노력하고 있다. 많은 프로그래머가 창조자에게서 완전히 독립한 상태로 학습, 진화할 능력을 갖춘 프로그램을 창조하는 꿈을 꾼다.

이 경우 프로그래머는 원동력이자 최초로 움직인 자가 되겠지만, 그 피조물의 진화는 아무 방향으로나 자유롭게 이뤄질 것이다. 프로그램 작성자를 포함해 어느 누가 마음속에 그렸던 방향과도 전혀 상관없이 말이다.

이런 프로그램의 원형은 이미 존재한다. 바로 컴퓨터 바이러스다. 컴퓨터 바이러스는 포식자인 백신 프로그램에 쫓기는 한편, 사이버 공간 내의 자리를 놓고 다른 바이러스들과 경쟁하면서 스스로를 수없이 복제하며 인터넷을 통해 퍼져 나간다. 그 복제 과정에서 어느 날 실수가 일어나면, 컴퓨터화한 돌연변이가 된다. 어쩌면 애초에 인간 엔지니어가 무작위적 복제 실수가 일어나도록 프로그램을 ⓐ 짰기 때문일 수도 있고, 아니면 무작위적 오류 탓일 수도 있다. 우연히 이 변종 바이러스가 다른 컴퓨터에 침범하는 능력을 잃지 않으면서 백신 프로그램까지 피하는 능력이 더 우수하다면, 그것은 더 잘 살아남고 번식하게 될 것이다.

미래에 사이버 공간은 새 바이러스들로 가득 찰 것이다. 그렇다면 아무도 일부러 설계하지 않았지만, 무기물로서 스스로 진화를 거친 개체들은 과연 살아 있는 피조물일까? 그 답은 '살아 있는 피조물'을 어떻게 정의하느냐에 달렸다. 이 바이러스가 유기체 진화의 법칙과 한계와는 전혀 무관한 새로운 진화 과정에 의해 만들어진 것임은 분명한 사실이다.

36 윗글의 내용과 일치하는 것은? [3점]

① 컴퓨터 바이러스는 백신 프로그램을 무력화할 수 있도록 만들어졌다.

② 인간은 성격과 정체성을 바꾸는 비유기물적 속성을 선천적으로 갖고 있다.

③ 컴퓨터는 뇌의 전기 신호를 읽어낼 뿐, 스스로 복제할 수 있는 능력이 없다.

④ 망막의 신경 세포는 외부의 빛을 전기 신호로 바꾸어 뇌에 전기 신호를 보낸다.

⑤ 자연 선택을 지적 설계로 대체한 결과, 인간의 뇌와 컴퓨터를 직접 연결하는 방법이 시도되고 있다.

37 **윗글로 미루어 볼 때, ㉠의 예로 적절하지 않은 것은?**

① 곰팡이 유전자를 변형해 인슐린을 생성한다.
② 대장균 유전자를 조작해 바이오 연료를 생산한다.
③ 뇌의 신경망을 모방한 컴퓨터 전기 회로를 컴퓨터 안에 심는다.
④ 메머드에서 복원한 DNA를 코끼리 DNA를 제거한 코끼리 수정란에 삽입해 자궁에 넣는다.
⑤ 벌레에서 추출한 유전 물질을 돼지에 삽입해 해로운 지방산을 건강에 이로운 지방산으로 바꿔 준다.

38 **윗글로 미루어 볼 때, ㉡을 사이보그 공학의 일부로 보는 이유로 가장 적절한 것은?**

① 인간의 생리 기능과 면역계, 수명에 영향을 미치기 때문이다.
② 인간이 자연 선택의 결과로 갖게 된 물리적 힘을 보여 주기 때문이다.
③ 인간의 뇌가 담당해야 하는 자료 저장, 처리의 부담을 덜어 주기 때문이다.
④ 전기적 명령을 해석할 수 있는 생체 공학용 팔의 원시적 형태물이기 때문이다.
⑤ 인간의 뇌가 일상생활에서 데이터를 처리하는 능력의 한계를 알 수 있기 때문이다.

39 **윗글을 참고할 때, 〈보기〉의 ㉮에 들어갈 말로 가장 적절한 것은?**

〈보기〉

완전히 무생물적 존재를 만들어 내는 비유기물 공학에서 주요하게 연구하는 대상은 독립적인 진화가 가능한 (㉮)이다.

① 전기 신호　② 신경 세포
③ 뇌 인터넷　④ 컴퓨터 프로그램
⑤ 컴퓨터 전자 회로

40 **문맥상 ⓐ와 바꿔 쓸 수 있는 말로 적절하지 않은 것은?**

① 제작(製作)했기　② 구성(構成)했기
③ 조직(組織)했기　④ 개발(開發)했기
⑤ 활용(活用)했기

[41~45] 다음 글을 읽고 물음에 답하시오.

[앞부분 줄거리] 전라도 남원에 양생이라는 노총각은 일찍이 부모를 여의고 만복사에서 외롭게 지냈다. 젊은 남녀가 절에 와서 소원을 비는 날, 양생은 법당에서 자신에게 좋은 배필을 달라고 소원을 빌며 부처와 저포 놀이 시합을 하여 이긴다. 양생은 외로운 신세를 한탄하며 배필을 얻게 해 달라는 내용의 축원문을 읽던 아름다운 처녀를 만나 절에서 하룻밤을 보낸다.

이때 달이 서산에 걸리며 인적 드문 마을에 닭 울음소리가 들렸다. 절에서 종소리가 울리기 시작하며 새벽빛이 밝아 왔다. 여인이 말했다.
"얘야, 자리를 거둬 돌아가려무나."
여종은 "네." 하고 대답하자마자 자취 없이 사라졌다.

여인이 말했다.

"인연이 이미 정해졌으니 제 손을 잡고 함께 가셔요."

양생이 여인의 손을 잡고 마을을 지나갔다. ㉠ 울타리에서 개들이 짖어 댔고 길에는 사람들이 다니고 있었다. 그런데 지나가던 이들은 양생이 여인과 함께 가는 것을 알지 못한 채 다만 이렇게 묻는 것이었다.

"이렇게 일찍 어딜 가시나?"

양생이 대답했다.

"술에 취해 만복사에 누워 있다가 친구 집에 가는 길입니다."

아침이 되었다. 여인이 이끄는 대로 풀숲까지 따라와 보니, 이슬이 흥건한 것이 사람들 다니는 길이 아니었다. 양생이 물었다.

"어찌 이런 곳에 사시오?"

여인이 대답했다.

"혼자 사는 여자가 사는 곳이 본래 이렇지요, 뭐."

여인은 이렇게 우스갯소리를 건넸다.

[A]

이슬 젖은 길 / 아침저녁으로 다니고 싶건만
옷자락 적실까 나설 수 없네.

양생 역시 장난으로 이런 한시(漢詩)를 읊었다.

여우가 짝을 찾아 어슬렁거리니
저 기수(淇水)의 돌다리에 짝이 있도다.
노(魯)나라 길 확 트여 / 문강(文姜)이 쏜살같이 달려가네.

한시를 읊조리고 나서 껄껄 웃었다. 두 사람은 마침내 개녕동에 도착했다. ㉡ 쑥이 들판을 뒤덮었고, 가시나무가 하늘을 가렸다. 그 속에 집 한 채가 있는데, 크기는 작지만 매우 화려했다. …(중략)… 술자리가 끝나고 헤어질 때가 되었다. ㉢ 여인이 양생에게 은그릇을 하나 내주며 이렇게 말했다.

"내일 저희 부모님이 보련사에서 제게 밥을 주실 거예요. 길가에서 기다리고 계시다가 함께 절에 가서 부모님께 인사를 드렸으면 하는데, 괜찮으시겠어요?"

양생은 그렇게 하겠다고 대답했다.

이튿날 양생은 여인의 말대로 은그릇을 들고 길가에서 기다리고 있었다. 잠시 후, 과연 명문가 여인의 대상(大祥)*을 위한 행차가 보였다. 이들 일행의 수레와 말이 길을 가득 메운 채 보련사에 올라가다가 선비 하나가 그릇을 들고 서 있는 것을 보고는 하인 하나가 이렇게 말했다.

"㉣ 아씨와 함께 묻은 물건을 누가 훔쳐서 갖고 있사옵니다."

주인이 말했다.

"뭐라고?"

하인이 말했다.

"이 선비가 아씨의 그릇을 가지고 있사옵니다."

주인이 말을 멈추고 사정을 묻자, 양생은 앞서 여인과 약속했던 일을 그대로 말했다. 여인의 부모가 놀라 한참을 어리둥절해하더니 이렇게 말했다.

"우리 외동딸이 노략질하던 왜구의 손에 죽었는데 아직 장례를 치르지 못하고 임시로 개녕사 골짜기에 매장했구려. 차일피일 하다 지금껏 장사를 지내지 못한 채 오늘에 이르게 되었소이다. 오늘이 벌써 세상을 뜬 지 두 돌이 되는 날이라 절에서 재(齋)를 베풀어 저승 가는 길을 배웅하려는 참이라오. 청컨대 딸아이와 약속했던 대로 여기서 기다렸다가 함께 절로 와 주셨으면 하오. 부디 놀라지 말아 주었으면 하오."

그렇게 말하고는 먼저 절로 갔다.

양생은 우두커니 서서 여인을 기다렸다. 약속 시간이 되자 ㉤ 여자 한 사람이 여종과 함께 사뿐히 걸어오고 있었다. 과연 기다리던 그 여인이었다. 양생과 여인은 기쁘게 손을 잡고 절로 향했다.

여인은 절에 들어가 부처님께 절하고 하얀 장막 안으로 들어갔다. 여인의 친척들과 절의 승려들은 모두 여인의 존재를 믿지 않았다. 오직 양생의 눈에만 여인이 보였기 때문이다. 여인이 양생에게 말했다.

"음식을 함께 드시지요."

양생이 여인의 부모에게 그 말을 전하자, 부모는 시험해 볼 생각으로 그렇게 해 보라고 했다. 수저 소리만 들릴 따름이었지만, 그 소리는 사람들이 밥 먹을 때와 똑같았다. 부모는 깜짝 놀라 마침내 양생더러 장막에서 함께 자라고 권유했다.

한밤중에 말소리가 낭랑하게 들렸는데, 다른 사람들이 자세히 엿들어 보려 하면 그때마다 말소리가 뚝 그쳤다. 여인의 말은 다음과 같았다.

[B] "제가 규범을 어겼다는 건 저 역시 잘 알지요. 어려서 『시경』과 『서경』을 읽어 예의범절을 조금은 알고 있사오니, 「건상(褰裳)」*과 「상서(相鼠)」*가 부끄러워할 만한 것인 줄 모르지 않아요. 하오나 오랜 세월 쑥대밭 너른 들판에 버려진 채 살다 보니 마음속에 있던 정이 한번 일어나자 끝내 다잡을 수 없었어요. 며칠 전 절에서 소원을 빌고 불전(佛殿)에 향을 사르며 제 기구한 일생을 한탄하던 중에 문득 삼세의 인연을 이루게 되었지요. 서방님의 아내가 되어 나무 비녀를 꽂고 백 년 동안 시부모님을 모시며 음식 시중에 옷 시중으로 평생 아내의 도리를 다하고 싶었어요. 하지만 한스럽게도 정해진 운명은 피할 수 없고, 이승과 저승의 경계는 넘을 수 없군요. 기쁨이 아직 다하지 않았는데 슬픈 이별이 눈앞에 이르렀어요. 지금 이별하고 나면 다시 만나긴 어렵겠지요. 이별할 때가 되니 너무도 서글퍼 무슨 말을 해야 할지 모르겠어요."

이윽고 여인의 영혼을 떠나보내는데 여인의 울음소리가 끊이지 않았다.

– 김시습, 「만복사저포기」

*대상 : 2년 상을 마치고 탈상(脫喪)하는 제사.
*「건상(褰裳)」: 『시경』에 실린, 자유분방한 여인의 마음을 읊은 노래.
*「상서(相鼠)」: 『시경』에 실린, 예의를 모르는 사람을 풍자한 노래.

41 윗글에 대한 이해로 가장 적절한 것은?

① 여인은 양생의 아내가 되어 함께 살다가 죽음을 맞이했다.
② 여인은 양생에게 자신의 거처를 소개하는 것이 부끄러웠다.
③ 부모는 양생을 만나기 위해 일행을 이끌고 보련사로 향했다.
④ 양생은 아침 일찍 지나가는 이들의 질문에 마지못해 대답했다.
⑤ 양생은 이별의 날에야 여인이 장례 후 저승으로 간다는 사실을 알았다.

42 〈보기〉를 참고해 [A]의 역할을 이해한 것으로 가장 적절한 것은?

〈보기〉

애정 전기(傳奇) 소설은 서사와 서정의 교직(交織)이 다른 갈래보다 더 두드러진다. 작품에 한시(漢詩)가 다수 등장하는데, 이때 한시는 여러 서사적 기능을 담당한다. 분위기 조성, 감정 전달, 사상 전달, 대상 묘사는 물론, 등장인물 간 대화를 대신하거나 남녀 간 만남의 매개 역할을 한다.

① 등장인물 간 대화를 대신하고 있다.
② 남녀 주인공의 감정을 위로하고 있다.
③ 남녀 주인공의 첫 만남을 매개하고 있다.
④ 경물을 묘사하여 사건의 결말을 암시하고 있다.
⑤ 이별의 슬픔을 표현하여 주제 의식을 드러내고 있다.

43 윗글의 등장인물에 대한 이해로 적절하지 않은 것은?

① 양생이 혼자 살며 부처와 저포 놀이까지 한 것으로 보아 양생의 외로움은 여인과 만나기 위한 필요조건이다.

② 여인의 부모가 양생이 딸과 함께 절로 와 주기를 청한 것으로 보아 그들은 딸이 살아 돌아오기를 소망하고 있다.

③ 여인의 부모는 수저 소리를 듣고 양생을 믿게 되어 그에게 장막에 머물 것을 권했다.

④ 여인이 어릴 적부터 『시경』과 『서경』을 읽었다는 것으로 보아 여인은 명문가 규수로서 소양을 갖춘 인물이다.

⑤ 이승과 저승의 경계를 넘을 수 없어 저승으로 가야 한다는 것으로 보아 여인은 운명론적 세계관을 지니고 있다.

44 ㉠~㉤에 대해 설명한 내용으로 가장 적절한 것은?

① ㉠은 사건을 이해하는 데 필요한 대상의 특징을 묘사하고 있다.

② ㉡은 공간 묘사를 통해 여인이 처하게 되는 위기 상황을 나타내고 있다.

③ ㉢은 소재를 활용하여 이어지는 사건 전개의 필연성을 강화하고 있다.

④ ㉣은 하인의 말을 통해 양생의 비범한 능력을 부각하고 있다.

⑤ ㉤은 등장인물이 이승의 존재가 아님을 직설적으로 드러내고 있다.

45 [B]를 참고해 윗글을 이해한 것으로 적절하지 않은 것은? [3점]

① 명혼(冥婚) 이야기를 통해 결핍 상태인 현실세계에서 벗어나고픈 남녀 주인공의 욕망을 형상화하고 있다.

② 양생이 간절히 바라던 배필이 귀신이었다는 사실은 양생의 고독이 이 세상에서 해소될 수 없음을 의미한다.

③ 인간적 욕망으로 원통한 죽음을 넘어서고자 하나 실현하지 못하는 데에서 비극적 아이러니를 드러내고 있다.

④ 여인이 규범을 어기면서까지 양생과의 결연을 시도한 것은 현실세계에서의 고달픈 삶을 긍정하는 민중 의식을 보여 준다.

⑤ 양생과 죽은 여인 간에 삼세의 인연이 맺어진 것은 배필을 원했던 여인의 발원이 부처의 도움으로 이루어졌음을 의미한다.

If you would thoroughly know anything, teach it to others.
어떤 것을 완전히 알려거든 그것을 다른 이에게 가르쳐라.

– 트라이언 에드워즈(Tryon Edwards)

2025 경찰대학 10개년 국어

2021 학년도 기출문제

국어영역

제1교시 국어영역

▶정답 및 해설 295p

01 밑줄 친 ㉠, ㉡의 사례가 올바르게 짝지어진 것은?

〈보기〉

한글 맞춤법의 기본 원리로는 소리대로 적는 ㉠ 표음주의와 어법에 맞도록 적는 ㉡ 표의주의가 있다. 표음주의는 표기가 소리를 그대로 반영하도록 적는 원리이다. 반면 표의주의는 형태를 밝혀 적는 것으로서, 간단히 말하면 동일한 형태소를 고정해서 적는 원리를 말한다.

	㉠	㉡
①	쇠붙이	무르팍
②	쓰레기	달맞이
③	달맞이	쇠붙이
④	코끼리	쓰레기
⑤	무르팍	코끼리

02 〈보기〉를 참고하여 탐구한 내용으로 적절하지 않은 것은?

〈보기〉

'의'의 표준 발음
- 'ㅢ'는 이중 모음으로 발음한다.
- 다만(1), 자음을 첫소리로 가진 'ㅢ'는 [ㅣ]로 발음한다. ㉮ 희망[히망]
- 다만(2), 단어의 첫 음절 이외의 '의'는 [ㅣ], 조사 '의'는 [ㅔ]로 발음하는 것도 허용한다. ㉮ 주의[주의/주이], 협의[혀븨/혀비], 우리의[우리의/우리에]

① '의식'을 [의식]으로 발음하면 표준 발음이군.
② '너희'를 [너희]로 발음하면 표준 발음이 아니군.
③ '논의'를 [노늬]로 발음하면 표준 발음이 아니군.
④ '의의'를 [으이]로 발음하면 표준 발음이 아니군.
⑤ '너의 (집)'를 [너에]로 발음하면 표준 발음이군.

03 밑줄 친 ㉠의 사례로 적절하지 않은 것은?

〈보기〉

모음과 모음이 결합할 때에는 여러 가지 음운 변동이 일어날 수 있다. ㉠ 모음 중 하나가 탈락할 수도 있고, 두 모음이 합쳐져 하나의 이중 모음으로 바뀔 수도 있다. 둘 중 어느 변동이 일어나든 모음과 모음이 직접 결합하는 것을 막아 준다.

① 비+어서 → [벼:서]
② 펴+어서 → [펴서]
③ 서+어서 → [서서]
④ 쓰+어서 → [써서]
⑤ 크+어서 → [커서]

04 다음 문장들의 공통점에 대한 설명으로 적절하지 않은 것은?

〈보기〉

- 나는 정성껏 만든 선물을 몰래 엄마에게 드렸다.
- 나는 예전에 존경하던 선생님께 편지를 보냈다.

① 세 자리 서술어가 쓰였다.
② 부사가 부사어로 나타난다.
③ 객체를 높이는 형태소가 쓰였다.
④ 관형어로 기능하는 안긴문장이 있다.
⑤ 문법적 관계를 나타내는 품사가 나타난다.

05 ㉠에 속하는 예로 적절한 것은?

〈보기〉

어근과 어근으로 이루어진 복합어를 합성어라고 한다. 그런데 접사가 포함되어 있는데도 합성어로 분석되는 특이한 경우도 있다. '금목걸이'가 대표적이다. 이 단어에는 접사 '-이'가 결합되어 있지만 '금목걸이'는 파생어가 아닌 합성어이다. '금목걸이'를 둘로 쪼개면 '금'과 '목걸이'가 되는데, 이 둘은 모두 어근 또는 어근의 자격을 지니므로 '금목걸이'에 접사가 포함되어 있지만 파생어가 될 수는 없다. 이처럼 ㉠ 접사가 포함되어 있어도 합성어로 분석되는 경우는 더 존재한다.

① 나뭇가지　② 병따개
③ 손가락질　④ 아침밥
⑤ 비웃음

06 〈보기〉에서 설명하는 사례에 속하지 않는 것은?

〈보기〉

한글 맞춤법 제18항. 다음과 같은 용언들은 어미가 바뀔 경우, 그 어간이나 어미가 원칙에 벗어나면 벗어나는 대로 적는다.
1. 어간의 끝 'ㄹ'이 줄어질 적
　예 갈다 : 가니 간 갑니다 가시다 가오
2. 어간의 끝 'ㅅ'이 줄어질 적
　예 긋다 : 그어 그으니 그었다
3. 어간의 끝 'ㅎ'이 줄어질 적
　예 그렇다 : 그러니 그럴 그러면 그러오
…

① (가방에) 넣다　② (울음을) 울다
③ (젓가락을) 젓다　④ (색깔이) 벌겋다
⑤ (사이를) 잇다

2021 기출문제

07 밑줄 친 ㉠의 예로 가장 적절한 것은? [3점]

〈보기〉

동사 중에 목적어를 필요로 하는 것을 타동사, 그렇지 않은 것을 자동사라고 한다. 하나의 동사는 타동사 또는 자동사로만 쓰이는 것이 일반적이다. 그런데 때로는 ㉠ 동일한 동사가 타동사와 자동사로 모두 쓰이기도 한다. 예컨대 '움직이다'의 경우 '환자가 팔을 움직였다.'에서는 타동사, '환자의 팔이 움직였다.'에서는 자동사로 쓰이고 있다.

① ┌ 그는 사람들에게 천사로 불렸다.
 └ 그는 갖은 방법으로 재산을 불렸다.

② ┌ 그는 수배 중에 경찰에게 잡혔다.
 └ 그는 자기 집도 저당으로 잡혔다.

③ ┌ 그가 접은 배가 물에 잘 떴다.
 └ 그는 집에 가기 위해 자리를 떴다.

④ ┌ 그가 부르던 노랫소리가 그쳤다.
 └ 그는 하던 일을 갑자기 그쳤다.

⑤ ┌ 그는 품행이 매우 발랐다.
 └ 그는 손에 연고만 발랐다.

08 빈칸 ㉠에 들어갈 예문으로 적절한 것은?

〈보기〉

타다² [타다]
활용 타[타], 타니[타니]
「동사」
1. 【…에】【…을】
 탈것이나 짐승의 등 따위에 몸을 얹다.
 (예문) 비행기에 타다.
2. 【…을】
 「1」 도로, 줄, 산, 나무, 바위 따위를 밟고 오르거나 그것을 따라 지나가다.
 (예문) 원숭이는 나무를 잘 탄다.
 「2」 어떤 조건이나 시간, 기회 등을 이용하다.
 (예문) [㉠]
…

① 썰매를 타려면 장갑을 꼭 끼어야 한다.
② 그는 따뜻한 차를 타서 천천히 마셨다.
③ 사람들은 틈을 타서 도주하려고 했다.
④ 아이들이 놀이 기구를 타러 가고 있다.
⑤ 연이 바람을 타고 하늘로 올라간다.

09 다음 설명을 참고하여 탐구한 결과로 적절하지 않은 것은?

〈보기〉

한글 자모 24자 중 모음을 나타내는 글자는 10개(ㅏ, ㅑ, ㅓ, ㅕ, ㅗ, ㅛ, ㅜ, ㅠ, ㅡ, ㅣ)이다. 이것은 훈민정음의 중성자 11자 중 'ㆍ'가 없어진 결과이다. 이 글자들을 제외한 나머지는 10개의 글자들이 합쳐져서 만들어진 복합적인 글자이다. 가령 'ㅐ'는 'ㅏ'와 'ㅣ'의 두 글자가 합쳐진 것이고 'ㅞ'는 'ㅜ, ㅓ, ㅣ'의 세 글자가 합쳐진 것이다.

① 'ㅟ'는 'ㅜ'와 'ㅣ'의 두 글자가 합쳐진 글자이다.

② 'ㅒ'은 'ㅣ'와 'ㅕ'의 두 글자가 합쳐진 글자이다.

③ 'ㅘ'는 'ㅗ'와 'ㅏ'의 두 글자가 합쳐진 글자이다.

④ 'ㅝ'는 'ㅜ'와 'ㅓ'의 두 글자가 합쳐진 글자이다.

⑤ 'ㅙ'는 'ㅗ, ㅏ, ㅣ'의 세 글자가 합쳐진 글자이다.

10 ㉠~㉤ 중 '선혜'를 높이는 말이 아닌 것은? [3점]

〈보기〉

善慧(선혜) 精誠(정성)이 ㉠ 至極(지극)ᄒᆞ실ᄊᆡ 고지 소사나거늘 조차 블러 사아지라 ㉡ ᄒᆞ신대 俱夷(구이) 니ᄅᆞ샤ᄃᆡ 大闕(대궐)에 ㉢ 보내ᅀᆞᄫᅡ 부텻긔 받ᄌᆞᄫᆞᆯ 고지라 몯ᄒᆞ리라 善慧(선혜) 니ᄅᆞ샤ᄃᆡ 五百(오백) 銀(은) 도ᄂᆞ로 다ᄉᆞᆺ 줄기ᄅᆞᆯ 사아지라 俱夷(구이) ㉣ 묻ᄌᆞᄫᆞ샤ᄃᆡ 므스게 ㉤ ᄡᅳ시리

[현대역] 선혜가 정성이 지극하시므로 꽃이 솟아나거늘 좇아서 불러 사고 싶다고 하시니, 구이가 이르시되 대궐에 보내어 부처께 바칠 꽃이라 못하리라. 선혜가 이르시되 오백 은 돈으로 다섯 줄기를 사고 싶다. 구이가 물으시되 무엇에 쓰시리?

① ㉠ ② ㉡

③ ㉢ ④ ㉣

⑤ ㉤

[11~14] 다음 글을 읽고 물음에 답하시오.

2018년 미국 크리스티 경매에서 인공 지능 화가 '오비어스'가 그린 「에드몽 드 벨라미(Edmond de Belamy)」라는 초상화가 43만 2천 달러(약 5억 원)에 낙찰되었다. 이 사건은 해묵은 논쟁을 다시 불러일으켰다. 인공 지능이 그린 그림을 예술품이라고 할 수 있을까? 적어도 누군가 돈을 주고 샀으니 예술품인 걸까? 우선 인공 지능이 그린 그림이 팔렸다는 사실 자체는 예술품인지 여부를 판단하는 중요한 근거가 아니라는 것을 말해 두고 싶다. 5억 원이라는 엄청난 액수조차 문제의 핵심은 아니다.

예술의 가치를 돈으로 평가하는 것 자체에 거부감이 있는 사람도 있으리라. 예술에 특별한 의미를 부여하는 사람들에게는 특히 그럴 것이다. 하지만 예술품이 일단 시장에 나오면 그것의 가치는 예술이 아니라 시장이 결정한다. 따라서 인공 지능의 그림이 경매에서 5억 원에 팔렸다는 사실 자체는 뉴스가 아니다. 누군가 이 그림이 앞으로 더 비싼 값에 팔릴 가능성이 있다고 믿었다는 것에 불과하다. 거래에 있어 그림이 진짜 예술품인지 여부는 중요하지 않다. 인공 지능이 만든 작품이 예술품인지 여부는 다른 관점에서 생각해야 한다.

E. H.곰브리치의 『서양미술사』는 이런 문장으로 시작된다. "미술(art)이라는 것은 사실상 존재하지 않는다. 다만 미술가들이 있을 뿐이다." 미술가가 하는 일이 미술이라는 말인데, 그렇다면 미술가는 누구인가? 미술 하는 사람이 미술가니까 결국 자기 참조의 오류에 빠진 것이 아닌가? 곰브리치의 말에는 심오한 의미가 있다고 생각한다. 어떤 결과물이 미술품인지 판단하는 근거는 결과물이 아니라 그 결과물을 만든 주체에 있다는 것이다.

미술가는 반드시 인간이어야 할까? 2005년 '콩고'라는 침팬지가 그린 그림들이 약 2,500달러(약 250만 원)에 팔렸다. 콩고는 1964년에 죽었는데, 살아 있는 동안 수백여 점의 그림을 그렸다고 한다. 앞서 이야기했듯이 콩고가 그린 것이 예술품이냐는 문제에 있어 그림이 팔렸다는 것은 중요하지

2021 기출문제

않다. 인간이 만든 것만이 예술품이라면, 콩고의 작품은 예술품이 아니다. 하지만 작품은 언제나 작가에 의해 만들어질까?

앤디 워홀은 그의 작품을 직접 제작하지 않았다. 앤디 워홀의 작품이 예술품이라면 기획이나 지시만으로도 예술품이 되는 것은 가능하다. 인간이 주체라면 의도만으로 예술품을 만들 수 있지만, 동물은 자신이 기획하고 직접 제작하더라도 예술품을 만들 수 없다. 동물은 자신이 그린 그림의 지적 재산권도 가질 수 없다. 동물은 인간이 아니기 때문이다.

결과물에 대한 법적 권리가 예술품인지 여부를 판단하는 데 중요한 기준이 될까? 법인(法人)은 인간이 아니지만 인간의 법적 권리를 가질 수 있다. 재단 법인은 소송, 소유, 계약에서 재물(財物)이 인간의 권리를 갖는 것인데, 인간의 모든 권리를 갖는 것은 아니다. 적어도 재단 법인이 그린 미술품은 없다. 하지만 인간은 필요하다면 자신의 권리 일부를 법인이라는 비인간에게 줄 수 있다.

미술가를 인간으로 국한하더라도 인공 지능이 그린 그림은 예술품이 될 수 있다. 인간이 의도를 가지고 인공 지능을 이용하여 작품을 만들면 된다. 아니면 작품이 만들어지는 과정에 인간이 조금이라도 개입하면 된다. 인공 지능은 침팬지와는 비교도 안 되는 수준으로 인간을 흉내 낼 수 있다. 아니, 기술적으로는 웬만한 인간의 수준을 뛰어넘는다. 인공 지능의 작품이 예술품이 되지 못하도록 막는 것은 어쩌면 예술은 인간만이 할 수 있다는 근거 없는 믿음뿐이다. 결국 인공 지능이 그린 그림이 예술품이냐는 질문은 논리나 예술이 아니라 정치적인 문제인지도 모르겠다. 법인과 같이 인간이 자신이 가진 예술적 권리의 일부를 인공 지능에 양도하기로 결정한다면, 그때부터 인공 지능은 예술가가 될 것이다.

11 윗글의 설명 방식으로 가장 적절한 것은?

① 다양한 질문을 제시하여 쟁점 사항을 구체화하는 방식으로 전개하고 있다.
② 대상의 개념을 구체적으로 설명하여 논쟁의 이유를 분명하게 밝히고 있다.
③ 인과 관계를 논리적으로 서술하여 사회적 쟁점에 대한 해결책을 찾아가고 있다.
④ 다양한 가설을 명시적으로 드러냄으로써 충돌되는 견해의 유사점을 강조하고 있다.
⑤ 적절한 예시를 활용하여 서로 다른 주장에 내포된 공통점을 부각하여 설명하고 있다.

12 윗글에 대한 이해로 가장 적절한 것은?

① 침팬지의 그림이 팔렸다는 데서 침팬지도 그림의 지적 재산권을 가진다는 것을 알 수 있다.
② 인간만이 예술품을 창작할 수 있다는 믿음은 인공 지능이 예술 작품을 창작하는 근본 바탕이 된다.
③ 예술품 여부에 대한 판단 기준에 의거하여 인공 지능의 그림이 경매에서 거래되었다고 할 수 있다.
④ 재단 법인은 인간에게 소송, 소유, 계약의 권리를 부여받더라도 예술품에 대한 법적 권리를 가질 수 없다.
⑤ 예술을 특별한 것으로 여기는 사람 가운데 그림의 가치가 시장에서 결정되는 것에 거부감이 있는 사람도 있다.

13 [하는]과 문맥적 의미가 가장 가까운 것은?

① 엄마가 갑자기 무서운 얼굴을 했다.
② 내 친구는 건강한 삶을 목표로 했다.
③ 오늘은 가족들이 점심으로 냉면을 했다.
④ 범인은 그 사건을 자신이 저질렀다고 했다.
⑤ 그는 대학에 다니면서 여러 가지 전공을 했다.

14 〈보기〉를 참고하여 윗글을 이해한 것으로 가장 적절한 것은? [3점]

〈보기〉

2009년 소더비 경매에서 앤디 워홀의 작품 「200개의 1달러 지폐」는 4,380만 달러(약 500억 원)에 팔렸다. 인공 지능 화가 오비어스가 그린 그림의 100배 가격이다. 앤디 워홀의 작품은 제목 그대로 1달러 지폐 200장이 가로 열 개, 세로 스무 개로 열을 맞춰 늘어서 있다. 1달러 지폐는 전문 판화가가 제작한 것이다. 앤디 워홀이 직접 한 일은 판화를 200번 찍은 것뿐이 아닐까 생각되지만, 그마저도 다른 사람이 했을지 모른다. 이런 작품이 500억 원에 팔렸다는 것은 놀라운 일이다.

① 앤디 워홀은 오비어스보다 그림을 창작하는 데 있어서 더 많은 공력을 들였다.
② 앤디 워홀은 미술품을 직접 제작했지만 오비어스는 작품 제작을 직접 하지 않았다.
③ 앤디 워홀의 기획과 지시는 인간의 의도가 반영된 인공 지능의 창작과 크게 다를 바 없다.
④ 콩고가 그린 그림이 매매되었다는 것과 오비어스가 그린 그림이 매매되었다는 것은 전혀 다른 문제이다.
⑤ 오비어스가 그린 그림보다 콩고가 그린 그림이 앤디 워홀의 그림 수준에 더욱 가까이 다가갔다고 할 수 있다.

[15~19] 다음 글을 읽고 물음에 답하시오.

(가)

거울속에는소리가없소
저렇게까지조용한세상은참없을것이오

거울속에도내게귀가있소
내말을못알아듣는딱한귀가두개나있소

거울속의나는왼손잡이오
내악수를받을줄모르는-악수를모르는왼손잡이오

거울때문에나는거울속의나를만져보지를못하는구
려마는
거울이아니었던들내가어찌거울속의나를만나보기
만이라도했겠소

나는지금거울을안가졌소마는거울속에는늘거울속
의내가있소
잘은모르지만외로된사업에골몰할게요

거울속의나는참나와는반대요마는
또꽤닮았소
[나]는거울속의나를근심하고진찰할수없으니퍽섭
섭하오

– 이상, 「거울」

(나)

[A]
산모퉁이를 돌아 논 가 외딴 **우물**을 홀로 찾아가선 가만히 들여다봅니다.

우물 속에는 달이 밝고 구름이 흐르고 하늘이 펼치고 파아란 바람이 불고 가을이 있습니다.

[B]
그리고 한 사나이가 있습니다.
어쩐지 그 사나이가 미워져 돌아갑니다.

[C] ┌ 돌아가다 생각하니 그 사나이가 가엾어집니다.
└ 도로 가 들여다보니 사나이는 그대로 있습니다.

[D] ┌ 다시 그 사나이가 미워져 돌아갑니다.
└ 돌아가다 생각하니 그 사나이가 그리워집니다.

[E] ┌ 우물 속에는 달이 밝고 구름이 흐르고 하늘이
펼치고 파아란 바람이 불고 가을이 있고 추억
└ 처럼 사나이가 있습니다.

– 윤동주, 「자화상」

(다)
새벽 시내버스는
차창에 웬 ㉠ <u>찬란한 치장</u>을 하고 달린다
㉡ <u>엄동 혹한</u>일수록
선연히 피는 성에꽃
어제 이 버스를 탔던
처녀 총각 아이 어른
미용사 외판원 파출부 실업자의
입김과 숨결이
간밤에 은밀히 만나 피워 낸
㉢ <u>번뜩이는 기막힌 아름다움</u>
나는 무슨 전람회에 온 듯
자리를 옮겨 다니며 보고
다시 꽃 이파리 하나, 섬세하고도
차가운 아름다움에 취한다
어느 누구의 ㉣ <u>막막한 한숨</u>이던가
어떤 더운 가슴이 토해 낸 ㉤ <u>정열의 숨결</u>이던가
일없이 정성스레 입김으로 손가락으로
성에꽃 한 잎 지우고
이마를 대고 본다
덜컹거리는 창에 어리는 푸석한 얼굴
오랫동안 함께 길을 걸었으나
지금은 면회마저 금지된 친구여.

– 최두석, 「성에꽃」

15 (가)~(다)에 대한 설명으로 적절하지 <u>않은</u> 것은?

① (가)는 시의 표현 기법과 상식적 질서를 거부하는 방식으로 자의식의 세계를 표출하고 있다.
② (나)는 병렬적 표현을 사용하여 화자의 현실적 상황과 대비되는 세계를 표현하고 있다.
③ (다)는 은유적 표현을 활용하여 시적 대상의 아름다움을 감각적으로 형상화하고 있다.
④ (가)와 (나)는 현실적 자아와 이상적 자아의 대립과 갈등을 직접적으로 표면화하고 있다.
⑤ (나)와 (다)는 시적 대상에 대한 연민의 정서를 드러내고 있다.

16 (가)의 [나]에 대한 이해로 적절하지 <u>않은</u> 것은?

① 거울 속에도 세상이 있지만, 아무 소리도 들리지 않는다고 느낀다.
② 거울 속의 자신과 악수를 시도하지만, 거울 속의 자신은 악수를 받을 수 없다고 여긴다.
③ 거울 속의 자신에게 대화를 시도하지만, 거울 속의 자신은 귀가 있으면서도 듣지 못한다고 생각한다.
④ 거울 속의 자신과 단절되었다고 생각하면서도, 거울이 있기에 거울 속의 자신을 만날 수 있다고 생각한다.
⑤ 거울을 안 쳐다볼 때도 거울 속에 자신의 모습이 있다고 생각하면서, 거울 속의 자신과 늘 함께 행동하고 있다고 판단한다.

17 [A]~[E]를 이해한 것으로 가장 적절한 것은?

① [A] : 화자는 우물 속의 평화로운 풍경을 보면서 현실에 비판적인 자신에 대한 부끄러움을 드러낸다.

② [B] : 화자는 현실 초월적인 자신의 모습에 슬픔을 느끼고 정서적으로 공감하는 태도를 드러낸다.

③ [C] : 화자는 현재 상황과 비판적 거리를 둠으로써 미래에 대한 동경의 자세를 드러낸다.

④ [D] : 화자는 자신에 대한 애증을 반복함으로써 현실에 대한 타협적 태도를 드러낸다.

⑤ [E] : 화자는 아름답고 평화로운 자연의 모습을 통해 과거의 자신을 추억하는 그리움의 정서를 드러낸다.

18 ㉠~㉤에서 의미하는 시적 대상이 <u>다른</u> 것은?

① ㉠ ② ㉡

③ ㉢ ④ ㉣

⑤ ㉤

19 '거울', '우물', '차창'에 대한 이해로 가장 적절한 것은? [3점]

① '거울'은 사회를 반영하는 대상으로 현실 비판의 매개체로 작용한다.

② '우물'은 바라봄과 드러남의 양면성을 통해 현대인의 불안 의식을 강조하는 기능을 한다.

③ '차창'은 시적 대상을 감각적으로 느끼게 함으로써 세상을 이해하고 바라보는 통로가 된다.

④ '거울'과 '차창'은 밖과 안의 대비를 통해 단절된 자아의 모습을 상징적으로 부각한다.

⑤ '우물'과 '차창'은 자기 자신을 긍정의 대상으로 심화할 수 있는 물건이라는 점에서 동질적인 의미를 내포한다.

[20~23] 다음 글을 읽고 물음에 답하시오.

저작권은 표현에 미치고, 표현의 바탕이 되는 아이디어에는 미치지 않는다. 저작물의 보호 요건인 창작성의 판단 역시 표현에만 적용된다. 비록 아이디어가 진부하다 할지라도 그 표현이 ㉠ <u>어떤</u> 것을 모방하지 않은 독자적 성격을 띤다면 문제 될 것이 없다. 이러한 기준을 '아이디어/표현의 이분법'이라 한다. 저작권법에서 이렇게 표현과 아이디어를 구별하여 표현만 보호하는 이유는 ㉡ <u>어떤</u> 아이디어를 특정 사회 구성원의 소유로 하는 것이 문화와 사회의 발전을 위해 바람직하지 않기 때문이다. 아이디어는 제한 없이 공유되고 소통되어야 한다. 누군가가 먼저 착안했다는 이유만으로 그에게 아이디어를 독점할 수 있는 권리를 부여하면, 자칫 헌법적 권리인 사상과 표현의 자유가 제약되고 민주주의의 토대가 되는 자유로운 토론이 제약되는 결과로 이어질 수 있다. 여기에 '아이디어/표현의 이분법'의 의의가 있다. 기술과 산업 분야에서 착상(conception)이 특허법 등 다른 법률에 의해 보호되는 것과 대비되는 대목이다.

하지만 실제 저작물에서 아이디어와 표현을 분리하는 것은 그리 쉽지 않다. 소설을 예로 들자면, 개별적 사건에 관한 서술은 표현에 가깝겠지만 그 사건을 구성하는 등장인물의 성격이나 작품의 전체적인 줄거리 등은 표현과 아이디어의 성격을 모두 지닌다. 즉, 그것이 얼마나 구체적인가에 따라 표현에 가까워졌다가 다시 아이디어에 가까워지고는 한다. 저작권 침해 사건을 심리할 때 이 문제가 종종 심각하게 거론되는 이유가 여기에 있다. 이 같은 경우에는 현재의 창작자와 미래의 창작자 양쪽의 이익을 균형 있게 보호하는 선에서 판단이 이루어져야 한다. 즉, 표현으로 보호하는 범위를 너무 좁게 함으로써 현재의 창작자의 창작 의욕을 꺾는다거나, 반대로 그 범위를 너무 넓게 인정함으로써 미래의 창작자가 창작 활동에 제한을 받는 일이 없어야 한다는 것이다.

한편, 저작권법으로 보호될 수 있는 요건을 갖춘 표현이라 할지라도 특정한 아이디어를 효과적으로 표현할 수 있는 방법이 논리적으로든 사실적으로든 매우 제한된 경우에는 저작권 보호가 부인되기도 한다. 크게 다음의 세 가지 기준을 적용하는데, 이들 중 ㉢ <u>어떤</u> 기준을 적용하여 판단하느냐는 사안에 따라 다르다.

먼저 '합체의 원칙'이다. 특정 아이디어를 표현하는 방법이 당초 지극히 제한되어 있어 오직 그 방법을 통하지 않고서는 달리 효과적으로 표현할 수 없는 경우에는 해당 표현에 대하여는 저작권 보호가 부인된다. 만일 그러한 표현마저 저작권으로 보호하면 그와 합체되어 있는 아이디어까지 보호하는 결과로 이어져 필연적으로 아이디어에 대해 독점권 내지 배타적 이용권을 부여하게 되기 때문이다.

다음으로 '사실상의 표준'이다. 처음 창작을 할 당시에는 아이디어를 표현하는 방법이 많이 있었으나, 시간이 흐르면서 ㉣ <u>어떤</u> 표현 방법이 업계의 표준으로 굳어져 통용되는 경우가 있다. 이런 경우 그와 같은 표현을 저작권으로 보호하면 후발업자는 경쟁에서 매우 불리한 입장에 놓이게 되어 경쟁이 제한되는 부작용을 초래하게 된다. 사실상의 표준은 사후적인 합체에 해당하므로 최초 창작자의 권리가 충분히 보호받지 못하는 일이 발생하지 않도록 그 판단에 신중을 기해야 한다.

끝으로 '필수 장면'이다. 합체의 원칙이 주로 기능적인 저작물에 적용된다면, 필수 장면은 예술적 저작물에 주로 적용된다. ㉤ <u>어떤</u> 아이디어를 표현하기 위해 당연히 도입해야만 하는 사건 또는 장면이나 전형적으로 등장하는 인물의 유형과 같은 요소들은 설사 그것이 창작적 표현에 해당하더라도 저작권으로 보호하지 않는다. 이러한 경우에까지 저작권을 적용한다면, 장래의 다른 창작자가 창작을 할 수 있는 기회를 박탈함으로써 문화의 향상 및 발전을 추구하는 저작권법의 목적을 오히려 저해할 수 있기 때문이다.

20 **윗글의 서술상 특징에 대한 설명으로 가장 적절한 것은?**

① 저작권에 대한 이론의 변천 과정을 서술하고 있다.
② 저작권의 개념과 그 유래를 비교하여 제시하고 있다.
③ 저작권에 대한 상반된 견해를 자세히 정리하고 있다.
④ 저작권에 관한 심화 내용을 구체화하여 설명하고 있다.
⑤ 저작권에 관해 쟁점이 된 사건을 유형별로 검토하고 있다.

21 **윗글을 읽고 추론한 내용으로 적절하지 <u>않은</u> 것은?**

① 아이디어와 착상은 법적으로 서로 다르다.
② 저작권으로 보호받을 수 있는 표현이 보호받지 못하는 경우도 있다.
③ 아이디어와 표현을 구별하는 것은 판단하는 이에 따라 다를 수 있다.
④ 최초 창작자의 이익 보호는 특허법의 소관 사항이어서 저작권과는 무관하다.
⑤ 사상과 표현의 자유는 저작권의 보호 범위를 판단할 때 중요한 고려 대상이 된다.

22 윗글을 바탕으로 판단한 내용으로 적절하지 않은 것은? [3점]

① 유명 작가의 그림을 베껴 그리면 저작권 침해이지만 미대생의 습작을 베껴서 판매하면 저작권 침해가 되지 않는데, 이는 가치가 인정된 표현에만 저작권이 적용되기 때문이다.

② 요리책을 복사해서 판매하면 저작권 침해이지만 책에 소개된 요리 방법을 따라서 요리하면 저작권 침해가 되지 않는데, 이는 요리 방법이 아이디어에 해당하기 때문이다.

③ 가위바위보의 승패 규칙을 설명하는 출판물을 제작할 때 그 설명 방식이 기존 출판물의 것과 같더라도 저작권 침해가 되지 않는데, 이는 '합체의 원칙'이 적용되기 때문이다.

④ 시판되고 있는 것과 동일한 배열로 컴퓨터 자판을 제작하여 판매하더라도 저작권 침해가 되지 않는데, 이는 '사실상의 표준'이 적용되기 때문이다.

⑤ 황량한 들판에서 이루어지는 두 총잡이의 결투 장면을 새로 제작하는 서부 영화에 삽입하더라도 저작권 침해가 되지 않는데, 이는 '필수 장면'이 적용되기 때문이다.

23 ㉠~㉤ 중 문맥적 의미가 다른 하나는?

① ㉠　② ㉡
③ ㉢　④ ㉣
⑤ ㉤

[24~28] 다음 글을 읽고 물음에 답하시오.

[앞부분의 줄거리] 왜군이 조선을 침범하여 의주로 피란을 간 상(上)은 명나라에 원군(援軍)을 청한다. 이에 제독 이여송이 원군을 이끌고 조선에 들어온다.

차설. 제독이 의주에 사람을 보내어 상을 청하거늘, 상이 즉시 의주를 떠나 경성에 이르러 이여송을 보사 공로를 치사하시고 설연관대하실새, 천자가 사자를 보내어 왕상을 위로하시고, 용포(龍袍) 일령을 사송(賜送)하시며 제독에게 식물(食物)을 사급(賜給)하사, '호군(犒軍)하라.' 하시니, 상과 제독이 북향사배한 후 다시 술을 나누어 서로 권하시더니, 계수나무 버러지 삼십 개를 내어 놓으며 왈,

"이것을 서촉 해조국에서 제공하나니, 하나의 값이 삼천 냥이라. 사람이 먹으면 더디 늙기로 이제 조선왕을 대접하사 보내시니이다."

하고, 저를 들어 버러지 허리를 집으니 발을 허위며 괴이한 소리를 지르니, 부리 검고 빛은 오색을 겸하였으니 보기 가장 황홀한지라. 상이 처음으로 보시매 차마 진어치 못하사 주저하시니, 제독이 소왈,

"세상에 희귀한 진미를 어찌 진어치 아니하시나뇨?"

하며, 그것을 집어먹으니 보는 자 눈썹을 찡그리더라. 상이 무료하사 안색을 변하시니, 이항복이 생낙지 칠 개를 담아 드리거늘, 상이 저로 진어하실새 낙지 발이 저에 감기며 수염에 부딪치는지라. 상이 제독에게 권하신대, 제독이 낙지 거동을 보고 눈썹을 찡그리며 능히 먹지 못하니, 상이 소왈,

㉠ <u>"대국 계충(桂蟲)과 소국 낙지를 서로 비하매 어떠하뇨?"</u>

㉡ <u>제독이 웃고 다른 말 하더라.</u>

[중략]

[A] 남원이 이미 함몰하매 전주로부터 망풍와해(望風瓦解)하니, 이로 인하여 양원호 북주(北走)하니라. 이때, 적이 승승장구하여 각읍 수령이 다 도망하되, 오직 의병장 곽재우만이 화왕산성에 올라 굳게 지키더니, 적이 이르러 본즉 산세가 험한지라. 감히 치지 못하고 물러가거늘, 재우가 군사를 몰아 도적의 뒤를 엄살하니 적이 패주하다가 황석산성을 치거늘, 김해 부사 백사림과 안의 현감 곽준과 함양 군수 조종도가 성중에 있다가 불의지변을 만나매, 인심이 소동하여 사산분주하니 곽준이 싸우다가 죽으니라.

곽준의 여자가 그 지아비 유문호로 더불어 한가지로 아비를 좇아 성중에 피란하였더니, 그 아비와 오라비 이미 죽고 그 지아비 또한 도적에게 잡힘을 듣고 탄식 왈,

"이제 아비와 지아비를 잃었으니 내 홀로 살아 무엇하리오?"

하고, 목매어 죽으니라.

각설. 순신이 전선 수십 척을 거느려 진도 벽파정 아래 결진하였더니, 적장 마득시가 전선 이백여 척을 거느려 오거늘, 순신이 배에 대포를 싣고 순풍을 좇아 나오며 어지러이 놓으니 적장이 당치 못하여 달아나거늘, 순신이 뒤를 따라 일진을 짓치고 적장 마안둔을 베어다가 군정에 대진한지라. 드디어 고금도에 결진하니 군사가 이미 팔천여 인이요, 남녀 백성이 피란하여 오는 자가 수만이라.

무술 칠월에 천주 수군 도독 진인이 경성에서 장차 고금도에 나아가 순신으로 더불어 적을 치려 하여 발행할새, 상이 강두(江頭)에서 전송한지라. 진인의 천성이 본디 강포하매 두려워하는 자가 많은 고로, 진인의 군사가 수령을 욕매(辱罵)하여 조금도 기탄함이 없고, 찰방 이상규를 무수 난타하여 유혈이 낭자한지라. 상이 근심하사 순신에게 전지(傳旨)하여,

"진인을 후례(厚禮)로 대접하여 촉노(觸怒)함이 없게 하라."

하시다. 이순신이 진인의 일을 듣고 주육을 준비하여 진인을 맞아 예필하고, 일변 잔치를 배설하여 진인을 관대하고, 일변 천병을 공궤(供饋)하니, 군사가 서로 일러 왈,

"과연 양장(良將)이라." 하고, 진인이 또한 기꺼하더라.

일일은 도적 수백 척이 나오거늘, 순신과 진인이 각각 수군을 거느려 녹도에 이르니 적이 아군을 바라보고 짐짓 뒤로 물러가며 아군을 유인하니, 순신이 따르지 아니하고 돌아올새, 진인이 수십여 척을 머물러 싸움을 돕게 하니라. 진인이 순신으로 술을 먹더니 진인의 휘하 천총(千摠)이 전라도로부터 돌아와 가로되,

"오늘 아침에 도적을 만나 조선 군사는 도적 백여 명을 죽이되, 천병은 풍세가 불리하여 하나도 잡지 못하였다."

하니, 진인이 대로하여 천총을 등 밀어 내치고 잡았던 술잔을 땅에 던지니, 순신이 그 뜻을 알고 가로되,

"㉢ <u>노야(老爺)는 천조 대야(大爺)로 이곳에 이르렀으니 우리 승첩은 곧 노야의 승첩이라.</u> 진중에 이른 지 불구에 첩서를 천조(天朝)에 보하니 어찌 아름답지 아니하리오?"

진인이 대희하여 순신의 손을 잡고 왈,

"내 일찍 그대의 성명을 우레같이 들었더니 과연이로다."

하고, 다시 술을 내와 즐기니라. 이로부터 진인이 순신의 진에 있어 그 호령이 엄정함을 탄복할 뿐 아니라, 저의 전선이 도적 막기에 불편하매, 매양 진을 임하여 아국 판옥선(板屋船)을 타고 순신의 지휘를 좇으며 ㉣ <u>반드시 '이야(李爺)'라 일컫고</u>, 인하여 천조에 주문(奏聞)하되,

"통제사 이순신이 경천위지지재(經天緯地之才)를 품었고 보천욕일지공(補天浴日之功)이 있다."

하더라.

천병이 비록 순신의 위엄을 기탄(忌憚)하나 민간의 작폐가 가장 많으니, 일일은 순신이 하령하여 도중의 대소 여사(旅舍)를 불 지르고 자기 의금(衣衾)을 수습하여 배에 내리치더니, 진인이 이 소식

을 듣고 급히 가정을 보내어 연고를 물은대, 순신 왈,

"소국 군민이 천병 믿기를 저의 부모같이 하거늘, 천병이 노략함을 힘쓰니 사람이 괴로움을 견디지 못하는지라. 내 이제 대장이 되어 무슨 낯으로 이곳에 머물리오? 이러므로 다른 곳으로 가고자 하노라."

하니, 가정이 돌아가 그대로 고하니, 진인이 대경하여 전도에 이르러 순신의 손을 잡고 만류하며 ⓜ <u>사람을 성중에 보내어 그 의금을 수운하여 드리고</u> 간청하니,

순신 왈, "대인이 내 말을 들으면 어찌 서로 떠나리오?"

진인 왈, "내 어찌 공의 말을 듣지 아니하리오?"

순신 왈, "천병이 아국으로써 배신이라 하여 조금도 기탄함이 없으니, 만일 대인이 나로 하여금 제어케 하면 다른 염려가 없을까 하나이다."

진인 왈, "이 일이 무엇이 어려우리오? 만일 죄를 범하는 자가 있거든 공이 임의로 처치하라."

하니, 순신이 허락받은 후에 천병 중의 위령자(違令者)를 용서함이 없으니 천병이 두려워하기를 진인에게 지나더라.

– 작자 미상, 「임진록」

24 윗글의 서술상 특징에 대한 설명으로 가장 적절한 것은?

① 여러 삽화들을 제시하여 전체 사건의 여러 면모를 보여 주고 있다.

② 우의적 수법을 동원하여 현실의 문제를 비판적으로 형상화하고 있다.

③ 서술자의 개입을 통한 주관적 논평을 중심으로 서술의 밀도를 높이고 있다.

④ 인물들의 성격이 변화하는 과정을 추적하여 다양한 주제를 이끌어 내고 있다.

⑤ 이원적 세계를 설정하여 천상계의 갈등이 지상계로 이어진다는 점을 보여 주고 있다.

25 윗글의 내용에 대한 이해로 가장 적절한 것은?

① '이항복'이 '생낙지 칠 개'를 담아 올린 것은 '이여송'이 '생낙지'를 좋아하리라 예상했기 때문이다.

② '진인'의 군사가 조선의 관리를 거리낌 없이 모욕하고 구타한 것은 '진인'의 위세를 빙자하였기 때문이다.

③ '진인'이 전선 '수십여 척'을 머물러 지키게 한 것은 왜군과의 싸움에서 공을 세울 의향이 없었기 때문이다.

④ '진인'이 '천총'을 내친 것은 '천총'이 자신에게 실제 상황과는 다르게 전황을 보고하였기 때문이다.

⑤ '이순신'이 '여사'에 불을 지르고 '의금'을 수습한 것은 당장은 승산이 없다고 여겨 장차 진을 옮기려 하였기 때문이다.

26 ㉠~㉤에 대한 설명으로 적절하지 <u>않은</u> 것은?

① ㉠ : 상대방의 무례한 행위를 넌지시 일깨우려는 뜻이 담긴 발화이다.

② ㉡ : 상대방의 질책에 반응하여 잘못을 멋쩍게 인정하는 뜻이 담긴 행동이다.

③ ㉢ : 상대방의 능력을 칭송하며 그에 대해 감탄하는 뜻이 담긴 발화이다.

④ ㉣ : 상대방을 특별히 공경하고 우대하는 뜻이 담긴 행동이다.

⑤ ㉤ : 상대방의 결정이 번복되기를 바라는 뜻이 담긴 조치이다.

27 [A]를 통해 작품 속 상황을 추론한 내용으로 적절하지 않은 것은?

① 전세의 변화에 따라 적의 행로나 목적지가 바뀌기도 하였다.

② 적의 세력이 강하다는 풍문 때문에 싸우지도 않고 도망을 치기도 하였다.

③ 집안 남성들의 상황에 따라 여성이 취할 수 있는 선택이 영향을 받았다.

④ 전란 중에 많은 수령들이 싸움을 회피했지만 끝까지 항전한 수령도 있었다.

⑤ 산성을 지키면서 적의 공격에 대비하는 것은 의병장과 일부 수령의 공통된 전략이었다.

28 〈보기〉를 참고하여 윗글을 감상한 내용으로 적절하지 않은 것은? [3점]

〈보기〉

「임진록」에는 민족적 자긍심과 울분을 부각하려는 의도가 담겨 있다. 이는 조선에 뛰어난 인물이 존재한다는 점을 강조하거나 외세에 대한 반감을 표출하는 방식으로 흔히 구현되는데, 특히 외세에 대한 반감은 왜군뿐 아니라 원군으로 조선에 온 명군에 대해서도 나타나고 있다. 또한 작품에는 민중의 생각과 정서가 깊숙이 반영되어 있다. 작품 속 인물들이 백성을 위하는 행동을 취하는 것은 그와 같은 이유 때문이다.

① '이여송'과 '진인'이 부정적인 모습으로 등장하는 것을 보면 왜군뿐 아니라 명군에 대해서도 반감이 나타난다는 점을 알 수 있겠군.

② '상'이 '천자'의 위로를 받고 '용포'를 하사받는 내용은 백성을 위하는 뛰어난 인물이 조선을 다스린다는 점을 강조하기 위해 삽입한 것이겠군.

③ '곽준'의 가족들이 죽는 장면이 제시된 것은 왜군에 대한 분노가 반영된 결과이겠군.

④ '진인'이 '이순신'의 역량을 인정하여 그 사실을 명나라 조정에까지 보고한 대목은 조선에 뛰어난 인물이 존재한다는 점을 드러내려는 의도와 연관되겠군.

⑤ 명군의 노략질을 막지 못한 책임을 통감하는 '이순신'의 모습을 통해 백성을 위하는 인물의 형상을 확인할 수 있겠군.

[29~32] 다음 글을 읽고 물음에 답하시오.

유럽이나 북미의 서구인들은 발달된 산업 사회에서 많은 과학적 성과의 혜택을 누리고 있다. 반면 아프리카나 오세아니아 지역의 원주민들은 21세기에도 여전히 수백 년 전의 전통적 방식에서 벗어나지 못하고 있다. 이러한 불평등은 인류 역사의 발달에 크나큰 영향을 미쳤다. 약탈과 정복의 역사는 바로 여기에서 비롯되었던 것이다.

언뜻 생각하기에 이러한 불평등은 지역마다 서로 다른 역사가 진행되었기 때문이라고 할 수도 있다. 이것은 너무나 당연한 말이기는 한데, 우리에게 새로운 것을 알려 주는 바가 거의 없다. 지역마다 다른 역사가 왜 나타나게 되었는지에 대한 구체적인 사실들을 해명할 필요가 있다.

이에 대한 유력한 주장 중 하나는 발전된 과학 기술이나 사회 제도의 출현 여부와 결부 짓는 것이다. 발달된 문명을 가진 지역의 경우에는 과학이 발달해 있고, 정치 체제를 비롯한 사회 구조도 체계적으로 갖추어져 있다. 반면 낮은 수준의 문명을 가진 지역은 그렇지 못하다. 이것은 확실히 틀린 주장은 아니다. 그런데 이것만으로는 여전히 근본적인 의문에 대한 해답을 주지 못한다. 과연 지역에 따라 과학 기술이나 사회 제도의 발달이 차이를 보이게 된 이유는 무엇일까?

이 질문에 대한 해답으로 다소 관점이 다른 두 가지 견해가 존재한다. 하나는 ㉠ 생물학적 관점이라고 부를 수 있는 견해로, 각 지역별 인종의 능력 차이가 문명 발달의 차이를 일으켰다고 보는 것이다. 즉, 각 지역에 거주하는 사람들의 선천적 능력 때문에 어떤 지역은 높은 문명을 발달시키고 어떤 지역은 그렇지 못하다는 것이다. 그러나 이것은 공식적으로 금기시하는 인종주의를 추구하는 견해에 다름 아니다. 사실 낮은 문명을 가지고 있는 사람들이라고 하더라도 교육에 의해 얼마든지 과학 기술을 숙지하고 사회 제도도 갖출 수 있다. 특히 그들이 거주하는 지역에서의 삶을 기준으로 하면 오히려 낮은 문명의 사람들이 높은 문명의 사람들보다 훨씬 뛰어난 정신적, 신체적 능력을 보여 준다. 그런 점에서 생물학적 관점은 타당한 견해로 수용할 수 없다.

다른 하나는 ㉡ 환경적 관점으로, 각각의 지역이 처한 생태 환경적 요인으로 인하여 문명 발달의 차이가 나타났다고 설명한다. 특히 농업의 발달과 이로 인한 잉여 생산물의 축적이 가능한 자연환경이 중요하다. 이러한 조건이 갖추어진 지역은 사람들의 역할 분담을 통한 전문인의 배출이 가능하고, 유산자와 무산자의 구분과 이에 동반되는 사회 구조의 정립 등이 뒤따르면서 결국 현재와 같은 문명이 발달할 수 있었다. 반면 농업 발달이 어려운 척박한 환경에 처한 사람들은 문명 발달도 지연되었고 그러한 상태가 오늘날까지 이어지게 되었다. 예전에는 이러한 견해가 환경 결정론의 일환으로 간주되어 그 중요성이 무시되기도 하였다. 그러나 최근 자연 과학, 유전학, 분자 생물학, 생태 지리학, 고고학 등의 여러 분야에서 성과들이 쏟아져 나오면서 지금은 생물학적 관점의 단점을 극복할 수 있는 대안으로서 새로운 평가를 받고 있다.

29 윗글의 내용과 일치하지 않는 것은?

① 문명의 발달은 지역에 따라 차등적으로 이루어졌다.

② 문명 발달의 차이는 정복이나 약탈로 이어지기도 했다.

③ 문명이 발달하기 위해서는 환경적 제약의 극복이 중요하다.

④ 문명의 발달을 인종 사이의 능력 차이와 결부 짓기는 어렵다.

⑤ 문명이 발달한 지역은 과학 기술이나 사회 제도가 발달해 있다.

30 윗글의 서술상 특징으로 가장 적절한 것은?

① 의문을 해소하기 위해 특정한 구절을 인용하고 있다.

② 통계 자료를 인용하여 주장에 대한 근거로 삼고 있다.

③ 같은 질문에 대한 이견을 소개하며 판단을 유도하고 있다.

④ 다양한 사례를 들어 견해의 공통점과 차이점을 설명하고 있다.

⑤ 쟁점에 대한 근본적 원인을 분석하여 일관된 해결책을 정립하고 있다.

31 **(a)와 (b)의 활용방안으로 가장 적절한 것은?**

〈보기〉

(a) 폴리네시아의 여러 섬 중에서 자연환경이 좋고 토지가 비옥한 지역이 그렇지 않은 지역보다 경제 규모도 더 크고 계급 분화 등의 사회적 복잡성도 더 다양하게 나타났다.

(b) 가뭄이 빈번하고 토양이 척박한 오스트레일리아의 토러스 해협 인근 지역과 영구적인 큰 강이 많고 화산 활동 등으로 토양이 비옥한 뉴기니는 거리상으로 멀지 않지만 문화적으로는 적지 않은 차이를 보이고 있다.

① (a)는 ㉠의 사례로, (b)는 ㉡의 사례로 활용한다.
② (a)는 ㉠의 사례로, (b)는 ㉡의 반례로 활용한다.
③ (a)와 (b)를 모두 ㉠의 사례로 활용한다.
④ (a)와 (b)를 모두 ㉡의 반례로 활용한다.
⑤ (a)와 (b)를 모두 ㉡의 사례로 활용한다.

32 **윗글의 관점에서 〈보기〉의 상황을 비판한 내용으로 가장 적절한 것은?** [3점]

〈보기〉

세계사의 서술 범위는 대체로 문자가 쓰이고 이를 통한 역사 서술이 이루어진 약 5,000년 동안의 시기에 집중되며, 서술의 대상은 이집트나 중국 등 발전된 문명을 가진 경우가 중심이 되는 경향이 있다.

① 세계사의 서술 범위가 좁아져서 모든 문명의 발달 과정을 다루지 못한다.
② 문명 발달 자체가 불평등하게 일어나게 된 근본적인 이유를 설명하지 못한다.
③ 문명 발달의 요인을 비윤리적인 측면에서 찾음으로써 도덕적 문제를 야기한다.
④ 특정 지역의 문명에만 가치를 두게 되어 문명들 사이의 우열을 가리기 어렵다.
⑤ 미시적이고 주변적인 측면을 강조하게 되어 문제 해결의 핵심에서 벗어나게 된다.

[33~37] 다음 글을 읽고 물음에 답하시오.

ⓐ [인간 세상 사람들]아 이내 말씀 들어 보소
인간 만물 생긴 후에 금수 초목 짝이 있다
인간에 생긴 남자 부귀 자손 같건마는
이내 팔자 험궂을손 날 같은 이 또 있든가
백 년을 다 살아야 삼만 육천 날이로다
㉠ <u>혼자 살면 천년 살며 정녀(貞女) 되면 만년 살까</u>
답답한 우리 부모 가난한 좀 양반이
㉡ <u>양반인 체 도를 차려 처사가 불민(不敏)하여</u>
괴망을 일삼으며 다만 한 딸 늙어 간다
적막한 빈방 안에 적료하게 홀로 앉아
전전반측 잠 못 이뤄 혼자 사설 들어 보소
노망한 우리 부모 날 길러 무엇 하리
죽도록 날 길러서 잡아 쓸까 구워 쓸까
인황씨 적 생긴 남녀 복희씨 적 지은 가취(嫁娶)
인간 배필 혼취(婚娶)함은 예로부터 있건마는
ⓑ [어떤 처녀]팔자 좋아 이십 전에 시집간다
남녀 자손 시집 장가 떳떳한 일이건만
이내 팔자 기험(崎險)하야 사십까지 처녀로다
이런 줄을 알았으면 처음 아니 나올 것을
월명 사창 긴긴 밤에 침불안석 잠 못 들어
적막한 빈방 안에 오락가락 다니면서
장래사 생각하니 더욱 답답 민망하다
㉢ <u>부친 하나 반편(半偏)이요 모친 하나 숙맥불변(菽麥不辨)</u>
날이 새면 내일이요 세가 쇠면 내년이라
혼인 사설 전폐하고 가난 사설뿐이로다
어디서 손님 오면 행여나 중매신가

아이 불러 힐문한 즉 ㉣ 풍헌(風憲) 약정(約正) 환자(還子) 재촉
어디서 편지 왔네 행여나 청혼선가
아이더러 물어보니 외삼촌의 부음이라
애고애고 설운지고 이내 간장 어이할꼬
앞집에 아모 아기 벌써 자손 보단 말가
ⓒ 동편 집 용골녀는 금명간에 시집가네
그동안에 무정 세월 시집가서 풀련마는
친구 없고 혈족 없어 위로할 이 전혀 없고
우리 부모 무정하여 내 생각 전혀 없다
㉤ 부귀빈천 생각 말고 인물 풍채 마땅커든
처녀 사십 나이 적소 혼인 거동 차려 주오
ⓓ 김동(金童)이도 상처(喪妻)하고 이동(李童)이도 기처(棄妻)로다
중매 할미 전혀 없네 날 찾을 이 어이 없노
[A] 감정 암소 살져 있고 봉사 전답 갈건마는
사족 가문 가리면서 이대도록 늙히노니
연지분도 있건마는 성적 단장(成赤丹粧) 전폐하고
감정 치마 흰 저고리 화경 거울 앞에 놓고
원산 같은 푸른 눈썹 세류 같은 가는 허리
아름답다 나의 자태 묘하도다 나의 거동
흐르는 이 세월에 아까울손 나의 거동
거울더러 하는 말이 어화 답답 내 팔자여
갈데없다 나도 나도 쓸데없다 너도 너도
우리 부친 병조 판서 할아버지 호조 판서
우리 문벌 이러하니 풍속 좇기 어려워라
아연듯 춘절 되니 초목 군생 다 즐기네
두견화 만발하고 잔디 잎 속잎 난다
삭은 바자 쟁쟁하고 종달새 도루 뜬다
춘풍 야월 세우 시에 독수공방 어이할꼬
ⓔ 원수의 아이들아 그런 말 하지 마라
앞집에는 신랑 오고 뒷집에는 신부 가네
내 귀에 듣는 바는 느낄 일도 하도 많다
녹양방초 저문 날에 해는 어이 수이 가노
초로 같은 우리 인생 표연히 늙어 가니
머리채는 옆에 끼고 다만 한숨뿐이로다
긴 밤에 짝이 없고 긴 날에 벗이 없다
앉았다가 누웠다가 다시금 생각하니
아마도 모진 목숨 죽지 못해 원수로다

– 작자 미상, 「노처녀가」

33 윗글에 대한 설명으로 가장 적절한 것은?

① 화자가 겪고 있는 문제적 상황을 반복적으로 제시하면서 한탄하고 있다.
② 시간의 흐름에 따라 달라지는 화자의 정서를 순차적으로 드러내고 있다.
③ 의지적 어조를 통해 미래의 상황에 대한 긍정적 전망을 강조하고 있다.
④ 상징적 시어를 활용하여 화자의 내면 심리를 추상적 대상으로 제시하고 있다.
⑤ 과거와 현재를 대비하면서 화자가 겪어 온 갈등의 양상을 상세화하고 있다.

34 ⓐ~ⓔ를 이해한 내용으로 가장 적절한 것은?

① ⓐ : 화자의 사연을 듣도록 설정된 청자로서 화자의 고민을 해결해 주는 존재이다.
② ⓑ : 화자가 선망하는 대상으로서 화자는 행복한 삶을 살게 된 그의 앞날을 축복하고 있다.
③ ⓒ : 화자와 아픔을 공유해 왔던 친구로서 화자는 자신을 버리고 떠난 친구를 비난하고 있다.
④ ⓓ : 화자가 자신의 배필이 될 수도 있다고 여기는 대상으로서 화자는 그를 긍정적으로 인식하고 있다.
⑤ ⓔ : 화자가 듣고 싶어 하지 않는 소식들을 전해 주는 존재로서 화자는 그들과의 화해를 시도하고 있다.

2021 기출문제

35 **[A]에 대한 이해로 적절하지 않은 것은?**

① 화자는 시간의 흐름을 안타까워하는 표현을 하고 있다.

② 화자는 시집을 가고 싶지만 상황이 여의치 않다고 판단하고 있다.

③ 화자는 단장할 도구는 지니고 있지만 시름에 싸여 있어서 단장을 하지는 않는다.

④ 화자는 '거울'에 비친 자신의 모습을 대구로 표현하면서 자부심을 느끼고 있다.

⑤ 화자는 사물에 인격을 부여하여 대화를 주고받음으로써 다소간 위안을 얻고 있다.

36 **〈보기〉를 참고할 때, ㉠~㉤에 대한 설명으로 적절하지 않은 것은?**

〈보기〉

「노처녀가」에 나타나는 갈등은 개인적 차원을 넘어 사회적 차원으로 확대될 수 있다. 「노처녀가」에는 부모의 절대적 권위에 대한 반발, 양반 계층의 허위의식에 대한 비판, 본성의 억제를 당연시하는 재래적 관념에 대한 거부, 개인의 행복보다 집단의 안위를 중시하는 폭압에 대한 저항 등이 발견된다.

① ㉠ : 본성이 억제된 삶의 모습에 대한 부정적인 시각을 표출하고 있다.

② ㉡ : 양반이라는 지위에 집착하여 상황을 제대로 파악하지 못하는 허위의식을 폭로하고 있다.

③ ㉢ : 부친과 모친의 어리석음을 직접적인 어휘로 표출함으로써 부모의 절대적 권위에 반발하고 있다.

④ ㉣ : 끊임없는 수탈을 고발함으로써 개인의 행복보다 집단의 안위를 앞세우는 폭압에 저항하고 있다.

⑤ ㉤ : 집단의 요구를 따르는 것보다 개인의 행복을 추구하는 것이 더 중요하다는 가치 판단을 드러내고 있다.

37 **〈보기〉의 설명을 바탕으로 [B]를 감상한 내용으로 적절하지 않은 것은?** [3점]

〈보기〉

「노처녀가」의 이본은 단형과 장형의 두 계열로 나뉘는데, 윗글은 단형 계열의 작품이다. 장형은 전반적인 내용은 단형과 유사하지만 묘사가 더 자세하고 해학적인 측면이 강화되어 있다. 또한 인물의 적극적인 행동이 부각되며 화자의 처지에 대한 동정적 시선이 발견된다. 장형 계열의 종결부에서는 '노처녀'가 평소 연모해 왔던 '김 도령'과 가상으로 혼례를 치르는 장면 등이 다음과 같이 제시된다.

[B]
남이 알까 부끄러우나 안 슬픈 일 하여 보자
홍두깨에 자를 매어 갓 씌우고 옷 입히니
사람 모양 거의 같다 쓰다듬어 세워 놓고
새 저고리 긴 치마를 호기 있게 떨쳐 입고
머리 위에 팔을 들어 제법으로 절을 하니
눈물이 종행하여 입은 치마 다 적시고
한숨이 복발(復發)하여 곡성이 날 듯하다
마음을 강잉(强仍)하여 가만히 헤아려 보니
가련하고 불쌍하다 이런 모양 이 거동을
신령은 알 것이니 지성이면 감천이라
부모들도 의논하고 동생들도 의논하여
김 도령과 의혼(議婚)하니 첫마디에 되는구나
혼인 택일 가까우니 엉덩춤이 절로 난다

① [B]에서 화자가 가상으로 혼례를 치른 것은 자신의 적극적 행동을 스스로 자랑스럽게 여겼기 때문이겠군.

② [B]에서 '김 도령'과의 혼사가 결정된 결말을 설정한 것으로 보아 화자의 처지에 대한 동정적 시선을 확인할 수 있겠군.

③ [B]에서 '홍두깨'를 '김 도령'처럼 꾸미는 장면을 설정한 것은 해학적인 측면이 강화된 장형 계열의 특성과 연관되겠군.

④ [B]에 윗글에는 없는 장면이 포함된 것을 보면 작품이 장형화된 이유 중 하나로 새로운 내용의 삽입을 들 수 있겠군.

⑤ [B]에서 혼례를 치르기 위해 준비한 의복과 혼례의 상황까지 제시된 것은 장형 계열에 나타나는 구체적 묘사를 보여 주는 사례이겠군.

[38~40] 다음 글을 읽고 물음에 답하시오.

원자들은 서로 다른 방식으로 결합되어 생명의 분자를 구성한다. 그러려면 기본 뼈대가 있어야 한다. 생명의 원소 뼈대는 '…탄소–탄소–탄소–…'이다. 뼈대를 담당하는 원소는 오로지 탄소 하나뿐이다. 탄소에게는 꼬리에 꼬리를 물고 기다랗게 연결되는 능력이 있다. 도대체 이 능력은 어디에서 온 것일까?

생명의 분자를 이루는 원자들이 결합되는 데는 조건이 있다. 바로 전자를 공유하는 것이다. 서로 결합하려면 먼저 함께 나눌 전자를 내놓아야 한다. 물론 아무 전자나 공유할 수 있는 것은 아니다. 전자는 핵을 둘러싼 여러 껍질에 나누어 분포하는데 가장 바깥 껍질에 있는 전자만 공유할 수 있다. 하긴 안쪽 껍질에 있는 전자는 보이지도 않는데 어떻게 결합하겠는가?

수소는 한 개의 전자를 내놓을 수 있다. H· 또는 ·H라고 표현한다. 잡을 수 있는 손이 하나이다. 산소는 전자를 두 개 내놓아 ·O·가 된다. 잡을 수 있는 양손이 있는 셈이다. 결합이란 손과 손이 맞잡는 것이다. 이를 '공유 결합'이라 한다. 수소는 손이 하나뿐이니 결합을 하나만 할 수 있지만 산소는 손이 둘이니 두 개의 수소와 결합할 수 있다. H:O:H처럼 말이다. 이걸 우리는 간단하게 'H_2O'라고 쓰고 '물'이라 읽는다.

수소처럼 손이 하나 있거나 산소처럼 손이 두 개만 있어 가지고는 뼈대를 이룰 수 없다. 손이 앞뒤 좌우에 네 개는 있어야 한다. 그래야 위와 아래에 있는 손으로는 뼈대를 이루고 양쪽에 있는 손으로 다른 원자와 결합할 수 있다. 탄소는 손이 네 개다. 덕분에 생명의 뼈대를 이룰 수 있다.

그런데 비밀이 하나 있다. 사실 탄소보다 산소가 바깥 껍질에 더 많은 전자를 가지고 있다는 것이다. 탄소는 네 개뿐이지만 산소는 여섯 개나 된다. 손이 여섯 개가 있는 셈이다. 그런데 양쪽 손을 제외한 네 개의 손은 다른 원자에게 손을 내미는 게 아니라 자기 안에서 두 개씩 손을 잡고 있다. 그래서 뼈대를 이루지 못한다.

산소가 공유하는 정신이 부족해서 그런 게 아니다. 산소의 바깥 껍질에는 전자들이 들어가는 방이 각각 네 개씩 있다. 산소는 네 개의 방을 여섯 개의 전자가 나눠서 써야 한다. 어떻게 나눠 쓸 수 있을까? 일단 앞뒤 좌우 네 개의 방에 전자가 하나씩 들어간다. 전자가 아직 두 개 남았는데 이젠 빈 방이 없다. 어쩔 수 없다. 앞방과 뒷방에 전자가 하나씩 더 들어가야 한다. 같은 방에 둘이 있으니 손을 꼭 잡고 잘 수밖에. 앞쪽 방 전자들만 다른 원자의 전자들에게 손을 내밀 수 있다.

탄소 역시 가장 바깥 껍질에는 방이 네 개 있다. 탄소는 네 개의 전자들이 방을 하나씩 쓰면 된다. 앞뒤 좌우 방 네 개를 차지한 전자들은 외롭다. 누군가에게는 손을 내밀어야 한다. 덕분에 탄소는 뼈대를 이룰 수 있는 것이다.

만약 탄소의 전자들이 각방을 쓰지 않고 한 방에 두 개씩 들어가면 어떻게 될까? 그런 행위는 원자 호텔에서는 금지되어 있다. 원자 호텔은 일단 각자 방을 하나씩 배정하고 빈방이 없을 때만 한

방에 전자 하나씩 더 들어가게 해 놓았다. 그것도 같은 성질의 전자여서는 안 된다. 하나는 위쪽에 베개를 두고 자는 전자라면 다른 하나는 아래쪽에 베개를 두고 자는 전자여야 한다.

원자의 호텔방을 과학자들은 '오비탈'이라고 한다. 그리고 먼저 각방을 채운 다음에 합방을 시키되 결코 같은 성질의 전자가 같은 방을 써서는 안 되는 규칙을 '파울리의 배타 원리'라고 한다. 파울리는 그 규칙을 발견한 사람의 이름이다.

배타 원리는 인간 사회에도 적용된다. 자기 사람으로 방을 채우면 결합은 이뤄지지 않는다. 방을 비워 놓고 생각이 다른 사람과 공유해야 무너지지 않는 세상의 뼈대가 생긴다.

38 윗글의 내용과 일치하는 것은?

① 산소는 여섯 개의 전자와 결합하여야만 생명의 뼈대를 이룰 수 있다.

② 산소와 수소가 각각 두 개의 공유 결합을 하여 이루어진 것이 '물'이다.

③ 원자들은 안쪽 껍질의 전자를 공유하는 방식으로 생명의 분자를 구성한다.

④ 탄소의 전자들은 같은 성질을 가진 네 개의 전자들이 두 개씩 어우러져 한 개의 오비탈을 구성하고 있다.

⑤ 오비탈은 각각의 전자로 모든 방을 완전히 채운 다음에 다른 성질의 전자를 각각의 방에 들어가는 것을 허용한다.

39 윗글의 설명 방식으로 적절하지 <u>않은</u> 것은?

① 설명하려는 내용과 관련된 용어를 제시하고 있다.

② 의인화와 같은 비유를 동원하여 설명의 효과를 높이고 있다.

③ 유추의 방식을 통해 새로운 이론을 정립하여 그 의의를 설명하고 있다.

④ 설명하려는 내용을 물음의 형식으로 제시한 후 그에 대한 답을 하고 있다.

⑤ 과학적 현상을 구체적 사례를 들어 설명하여 독자들의 이해를 돕고 있다.

40 윗글에 근거하여 〈보기〉의 A, B에 대해 추론한 것으로 적절하지 <u>않은</u> 것은? [3점]

〈보기〉

가상의 원자 A와 B가 존재한다. A는 가장 바깥 껍질에 5개의 전자가 있고 방이 5개 있다. B는 가장 바깥 껍질에 7개의 전자가 있고 방이 4개 있다. A와 B는 전자를 공유할 수 있다.

① A의 바깥 껍질에 있는 전자들은 모두 각방을 사용한다.

② A가 다른 원자와 공유할 수 있는 전자의 수는 5개이다.

③ B가 다른 원자와 공유할 수 있는 전자의 수는 1개이다.

④ B의 바깥 껍질에 있는 전자 중 각방을 사용하는 것은 1개이다.

⑤ A와 B가 결합하여 A_5B와 같은 분자가 만들어질 수 있다.

[41~45] 다음 글을 읽고 물음에 답하시오.

태연스럽게 그러한 얘기들을 나누던 유생들도, 오봉 선생의 관이 땅속으로 들어가자, 상가 가족들 못지않게 비통한 표정들을 하였다. 오봉 선생의 옥중 동지였던 한 선비는 일부러 가야 부인을 찾아와서 흐느끼는 부인의 어깨를 두드리며 위로까지 하였다. ⓐ (그는 재판정에서 그녀의 얼굴을 기억했던 것이다.)

㉠ "오, 효부였더군! 내 까막소에서 오봉으로부터 잘 들었소. 친정이 김해라 했지요? 나는 창원이요. 창원 김 진사라면 다 아요."

이러고는 다시,

"억울하지! 만약 우리 오봉과 가야 부인 같은 이들만 이 땅에 살았더람……."

이렇게 혼잣말처럼 중얼거리면서 선비들이 모여 앉은 잔디밭께로 돌아갔다. 위엄이 있는 말씨라든가, 자가 넘게 자란 흰 수염을 바람에 날리며 돌아가는 모습이 과연 기백이 대단한 어른같이 보였다. 결국 이 창원 김 진사란 선비가 그냥 있지를 않았다. 평토제가 끝나고 해반과 아울러 으레 있는 식사와 주찬이 나돌 무렵이었다. 술도 얼마 돌지 않았을 땐데, 별안간 선비들이 모여 앉은 자리에서 호통 소리가 일어났다.

"이놈, 개 같은 놈!"

소리의 주인공은 아까 그 창원 김 진사란 늙은 선비였다. 그는 계속 수염을 부들부들 떨며,

㉡ "오봉은 바로 네 자식이 죽있단 말여! 알겠나, 이 개 같은 놈아? 알았음 썩 물러가거라! 뻔뻔스럽게……."

"이놈이 무슨 소릴 대에놓고 ⓑ (함부로) 하노?"

상대방은 역시 이와모도 참봉이었다. 이와모도도 같이 수염을 떨어 댔다. 얼굴이 넓적해 그런지 꼭 삽살개가 으르대는 것 같았다. ㉢ 아무래도 그는 처음부터 자릴 잘못 잡았던 것이다. 애당초 그런 데 온 것부터가 그렇고…….

그러나 그도 지기는 싫었다. 지다니!

"이놈아, 안 가라 캐도 갈 끼닷! 버릇없는 니놈과 자리를 같이하다니……."

이와모도 참봉은 벌써 자리에서 일어서 있었다. 상주들이 달려가 말리었으나, 이와모도 참봉은 들을 리 만무했다. 그는 화를 머리끝까지 올려 가지고 어기적어기적 산을 내려갔다.

"저런!"

상가측에서 백관 한 사람이 급히 그를 뒤따라갔다.

[중략]

죽은 이와모도 참봉의 아들 이와모도 경부보 같은 위인들이 목에 핏대를 올려 가며 그들의 '제국'이 단박 이길 듯 떠들어 대던 소위 대동아 전쟁이 얼른 끝장이 나긴커녕, 해가 갈수록 무슨 공출이다, 보국대다, 징용이다 해서 온갖 영장들만 내려, 식민지 백성들을 도리어 들볶기만 했다. 그리고 그것은 '제국'의 빛나는 승리를 위해서 불가피한 일이라고들 했다.

몰강스런 식량 공출을 위시하여 유기 제기의 강제 공출, 송탄유와 조선(造船) 목재 헌납을 위한 각종 부역과 근로 징용은 그래도 좋았다. 조상 때부터 길러 오던 안산 바깥산들의 소나무들까지 마구 찍혀 쓰러진 다음엔 사람 공출이 시작되었다. '전력 증강'이란 이유로 영장 받은 남정들은 탄광과 전장으로, 처녀들은 공장과 위안부로 사정없이 끌려 나갔다. 그러한 오봉산 발치 열두 부락의 가난한 집 처녀 총각과 젊은 사내들은 이마를 히노마루 ⓒ (일본 국기)에 동여매인 채, 울고불고하는 가족들의 손에서 떨어져, 태고나루에서 짐덩이처럼 떼를 지어 짐배에 실렸다. ⓓ (물금까지 나가면 기차편도 있었지만 차는 위데에서 오는 그러한 사람들로 항상 만원이었다.) ㉣ 손자녀를, 자식을, 남편을, 딸을 그렇게 빼앗긴 할머니, 어머니, 아버지, 안내 들은 태고나루에서 눈물을 짓다 가까운 미륵당을 찾기가 일쑤였다. "명천 하느님요!" 하고 땅을 치던 그들은 말 없는 미륵불 앞에 엎드리어 떠난 아들딸들이 무사히 살아 돌아오기를 빌고 또 비는 것이었다.

"시줏돈을랑 그만두이소! 내가 대신 다 내놓았임데이……."

ⓜ 돌아간 시할아버지와 시아버지, 그리고 만세통에 총 맞아 죽은 시숙과 딸의 영가를 거기에 모셔 둔 가야 부인은 오면가면 그러한 분들을 위로하기에 바빴다.

"억울한 말이싸 우째 다 하겠능기요. 나도 이렇게 안 살아 있능기요."

흐느끼는 아낙네들의 손을 잡아 주며 조용히 '관세음보살'을 염하는 것이었다. 먼데서 온 분은 기어이 재워 보내기도 했다. 그것은 가야 부인 자신에게도 필요한 공덕이었다.

– 김정한, 「수라도」

41 윗글의 서술 방식에 대한 진술로 가장 적절한 것은?

① 서술자가 인물의 말과 행동에 내재된 심리를 서술하고 있다.
② 인물의 내적 독백을 사용하여 사건을 요약적으로 제시하고 있다.
③ 작가가 외부 관찰자의 입장에서 사건을 객관적으로 서술하고 있다.
④ 특정 인물의 반어적 어조를 통해 인물 간의 대립과 갈등을 강조하고 있다.
⑤ 공간의 이동과 변화를 중심으로 인물이 처한 현실적 상황을 상징적으로 부각하고 있다.

42 윗글의 등장인물에 대해 추론한 것으로 적절하지 않은 것은?

① '가야 부인'은 시대의 아픔과 상처를 짊어지고 살아가는 사람들의 마음을 위무하는 삶을 살아가고자 했던 것으로 보인다.
② '김 진사'는 기개와 위엄을 갖춘 꼿꼿한 선비로 시대와 현실에 비판적인 태도를 지녔을 것으로 여겨진다.
③ '이와모도 참봉'은 자식의 잘못을 지적하며 자신을 비난하는 것에 대해 불편한 심정을 가진 것으로 판단된다.
④ '오봉 선생'과 '가야 부인'은 유교를 신봉해 유생들로부터 존경받는 위인이었던 것으로 짐작된다.
⑤ '오봉 선생'과 '김 진사'는 나라를 걱정하는 유생으로 함께 옥살이를 한 경험이 있는 것으로 생각된다.

43 ㉠~㉤에 대한 설명으로 적절하지 않은 것은?

① ㉠ : 시아버지와의 인연과 가까운 지역 사람임을 구체적으로 언급함으로써 '가야 부인'과의 친밀감을 표출하고 있다.
② ㉡ : '오봉 선생'의 죽음에 대한 원인을 직접적으로 부각함으로써 인물 간의 대립과 갈등을 강화하고 있다.
③ ㉢ : '이와모도 참봉'이 상가에 오면 안 되는 이유가 있음을 짐작하게 함으로써 '김 진사'와 '이와모도 참봉'의 갈등에 개연성을 더하고 있다.
④ ㉣ : 가족을 잃은 슬픔을 종교에 의탁해 해소하려는 사람들을 통해 현실을 벗어난 초월의식에 기대는 세태를 비판하고 있다.
⑤ ㉤ : 여러 대에 걸쳐 힘든 삶을 이어온 집안의 내력을 설명함으로써 '가야 부인'의 이웃들에 대한 동병상련의 마음을 보여 주고 있다.

44 ⓐ~ⓓ에 대한 설명으로 가장 적절한 것은?

① ⓐ와 ⓑ는 인물의 말과 행동에 담긴 의도를 명시하여 독자의 궁금증을 유발하고 있다.
② ⓑ와 ⓒ는 방언과 표준어를 병렬하여 독자에게 어휘의 의미를 분명하게 전달하고 있다.
③ ⓒ와 ⓓ는 낱말과 문장의 내포적 의미를 상세하게 풀이하여 독자의 의문을 해소하고 있다.
④ ⓐ와 ⓓ는 인물의 행위나 사건에 관한 이유를 덧붙여 설명하여 서사의 개연성을 보충하고 있다.
⑤ ⓑ와 ⓓ는 인물의 행동과 사건의 진행을 직접적으로 지시하여 이야기의 심층을 표면화하고 있다.

45 〈보기〉를 바탕으로 윗글을 감상한 것으로 적절하지 않은 것은? [3점]

〈보기〉

「수라도」는 일제 말 낙동강 변의 한 마을을 배경으로 일본의 태평양 전쟁에 동원된 조선인의 현실을 증언한 작품이다. 항일 독립운동 내력을 가진 오봉 선생 집안과 친일 협력으로 권세를 얻은 이와모도 집안의 선명한 대비를 통해, 일본 경찰로 탈바꿈하여 일본인보다 더욱 악랄하게 조선인을 탄압하는 또 다른 우리 민족의 모습을 극명하게 대조했다. 특히 일제 말 창씨개명과 내선일체에 동조하고 대동아 전쟁에 적극 협력했던 이와모도의 큰아들이, 일제 치하에서는 도경 고등계 경부보로 있다가 해방 이후에는 국회의원이 되었다는 데서, 해방 이후에도 식민지 권력이 처단되기는커녕 오히려 그 권력이 유지되었던 국가적 모순을 비판하고자 했다.

① "억울하지! 만약 우리 오봉과 가야 부인 같은 이들만 이 땅에 살았더람……."이라는 데서, '일본인보다 더욱 악랄하게 조선인을 탄압하는 또 다른 우리 민족의 모습'에 대해 한탄하고 있음을 알겠군.
② "죽은 이와모도 참봉의 아들 이와모도 경부보 같은 위인들"을 제시한 데서, '해방 이후에도 식민지 권력이 처단되기는커녕 오히려 그 권력이 유지되었던 국가적 모순'의 근거로 삼고자 했음을 알겠군.
③ '보국대'와 '징용'이 "'제국'의 빛나는 승리를 위해 불가피한 일"이라고 말한 데서, '내선일체에 동조하고 대동아 전쟁에 적극 협력했던 이와모도의 큰아들'을 비판하고 있음을 알겠군.
④ "'전력 증강'이란 이유로 영장 받은 남정들은 탄광과 전장으로, 처녀들은 공장과 위안부로 사정없이 끌려 나갔다."라는 데서, '일본의 태평양 전쟁에 동원된 조선인의 현실을 증언'하고자 했음을 알겠군.
⑤ "그들은 말없는 미륵불 앞에 엎드리어 떠난 아들딸들이 무사히 살아 돌아오기를 빌고 또 비는 것이었다."라는 데서, '항일 독립운동 내력을 가진 오봉 선생 집안'의 모습을 보여 주고 있음을 알겠군.

A discovery is said to be an accident meeting a prepared mind.

발견은 준비된 사람이 맞닥뜨린 우연이다.

– 알버트 센트 디외르디(Albert Szent–Gyorgyi)

2025
경찰대학 10개년 국어

2020학년도 기출문제

국어영역

제1교시 국어영역

▶정답 및 해설 305p

01 〈보기〉의 문장을 어법에 맞게 고쳐쓸 때 공통적으로 고려해야 할 내용으로 가장 적절한 것은?

〈보기〉
- 인간은 자연의 위대한 힘과 맞설 때도 있었지만 대개는 굴복하면서 살아왔다.
- 대도시의 수도관이 낡고 녹슬어서 녹이 섞이거나, 물이 새는 일이 적지 않다.

① 생략된 조사를 적절하게 보충한다.
② 잘못 쓰인 관형어를 적절하게 수정한다.
③ 연결 어미가 의미에 맞도록 적절하게 수정한다.
④ 불필요하게 쓰인 피동 표현을 적절하게 수정한다.
⑤ 서술어가 필요로 하는 부사어를 적절하게 보충한다.

02 밑줄 친 부분이 어문 규범에 맞지 않는 것은? [3점]

① 이 나무는 밤나무가 <u>아니에요</u>.
② 위조품은 진품을 <u>본따서</u> 만든다.
③ 마당에 핀 장미꽃이 정말 <u>빨갛네</u>.
④ 가을이 오자 들판의 곡식이 <u>누레졌다</u>.
⑤ 하산길은 경사가 <u>가팔라서</u> 무척 위험하다.

03 〈보기〉의 음운 변동에 대한 이해로 적절한 것은?

〈보기〉
- 열여섯 → 열녀섣 → [열려섣]
  ㉠ ㉡

① ㉠ : 첨가와 교체가 일어난다.
② ㉠ : 교체와 축약이 일어난다.
③ ㉠ : 교체가 두 번 일어난다.
④ ㉡ : 첨가가 일어난다.
⑤ ㉡ : 축약이 일어난다.

04 ㉠~㉤의 로마자 표기로 적절하지 <u>않은</u> 것은?

〈보기〉
1. 자음 사이에서 동화 작용이 일어나는 경우
   (보기) 백마 Baengma ㉠ 신라 ________
2. 'ㄴ, ㄹ'이 덧나는 경우
   (보기) 학여울 Hangnyeoul
   ㉡ 알약 ________
3. 구개음화가 되는 경우
   (보기) 해돋이 haedoji ㉢ 같이 ________
4. 'ㄱ, ㄷ, ㅂ, ㅈ'이 'ㅎ'과 합하여 거센소리로 소리 나는 경우
   (보기) 좋고 joko ㉣ 놓다 ________

다만, 체언에서 'ㄱ, ㄷ, ㅂ' 뒤에 'ㅎ'이 따를 때에는 'ㅎ'을 밝혀 적는다.
(보기) 묵호 Mukho ㉤ 집현전 ________

① ㉠ : silla　　② ㉡ : allyak

③ ㉢ : gachi　　④ ㉣ : nota

⑤ ㉤ : Jipyeonjeon

05 ㉠~㉢의 형태소 분석으로 적절한 것은?

〈보기〉

용언의 활용형 '가는'은 다음 세 가지 의미로 쓰인다.
㉠ 학교에 가는 학생 (등교하는)
㉡ 칼을 가는 사람 (연마하는)
㉢ 손목이 가는 사람 (얇은)

① ㉠ : 갈- + -는

② ㉡ : 가늘- + -는

③ ㉡ : 갈- + -는

④ ㉢ : 가- + -는

⑤ ㉢ : 갈- + -는

06 ㉠의 예로 적절한 것은?

〈보기〉

국어에서 접미사 '-적(的)'이 결합한 말은 명사와 관형사로 쓰이는 것이 보통이지만 부사로 쓰이는 경우도 있다.

- **명사** : 백화점은 **일반적**으로 시장보다 값이 비싸다.
- **관형사** : **일방적** 의견만 제시하는 것은 토론이 아니다.
- **부사** : ㉠ ____________________

① 이번 일은 비교적 쉽다.

② 이런 태도는 비상식적이다.

③ 이 제품은 기술적 결함이 있다.

④ 오늘은 전국적으로 비가 내린다.

⑤ 갈등을 평화적 방법으로 해결하자.

07 밑줄 친 말이 ㉠의 예로 적절한 것은?

〈보기〉

국어의 조사나 어미 가운데에는 하나의 형태소가 음운론적 환경에 따라 둘 이상의 모습으로 나타나는 경우가 있다. 예를
들어 목적격 조사는 환경에 따라 '을'과 '를'로 나타나는데, 이 때 '을'과 '를'을 ㉠ 이형태 관계에 있다고 한다.

① ┌ 학교 앞 공원에서 내일 만나자.
　 └ 봄이 오니 거리에 꽃이 가득하다.

② ┌ 친구로서 간곡하게 부탁한다.
　 └ 이것으로써 결혼식을 마치겠습니다.

③ ┌ 젊은이여, 내일의 희망을 간직하라.
　 └ 젊은이여, 내일의 희망을 간직해라.

④ ┌ 심심한데 어디라도 나가 볼까?
　 └ 작은 관심이라도 큰 도움이 됩니다.

⑤ ┌ 소풍을 어디로 가니?
　 └ 밥을 먹으니 배가 부르다.

08 〈보기〉는 국어사전의 문형 정보와 용례이다. ㉠~㉤의 예로 적절하지 않은 것은?

〈보기〉

설득-하다(說得--) 「동사」 상대편이 이쪽 편의 이야기를 따르도록 여러 가지로 깨우쳐 말하다.

【…을】 ㉠ ________
【…에게 …을】 ㉡ ________
【…에게 -기를】 ㉢ ________
【…에게 -도록】 ㉣ ________
【…에게 -고】 ㉤ ________

① ㉠ : 경찰은 용의자를 설득하여 자수하게 했다.

② ㉡ : 선생님은 학생들에게 용기를 낼 것을 설득하였다.

③ ㉢ : 경찰은 범인에게 투항하기를 설득하였다.

④ ㉣ : 나는 동생에게 누나를 설득하도록 했지만 소용없었다.

⑤ ㉤ : 나는 두 사람에게 그만 화해하라고 설득하였다.

09 밑줄 친 관용 표현의 의미를 나타낸 것으로 적절하지 않은 것은?

① 그는 사업에서 손을 뗀 지 이미 오래다.(→ 그만두다)

② 그런 이상한 말은 머리에 털 나고 처음 들어 본다.(→ 어른이 되다)

③ 내 월급으로는 입에 풀칠하기도 어렵다.(→ 근근이 살아가다)

④ 내 눈에 흙이 들어가기 전에는 어림없다.(→ 죽어 땅에 묻히다)

⑤ 선생은 '독립' 두 글자를 가슴에 새기고 살았다고 한다.(→ 잊지 않고 기억하다)

10 ㉠~㉤의 예로 적절하지 않은 것은?

〈보기〉

문장에서 청유형 어미가 쓰이면 화자와 청자가 어떤 행동을 함께 수행한다는 의미가 나타나는 것이 보통이지만 경우에 따라 화자나 청자 단독으로 행동을 수행한다는 의미가 나타나기도 한다.

행동 수행 주체 / 청유형 어미	화자, 청자	화자 단독	청자 단독
-자	㉠		㉡
-ㅂ시다		㉢	㉣
-세		㉤	

① ㉠ : (회의를 끝내며) 이 문제는 내일 다시 논의하자.

② ㉡ : (아기에게 밥을 먹이며) 아기야, 밥 먹자.

③ ㉢ : (도서관에서 떠드는 사람에게) 거, 조용히 좀 합시다.

④ ㉣ : (길을 막고 있는 사람에게) 길 좀 비킵시다.

⑤ ㉤ : (책을 읽고 있는 사람에게) 나, 그 책 좀 보세.

11 〈보기〉의 대화문에 대한 이해로 적절하지 않은 것은? [3점]

〈보기〉

㉠ 須達이* 닐오듸 니르샨 양으로 호리이다
㉡ 太子ㅣ 닐오듸 내 롱담ᄒᆞ다라
㉢ 須達이 닐오듸 太子ㅅ 法은 거즛마를 아니 ᄒᆞ시ᄂᆞᆫ 거시니

*須達(수달) : 사람 이름

① ㉠ : '호리이다'에는 선어말 어미 '-오-'가 들어 있겠군.
② ㉡ : '내 롱담ᄒᆞ다라'를 보니 화자가 청자보다 상위자로군.
③ ㉡ : '太子ㅣ'가 주어인 걸 보니 'ㅣ'는 주격 조사이겠군.
④ ㉢ : '太子ㅅ 法'은 '法'이 무정물이므로 관형격 조사 'ㅅ'이 쓰였군.
⑤ ㉢ : '아니'가 부사로 쓰이고 있군.

12 ㉠이 적용된 사례로 적절하지 않은 것은?[3점]

〈보기〉

국어에서 ㉠ 동일 모음 탈락은 '가- + -아 → 가', '만나- + -아 → 만나', '건너- + -어 → 건너'와 같이 어간의 모음과 어미의 모음이 동일할 때 나타난다.

① 많이 자도 졸리다.
② 집에 가다가 친구를 만났다.
③ 이제는 정말로 떠나야 한다.
④ 여기 서서 잠시 기다리고 있으렴.
⑤ 얘들아, 밤이 너무 늦었으니 어서 자.

[13~17] 다음 글을 읽고 물음에 답하시오.

우리는 일상적인 대화에서 종종 다른 사람이 웃으면 자신도 따라 웃게 되는 경험을 한다. TV 시트콤에서 재미있을 만한 장면에 녹음된 웃음소리를 삽입하는 것도 이를 통해 시청자들의 웃음을 유도하기 위해서다.

이와 관련해 신경과학자들은 타인이 웃으면 따라 웃게되는 것은 우리의 뇌에 웃음소리에만 반응하는 웃음 감지 영역(laughter detector)이 있기 때문이라고 주장한다. 그들은 청각 신호를 담당하는 뇌 영역 어딘가에 이러한 부분이 있을 것으로 추정하면서, 다른 사람이 하품할 때 덩달아 하품하게 되는 것도 뇌의 시각 영역 어딘가에 하품하는 모습에 반응하는 부분이 존재하기 때문이라고 주장한다. 그들의 가설에 따르면, 다른 사람의 웃음소리를 들으면 웃음 감지 영역이 흥분하게 되고, 이 신호가 웃음 발생 영역(laughter generator)으로 전달돼 결국따라서 웃게 된다는 것이다.

실제로 이츠하크 프리드(Itzhak Fried) 박사와 그의 동료 신경외과 의사들은 ⓐ 인간의 웃음을 유발하는 뇌의 영역이 존재하며, 그 곳에 자극을 가하면 웃음을 유발한다는 사실을『네이처』지에 발표했다. 또 로체스터 의대 신경방사선과에 있던 딘 시바타(Dean K. Shibata) 교수 연구팀은 2000년 학회에서 핵자기공명영상(MRI)을 이용해 뇌의 어떤 부분이 웃음에 관여하는지 촬영했다. 연구 팀은 13명의 피실험자들에게 우스운 만화를 보여주었을 때, 그리고 다른 사람의 웃음소리를 녹음한 테이프를 들려주었을 때 뇌가 어떤 반응을 보이는지 촬영했다. 그 결과 웃을 때 오른쪽 이마 뒤쪽에 있는 뇌의 '전두엽 하단'이 활발하게 활동한다는 사실이 밝혀졌다. 실제로 뇌출혈 등으로 이 영역이 손상된 사람들은 유머를 이해하고 웃는 능력을 잃어버렸다고 한다.

그들의 연구에서 공통적으로 웃음 유발 영역으로 지목된 '전두엽(Frontal lobe)'은 사회적 행동이나 감정적 판단, 의사소통 등을 관장하는 영역이

다. 고등동물일수록 이 영역이 발달된다. 시바타 박사에 따르면, 우울증 환자들은 전두엽 하단이 정상적으로 반응하지 않는다고 한다.

그렇지만 메릴랜드 주립대학교 심리학과 및 신경과학과 로버트 프로빈(Robert R. Provine) 교수는『웃음, 그에 관한 과학적 탐구』라는 책에서 웃음은 그저 유머에 대한 생리적인 반응이 아니라, 인간관계를 돈독하게 해 주는 사회적 신호 중 하나라고 주장했다.

그는 메릴랜드 주립대학교 광장과 근처의 거리에서 웃고 떠드는 사람들 1,200명의 대화 내용을 분석해 몇 가지 흥미로운 사실을 발견했다. 사람들이 대화 도중 농담이나 재미있는 이야기 때문에 웃는 경우는 10~20퍼센트에 불과했다. 대부분은 '그동안 어디 있었니?' 혹은 '만나서 반가워요.' 같은 일상적인 대화를 나눌 때 가장 많이 웃는다는 것이다. 게다가 농담을 듣는 사람보다 농담을 하는 사람이 1.5배 이상 더 많이 웃는다는 사실도 발견했다. 결국 대화 상대에게 친밀감이나 호감을 느끼기 때문에 대화를 나누는 것 자체가 즐거워 웃는 것이지, 농담을 주고 받아야만 웃음이 넘치는 건 아니라는 얘기다.

웃음이 인간관계를 위한 사회적 신호라는 사실은 웃음의 성격이나 빈도가 이성과 함께 있느냐, 혹은 동성 친구와 함께 있느냐에 따라 현격히 달라진다는 데서도 확인할 수 있다. 프로빈 교수는 남성과 여성이 대화를 나눌 때, 여성이 남성보다 1.3배 더 많이 웃는다는 사실을 발견했다. 그는 이것을 "이성과 대화할 때 남성은 여성을 웃기려는 경향이있으며, 따라서 여성이 더 많이 웃게 되는 것 같다."라고 해석했다.

[A] 웃음이 남녀 인간관계에 어떤 영향을 미치는지 조사한 조-앤 바호로프스키(Jo-Anne Bachorowski) 교수는 더 자세한 실험을 했다. 피실험자들을 이성이나 동성 친구, 혹은 낯선 사람과 한방에 들어가게 한 다음 로맨틱 코미디의 클라이맥스 장면을 보여주었다. 이 실험에서 여자들은 같은 여자와 함께 영화를 볼 때보다 남자와 함께볼 때 더 많이 웃었다. 재미있는 것은 여성들은 전혀 알지 못하는 남성과 함께 영화를 볼 때 더 크게 웃는다는 것이었다. 반면 여자가 혼자 영화를 보거나 여자들과 영화를 볼 때는 웃음소리가 점점 잦아들었다. 남자들은 여자들과 많이 달랐다. 남자들은 남자 동료들과 함께 있을 때 가장 크게 웃었으며,여성과 함께 있거나 낯선 사람과 있을 때 웃음소리가 더 작았다.

13 윗글의 제목으로 가장 적절한 것은?

① 대화 속 웃음의 증상
② 웃음에 관한 다양한 이해
③ 남녀 간 웃음 반응의 차이
④ 웃음 유발과 웃음 감지의 상관성
⑤ 웃음을 통한 우울증 치료의 현주소

14 윗글에서 사용한 설명 방식으로 가장 적절한 것은?

① 녹음된 웃음소리의 효과를 유형별로 나눠 설명하고 있다.
② 뇌의 웃음 발생 영역을 개념 정의의 방법으로 설명하고 있다.
③ 전문가의 견해를 통해 웃음에 대한 과학적 논의를 설명하고 있다.
④ 웃음이 남녀 인간관계에 미치는 영향을 정반합의 논리로 설명하고 있다.
⑤ 가설을 설정하여 대화 상대에 따라 웃는 정도가 다름을 설명하고 있다.

15 윗글과 〈보기〉를 참고해 이해한 것으로 가장 적절한 것은?

〈보기〉

미국 캘리포니아 의대에 있는 폴 에크먼(Paul Ekman) 박사는 입 꼬리를 위로 올리고 억지로라도 웃는 시늉을 하면 기분이 좋아질 수 있다는 것을 실험적으로 보여 주었다. 그가 주장하는 대로라면, 인위적으로 특정한 감정을 만들어 내면 몸도 거기에 따른 생리적 변화를 보인다. 일례로, 슬픈 역할을 오랫동안 맡은 배우는 실제로도 우울증에 걸릴 위험이 높다. 니체가 "세상에서 가장 심하게 고통받는 동물이 웃음을 발명했다."라고 말한 것과도 일맥상통한다.

① 웃음은 타인에 대한 동정심을 유발하는 효과가 있다.

② 웃음소리는 상대방에 대한 호감도에 영향을 미친다.

③ 재미없는 농담이라도 옆 사람이 웃으면 따라 웃는 것이 좋다.

④ 인간은 행복해서 웃기도 하지만 웃는 행위를 통해서 행복해질 수도 있다.

⑤ 사회적 유대감을 높이기 위해서는 무의식적으로 웃는 것이 필요하다.

16 [A]에 나타난 실험 결과를 바탕으로 추론한 내용으로 적절하지 <u>않은</u> 것은? [3점]

① 혼자 개그 프로그램을 시청하는 여성은 남성과 함께 볼 때보다 크게 웃겠군.

② 여성이 여성들과 개그 프로그램을 본다면 남성과 볼 때보다 조용히 시청하겠군.

③ 남성이 낯선 여성과 개그 프로그램을 시청한다면 남성 동료와 시청할 때보다 조용하겠군.

④ 여성이 낯선 남성과 개그 프로그램을 시청한다면 아는 남성과 시청할 때보다 크게 웃겠군.

⑤ 남성들은 동료 남성과 개그 프로그램을 시청할 때 낯선 남성과 시청할 때보다 더 크게 웃겠군.

17 윗글을 읽고 ⓐ에 관해 이해한 것으로 적절하지 <u>않은</u> 것은?

① 인간의 뇌는 다른 동물에 비해 감정적 판단과 의사소통을 관장하는 영역이 발달했다.

② 우울증 환자들은 웃음을 유발하는 뇌의 특정 부분이 정상적으로 반응하지 않을 수 있다.

③ 웃음소리를 들으면 뇌의 웃음 발생 영역이 자극을 받아 웃음 감지 영역으로 신호가 전달된다.

④ 웃음소리를 들려주고 핵자기공명영상(MRI)을 이용해 뇌를 촬영하면 뇌의 웃음 유발 부분을 알아낼 수 있다.

⑤ 대화할 때 재미있는 이야기나 농담을 말하는 사람이 그것을 듣는 사람보다 뇌의 전두엽 하단이 더 활성화된다.

[18~21] 다음 글을 읽고 물음에 답하시오.

잭 케루악(Jack Kerouac)은 미국 문학사조 면에서 대체로 '비트 세대(beat generation)' 작가 군으로 분류된다. 비트 세대 작가들은 제2차 세계대전 이후 1950~60년대 미국의 지배적인 정치, 경제, 문화 상황에 저항하면서 소위 반문화(counter culture)를 형성한 작가들이다.

얼핏 풍요롭고 평온하게 보이던 이 당시 미국 사회에서 케루악을 비롯한 비트 세대 작가들은 당대의 미국 사회가 순응, 일치, 동질화, 물질주의, 검열, 규범, 획일성 등에 의해 지배되고 있다고 판단했다. 풍요와 평온 밑에 은닉된 이러한 속성들은 정치적, 심리적 억압에서 비롯한 것이었다.

미국 시인 로버트 로웰(Robert Lowell)은 이 시기의 미국 사회를 '진정제 맞은 1950년대'라고 규정했다. 로웰의 지적처럼 이 당시 미국 사회는 순응과 획일성을 강요받아 마치 진정제를 맞은 환자처럼 그저 평온한 사회였다. 로웰과 비트 세대 작가들은 문학사조 면에서는 공통점이 없지만, 그들이 진단한 미국 사회의 모습은 비슷했다.

이들은 위에서 언급한 미국 사회의 속성들을 미국적 가치로 신봉하던 중산층 계급의 허위 의식을 비판하였다. 즉 청교도라는 전통적 배경과 냉전 시대의 이데올로기가 함께 작용하여 사회 구성원들에게 자아 검열을 강요하고 개인들의 의식과 무의식을 통한 결과, 개인성과 자율성이 억압되었다는 것이다.

비트 세대 작가들은 그 당시 미국이 풍요와 평온을 가장한 공포의 사회이고, 사회 구성원들은 서로 단절되고 분열되었으며, 개인은 소외되었다는 생각을 공유하였다. 거의 모든 미국 시민들이 무의식적으로 사회에 순응하고 적응할 때, 그들은 자본주의의 물질주의와 국가 권력이 조절하는 규범화된 삶을 거부하고 저항적인 반문화를 형성하였다.

개인의 자율성과 개인성을 강조하는 미국의 개인주의는 제2차 세계대전 후 냉전 시기에 소위 '미국주의'의 대두로 그 존립 근거를 상실하기 시작했다. 자본주의적 경제와 통치의 효율성을 위하여 개인의 사적인 경험, 자율적인 판단, 자유는 억압되거나 유보되었고 개인은 소비로 불안감을 대신하고 대중문화나 매체에 의하여 쉽게 선동되어 스스로 결정을 하지 못하는 소위 [일차원적 인간]이 되어 버렸다. 당시에 미국은 일차원적 인간으로 이루어진 전체 국가로 나아가고 있었다. 비트 세대 작가들은 전체 국가와 일차원적 인간을 형성하는 보이지 않는 중심과 그것이 작동하는 메커니즘을 폭로하고 이에 정면으로 저항하였다.

비트 세대 작가들의 저항과 대안 추구는 다양한 방식으로 나타났다. 앨런 긴즈버그(Allen Ginsberg)의 대표작 「절규」는 미국의 지배적 주류 문화에 대한 '울부짖음'이었다. 이처럼 절망과 분노를 직접 표출하는 것 외에도 이들은 다양한 방식으로 기존의 가치 체계에 저항하면서 새로운 대안을 제시하였다. 이러한 방식들은 당시 대다수 미국인들에게 생소하거나 비도덕적 행위로 비난받았지만 기존의 가치 체계를 넘어서서 미국 사회에 새로운 시각을 제공하였다.

비트 세대 작가들에게 가장 많이 나타나는 개인의 모습은 방랑자이다. 보통 여행의 이미지에서 가장 많이 연상되는 덕목은 자유의 추구이다. 이처럼 미국 대륙을 여행하는 방랑자로서 이들 작가들은 그들의 여행을 통하여 모든 억압으로부터 해방이라는 자유를 추구하고 만끽한다. 하지만 이들의 여행은 기차에 몰래 타거나 지나가는 자동차를 얻어 타기도 하고 마치 불교의 수도승처럼 남루한 모습으로 아무 곳에서나 잠을 자는 등 탈규범적인 행위였다. 비트 작가인 윌리엄 버로스(William Burroughs)에 따르면 케루악의 방랑은 '정신적 소외, 불안감, 불만'에서 시작된 것이었고, 비트 세대 작가들 중 대표적인 방랑자였던 게리 스나이더(Gary Snyder)는 방랑의 시작이 '1950년대 미국의 정신적, 정치적 외로움'이었다고 ㉠ <u>밝혔다</u>.

대부분의 비트 세대 작가들은 선불교 사상 수용, 새로운 생태 의식, 비윤리적 행위, 탈규범적 행동을 공유하였고 이를 바탕으로 자신들의 반문

화를 형성하여 주류 문화에 저항하였다. 이들이 여기에서 추구한 가치는 비순응성, 자율성, 직접성, 단순성 등이었다.

이러한 가치들은 위에 언급한 주류 사회가 강요한 가치들과는 극명하게 대조된다. 또한 이러한 비트 세대 작가들의 행위는 수동적인 삶에서 벗어난 각 개인들의 직접적이고 구체적인 행동이었다. 이는 다시 말하면 억압된 개인성의 회복이며 닫힌 세계가 강요하는 자아 억제에서 벗어나 자아 표현으로 나아가고자 한 것이다.

18 윗글의 논지 전개 방식으로 적절하지 않은 것은?

① 대상의 개념을 밝혀 정확한 이해를 돕고 있다.

② 적절한 예를 제시하여 중심 내용을 구체화하고 있다.

③ 다양한 가설을 세워 서로 다른 논리들을 비교하고 있다.

④ 여러 사람의 견해를 인용하여 설명을 뒷받침하고 있다.

⑤ 원인과 결과를 밝혀 사회적인 현상에 대해 설명하고 있다.

19 윗글을 이해한 내용으로 가장 적절한 것은?

① 1950년대 미국 사회는 진정제가 필요한 정신적 질병을 앓는 환자가 많았다.

② 제2차 세계대전 이후 미국 사회는 개인주의와 반문화주의의 조화를 추구했다.

③ 케루악의 정신적 소외나 스나이더의 외로움은 그들의 방랑의 원천이었다.

④ 비트 세대 작가들은 선불교 사상을 수용하여 주류 문화를 강화하고자 했다.

⑤ 비트 세대 작가들은 내면적으로는 미국의 주류 문화에 대한 긍정을 추구했다.

20 일차원적 인간에 대한 설명으로 가장 적절한 것은?

① 자신의 주체적 판단에 따라 행동한다.

② 공익보다 자신의 자유를 먼저 중시한다.

③ 자신의 존재적 불안을 사회적 기여로 극복하고자 한다.

④ 사회적 현안에 대해 자신의 관점을 갖지 못하는 경향이 있다.

⑤ 타인과 구별되는 생활 방식을 유지하는 데 관심을 기울인다.

21 ㉠과 문맥적 의미가 가장 가까운 것은?

① 조명이 경기장을 환하게 밝혔다.

② 회사에서 새로운 사업 계획을 밝혔다.

③ 옛날에는 등잔불을 밝히고 책을 읽었다.

④ 인생에서 돈만 밝혀서는 행복하기 어렵다.

⑤ 자식 걱정에 어머니는 뜬눈으로 밤을 밝히셨다.

[22~27] 다음 글을 읽고 물음에 답하시오.

아파트는 그 내부의 면적이 어떠하거나 같은 높이의 단일한 평면을 나누어 사용하게 되어 있다. 보통 집, 아니 다시 내 아내의 표현을 빌면 땅집은 아무리 그 면적이 적더라도 단일한 평면을 분할하게 되어 있지 않다. 다락방이나 지하실은 거실이나 안방과 같은 높이의 평면 위에 있지 않다. 그것들은 거실이나 안방보다 ㉠ 높거나 낮다. 그런데 아파트는 모든 방의 높이가 같다. 다만 분할된 곳의 크기가 다를 뿐이다. 그렇기 때문에 아파트에서의 삶은 입체감을 갖고 있지 않다. 아파트에서는 부엌이나 안방이나 화장실이나 거실이 다 같은 높이의 평면 위에 있다. 그것보다 밑에 또는 위에 있는 것은 다른 사람의 아파트이다. 좀 심한 표현을 쓴다면 아파트에서는 모든 것이 평면적이다. 깊이가 없는 것이다. 사물은 아파트에서 그 부피를 잃고 평면 위에 선으로 존재하는 그림과 같이 되어 버린다. 모든 것은 한 평면 위에 나열되어 있다. 그래서 한눈에 들어오게 되어 있다. 아파트에는 사람이나 물건이나 다 같이 자신을 숨길 데가 없다. 모든 것이 열려 있다. 그러나 그 열림은 깊이 있는 열림이 아니라 표피적인 열림이다. 한눈에 드러난다는 것, 또는 한눈에 드러난 것으로 여 겨지는 것은, 깊이를 가진 인간에게는 상당한 형벌이다. 요즈음에 읽은 한 소설가의 소설 속에는, 아파트 단지에서 몸을 숨길 곳을 찾지 못한 아이들이 옥상 위의 물탱크 속에 들어가 숨음으로써 자신들을 죽음으로 이끌고 간 끔찍한 사건이 기술되어 있었다. 물탱크는 밖에서는 열 수 있으나 안에서는 열 수가 없게 되어 있었던 것이다. 같은 평면 위에서 대번에 그 정체를 드러내는 사물과 인간은 두께나 깊이를 가질 수 없다. 두께나 깊이는 차원이 다른 것이 겹쳐서 생기기 때문이다.

땅집에서는 사정이 전혀 딴판이다. 땅집에서는 모든 것이 자기 나름의 두께와 깊이를 가지고 있다. 같은 물건이라도 그것이 다락방에 있을 때와 안방에 있을 때와 부엌에 있을 때는 거의 다르다. 아니 집 자체가 인간과 마찬가지의 두께와 깊이를 갖고 있다. 내가 좋아한 한 철학자는 집이 아름다운 것은 그것이 인간을 닮았기 때문이라고 말했다. 다락방은 의식이며, 지하실은 무의식이다. 땅집의 지하실이나 다락방은 우리를 얼마나 즐겁게 해 주는 것인지. 그곳은 자연과는 또 다른 매력을 갖고 있다. 다락방과 지하실에서는 하찮은 것들이라도 굉장한 신비를 간직한 것으로 나타난다. 그것들은 쓸모가 없는, 또는 쓰임새가 줄어든 것들이어서, 쓰임새 있는 것에만 둘러싸여 살던 우리를 쓰임새의 세계에서 안 쓰임새의 세계로 인도해 간다. 화가 나서, 주위의 사람들이 미워서, 어렸을 때에 다락방이나 지하실에 혼자 들어가, 낯설지만 흥미로운 것들을 한두 시간 매만지면서 나 혼자만의 세계에 잠겨 있었을 때에 정말로 내가 얼마나 행복했던고!

화는 어느새 풀리고, 주위 사람들에 대한 증오도 사라져, 이윽고 밖으로 나와 때로는 이미 전기가 들어와 바깥은 컴컴하나 안은 눈처럼 밝은 것을 볼 때에, 때로는 황혼이 느리게 내려 모든것이 있음과 없음의 그 미묘한 중간에 있는 것을 보고 느낄 때에 세계는 언제나 팔을 활짝 열고 나를 자기 속으로 깊숙이 이끌어 들이는 것이었다. 그래서 다 자란 뒤에도 다락방이나 지하실을 쓸데없는 것들이 잔뜩 들어 있는 쓰레기 창고로서가 아니라 내가 끝내 간직해야 될 신비를 담고 있는 신비로운 사물함으로 자꾸만 인식하게 된다. 나도 내가 사랑한, 그리고 지금도 사랑하고 있는 그 철학자처럼 다락방과 지하실 때문에 땅집을 사랑하는 것인지 모른다. 그 지하실과 다락방 말고도 내가 좋아하는 것은 한식집의 부엌이다. 내가 태어난 시골의 내 외갓집 부엌은, 그 집이 제법 부유했기 때문에 꽤 넓었다. 그 부엌에는 언제나 내가 좋아하는 아낙네들이 가득 차있었고 그 부엌을 건너 질러가면, 외할아버지가 친손자들에게만 주려고 외손자들에겐 접근을 막은 단감나무, 대추나무들이 있었다. 사람이 없을 때에 그 부엌에 들어가 보면, 부엌 바닥은 한없이 깊고 컴컴했고, 누룽지를 넣어 둔 찬장은 한없이 높고 높았다. 그 부엌을 나는 한 한 달 전에 두 사람의 시인과 함께 놀러 간 어떤 절에서 다시 보았다. 그때의 그 즐거움!

땅집이 아름다운 것은 그것이 많은 것을 숨기고 있기 때문이다. 어린 왕자에 대한 아름다운 산문을 남긴 생텍쥐페리는 사막이 아름다운 것은 어디엔가 우물이 있기 때문이라고 말한 적이 있다.

과연 그렇다. 땅집이 아름다운 것은 곳곳에 우물과 같은 비밀스러운 것들이 있기 때문이다. 아파트에는 그 비밀이 있을 수 없다. 5분 안에 찾아낼 수 없는 것은 아파트에는 없다. 거기에는 모든 것이 노출되어 있다. 스물두 평 서른두 평의 평면 위에 무엇을 숨길 수가 있을 것인가.

– 김현, 「두꺼운 삶과 얇은 삶」

22 윗글의 서술상의 특징으로 적절하지 않은 것은?

① 원인과 결과를 밝혀 서술하고 있다.
② 대상을 하위 유형으로 나누어 서술하고 있다.
③ 다른 사람의 견해로 자신의 견해를 뒷받침하고 있다.
④ 사물의 속성을 비유적 표현을 사용하여 드러내고 있다.
⑤ 허구적인 상황을 설정하여 서술의 초점을 이동하고 있다.

23 윗글에서 [아파트]와 [땅집]에 관해 설명한 것으로 적절하지 않은 것은?

① '나'는 아파트가 삶을 효율적으로 만들기 때문에 비밀을 가질 수 없다고 생각한다.
② 아파트에서는 삶이 입체적이지 않은 반면, 땅집에서는 삶이 입체적이다.
③ 아파트는 한 눈에 모든 것이 드러나는 곳이지만, 땅집은 많은 것을 숨길 수 있는 곳이다.
④ 땅집이 아파트에 비해 아름다운 것은 두께와 깊이를 가지고 있기 때문이다.
⑤ '나'는 땅집의 매력을 직접 경험한 과거의 기억을 가지고 있다.

24 글쓴이가 느끼는 '땅집의 삶'의 매력으로 적절하지 않은 것은?

① 낯설지만 흥미로운 것을 매만지며 시간을 보낼 수 있다.
② 익숙한 쓰임새의 세상에서 벗어나는 체험을 할 수 있다.
③ 해질 녘에 있음과 없음의 중간에 있는 것을 보고 느낄 수 있다.
④ 하찮은 것들 가운데 쓸모 있는 것과 쓸데없는 것을 구분하게 해 준다.
⑤ 컴컴한 바깥의 어둠과 전깃불로 눈처럼 환한 안쪽을 모두 체험할 수 있다.

25 〈보기〉를 참조할 때 단어의 구조가 [땅집]과 다른 것은?

〈보기〉

'땅집'은 '장소+대상'의 의미 구조를 지닌다. 따라서 '땅에 지은 집'이라는 뜻이다.

① 은수저　② 산돼지
③ 가로등　④ 북극곰
⑤ 섬마을

2020 기출문제

26 윗글의 글쓴이가 〈보기〉의 글에 대해 보일 수 있는 반응으로 가장 적절한 것은?

〈보기〉

1970년대에 접어들면서 한국의 주거 문화는 큰 변화를 겪었다. 마당이 있는 집이 있고 그 집들 옆에 골목길이 있는 단독주택들을 대신해서 복도와 계단이 있는 아파트 단지들이 우후죽순 생겨난 것이다. 이와 함께 골목길의 공간적 성격도 달라졌다. 자동차 대수가 엄청나게 증가하면서 자동차들이 사람들이 느리게 사용하던 골목길을 점령하기 시작했다. 사람들의 추억이 깃들어 있던 골목길은 삶 속에서 점차 사라져 갔다.

① 빠른 자동차 세상에도 출구 없는 골목길은 어디엔가 있기 마련이야.
② 외국의 큰길들에 비해 한국의 골목길은 너무 좁아. 이제는 우리 길도 더 넓어져야 할 때가 왔어.
③ 골목길도 사라지고 주거 문화도 변하고 있군. 우리는 과거에 대한 그리움을 품고 미래로 나아갈 수 있어야 해.
④ 비좁은 골목길은 자동차 시대를 가로막는 장애물 중의 하나야. 단독주택들과 골목길은 한시바삐 사라져야 해.
⑤ 동네 주민들이 일하고 이야기 나누던 골목길은 자동차들이 다니기에는 너무 좁았지만 각별한 의미가 있는 곳이야.

27 〈보기〉를 참조할 때 반의어의 유형이 ㉠과 다른 것은?

〈보기〉

국어의 등급 반의어는 중간 상태가 있기 때문에 두 단어를 동시에 부정할 수 있다. 예를 들어 '운동장이 넓지도 좁지도 않다.'가 가능하다. 이에 비해 상보 반의어는 동시에 부정하는 것이 불가능하다.

① 살다 – 죽다　② 춥다 – 덥다
③ 좋다 – 싫다　④ 크다 – 작다
⑤ 빠르다 – 느리다

[28~32] 다음 글을 읽고 물음에 답하시오.

[이전 줄거리] 수성궁 옛터에서 풍류를 즐기려던 유영은 술을 마시고 잠이 들었는데 우연히 운영과 김 진사를 만나 그들의 비극적인 사랑 이야기를 듣게 된다. 수성궁에서 안평 대군과 궁녀들이 시를 짓고 있을 때 김 진사가 찾아오는데, 궁녀인 운영은 김 진사의 재주와 용모에 마음이 끌려 그를 사랑하게 되고, 김 진사 역시 운영을 마음에 품게 된다. 그러나 두 사람의 관계를 눈치챈 안평 대군이 진노하여 운영을 죽이려 하지만, 다른 궁녀들이 이를 만류한다.

자란이 초사(招辭)*를 올려 말했습니다.

"오늘의 일은 죄가 헤아릴 수 없을 정도로 크니, 마음속에 품은 생각을 어떻게 차마 속이겠습니까? 저희들은 모두 항간(巷間)의 천한 여자로 아버지가 순(舜)임금도 아니며 어머니는 아황(娥皇)과 여영(女英)도 아닙니다. 그러니 남녀의 정욕이 어찌 유독 저희들에게만 없겠습니까? 천자인 목왕도 매번 요대의 즐거움을 생각했고, 영웅인 항우도 휘장 속에서 눈물을 금하지 못했는데, 주군께서는 어찌 운영만이 유독 운우지정(雲雨之情)이 없다 하십니까? 김생은 곧 우리 세대에서 가장 단아한 선비입니다. ⓐ 그를 내당(內堂)으로 끌어들인 것은 주군의 일이었으며, 운영에게 벼루를 받들라 한 것은 주군의 명이었습니다. 운영은 오래도록 깊은 궁궐에 갇히어 가을달과 봄꽃에 매번 성정(性情)을 잃었고, 오동잎에 떨어지는 밤비에는 애가 끊는 듯 고통스러웠습니다. 그러다가 호남(豪男)을 한 번 보고서 심성(心性)을 잃어버렸으며, 마침내 병이 골수에 사무쳐 비록 불사약이나 월인(越人) 명의(名醫)의 재주라 할지라도 효험을 보기 어렵게 되었습니다. 운영이 하루 저녁에 아침 이슬처럼 스러진다면, 주군께서 비록 측은한 마음을 두시더라도 돌이켜 보건대 어떤 이익이 있겠습니까? 저의 어리석은 생각으로는, 김생으로 하여금 운영을 만나게 하여 두 사람에게 맺힌 원한을 풀어주신다면, 주군의 적선(積善)이 이보다 큰 것이 없을 것입니다. 지난날 운영이 훼절(毁節)한 것은 죄가 저에게 있지 운영에게 있지 않습니다. 저의 이 한마디 말은 위로는 주군을 속이지 않고 아래로는 동료를 저버리지 않았으니, 오늘의 제 죽음 또한 영광스러울 것입니다. 엎드려 바라건대, 주군께서는 운영의 목숨을 잇게 해 주십시오."

옥녀가 초사를 올려 말했습니다.

"서궁(西宮)의 영광을 제가 이미 함께 했는데, 서궁의 재난을 저만 홀로 면하겠습니까? 곤강(崑崗)에 불이 나서 옥석구분(玉石俱焚)**하였으니, 오늘의 죽음은 제가 마땅히 죽을 곳을 얻은 것입니다."

제가 초사를 올려 말했습니다.

"주군의 은혜는 산과 같고 바다와 같습니다. 그런데도 능히 정절을 고수하지 못한 것이 저의 첫 번째 죄입니다. 지난날 제가 지은 시가 주군께 의심을 받게 되었는데도 끝내 사실대로 아뢰지 못한 것이 저의 두 번째 죄입니다. 죄 없는 서궁 사람들이 저 때문에 함께 죄를 입게 된 것이 저의 세 번째 죄입니다. 이처럼 세 가지 큰 죄를 짓고서 무슨 면목으로 살겠습니까? 만약 죽음을 늦춰 주실지라도 저는 마땅히 자결할 것입니다. 처분만 기다립니다."

대군은 우리들의 초사를 다 보고 나서, 또다시 자란의 초사를 펼쳐놓고 보더니 점차 노기(怒氣)가 풀리었습니다.

이때 소옥이 무릎을 꿇고 울면서 아뢰었습니다.

"지난날 중추절에 빨래하기를 성내(城內)에서 하지 말자고 한 것은 제 의견이었습니다. 자란이 밤에 남궁에 와서 매우 간절하게 요청하기에, 제가 그 마음을 불쌍히 여겨 여러 사람의 의견을 배척하고 따랐던 것입니다. 그러니 운영의 훼절은 죄가 제 몸에 있지 운영에게 있지 않습니다. 엎드려 바라건대, 주군께서는 제 몸으로써 운영의 목숨을 이어 주십시오."

대군의 분노가 점차 풀어져서 저를 별당에 가두고, 그 나머지 사람은 모두 풀어주었습니다. 그날 밤 저는 비단 수건에 목을 매어 자결하였습니다.

[A]
진사가 붓을 들고 운영이 옛일을 술회한 대로 기록하니, 그 내용이 매우 상세하였다. 두 사람은 서로 마주보면서 슬픔을 억제하지 못하였다. 한참 후 운영이 진사에게 말했다.

"이 이하는 낭군께서 말씀하십시오."

이에 진사가 운영의 뒤를 이어서 이야기를 시작했다.

운영이 자결한 이후 궁중 사람들 가운데 어머니를 잃은 것처럼 통곡하지 않은 사람이 없었습니다. 통곡 소리가 궁문 밖까지 들렸으며, 저 역시 그 소리를 듣고 오랫동안 기절하고 말았습니다.

[중략]

ⓑ 김 진사는 쓰기를 마치고 붓을 던졌다. 그러고 나서 두 사람은 서로 마주 보고 슬픈 울음을 억제하지 못하였다. 이에 유영이 위로하여 말했다.

"두 분이 다시 만나서 바라던 뜻이 이루어졌고, 원수인 노비 특도 이미 제거되어 분통함을 씻었습니다. 그런데 어찌하여 이렇게 비통함을 그치지 아니하십니까? 인간 세상에 다시 태어나지 못함을 한탄하는 것입니까?"

김 진사는 눈물을 흘리며 사례하여 말했다.

"ⓒ 우리 두 사람 다 원한을 품고 죽었습니다. 저승의 관리는 죄 없이 죽은 우리를 불쌍히 여겨 인간 세상에 다시 태어나게 하려 했습니다. 그러나 지하의 즐거움도 인간 세상보다 덜하지 않는데, 하물며 천상의 즐거움이야 어떻겠습니까? 그래서 세상에 나가는 것을 원하지 않습니다. 다만 오늘 저녁에 우리가 슬퍼하는 것은 대군이 한 번 패배한 이후로 고궁(古宮)에는 주인이 없으며, 까마귀와 참새가 슬피 울고 인적이 이르지 않아 슬픔이 극에 달한 때문입니다. 게다가 새로 병화(兵火)를 겪은 뒤에 화려했던 집들은 재가 되고 회칠한 담장은 모두 무너졌는데, 오로지 섬돌의 꽃은 향기롭고 뜰의 풀들만 무성합니다. 이렇듯 봄빛은 옛날의 정경을 바꾸지 않았으나 인사(人事)는 변하여 이처럼 바뀌었습니다. 다시 이곳에 와서 옛일을 회상하니, 어찌 슬프지 아니하겠습니까?"

유영이 말했다.

"그렇다면 당신들은 모두 천상의 사람이 되었습니까?"

김 진사가 말했다.

"우리 두 사람은 본래 천상의 선인(仙人)으로 오래도록 옥황상제를 모시고 있었습니다. 그러던 어느 날 옥황께서 태청궁(太淸宮)에 납시어 저에게 옥원(玉園)의 과실을 따오라고 명하셨습니다. 저는 ⓓ 반도와 보배를 취해 사사로이 운영에게 주었다가 발각되었습니다. 그래서 옥황께서 속세에 적강시켜 인간 세상의 괴로움을 두루 겪게 했던 것입니다. 이제는 옥황께서 이미 전날의 잘못을 용서하고 삼청궁에 올라 다시 향안전(香案前)을 모시도록 하셨는데, 잠시 틈을 내어 폭풍 수레를 타고 옛날에 노닐던 속세를 다시 찾은 것뿐입니다."

[중략]

ⓔ 유영이 취하여 깜빡 잠이 들었다. 잠시 뒤 산새 울음소리에 깨어 보니, 안개가 땅에 가득하고 새벽빛이 어둑어둑하며 사방에는 아무도 보이지 않는데 다만 김 진사가 기록한 책 한 권이 남아 있을 뿐이었다. 유영은 서글프고 하릴없어 책을 소매에 넣고 집으로 돌아왔다. 상자 속에 간직해 두고 때때로 열어 보며 망연자실하더니 침식을 모두 폐하기에 이르렀다. 그 후 명산을 두루 유람하였는데, 그 뒤로 어찌 되었는지 알 수 없다.

– 작자 미상, 「운영전」

*초사 : 조선 시대에 죄인이 범죄 사실을 진술하던 말 또는 글.
**옥석구분 : 옥과 돌이 모두 불에 탄다는 뜻으로, 선악 구별 없이 함께 화를 당함을 의미한다.

28 윗글에 나타난 인물들의 태도로 적절하지 않은 것은?

① 자란은 본성을 근거로 운영의 사랑을 옹호하고 있다.
② 운영은 모든 잘못을 자기 탓으로 돌리며 자책하고 있다.
③ 옥녀는 뚜렷한 자기 소신을 갖고 의리를 지키고자 한다.
④ 유영은 세속적 삶의 의욕을 잃고 다른 곳으로 떠나간다.
⑤ 대군은 김 진사와의 의리 때문에 궁녀들을 용서하고 있다.

29 [A]와 〈보기〉를 참고하여 윗글의 내용을 이해한 것으로 적절하지 않은 것은? [3점]

〈보기〉

이 작품은 일명 '수성궁몽유록'으로 불린다. 몽유록은 흔히 '입몽 – 토론 – 각몽'이라는 정형화된 서술 구조를 가지고 있다. 주인공이 우연히 꿈을 꾸게 되고, 꿈속에서 여러 가지 체험을 한 후 현실로 돌아오는 것으로 끝난다. 운영과 김 진사가 들려주는 사랑 이야기는 몽유록 서술 구조에서 '토론'에 해당한다. 이 작품은 복잡한 방식으로 이야기가 전개되는바, 여러 이야기 장면으로 나눌 수 있다.

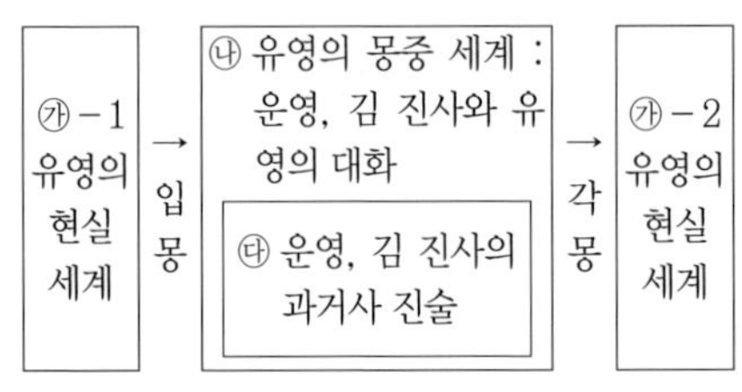

① ㉮-2로 돌아온 유영은 꿈꾸기 전과는 삶의 태도가 달라졌다.

② ㉯에서 언급된 안평 대군은 ㉰의 운영, 김 진사와 마찬가지로 현실에서 좌절한 인물이다.

③ ㉰의 과거사에서 김 진사와 노비 특은 갈등을 겪었을 것이다.

④ ㉰의 이야기는 운영과 김 진사라는 일인칭 서술자의 입을 통해 진술된 것이다.

⑤ ㉰에 운영과 김 진사가 안평 대군이 몰락한 일로 비통해하는 이유가 나타나 있다.

30 윗글을 감상한 내용으로 적절하지 않은 것은?

① 운영은 고민과 갈등 끝에 결론을 내리고 행동으로 옮기는 여성이군.

② 궁녀들은 대군에게 자신들의 죽음이 초래할 결과에 대해 일깨워 주고 있군.

③ 자란은 역사적 인물들의 고사를 제시하여 자신의 주장에 설득력을 더하고 있군.

④ 평생을 궁에 갇혀 지내는 궁녀라는 설정은 운영과 김 진사의 사랑에 비극성을 부여하고 있군.

⑤ 죽은 뒤 천상에서 복을 누리게 된 운영과 김 진사는 인간 세상에 다시 태어나는 것을 원치 않는군.

31 ⓐ~ⓔ 중 사건 전개상 가장 앞서 일어난 것은?

① ⓐ ② ⓑ
③ ⓒ ④ ⓓ
⑤ ⓔ

32 윗글에 나타난 유영의 정서와 가장 가까운 것은? [3점]

① 얼굴 씻으매 눈물이 물을 이루고 / 거문고 타매 한스러움 현(絃)을 울리네 / 가슴속 원망 끝이 없어서 / 고개 들고 하늘에 하소연하네

② 가느다란 푸른 연기 멀리 바라보다 / 미인은 깁 짜는 걸 그만 두누나 / 바람 맞으며 홀로 설워하나니 / 날아가 무산(巫山)에 떨어지누나

③ 옛 궁궐의 버드나무와 꽃은 새봄을 띠었고 / 천 년의 호사 자주 꿈에 보이네 / 오늘 밤 놀러 와 옛 자취 찾노니 / 눈물이 수건 적심 금치 못하네

④ 서리 가득한 외로운 성에 군대 머무니 / 지는 달빛 아래 뿔피리 소리 군막에 울리네 / 등불 앞에서 괴로이 강남의 밤 생각하노라니 / 기러기는 울며 초나라로 돌아가누나

⑤ 베개 베도 호접몽(胡蝶夢) 이루지 못하고 / 눈 빠지게 기다리나 소식이 없네 / 그대 얼굴 눈앞에 어른거리건만 왜 말이 없는지? / 수풀에 꾀꼬리 우니 눈물이 옷을 적시네

[33~37] 다음 글을 읽고 물음에 답하시오.

(가)
내 님을 그리ᅀᆞ와 우니다니
ⓐ 산(山) 접동새 난 이슷ᄒᆞ요이다
아니시며 거츠르신 ᄃᆞᆯ 아으
잔월효성(殘月曉星)이 아ᄅᆞ시리이다
넉시라도 님은 ᄒᆞᆫᄃᆡ 녀져라 아으
벼기더시니 뉘러시니잇가
과(過)도 허믈도 천만(千萬) 업소이다
ᄆᆞᆯ힛 마리신뎌*
ᄉᆞᆯ읏 븐 뎌** 아으
니미 나ᄅᆞᆯ ᄒᆞ마 니ᄌᆞ시니잇가
아소 님하 도람 드르샤 괴오쇼셔

– 정서, 「정과정」

*ᄆᆞᆯ힛 마리신뎌 : 뭇 사람들의 참소하는 말입니다
**ᄉᆞᆯ 읏 븐뎌 : 슬프구나

(나)
천상(天上) 백옥경(白玉京) 십이루(十二樓) 어듸매오/ 오색운 깁픈 곳의 자청전(紫淸殿)이 ᄀᆞ려시니/ 천문(天門) 구만 (九萬) 리(里)를 ᄭᅮᆷ이라도 갈동말동/ ᄎᆞ라리 싀여지여 억만번 변화ᄒᆞ여/ 남산 늦즌 봄의 두견(杜鵑)의 넉시 되어/ 이화(梨花) 가디 우희 밤낫즐 못 울거든/ 삼청 동리(三淸洞裏)의 졈은 한널 구름 되어/ ᄇᆞ람의 흘리 ᄂᆞ라 자미궁(紫微宮)의 ᄂᆞ라 올라/ 옥황 향안전(香案前)의 지척의 나아 안자/ 흉중의 싸힌 말슴 쓸커시 ᄉᆞ로리라/ 어와 이내 몸이 천지간의 ᄂᆞ저 나니/ ⓑ 황하수(黃河水) ᄆᆞᆯ다만ᄂᆞᆫ 초객(楚客)*의 후신(後身)인가/ 상심(傷心)도 ᄀᆞ이 업고/ 가태부(賈太傅)**의 넉시런가 한숨은 무스 일고

– 조위, 「만분가」

*초객 : 중국 전국 시대 초나라의 시인 굴원. 간신들의 모함으로 누명을 쓰고 귀양을 가 멱라수에 몸을 던졌다.
**가태부 : 중국 전한(前漢) 시대의 문인 가의(賈誼). 모함을 받아 좌천되자 자신을 굴원(초객)에 비유한 시를 써 억울함을 드러냈다.

(다)
님다히 쇼식(消息)을 아므려나 아쟈 ᄒᆞ니 / 오ᄂᆞᆯ도 거의로다 ᄂᆡ일이나 사ᄅᆞᆷ 올가/ 내 ᄆᆞᄋᆞᆷ 둘 ᄃᆡ 업다 어드러로 가쟛 말고/ 잡거니 밀거니 놉픈 뫼히 올라가니/ 구롬은카니와 안개ᄂᆞᆫ 므사 일고/ 산쳔(山川)이 어둡거니 일월(日月)을 엇디 보며/ 지쳑(咫尺)을 모ᄅᆞ거든 쳔리(千里)랄 ᄇᆞ라 보랴/ 출하리 믈ᄀᆞ의 가 ᄇᆡ 길히나 보랴 하니/ ᄇᆞ람이야 믈결이야 어둥졍 된뎌이고/ 샤공은 어ᄃᆡ 가고 ⓒ 빈 ᄇᆡ만 걸렷ᄂᆞᆫ고 / 강텬(江川)의 혼쟈 셔셔 디ᄂᆞᆫ ᄒᆡᄅᆞᆯ 구버보니/ 님다히 쇼식이 더옥 아득ᄒᆞᆫ뎌이고/ ⓓ 모쳠(茅簷) ᄎᆞᆫ 자리의 밤듕만 도라오니/ ⓔ 반벽쳥등(半壁靑燈)은 눌 위ᄒᆞ야 ᄇᆞᆰ갓ᄂᆞᆫ고 / 오ᄅᆞ며 ᄂᆞ리며 헤ᄯᅳ며 바니니/ 져근덧 녁진(力盡)ᄒᆞ야 픗ᄌᆞᆷ을 잠간 드니/ 졍셩(精誠)이 지극ᄒᆞ야 ᄭᅮᆷ의 님을 보니/ 옥 ᄀᆞᆺ튼 얼구리 반(半)이나마 늘거셰라/ ᄆᆞᄋᆞᆷ의 머근 말ᄉᆞᆷ슬 ᄀᆞ장 ᄉᆞᆲ쟈 ᄒᆞ니 / 눈믈이 바라 나니 말ᄉᆞᆷ인ᄃᆞᆯ 어이ᄒᆞ며 / 졍(情)을 못다 ᄒᆞ야 목이조차 메여ᄒᆞ니 / 오뎐된 계셩(鷄聲)의 ᄌᆞᆷ은 엇디 ᄭᆡ돗던고/ 어와 허ᄉᆞ로다 이 님이 어ᄃᆡ 간고/ 결의 니러 안자 창을 열고 ᄇᆞ라보니/ 어엿븐 그림재 날 조ᄎᆞᆯ ᄲᅮᆫ이로다/ ㉠ 출ᄒᆞ리 싀여디여 낙월(落月)이나 되야이셔/ 님 겨신 창(窓) 안ᄒᆡ 번드시 비최리라/ 각시님 ᄃᆞᆯ이야ᄏᆞ니와 구ᄌᆞᆫ비나 되쇼셔

– 정철, 「속미인곡」

33 (가)~(다)에 나타난 공통점으로 적절한 것은? [3점]

① 4음보의 율격으로 화자의 정서를 표출하고 있다.
② 감탄사를 활용하여 시상을 집약하며 마무리하고 있다.
③ 결핍 상태의 현실에서 벗어나고픈 화자의 욕망을 노래하고 있다.

④ 화자가 현재 상황에 처하게 된 원인이 구체적으로 제시되어 있다.

⑤ 화자는 대상(임)과 같은 공간에 놓여 있지만, 가까이하지 못해 안타까워하고 있다.

34 (가)~(다)의 시어에 대한 설명으로 적절하지 않은 것은?

① (가)의 '산(山) 접동새'와 (나)의 '가태부(賈太傅)의 넋'은 화자 자신을 비유한다.

② (가)의 '괴오쇼셔'와 (다)의 '꿈'은 소망의 간절함을 담고 있다.

③ (나)의 '천상(天上) 백옥경(白玉京)'과 (다)의 '높픈 뫼'는 탈속적 공간을 의미한다.

④ (나)의 '구름'과 (다)의 'ᄇᆡ 길'은 화자의 소망을 성취할 수 있는 통로이다.

⑤ (다)의 '구롬'과 'ᄇᆞ람'과 '믈결'은 화자의 소망을 방해하는 장애물이다.

35 〈보기〉를 참고해 (가)를 이해한 것으로 적절하지 않은 것은?

〈보기〉

작자인 정서(鄭敍)가 역모에 가담했다는 죄명으로 귀양을 가게 되자, 의종(毅宗)은 "오늘은 어쩔 수 없으나, 가 있으면 다시 부르겠다."라고 하였다. 그러나 아무리 기다려도 왕의 소식이 없자, 정서는 왕에게 자신의 결백을 드러내고 자신에게 한 약속을 상기시키고자 이 작품을 지었다. 이 작품은 왕에 대한 원망과 그리움을 사랑하는 이와 헤어진 여성 화자의 마음에 빗대어 표현한 '충신연주지사(忠臣戀主之詞)'의 시초다.

① 1, 2행에서 접동새의 울음은 님에 대한 그리움과 억울함을 표상한다.

② 4행에서 잔월효성(殘月曉星)은 화자의 결백을 알고 있는 초월적 존재에 해당한다.

③ 5행에서 화자는 자신의 소망을 직접적 진술로 드러내고 있다.

④ 7행은 왕을 모시고 싶다는 화자의 충정을 드러내고 있다.

⑤ 10, 11행에는 원망과 그리움이라는 두 가지 정서가 교차되어 있다.

36 〈보기〉를 참고해 (다)의 ㉠을 이해한 것으로 적절하지 않은 것은?

〈보기〉

정철의 「속미인곡」은 전체적으로 대화체로 구성되어 있는데, 본사는 주로 주 화자의 진술로 이루어져 있다. 서사에서 등장했던 보조 화자는 결사 부분에서 다시 나온다. 「속미인곡」에서 보조 화자가 말하는 부분은 얼마 되지 않지만 그 역할이 적지 않다.

① 보조 화자의 발화는 작품을 종결짓는 역할을 한다.

② 주 화자는 죽음을 감수할 정도로 절박한 심경에 놓여 있다.

③ 주 화자와 보조 화자는 작가의 목소리를 대변하는 역할을 한다.

④ 보조 화자는 임을 그리워하는 주 화자의 마음에 공감하고 있다.

⑤ 보조 화자는 주 화자에게 사랑의 표현을 좀 더 완곡하게 할 것을 조언하고 있다.

37 ⓐ~ⓔ 중 화자의 외로움을 심화시키는 대상으로 적절하지 않은 것은?

① ⓐ
② ⓑ
③ ⓒ
④ ⓓ
⑤ ⓔ

[38~41] 다음 글을 읽고 물음에 답하시오.

(가)
사랑한다는 것은

열매가 맺지 않는 과목은 뿌리째 뽑고
그 뿌리를 썩힌 흙 속의 해충은 모조리 잡고
그리고 새 묘목을 심기 위해서
깊이 파헤쳐 내 두 손의 땀을 섞은 흙
그 흙을 깨끗하게 실하게 하는 일이다.

그리고
아무리 모진 비바람이 삼킨 어둠이어도
바위 속보다 어두운 밤이어도
그 어둠 그 밤을 새워서 지키는 일이다.
훤한 새벽 햇살이 퍼질 때까지
그 햇살을 뚫고 마침내 새 과목이
샘물 같은 그런 빛 뿌리면서 솟을 때까지
지키는 일이다. 지켜보는 일이다.

사랑한다는 것은.

– 전봉건, 「사랑」

(나)
㉠ 푸른 하늘에 닿을 듯이
세월에 불타고 우뚝 남아 서서
차라리 봄도 꽃 피진 말아라
㉡ 낡은 거미집 휘두르고
㉢ 끝없는 꿈길에 혼자 설레이는
마음은 아예 뉘우침 아니라
㉣ 검은 그림자 쓸쓸하면
마침내 호수 속 깊이 거꾸러져
차마 ㉤ 바람도 흔들진 못해라

– 이육사, 「교목」

(다)
내 가슴에 독을 찬 지 오래로다
아직 아무도 해한 일 없는 새로 뽑은 독
벗은 그 무서운 독 그만 흩어 버리라 한다
나는 그 독이 선뜻 벗도 해할지 모른다 위협하고
독 안 차고 살아도 머지않아 너 나 마저 가 버리면
억만(億萬) 세대가 그 뒤로 잠자코 흘러가고
나중에 땅덩이 모지라져 모래알이 될 것임을
"허무한듸!" 독은 차서 무엇 하느냐고?

아! 내 세상에 태어났음을 원망 않고 보낸
어느 하루가 있었던가 "허무한듸!" 허나
앞뒤로 덤비는 이리 승냥이 바야흐로 내 마음을 노리매
내 산 채 짐승의 밥이 되어 찢기우고 할퀴우라 내 맡긴 신세임을

나는 독을 품고 선선히 가리라
막음 날 내 외로운 혼(魂) 건지기 위하여

– 김영랑, 「독을 차고」

38 (가)~(다)의 화자의 공통점에 대한 설명으로 가장 적절한 것은?

① 자신의 마음속에 소중한 가치를 간직하고 있다.
② 자신의 주장을 논리적으로 설득하고자 한다.
③ 윤리적 고민을 딛고 새로운 삶을 창조하고자 한다.

④ 개인적 차원의 사랑이 인생에서 가장 중요하다고 믿는다.
⑤ 자신의 정서와 감정을 직접적으로 호소하는 양상을 보인다.

39 **(가)의 표현상 특징에 대한 설명으로 가장 적절한 것은?**

① 화자의 정서를 애상적 어조로 드러내고 있다.
② 상반된 함축적 의미를 가진 시어들을 활용하고 있다.
③ 공감각적 표현으로 생생한 느낌을 자아내고 있다.
④ 계절의 변화를 드러내는 시어들을 적극 활용하고 있다.
⑤ 점층적 표현을 통하여 주제를 효과적으로 강조하고 있다.

40 **(나)의 ㉠~㉤에 관한 설명으로 적절하지 않은 것은?** [3점]

① ㉠은 '이상적인 세계'를 뜻한다.
② ㉡은 '바람직하지 않은 현실'을 가리킨다.
③ ㉢은 '마음속의 이상'을 가리킨다.
④ ㉣은 '부정적인 자아'를 가리킨다.
⑤ ㉤은 '시련'의 의미를 갖는다.

41 **(다)에서 [독]에 대한 이해로 적절하지 않은 것은?**

① 누구라도 해칠 수 있는 '내' 안의 부정적 성향을 가리킨다.
② '나'로 하여금 부끄럽지 않은 삶을 살아갈 수 있게 해 준다.
③ 부정적 현실로 인해 '내'가 간직해야 했던 삶의 태도를 가리킨다.
④ 부정적 현실 속에서 '나'를 지킬 수 있는 힘의 원천을 의미한다.
⑤ '나'로 하여금 허무주의적인 삶의 태도를 가진 사람들과 갈등을 겪게 한다.

[42~45] 다음 글을 읽고 물음에 답하시오.

악몽과 같은 전쟁이 끝났다.

[진영]은 아들 문수의 손을 잡고 황폐한 서울로 돌아왔다. 집터는 쑥대밭이 되어 축대조차 찾아볼 수 없었다. 진영은 무심한 아이의 눈동자를 멍하니 언제까지나 바라보고 있었다.

문수가 자라서 아홉 살이 된 초여름, 진영은 내장이 터져서 파리가 엉겨 붙은 소년병을 꿈에 보았다. 마치 죽음의 예고처럼 다음 날 문수는 죽어버린 것이다. 비가 내리는 밤이었다.

일찍부터 홀로 되어 외동딸인 진영에게 의지하며 살아온 어머니는 '내가 죽을 거로.'하며 문지방에 머리를 부딪치는 것이었으나 진영은 허공만 바라보고 있었다.

아이는 앓다가 죽은 것이 아니었다. 길에서 넘어지고 병원에서 죽은 것이다. 그러나 그것뿐이라면 진영으로서는 전쟁이 빚어낸 하나의 악몽처럼 차차 잊어버릴 수 있는 일이었는지도 모른다. 그러나 그것이 아니었다. 의사의 무관심이 아이를 거의 생죽음을 시킨 것이다. 의사는 중대한 뇌수술을 엑스레이를 찍어보지 않고, 심지어는 약 준비도 없이 시작했던 것이다. ㉠ 마취도 안한 아이는 도수장(屠獸場)* 속의 망아지처럼 죽어간 것이다. 그렇게 해서 아이를 갖다 버린 진영이었다.

바깥 거리 위에는 쏴아 하며 밤비가 내리고 있었다.

누워서 멀거니 천장을 바라보고 있는 진영의 눈동자가 이따금 불빛에 번득인다. 창백한 볼이 불그스름해진다. 폐결핵에서 오는 발열이다.

바깥의 빗소리가 줄기차온다.

아이가 죽은 지 겨우 한 달, 그러나 천 년이나 된 듯한 긴 나날들이었다. ㉡ 눈을 감은 진영의 귀에 조수(潮水)처럼 밀려오는 것은 수술실 속의 아이의 울음소리였다.

[중략]

아주머니가 가버린 뒤 진영은 자리에 쓰러졌다. 솜처럼 몸이 풀어진다.

진영은 방속에 피운 구멍탄 스토브에서 가스가 분명히 지금 방에 새고 있는 것이라고 생각한다. 방 안에 가득히 가스가 차면 나는 죽어버리는 것이라고 생각한다.

어느새 진영은 괴로운 잠이 드는 것이었다.

㉢ 내장이 터진 소년병이 꿈에 나타났다. 진영은 꿈을 깨려고 무척 애를 썼다.

"모레가 명절인데 절에도 돈 천 환이나 보내야겠는데……"

어렴풋이 들려오는 어머니의 말소리다. 진영은 몸을 들치며 눈을 떴다.

"귀신이나 사람이나 매한가진데…… 남들은 다 제 몫을 먹는데 우리 문수는 손가락을 물고 에미를 기다릴 거다."

잠이 완전히 깬 진영은 벌떡 자리에서 일어났다. 진영은 외투와 목도리를 안고 마루에 나와 그것을 몸에 감았다.

진영은 부엌에서 성냥 한 갑을 외투 주머니에 넣고 집을 나갔다.

오랫동안 마음속에서만 벼르던 일을 오늘이야 말로 해치울 작정인 것이다.

진영은 눈이 사박사박 밟히는 비탈길을 걸어 올라간다.

㉣ 진영은 고슴도치처럼 바싹 털이 솟은 자신을 느낀다.

목도리와 외투자락이 바람에 나부낀다. 그러면은 잡나무 가지위에 앉은 눈이 외투 깃에 날아 내리는 것이었다.

진영은 절로 가는 것이다.

진영이 절 마당에 들어갔을 때 "당신네들 같으면 중이 먹고 살갔수."하던 늙은 중이 막 승방에서 나오는 도중이었다. 절은 괴괴하니 다른 인기척은 없었다.

진영은 얼굴의 근육이 경련하는 것을 의식하며 중 옆으로 다가선다.

"저 말이지요. 저희들이 이번에 시골로 가는데 아이 사진과 위패를 가지고 가고 싶어요."

고개를 푹 숙인 채 진영은 나지막하게 말한다. 허옇게 풀어진 눈으로 진영을 쳐다보던 중이 겨우 생각이 난 모양으로,

"이사를 하신다고요? 그럼 어떠우. 그냥 두구려. 명절에 우편으로라도 잊어버리지 않으면 되지."

진영은 숙인 고개를 발딱 세우더니 옆으로 홱 돌리며,

"참견할 것 없어요. 사진이나 빨리 주세요!"

쏘아붙인다. 중은 좀 어리둥절해하더니 무엇인지 모르게 중얼중얼 씨부렁거리며 법당으로 간다.

이윽고 중이 문수의 사진과 위패를 가지고 나오자 진영은 그것을 빼앗듯이 받아 들고 인사말 한마디 없이 절 문 밖으로 걸어 나간다.

화가 난 중은 진영의 뒷모습을 겨누어보다가 중얼중얼 씨부렁거리며 뒷간으로 간다.

진영은 중에게 화를 낸 것은 아니었다. 다만 진영으로서는 빨리 사진을 받아 가지고 절 문 밖으로 나가고 싶었던 것이다. 그래서 초조했던 것이다.

진영은 비탈길을 돌아 산으로 올라간다. 올라가면서 진영은 이리저리 기웃거린다. 어느 커다란 바

위 뒤에 눈이 없는 마른 잔디 옆에 이르자 진영은 그 자리에 주저앉는다. 그리하여 문수의 사진과 위패를 놓고 물끄러미 한동안 내려다본다.

ⓜ 한참 만에 그는 호주머니 속에서 성냥을 꺼내어 사진에다 불을 그어댄다. 위패는 이내 살라졌다. 그러나 사진은 타다 말고 불꽃이 잦아진다. 진영은 호주머니 속에서 휴지를 꺼내어 타다 마는 사진 위에 찢어서 놓는다. 다시 불이 붙기 시작한다. 사진이 말끔히 타버렸다. 노르스름한 연기가 차차 가늘어진다.

[A]

진영은 연기가 바람에 날려 없어지는 것을 언제까지나 쳐다보고 있었다.

"내게는 다만 쓰라린 추억이 남아 있을 뿐이다. 무참히 죽어버린 추억이 남아 있을 뿐이다!"

진영의 깎은 듯 고요한 얼굴 위에 두 줄기 눈물이 흘러내리고 있었다.

겨울하늘은 매몰스럽게도 맑다. 잡목 가지에 얹힌 눈이 바람을 타고 진영의 외투 깃에 날아 내리고 있었다.

"그렇지. 내게는 아직 생명이 남아 있었다. 항거할 수 있는 생명이!"

진영은 중얼거리며 잡나무를 휘어잡고 눈 쌓인 언덕을 내려오는 것이다.

— 박경리, 「불신시대」

*도수장 : 도살장

42 윗글의 서술상의 특징으로 가장 적절한 것은? [3점]

① 사건의 전개 과정이 우화적인 의미를 갖도록 서술하고 있다.
② 사건의 인과 관계가 느슨한 여러 개의 삽화를 연결하여 서술하고 있다.
③ 특정 인물의 시각을 중심으로 사건을 제시하는 방식으로 서술하고 있다.
④ 사건의 실제적 전개보다 인물의 의식의 흐름을 중심으로 서술하고 있다.
⑤ 여러 인물들의 회상을 통하여 사건의 의미가 입체적으로 드러날 수 있도록 서술하고 있다.

43 진영에 대한 이해로 적절한 것은?

① 전쟁 중에 의사의 실수로 아들을 잃고 만다.
② 어머니와 어려서부터 사이가 좋지 않다.
③ 건강을 위협하는 병에 걸려 있다.
④ 연탄가스가 새는 집을 떠나고 싶어 한다.
⑤ 절의 늙은 중을 정성껏 응대하고 있다.

44 ㉠~ⓜ에 대한 설명으로 적절하지 않은 것은? [3점]

① ㉠ : '도수장(屠獸場) 속의 망아지'는 죽어간 아들의 끔찍한 모습을 실감나게 느낄 수 있게 한다.
② ㉡ : '밀려오는' '조수'는 인물이 아이의 죽음을 잊지 못하고 있음을 알려준다.
③ ㉢ : 꿈에 나타난 '내장이 터진 소년병'은 인물이 겪고 있는 심리적 고통을 효과적으로 드러낸다.
④ ㉣ : '고슴도치처럼 바싹' '솟은' '털'은 인물이 앞으로 있을 싸움을 앞두고 몹시 화가 나 있음을 의미한다.
⑤ ⓜ : '사진'을 태우는 행위에는 아들의 죽음을 딛고 새로운 삶을 살아가고자 하는 인물의 의지가 담겨 있다.

45 [A]를 중심으로 윗글을 감상한 것으로 적절하지 <u>않은</u> 것은?

① 주인공은 자신에게는 근본적인 생명력이 있다고 믿고 있는 것 같아.

② 주인공은 자신이 처한 사회적 현실을 부정적으로 생각하고 있음에 틀림없어.

③ 주인공의 경우처럼 전쟁을 겪고 살아남은 사람들도 시련을 겪게 되는 것 같아.

④ 주인공처럼 사람은 아무리 어려운 상황에 처하더라도 살아가고자 하는 의지를 버리면 안 되겠어.

⑤ 주인공이 고통스러운 상황에 빠진 데에는 종교적 믿음이 부족한 것도 한몫을 했다고 할 수 있어.

2025
경찰대학 10개년 국어

2019학년도 기출문제

국어영역

제1교시 국어영역

▶정답 및 해설 315p

01 다음 중 어법에 맞고 가장 자연스러운 것은?

① 영수는 웃으면서 다가오는 다희의 손을 잡았다.

② 이 샴푸는 두피 건강과 비듬에 좋은 제품입니다.

③ 동일 하자로 고장 발생 시 3회까지는 무료로 수리해 드립니다.

④ 체중 관리를 위해 주중에는 헬스를, 주말에는 북한산에 오른다.

⑤ 서울을 떠나 대전을 경유한 열차가 곧 우리 역에 도착되겠습니다.

02 구어체를 문어체로 수정한 것으로 가장 적절한 것은?

① 가족과 함께 지낼 수 있었단 게 가장 큰 기쁨이었다.
→ 가족과 함께 지낼 수 있었다는 게 가장 큰 기쁨이었다.

② 수많은 군중들이 뭘 해야 할지 몰라 우왕좌왕하고 있다.
→ 수많은 군중들이 무얼 해야 할지 몰라 우왕좌왕하고 있다.

③ 대통령하고 사무총장이랑 만나서 비밀리에 의제를 상정했다.
→ 대통령하고 사무총장이 만나서 비밀리에 의제를 상정했다.

④ 끼니때가 되면 식탐이 많은 그는 늘 자기가 먼저 먹을라고 했다.
→ 끼니때가 되면 식탐이 많은 그는 늘 자기가 먼저 먹을려고 했다.

⑤ 김 과장은 최 대리보고 점심시간 전까지 보고서를 내라고 지시했다.
→ 김 과장은 최 대리에게 점심시간 전까지 보고서를 내라고 지시했다.

03 〈보기〉를 바탕으로 모음 변동을 이해한 내용으로 적절한 것은?

〈보기〉

[국어의 단모음 분류표]

	전설 모음		후설 모음	
	평순 모음	원순 모음	평순 모음	원순 모음
고모음	ㅣ	ㅟ	ㅡ	ㅜ
중모음	ㅔ	ㅚ	ㅓ	ㅗ
저모음	ㅐ		ㅏ	

① '그리고 〉 그리구'에서의 모음 변동은 입술 모양만 달라지는 변동이군.

② '지팡이 〉 지팽이'에서의 모음 변동은 혀의 전후 위치만 달라지는 변동이군.

③ '블 〉 불'에서의 모음 변동은 혀의 전후 위치와 입술 모양이 달라지는 변동이군.

④ '거죽 〉 가죽'에서의 모음 변동은 혀의 높낮이와 입술 모양이 달라지는 변동이군.

⑤ '웃어른 〉 웃어른'에서의 모음 변동은 혀의 전후 위치와 입술 모양이 달라지는 변동이군.

04 〈보기〉의 ⓐ~ⓕ에 대한 설명으로 적절한 것은? [3점]

〈보기〉

제2절 구개음화

제6항 'ㄷ, ㅌ' 받침 뒤에 ⓐ 종속적 관계를 가진 '(-)이(-)'나 '-히-'가 올 적에는 그 'ㄷ, ㅌ'이 'ㅈ, ㅊ'으로 소리 나더라도 'ㄷ, ㅌ'으로 적는다. (ㄱ을 취하고, ㄴ을 버림.)

ㄱ	ㄴ	ㄱ	ㄴ
ⓑ 맏이	마지	ⓒ	할치다
해돋이	해도지	걷히다	거치다
굳이	구지	닫히다	다치다
ⓓ 같이	가치	묻히다	무치다
ⓔ 끝이	끄치	ⓕ	훌치다

① ⓐ는 모두 단어가 될 수 없는 형태소에 해당하는군.

② ⓑ와 ⓒ는 어근이 ⓐ와 결합하여 모두 새로운 품사로 바뀐 것이군.

③ ⓒ에 들어갈 어형은 접미사 '-이-'가 결합해 생긴 것이군.

④ ⓓ,ⓔ를 보니 선행 음절의 받침이 같아도 구개음은 다르게 실현되는군.

⑤ ⓕ에 들어갈 어형으로는 '훑히다'가 있군.

05 〈보기〉의 ㉠~㉢에 해당하는 것으로 적절한 것은?

〈보기〉

어떤 형태소가 그 주위 환경에 따라 음상(音相)이 달라지는 현상을 교체(交替)라고 하며, 교체를 통해 원래의 모습과 다르게 나타나는 형식들 각각을 그 형태소의 이형태(異形態)라고 한다. 가령, '믿다'의 '믿-'의 경우, '믿고, 믿어'에서는 [믿-]으로 나타나나 '믿는다'에서는 [민-]으로 나타난다. 즉, '믿-'은 {믿-}과 {민-}을 그 이형태로 갖는 것이다. 마찬가지로, '값이, 값도, 값만'과 같은 경우의 '값'은 각각 {㉠, ㉡, ㉢}의 이형태를 갖는다.

	㉠	㉡	㉢
①	갑	갑	갑
②	갑	갑	감
③	갑	값	감
④	값	갑	감
⑤	값	감	갑

06 〈보기〉의 ㉠~㉢에 대한 설명으로 적절하지 않은 것은? [3점]

〈보기〉

㉠ 빨랫줄[빨래쭐/빨랟쭐]
㉡ 빨래집게[빨래집께]
㉢ 빨래터[빨래터]
※ [ ]는 표준 발음법에 따른 발음임.

① ㉠, ㉡, ㉢은 모두 복합어에 속한다.
② ㉠, ㉡, ㉢은 모두 직접 구성 요소 중 앞의 요소가 뒤의 요소를 꾸민다.
③ ㉠, ㉡에는 사잇소리 현상으로 인한 경음화가 존재한다.
④ ㉠, ㉢을 이루는 각각의 직접 구성 요소들은 모두 어근이다.
⑤ ㉡을 이루는 구성 요소의 총수는 세 개다.

07 〈보기〉의 ㉠에 해당하는 단어가 쓰인 문장이 아닌 것은?

〈보기〉

우리말의 명사형 어미 '-ㅁ/음'과 '-기'는 용언 어간에 붙어 그 용언이 문장에서 명사와 같은 역할을 하게 만든다. 그런데 파생 접미사 중에도 '-ㅁ/음'과 '-기'가 있어서 ㉠ 용언의 명사형과 파생명사가 같은 모양이 되어 그 둘을 혼동하기 쉽다.

① 자신을 믿음으로써만이 흔들리지 않고 나아갈 수 있다.
② 중임을 맡기기에는 아직 그가 젊음도 고려해야만 한다.
③ 영수는 선하게 웃음으로써 자신을 비난하는 이들을 멋쩍게 했다.
④ 과묵한 그는 상대의 약점을 잘 앎에도 불구하고 절대 내색하지 않았다.
⑤ 남에게 진 신세에 대하여 적절한 갚음을 하는 것은 매우 어려운 일이다.

08 〈보기〉의 특성을 가진 단어가 사용된 문장만으로 짝지은 것은?

〈보기〉

가. 선행 용언과 연결되어 그 뜻을 보충한다.
나. 선행 용언의 어미는 대체로 '-아/어, -게, -지, -고'로 한정되나 '-ㄴ/은가, -ㄹ/을까, -(으)면' 등이 오기도 한다.

① ┌ 밖의 날씨가 매우 더운가 보다.
└ 이 부분을 소리 내어 읽어 보렴.
② ┌ 공을 차다 장독을 깨 먹었다.
└ 여름철에는 음식물을 잘 익혀 먹자.
③ ┌ 막내 동생이 참 예쁘게 생겼다.
└ 한겨울에 길바닥에 나앉게 생겼구나.
④ ┌ 이것 말고 저것을 주시오.
└ 최선을 다해서 좋은 성적을 얻고 말겠다.
⑤ ┌ 이것 좀 너희 아버지께 가져다 드리렴.
└ 나는 주말마다 어머니 일을 거들어 드린다.

09 〈보기〉의 설명을 바탕으로, ㉠과 ㉡에 해당하는 〈자료〉의 용례들을 바르게 짝지은 것은?

〈보기〉

우리는 어떤 대상을, 그것의 속성과 밀접한 관계가 있는 다른 말을 빌려서 표현하기도 한다. 가령, '손이 모자라다.'의 '손'은 ㉠ 대상의 일부로 그 전체를 나타낸 것이며, 우리 민족을 '흰옷'으로 표현한 것은 ㉡ 대상과 관련된 속성으로 그 대상 자체를 나타낸 것이다.

〈자료〉

가. 주전자가 끓는다.
나. 그 친구를 전화번호부 속에서 찾아냈다.
다. 그 대학에는 훌륭한 두뇌들이 모여 있다.
라. 이번 전국 대회에서는 우리 학교가 우승했다.
마. 당시 청년들은 군홧발에 짓밟히면서도 자유를 외쳤다.

	㉠	㉡
①	가, 나	다, 라
②	나, 다	마
③	다	마
④	다, 마	가
⑤	라	나, 마

10 〈보기〉를 참고할 때 ㉠과 같은 것으로 적절하지 않은 것은?

〈보기〉

무더운 여름날 선생님께서 창문이 닫혀 있는 교실에 들어오셔서 학생들에게 "덥구나." 라고 하셨다. 이때 발화된 문장은 실제로 '방이 덥다'는 평서문의 의미뿐만 아니라 '창문을 열라'는 '명령'의 의미로도 해석된다. 따라서 이 발화를 들은 누군가가 창문을 열 수도 있다. 이렇듯 ㉠ 담화 상황에서는 발화된 문장의 유형과 그 발화의 의도가 일치하지 않는 경우가 있다.

① 상황 : 실수를 저지른 신입 사원에게 상사가
발화 : 다음번에는 잘 해.

② 상황 : 친구와 놀다가 늦게 들어온 아이에게 어머니가
발화 : 도대체 지금 몇 시니

③ 상황 : 비 오는 날 어머니께서 현관문에 둔 우산을 가리키며
발화 : 비가 많이 오는구나.

④ 상황 : 계산대 앞에서 주머니를 뒤적이며 친구에게
발화 : 어, 지갑을 까먹고 안 가지고 왔네.

⑤ 상황 : 밤늦게 음악을 크게 틀어 놓고 있는 룸메이트에게
발화 : 잠 좀 자자.

11 **〈보기〉의 ㉠~㉤에 나타난 중세 국어의 특징을 파악한 내용으로 적절한 것은?**

〈보기〉

• ㉠ 곶 ㉡ 됴코 여름 하ᄂᆞ니 (제2장)
• 내히 이러 ㉢ 바ᄅᆞ래 가ᄂᆞ니 (제2장)
• ㉣ 狄人ㅅ서리예 ㉤ 가샤 (제4장)

–「용비어천가(龍飛御天歌)」

① ㉠은 팔종성법이 철저하게 지켜진 예이다.
② ㉡은 축약을 통한 음절 수 감소가 발생한 예이다.
③ ㉢은 분철 표기가 준수된 예이다.
④ ㉣은 주격 조사로 'ㅅ'이 실현된 예이다.
⑤ ㉤은 동사 어간에 주체 높임 선어말어미 '-시-'가 결합한 것이다.

[12~14] 다음 글을 읽고 물음에 답하시오.

내가 좋아하는 사람의 취향이 어느 순간 나의 취향이 되어서 그가 좋아하는 물건을 좋아하거나 즐겨 부르는 노래를 따라 부르는 자신을 발견할 때가 있다. 중요한 물건을 살 때 인터넷에서 타인의 경험담을 참조하거나 그 분야에 능통한 주변인을 곁눈질하는 경우도 많다. 이처럼 우리의 모든 행동에는 눈에 보이지는 않지만 항상 타인이 개입되어 있다. 다시 말해 우리는 늘 타인을 모방함으로써 자신의 욕망을 채운다.

이렇듯 타인의 욕망에 대한 모방에서 우리의 욕망이 생겨난다는 점을 주목한 이가 르네 지라르(René Girard)이다. 그는 ㉠ 인간이 갖는 욕구와 욕망을 철저하게 분리하였는데, 그에게 욕구는 본능적으로 실제 대상을 향하는 실질적인 것인 반면, 욕망은 실제 대상 그 자체보다는 그 대상과 관련된 것을 향하는 관념적인 것이다. 이러한 구분에 입각하여 지라르가 전개한 모방 이론은 욕망의 구조에 대한 새로운 시각을 열어 줌으로써 인간 내면에 대한 새로운 지평을 개척했다. 특히 이 이론은 인간 내면을 탐구하는 심리학에도 지대한 영향을 끼쳤는데, 강력한 영향력을 행사해 온 프로이트의 심리학과는 전혀 다른 시각을 보인다. 즉 욕망이 주체의 타고난 본능에서 나온다거나, 욕망을 대상에서 나오는 자연 발생적인 것으로 보는 프로이트의 시각이 주된 비판의 대상이 된다.

무엇보다 중요한 차이는 프로이트가 욕망의 주체 내부에서 나오는 리비도를 중시했던 반면, 지라르는 욕망하는 이의 모방 행위 그 자체를 중시한다는 것이다. 이러한 차이에 입각하여 지라르는 어떤 이가 주체적으로 특정 대상을 욕망한다고 믿는, 즉 '자발적 욕망'이라는 환상을 믿는 것은 바로 프로이트의 '낭만적 거짓'에 현혹되었기 때문이라고 보았다. 지라르는 대상을 소유하거나 밀접하게 관련을 맺는 ㉡ 중개자를 통해서만이 욕망의 주체가 대상을 욕망할 수 있다고 보는 '비자발적 욕망'을 강조한 것이다.

또한 지라르는 프로이트 심리학에서 벗어나 '모방'을 중심으로 인간 내면을 분석하는 '새로운 심리학'의 필요성을 역설한다. 이러한 주장은 자연스럽게 '개인'과 '자아'의 개념을 수정하는 데에 이른다. 즉, "심층적으로 보면 나의 비밀과 타인의 비밀 사이의 차이는 없다. 한 사람의 심층적 자아는 보편적 자아라고 할 수 있다."라고 언급한다.

이러한 지라르의 모방 이론을 임상에 적용해 큰 효과를 입증한 정신의학자 장-미셸 우구를리엥(Jean-Michel Oughourlian)은 고정된 것으로 간주되던 과거의 '자아' 개념을 수정한다. 그는 "진정한 심리학적 사실은 한 개인에게 있는 것이 아니라 두 사람 사이의 관계에 있으며, 주변 사람들과의 대칭적 교환과 만남의 한가운데에서 일어나는 지속적 창조 행위의 결과가 우리의 자아"라고 주장한다.

그가 생각하는 인간은 타인과의 만남에 영향을 받는 존재다. 이 영향을 구체적으로 말하면 바로 '모방'이다. 심리를 변화시키는 움직임을 욕망이라고 보는 그는, 타인과의 관계에서 발생하는 모방적 욕망의 집결체가 바로 우리의 '자아'라고 인식한 것이다. 그런데 알다시피 인간 욕망은 새롭게 갱신되는 가변체이다. 그러므로 욕망에 의해 만들어지는 존재인 자아도 고정된 것이 아니다. 자아는 궁극적으로 유동적이고 가변적인 운동 상태에 있다. 자아는 출생 시부터 결정된 것이 아니다. 기존 심리학과 갈라서게 되는 결정적 지점이 바로 이곳이다.

자아가 더 이상 고정 불변의 존재가 아니라는 생각은 한 사람에게 하나의 자아만이 존재한다는 통념도 수정하게 한다. 다시 말해 우리의 욕망과 마찬가지로 욕망의 산물인 자아도 타인과의 관계에서 매번 새롭게 주조되기에 인간에게는 여러 개의 자아가 있다고 볼 수도 있다. 아울러 우리가 어쩌면 통념적으로 '자아'라 칭하는 것은 습관적으로 그렇게 느끼는 것일 뿐 '실체가 없는 것'이라고도 생각할 수 있다.

12 윗글을 이해한 내용으로 적절하지 않은 것은?

① 지라르는 개인의 자아가 심층적 차원에서는 보편성을 띨 수 있다고 주장했다.

② 우구를리엥은 사회적 관계를 통해서 인간이 자아를 형성할 수 있다고 주장했다.

③ 주체적으로 특정 대상을 욕망한다고 믿는 것은 프로이트의 이론에 기댄 것이다.

④ 지라르는 주체와 욕망하는 대상의 직접 상호작용을 통해 욕망이 발생한다고 주장했다.

⑤ 우구를리엥은 자아가 모방을 통해 고정불변의 것이 아닌 유동적인 것이 된다고 보았다.

13 ㉠을 사례를 통해 이해한 것으로 가장 적절한 것은?

① 갈증을 해소하기 위해 물을 찾는 것은 욕망에 기인한 것이다.

② 식사 시간에 메뉴를 꼼꼼히 선택하는 행위는 욕구에 기인한 것이다.

③ 칸트를 흠모하는 철학도가 매일 규칙적으로 생활하는 것은 욕망에 기인한 것이다.

④ 유년 시절의 농촌 생활을 추억하기 위해 전원주택에 살고자 하는 것은 욕구에 기인한 것이다.

⑤ 텔레비전에서 좋아하는 연예인이 입은 옷을 보고 그것을 구매하려는 것은 욕구에 기인한 것이다.

14 〈보기〉를 바탕으로 ㉡에 대해 추론한 것으로 가장 적절한 것은? [3점]

〈보기〉

욕망의 중개자는 영화의 주인공일 수도 있고 예술이거나 가치와 종교 혹은 정치적 신념 같은 것일 수도 있다. 중개자를 스승이나 영감을 주는 멘토로 인정할 때 우리는 중개자에 대해 존경하는 마음을 갖는다. 그런데 욕망의 중개자와 주체와의 거리가 가까워짐에 따라 중개자가 주체의 일상 안에 들어온 경우에는 존경의 마음이 약화된다. 특히 중개자를 통해 욕망하던 대상이 제한적일 경우, 주체는 중개자를 존경의 대상이 아닌 경쟁자나 적으로 인식하기도 한다.

① 주체가 ㉡의 절대적인 권위를 인정할 때 자신의 모방 행위를 중단하겠군.

② 욕망하는 주체와 ㉡의 심리적 거리감은 둘의 관계에 영향을 미치지 않겠군.

③ ㉡이 주체의 일상 안에 들어온 경우 욕망의 주체는 대상이 희소성을 띨수록 ㉡과 갈등 관계에 놓일 가능성이 높겠군.

④ ㉡과의 거리가 가까워질수록 욕망하던 대상에 대해 주체가 갖는 욕망은 점점 감소하겠군.

⑤ 주체가 ㉡을 자신에게 영감을 주는 대상으로 인식하면 ㉡과 경쟁 관계를 형성하겠군.

[15~19] 다음 글을 읽고 물음에 답하시오.

(가)

노주인(老主人)의 장벽(腸壁)에
무시(無時)로 ㉠ 인동(忍冬) 삼긴 물이 나린다.

㉡ 자작나무 덩그럭 불이
도로 피어 붉고,

구석에 그늘 지어
㉢ 무가 순 돋아 파릇하고,

㉣ 흙냄새 훈훈히 김도 사리다가
바깥 풍설(風雪) 소리에 잠착하다.

산중(山中)에 책력(冊曆)도 없이
㉤ 삼동(三冬)이 하이얗다.

– 정지용, 「인동차(忍冬茶)」

(나)

누룩 한 덩이가
뜨는 까닭을 알겠느냐
지 혼자 무력(無力)함에 부대끼고 부대끼다가
어디 한군데로 나자빠져 있다가
알맞은 바람 만나
살며시 더운 가슴
그 사랑을 알겠느냐

오가는 발길들 여기 멈추어
밤새도록 우는 울음을 들었느냐
지 혼자서 찾는 길이
여럿이서도 찾는 길임을
엄동설한 칼별은 알고 있나니
무르팍 으깨져도 꽃피는 가슴
그 가슴 울림 들었느냐

속 깊이 쌓이는 기다림
삭고 삭아 부서지는 일 보았느냐
지가 죽어 썩어 문드러져
우리 고향 좋은 물 만나면
덩달아서 함께 끓는 마음을 알겠느냐
춤도 되고 기쁨도 되고
해 솟는 얼굴도 되는 죽음을 알겠느냐

아 지금 감춰 둔 누룩 뜨나니
냄새 퍼지나니

– 이성부, 「누룩」

(다)

소나무에 호박넝쿨이 올랐다
씨앗 묻은 일도 모종한 일도 없는 호박이다

장정 셋의 하루 품을 빌려 이른 봄에 옮겨온 소나무,
뜬금없이 올라온 호박넝쿨이 솔가지를 덮쳐갔다
일개 호박넝쿨에게 소나무를 내줄 수는 없는 일
줄기를 걷어내려다 보니 애호박 하나가 곧 익겠다

싶어, 애호박 하나만 따고 걷어내기로 맘먹었다.
마침맞은 애호박 따려다 보니 넝쿨은 또 애호박을 낳고
고놈만 따내고 걷으려니 애호박은 또 애호박을 내놓는다
소나무조차 솔잎 대신 호박잎을 내다는가, 싶더니

애호

호박넝쿨은 기어이 소나무를 잡아먹고 호박나무가 되었다

– 박성우, 「애호」

15 (가)~(다)에 대한 설명으로 적절하지 <u>않은</u> 것은?

① (가)는 초연한 자세로 현실을 견뎌 내고자 하는 삶의 모습을 보여 주고 있다.
② (나)는 자기희생과 타자와의 연대를 통해, 힘든 현실을 이겨 나가려는 삶의 태도를 드러내고 있다.
③ (다)는 이질적인 대상 사이의 관계를 통해, 경계에 길들여진 인간의 의식을 반성하게 하고 있다.
④ (가)와 (나)는 자연의 생명력에 빗대어, 시련과 고통에 대응하는 삶의 자세를 상징적으로 보여 주고 있다.
⑤ (가)와 (다)는 자연의 변화가 눈앞의 현실과 지향하는 현실 사이의 대립을 초래하고 있음을 비판하고 있다.

16 시적 맥락을 고려할 때, ㉠~㉤ 중 의미가 가장 <u>이질적인</u> 것은?

① ㉠ ② ㉡
③ ㉢ ④ ㉣
⑤ ㉤

17 (나), (다)에 대한 설명으로 가장 적절한 것은?

① (나)와 (다)는 계절의 변화에 따른 자연의 의미를 담아내고 있다.
② (나)와 (다)는 두 개의 대상 사이의 대립을 통해 시상을 전개하고 있다.
③ (나)와 (다)는 대상의 외적 모습에서 화자의 내적 변화를 이끌어 내고 있다.
④ (나)와 달리 (다)는 반복적인 구조를 통해 주제 의식을 심화하고 있다.
⑤ (다)와 달리 (나)는 대상의 변화를 비판하는 화자의 태도를 드러내고 있다.

18 (나)의 표현상 특징으로 적절하지 <u>않은</u> 것은?

① 의문형 진술을 통하여 제재의 특징과 의미를 환기하고 있다.
② 다가올 상황을 가정하여 제재의 부정적 속성을 강조하고 있다.
③ 역설적 표현을 사용하여 주제 의식을 상징적으로 부각하고 있다.
④ 유사한 통사 구조를 반복적으로 사용하여 운율감을 형성하고 있다.
⑤ 대상을 의인화하여 현실에 대한 알레고리적 기능을 드러내고 있다.

19 〈보기〉를 바탕으로 (다)를 감상한 것으로 적절하지 <u>않은</u> 것은? [3점]

〈보기〉

박성우의 시는 자연과 생명의 공동체적 가치에 깊은 애착을 드러낸다. 이러한 공동체에 대한 탐구는 자본과 문명에 순응하는 인간 중심의 문화를 근본적으로 성찰하는 문제의식으로 심화된다. 즉 자연과 우주의 섭리 앞에서 모든 인간적 시점을 뒤로한 채 자연 그 자체를 주체로 세움으로써 인간과 자연의 경계를 넘어선 본연의 생명성을 보여 주고자 하는 것이다.

① "뜬금없이 올라온 호박넝쿨이 솔가지를 덮쳐갔다"는 데서, 자연 그 자체를 주체로 세움으로써 인간적 시점을 성찰하려는 화자의 태도를 보여 주는군.

② "일개 호박넝쿨에게 소나무를 내줄 수는 없는 일"이라고 생각하는 데서, 인간 중심의 문화에 대한 화자의 초월적 태도를 보여주는군.

③ "애호박 하나만 따고 걷어내기로 맘먹"어 보지만, "애호박은 또 애호박을 내놓는다"에서, 인간의 마음으로는 거스르기 힘든 것이 자연의 섭리라는 화자의 생각을 보여 주는군.

④ "소나무조차 솔잎 대신 호박잎을 내다는가, 싶더니"에서, 자연이 공동체의 가치를 지향한다는 화자의 생각을 보여주는군.

⑤ "호박넝쿨은 기어이 소나무를 잡아먹고 호박나무가 되었다"는 데서, 화자는 자연 본연의 생명성이 경계와 대립을 넘어선다는 사실을 보여 주고 있군.

[20~23] 다음 글을 읽고 물음에 답하시오.

법과 도덕은 인간의 올바른 행위를 위한 규범이다. 양자는 개념상 구별이 가능하지만 서로 합치되는 부분이 많으며 상호 밀접한 관련이 있다. 도덕은 법의 타당성의 근거인 동시에 목적으로 작용한다. 이처럼 법질서는 도덕적 가치와 불가분의 관계를 맺는데, 이 문제에 대해서는 이미 몇 가지 이론이 제시된 바 있다.

우선 법과 도덕은 상호 보완 관계를 지녀야만 바람직하다는 견해가 있다. 실제로 법적 가치와 도덕적 가치는 일치하는 경우가 많으며 그 공통된 부분을 우리는 흔히 '윤리'나 '예(禮)'라고 지칭하곤 한다. "도덕이 결여된 법은 공허하다."라는 말이 있듯이 법은 도덕을 바탕으로 할 때 강력한 규범성을 갖는다. 반대로 도덕적 ⓐ <u>지지</u>를 받지 못하는 법은 법으로서의 가치와 타당성이 적어 그 존립의 기초 또한 약해진다. 사회가 일반적으로 인정하는 도덕에 저촉되는 법이 제정될 때 갈등이 일어나는 이유가 여기에 있다. 그러나 모든 도덕이 법제화될 수는 없고, 모든 도덕을 법으로 강제하는 것 역시 온당하지 않다.

그래서 ㉠ <u>옐리네크</u>(G. Jellinek)는 법과 도덕을 포함 관계로 설정하였다. 그는 법은 도덕 가운데에서 특별히 그 실현을 강제할 필요가 있는 경우에 한하여 성립한다고 보아, 법은 '도덕의 최소한(ethisches Minimum)'이라는 말을 남겼다. 이와 달리 ㉡ <u>슈몰러</u>(G. Schmoller)는 법의 효력을 중시하여, 법에는 강제력이 있으므로 도덕보다는 실효성이 확고하다고 보았다. 따라서 도덕적 가치의 실현이 법을 통해 가능하다는 의미에서 법은 '도덕의 최대한(ethisches Maximum)'이라 하였다. 법과 도덕의 관계를 바라보는 측면에 따라 이렇듯 상이한 견해가 나온 것이다.

그러나 슈몰러의 견해와 같이 법을 통해 도덕이 실현될 가능성이 있다고 하더라도 모든 경우에 그러한 것은 아니다. 오히려 법 ⓑ <u>자체</u>가 도덕을 해칠 경우도 있기 때문이다. 예를 들어 "이웃을 사랑하라."라는 도덕적 요구를 법으로 시행하여 그 목

적을 달성할 수 있을지라도 이는 자발적인 행위가 아니므로 참된 이웃 사랑이 실현되었다고 보기는 어렵다. 때로는 그 법 때문에 이웃 간에 위선과 역겨움이 야기될 수도 있다. 1794년에 제정된 프로이센의 '일반란트법(Allgemeines Landrecht)' 제179조에서는 부부가 서로를 존중해야 한다는 점까지 법제화하였으나 강제규범으로 효력이 있는지는 의문시된다. 이렇듯 도덕적 영역에 속하는 사항을 법제화한다고 해서 그 법이 모두 본래의 목적을 달성하기는 어려운 것이다. 그러므로 ㉢ 라드브루흐(G. Radbruch)는 "법은 도덕을 실현할 가능성과 동시에 부도덕을 실현할 가능성도 지닌다."라고 지적하였다. 1919년에 제정된 미국의 '금주법(Prohibition Act)'은 도덕적 ⓒ 차원의 문제를 법의 강제력으로 실현하려 하였으나 법으로서의 규범적 기능을 상실하여 사문화된 대표적 사례이다. 물론, 그렇다고 하여 위법이 아니기 때문에 그것이 반드시 도덕적 ⓓ 허용 대상이 된다고 할 수도 없다.

결국 법과 도덕은 각각 고유의 영역이 있기 때문에 완전히 동일시할 수는 없다는 결론에 이르게 된다. 다만, 라드브루흐가 지적했듯이 "법의 도덕적 세계로의 귀화"를 추진하는 동시에 "도덕규범의 법의 세계로의 귀화"를 동시에 지향하여 법과 도덕이 서로 보완 관계를 지닐 수 있도록 모색함으로써 강력한 규범성을 확보할 수는 있다. 도덕은 법의 목적이 되는 동시에 법에 의무를 주는 효력의 ⓔ 기초가 되는 까닭이다. 다시 말하면, 법의 효력은 국가의 강제력에 의해 보장되는 것이지만, 법은 도덕적으로 승인될 때 더욱 강력한 규범이 될 수 있다. 법과 도덕의 개념은 각각 구별되더라도 양자는 사회규범으로서 공공질서와 선량한 풍속을 유지한다는 공통의 목적과 사명을 갖고 있으므로, 상호 의존하고 보완하여 올바른 사회적 가치와 법규범의 실현에 이바지하여야 할 필요성이 있는 것이다.

20 윗글의 논지 전개 방식으로 가장 적절한 것은?

① 이론들을 제시하고 각각의 이론이 지닌 장단점을 비교하고 있다.
② 이론들을 설명하면서 각각의 이론에 관련된 사례들을 소개하고 있다.
③ 각각의 이론이 등장한 시대적 배경과 연관지어 이론들을 개관하고 있다.
④ 이론들을 검토한 후 특정 이론을 바탕으로 필자 자신의 입장을 정리하고 있다.
⑤ 이론들 사이의 관계를 분석하여 이전 이론이 후대 이론으로 대치되는 경과를 서술하고 있다.

21 ㉠~㉢의 견해에 대한 이해로 적절하지 않은 것은?

① ㉠은 ㉡에 비해 법 규범의 제정에 보다 신중한 자세를 취할 것이다.
② ㉡은 ㉢에 비해 법 규범의 효과에 대해 확신하는 태도를 보일 것이다.
③ ㉢은 ㉠과 달리 법과 도덕의 영역을 포함 관계로만 생각하지는 않는다.
④ ㉠은 ㉡과 달리 법이 도덕에 비해 강제성과 실효성이 높다는 데에 회의적이다.
⑤ ㉠, ㉡, ㉢은 모두 법과 도덕이 적절한 관계를 유지해야 한다는 데에 동의한다.

2019 기출문제

22 **윗글을 바탕으로 〈보기〉를 이해한 내용으로 적절하지 않은 것은? [3점]**

〈보기〉

㉮ 프랑스 형법 제63조는 "자기가 위험에 빠지지 아니함에도 위험에 처해 있는 자를 구조하지 아니한 자는 징역형 또는 벌금형에 처한다."라고 규정하고 있다. 강도를 만나 죽을 위기에 처한 낯선 사람을 한 사마리아인이 돌보아 주었던 일화에 착안하여 이 법을 '착한 사마리아인의 법'이라 부르기도 한다. 한편 우리 헌법 재판소는 2015. 2. 26. ㉯ 간통죄 위헌 결정에서 "배우자가 있는 자가 간통한 때에는 2년 이하의 징역에 처한다."라고 규정한 형법 제241조를 위헌이라 결정한 바 있다. 헌법 재판소는 부부 간의 정조 의무를 위반한 행위가 비도덕적이기는 하나 법으로 처벌할 사항은 아니라고 판시하였다.

① ㉮는 도덕적 가치의 실현이 법을 통해 가능하다는 전제를 바탕으로 하는군.
② ㉮는 프로이센 '일반란트법'의 제179조나 미국의 '금주법'과 그 취지가 상통하는군.
③ ㉯는 도덕의 영역이 법의 영역보다 기본적으로 더 크다는 전제를 바탕으로 하는군.
④ ㉯는 도덕적으로 허용되지 않는 행위는 반드시 위법한 행위가 된다고 보는 취지이군.
⑤ ㉮와 ㉯는 모두 도덕과 법이 공통의 목적과 사명을 띠고 있다는 전제를 바탕으로 하는군.

23 **ⓐ~ⓔ의 문맥적 의미와 일치하는 것은?**

① ⓐ : 붕괴 위험에 처한 건물의 지지를 위해서 인부들이 철골콘크리트로 구조물을 구축하고 있다.
② ⓑ : 그 자체는 특이한 것이었지만 현실성이 없었다.
③ ⓒ : 기하학에서는 3차원인 입체 도형을 넘어서는 무한 차원까지가 고려된다.
④ ⓓ : 우리 팀은 선제골의 허용에도 굴하지 않고 전열을 정비해 반격에 나섰다.
⑤ ⓔ : 헌법의 기초는 제헌 국회의 가장 중요한 첫 임무였다.

[24~28] 다음 글을 읽고 물음에 답하시오.

〈아니리〉
한 군사 나서며,

〈중모리〉
[A] "여봐라, 군사들아, 이내 설움을 들어라. 너내 이 설움을 들어 봐라. 나는 남의 오대 독신으로 어려서 장가들어 근 오십이 장근(將近)토록 슬하에 일점혈육이 없어 매월 부부 한탄 어따 우리 집 마누라가 온갖 공을 다 들일 제, 명산대찰 성황신당, 고묘총사, 석불 보살 미륵 노구맞이 집짓기와 칠성 불공, 나한 불공, 백일산제, 신중맞이, 가사시주, 연등시주, 다리 권선 길닦기며, 집에 들어 있는 날은 성조조왕, 당산천룡, 중천군웅 지신제를 지극 정성 드리니, 공든 탑이 무너지며 심든 남기가 꺾어지랴. 그달부터 태기(胎氣)가 있어 석부정부좌(席不正不坐)하고 할부정불식(割不正不食)하고 이불청음성(耳不聽淫聲) 목불시악색(目不視惡色), 십 삭(十朔)이 절절 찬 연후에 하루는 해복 기미가 있던가 보더라. 아이고, 배야. 아이고, 허리야. 아이고, 다리야. 혼미(昏迷) 중 탄생하니 딸이라도 반가울데 아들을 낳었구나. 열 손에다 떠받들어 땅에 누일 날 전혀 없어 삼칠일(三七日)이 지나고 오륙 삭이

넘어 발바닥에 살이 올라 터덕터덕 노는 모양, 방긋방긋 웃는 모양, 엄마 아빠 도리도리, 쥐암잘강 섬마둥둥, 내 아들 옷고름에 돈을 채여 감을사 껍질 벗겨 손에 주며 주야 사랑 애정한 게 자식밖에 또 있느냐. 뜻밖에 이 한 난리, '위국땅 백성들아, 적벽으로 싸움 가자. 나오너라.' 외는 소리, 아니 올 수 없더구나. 사당문 열어 놓고 통곡재배 하즉한 후 간간한 어린 자식 유정한 가족 얼굴 안고 누워 등치며, 부디 이 자식을 잘 길러 나의 후사(後嗣)를 전해주오. 생이별 하직하고 전장에를 나왔으나 언제 내가 다시 돌아가 그립던 자식을 품에 안고 '아가 응아' 업어 볼거나. 아이고, 내 일이야."

〈아니리〉

이렇듯이 설리 우니 여러 군사 꾸짖어 왈, "어라, ㉠ 이놈 자식 두고 생각는 정 졸장부의 말이로다. 전장에 너 죽어도 후사는 전하겠으니 네 설움은 가소롭다." 또 [한 군사]가 나서면서,

〈중모리〉

"이내 설움 들어 봐라. 나는 부모 일찍 조실(早失)하고 일가친척 바이 없어 혈혈단신(孑孑單身) 이내 몸이, 이성지합(二姓之合) 우리 [아내] 얼굴도 어여쁘고 행실도 조촐하야 종가대사(宗家大事) 탁신안정(托身安定) 떠날 뜻이 바이 없어 철 가는 줄 모를 적에, 불화병 외는 소리 '위국 땅 백성들아, 적벽으로 싸움 가자.' 웨는 소리 나를 끌어내니 아니 올 수 있든가. 군복 입고 전립 쓰고 창을 끌고 나올 적에, ㉡ 우리 아내 내 거동을 보더니 버선발로 우루루루 달려들어 나를 안고 엎더지며, '날 죽이고 가오, 살려 두고는 못 가리다. 이팔홍안 젊은 년을 나 혼자만 떼어 놓고 전장을 가랴시오.' 내 마음이 어찌 되것느냐. 우리 마누라를 달래랼제, '허허 마누라 우지 마오. 장부가 세상을 태어나서 전장출세(戰場出世)를 못하고 죽으면 장부 절개가 아니라고 하니 우지 말라면 우지 마오.' 달래어도 아니 듣고 화를 내도 아니 듣더구나. ㉢ 잡았던 손길을 에후리쳐 떨치고 전장을 나왔으나, 일부지전장불식이라. 살아가기 꾀를 낸들 동서남북으로 수직(守直)을 허니, 함정에 든 범이 되고 그물에 걸린 내가 고기로구나. 어느 때나 고국을 갈지, 무주공산 해골이 될지, 생사(生死)가 조석(朝夕)이라. 어서 수이 고향을 가서 그립던 마누라 손길을 부여잡고 만단정회(萬端情懷) 풀어 볼거나. 아이고, 아이고, 내 일이야."

(중략)

〈아니리〉

창황분주 도망을 갈 제 새만 푸루루루 날아나도 복병인가 의심하고, 낙엽만 퍼뜩 떨어져도 추병(追兵)인가 의심하여, ㉣ 엎어지고 자빠지며 오림산 험한 산을 반생반사 도망을 간다. 조조 가다 목을 움쑥움쑥하니 정욱이 여짜오되,

"승상님 무게 많은 중에, 말 허리에 목을 어찌 그리 움치시나이까?"

"야야, 화살이 귀에서 앵앵하며 칼날이 눈에서 번뜻번뜻하는구나."

"이제는 아무것도 없사오니 목을 늘여 사면을 살펴보옵소서."

"야야, 진정으로 조용하냐?"

[B] 조조가 목을 막 늘여 좌우 산천을 살펴보려 할 제, 의외에 말 굽통 머리에서 메추리 표루루루 하고 날아 나니 조조 깜짝 놀라,

"아이고 정욱아. 내 목 떨어졌다. 목 있나 봐라."

"눈치 밝소. 조그만한 메추리를 보고 놀랄진대 큰 장끼를 보았으면 기절할 뻔하였소그려."

조조 속없이,

"야 그게 메추리냐? 그놈 비록 자그마한 놈이지만 냄비에다 물 붓고 갖은 양념하여 보글보글 볶아 놓으면 술안주 몇 점 참 맛있느니라만."

㉤ "입맛은 이 통에라도 안 변하였소그려."

– 작자 미상, 「적벽가」

24 [A]의 표현상 특징에 대한 설명으로 적절하지 않은 것은?

① 설의적 표현을 통해 발화자의 판단을 강조하고 있다.
② 고사를 활용하여 발화자의 행위를 구체적으로 묘사하고 있다.
③ 의태어를 활용하여 인물의 행동에 대한 애정을 드러내고 있다.
④ 청자들을 호명하여 주의를 끌면서 발화의 내용을 예고하고 있다.
⑤ 발화 속에 등장하는 인물들의 말을 직접 인용하여 생동감을 높이고 있다.

25 윗글의 인물에 대한 이해로 가장 적절한 것은?

① '한 군사'는 자신의 처지가 다른 군사들에 비해 낫다고 생각한다.
② '또 한 군사'는 전장에서 공을 세울 수 있다는 확신을 지니고 있다.
③ '아내'는 국가에 대한 책무보다 자신과 가족의 소중함을 앞세우고 있다.
④ '조조'는 전쟁에서의 일시적인 패배를 만회할 수 있다는 기대를 품고 있다.
⑤ '정욱'은 '조조'에 대한 적대감을 직설적으로 표출하여 '조조'와 갈등을 빚고 있다.

26 〈보기〉를 바탕으로 윗글에 나타난 시대상을 추론한 내용으로 적절하지 않은 것은?

〈보기〉

공연 예술로 연행되는 「적벽가」는 조선 후기 청중들의 선호에 민감할 수밖에 없었다. 따라서 청중들이 쉽게 공감할 수 있는 내용을 포함시키기 마련이었으며, 이 과정에서 작품 속 인물과 사건이 조선 후기의 시대적 상황과 밀접하게 연관되는 결과가 나타났다.

① 자식을 얻기 위해 정성을 다하는 모습이 열거된 것을 보니, 다양한 기자(祈子) 풍속이 존재했겠군.
② 자식을 길러 후사를 잇도록 해 달라고 부탁하는 모습을 보니, 가문의 대를 잇는 일이 중요하게 여겨졌겠군.
③ 백성들을 갑자기 싸움터로 징발해 가는 것을 보니, 백성들을 국가적 사업에 동원하는 일이 수시로 있었겠군.
④ 징발되어 가는 백성들이 적국에 대한 적개심을 드러내는 것을 보니, 외세에 대한 비판 의식이 팽배해 있었겠군.
⑤ 군사들은 걱정하지 않고 자신의 안위만을 생각하는 '승상'의 행태가 묘사된 것을 보니, 위정자에 대한 백성들의 반감이 높았겠군.

27 ㉠~㉤에 대한 설명으로 가장 적절한 것은?

① ㉠ : 개인의 일에 얽매어 공동의 목표를 등한시하는 상대의 태도에 동조하고 있다.
② ㉡ : 인물의 행동을 과장되게 묘사하여 행동에 포함된 허위를 드러내고 있다.

③ ㉢ : 과거의 일을 떠올리며 현재의 부정적 상황에 대한 한탄을 표출하고 있다.

④ ㉣ : 인물이 처한 급박한 상황을 객관적으로 묘사하여 사건 전개에 개연성을 부여하고 있다.

⑤ ㉤ : 상황에 대해 집약적으로 논평하여 상대의 처지에 공감하는 뜻을 나타내고 있다.

28 [B]와 〈보기〉에 대한 감상으로 적절하지 않은 것은? [3점]

〈보기〉

ᄆᆞᄋᆞᆷ이 어린 후(後)니 ᄒᆞᄂᆞᆫ 일이 다 어리다
만중(萬重) 운산(雲山)에 어ᄂᆡ 님 오리마ᄂᆞᆫ
지ᄂᆞᆫ 닙 부ᄂᆞᆫ ᄇᆞ람에 ᄒᆡᆼ혀 귄가 ᄒᆞ노라

– 서경덕

① [B]와 〈보기〉에서는 모두 감각적 자극이 인물의 반응을 일으키는군.

② [B]와 〈보기〉에서는 모두 자신이 착각했다는 사실을 깨닫게 되는군.

③ [B]에는 두려움의 정서가, 〈보기〉에는 그리움의 정서가 바탕에 깔려 있군.

④ [B]에서는 상황의 유발 원인이, 〈보기〉에서는 상황에 대한 해석이 먼저 제시되는군.

⑤ [B]에는 상황을 수습하려는 태도가, 〈보기〉에는 상황의 책임을 전가하는 태도가 나타나는군.

[29~31] 다음 글을 읽고 물음에 답하시오.

고려 시대 문학사에서 하나의 지평을 열었다는 이규보가 만약 조선 시대에 다시 태어나 조선백자를 보았다면 뭐라고 했을까? 아마도 무엇이든 하고 싶은 대로 해도 법도에 어긋나지 않는다는 '종심소욕 불유구(從心所欲不踰矩)'란 말을 떠올리지 않았을까. 그는 고려청자의 아름다움을 하늘의 조화를 빌려 빚은 '천공술(天工術)'이라고 극찬한 바 있다.

사실 동아시아의 도자 문화사를 들여다보면 ㉠ 고려청자의 위치는 '월드 챔피언' 급에 해당된다. 고려청자는 명성만큼이나 화려하다. 융성했던 고려의 귀족 문화를 그대로 반영한 듯 모양이나 상감된 문양에는 섬세함과 유려함, 거기에 기기묘묘함까지 깃들어 있다.

그런데 알고 보면 ㉡ 조선백자도 고려청자에 전혀 밀리지 않을 만큼 아름답고 가치가 높다. 단지, 청자처럼 화려함이 덜해 단번에 눈길을 끌지 못할 뿐이다. 기실, 나뿐만 아니라 조선백자를 고려청자보다 훨씬 높게 평가하는 사람은 주변에 많다. 고미술품의 가격이란 것이 미적 가치와 항상 정비례하는 것은 아니나 역대 크리스티 경매에서 세계의 모든 도자기를 제치고 가장 비싸게 팔린 도자기는 다름 아닌 조선백자였다.

기술력도 고려청자에 필적할 만큼 뛰어나다. 안으로 착 가라앉은 듯 순하고 부드러운 빛깔은 아무나 흉내 낼 수 있는 성질의 기술이 아니다. 또한 조선백자가 품고 있는 내용, 즉 예술성은 어떤 의미에선 고려청자보다 훨씬 높은 경지에 있다고 할 수 있겠다. 단지 내용이 너무 깊다 보니 아름다움을 이해하기가 조금 어렵다는 점이 흠 아닌 흠이다.

조선 도자기는 보고 있지 않아도 말없이 옆에서 조용히 기다린다. 성품이 조용하고 점잖기 때문에 부담 없이 같이 옆에서 지낼 수 있어서 좋다. 조선 도자기는 왜 그토록 수수한 맛이 날까? 물론 이유야 많겠으나 그중에 가장 두드러지는 것은 평범하게 느껴지는 모양 때문이 아닌가 한다. 그것에는 어떤 정교함도, 치밀함도 없다. 복잡하고 화려한

형태의 회화적인 요소가 전혀 없다. 형태는 단순하고 빛깔은 소박하고 그림은 간단하다. 간단하면서도 짜임새가 있는 경지에 이른 것이 조선 도자기가 지닌 특성 중의 특성이라 할 만하다. 말하자면 군더더기가 하나도 없는데, 그 아름다움을 '단순미'로 정의한다면 아마도 살아 있는 설명이 될 것이다.

그러나 우리가 그 단순미를 이해하기 위해서는 꼭 알아 두어야 할 것이 있다. 조선은 아름다움을 표현하는 데 있어 남들이 가 본 적이 없는 길을 걸었다. 즉 단순미를 지향하는 방식이 의외로 특별하다. 평범함이란 무엇인가. 꾸밈이나 거짓이 없고 단순하고 쉬워서 보는 이가 전혀 부담감을 느끼지 않는 것이 아닌가. 이 개념에 따르면 조선 도자기는 평범함 그 자체가 훌륭한 아름다움이다. 세상에는 나라도 많고 민족도 많으나 이 같은 표현은 다른 데서는 찾아보기 어렵다. 다른 것을 모방하지 않고, 또 다른 것의 추종을 허락하지 않는 독보적인 세계가 거기에 펼쳐져 있다.

나는 그런 조선 예술을 생각할 때마다 항상 가슴 한 켠이 답답해진다. 우리 중에는 조선 예술에 대해 명확한 개념을 가지고 보는 이가 적지 않다는 사실 때문이다. 우리는 어찌 된 일인지, 오히려 그 평범한 점을 들어 미적 요소가 부족한 것으로 스스로 인식한다. 아예 거기에는 아무것도 없는 것으로 생각하고 경멸하는 듯한 제스처를 취하기까지 한다. 이런 경멸의 태도는 정교하고 섬세한 아름다움을 숭배하는 사람들 사이에서 일반화되어 있다. 이는 실로 유감스러운 일이 아닐 수 없다. 그런 생각은 참으로 독단에 지나지 않는, 아름다움에 대한 이해가 부족한 사람의 그릇된 견해에 불과하다. 오랜 세월의 담금질 속에 숙성된 미적 직관을 내면화한 선조들이 빚은 도자기에 어째서 인정할 만한 아름다움이 없다고 생각하는가.

29 윗글에 대한 설명으로 적절하지 <u>않은</u> 것은?

① 제재를 유형별로 세분화하여 종류와 특징을 구체적으로 나열하고 있다.

② 스스로 묻고 답하는 형식을 활용하여 제재의 특성에 대하여 설명하고 있다.

③ 다른 대상과의 비교, 대조의 방식으로 제재가 지닌 미학적 특성을 서술하고 있다.

④ 글쓴이의 감상과 주관적 논평을 통해 제재에 대한 일반화된 통념을 비판하고 있다.

⑤ 특정한 인물의 생각을 추측하는 방식으로 제재에 대한 독자의 관심을 유도하고 있다.

30 ㉠과 ㉡을 비교하여 설명한 것으로 적절하지 <u>않은</u> 것은?

① ㉠은 기기묘묘하고 유려하여 하늘의 조화를 빌려 빚은 '천공술'로 불리었다.

② ㉡은 단순미와 평범함을 미학적 자질로 삼는 개성적인 아름다움의 세계를 담고 있다.

③ ㉠은 ㉡과 달리 귀족 문화를 반영한 섬세함과 화려함이 있어 기술력의 차이가 두드러지게 드러난다.

④ ㉡은 ㉠과 달리 순하고 부드러운 빛깔을 지니고 있고, 예술성의 측면에서 훨씬 높은 경지에 있다고도 볼 수 있다.

⑤ ㉠과 ㉡은 모두 동아시아 도자 문화사에서 기술력이 아주 뛰어난 예술로 손꼽힌다.

31 〈보기〉는 글쓴이의 글 일부분이다. 〈보기〉를 바탕으로 윗글에 나타난 예술관을 추론한 것으로 가장 적절한 것은? [3점]

〈보기〉

나는 조선의 정치와 예술이 서로 간에 어떤 관계에 놓여있었는지에 대해서는 알지 못한다. 그러나 조선의 도자기는 그 기술이 본능으로까지 성숙해 있다는 것은 알고 있다. 그것에 재현된 평범함은 생래적인 아름다움이다. 인류가 지향하는 기초적 본질을 거기에서도 찾을 수 있다는 것이 정말 신기하다. 거기에 내가 무슨 말을 더 보탤까. 평범한 사람이 평범하게 그릇을 빚었고 평범한 사람이 평범하게 그릇을 보고 평범하게 사용하는 방법을 알고 있는데, 여기에 내가 무슨 말을 더 보탤까. 내가 여기에 말을 보탠다면 자연으로 다시 돌아온 듯한 단순한 미적 가치는 오히려 퇴색하고 만다.

① 아무나 흉내 낼 수 없는 성질의 기술력을 발휘하여 단순한 미적 가치를 지양해야 한다.
② 사람들의 일상을 담은 평범함의 미학은 다른 것을 모방하는 데에서 실현될 수 있어야 한다.
③ 복잡하고 화려한 형태의 회화적 요소와 단순한 빛깔이 조화를 이루는 미학적 요인을 지니고 있어야 한다.
④ 소박한 그림에 담긴 내용의 깊이가 정치와 예술의 직접적인 연관에서 비롯된 표현 방식이라는 사실을 밝혀내야 한다.
⑤ 오랜 세월을 거쳐 온 미적 직관의 세계가 보여 주는 단순함에 가장 뛰어난 미적 가치가 내재되어 있음을 이해해야 한다.

[32~36] 다음 글을 읽고 물음에 답하시오.

(가)
인간(人間)을 떠나와도 내 몸이 겨를 업다
니것도 보려 ᄒᆞ고 져것도 드르려코
ᄇᆞ람도 혀려 ᄒᆞ고 ᄃᆞᆯ도 마즈려코
붐으란 언제 줍고 고기란 언제 낙고
시비(柴扉)란 뉘 다드며 딘 곳츠란 뉘 쓸려뇨
아츰이 낫브거니 나조ᄒᆡ라 슬흘소냐
오ᄂᆞᆯ리 부족(不足)거니 내일(來日)리라 유여(有餘)ᄒᆞ랴
이 뫼ᄒᆡ 안ᄌᆞ 보고 져 뫼ᄒᆡ 거러 보니
번로(煩勞)ᄒᆞᆫ ᄆᆞᄋᆞᆷ의 ᄇᆞ릴 일리 아조 업다
쉴 ᄉᆞ이 업거든 길히나 젼ᄒᆞ리야
다만 ᄒᆞᆫ 청려장(靑藜杖)이 다 뫼되여 가노ᄆᆡ라
술리 닉어거니 벗지라 업슬소냐
블ᄂᆡ며 ᄐᆞ이며 혀이며 이아며
온가짓 소ᄅᆡ로 취흥(醉興)을 ᄇᆡ야거니
근심이라 이시며 시름이라 브터시랴
누으락 안즈락 구부락 져츠락
을프락 ᄑᆞ람ᄒᆞ락 노혜로 노거니
천지(天地)도 넙고 넙고 일월(日月)도 ᄒᆞᆫ가ᄒᆞ다
희황(羲皇)을 모을너니 니적이야 긔로고야
신선(神仙)이 엇더턴지 이 몸이야 긔로고야
강산풍월(江山風月) 거ᄂᆞ리고 내 백 년(百年)을 다 누리면
악양루(岳陽樓) 상(上)의 이태백(李太白)이 사라오다
호탕(浩蕩) 정회(情懷)야 이예셔 더ᄒᆞᆯ소냐
이 몸이 이렁 굼도 역군은(亦君恩)이샷다

– 송순, 「면앙정가」

(나)
산중의 벗이 업서 한기(漢紀)ᄅᆞᆯ 싸하 두고
만고 인물을 거ᄉᆞ리 혜여ᄒᆞ니
성현도 만ᄏᆞ니와 호걸도 하도 할샤
엇디ᄒᆞᆫ 시운(時運)이 일락 배락 ᄒᆞ얏ᄂᆞᆫ고
모ᄅᆞᆯ 일도 하거니와 ㉠ <u>애ᄃᆞᆯ옴도 그지업다</u>
기산(箕山)의 늘근 고불 귀ᄂᆞᆫ 엇디 싯돗던고

일표(一瓢)를 썰틴 후의 ㉡ 조장이 ᄀᆞ장 놉다
인심이 ᄂᆞᆺ ᄀᆞᆺᄐᆞ야 보도록 새롭거늘
㉢ 세사(世事)ᄂᆞᆫ 구름이라 머흐도 머흘시고
엇그제 비즌 술이 어도록 니건ᄂᆞ니
잡거니 밀거니 슬ᄏᆞ장 거후로니
ᄆᆞ음의 ᄆᆡ친 시름 져그나 ᄒᆞ리ᄂᆞ다
거믄고 시욹 언저 풍입송(風入松) 이야고야
손인동 주인인동 ㉣ 다 니저 ᄇᆞ려셔라
장공(長空)의 ᄯᅥᆺᄂᆞᆫ 학이 이 골의 진선(眞仙)이라
요대(瑤臺) 월하(月下)의 ㉤ 힝혀 아니 만나신가
손이셔 주인ᄃᆞ려 닐오ᄃᆡ 그ᄃᆡ 귄가 ᄒᆞ노라

– 정철, 「성산별곡」

(다)
백사장(白沙場) 홍료변(紅蓼邊)에 굽니러 먹는 져 ᄇᆡᆨ노(白鷺)야
ᄒᆞᆫ 닙에 두셋 물고 무엇 낫ᄲᅡ 굽니ᄂᆞ냐
우리도 구복(口腹)이 웬슈라 굽니러 먹네

– 작자 미상

32 (가)~(다)의 표현상 특징으로 적절하지 않은 것은?

① (가)에서는 옛 인물을 떠올려 화자 자신과 견주고 있다.
② (나)에서는 동일한 어미와 대구를 활용하여 운율감을 조성하고 있다.
③ (가)와 (나)에서는 계절감을 지닌 소재들을 활용하여 계절의 변화를 묘사하고 있다.
④ (가)와 (다)에서는 자연물에 감정을 이입하여 화자의 정서를 드러내고 있다.
⑤ (나)와 (다)에서는 청자를 명시적으로 나타내어 청자에게 말을 건네고 있다.

33 (가), (나)의 시어를 대비한 내용으로 가장 적절한 것은?

① (가)에서는 '술'을 통해 기쁨을 누리는 반면, (나)에서는 '술'을 통해 근심이 심화된다.
② (가)에서는 '벗'의 존재를 번거롭게 여기는 반면, (나)에서는 '벗'의 부재를 아쉬워한다.
③ (가)의 '시름'은 그 원인이 제시된 반면, (나)의 '시름'은 그 원인이 나타나지 않는다.
④ (가)의 '누으락 안즈락'에는 화자의 흥취가 투영된 반면, (나)의 '일락 배락'에는 세상사의 흥망성쇠에 대한 화자의 인식이 투영되어 있다.
⑤ (가)의 '신선'은 화자가 일체감을 느끼는 대상인 반면, (나)의 '진선'은 화자의 불우한 처지를 더욱 부각하는 대상이다.

34 (가)와 〈보기〉의 화자를 비교한 것으로 적절하지 않은 것은?

〈보기〉

빈천(貧賤)을 풀랴 ᄒᆞ고 권문(權門)에 드러가니
침 업슨 흥졍을 뉘 몬져 ᄒᆞ쟈 ᄒᆞ리
강산(江山)과 풍월(風月)을 달나 ᄒᆞ니 그는 그리 못ᄒᆞ리

– 조찬한

① (가)와 달리 〈보기〉는 자신의 세계관을 타인과 공유하고자 한다.
② 〈보기〉와 달리 (가)는 삶의 공간에서 누리는 즐거움을 구체적으로 나열하고 있다.
③ 〈보기〉와 달리 (가)는 자신의 만족스러운 삶이 임금의 은혜 덕분이라 진술하고 있다.

④ (가)와 <보기>는 모두 자연에 대한 선호를 표출하고 있다.

⑤ (가)와 <보기>는 모두 자신의 삶에 대한 자부심을 지니고 있다.

35 ㉠~㉤에 대한 설명으로 적절하지 <u>않은</u> 것은?

① ㉠ : 역사적 인물과 사건들에 대한 회한을 표출하고 있다.

② ㉡ : 대상의 행위에 대한 긍정적 평가를 보이고 있다.

③ ㉢ : 세상의 일에 대한 회의적 시선을 내비치고 있다.

④ ㉣ : 상대방과 어우러져 일체화된 심경을 드러내고 있다.

⑤ ㉤ : 대상과 재회하고자 하는 기대감을 나타내고 있다.

36 <보기>를 바탕으로 (다)를 감상한 내용으로 적절하지 <u>않은</u> 것은? [3점]

<보기>

조선 후기에 들어 시조의 향유층이 확대되면서 작품의 분위기나 표현이 양반 작자층 위주의 조선 전기와는 많은 차이를 보이게 되었다. 일상생활을 담은 표현이 빈번히 쓰였고, 관습적인 의미를 띠었던 소재에 새로운 의미가 부여되기도 하였다. 또한 작품의 내용이 삶의 체험을 다루는 쪽으로 조절되는 양상이 두드러지게 나타났다. 조선 후기 가집에 수록된 (다)와 같은 작품을 그 대표적인 사례로 제시할 수 있다.

① '백사장 홍료변'은 고결하고 청정한 공간이기보다는 일상생활 공간으로서의 의미를 지니는군.

② '굽니러 먹는 져 빅노'는 하루하루를 살아가기 위해 분투하는 생활인의 모습을 띠고 있군.

③ 'ᄒᆞᆫ 닙에 두셋 물고'는 일상적으로 자행되던 탐욕에 대한 묘사이며 당시 세태를 비판하기 위한 표현이군.

④ '우리도'는 대상과 자신의 처지를 동일시함으로써 일상적 삶에 대한 화자의 성찰을 집약하는 표현이군.

⑤ '구복이 웬슈'는 일상생활에서 통용되던 말로 당시 삶의 고달픔을 강조하기 위한 표현이군.

[37~40] 다음 글을 읽고 물음에 답하시오.

빙하는 여러 형태로 존재하는데, 가령 남극 지방과 그린란드에는 얼음층인 빙상이 있고 알프스 산맥에는 빙하 계곡이 있다. 빙하의 99퍼센트는 남극 지방과 그린란드에 모여 있으며 빙하에 저장되어 있는 담수는 지구 전체 민물의 4분의 3을 차지할 정도이다. 이러한 빙하를 구성하는 기본적인 물질은 쌓인 눈이다. 본래 눈에는 다량의 기포가 들어 있는데 눈이 계속해서 쌓이면서 기포가 줄어들고 쌓인 눈 내부의 압력은 증가한다. 이때 주변 기온이 영하로 내려가면 눈은 완전한 얼음으로 변한다. 이러한 변화를 눈의 재결정 작용이라 ⓐ <u>이른다</u>. 눈을 구성하고 있던 물 분자가 압력을 받으면서 협소해진 공간 안에 있던 물의 분자 구조가 재배치되고 그렇게 재결정을 이룬 얼음 입자들이 모여 거대한 얼음층을 형성하면 빙하가 만들어지는 것이다. 흐르는 물에서는 물의 분자 구조가 재배치되기 어려워 빙하가 잘 만들어지지 않으며, 더욱이 유속이 빠를수록 빙하가 생성될 가능성은 더 낮아진다.

빙하는 한 번 생기면 영원히 그 모습이 유지될 것 같지만 실제로는 그렇지 않다. 빙하는 끊임없이 변화하는데, 눈이 얼음 결정을 이루면서 새 빙하가 생성되는 시기를 집적대, 얼음 결정이 기화 또는 액화되면서 빙하의 규모가 줄어드는 시기를 소모대라 한다. 보통 기후 조건에 따라 빙하의 변동 폭에 차이가 생기며 소모대에 비해 집적대가 확장될 경우 빙하는 성장한다. 반대로 소모대가 더 확장되면 빙하의 규모는 자연히 줄어든다. 오늘날 지구 표면을 덮고 있는 빙하는 전체 대륙의 10퍼센트를 차지하고 있지만, 150만 년 전에는 그 비율이 지금보다 2배 이상 높았다고 한다. 이후 확장과 축소를 20번 넘게 반복하였으나, 빙하의 전체적인 규모는 점차 줄어들었다.

빙하의 변화를 촉진하는 또 다른 요인은 빙하의 이동이다. 빙하의 무게로 발생하는 압력이 높아지면 빙하의 표면과 지면 사이에 충돌이 격화되고 그 결과 빙하가 이동하게 된다. 빙하는 평균적으로는 1년에 약 10미터씩 서서히 이동하지만 빙하 밑면과 지면 사이의 마찰력에 따라 그 이동 속도가 달라진다. 물을 가득 채운 물병을 냉동실에 넣으면 곧 터질 것처럼 부풀어 오른다. 마찬가지로 얼음 결정으로 부피가 커진 빙하는 내부에 강한 압력을 받게 되고 압력을 버티지 못해 다시 액화되는 부분이 생기기 마련인데 빙하 하단에서 이러한 현상이 빈번하게 일어난다. 그 같은 액화 현상이 빙하와 지면 사이의 마찰을 줄이면서 빙하의 이동을 가속화하는 결정적인 원인이 된다. 아울러 빙하뿐만 아니라 지면에서도 마찰력을 줄이는 원인이 제공될 수 있다. 가령 빙하 하단에 습기가 많은 연암 퇴적층이 발달해 있다면 빙하의 이동 속도는 빨라진다.

이렇듯이 빙하가 이동하는 과정에서 빙하가 갈라져 내부에 깊고 좁은 틈이 생기는데, 그러한 균열을 '크레바스(crevasse)'라고 한다. 또 빙하가 붕괴하는 동안 형성되는 탑처럼 생긴 얼음 덩어리를 '빙탑'이라고 부른다. 빙하 내부의 긴장 상태가 최고치에 달하면 빙하는 더 큰 붕괴를 일으키게 된다. 한편 빙하의 이동은 빙하 외부에도 흔적을 남기는데, 빙하는 이동하는 동안 주변 환경을 바꾸는 침식 작용을 한다. 빙하에 의한 침식은 다시 두 가지 형태로 나누어 볼 수 있다. 먼저 빙하가 이동하면서 기반암을 밀어낸다. 그때 이 거대한 암석 덩어리에 분열이 일어나면서 암석 파편들이 빙하와 합쳐지고 암석 퇴적물이 차곡차곡 쌓이는 퇴석이 일어나는데 가끔 집채만 한 퇴석이 발견되는 경우도 있다. 또 빙하가 운반하는 크고 작은 암석 퇴적물이 빙하 아래의 기반암을 사포로 긁어내듯 갈아내는 마식 작용을 한다. 마식 작용을 활발하게 일으키는 빙하는 기반암 위를 이동하는 동안 기반암 표면에 입자가 고른 모래, 즉 석분을 만들며 얼음이 녹아 물이 된 빙하가 이 석분을 먼 곳까지 운반한다. 빙하가 녹은 물이 보통 우유처럼 뿌옇게 흐린 것은 바로 이 석분이 함유되어 있기 때문이다.

37 윗글의 서술상 특징으로 적절하지 <u>않은</u> 것은?

① 용어의 개념을 소개하여 이해를 돕고 있다.
② 특정 현상의 세부적 내용을 구분하여 소개하고 있다.
③ 현상이 발생하는 원인을 유추의 방식으로 설명하고 있다.
④ 동일한 현상을 설명하는 상반된 이론의 특징을 대비하고 있다.
⑤ 구체적 수치를 제시하여 현상을 설명하기 위한 자료로 활용하고 있다.

38 윗글의 내용과 일치하지 않는 것은?

① 지난 150만 년 동안 집적대보다 소모대가 항상 우세하였다.

② 기후 조건에 의해 빙하의 규모가 커지기도 하고 작아지기도 한다.

③ 빙하의 무게가 커져서 압력이 증가하면 빙하가 이동할 확률이 더 높아진다.

④ 빙하의 액화 현상은 마찰력에 변화를 주어 빙하의 이동 속도에 영향을 미친다.

⑤ 빙하의 침식 작용은 암석 덩어리를 파편화시키는 것과 기반암을 갈아 내는 것이 있다.

39 윗글과 〈보기〉를 바탕으로 추론한 내용으로 적절하지 않은 것은? [3점]

〈보기〉

바닷물이 얼어서 빙하가 만들어지는 경우도 있지만 이 경우에는 육지에서 눈으로 빙하가 만들어질 때보다 생성 조건이 좀 더 까다롭다. 무엇보다도 바닷물은 그 속에 포함된 염분 때문에 민물에 비해 어는점이 낮다. 같은 바닷물이라도 염분이 높을수록 어는점은 더 낮아진다. 또한 수온이 내려가면 밀도가 높아져 물이 아래로 움직이는 대류 현상이 일어나는데, 대류의 규모는 수위와 비례한다.

① 다른 조건들이 모두 같다면 수위가 낮은 바닷물보다는 높은 바닷물에서 빙하가 생성되기가 좀 더 쉽겠군.

② 얼음 입자들이 생겨야만 빙하가 생성되는데, 바닷물은 어는점이 낮아서 얼음 입자들이 생기는 데 불리하겠군.

③ 다른 조건들이 모두 같다면 염분이 높은 바닷물보다는 낮은 바닷물에서 빙하가 생성되기가 좀 더 쉽겠군.

④ 눈으로 빙하가 생성될 때에는 눈의 무게가 유리한 조건으로 작용하는데, 바다에서는 그러한 눈의 무게가 없어 빙하의 생성이 어렵겠군.

⑤ 물 분자가 압력을 받아 분자 구조가 재배치되어야만 빙하가 생성되는데, 바다에서는 대류 현상 때문에 물 분자가 압력을 받는 데 불리하겠군.

40 윗글의 ⓐ와 문맥적 의미가 같은 것은?

① 한때 도루묵을 달리 이르게 된 사연이 있었다.

② 형은 동생의 잘못을 이르겠다고 엄포를 놓았다.

③ 길산은 전생이에게 같이 떠날 것을 이르고 있었다.

④ 따끔하게 이르면 다시는 그런 짓을 반복하지 않겠지.

⑤ 옛말에 이르기를 부자는 망해도 삼 년은 간다고 했다.

[41~45] 다음 글을 읽고 물음에 답하시오.

타작마당 돌가루 바닥같이 딱딱하게 말라붙은 뜰 한가운데, 어디서 기어들었는지 난데없는 [지렁이]가 한 마리 만신에 흙고물 칠을 해 가지고 바동바동 굴고 있다. 새까만 [개미떼]가 물어뗄 때마다 지렁이는 한층 더 모질게 발버둥질을 한다. 또 어디선지 죽다 남은 듯한 쥐 한 마리가 튀어나오더니 종종걸음으로 마당 복판을 질러서 돌담 구멍으로 쏙 들어가 버린다.

군데군데 좀구멍이 나서 썩어 가는 기둥이 비뚤어지고, 중풍 든 사람의 입처럼 문조차 돌아가서 – ㉠ 북쪽으로 사정없이 넘어가는 오막살이 앞에는, 다행히 키는 낮아도 해묵은 감나무가 한 주 서 있다. 그러나 그게라야, 모를 낸 이후 비 같은 비 한 방울 구경 못한 무서운 가물에 시달려 그렇지 않아도 쪼그라졌던 ㉡ 고목 잎이 볼모양 없이 배배 틀려서 잘못하면 돌배나무로 알려질 판이다. 그래도 그것이 구십 도가 넘게 쪄 내리는 팔월의 태양을 가리어, 누더기 같으나마 밑둥치에는 제법 넓은 그늘을 지었다. 그걸 다행으로 깔아 둔 낡은 삿자리 위에는 발가벗은 어린애가 파리똥 앉은 얼굴에 땟물을 조르르 흘리며 울어 댄다.

(중략)

노인은 물 불은 콩껍질같이 쪼그라진 눈에 괸 눈물을 뼈다귀 손으로 썩 씻었다. 곁에 누운 손자 놈은 땀국에 쪽 젖어 있다. 노인은 손자 놈의 입이며 콧구멍에 벌떼처럼 모여드는 파리떼를 쫓아 버리면서, 말라붙은 고추를 어루만진다.

"응, 그래, 울지 말아. 자장 자장 우리 애기 …… 네 에미는 왜 여태 오잖을까? 입안이 이렇게 바싹 말랐고나. 그놈의 집에서는 무슨 일을 끼니때도 모르고 시킬꼬 온! 에헴, 에헴……"

노인은 억지힘을 내 가지고, 어린 걸 움켜 안고는 게다리처럼 엉거주춤 벋디디고 일어섰다. 그럴 때, 마침 아들이 볕살에 얼굴을 벌겋게 구어 가지고 들어왔다. 들어서면서부터 퉁명스럽게,

"다들 어딜 갔어요?"

"일 나갔지."

"무슨 일요?"

"진수네 무명밭 매러 간다고 했지, 아마."

들깨는 잠자코 윗통을 훨쩍 벗어서 감나무 가지에 걸쳐놓고는 늙은 아버지로부터 어린것을 받아 안았다. 치삼 노인은 뽕나무 잎이 반이나 넘게 섞인 담배를 장죽에 한 대 피워 물면서 아들을 위로하듯이 — 그러나 ㉢ 대답을 두려워하며 물었다.

"논은 어떻게 돼 가니?"

"어떻게라니요. 인젠 다 틀렸어요. 풀래야 풀물도 없고, 병아리 오줌만한 봇물도 중들이 죄다 가로막아 넣고, 제에기 ……."

"꼭 기사년 모양 나겠군 그래."

"기사년은 그래도 냇물은 조금 안 있었나요."

"그랬지. ㉣ 지금은 그놈의 수돗바람에 ……"

"그것도 원래 약속을 할 때는 농사철에는 냇물은 아니 막아 가기로 했다는데, 제에기, 면장 녀석은 색주가 갈보 놀릴 줄이나 알았지, 어디 백성 죽는 건 알아야죠."

들깨는 열을 바짝 더 냈다.

"할 수 없이 이곳엔 인제 사람 못 살 거여."

"참 아니꼽지요. 더군다나 전과 달라 중놈들까지 덤비는 꼴을 보면 ……."

아들의 불퉁스러운 어조에는, 거칠 대로 거칠어진 농민의 성미가 뚜렷이 엿보였다. 가물은 그들의 신경을 더욱 날카롭게 하였던 것이다.

치삼 노인은 '중놈'이란 바람에 가슴이 섬뜩하였다. — 그것은, 자기들이 부치고 있는 절논 중에서 제일 물길 좋은 두 마지기가, 자기가 젊었을 때, ㉤ 자손 대대로 복 많이 받고 또 극락 가리라는 중의 꾐에 속아서 그만 불전에 아니 보광사(普光寺)에 시주한 것이기 때문이다. 멀쩡한 자기 논을 괜히 중에게 주어 놓고 꿍꿍 소작을 하게 되고 보니, 싱겁기도 짝이 없거니와, 딱한 살림에 아들 보기에 여간 미안스러운 일이 아니었다.

– 김정한, 「사하촌」

41 윗글의 서술 방식에 대한 설명으로 적절하지 <u>않은</u> 것은?

① 현실에 대한 불평을 토로하는 장면에서 간접적으로 인물의 성격이 드러나고 있다.
② 서술자가 인물의 말과 행동에 내재된 심리적 상태를 논평하여 서술하고 있다.
③ 인물 간의 대화를 통해 대립과 갈등의 현실적 상황을 직접적으로 제시하고 있다.
④ 공간적 배경을 세밀하게 묘사함으로써 인물이 처한 상황을 상징적으로 드러내고 있다.
⑤ 서술자가 현실의 문제를 객관적으로 관찰하고 보고하는 형식으로 상황을 설명하고 있다.

42 윗글의 등장인물에 대한 이해로 가장 적절한 것은?

① 치삼 노인은 일터로 나가 끼니때가 되어도 돌아오지 않는 며느리의 행동을 이해하지 못하고 있다.
② 치삼 노인은 자신의 과거 행동으로 인해 지금의 상황을 초래한데 대한 미안함을 가지고 있다.
③ 들깨는 농사를 짓기 어려운 현실적 상황에 담담히 순응하려는 긍정적인 태도를 지니고 있다.
④ 들깨는 치삼 노인의 물음에 퉁명스럽게 답을 하면서 아버지에 대한 불만을 우회적으로 드러내고 있다.
⑤ 치삼 노인과 들깨는 면장이나 중을 현실의 위기를 타개해 나가는 조력자로 보고 도움을 요청하려 하고 있다.

43 ㉠~㉤에 대한 설명으로 적절하지 <u>않은</u> 것은?

① ㉠ : 치삼 노인의 가계가 몹시 궁핍한 생활로 기울어져 가고 있음을 간접적으로 보여주고 있다.
② ㉡ : 극심한 가뭄으로 고통 받고 있는 현실적 상황을 자연의 모습에 빗대어 표현하고 있다.
③ ㉢ : 아들에 대한 두려움으로 쉽게 말을 꺼내지 못하는 아버지의 심리를 직접적으로 설명하고 있다.
④ ㉣ : 가뭄이라는 자연적 재해 이외의 또 다른 갈등 요인이 있음을 암시하고 있다.
⑤ ㉤ : 자손들이 평안하게 살기를 소원하는 인물의 심리를 악용한 행태를 비판적으로 제시하고 있다.

44 [지렁이]와 [개미떼]의 상징성을 인물에 적용한 것으로 가장 적절한 것은?

	지렁이	개미떼
①	들깨	보광사 중
②	보광사 중	면장
③	면장	치삼 노인
④	보광사 중	들깨
⑤	치삼 노인	들깨

2019 기출문제

45 〈보기〉를 바탕으로 윗글을 감상한 것으로 적절하지 않은 것은? [3점]

〈보기〉

「사하촌」은 지독한 가뭄에 농사지을 물길이 막혀 버린 성동리 농민들의 애타는 심정과 그런 사정을 알면서도 저수지 물길을 막아 제 살 길만을 찾는 보광리 사람들의 대립을 쟁점화한 작품이다. 친일 계급을 등에 업은 사찰과 이를 비호하며 마을 사람들의 어려움을 외면하는 면장과 같은 관리의 행태를 통해, 민중들의 삶의 터전인 농토의 소유와 경작에 대한 갈등이 첨예화된 식민지 현실을 비판적으로 서사화한 것이다.

① "인젠 다 틀렸어요. 풀래야 풀물도 없고"에서 지독한 가뭄에 농사지을 물길이 막혀 버린 농민들의 애타는 심정이 잘 드러나고 있군.

② "기사년은 그래도 냇물은 조금 안 있었나요."에서 농민들 간의 대립이 첨예화된 현재의 원인과 당시의 상황이 발생한 원인이 같다고 생각하고 있군.

③ "원래 약속을 할 때는 농사철에는 냇물은 아니 막아 가기로 했다는데"서 민중들의 삶터와 생활을 근본적으로 위협하는 대립이 발생하고 있음을 알 수 있군.

④ "더군다나 전과 달라 중놈들까지 덤비는 꼴을 보면 ……"에서 친일 계급을 등에 업은 사찰의 횡포를 짐작할 수 있군.

⑤ "멀쩡한 자기 논을 괜히 중에게 주어 놓고 꿍꿍 소작을 하게 되고 보니"에서 농토의 소유와 경작에 대한 갈등이 초래된 현실을 안타까워하고 있군.

2025
경찰대학 10개년 국어

2018학년도 기출문제

국어영역

제1교시 국어영역

▶정답 및 해설 324p

01 밑줄 친 부분의 표기가 한글맞춤법에 어긋난 것은?

① 오늘 저녁에는 생선으로 졸임을 만들었다.
② 좌수(坐睡)는 '앉아서 졺'을 뜻하는 말이다.
③ 만듦새를 보니, 정성을 들인 것이 분명하다.
④ 진정한 봉사는 다른 사람의 알음을 바라지 않는다.
⑤ 눈이 내리고 땅이 얾으로 말미암아 길 떠날 생각을 접었다.

02 〈보기〉의 한글맞춤법 규정에 따라 표기된 것은? [3점]

〈보기〉

제23항 '-하다'나 '-거리다'가 붙는 어근에 '-이'가 붙어서 명사가 된 것은 그 원형을 밝히어 적는다.
[붙임] '-하다'나 '-거리다'가 붙을 수 없는 어근에 '-이'나 또는 다른 모음으로 시작되는 접미사가 붙어서 명사가 된 것은 그 원형을 밝히어 적지 아니한다.

① 오뚜기, 개구리
② 더펄이, 꽹과리
③ 깔쭈기, 깍두기
④ 홀쭉이, 얼룩이
⑤ 삐주기, 누덕이

03 국어 생활과 관련된 질문에 대한 답으로 적절한 것은?

① 문 : '부끄러워 않다'가 맞는 말인가요, '부끄러워하지 않다'가 맞는 말인가요?
답 : 보조 용언 '않다'는 형용사, 동사 뒤에서 부정 표현에 쓰이므로, 형용사인 '부끄럽다'의 부정은 '부끄러워 않다'와 '부끄러워하지 않다'를 둘 다 쓸 수 있습니다.
② 문 : "안녕히 계세요.", "안녕히 가세요."를 발음할 때 [안녕히]와 [안녕이] 중 어느 쪽이 맞는 건가요?
답 : 한자어나 복합어에서 모음과 'ㅎ' 또는 'ㄴ, ㅁ, ㅇ, ㄹ'과 'ㅎ'이 결합된 경우에는 '전화[저놔]'에서와 같이 'ㅎ'이 탈락한 대로 발음합니다. 이에 따라 '안녕히'는 [안녕이]로 발음합니다.
③ 문 : "벌에 쏘였다."가 맞습니까, "벌에 쐬었다."가 맞습니까?
답 : 피동사 '쏘이다'의 어간 '쏘이-' 뒤에 어미 '-었-'이 붙으면, 줄여서 '쏘였-'으로 써야 합니다. 그래서 '쏘이었다'의 준말로 '쏘였다'만이 가능합니다.
④ 문 : '시래기죽'이 맞나요, '시래깃죽'이 맞나요?
답 : '시래기'와 '죽'이 결합하여 만들어진 이 말이 [시래기쭉/시래긷쭉]으로 소리 나므로, 사이시옷 규정에 따라 사이시옷을 받치어 '시래깃죽'과 같이 적습니다.

⑤ 문 : "도움이 되었기를 바랍니다."라는 표현은 예의가 없어 보이는데, "도움이 되셨기를 바랍니다."라는 표현이 맞는지요?
답 : '이 정보가 누구에게 도움이 되다.'와 같은 문장에서의 주체인 '이 정보'는 높일 대상이 아니어서 서술어에 주체 높임을 나타내는 '-시-'를 붙이는 것은 적절하지 않습니다. 따라서 "도움이 되었기를 바랍니다."가 맞습니다.

04 부사의 사용이 적절하지 않은 것은?

① 이런 일은 결코 어제오늘의 일이 아니다.
② 잠을 깬 사람은 절대로 나만이 아니었다.
③ 그가 남긴 작품은 비단 이 그림 한 가지뿐이었다.
④ 석이는 오직 고개를 저을 뿐 아무 말이 없었다.
⑤ 오늘 경기는 반드시 이겨야 결승에 진출할 수 있다.

05 타동사 '벗다'의 반의어가 아닌 것은?

① 신다
② 붙다
③ 지다
④ 쓰다
⑤ 끼다

06 〈보기〉의 예를 이해한 내용으로 가장 적절한 것은?

〈보기〉

가. 우리 {나중에 / 다음에} 또 봅시다.
나. 그들은 {나중을 / *다음을} 위하여 저축을 한다.
다. 이 {다음은 / *나중은} 노래할 순서이다.
라. 20 페이지 {다음은 / *나중은} 21 페이지이다.
마. 우리 집 {다음 / *나중} 집은 커다란 이층집이다.

*표는 비문법적임을 뜻함.

① '가'를 보니 '나중'과 '다음'은 전혀 다른 의미 영역을 가지고 있군.
② '나'를 보니 '나중'은 '알지 못하는 동안에 어느덧'의 의미로 쓰이네.
③ '다'를 보니 '다음'은 '이번 차례의 바로 뒤'의 의미로 쓰이네.
④ '라'를 보니 '나중'은 '다음'과는 달리 순서를 전제로 하고 있군.
⑤ '마'를 보니 '다음'은 '나란히 있는 사물의 맨 마지막 것'을 뜻하네.

07 '신입생의 성공적인 대학 생활을 위하여'라는 주제로 글을 쓰려고 한다. 내용을 적절히 정리하여 구체화할 방안으로 가장 거리가 먼 것은?

① 먼저 예상 독자를 정해야지. 예비 대학생과 대학 신입생이 주된 독자가 되겠는걸.

② 어떤 내용을 담을까? 대학 생활에 대해 쓰는 것이니 먼서 대학의 재성 상태, 대학의 학과별 인원 등을 중요하게 다루어야겠지.

③ 글을 쓰기 위한 글감을 조사해야지. 전공별 교과 과정, 학교 편람, 대학생 동아리 안내, 장학 안내 등을 알아보아야겠군.

④ 어떻게 내용을 풀어 갈까? 고등학교와의 공부 방식의 차이, 전공별 특성 그리고 자기 주도적인 시간 활용 방법 등도 써야겠어.

⑤ 어떻게 글을 마무리할까? 전문인으로서의 능력뿐만 아니라 교양인으로서의 소양을 함께 갖추기 위한 대학 생활 전략이 있어야 함을 강조해야지.

08 〈보기〉의 (가)는 《월인석보》의 앞부분에 실린 《훈민정음》 언해본이며, (나)는 《월인석보》 권 10의 일부이다. 〈보기〉에 대한 이해로 적절하지 않은 것은? [3점]

〈보기〉

(가)
중국 소리에서의 잇소리는 치두음과 정치음이 구분됨이 있으니
ᅎ ᅔ ᅏ ᄼ ᄽ 글자는 치두의 소리에 쓰고
ᅐ ᅕ ᅑ ᄾ ᄿ 글자는 정치의 소리에 쓰니
어금니와 혀와 입술과 목소리의 글자는 중국 소리에 통하여 쓴다.

– 《훈민정음》 언해본(현대어 역)

(나)

– 《월인석보》 권10

① (가)의 'ᅎ ᅔ ᅏ ᄼ ᄽ ᅐ ᅕ ᅑ ᄾ ᄿ'와 같은 글자를 만든 것을 보니 현대 국어에는 없는 발음이 중세 국어에는 있었군.

② (나)로 미루어 보니, 《월인석보》에 (가)가 들어간 것은 《월인석보》에 사용된 글자를 소개하기 위한 것이었군.

③ 중국어의 잇소리는 중세 국어의 잇소리와 달리 두 종류로 나뉘었군.

④ 'ᅎ ᅔ ᅏ ᄼ ᄽ ᅐ ᅕ ᅑ ᄾ ᄿ'와 같은 글자는 우리말을 적기 위한 글자는 아니었군.

⑤ 창제 당시의 훈민정음은 글자의 모양을 바꿀 수 있는 가능성도 열려 있었군.

09 〈보기〉의 밑줄 친 부분에 부합하는 내용으로 적절하지 않은 것은?

〈보기〉

그동안 비표준어로 간주되었던 '짜장면'이 표준어가 됐다는 소식을 접하였다. 일반 대중에게 열렬한 환영을 받은 '짜장면'의 표준어 결정 앞에는 수많은 과제가 놓여 있다. 여전히 표준어로 인정받지 못하고 있으나 언중이 선호하는 말과 표준어 규정 안에 있으나 잘 쓰이지 않는 어휘들은 앞으로의 표준어 정책 방향에 대한 해답을 요구하고 있다. 물론 어문 규정이 존재하고 있는 한 어문 규범의 현실화는 쉽지 않다. 현재로서는 규정의 현실화가 어문 규정의 개정을 통해서만 이루어질 수 있기 때문이다. 따라서 당분간 규정 개정의 논의에서 벗어나 우리말의 다양성을 살리고 국어 생활을 더 풍요롭게 하기 위해 표준어 확대 작업에 속도를 낼 필요가 있다.

① '서럽다'와 '섧다'를 모두 표준어로 인정하였다.
② '광주리'와 '광우리'를 모두 표준어로 인정하였다.
③ '가엾다'와 '가엽다'를 모두 표준어로 인정하였다.
④ '모쪼록'과 '아무쪼록'을 모두 표준어로 인정하였다.
⑤ '거슴츠레하다'와 '게슴츠레하다'를 모두 표준어로 인정하였다.

10 다음 문장 중 어법에 맞고 자연스러운 것은?

① 지도를 사용하면 비록 초행길일지라도 쉽게 찾아갈 수 있다.
② 항상 가슴에 명심하여야 할 것은 열심히 공부해야 한다.
③ 하굣길에 삼촌 집에 들려서 물건을 받아 오너라.
④ 춥더라도 자주 창문을 열어 공기를 환기해야 해.
⑤ 그림을 그리던지 책을 읽던지 마음대로 해도 돼.

11 〈보기〉는 받침의 발음에 관한 표준발음법의 규정이다. 밑줄 친 발음이 규정에 맞는 것은?

〈보기〉

제10항 겹받침 'ㄳ', 'ㄵ', 'ㄼ, ㄽ, ㄾ', 'ㅄ'은 어말 또는 자음 앞에서 각각 [ㄱ, ㄴ, ㄹ, ㅂ]으로 발음한다.

다만, '밟-'은 자음 앞에서 [밥]으로 발음하고, '넓-'은 다음과 같은 경우에 [넙]으로 발음한다.

① 넓죽하다[널쭈카다]
② 외곬[외곧]
③ 없다[엄:따]
④ 여덟[여덥]
⑤ 핥다[할따]

2018 기출문제

12 〈보기〉의 글에서 잘못되거나 어색한 부분을 수정한 것으로 가장 적절한 것은? [3점]

〈보기〉

관현악을 위한 베토벤의 작품 중에서 교향곡 ㉠ 못지않게 중요한 위치를 차지하는 것이 서곡이다. ㉡ 사실 베토벤의 교향곡에 대한 현대의 평가는 '위대하다'라는 평범한 말로 담을 수 없을 정도로 높다. 베토벤은 오페라를 위한 서곡, 희곡 상연을 위한 서곡, 특별한 목적을 위한 연주회용 서곡 등 총 11곡의 서곡을 작곡했다. 그중에서도 〈에그몬트〉, 〈코리올란〉, 〈레오노레 제3번〉, 〈휘델리오〉 이 4곡은 고금의 명곡으로서, 희곡이나 오페라의 내용과 정신을 정확하게 ㉢ 표현하고 있는 중에도 음악적으로도 매우 훌륭하다.

그중에서 〈에그몬트〉 서곡은 괴테가 쓴 5막의 비극 〈에그몬트〉에 붙은 부수 음악이다. ㉣ 그렇지만 이 음악은 베토벤이 40세가 되던 1810년 5월에 완성되었다. 이 부수 음악은 서곡을 포함해서 전 10곡으로 되어 있는데 특히 서곡이 뛰어나므로 오늘날에 와서는 이 서곡만이 곧잘 연주회의 프로그램에 오른다. 이 곡은 비극적인 서주를 지닌 소나타 형식이며, 강인한 모습 속에 따뜻한 애정을 간직한 에그몬트 백작의 성격을 절묘하게 ㉤ 나타나게 되었다.

① ㉠은 띄어쓰기가 잘못되었으므로 띄어 써야 한다.
② ㉡은 내용이 자연스럽게 연결되도록 바로 뒤의 문장과 위치를 바꾼다.
③ ㉢은 뒷부분의 의미와 자연스럽게 연결되도록 '표현할 뿐 아니라'로 바꾼다.
④ ㉣은 문맥을 고려하여 '그래서'로 바꾼다.
⑤ ㉤은 문장의 호응관계를 고려하여 '나타내게 하였다.'로 수정한다.

[13~16] 다음 글을 읽고 물음에 답하시오.

2004년 초 미국항공우주국(NASA)은 혜성 '빌트2'에서 나온 우주 먼지를 포획하는 임무에 성공했다고 발표했다. 초속 50km로 움직이는 미세한 우주 먼지를 원형 그대로 붙잡기 위해서는 특별한 고안이 필요했다. 딱딱한 도구로 우주 먼지를 붙잡으려 하면 우주 먼지가 으스러져 버릴 것이기 때문이다. 그래서 선택된 것은 거품 형태의 물질이었다. '실리카에어로겔'이라 불리는 이 물질은 1cm3 안에 수십 억 개의 자잘한 그물망이 거품 모양으로 엉켜 있어서 빠른 속도로 움직이는 우주 먼지들을 낱낱이 거품 속으로 파고들게 해서 붙잡는 일을 성공적으로 수행했다.

이 실리카에어로겔은 어떻게 만들어졌을까. 이 물질의 출발점은 젤리였다. 1930년대 사무엘 키스틀러는 젤라틴에 과즙 따위의 액체를 넣어 만든 젤리가 찰랑거리면서도 형체를 유지하는 것에 관심을 가졌다. 그는 액체가 젤라틴으로 된 아주 가는 그물망 속에 가두어져 있다고 생각했다. 젤라틴은 원래 고체이지만 물 같은 액체에 닿으면 분자 결합이 느슨하게 풀려서 그물을 이루고 그 안에 물을 가두게 된다. 그물 안의 액체는 표면장력 때문에 바깥으로 새지 않는데, 이 상태에서 부드럽게 흔들면 젤리 전체가 찰랑거리게 된다.

그러나 키스틀러는 이 정도의 결론에 머무르지 않았다. 그는 다소 엉뚱한 상상을 했는데, 액체를 빼서 젤라틴 그물망만 남기기를 원했던 것이다. 그렇지만 문제는 액체가 증발하는 미약한 힘에도 젤라틴 그물망이 쉽게 쪼그라들어 버린다는 데 있었다. 이를 해결하기 위해 그는 물보다 쉽게 기화하는 알코올을 넣은 젤리를 압력 용기에 넣고 용기를 가열하여 끓는점을 넘도록 해서 젤리 속 액체가 그대로 기체가 되게 했다. 이는 기체와 액체가 같은 밀도와 구조를 이루어 서로 차이가 없어지는 온도, 곧 '임계온도'를 넘기면 액체가 영구기체(아무리 온도를 내리고 압력을 높여도 액체가 되지 않는 기체)가 되는 현상을 이용한 것이다. 이후 젤리에

서 천천히 기체가 빠져나오게 하면 젤라틴 그물은 젤리였을 때의 모양대로 유지된다. 이로써 키스틀러는 ㉠ 젤라틴 겔을 만드는 데 성공했다.

더 나아가 그는 젤라틴이 아니라 다른 물질로도 겔을 만들고 싶어 했다. 그는 같은 원리를 이용하여 산화 알루미늄, 니트로셀룰로오스, 달걀의 알부민 등으로 겔을 만들었는데, 가장 대표적인 것은 유리의 주재료인 이산화규소(실리카)로 만든 겔이었다. 이 ㉡ 실리카에어로겔은 젤라틴 겔보다 단단하고 가벼웠다. 공기가 전체 부피의 99.8%를 차지하는, 세상에서 가장 가벼운 고체였다.

실리카에어로겔을 보면 아주 이상하게 느껴진다. 빛이 약한 곳에 두면 푸른 빛으로 보이고 밝은 곳에서는 거의 보이지 않는다. 이 겔이 푸른 빛으로 보이는 것은 빛이 공기에 부딪혀 꺾이는 '레일리 산란' 현상 때문이다. 이 현상은 하늘에서 볼 수 있는데, 파장이 짧은 푸른 빛이 노랑이나 빨강 빛보다 더 많이 꺾이기 때문에 하늘이 푸르게 보이는 것이다. 물론 레일리 산란 현상을 보려면 하늘처럼 엄청난 양의 공기가 필요하다. 하지만 적은 양의 공기가 천문학적인 수의 작은 내부 표면을 지닌 투명한 물질에 갇히게 되면 레일리 산란이 상대적으로 많이 일어나 빛의 색이 변할 수 있다. 이것이 실리카에어로겔이 푸르게 보이는 이유이다.

키스틀러는 실리카에어로겔의 쓰임새를 단열재로 보았다. 이 겔이 많은 겹의 유리층과 공기를 지니고 있기 때문이다. 이는 유리창을 약간씩 띄워서 겹겹이 배치하면 단열이 되는 것과 같은 이치이다. 물론 실제 유리창을 그렇게 배치하면 무겁고 거대해져서 별 효용이 없는 반면, 실리카에어로겔은 작고 가벼우면서도 단열을 효율적으로 할 수 있다. 그러나 1930년대는 아직 단열에 관심이 없는 시대였고, 만드는 비용도 비쌌기에 실리카에어로겔은 곧 잊히고 말았다.

그러나 키스틀러가 죽은 지 한참 뒤인 1990년대 후반에 우주선 단열재로 이 겔이 선택되었다. 매우 가볍고 단열 효과는 최고이기에, 무게를 줄여야 하고 극단적으로 높고 낮은 외부 온도에도 견뎌야 하는 우주선에 딱 들어맞는 소재였던 것이다. 그 다음의 쓰임새가 우주 먼지 포획이었다. 이후 과학자들은 실리카에어로겔이 포획한 혜성의 우주 먼지를 분석하여 태양계 형성의 비밀을 파헤치고 있다.

13 윗글의 내용과 일치하지 않는 것은?

① 우주선은 부피가 작고 고온에 잘 견디게 만든다.

② 표면장력이 젤리의 형태 유지에 중요한 역할을 한다.

③ 비용 문제로 실리카에어로겔은 건축에서 외면당했다.

④ 혜성의 우주 먼지는 태양계 형성 연구의 재료가 된다.

⑤ 키스틀러는 자신의 발명품이 실용적 용도가 있다고 보았다.

14 ㉠에 대한 진술로 적절하지 않은 것은?

① 견고하지 않아서 충격에 약하다.

② 전체적으로 커다란 거품의 모양이다.

③ 속에 든 액체를 빼는 과정을 거쳐 만든다.

④ 적절한 열과 압력을 이용하여 만들어진다.

⑤ 액체에 닿아서 분자 결합이 변화한 결과이다.

2018 기출문제

15 ㉡의 특징으로 적절하지 않은 것은? [3점]

① 유리 성분이 주원료이므로 젤라틴 겔보다 형태 보존성이 좋다.

② 액체가 임계온도를 넘기면 기체로 변하는 현상을 이용하여 만들었다.

③ 빠른 속도로 움직이는 물체들을 한곳으로 모아서 원형 그대로 붙잡을 수 있다.

④ 고체 형태보다 그 속에 포함된 기체의 부피가 훨씬 커서 보기보다 매우 가볍게 느껴진다.

⑤ 유리창을 일정한 간격을 두고 겹겹이 배치할 때와 같은 단열 효과를 효율적으로 낼 수 있다.

16 윗글의 내용을 바탕으로 추론한 것으로 적절하지 않은 것은?

① 과일 젤리를 가열하면 세밀한 그물망이 쭈그러들게 될 것이다.

② 알코올을 임계온도에 다다르게 하는 것은 물의 경우보다 쉬울 것이다.

③ 알부민으로 겔을 만들면 거품들이 뭉쳐진 모양으로 그물망이 형성될 것이다.

④ 상온에서도 실리카에어로겔 안에 들어 있던 영구기체는 액화되지 않을 것이다.

⑤ 빛을 세게 쪼이면 빛의 꺾임 현상이 겔 안에서 크게 일어나 푸르게 보일 것이다.

[17~21] 다음 글을 읽고 물음에 답하시오.

(가)

나의 무덤 앞에는 그 차가운 비(碑)ㅅ돌을 세우지 말라.

나의 무덤 주위에는 그 ㉠ 노오란 해바라기를 심어 달라.

그리고 해바라기의 긴 줄거리 사이로 끝없는 보리밭을 보여 달라.

노오란 해바라기는 늘 태양같이 태양같이 하던 화려한 나의 사랑이라고 생각하라.

푸른 보리밭 사이로 ㉡ 하늘을 쏘는 노고지리가 있거든 아직도 날아오르는 나의 꿈이라고 생각하라.

– 함형수, 「해바라기의 비명 – 청년 화가 L을 위하여」

(나)

나의 지식이 독한 회의(懷疑)를 구(救)하지 못하고
내 또한 삶의 애증(愛憎)을 다 짐 지지 못하여
병든 나무처럼 생명이 부대낄 때
ⓐ 저 머나먼 아라비아의 사막(沙漠)으로 나는 가자.

거기는 한번 뜬 백일(白日)이 불사신같이 작열하고
일체가 모래 속에 사멸한 영겁(永劫)의 허적(虛寂)에
오직 알라의 신(神)만이
밤마다 고민하고 방황하는 열사(熱沙)의 끝.

그 열렬한 고독(孤獨) 가운데
옷자락을 나부끼고 호올로 서면
운명처럼 반드시 '나'와 대면(對面)케 될지니
하여 '나'란, 나의 생명이란
㉢ 그 원시의 본연한 자태를 다시 배우지 못하거든
차라리 나는 어느 사구(沙丘)에 회한 없는 백골(白骨)을 쪼이리라.

– 유치환, 「생명의 서」

(다)

어느 사이에 나는 아내도 없고, 또,
아내와 같이 살던 집도 없어지고,

그리고 살뜰한 부모며 동생들과도 멀리 떨어져서,
그 어느 바람 세인 쓸쓸한 거리 끝에 헤매었다.
바로 날도 저물어서,
바람은 더욱 세게 불고, 추위는 점점 더해 오는데,
나는 어느 목수(木手)네 집 헌 삿을 깐,
한 방에 들어서 쥔을 붙이었다.
이리하여 나는 ⓑ 이 습내 나는 춥고, 누긋한 방에서,
낮이나 밤이나 나는 나 혼자도 너무 많은 것같이 생각하며,
딜옹배기에 북덕불이라도 담겨 오면,
이것을 안고 손을 쬐며 재 위에 뜻 없이 글자를 쓰기도 하며,
또 문 밖에 나가지두 않구 자리에 누워서,
머리에 손깍지 베개를 하고 굴기도 하면서,
나는 내 슬픔이며 어리석음이며를 소처럼 연하여 쌔김질하는 것이었다.
내 가슴이 꽉 메어 올 적이며,
내 눈에 뜨거운 것이 핑 괴일 적이며,
또 내 스스로 화끈 낯이 붉도록 부끄러울 적이며,
나는 내 슬픔과 어리석음에 눌리어 죽을 수밖에 없는 것을 느끼는 것 이었다.
그러나 잠시 뒤에 나는 고개를 들어,
허연 문창을 바라보든가 또 눈을 떠서 높은 천정을 쳐다보는 것인데,
이때 나는 내 뜻이며 힘으로, 나를 이끌어 가는 것이 힘든 일인 것을 생각하고,
이것들보다 ㉣ 더 크고, 높은 것이 있어서, 나를 마음대로 굴려 가는 것을 생각하는 것인데,
이렇게 하여 여러 날이 지나는 동안에,
내 어지러운 마음에는 슬픔이며, 한탄이며, 가라앉을 것은 차츰 앙금이 되어 가라앉고,
외로운 생각만이 드는 때쯤 해서는,
더러 나줏손에 쌀랑쌀랑 싸락눈이 와서 문창을 치기도 하는 때도 있는데,
나는 이런 저녁에는 화로를 더욱 다가 끼며, 무릎을 꿇어 보며,
어느 먼 산 뒷옆에 바위섶에 따로 외로이 서서,
어두워 오는데 하이야니 눈을 맞을, 그 마른 잎새에는,
쌀랑쌀랑 소리도 나며 눈을 맞을,
그 드물다는 ㉤ 굳고 정한 갈매나무라는 나무를 생각하는 것이었다.

– 백석, 「남신의주 유동 박시봉방」

17 (가)~(다)의 시적 화자가 자신의 삶을 대하는 태도를 비교한 것으로 적절하지 않은 것은?

① (가)는 삶을 사랑과 꿈으로 채우려 하는 반면, (나)는 시련과 고뇌로 채우려 한다.

② (가)는 삶에 대한 희망적 태도를 보여 주는 반면, (다)는 삶에 대한 절망적인 관점을 벗어나지 못하고 있다.

③ (나)는 (다)와 달리 삶에서 겪는 고난을 능동적으로 받아들이는 태도를 드러내고 있다.

④ (다)는 (가)와 달리 자신의 꿈을 실현하려는 의지를 명시적으로 드러내지 못하고 있다.

⑤ (가), (나), (다) 모두 삶을 보다 의미 있게 하려면 어떻게 하는 것이 좋은지 모색하고 있다.

18 (가)~(다)의 시적 표현에 대한 설명으로 적절하지 않은 것은?

① (가)는 강렬한 색채 심상을 통해 시적 화자의 소망을 말하고 있다.
② (나)는 시적 허용의 수법으로 시적 화자의 단호한 의지를 강조하고 있다.
③ (다)는 호흡이 긴 문장으로 시적 화자의 내면을 보여 주고 있다.
④ (가)와 (나)는 슬프고도 장엄한 어조로, (다)는 사색적인 어조로 말하고 있다.
⑤ (가), (나), (다) 모두 직유를 사용하여 시상을 전개하고 있다.

19 시적 맥락을 고려할 때, ㉠~㉤ 중 의미가 가장 이질적인 것은?

① ㉠　② ㉡
③ ㉢　④ ㉣
⑤ ㉤

20 ⓐ와 ⓑ에 대한 설명으로 적절하지 않은 것은?

① ⓐ는 비현실성을 띠는 공간이다.
② ⓐ는 자아의 본질을 제대로 탐색하기 위한 전제가 된다.
③ ⓑ는 시적 화자의 처지를 상징하는 공간이다.
④ ⓑ는 시대적 불의에 항거하는 원동력이 된다.
⑤ ⓐ와 ⓑ 모두 정신적인 재탄생이 이루어지는 공간이다.

21 (다)의 시상 전개에 대한 설명으로 가장 적절한 것은? [3점]

① 대립적인 상징을 통해 사회적인 갈등을 내면화하여 성찰하고 있다.
② 편지 형식으로 자신의 삶을 반추함으로써 주어진 운명에 항거하고 있다.
③ 시적 화자가 겪은 사건을 구체화하여 예전의 상황을 상세하게 보여 주고 있다.
④ 수미상관의 방식으로 시적 화자가 처음 상태로 회귀하는 상황을 드러내고 있다.
⑤ 시적 화자의 신체적 자세 변화를 통해 현실을 대하는 정신적 변화를 보여 주고 있다.

[22~24] 다음 글을 읽고 물음에 답하시오.

종묘는 역대 국왕과 왕비의 신주(神主)를 봉안하고 제사를 지내는 사당이다. 사직은 토지의 신인 사(社)와 곡식의 신인 직(稷)에게 국가의 안녕과 농사의 풍요를 기원하는 제사를 올리는 곳이다. 따라서 종묘와 사직은 모두 국가에서 주관하는 제사를 시행하던 공간이라는 공통점이 있다. 조선 시대에는 국가에서 시행하는 여러 제사들을 제사 대상의 격에 따라 대사(大祀), 중사(中祀), 소사(小祀)로 등급을 나누었는데, 종묘와 사직에서 지내는 제사는 모두 대사로 규정되었다.

종묘와 사직이 조선에만 있었던 제도는 아니다. 유교 경전의 하나인 『주례(周禮)』에는 종묘와 사직에 관한 규정이 수록되어 있다. 수도를 건설할 때 "종묘는 궁궐의 왼쪽에 세우고 사직은 궁궐의 오른쪽에 세운다."라는 조항이 바로 그것이다. 동아시아의 전통 시대에는 군주가 궁궐 안에서 남쪽을 향해 앉아서 정치를 한다는 관념이 있었는데 이를 '남면(南面)'이라고 한다. 『주례』에서 말하는 '궁궐의 왼쪽과 오른쪽'은 곧 궁궐 안의 국왕이 남쪽을

바라보고 앉아 있는 상황을 기준으로 할 때의 왼쪽과 오른쪽을 말한다. 따라서 지금 우리가 서울의 옛 지도를 볼 때 생각하는 좌우 개념과는 반대가 된다. 『주례』의 이 조항은 종묘와 사직의 건설에 관한 가장 대표적인 규정이라고 할 수 있는데, 이처럼 유교 경전에 종묘와 사직에 관한 규정이 수록되어 있다는 것은 종묘와 사직이 전통 시대 동아시아의 유교 문화권 국가들에서 공통적으로 나타나는 제도였음을 보여 준다.

종묘와 사직은 유교 문화의 핵심이 고스란히 농축되어 있는 제도라고 할 수 있다. 전통 시대 유교 문화에서 가장 중요한 것은 윤리, 즉 사람이 가정과 사회에서 반드시 지켜야 하는 도리를 잘 준수하는 것이었다. 유교 윤리의 핵심은 '삼강(三綱)'과 '오륜(五倫)'으로 집약될 수 있는데, 이 삼강오륜 중에서 가장 중요한 것이 바로 '효(孝)'와 '충(忠)'이다. 그리고 ㉠ 부모에 대한 효가 사회 국가적 차원으로 확장된 것이 충이라는 점에서 가장 궁극적인 유교 윤리의 정수는 바로 '효'라고 할 수 있다.

부모에 대한 효를 실천하는 방법은 여러 가지가 있는데, 전통 시대에 매우 중시되었던 효의 실천 방법 중 하나가 바로 '제사'였다. 돌아가신 부모와 선조에 대해 살아 계실 때에 정성을 쏟았던 것과 같이 정성을 다해 제사를 올림으로써 효를 실천한다는 것이다. 이 점에 비추어 볼 때 종묘 제사는 국왕이 자신의 선조인 역대 국왕과 왕비에 대한 효를 실천하는 통로였다. 따라서 종묘는 제사를 통해 효 윤리가 실현되었던 유교적 문화 공간이라고 할 수 있다.

사직은 유교 문화의 경제적 기반이었던 농업과 밀접한 관련이 있는 곳이다. 국가는 백성, 즉 사람을 근본으로 하는데, 사람은 토지가 없으면 살 곳이 없고 곡식이 없으면 먹을 수가 없다. 따라서 전통 시대에 토지와 곡식은 국가 경제의 근간이었다. 이에 나라를 다스리는 국왕은 반드시 토지의 신과 곡식의 신에게 제사를 올려 백성들이 깃들어 살 수 있게 해주고 먹을 수 있도록 해 주는 토지와 곡식의 공덕에 보답해야 할 책임이 있었다.

나라 안의 토지는 광활하기 때문에 모든 땅에 대해 공경을 표할 수 없고, 곡식은 종류가 많아서 모든 곡식에 두루 제사를 올릴 수 없었다. 그래서 대신 흙을 쌓아, '사단(社壇)'을 만들어서 토지의 공에 보답하고 '직단(稷壇)'을 세워 곡식의 공에 감사했던 것이다. 이것이 전통 시대 유교 문화권의 여러 나라들이 사직단을 조성했던 이유이다. 사직은 전통 시대 국가에서 농업이 갖는 중요성과 경제적 민생 안정을 위한 국왕의 책무를 상징적으로 보여 주는 공간이었다고 할 수 있다.

㉡ 종묘와 사직에서의 제사는 엄정한 의식 절차에 따라 진행되었으며, 제사를 거행할 때는 반드시 음악이 연주되었다. 즉, '예(禮)'와 '악(樂)'이라는 유교 문화의 원칙에 따라 제사가 거행되었던 것이다. 국왕이 직접 주관하는 친제(親祭)는 말할 것도 없고 왕세자나 신하가 대신 거행하는 경우라 하더라도 제사의 주체는 원칙적으로 국왕이었다. 특히 종묘 제사는 국왕과 혈연관계가 있는 역대 국왕과 왕비에 대한 제사라는 점에서 왕실 의례의 성격이 강하다. 그러므로 종묘와 사직의 제사 의례에는 왕실 문화의 모습도 담겨 있다. 이처럼 종묘와 사직은 동아시아의 유교 문화와 왕실 문화 그리고 농업 사회적 특징이 종합적으로 깃들어 있는 문화 공간이었다.

동아시아의 각 나라들은 농업 경제에 기초한 유교 문화권이라는 점을 기본적으로 공유하면서 한편으로는 각국의 현실적인 조건에 따라 각기 다른 개성을 가진 문화를 발전시켜 나갔다. 따라서 조선의 종묘와 사직은 동아시아의 보편적 문화와 더불어 조선만의 독특한 유교 문화, 왕실 문화, 농경문화가 집약되어 있는 곳이라고 할 수 있다. 이에 조선의 종묘와 사직은 조선의 문화를 이해하기 위한 관문이 될 수 있다.

22 윗글의 내용과 일치하지 않는 것은?

① 삼강오륜이라는 유교의 핵심적인 윤리는 종묘에서 구현되었다.

② 종묘와 사직은 동아시아의 보편성과 조선의 특수성을 아울러 지니고 있다.

③ 종묘와 사직은 국가적 차원의 제사를 시행하던 공간으로서의 의미를 갖는다.

④ 남면하여 정치하는 국왕의 입장에서 왼쪽에 종묘를, 오른쪽에 사직을 두었다.

⑤ 왕실 문화에 기초한 사직은 제사를 유교 윤리의 실현에 맞게 개편한 것이다.

23 ㉠이 성립하기 위한 조건으로 적절하지 않은 것은?

① 부모는 자식에게, 국왕은 백성에게 은혜를 베푸는 존재이다.

② 자식은 부모의 혈육이기도 하지만 나라의 백성이기도 하다.

③ 부모와 자식의 관계는 국왕과 백성의 관계로 치환될 수 있다.

④ 부모는 자식에 대해, 국왕은 백성에 대해 군림하는 존재이다.

⑤ 부모에 대한 소임을 다하는 자식처럼 국왕에 대해 백성도 그렇게 할 수 있다.

24 ㉡과 〈보기〉를 통해 알 수 있는 것으로 가장 적절한 것은?

〈보기〉

종묘 제례악은 종묘에서 제사를 지낼 때 기악, 노래, 춤을 갖추고 종묘 제례 의식에 맞추어 연행하는 음악이다. 제례가 진행되는 동안 절차에 따라 〈보태평〉과 〈정대업〉이 연주된다. 음악이 연주되는 동안 문무(文舞)와 무무(武舞)가 곁들여진다. 문무는 역대 선왕의 문덕을 기리는 춤이고 무무는 선왕들의 무공을 칭송하는 춤이다. 이 음악은 편종, 편경 등 타악기의 선율에 당피리, 대금 등 관현악기의 장식적인 선율이 더해진 것이다. 또한 장구, 징, 태평소 등의 악기가 다양한 가락을 구사하여 특유의 중후함과 화려함을 준다. 중간중간에 울리는 박(拍) 소리는 종묘 제례의 분위기를 고조시킨다.

① 종묘에서 연주하는 음악은 시대에 따라 변화가 있다.

② 종묘의 음악은 선왕들의 학문과 예술을 형상화한 것이다.

③ 음악의 감동을 극대화하기 위해 예악 사상이 도입되었다.

④ 종묘의 음악을 올바로 연주하려면 예의 관념이 투철해야 한다.

⑤ 종묘 음악은 다양한 악기를 사용하여 유교 문화의 원칙을 충실히 구현한다.

[25~29] 다음 글을 읽고 물음에 답하시오.

(가)
生死路(생사로)는
㉠ 예 이샤매 저히고
나는 가ᄂᆞ다 말ㅅ도
몯다 닏고 가ᄂᆞ닛고
어느 ᄀᆞᅀᆞᆯ 이른 ᄇᆞᄅᆞ매
이에 저에 떠딜 ㉡ 닙다이
ᄒᆞᄃᆞᆫ 가재 나고
가논 곧 모ᄃᆞ온뎌
아으 彌陀刹(미타찰)애 맛보올 내
道(도) 닷가 기드리고다

– 월명, 「제망매가」(양주동 해독)

(나)
이 몸이 죽어 가셔 무어시 될고 ᄒᆞ니
蓬萊山(봉래산) 第一峰(제일봉)에 ㉢ 落落長松(낙락장송) 되야 이셔
白雪(백설)이 滿乾坤(만건곤)홀 제 獨也靑靑(독야청청)ᄒᆞ리라

– 성삼문의 시조

(다)
양전(兩殿)마마가 한날한시에 몽사(夢事)를 얻으시니
대명전 들보에서 여섯 청의동자가 날아와서 일시에 읍하거늘,
"네가 사람이냐 귀신이냐?
나는 새도 들어오지 못하는 곳인데 어찌하여 들어왔느냐?"
"인간 사람도 아니옵고 귀신도 아니옵고
하늘의 청의동자로서 옥황상제의 명령으로
국왕 전하의 명패를 풍도 섬에 가두러 왔나이다."
"그는 어찌하여 그러하냐?
신하 중에 원책이 있다더냐? 만민 중에 원민이 있다더냐?"
"원책, 원민이 아니오라, 하늘이 아는 아기를 내다 버리신 죄로
ⓐ 한날한시에 문안 드시면은 한날한시에 승하하시리다."
"그러면 내 어찌 회춘(回春)하리오?"
"버린 아기를 찾아 들여, 삼신산 불사약 무상신(無上神) 약령수(藥靈水) 동해 용왕 비례주(珠) 봉래산 가얌초(草) 안아산 수리취를 구해다 잡수시면 회춘하시리다."
깜짝 놀라 깨니 남가일몽(南柯一夢)이라.
(중략)
대왕마마 병환이 위중하옵시니
"만조백관, 시녀, 백성들아, 무상신 약령수를 얻어다가 국가 보존할쏘냐?"
"이승 약이 아니온데 어찌 얻을 수 있사오리까?"
(중략)
버려졌던 칠 공주 불러내어,
"부모 소양[효양(孝養)] 가려느냐?"
ⓑ "국가에 은혜와 신세는 안 졌지마는 어마마마 배 안에 열 달 들어 있던 공으로 소녀 가오리다."
"거둥 시위(侍衛)로 하여 주랴? 구슬 덩, 사(紗) 덩을 주랴?"
"필마단기(匹馬單騎)로 가겠나이다."
사승포(四升布) 고의적삼, 오승포 두루마기 짓고
쌍상투 짜고, 세(細)패랭이 닷 죽, 무쇠 주령 짚으시고 은 지게에 금줄 걸어 메이시고
ⓒ 양전마마 수결(手決) 받아 바지 끈에 매이시고
"여섯 형님이여, 삼천 궁녀들아,
대왕 양마마님께서 한날한시에 승하하실지라도
나 돌아올 때까지 기다려서 인산(因山) 거둥 내지 마라."
(중략)
아기[칠 공주]가 한곳을 바라보니
동에는 청 유리 장문이 서 있고 서에는 백 유리 장문이 서 있고
남에는 홍 유리 장문이 서 있고 북에는 흑 유리 장문이 서 있고
한가운데는 정렬문이 서 있는데 무상 신선(無上神仙)이 서 계시다.

ⓓ 키는 하늘에 닿은 듯하고 얼굴은 쟁반만 하고 눈은 등잔만 하고 코는 질병 매달린 것 같고 손은 소댕만 하고 발은 석자 세 치라.
하도 무서웁고 끔찍하여 물러나 삼배를 드리니
무상 신선 하는 말이,
"그대가 사람이뇨? 귀신이뇨?
날짐승 길버러지도 못 들어오는 곳에
어떻게 들어왔으며 어디서 왔느뇨?"
"나는 국왕마마의 세자로서 부모 봉양 왔나이다."
"부모 봉양 왔으면은 물값 가지고 왔소? 나무값 가지고 왔소?"
"총망 길에 잊었나이다."
ⓔ "물 삼 년 길어 주소. 불 삼 년 때어 주소. 나무 삼 년 베어 주소."

– 작자 미상, 「바리공주」

25 (가)~(다)의 공통점으로 가장 적절한 것은?

① 극적인 전환을 통해 미적 쾌감을 불러일으킨다.

② 인물과 배경이 설정되어 사건 전개가 이루어지고 있다.

③ 각 행의 율격이 일정하여 편안하고 안정된 느낌을 준다.

④ 이승의 삶 이후 상황을 상정하고 주제를 형상화하고 있다.

⑤ 밝고 동적인 이미지와 어둡고 정적인 이미지가 대비되어 있다.

26 (나)와 〈보기〉의 시적 화자의 태도를 비교한 것으로 가장 적절한 것은? [3점]

〈보기〉

내 님믈 그리ᅀᆞ와 우니다니
山(산)졉동새 난 이슷ᄒᆞ요이다
아니시며 거츠르신ᄃᆞᆯ 아으
殘月曉星(잔월효성)이 아ᄅᆞ시리이다
넉시라도 님은 ᄒᆞᆫᄃᆡ 녀져라 아으
벼기더시니 뉘러시니잇가
過(과)도 허믈도 千萬(천만) 업소이다
ᄆᆞᆯ힛마리신뎌 ᄉᆞᆯ읏븐뎌 아으
니미 나ᄅᆞᆯ ᄒᆞ마 니ᄌᆞ시니잇가
아소 님하 도람 드르샤 괴오쇼셔

– 정서, 「정과정」

① (나)는 미래에 대한 희망과 자신감이 넘치는 데 비해, 〈보기〉는 미래를 우울하게 관망하고 있다.

② (나)는 자신의 의지를 실제로 구현하고자 하는 데 비해, 〈보기〉는 자신의 감정을 절제하여 표현하고 있다.

③ (나)는 자신의 현실에 의연하게 대처하는 데 비해, 〈보기〉는 시적 대상에게 자신의 억울함을 호소하고 있다.

④ (나)는 자연의 좋은 풍광 속에서 위안을 얻는 데 비해, 〈보기〉는 자연 속에서 물아일체의 삶을 동경하고 있다.

⑤ (나)는 구속에서 벗어나 자유로운 세상을 추구하는 데 비해, 〈보기〉는 문제를 해결한 후 지위의 상승을 추구하고 있다.

27 〈보기〉의 설명을 참조하여 ㉠에 대해 이해한 것으로 적절하지 <u>않은</u> 것은?

〈보기〉

㉠의 향찰 원문은 '此矣有阿米次肸伊遣'이다. 이에 대한 해독에서 학자 사이에 이견이 있다. 양주동은 '예 이샤매 저히고'로, 김완진은 '이에 이샤매 머뭇그리고'로 해독하였다. 한자의 음과 훈을 빌려와 우리말을 기록한 향찰에 대해 음독과 훈독의 선택에 따라 서로 다른 해독이 나왔다.

① ㉠은 향찰에 대한 해독자의 관점이 반영되어 나온 것이다.

② ㉠은 차자(借字) 표기인 향찰로 기록된 것을 우리말로 해독한 것이다.

③ ㉠의 '예'는 '이에'와 같이 두 음절로도 해독할 수 있다.

④ ㉠의 '이샤매'는 이론의 여지가 많지 않은 해독이다.

⑤ ㉠의 '저히고'는 '머뭇그리고'로 달리 해독되기도 하지만 뜻은 같다.

28 문맥상 ㉡과 ㉢을 비교하여 설명한 것으로 적절하지 <u>않은</u> 것은?

① ㉡과 ㉢ 모두 식물적인 이미지를 표현한 것이다.

② ㉡과 ㉢ 모두 원관념에 대한 보조 관념에 해당한다.

③ ㉡에는 ㉢에 비해 더 능동적인 의지가 반영되어 있다.

④ ㉡에는 ㉢에 비해 사물의 동적인 성격이 두드러지게 나타난다.

⑤ ㉢은 ㉡에 비해 사물의 색채 이미지가 시상 전개에 중요한 역할을 한다.

29 ⓐ~ⓔ에 대한 설명으로 적절하지 <u>않은</u> 것은?

① ⓐ : 하늘이 내리신 아기를 버린 죄로 양전마마가 동시에 죽게 된다는 뜻이다.

② ⓑ : 부모에게 버림받은 원망을 묻어 둔 채 효행의 길을 나서겠다는 뜻이다.

③ ⓒ : 왕과 왕비의 명령과 결정에 의한 행동이라는 점을 증명하는 말이다.

④ ⓓ : 사람에게 두려우면서도 친근한 느낌을 주는 겉모습을 형용한 말이다.

⑤ ⓔ : 부모 봉양을 위해 희생해야 할 시간과 노력이 필요하다는 뜻이다.

[30~32] 다음 글을 읽고 물음에 답하시오.

㉠ <u>맹자</u>가 말씀하였다.

"우산(牛山)의 나무가 일찍이 아름다웠는데 대국의 교외이기 때문에 도끼와 자귀로 매일 나무를 베어 가니 재목이 아름다울 수 있겠는가. 낮과 밤에 자라남과 우로(雨露)가 적셔 줌으로 싹이 나오는 것이 없지 않지마는 또 소와 양이 뒤이어 방목됨으로써 저와 같이 헐벗게 되었다. 사람들은 우산이 헐벗은 것을 보고 그곳에는 일찍이 훌륭한 재목이 있지 않았다고 여기니, 이것이 어찌 우산의 본성이겠는가.

사람에게 보존되어 있는 것으로서 어찌 인의(仁義)의 마음이 없으리오. 그렇지만 그 양심을 잃어버리는 것이 도끼와 자귀로 아침마다 나무를 베어 가는 것과 같으니, 이렇게 하고서도 아름다울 수 있겠는가. 낮과 밤에 자라남과 새벽녘의 기운을 받음에 선을 좋아하고 악을 미워함이 사람들 사이에 근접한 것이 얼마 되지 않는데, 낮에 하는 소행이 이것조차 질곡(桎梏)하여 없어지게 하는 것이다. 질곡하여 이랬다저랬다 반복하면 밤의 기운이 보존될 수 없고 그렇게 되면 금수(禽獸)와의 거리가 멀지 않으리라. 사람들은 그 금수 같은 것을 보고 일찍이 훌륭한 재질(材質)이 있지 않았다고 여기니, 이것이 어찌 사람의 실정이겠는가.

그러므로 만약 잘 기를 수 있으면 사물마다 자라나지 않는 것이 없고, 만약 기르지 않으면 사물마다 없어지지 않는 것이 없다. 공자가 말씀하기를, '잡으면 보존되고 놓아 버리면 없어져서 나가고 들어옴이 일정한 때가 없어 방향을 알 수 없는 것이 오직 사람의 마음이라 할 것이다.'라고 하였다."

주자가 말씀하였다.

"'양심'이란 본연의 선한 마음이니 곧 이른바 인의지심(仁義之心)이란 것이다. '새벽녘의 기운'이란 사물과 접하지 않았을 때의 청명한 기운을 이른다. '선을 좋아하고 악을 미워함이 사람들 사이에 근접한다.'는 것은 사람들의 마음에 똑같이 옳게 여기는 바를 말한다. '얼마 되지 않음'은 많지 않다는 것이다. '질곡'은 형틀이다. '이랬다저랬다 반복함'은 말이나 행동을 이랬다저랬다 하며 자꾸 되풀이함이다.

사람의 양심이 이미 방실(放失)되었으나 낮과 밤의 때에 또한 반드시 자라나는 것이 있다. 그러므로 새벽녘에 사물과 접하지 않아서 그 기운이 청명할 때에는 이 양심이 반드시 발현되는 것이 있다. 다만 그 발현됨이 지극히 미미한데 낮에 행하는 불선(不善)이 잇따라서 질곡하여 없어지게 하니, 이것은 마치 산의 나무를 이미 베어 갔으나 오히려 싹이 돋아났는데 또 소와 양이 뒤미처 방목되는 것과 같다. 낮에 하는 소행이 불길같이 성하게 일어나면 반드시 밤에 자라나는 바를 해치고, 밤에 자라나는 바가 적어지면 또 낮에 하는 나쁜 행위를 이기지 못한다. 이 때문에 이랬다저랬다 반복하며 서로 해쳐서 새벽녘의 기운도 청명하지 못해서 인의의 양심을 보존할 수 없는 데에 이른다."

또 말씀하였다.

"공자가 말씀하기를, '마음을 잡으면 여기에 있고 놓으면 잃어버려서, 나가고 들어옴이 일정한 때가 없고 또한 정처(定處)가 없다.'고 하였다. 맹자가 이를 인용하여 마음이 신명(神明)하고 측량할 수 없어 위태롭게 움직여 편안하기 어려움이 이와 같으니, 잠시라도 기르지 않아서는 안 됨을 밝힌 것이다."

정자(程子)가 말씀하였다.

"마음이 어찌 나가고 들어옴이 있겠는가. 잡음과 놓음을 가지고 말씀하였을 뿐이니, 마음을 잡는 방법은 공경하여 그것을 곧게 하는 것일 따름이다."

스승에게 들으니 다음과 같이 말씀하였다.

"이 장의 뜻이 가장 요긴하고 절실하니 배우는 자들은 마땅히 익숙하게 음미하고 깊이 살펴야 할 것이다."

[부주(附註)]

범순부의 딸이 『맹자』의 「조존장(操存章)」을 읽고 말하기를, "맹자는 마음을 모르셨다. 마음이 어찌 나가고 들어옴이 있겠는가."라고 했는데, 이천(伊川) 선생은 그 말을 듣고 말씀하기를, "이 여자가 비록 맹자는 몰랐으나 도리어 마음은 알았다."라고 하였다.

30 윗글에 나온 인물들의 발언 내용으로 적절하지 않은 것은? [3점]

① 공자 : 사람의 마음은 잡아 두지 않으면 어느 방향으로 나아갈지 모른다.

② 맹자 : 사람이 낮 동안에 행하는 행위가 마음의 본성을 잃도록 만든다.

③ 주자 : 청명한 기운으로 양심이 일어나면 나쁜 행위는 저절로 사라진다.

④ 정자 : 공경하여 마음을 곧게 하는 것이 마음을 잡는 방법이다.

⑤ 범순부의 딸 : 마음은 나가고 들어오는 것이 아니다.

31 ㉠의 말하기 방식에 대한 설명으로 가장 적절한 것은?

① 주장에 상응하는 비유를 사용하여 설득하고 있다.

② 여러 사람의 말을 인용하여 주장을 구체화하고 있다.

③ 조목별로 제시한 근거들을 종합하여 결론을 내고 있다.

④ 주장을 실천하는 방안에 대해 집중적으로 거론하고 있다.

⑤ 주장을 먼저 내세운 다음, 그 근거에 대해 설명하고 있다.

32 윗글의 내용을 실천한 옛 선비들의 사례로 적절하지 <u>않은</u> 것은?

① 마음에서 일어나는 감정을 솔직하게 인정하고 실행에 옮기고자 하였다.

② 본래의 마음을 찾고자 하는 노력을 스스로 포기하지 않으려 하였다.

③ 자신의 마음 상태를 점검하면서 항상 의식이 깨어 있고자 하였다.

④ 모든 일에 대해 공경하는 자세로 마음을 바르게 갖고자 하였다.

⑤ 혼자 있을 때에도 자신의 마음과 행동을 조심하고 삼갔다.

[33~37] 다음 글을 읽고 물음에 답하시오.

유 한림은 입궐하고 집이 고요한데 사 부인이 홀로 책상을 의지하여 고서(古書)를 보더니, 시비 춘낭이 아뢰었다.

"화원의 작은 정자에 모란꽃이 성히 피었사오니 한번 구경하소서."

부인이 즉시 책을 덮고 시비 5, 6인을 데리고 정자에 이르렀다. 버드나무 그늘은 난간을 가리고 꽃향기는 옷에 스미니 짐짓 아름다운 경치였다. 사 부인이 시비를 명하여 교씨를 청하여 봄 경치를 구경하고자 하더니, 문득 바람결에 거문고 타는 소리가 들렸다. 소리가 맑고 처절하여 진주가 옥쟁반에 구르는 듯하여 사람의 마음을 요동하였다. 좌우에게 물었다.

"이 거문고를 누가 타느냐?"

시비가 대답하였다.

"교 낭자의 재주로소이다."

"교씨가 음률을 알더냐?"

"백자당이 정당과 거리가 멀어 부인은 모르시려니와 저희는 종종 낭자의 거문고 타고 노래 부르는 소리를 들었나이다."

이렇게 말할 즈음에 거문고 소리 그치고 고운 소리로 노래를 부르거늘, 부인이 고개를 숙이고 듣다가 한참 후 시비 춘낭에게 말을 전하도록 하였다.

"마침 일이 없어 화원에 이르러 풍경을 구경하더니 낭자는 한걸음을 아끼지 말라."

교씨가 놀라 즉시 왔다. 부인이 자리를 주고 함께 꽃을 구경하며 차를 마셨다. 부인이 교씨에게 말했다.

"낭자가 재주 많은 줄은 알았거니와 음률에 정통함은 몰랐더니, 아까 거문고 소리를 들으니 족히 채문희로 하여금 홀로 아름답다 하지 못하리로다."

교씨가 대답하였다.

"천한 재주에 무엇을 잘하리까마는 심심하였으므로 혼자 즐기더니, 부인이 들어 계시니 황공하옵니다."

"내가 낭자로 더불어 정이 가슴속에 있고 의는 붕우(朋友)라. 한마디를 하고자 하나니 어떠한가?"

"부인의 가르치심이 있사오면 천첩의 다행일까 하나이다."

[A] "낭자가 탄 곡조는 당나라 시절 〈예상우의곡〉이라. 이 곡조를 요즘 사람이 많이 타나 실은 당 현종이 서촉(西蜀) 지방으로 도망하고 양 귀비가 마외의 역에서 죽어 비웃음이 후세에 그치지 않았으니, 이는 망국의 음악이라 본디 취할 것이 아니네. 또 그대의 거문고 소리와 노랫소를 원근 사람이 들으면 여자의 도리에 합당하지 못할 것이네. 그대가 어질므로 도리를 행하여 남편을 섬기고 자식을 엄히 가르치며 하인을 은혜로 다스리면, 이 반드시 여자의 덕행이니 남자라도 거문고를 타는 것은 바르지 못한 사람이 하는 바이라. 그대가 어진 도리로 잠시의 과실을 깨닫지 못한 것이매 내가 그대의 어짊을 아름다이 여겨 이르나니 너무 허물하지 말게나."

㉠ "소첩이 배운 것이 적어 잘못함을 깨닫지 못하였더니, 부인께서 이르시니 가슴에 새겨 잊지 않으리다."

부인이 또 교씨를 위로하여 말하였다.

"내가 낭자를 사랑하는 까닭에 심곡(心曲)을 감추지 못한 것이니 이후에 나의 허물이 있거든 또한 일러 깨닫게 하게."

그러고는 종일토록 담소하다가 자리를 파하였다.

유 한림이 조정의 일을 마친 후 백자당에 이르렀다. 술이 취하여 자지 못하고 난간에 기대어 주위를 완상하니 달빛은 낮과 같고 꽃 그림자가 하늘거렸다. 호탕한 흥이 일어나 교씨를 명하여 노래를 부르라고 하였다. ㉡ 교씨가 말하였다.

"찬바람에 몸이 아파 부르지 못하나이다."

"여자의 도리는 남편의 명을 따르는 것이거늘, 내가 노래를 부르라 하였더니 핑계를 대니 여자의 도리 아니라."

"아까 심심하기로 노래를 불렀더니 부인이 듣고 불러 책망하되, '네가 요괴로운 노래로 집안을 어지럽히고 한림을 미혹하게 하는구나. 이후에 또 부르면 내게 혀를 끊는 칼도 있고 벙어리 되는 약도 있으니 이후로는 삼가고 조심하라.' 하셨나이다. 첩이 본래 빈한한 계집으로 상공의 은혜를 입어 부귀영화가 이와 같으니 비록 죽으나 한이 없을 것이로되, 다만 상공의 청덕이 첩으로 인하여 흠사(欠事)가 될까 하나이다."

한림이 크게 경아(驚訝)하여 마음속으로 생각하되, ㉢ '저가 항상 투기를 않노라 하고 교씨 대접하기를 후하게 하여 교씨의 단점을 이른 적이 없더니, 이제 교씨의 말을 들으니 집안에 무슨 연고가 있도다.'

– 김만중, 「사씨남정기」

33 윗글에 나오는 인물 간의 관계를 설명한 것으로 적절하지 않은 것은?

① 사 부인과 교씨는 유 한림에게 처와 첩인 관계이다.

② 사 부인과 교씨는 서로에게 말하는 어투에 차이가 있는 관계이다.

③ 교씨는 유 한림과 사 부인 앞에서 공손하게 대하는 관계에 있다.

④ 유 한림은 사 부인에게 친근하고 교씨와 거리를 두는 관계에 있다.

⑤ 춘낭은 사 부인과 교씨 중에서 사 부인을 주인으로 모시는 관계에 있다.

34 [A]에 나타난 사 부인의 음악에 대한 생각으로 가장 적절한 것은?

① 요즘 사람들은 대부분 음악의 유래를 알고 즐긴다.

② 음악에 심취하는 것은 여자의 도리에 합당하지 않다.

③ 사람의 감정을 숨김없이 표현한 음악이 좋은 음악이다.

④ 혼자서 조용하게 음악을 감상하는 것이 올바른 태도이다.

⑤ 아내로서 남편의 즐거움을 위해 음악을 연주하는 것은 필요하다.

35 문맥상 ㉠과 〈보기〉에 대한 설명으로 가장 적절한 것은? [3점]

〈보기〉

青山裏(청산리) 碧溪水(벽계수) ㅣ야 수이 감을 자랑 마라
一到滄海(일도 창해)ᄒᆞ면 다시 오기 어려오니
明月(명월)이 滿空山(만공산)ᄒᆞ니 수여 간들 엇더리

– 황진이의 시조

① ㉠은 〈보기〉에 비해 감정의 노출이 더욱 강하게 표현되었다.

② ㉠은 〈보기〉에 비해 화자의 의도가 더욱 분명하게 드러나 있다.

③ 〈보기〉는 ㉠에 비해 인물의 형상화에 더욱 초점을 맞추고 있다.

④ ㉠과 〈보기〉는 문면에 나타난 의미 외에 숨겨진 의미가 담겨 있다.

⑤ ㉠과 〈보기〉는 상대나 청자에 대해 같은 등급의 경어가 사용되었다.

36 ㉡을 비판하는 한자 성어로 가장 거리가 <u>먼</u> 것은?

① 연목구어(緣木求魚)

② 적반하장(賊反荷杖)

③ 교언영색(巧言令色)

④ 침소봉대(針小棒大)

⑤ 표리부동(表裏不同)

37 ㉢에 나타난 인물의 심리에 대한 설명으로 가장 적절한 것은?

① 유 한림은 교씨의 말을 사 부인에 대한 모함이라고 생각하고 있다.

② 유 한림은 교씨의 말과 태도에 대해 불신하면서도 화를 참고 있다.

③ 유 한림은 사 부인의 마음이 변한 것이라고 단정하고 노여워하고 있다.

④ 유 한림은 사 부인의 예전의 행동과 말에 대해 의심스럽게 여기게 되었다.

⑤ 유 한림은 교씨의 말과 사 부인의 말을 견주어 보아 진상을 알아차리게 되었다.

[38~40] 다음 글을 읽고 물음에 답하시오.

ⓐ 숙의* 민주주의라는 용어는 민주주의의 질을 개선하려는 정치적 접근법의 특징을 드러낸다. 참여 그 자체를 위해 정치 참여를 증대시키는 것이 아니라 정치 참여의 본질과 방식을 제고하는 것이 과제이다. 흔히 현대 민주주의가 대중적 유명 인사 정치, 사운드 바이트* 식 논쟁, 사적 이익과 야망의 추구 등으로 전락해 버린 데 대해, 그 주창자들은 계몽된 논쟁, 이성의 공적 사용, 진리의 불편부당한 추구 등을 지지한다.

그들이 중시하는 것은 정제되고 사려 깊은 선호이다. ㉠ 오페와 프로이스는 '합리적인' 정치적 의사나 판단은 세 가지 기준, 즉 '사실을 중시'하고 '미래를 중시'하고 '타인을 중시'하는 것이어야 한다고 하였다. 정치적 판단에 결함이 있다면, 대개 이런 기준 중 어느 하나에서, 가령 무지하거나 근시안적이거나 이기적인 판단을 하였기 때문이라는 것이다. 여기에서 다음과 같은 쟁점이 제기된다. 민주주의 이론은 일상생활에서 발견되는 여러 정치적인 선호를, 확고하게 형성된 것 또는 합리적인 것으로 간주해야 하는가, 아니면 정치적 의사의 본질이 어떠해야 하는지 의문을 제기하도록 이끌어야 하는가. 만일 후자라면 정치적 의사는 불편부당함의 기준에 부합할 경우에만 정당하다고 해야 하는가.

이런 논점은 사려 깊은 선호에 대한 관심이 엘리트주의적인 것인가, 아니면 민주주의의 작동에 혁신적인 사고를 가져올 것인가와 관련된다. 달리 말해, 민주적인 공공선 개념은 개인들이 지닌 선호의 취합물일 뿐인가, 아니면 진지한 공적 논쟁이나 숙의를 통해 표출될 수 있는가의 문제이다. 오페와 프로이스는 '참여가 증가하는 만큼 합리성도 증가하는 것은 아니다.'라고 한다. 정치 참여의 범주를 확대하는 문제나 민주주의 확산의 영역들을 재고하는 것은 더 이상 민주주의 이론의 과제가 아니다. 현재 과제는 '숙고를 거친, 사회적으로 입증되고 정당화될 수 있는 선호가 형성되도록 장려하는 ⓑ 제도나 절차의 도입'에 관한 것이라고 한다.

현대 정치의 문제점은 숙의 민주주의자들에게 많은 생각을 하게 하였다. ㉡ 피시킨은 대규모 유권자 속에서 발견되는 공적 생활에 대한 무관심, 정당 및 통치 집단의 엘리트주의 등을 비판하였다. 현대 민주주의는 '정치적으로 평등하지만 상대적으로 무능한 대중과 정치적으로 불평등하지만 상대적으로 유능한 엘리트 사이의 선택을 강요하고 있다.' 배제된 집단의 선거권 확보같이 더 큰 평등을 향한 역사적 추세는 대규모의 불참 및 무관심을 동반하였다. 투표권이 확대되었어도 투표율은 하락해 왔고 민주적 토론은 대개 피상적이며 그 결론은 지식 정보의 부족하에 경솔하게 이루어진다. 유권자들은 소외, 이탈, 자기만족 등을 겪으면서 정치 과정에서의 단절감을 드러낸다. 정책보다 정치인에 대한 강조가 미디어에 젖은 선거판을 지배하고 사운드 바이트가 논쟁을 대신하며 유명 인사의 인기가 신념에 입각한 정치 주장을 대체한다고 한다.

피시킨은 미국과 유럽을 지배하는 엘리트들이 광범위한 정치 논쟁 과정이나 문제들로부터 점점 분리된다고 한다. 정책의 원칙을 탐구하거나 정책 방향을 숙의하기보다는 기존 견해나 이해관계에 정책을 맞추려는 여론조사나 표적 집단 면접 등과 같은 마케팅 기법이 정책 과정을 엄습한다. 엘리트들은 유권자를 예측하려는 시도를 통해 정치를 운영한다. 민주주의 이론들에서 발견되는 이성, 논쟁, 불편부당성에 근거한 공적 영역의 이상은 엘리트와 정당이 여론조사에 의존하면서 붕괴되고 있다는 것이다.

넓은 의미에서 숙의 민주주의란 '자유롭고 평등한 시민들의 공적 숙의가 정당한 정치적 의사 결정이나 자치의 핵심이라고 생각하는 일군의 견해'로 정의된다. 숙의 민주주의자들은 정치적 정통성이 투표 결과에 달려 있다기보다는 공적 결정에 대해 옹호 가능한 이유와 설명을 제시하는 데 있다고 본다. 이들의 목표는 숙의 과정을 통해 사적인 선호를 공적인 조사나 검증에 견딜 수 있는 입장으로 전환시키는 것이다.

㉢ 코헨은, 민주적 결사체란 '결사를 맺는 계약 조건의 정당화가 공적인 논쟁과 논증을 통해 이루

어지는' 것이며, 그 속에서 시민들은 '자유로운 공적 숙의의 틀을 자신들이 제정할 수 있는 한에서 그 제도를 정당한 것으로 간주한다.'고 하였다. 숙의는 어떤 우월적 규범이나 권위에 의해 제약되지 않을 때 자유로울 수 있다. 시민들은 자신의 선호를 공개적으로 정당화할 준비 없이 단순히 선호만을 표명할 수 없다. 이런 이상이 실현되려면 권력, 부, 교육 등 자원의 불평등에 따른 왜곡에 의해서가 아니라 합리적 동기에 의한 합의가 필요하다. 이런 정치 모델은 시민들이 형식과 실질 양면에서 평등을 누릴 것을 요구한다. 평등한 시민들 사이의 자유로운 숙의를 통해 정치적 정당화가 이루어질 수 있도록 하는 제도를 설치, 조정해야 한다고 한다.

*숙의(熟議) : 깊이 생각하여 의논을 거듭함.
*사운드 바이트 : 정치인의 연설 중에서 뉴스 프로그램에 방송되는 짧은 한마디 문장이나 구절.

38 ㉠~㉢의 주장과 일치하지 않는 것은?

① ㉠ : 정치적 판단이 사실에 대해 무지하거나 장래의 일까지 생각하지 못한다면 결함이 있는 것이다.

② ㉠ : 참여가 많을수록 합리성이 증가하지는 않기 때문에 숙고를 거쳐 사회적으로 정당화될 선호가 형성되도록 해야 한다.

③ ㉡ : 오늘날 유권자들은 정치 과정에서의 단절감을 극복하기 위해 자기만족을 추구한다.

④ ㉡ : 현대 정치는 유권자들이 정치 과정에서 소외되고 논쟁다운 논쟁 없이 정책보다 정치인의 인기도가 정치적 주장을 대체하고 있다.

⑤ ㉢ : 정책 수립에는 어떤 규범이나 권위에 의해 제약되지 않는 숙의 과정을 통해 합리적 동기에 따른 합의가 요구된다.

39 ⓐ를 지지하는 견해로 가장 적절한 것은? [3점]

① 독특한 사회 관습이나 규칙, 관습적인 인간관계의 방식 등에 따라서 논쟁과 논증의 관행은 얼마든지 다를 수 있다.

② 공적 선택을 둘러싼 갈등은 인간사에서 제거될 수 없으며 이기적인 정치 행위자가 숙의를 통해 이타적 인간으로 바뀔 수 없다.

③ 어떤 사실을 적절한 것으로 간주할지는 이전의 개념 선택에 의해 좌우될 것이기 때문에 사실에 호소하는 것이 문제 해결의 방법이 되지 못한다.

④ 불편부당함의 기준을 두고 토론하면서 좀 더 나은 결론을 추구하게 되면, 토론의 상대방이 가진 충분한 이유와 근거를 인정할 수 없게 된다.

⑤ 다수파의 견해란 어느 특정 선거 시점에서 논의의 균형이 어디에 위치하는지 보여 주는 지표일 따름이기 때문에 논의가 계속되어야 함을 인정하는 것이 합리적이다.

40 ⓑ에 해당하는 것으로 적절하지 않은 것은?

① 일정한 날을 잡아 무작위로 뽑힌 시민들이 학교나 공회당에 모여 후보 선택에 대해 논의를 한다.

② 시민들에게 공적 논증과 정치적 선택에 필요한 능력을 계발하는 데 기여할 수 있는 교육을 실시한다.

③ 인터넷을 활용하여 일반 시민들에 의해 제기되고 검증된 혁신 방안을 정부 차원에서 제도화하고자 한다.

④ 육아 설비 실태를 재검토하여 남성뿐만 아니라 여성도 공적 생활에 참여할 수 있는 기회를 가질 수 있게 한다.

⑤ 쟁점에 대해 전문가의 견해를 참조하고 참가자들 간의 토의 후에 나온 의견을 묻는 방식으로 여론 조사를 한다.

[41~45] 다음 글을 읽고 물음에 답하시오.

그동안 무얼 하며 지내느냐는 원구의 물음에 동욱은 끼고 온 보자기를 끄르고 스크랩북을 펴 보이는 것이었다. 몇 장 벌컥벌컥 뒤지는데 보니, 서양 여자랑 아이들의 초상화가 드문드문 붙어 있었다. 그 견본을 가지고 미군 부대를 찾아다니며, 초상화의 주문을 맡는다는 것이었다. ㉠ 대학에서 영문과를 전공한 것이 아주 헛일은 아니었다고 하며 동욱은 닝글닝글 웃었다. 동욱의 그 닝글닝글한 웃음을 원구는 이전부터 몹시 꺼렸다. 상대방을 조롱하는 것 같은, 그러면서도 자조적이요, 어쩐지 친애감조차 느껴지는 그 닝글닝글한 웃음은, 원구에게 어떤 운명적인 중압을 암시하여 감당할 수 없이 마음이 무거워지는 것이었다. 대체 그림은 누가 그리느냐니까, 지금 여동생 동옥이와 둘이 지내는데, 동옥은 어려서부터 그림을 좋아하더니 초상화를 곧잘 그린다는 것이다. 동옥이란 원구의 귀에도 익은 이름이었다. 소학교 시절에 동욱이네 집에 놀러 가면 그때 대여섯 살밖에 안 되는 동옥이가 귀찮게 졸졸 따라다니던 기억이 새로웠다. 동옥은 그 당시 아이들 사이에 한창 유행되었던, '중중 때때중 바랑 메고 어디 가나'를 부르고 다녔다. 그 사이 이십 년이라는 세월이 흐르고 보니 동옥의 모습은 전연 기억도 남지 않았다. 동욱의 말에 의하면 지난번 1·4후퇴 당시 데리고 왔는데, 요새 와서는 짐스러워 후회될 때가 있다는 것이었다. 그의 남편은 못 넘어왔느냐니까, 뭘 입때 처년데, 했다. 지금 몇 살인데 미혼이냐고 묻고 싶었지만, 원구는 혼기가 지난 동욱이나 자기 자신도 아직 독신인 걸 생각하고, 여자도 그럴 수가 있을 거라고 속으로 주억거리며 그는 입을 다물었다. 동옥의 나이가 지금 이십오륙 세가 아닐까 하고 원구는 지나간 세월과 자기 나이에 비추어 속어림으로 따져 보는 것이었다. 술에 취한 동욱은 다자꾸 원구의 어깨를 한 손으로 투덕거리며, 동옥이년이 정말 가엾어, 암만 생각해도, 그 총기며 인물이 아까워, 그런 말을 되풀이하는 것이었다. 그러고는 다시 잔을 비우고 나서, 할 수 있나 모두가 운명인 걸 하고 고개를 흔드는 것이었다. 동욱은 머리를 떨어뜨린 채, ㉡ 내가 자네람 주저 없이 동옥이와 결혼할 테야, 암 장담하구말구, 혼잣말처럼 그렇게도 중얼거리는 것이었다. 종잡을 수 없는 동욱의 그런 말에 원구는 무슨 영문인지도 모르면서, 암 그럴 테지, 하며 ㉢ 동욱의 손을 쥐어 흔드는 것이었다.

동욱은 음식집을 나와 헤어질 무렵에 두 손을 원구의 양 어깨에 얹고 자기는 꼭 목사가 되겠노라고, 했다. 그것이 자기의 갈 길인 것 같다고 하며 이제 새 학기에는 신학교에 들어가겠다는 것이었다. 어깨가 축 늘어져서 걸어가는 동욱의 초라한 뒷모양을 바라보고 서서 원구는 또다시 동욱의 과거와 그 집안을 그려 보며, ㉣ 목사가 되겠노라고

하면서도 술을 사랑하는 동욱을 아껴 줘야겠다고 생각하는 것이었다.

(중략)

비 오는 날인데다가 창문까지 거적때기로 가리어서 방 안은 굴속같이 침침했다. 다다미 여덟 장 깔리는 방 안은, 다다 미 위에다 시멘트 종이로 장판 바르듯 한 것이었다. 한켠 천장에서는 쉴 사이 없이 빗물이 떨어졌다. 빗물 떨어지는 자리에는 바께쓰가 놓여 있었다. 촐랑촐랑 쪼르륵 촐랑, 빗물은 이와 같은 연속적인 음향을 남기며 바께쓰 안에 가 떨어지는 것이었다. ⓐ 무덤 속 같은 이 방 안의 어둠을 조금이라도 구해 주는 것은 그래도 빗물 소리뿐이었다. 그러나 그 빗물 소리마저, 바께쓰에 차츰 물이 늘어 갈수록 우울한 음향으로 변해 가는 것이었다. 동욱은 별로 원구와 동옥을 인사시키거나 소개하려 하지 않았다.

(중략)

그 뒤로는 비가 와서 가게를 벌일 수 없는 날이면 원구는 자주 동욱이네 집을 찾아가는 것이었다. 불구인 그 신체와 같이, 불구적인 성격으로 대해 주는 동옥의 태도가 결코 대견할 리 없으면서도, ⓜ 어느 얄궂은 힘에 조종당하듯이, 원구는 또다시 찾아가지 아니할 수 없는 것이었다. 침침한 방 안에 빗물 떨어지는 소리가 듣고 싶어서일까? 동옥의 가늘고 짧은 한쪽 다리가 지니고 있는 슬픔에 중독된 탓일까? 이도 저도 아니면, 찾아갈 적마다 차츰 정상적인 데로 돌아오는 동옥의 태도에 색다른 매력을 발견한 탓일까? 정말 동옥의 태도는 원구가 찾아가는 횟수에 따라 현저히 부드러워지는 것이었다. 두 번째 찾아갔을 때 동옥은 원구를 보자 얼굴을 붉히었다. 그리고는 고개를 숙였다. 세 번째 찾아갔을 때는 원구를 보자 동옥은 해죽이 웃어 보인 것이었다. 그러나 그것은 우울한 미소였다. 찾아갈 때마다 달라지는 동옥의 태도가 원구에게는 꽤 반가운 것이었다. 인사불성에 빠졌던 환자가 제정신으로 돌아온 때처럼 고마웠다. 첫 번 불렀을 때는 눈을 감은 채 아무런 반응도 없던 환자가, 두 번째 부르자 눈을 간신히 떴고, 세 번째 불렀을 때는 제법 완전히 눈을 떠서 좌우를 둘러보다가 물 좀, 하고 입을 열었을 경우와 같은 반가움을 원구는 동옥에게서 경험하는 것이었다.

– 손창섭, 「비 오는 날」

41 윗글의 서술 방식에 대한 진술로 가장 적절한 것은?

① 이야기 속의 이야기를 통해 인물의 과거를 폭로하고 있다.

② 서술자는 한 인물의 시각을 중심으로 작중 상황을 보여주고 있다.

③ 서술자의 논평을 통해 인물에 대한 독자의 판단을 이끌어 내고 있다.

④ 인물 간의 대화를 직접 제시하여 인물이 처한 상황을 드러내고 있다.

⑤ 서술자는 극한적 상황에 처한 인물들의 반응을 반어적으로 묘사하고 있다.

42 윗글의 등장인물에 대한 설명으로 가장 적절한 것은?

① 동옥은 극도의 무력감에 빠져 생활고를 해결하려 하지 않고 있다.

② 원구와 동옥은 굳건한 사랑으로 삶의 어려움을 극복해 나가고자 한다.

③ 동욱과 동옥은 서로에게 책임을 미루는 방관적인 태도를 드러내고 있다.

④ 동욱은 참담한 상황에서도 밝은 웃음을 잃지 않고 낙관적으로 살고자 한다.

⑤ 원구는 동욱에게 마음에 안 드는 점이 있어도 그를 인간적으로 배려하고 있다.

43 ㉠~㉤의 문맥적 의미를 설명한 것으로 적절하지 않은 것은?

① ㉠ : 동욱은 자신이 하는 일을 마음에 들지 않아 함을 드러낸다.

② ㉡ : 동옥이 뛰어남을 내세워 원구에게 결혼을 강요하려는 의도가 드러난다.

③ ㉢ : 동욱의 처지를 동정하여 무슨 말이든 일단 동조해 주는 태도가 드러난다.

④ ㉣ : 동욱의 모순된 태도가 현실에서의 삶의 어려움에 기인한 것임을 암시한다.

⑤ ㉤ : 원구도 자신이 왜 그러는지 명확히 깨닫지 못한 상태임이 드러난다.

44 ⓐ에 대한 진술로 가장 적절한 것은?

① 인물들이 삶의 안정감 없이 살아야 하는 비참한 상황을 상징한다.

② 무기력하게 살아가는 인물들에 대한 도덕적인 동정심을 의미한다.

③ 부조리한 상황에 처한 인물들이 지향하고 있는 삶의 목표를 상징한다.

④ 고단한 피난 생활에서도 빗물 소리를 통해 위안받을 수 있음을 의미한다.

⑤ 물질적인 면과 정신적인 면이 모두 충족되어야 행복할 수 있음을 의미한다.

45 〈보기〉에 견주어 윗글을 이해한 것으로 가장 적절한 것은? [3점]

〈보기〉

우리가 눈발이라면
허공에다 쭈빗쭈빗 흩날리는 진눈깨비는 되지 말자.
세상이 바람 불고 춥고 어둡다 해도
사람이 사는 마을
가장 낮은 곳으로
따뜻한 함박눈이 되어 내리자.
우리가 눈발이라면
잠 못 든 이의 창문가에서는 편지가 되고
그이의 길고 붉은 상처 위에 돋는
새 살이 되자.

– 안도현, 「우리가 눈발이라면」

① 동욱이 동옥을 떠나가려고 하는 것은 그녀가 '흩날리는 진눈깨비'처럼 고통을 주고 있기 때문이야.

② '바람 불고 춥고 어두운' '세상'에서 동옥은 동욱에게 정신적인 의지처가 되고 있어.

③ '낮은 곳'에 있던 동옥에게 원구가 '함박눈'처럼 다가왔음을 그녀의 태도 변화를 통해 알 수 있어.

④ 동옥이 그림을 그리는 것은 '잠 못 든 이'에게 온 '편지'와 같이 동욱에게 위안을 주는 행위였어.

⑤ 원구는 신학교에 가고자 하는 동욱에게 '상처 위에 돋는 새 살'처럼 살아갈 용기를 주는 존재야.

2025
경찰대학 10개년 국어

2017학년도 기출문제

국어영역

제1교시 국어영역

▶정답 및 해설 338p

01 다음 중 어법에 맞고 가장 자연스러운 것은?

① 우리 선수가 드디어 종전 최고 기록을 경신했다.

② 나는 너에게 영원히 잊혀지지 않는 친구가 되고 싶다.

③ 이번 사건으로 우리는 큰 정신적 충격과 물질적 피해를 보았다.

④ 아무리 주의를 기울이더라도 다가올 미래의 위험을 미리 예측하기는 쉽지 않다.

⑤ 자신의 진로를 스스로 결정하기 어려울 때는 반드시 의논을 하는 것이 좋다.

02 〈보기〉의 ㉠~㉤에 대한 설명으로 적절하지 않은 것은? [3점]

〈보기〉

다리를 ㉠ 다쳐서 걷지도 못하고 ㉡ 기어 다니던 강아지가 주인의 보살핌을 받은 후 통통하게 살이 ㉢ 쪄 꽤 보기 좋은 모습이 되었다. 다친 발이 아직은 완전히 회복이 안 ㉣ 되어 밖에 나가지는 못하지만 머지않아 산책을 나가 바람을 ㉤ 쐬어도 될 것 같다.

① ㉠ : 용언의 활용형에 '쳐'가 나타나므로 [다처서]로 발음한다.

② ㉡ : [기어]로 발음함을 원칙으로 하되 [기여]로 발음함도 허용한다.

③ ㉢ : '찌어'가 한 음절로 축약되어 '쪄'가 되었기 때문에 [쩌:]와 같이 긴소리로 발음한다.

④ ㉣ : 한 음절로 축약되면 '돼'로 쓰고 [돼:]와 같이 긴소리로 발음한다.

⑤ ㉤ : 두 음절로 축약되면 '쐐도'로 쓰고 [쐐:도]와 같이 긴 소리로 발음한다.

03 〈보기〉의 음운 변동에 대한 설명으로 적절하지 않은 것은?

〈보기〉

ㄱ. '부엌, 밖'은 각각 [부억], [박]으로 발음된다.
ㄴ. '낫, 낮, 낯, 낱'은 모두 [낟]으로 발음된다.
ㄷ. '먹는, 입는, 듣는'은 각각 [멍는], [임는], [든는]으로 발음된다.
ㄹ. '신라, 설날'은 각각 [실라], [설랄]로 발음된다.
ㅁ. '몫, 값'은 각각 [목], [갑]으로 발음된다.

① ㄱ, ㄴ, ㅁ은 음절의 끝에서 나타나는 현상이다.

② ㄴ은 원래의 자음과 같은 조음 위치의 예삿소리로 바뀌는 현상이다.

③ ㄷ은 조음 방법은 바뀌되 조음 위치는 바뀌지 않는 현상이다.

④ ㄷ, ㄹ은 인접한 소리에 의해 닮아 가는 현상이다.

⑤ ㅁ은 음절의 끝에서는 하나의 자음만 발음될 수 있기 때문에 나타나는 현상이다.

04 〈보기〉의 ㉠~㉤에 대한 설명으로 적절한 것은?

〈보기〉

오늘은 왠지 풍경화가 ㉠ 생각만큼 잘 안 그려진다. 멋지게 그리고 싶어도 풍경화를 ㉡ 그리는데 꼭 필요한 구도가 안 떠오른다. 눈에 ㉢ 보이는대로 그린다고 멋진 풍경화가 되는 것은 아니다. 그래서 선생님께서는 그리면 ㉣ 그릴수록 어려운 것이 풍경화라고 하셨나 보다. 그래도 멋지게 그려 내고 싶은 나의 마음을 ㉤ 모르시는지 선생님께서는 빨리 내라고 재촉하신다.

① ㉠ : '생각한 만큼'이 줄어든 것이므로 '생각 만큼'과 같이 띄어 써야 한다.

② ㉡ : '데'가 관형어 '그리는'의 수식을 받으므로 '그리는 데'와 같이 띄어 써야 한다.

③ ㉢ : '대로'가 조사이므로 현재와 같이 붙여 써야 한다.

④ ㉣ : '수록'이 의존 명사이므로 '그릴 수록'과 같이 띄어 써야 한다.

⑤ ㉤ : '지'가 의존 명사이므로 '모르시는 지'와 같이 띄어 써야 한다.

05 〈보기〉의 맞춤법 규정과 그 용례에 대한 이해로 적절하지 않은 것은?

〈보기〉

【한글 맞춤법 규정】

제21항 명사나 혹은 용언의 어간 뒤에 자음으로 시작된 접미사가 붙어서 된 말은 그 명사나 어간의 원형을 밝히어 적는다.

ㄱ. 값지다, 넋두리

ㄴ. 넓적하다

ㄷ. 옆댕이, 잎사귀, 덮개

ㄹ. 굵다랗다

다만, 다음과 같은 말은 소리대로 적는다.

a. 널따랗다, 널찍하다

b. 얄따랗다, 짤따랗다

① ㄱ, ㄴ, ㄹ은 자음과 자음이 만날 때 나타나는 음운의 변동과 관련이 있다.

② ㄴ, ㄹ과 a, b에서 어간의 겹받침은 모두 발음되기도 하고 일부만 발음되기도 함을 알 수 있다.

③ ㄴ과 a에서 겹받침의 발음에 따라 어간의 표기가 달라짐을 알 수 있다.

④ ㄷ에서 음절의 끝소리규칙이 적용되더라도 원형을 밝히어 적음을 알 수 있다.

⑤ ㄹ과 b에서 어간의 표기에 따라 접미사의 표기도 달라짐을 알 수 있다.

06 〈보기〉의 밑줄 친 부분에 대한 설명으로 적절하지 않은 것은? [3점]

〈보기〉

걷어 올린 외투 깃 속에 방한모 쓴 대가리를 푹 파묻고 좌우 주머니에 두 손을 찌른 양이 푸근한 눈치다.

"㉠ 여보게, 그 외투 벗어서 ⓐ 이 양반 ㉡ 드리게."

"㉢ 왜요?" 하고 ⓑ 아범은 놀란다.

"왜든 벗어 ㉣ 드려! 이 어른 거야." 하고 ⓒ 사랑사람은 두 사람을 다 조롱하듯이 웃는다.

"아니, ㉤ 영감께서 저더러 입으라고 ㉥ 내주셨는뎁쇼?"

그래도 아범은 벗기가 아까운 모양이다.

"아따, 잔소리 퍽두 하네. 자네 팔자에 외투가 당한가! 하루쯤 입어 봤으면 그만이지." 하고 껄껄 웃는다.

– 염상섭, 「삼대」

① ㉠의 호칭과 ㉡의 어미는 경어법상 잘 어울린다.

② ㉡으로 보아 ⓒ는 ⓐ와 ⓑ를 동등한 정도로 높이고 있다.

③ ㉡과 ㉣을 비교해 볼 때 ⓑ에 대해 쓴 ⓒ의 경어법에 변화가 나타난다.

④ ㉤의 '-께서'와 ㉥의 '-시-'는 경어법상 잘 어울린다.

⑤ ㉢과 ㉥을 비교해 볼 때 ⓒ에 대해 쓴 ⓑ의 경어법에 변화가 나타난다.

07 〈보기〉의 '다의어'를 설명하기에 가장 적절하게 짝지은 것은?

〈보기〉

낱말의 형태가 같더라도 그 의미에 따라 다의어와 동음이의어를 구분할 수 있다. 전자는 하나의 낱말이 여러 의미를 가진 경우로 의미 간의 연관성이 있는 데 반해, 후자는 서로 다른 두 개 이상의 낱말이 우연히 소리만 같은 경우로 의미 간의 연관성이 없다.

① 버스에 타는 시간이 길어 늘 피곤하다.
매스컴을 자주 타는 집이 꼭 맛있는 집은 아니다.

② 명인이 가야금을 직접 타니 멋진 소리가 난다.
왼쪽으로 가르마를 타니 다른 사람처럼 보인다.

③ 흥부가 이 박을 타고 나면 부자가 될 것이다.
그는 무슨 복을 타고 났는지 사업마다 실패를 모른다.

④ 소년상의 코는 손을 많이 타서 반들반들해졌다.
이 천은 먼지가 쉽게 타서 옷감으로는 부적합하다.

⑤ 콩을 맷돌에 타서 만든 콩국수라서 맛이 일품이다.
소화가 안 될 때 매실 진액을 물에 타서 마시면 좋다.

08 〈보기〉에 쓰인 '-겠-'의 의미와 가장 가까운 것은?

〈보기〉

어떤 시련이 닥쳐와도 내 힘으로 반드시 이겨 내겠다.

① 동생은 혼자 정상에 오르겠다고 떼를 쓴다.
② 오래 살다 보니 별 이상한 일을 다 보겠다.
③ 밤이 늦었으니 이제 그만 돌아가 주시겠어요?
④ 이 정도 문제는 고등학생이라면 누구나 풀겠다.
⑤ 지금쯤 내가 살던 고향에서는 벌써 추수를 끝냈겠다.

09 〈보기〉의 ㉠~㉥에 대한 설명으로 적절하지 않은 것은?

〈보기〉

옥련의 얼굴은 옥을 깎아서 ㉠ 연지분으로 단장한 것 같다. ㉡ 옥련의 부모가 옥련의 이름을 지을 때에 옥련의 ㉢ 모양과 ㉣ 같이 ㉤ 아름다운 이름을 짓고자 하여 ㉥ 내외 공론이 무수하였더라.

– 이인직, 「혈의 누」

① ㉠은 용언을 수식하는 역할을 한다.
② ㉡, ㉢은 모두 체언에 조사가 결합된 것이다.
③ ㉡, ㉤은 모두 체언을 수식하는 역할을 한다.
④ ㉣은 용언의 어간에 어미가 결합된 것이다.
⑤ ㉥은 생략된 조사에 따라 관형어도 될 수 있고 부사어도 될 수 있다.

10 다음 글을 고쳐 쓰기 위한 의견으로 적절하지 않은 것은?

1880년 프랑스 신부들이 펴낸 〈한불자전〉을 보면 한글이 얼마나 훌륭한 글자인가 하는 것을 확인할 수 있다. ㉠ 〈한불자전〉은 한글 표제어 다음에 알파벳 발음이다. 사전 편찬자들은 조선어를 배우려는 프랑스인들을 염두에 두고 만든 이 사전의 표제어를 프랑스어 알파벳이 아니라 생소한 한글로 적은 데 불만을 품은 사용자가 있을지 모르겠지만 그것은 하나만 알고 둘은 모르는 일이라고 지적한다. 한글 자모는 워낙 합리적이고 조직적으로 만들어진 글자라서 유럽인 입장에서도 ㉡ 같은 소리글자인 히브리어, 그리스어, 아랍어, 러시아어보다 훨씬 쉽게 읽힐 수 있다고 말한다. ㉢ 또 일본에서는 '가나'가 철저하게 한자의 보조적 지위에 있지만 조선에서는 한자가 우대받기는 하지만 민간에서는 한자보다 한글이 중요한 위치에 있다고 평가한다. 한글만 익히면 책을 술술 읽을 수 있다는 것이다. 이는 한글이 다양한 음을 정확하고 체계적으로 나타낼 수 있는 소리글자여서 누구나 쉽게 익힐 수 있다는 사실을 프랑스 신부들도 일찌감치 알고 있었음을 ㉣ 방증한다. ㉤ 조선에서 기독교가 중국이나 일본과 달리 무서운 속도로 퍼진 것은 한글 덕분이라는 설이 있다.

① ㉠은 자연스럽지 않은 문장이므로 주어와 서술어가 호응이 되도록 고쳐 써야 한다.
② ㉡에서 '글자'와 '히브리어, 그리스어……'가 호응이 되지 않으므로 문자의 이름으로 바꾸어 써야 한다.
③ ㉢은 한 문장 안에 '-지만'이 두 번 쓰여 어색하므로 '하지만'을 '해도'로 고쳐 써야 한다.
④ ㉣은 맥락에 맞게 '반증'으로 대체해야 한다.
⑤ ㉤은 단락의 주제와 관련이 적어 통일성을 해치므로 삭제해야 한다.

11 **문장의 중의성이 상황에 맞게 해소되지 않은 것은?** [3점]

①

수정 전	나는 울며 떠나는 그녀에게 인사했다.
상황	그녀는 아무렇지도 않은데 나만 슬프다.
수정 후	나는 떠나는 그녀에게 울며 인사했다.

②

수정 전	네가 나보다 그녀를 더 좋아한다는 것이 싫다.
상황	나는 그 누구보다도 그녀를 좋아한다고 믿는다.
수정 후	내가 그녀를 좋아하는 것보다 네가 그녀를 더 좋아한다는 것이 싫다.

③

수정 전	신병들은 지금 새로 받은 군복을 입고 있다.
상황	신병들은 빨리 새 군복으로 갈아입어야 한다.
수정 후	신병들은 지금 새로 받은 군복을 입는 중이다.

④

수정 전	새로운 친구의 집은 우리 집에서 매우 가깝다.
상황	친구가 새 집으로 이사했다.
수정 후	친구의 새로운 집은 우리 집에서 매우 가깝다.

⑤

수정 전	선생님은 모든 학생과 인사하지 못한 게 아쉬웠다.
상황	선생님이 작별 인사를 하는 날 못 온 학생이 있다.
수정 후	선생님은 학생과 모두 인사하지 못한 게 아쉬웠다.

12 **〈보기〉는 '세대 간 갈등의 해결 방안'에 관한 글을 쓰기 위해 작성한 개요와 각 부분의 소제목이다. 이에 대한 수정 및 보완 방안으로 적절하지 않은 것은?**

〈보기〉

Ⅰ. 서론
- 세대 간 갈등의 사례

Ⅱ. 세대 간 갈등의 실태
- 신세대의 불만 : 나는 늙어도 저러지 않을 거야
- 구세대의 불만 : ㉠ ______
- ㉡ ______ : ______

Ⅲ. 세대 간 갈등의 원인
- 이해의 부족 : 눈 못 뜬 올챙이
- ㉢ 연결 고리의 부재 : 게으른 통신 비둘기
- ㉣ 배려의 부족 : 과거를 잊은 개구리

Ⅳ. 세대 간 갈등의 해결책
- 신세대의 태도 : 우러러보기
- 구세대의 태도 : 눈높이 맞추기
- 중간세대의 역할 : ㉤ ______

Ⅴ. 결론 : 세대에 따른 올바른 태도와 역할의 강조

① Ⅰ이 서론의 역할을 분명히 할 수 있도록 문제 제기 내용을 추가한다.
② 다른 부분의 소제목을 감안하여 ㉠에 '저 나이 때 나는 안 그랬는데'라는 소제목을 쓴다.
③ Ⅱ가 다른 부분과 균형이 맞도록 ㉡에 '중간세대'에 해당하는 내용을 추가한다.
④ Ⅲ이 다른 부분과 대응하도록 ㉢과 ㉣의 순서를 맞바꾼다.
⑤ 전체적인 글의 흐름을 감안해 ㉤에 '눈치 보기와 비위 맞추기'라는 소제목을 쓴다.

13 '올림픽 선수단을 위한 응원문 공모'에 응모하기 위해 문장을 만들어 보았다. 〈보기〉의 조건을 모두 반영한 것으로 가장 적절한 것은?

〈보기〉

- 공모의 취지에 맞도록 문장을 작성할 것.
- 모두의 참여와 단합의 중요성을 강조할 것.
- 연쇄적 표현을 사용할 것.
- 대구적 표현을 사용할 것.

① 선수는 열띤 경기장에서, 당신은 뜨거운 응원의 장에서 함께할 때 우리는 올림픽으로 하나가 될 수 있습니다.

② 선수의 뜨거운 땀은 메달로 돌아오고, 메달로써 땀 흘린 노력이 보상받을 때 우리의 자부심도 더 커집니다.

③ 뜨거운 응원이 메달의 등급을 높이고, 높아진 등급이 응원의 열기를 돋울 때 우리 모두의 올림픽이 됩니다.

④ 스마트폰 속의 나만의 올림픽, TV 앞의 가족만의 올림픽은 이제 그만. 만나자! 응원의 광장에서.

⑤ 나, 너, 우리, 나라, 세계! 모두가 참여하여 만든 올림픽의 오륜은 지구촌을 하나로 만듭니다.

[14~16] 다음 글을 읽고 물음에 답하시오.

포유동물의 신체가 그러하듯이 포유동물의 뇌도 공통적인 보편 설계를 따른다. 인간과 유인원은 물론 포유강 전체에 걸쳐 동일한 세포 형태, 화학 물질, 세포 조직, 하부 기관, 간이역, 경로들이 많이 발견된다. 그런데 이들 간의 뚜렷하고 큰 차이는 부분들의 ㉠ 팽창이나 ㉡ 축소에서 발견된다. 영장류는 시각 영역, 시각 영역들의 상호 연결, 시각 영역과 전두엽의 운동 영역 및 결정 영역과의 접속 등의 수에 있어 다른 포유동물과 차이를 보인다.

한 동물이 특출한 재능을 갖고 있으면 뇌 전체의 구조에 반영되는 데 때로는 육안으로 보일 정도다. 원숭이의 뇌에서 시각 영역이 차지하는 비율은 약 절반 정도인데, 이는 깊이, 색, 운동 등에 민감한 습성을 반영한다. 음파탐지기에 의존하는 박쥐는 초음파 청력을 전담하는 특별한 뇌 영역을 갖고 있으며, 씨앗을 저장하는 사막생쥐는 먹이를 은닉하지 않는 가까운 친척들보다 인지적 지도가 있는 부위를 더 크게 갖고 태어난다.

인간의 뇌도 진화 이야기를 갖고 있다. 나란히 놓고 비교해 보면 영장류의 뇌가 크게 개량되어 결국 인간의 뇌가 되었음을 알 수 있다. 인간의 뇌는 신체 크기를 기준으로 볼 때 일반적인 원숭이나 유인원보다 약 세 배가량 크다. 인간의 뇌는 태아기의 뇌 성장이 출생 후 1년 동안 연장됨으로써 폭발적으로 성장한다. 만일 그 시기에 우리의 몸이 뇌와 나란히 성장한다면 우리는 키 3미터에 몸무게 0.5톤이 될 것이다.

뇌의 주요한 부위들도 저마다 개량을 거쳤다. 후각을 담당하는 부위는 영장류 평균 크기의 3분의 1로 줄어들었고, 시각과 운동을 위한 주요 피질 부위들도 그 정도 비율로 축소되었다. 시각 기관에서 최초의 정보 정류장인 1차 시각 피질은 뇌 전체에서 더 낮은 비율을 차지한다. 반면 복잡한 형식을 처리하는 이후의 영역들은 시각 정보를 언어와 개념 영역들로 돌리는 영역들처럼 크기가 확대되었다. 청각을 위한 영역들, 특히 말을 이해하는 영역들도 크기가 확대되었고, 신중한 사고와 계획 수립의 영역이 있는 전전두엽은 영장류 조상보다 두 배나 확대되었다.

영장류의 뇌 영역들이 새로운 기능으로 전환되는 일도 발생했다. 인간과 원숭이의 뇌를 관찰해 보면 인간의 뇌에서 말에 관여하는 브로카 영역과 진화상 대응하는 상동기관이 원숭이의 뇌에도 있다. 그러나 원숭이의 이 부위는 말에는 분명히 사용되지 않으며, 심지어 날카로운 비명이나 고함, 그 밖의 부르는 소리들을 내는 데에도 사용되지 않는 것으로 여겨진다. 또한 원숭이와 유인원의 뇌는 좌우가 약간 비대칭인 데 반해 인간의 뇌는 특히 언어를 담당하는 영역들에서 균형이 크게 기울어 두반구가 형태만으로 구별이 가능해졌다.

이런 차이들도 흥미롭긴 하지만 인간의 뇌는 외관상 완벽한 축소판으로 보이는 유인원의 뇌와 뉴런들의 연결 패턴이 다르다는 점이 중요하다. 이것은 컴퓨터 프로그램, 마이크로칩, 책, 비디오테이프에서 서로 간의 차이가 전체적인 형태에 있는 것이 아니라 작은 성분들의 조합과 배열에 있는 것과 같다.

인간의 뇌에서 기능하는 미세 회로에 대해서는 알려진 바가 거의 전무하다. 죽기 전에 자신의 뇌를 과학 연구에 바치겠다는 자원자가 매우 드물기 때문이다. 만일 어떤 방법으로든 인간과 유인원의 성장하는 신경 회로를 보면서 그 유전 암호를 읽을 수 있다면 틀림없이 상당한 차이가 발견될 것이다.

14 윗글의 내용과 일치하지 않는 것은?

① 인간의 뇌는 축소하면 유인원의 뇌와 형태와 기능 면에서 유사하다.

② 출생 후에 인간의 뇌는 신체의 다른 부분보다 훨씬 빠르게 성장한다.

③ 포유동물 사이에 나타나는 뇌의 가장 큰 차이는 각 부위의 비율의 차이이다.

④ 포유동물은 신체 전반적인 특징은 물론 뇌의 구조도 어느 정도 공통점이 있다.

⑤ 인간의 뇌는 정보의 수집을 위한 부위보다 정보의 처리를 위한 부위가 더 발달하였다.

15 윗글에 쓰인 서술 방식으로 적절하지 않은 것은?

① 과정을 통해 변화의 단계를 제시하였다.

② 예시를 통해 핵심적 진술을 뒷받침하였다.

③ 대조를 통해 대상 간의 차이점을 제시하였다.

④ 비교를 통해 동일 부류의 공통점을 제시하였다.

⑤ 유추를 통해 어려운 내용을 쉽게 이해하게 하였다.

16 〈보기〉에서 ㉠, ㉡에 해당하는 사례를 바르게 묶은 것은?

〈보기〉

ㄱ. 원숭이 – 시각 영역
ㄴ. 사막생쥐 – 인지적 지도가 있는 부위
ㄷ. 인간 – 후각 영역
ㄹ. 인간 – 청각 영역
ㅁ. 인간 – 전전두엽

	㉠	㉡
①	ㄱ, ㄴ, ㄷ, ㅁ	ㄹ
②	ㄱ, ㄴ, ㄹ, ㅁ	ㄷ
③	ㄱ, ㄷ, ㄹ, ㅁ	ㄴ
④	ㄱ, ㄷ, ㄹ	ㄴ, ㅁ
⑤	ㄴ, ㄹ, ㅁ	ㄱ, ㄷ

[17~21] 다음 글을 읽고 물음에 답하시오.

(가)

산듕(山中)을 ᄆᆡ양 보랴 동ᄒᆡ(東海)로 가쟈ᄉᆞ라
남여완보(籃輿緩步)ᄒᆞ야 산영누(山映樓)의 올나ᄒᆞ니
녕농(玲瓏) 벽계(碧溪)와 수셩(數聲) 뎨됴(啼鳥)ᄂᆞᆫ
니별(離別)을 원(怨)ᄒᆞᄂᆞᆫ ᄃᆞᆺ
졍긔(旌旗)를 ᄯᅥᆯ티니 오ᄉᆡᆨ(五色)이 넘노ᄂᆞᆫ ᄃᆞᆺ
고각(鼓角)을 섯부니 ᄒᆡ운(海雲)이 다 것ᄂᆞᆫ ᄃᆞᆺ
┌ 명사(鳴沙)길 니근 ᄆᆞᆯ이 취션(醉仙)을 빗기 시러
[A] 바다ᄒᆞᆯ 겻ᄐᆡ 두고 ᄒᆡ당화(海棠花)로 드러가니
└ ᄇᆡᆨ구(白鷗)야 ᄂᆞ디 마라 네 버딘 줄 엇디 아ᄂᆞᆫ
금난굴(金幱窟) 도라드러 ㉠ 총셕뎡(叢石亭) 올라ᄒᆞ니
ᄇᆡᆨ옥누(白玉樓) 남은 기동 다만 네히 셔 잇고야
공슈(工倕)의 셩녕인가 ㉡ 귀부(鬼斧)로 다ᄃᆞ믄가
구ᄐᆞ야 뉵면(六面)은 므어슬 샹(象)톳던고
고셩(高城)을란 뎌만 두고 삼일포(三日浦)ᄅᆞᆯ ᄎᆞ자가니
㉢ 단셔(丹書)ᄂᆞᆫ 완연(宛然)ᄒᆞ되 ᄉᆞ션(四仙)은 어ᄃᆡ 가니
예 사흘 머믄 후(後)의 어ᄃᆡ 가 ᄯᅩ 머믈고
션유담(仙遊潭) 영낭호(永郎湖) 거긔나 가 잇ᄂᆞᆫ가
쳥간뎡(淸澗亭) 만경ᄃᆡ(萬景臺) 몃 고ᄃᆡ 안돗던고
니화(梨花)ᄂᆞᆫ ᄇᆞᆯ셔 디고 졉동새 슬피 울 제
낙산(洛山) 동반(東畔)으로 의샹ᄃᆡ(義相臺)예 올라안자
일츌(日出)을 보리라 밤듕만 니러ᄒᆞ니
샹운(祥雲)이 집픠ᄂᆞᆫ 동 ㉣ 뉵농(六龍)이 바퇴ᄂᆞᆫ 동
바다ᄒᆡ ᄯᅥ날 제ᄂᆞᆫ 만국(萬國)이 일위더니
텬듕(天中)의 티ᄠᅳ니 호발(毫髮)을 혜리로다
아마도 녈구름 근쳐의 머믈셰라
㉤ 시션(詩仙)은 어ᄃᆡ 가고 ᄒᆡ타(咳唾)만 나맛ᄂᆞ니
텬디간(天地間) 장(壯)ᄒᆞᆫ 긔별 ᄌᆞ셔히도 ᄒᆞᆯ셔이고

– 정철, 「관동별곡」

(나)

강원도는 함경도와 경상도 사이에 있다. 서북쪽으로 황해도 곡산, 토산 등 고을과 이웃하였고 서남쪽으로는 경기도, 충청도와 서로 맞닿았다. 철령(鐵嶺)에서 남쪽으로 태백산까지는 영(嶺)등성이가 가로 뻗쳐서 하늘과 구름에 닿은 듯하며 영 동쪽에는 아홉 고을이 있다. 북쪽으로 함경도 안변과 경계가 닿은 흡곡, 통천, 고성, 간성, 양양, 옛 예맥의 도읍이었던 강릉, 삼척, 울진, 남쪽으로 경상도 영해부와 경계가 맞닿은 평해이다. 이 아홉 고을이 모두 동해 가에 있어 남북으로는 거리가 거의 천 리나 되지만 동서는 함경도와 같이 백 리도 못 된다. 서북쪽은 영 등성이에 막혔고 동남쪽은 멀리 바다와 통한다. 높고 큰 산 밑이어서 지세는 비록 비좁으나 산야(山野)가 나지막하고 평평하여 명랑 수려하다. 동해는 조수(潮水)가 없는 까닭에 물이 탁하지 않아서 벽해(碧海)라 부른다. 항구와 섬 따위가 앞을 가리는 것이 없어 큰 못가에 임한 듯 넓고 아득한 기상이 자못 굉장하다. 또 이 지역에는 이름난 호수와 기이한 바위가 많다. 높은 데 오르면 푸른 바다가 망망하고 골짜기에 들어가면 물과 돌이 아늑하여 경치가 나라 안에서 실상 제일이다. 누대(樓臺)와 정자(亭子) 등 훌륭한 경치가 많아, 흡곡 시중대, 통천 총석정, 고성 삼일포, 간성 청간정, 양양 청초호, 강릉 경포대, 삼척 죽서루, 울진 망양정을 사람들이 관동 팔경이라 부른다. 아홉 고을의 서쪽에는 금강산, 설악산, 두타산, 태백산 등 산이 있는데 산과 바다 사이에 기이하고 훌륭한 경치가 많다. 골짜기가 그윽하고 깊숙하며 물과 돌이 맑고 조촐하다. 간혹 ⓐ 선인(仙人)의 이상한 유적이 전해 온다.

이 지방 사람은 놀이하는 것을 좋아한다. 노인들이 기악(妓樂)과 술, 고기를 싣고 호수와 산 사이에서 흥겹게 놀며 이것을 큰일로 여긴다. 그러므로 그들의 자제(子弟)도 놀이하는 것이 버릇이 되어 문학에 힘쓰는 자가 적다.

– 이중환, 「택리지」

17 **(가)와 (나)에 대한 설명으로 가장 적절한 것은?**

① (가)와 (나)는 모두 관동 지방의 풍물과 관습에 대해 말하고 있다.

② (가)와 (나)는 모두 관동 지방을 여행하는 모습이 나타나 있다.

③ (가)는 (나)와 달리 작가의 체험을 생동감 있게 그리고 있다.

④ (나)는 (가)와 달리 열거한 대상의 일부를 부각하여 설명하고 있다.

⑤ (나)는 (가)에 비해 비유적인 표현을 많이 사용하고 있다.

18 **(가)의 화자에 대한 설명으로 적절하지 <u>않은</u> 것은?**

① 경치를 감상하며 유유자적하게 유람하고 있다.

② 옛 자취를 찾아 과거의 인물을 회상하고 있다.

③ 일출 광경을 보며 옛 시인의 말을 떠올리고 있다.

④ 신선 사상을 바탕으로 인물과 사물을 그리고 있다.

⑤ 웅장한 자연 속에서 인간의 왜소함을 인식하고 있다.

19 **(나)의 서술 방식에 대한 설명으로 가장 적절한 것은?**

① 대상에 대해 지리적 위치, 소속 고을, 자연 경치, 민풍 순으로 서술하였다.

② 대상을 사회 제도, 역사, 문화적 배경과의 관련 속에서 서술하였다.

③ 대상에 속한 사물과 인물을 상호 대비적 관점에서 서술하였다.

④ 대상의 과거, 현재, 미래의 변화상을 순차적으로 서술하였다.

⑤ 대상의 주요한 속성을 분류와 구분의 방법으로 서술하였다.

20 **[A]와 〈보기〉를 비교한 내용으로 적절하지 <u>않은</u> 것은? [3점]**

〈보기〉

환해(宦海)*에 놀란 물결 임천(林泉)에 밋츨쏜가
갑 업슨 강산(江山)에 말 업시 누엇시니
백구(白鷗)도 늬 뜻을 아는지 오락가락 ᄒᆞ드라

– 이정보

*환해(宦海) : 관리의 사회

① [A]와 〈보기〉는 모두 자연 친화적인 관점을 드러내고 있다.

② [A]와 〈보기〉는 모두 눈에 띄는 대상에 감정 이입을 하고 있다.

③ [A]는 바닷가를, 〈보기〉는 일반적인 자연을 배경으로 하고 있다.

④ [A]는 돈호법을, 〈보기〉는 설의법을 사용하여 뜻을 강조하고 있다.

⑤ [A]에는 스스로에 대한 자긍심이, 〈보기〉에는 임금에 대한 걱정이 나타나 있다.

21 (가)의 ㉠~㉤ 중 (나)의 ⓐ로 볼 수 있는 것은?

① ㉠　　② ㉡
③ ㉢　　④ ㉣
⑤ ㉤

[22~24] 다음 글을 읽고 물음에 답하시오.

출근 시 일반 근로자 사망 사건에 대해 대법원은 산업 재해로 인정할 수 없다는 판결을 내렸다. 출퇴근 재해의 산재 인정 문제는 사회 보장 수급권에 속하는 것으로서, 국민의 인간다운 생활을 실현하기 위한 사회권적 기본권에 관한 것이다.

대법원의 ㉠ 다수 의견은 사회권적 기본권을 실현하는 데 최소한의 수준을 넘는 사회 복지와 사회 보장은 이에 필요한 국가의 재정 능력, 국민 소득과 생활수준, 전체적인 사회 보장 수준과 제도적 특성 등 여러 가지 요소를 고려한 입법을 통해 해결할 사항이라고 보았다. 우리 헌법 제34조 제1항이 보장하는 '인간다운 생활을 할 권리'는 최소한의 물질적 생존 보장을 요구할 권리일 뿐 그 이상의 구체적 권리를 직접 도출할 수 있는 성질의 것은 아니라는 사회권적 기본권에 대한 일반적인 견해를 참조한 것이다. 그에 따라 다수 의견은 출퇴근 재해의 산재 인정 문제를 포함한 산재 보험 수급권 역시 그 필요성에 앞서 국가의 경제적 수준에 따른 재원 확보 가능성을 먼저 고려해야 한다고 주장했다. 한편, 공무원은 통상적인 출퇴근 중에 사고가 발생한 경우 공무원연금법 등에 따라 공무상 재해로 인정받는 점에서 일반 근로자와의 형평성 문제가 제기되었다. 이에 대한 다수 의견은 보충 의견을 통해, 공무원과 일반 근로자에 대한 재해 보상이 법적으로 다른 것은 재정적 부담 규모의 현격한 차이, 보험 주체의 차이와 기여금의 불입 등을 고려한 입법 정책의 차이로 보아야 한다는 입장을 취했다.

이에 대해 ㉡ 반대 의견은 이 문제는 입법적 해결이 가장 바람직하다는 점을 전제하면서 업무상 재해란 '어떤 사람이 근로자라는 처지에 있었기 때문에 당할 수밖에 없었던 재해'라는 근본적인 사실을 강조했다. 또한 출퇴근 재해에 대한 외국의 입법 사례와 함께 그것을 산재에 포함하도록 한 국제노동기구(ILO)의 협약을 상기시키며 경제 수준을 감안하더라도 이 문제에서 우리나라가 지나치게 뒤처져 있는 데는 법률의 취지를 곡해해 일반 근로자와 공무원의 출퇴근 재해를 달리 판단해 온 대법원의 기존 해석도 한 원인이 되었을 것이라고 지적했다.

이 판결은 특이하게도 다수 의견과 반대 의견 모두 현재 입법부와 행정부가 출퇴근 재해를 업무상 재해에 포함하려는 절차를 진행하고 있는 점을 높이 평가하고 기대한다는 뜻을 명시적으로 담고 있다. 다수 의견은 사회권적 기본권은 원칙적으로 입법 재량에 의해 그 보호 범위가 정해지므로 출퇴근 재해를 보상 범위에 포함할 때 소요될 막대한 재정과 이해관계 조정 등의 문제를 국회와 행정부에 맡겨야 한다는 주장이고, 반대 의견은 이 사건은 공무원과 일반 근로자를 불합리하게 차별하는 것이므로 입법 재량에 맡겨 둘 영역이 아니지만 다수 의견을 형성하지 못한 입장에서는 국회와 행정부의 긍정적인 조치를 기대한다는 것이다.

당시 노동부는 출퇴근 재해의 산재 인정에 따르는 보험료 분담에 대해 손해 보험 단체와 협정이 이루어지면 2007년도 이후에는 도입이 가능하다는 의견이었다. 그러나 대법원의 이 판결이 나온 후 ⓐ 국회와 행정부는 대법원의 기대와 달리 출퇴근 재해에 대해 종전의 입장을 고수하는 데 머물렀을 뿐 아니라 오히려 다수 의견의 판결문을 인용해 법률을 개정했다. 당시 산재보험법에 출퇴근 재해에 대한 명시적인 규정이 없던 것을 제37조에서 '사업주가 제공한 교통수단이나 그에 준하는 교통수단을 이용하는 등 사업주의 지배 관리하에서 출퇴근 중 발생한 사고'를 업무상 재해로 본다고 규정한 것이다.

대법원 판결이 불러일으킨 가장 큰 문제는 국회에서 개정 논의 중인 법률에 대한 해석을 전원 합의로 선언함으로써 결과적으로 국회의 법 개정 방향을 좌우하게 된 것이다. 다수 의견과 반대 의견 모두 국회의 진전된 논의를 기대한다는 뜻을 표명한 점은 같았지만, 다수 의견은 그 입법에 혼란을 초래할까 보아 종래의 해석을 유지한다는 입장을 취한 것에 반해, 반대 의견은 입법에 도움을 주기 위해 새로운 해석을 내놓았다. 그러나 결국 국회는 종래의 해석을 답습한 다수 의견을 그대로 받아들여 좀 더 진전된 해석을 간단히 폐기하고 말았다. 입법 재량을 존중해야 한다면서 새로운 해석을 꺼린 다수 의견이 결국 입법에 영향을 미친 셈이다. 이런 결과를 어떻게 이해해야 할까. 원래 사법 자제는 사법 소극주의와 연결되지만 이 경우는 사법 자제에 의한 사법 적극주의의 실현이라고 해야 하지 않을까.

출근 시 근로자 사망 사건에서 다수 의견이 취한 태도는 사법 자제를 내세운 것이어서 언뜻 사법 소극주의적 태도를 4표방한 것으로 보인다. 그러나 그것은 어떤 적극적 태도를 취했을 때보다 더 적극적인 결과를 가져오고 말았다. 사법부의 판결은 이처럼 본래의 의도와 다르게 이용될 수도 있으므로 책임감을 더 무겁게 갖고 성찰해야 할 것이다.

22 윗글의 중심 화제로 가장 적절한 것은?

① 사법권을 기반으로 한 입법권과 행정권 사이의 갈등과 조정

② 대법원의 판례 적용을 둘러싼 찬반 의견의 대립과 해소 방향

③ 판례를 통한 사법적 적극주의의 효용성에 대한 비판과 대안 제시

④ 사회권적 기본권에 대한 판결의 내용과 그것이 입법에 끼친 영향

⑤ 출퇴근 재해의 산재 인정에 대한 사회적 논란과 복지 국가의 당위성

23 〈보기〉에서 ㉠과 ㉡ 간의 쟁점에 해당하는 것만을 모두 고른 것은? [3점]

〈보기〉

ㄱ. 사안과 연관된 국가의 경제적 수준의 중요도를 판단하는 문제

ㄴ. 일반 근로자와 공무원의 산재 인정 범위를 서로 다르게 판단하는 문제

ㄷ. 출퇴근 사고를 근로자의 처지에서 당할 수밖에 없는 재해라고 판단하는 문제

① ㄱ ② ㄱ, ㄴ

③ ㄱ, ㄷ ④ ㄴ, ㄷ

⑤ ㄱ, ㄴ, ㄷ

24 ⓐ의 입장을 추론한 것으로 가장 적절한 것은?

① 대법원의 판결에 담긴 기대의 뜻을 수용하여 근로자에게 유리한 쪽으로 법을 개정하고자 하였다.

② 대법원의 판결에 근거하여 이제껏 애매했던 산재 범위를 분명히 정함으로써 분쟁을 막고자 하였다.

③ 대법원의 다수 의견이 입법 재량에 맡기고자 한 취지에 따라 행정부의 재량권을 확대하고자 하였다.

④ 대법원의 다수 의견과 소수 의견이 서로 합의하지 못한 부분에 대해 법을 개정하여 보완하고자 하였다.

⑤ 대법원의 반대 의견이 일반 근로자의 출퇴근 재해를 산재로 인정한 취지를 법조문에 반영하고자 하였다.

[25~29] 다음 글을 읽고 물음에 답하시오.

(가)

어사또 행장을 차리는데 모양 보소. 숱 사람을 속이려고 모자 없는 헌 파립(破笠)에 벌이줄 총총 매어 초사(草紗) 갓끈 달아 쓰고 당만 남은 헌 망건에 갖풀관자 ㉠ 노끈 당줄 달아 쓰고 의뭉하게 헌 도복에 무명실 띠를 흉중에 둘러매고 살만 남은 헌 부채에 ㉡ 솔방울 선추(扇錘) 달아 일광을 가리고 내려올 제,

(중략)

"저 농부 말 좀 물어 보면 좋겠구먼." "무슨 말?" "이 골 춘향이가 본관(本官)에 수청(守廳) 들어 뇌물을 많이 먹고 민정에 작폐한단 말이 옳은지?" 저 농부 열을 내어 "게가 어디 삽나?" "아무 데 살든지." "'아무 데 살든지.'라니. 게는 눈 콩알 귀 콩알이 없나? 지금 춘향이가 수청 아니 든다 하고 형장 맞고 갇혔으니 창가(娼家)에 그런 열녀 세상에 드문지라. 옥결 같은 춘향 몸에 자네 같은 동냥치가 누설(陋說)을 시키다간 빌어먹도 못하고 굶어 뒤어지리. 올라간 이 도령인지 삼 도령인지 그놈의 자식은 일거후(一去後) 무소식(無消息) 하니 인사(人事) 그러고는 벼슬은커녕 내 좇도 못 하제." "어, 그게 무슨 말인고?" "왜, 어찌 됩나?" "되기야 어찌 되련마는 남의 말로 구습(口習)을 너무 고약히 하는고." "자네가 철모르는 말을 하매 그렇제." 수작을 파하고 돌아서며 "㉮ 허허, 망신이로고. 자, 농부네들 일하오." "예."

(중략)

"그 안에 뉘 있나?" "뉘시오?" "내로세." "내라니 뉘신가?" 어사 들어가며 "이 서방일세." "이 서방이라니. 옳제, 이 풍헌 아들 이 서방인가?" "허허, 장모 망령이로세. 나를 몰라, 나를 몰라?" "자네가 뉘기여?" "사위는 백년지객(百年之客)이라 하였으니 어찌 나를 모르는가?" ⓐ 춘향의 모(母) 반겨하여 "애고 애고, 이게 웬일인고. 어디 갔다 인제 와. 풍세(風勢) 대작(大作)터니 바람결에 풍겨 온가? 봉운기봉(峰雲奇峰)터니 구름 속에 싸여 온가? 춘향의 소식 듣고 살리려고 와 계신가? 어서 어서 들어가세."

손을 잡고 들어가서 촛불 앞에 앉혀 놓고 자세히 살펴보니 걸인 중에도 상걸인 되었구나. 춘향의 모 기가 막혀 "이게 웬일이요?" "양반이 그릇되매 형언할 수 없네. 그때 올라가서 벼슬길 끊어지고 탕진가산(蕩盡家産)하여 부친께서는 학장(學長)질 가시고 모친은 친가로 가시고 다 각기 갈리어서 나는 춘향에게 내려와서 돈천이나 얻어 갈까 하였더니, 와서 보니 양가(兩家) 이력 말이 아닐세." 춘향의 모 이 말 듣고 기가 막혀 "무정한 이 사람아, 일차 이별 후로 소식이 없었으니 그런 인사가 어디 있으며, 후기(後期)인지 바랐더니 이리 잘 되었소. 쏘아 논 살이 되고 엎질러진 물이 되어 수원수구(誰怨誰咎)를 할까마는 내 딸 춘향 어쩔낭가."

– 작자 미상, 「춘향전」

(나)

관찰사는 평양감사 직을 마치고 대사헌이 되어 조정으로 복귀하였고, 생도 부모님을 따라 서울로 돌아오게 되었다. 그런데 점점 자신이 자란을 그리워하고 있다는 사실을 깨닫게 되었다. 그러나 감히 말이나 얼굴엔 드러낼 수 없었다. 이럴 즈음, 감시과(監試科)를 본다는 방이 나붙었다. 아버지의 명대로 생은 친구 두셋과 함께 산사로 들어가 과업(科業)을 준비하게 되었다.

산사에 있던 어느 날 밤, 친구들은 모두 잠자리에 들었을 때다. 생도 잠자리에 들었지만 잠을 이룰 수 없었다. 그는 홀로 일어나 뜰 앞을 서성였다. 때는 한겨울이고 눈 내린 밤 달빛이 눈부시게 환한 데에다 깊은 산속의 고요한 밤이라 온갖 소리마저 잦아들었다. 생은 달을 바라보며 자란을 그리워하다가 구슬픈 마음이 절로 일었다. 얼굴 한번 봤으면 하는 마음을 누를 수 없어 정신을 잃고 미쳐 버릴 것만 같았다. 그러나 밤은 아직 반이나 남아 있었다.

급기야 그는 서 있던 뜰에서 곧장 평양을 향해 길을 떠났다. ⓒ 털모자에 명주옷을 입고 가죽신을 신고서 걸어서 길을 떠난 것이다. 그러니 채 10여 리도 못 가서 발이 부어 더는 걸어갈 수가 없었다. 어느 촌가에 들어가 가죽신을 ㉣ 짚신으로 바꿔 신고, 쓰고 있던 털모자를 버리고 옆이 찢어져 다 해진 ㉤ 패랭이를 얻어 썼다. 여행길에 구걸도 하였으나 굶주리는 경우가 대부분이었고 여관에 기숙했지만 밤새도록 추위에 얼기 일쑤였다.

부귀한 집안의 자제로 기름진 밥을 먹으며 비단옷을 입고 자란 터라 문밖으로는 몇 걸음도 나가 본 적이 없던 그였다. 그런데 이렇게 갑자기 천 리 길을 걸어서 가다 보니 비틀거리다가 엎어지기도 하고 기기까지 하였다. 게다가 굶주리고 추위에 떨며 고생이란 고생은 다 겪어 옷은 찢어질 대로 찢어져 너덜너덜해지고 얼굴은 검고 수척해진 게 거의 귀신의 몰골이었다. 험한 고비를 넘기며 조금씩 걸어서 한 달 남짓 만에 비로소 평양 땅에 도착할 수 있었다.

곧장 자란의 집으로 찾아갔으나 자란은 보이지 않고 ⓑ 그 어미 혼자만 남아 있을 뿐이었다. 어미는 생을 보고도 알아보지 못했다. 생은 앞으로 다가가직접 이야기를 하였다. "나는 전 사또의 아들이라네. 자네 딸을 잊지 못해 이렇게 천 리 길을 걸어서 왔다네. 딸은 어딜 갔길래 안 보이는가?" 어미는 그의 말을 듣고도 기뻐하는 기색이 없었다. "우리 딸은 새로 오신 사또의 자제한테 사랑을 입어 밤낮없이 산정(山亭)에서 함께 머물고 있지 뭡니까. 그 도련님이 밖으로 나가는 것을 잠시도 허락지 않아 우리 애가 집에 오지 못한 지도 이미 몇 달이 됩니다. 도련님께서 이렇게 먼 길을 오셨으나 만날 길이 막연하니 참 딱하게도 되었구려." 그러면서 먼 곳만 바라볼 뿐 영접할 의사가 없었다.

– 임방, 「천예록」

25 (가)와 (나)의 공통점으로 적절하지 않은 것은?

① 공간적 배경의 변화가 나타나 있다.
② 시간의 순차적 진행에 따라 사건이 서술되고 있다.
③ 재치 있는 표현 속에서 해학적 분위기가 느껴진다.
④ 남녀의 사랑이라는 주제를 중심으로 사건이 전개된다.
⑤ 서술자가 주인공에 초점을 맞추어 사건을 진행하고 있다.

26 (가)의 서술 방식에 대한 설명으로 적절하지 않은 것은?

① 문장이 리듬감 있게 구성되어 있다.
② 인물의 외양에 대한 묘사가 나타나 있다.
③ 인물의 말 속에 비속어가 사용되고 있다.
④ 대화를 통해 인물의 심리가 드러나고 있다.
⑤ 극적인 반전을 통해 사건이 마무리되고 있다.

27 ㉮에 대한 이해로 가장 적절한 것은? [3점]

① 농부의 말이 모두 사리에 맞으므로 반박할 수 없어 애태우고 있다.
② 농부에게서 춘향의 상황을 듣고 지레 본관 사또의 위세에 눌리고 있다.
③ 암행어사인 자신이 하찮은 신분의 농부에게 멸시를 당했다고 분노하고 있다.
④ 춘향에 대한 여론에 안도하는 한편 자신은 염치없게 되었음을 멋쩍어 하고 있다.
⑤ 춘향과의 관계를 들키지 않으려는 의도로 짐짓 딴소리를 하여 상황을 모면하고 있다.

28 ⓐ와 ⓑ에 대한 설명으로 가장 적절한 것은?

① ⓐ와 ⓑ는 모두 상대방에 대한 태도에 변화를 보이고 있다.
② ⓐ와 ⓑ는 모두 인물 사이의 갈등을 해소하는 역할을 하고 있다.
③ ⓐ와 ⓑ는 모두 딸과의 관계를 염두에 두고 상대방을 대하고 있다.
④ ⓐ는 상대방에 대한 기대가 낮고, ⓑ는 상대방에 대한 기대가 높다.
⑤ ⓐ는 자신의 신세를 한탄하고 있고, ⓑ는 자신의 상황을 회피하고 있다.

29 글의 문맥상 ㉠~㉤ 중 성격이 다른 하나는?

① ㉠　　② ㉡
③ ㉢　　④ ㉣
⑤ ㉤

[30~32] 다음 글을 읽고 물음에 답하시오.

ⓐ '더 좋은 세상에서'(In a Better World, 2012)는 폭력에 관한 영화이다. 이 영화는 폭력의 근원과 양상, 그리고 결과에 대한 보고서라고도 할 수 있다. 폭력의 모습을 보여 주기 위해 영화는 크게 두 세계를 소재로 삼는다. 하나는 엘리아스와 크리스티안이라는 아이들의 세계이고, 다른 하나는 엘리아스의 아버지인 안톤의 세계이다. 감독 수잔 비에르는 이 두 세계의 모습을 교차시키면서 폭력의 시작(과거)과 과정(현재)을 보여 준 다음, 두 세계가 결합하는 순간을 제시하여 폭력의 결과(미래)가 어떻게 될지 확인하도록 만들었다.

먼저 아이들의 세계를 보자. 몸이 약하고 수줍은 엘리아스는 학교에서 따돌림을 당하지만 누구에게도 고통을 말하지 못한다. 엘리아스가 괴롭힘을 당하는 모습을 새로 전학 온 크리스티안이 보게 되는데 둘은 곧 친해지게 된다. 그러나 엘리아스를 향하던 폭력이 그에게까지 확대되자, 크리스티안은 정당방위라는 명목으로 강력하게 응징한다. 그는 폭력에 대한 응징만이 자신들에게 가해질 폭력을 줄이는 유일한 방법이라 생각했던 것이다. 일단 크리스티안의 방식은 승리를 거둔 것처럼 보인다. 둘에게 가해지던 폭력이 멈추었기 때문이다. 그러나 영화는 이러한 승리가 과연 타당한지를 묻는다. 오히려 폭력에 대응하는 강력한 폭력이 더 큰 폭력을 부르는 원천이 아닌지 의문을 제기한다.

다음으로 안톤의 세계를 보자. 그는 폭력에 제대로 응수하는 것은 비폭력밖에 없다고 믿는다. 사실 엘리아스가 괴롭힘에 변변히 대처를 못한 것은 안톤의 비폭력적인 가정교육에도 원인이 있었던 것이다. 그러나 안톤은 비폭력에 대한 소신에 ㉠ <u>회의</u>를 가져오는 사건을 겪게 된다. 의사인 그는 아프리카에서 자선의료 사업을 하는데, 어느 날 그의 의료 캠프로 다친 임신부가 실려 온다. 지역 군벌의 우두머리가 태아의 성별을 알려고 배를 갈랐기 때문이다. 이러한 폭력은 비폭력주의자인 안톤마저 당혹스럽게 만든다. 얼마 후 같은 방식으로

2017 기출문제

상처를 입은 또 다른 임신부가 실려 오지만 안톤에게는 딱히 대책이 없다. 그러던 중 내전이 일어나고 그 우두머리는 부상을 당해 안톤을 찾아온다. 선택의 기로에 선 안톤은 치료할 것인가 말 것인가 번민하지만, 결국 소신대로 우두머리를 치료한다. 그러나 치료가 끝나자 안톤은 우두머리를 분노한 군중들 속으로 쫓아낸다.

엘리아스의 학교가 폭력의 과거이고 안톤의 아프리카가 폭력의 현재라면, 영화 후반부에 제시되는 크리스티안의 폭력은 폭력의 미래가 될 것이다. 아프리카에서 돌아온 안톤은 엘리아스와 크리스티안을 불러 즐거운 시간을 보내지만, 엘리아스의 동생이 또래 아이와 사소한 시비가 붙게 되고, 이어 또래 아이의 아버지가 등장해 말리는 안톤을 모욕하면서 폭력을 휘두른다. 안톤은 폭력에 폭력으로 대응하면 안 된다는 것을 보여 주려 했지만, 아이들은 안톤을 나약한 사람으로 생각하고 자신들이 복수를 하겠다고 다짐한다. 크리스티안의 지휘 아래 아이들은 또래 아이 아버지의 차를 폭파하겠다는 계획을 세우지만, 오히려 엘리아스가 생명이 위독할 정도로 다치게 된다. 이후 안톤은, 심한 자책 때문에 자살을 하려는 크리스티안을 저지하고 그 누구의 책임도 아니라고 하면서 크리스티안을 포용한다.

이렇게 영화는 안톤의 생각이 올바름을 암시하면서 끝나지만 문제는 남는다. 학교 폭력으로 인한 엘리아스의 비참함, 아프리카의 군벌을 보면서 들었던 안톤의 무력감, 얻어맞는 안톤을 보는 아이들의 울분을 과연 현실에서 참아 낼 수 있을까. '눈에는 눈, 이에는 이'여야 할까, '오른빰을 때리면 왼빰도 내주어라'여야 할까. 아니, 그것보다도 폭력에 대해 사회는, 특히 사회의 제도는 무엇을 해야 하는 것일까. 하지만 제도로 폭력을 징치하는 것 역시 폭력이 아닌가 하는 의문이 선결되어야 할 과제일 것이다.

30 ⓐ에 대한 설명으로 적절하지 않은 것은?

① 폭력의 시작과 결과를 보여 주고 있다.
② 갈등이 완전히 해소되지 않는 결말을 제시하고 있다.
③ 사소한 시비가 더 큰 폭력을 불러오는 과정을 제시하고 있다.
④ 문제 상황에 대한 인물들의 상반된 대처 방식을 보여 주고 있다.
⑤ 폭력적 세계와 비폭력적 세계를 번갈아 가면서 보여 주고 있다.

31 ㉠의 내용을 추론한 것으로 적절하지 않은 것은?

① 폭력적 사태로 인한 피해자를 방관하는 것이 과연 타당한 대처일까?
② 폭력이 가져온 끔찍한 비극을 보면서도 응징의 필요성을 부정할 수 있을까?
③ 비폭력을 말한다고 해서 폭력을 당한 이들의 비참한 마음을 달랠 수 있을까?
④ 비폭력을 내세우는 것이 폭력을 행사하는 이로 하여금 폭력을 멈추게 할 수 있을까?
⑤ 폭력이 세상을 나쁘게 만든다고 해서 비폭력이 반드시 세상을 좋게 만드는 방법이 될 수 있을까?

32 윗글을 읽고 토론한 것으로 적절하지 <u>않은</u> 것은? [3점]

① 수철 : 엘리아스는 따돌림으로 괴로움을 당했지만 오히려 그런 경험을 통해 비폭력의 중요성을 점차 깨닫게 되었다고 생각해.

② 영수 : 크리스티안이 학생들에게 복수한 것은 당연한 면이 있어 보이지만, 그 때문에 그는 폭력에 대해 잘못 생각하게 된 것으로 보여.

③ 소영 : '눈에는 눈, 이에는 이'라는 방식은 폭력을 휘두른 자나 복수하는 자 모두에게 파멸을 불러온다는 점에서 우리가 지양해야 할 대처 방식이야.

④ 진구 : 이 영화는 폭력에 대해 개인 차원의 대처 방식만 말하기 때문에, 사회나 제도 차원에서 폭력을 어떻게 방지할 것인지에 대해 보다 심도 있는 논의가 있어야 한다고 생각해.

⑤ 미영 : 이 영화는 안톤이 크리스티안을 마지막에 포용하는 결말을 통해 비폭력이 모든 문제를 해결하지는 못하지만 그래도 그 방향으로 나아가야 한다는 것을 보여 주려 했다고 생각해.

[33~37] 다음 글을 읽고 물음에 답하시오.

(가)
애비는 종이었다. ㉠ 밤이 깊어도 오지 않았다.
파뿌리같이 늙은 할머니와 대추 꽃이
한 주 서 있을 뿐이었다.
어매는 달을 두고 ㉡ 풋살구가 꼭 하나만 먹고 싶다 하였으나……. 흙으로 바람벽 한 호롱불 밑에
손톱이 까만 에미의 아들.
갑오년(甲午年)이라든가 ㉢ 바다에 나가서는 돌아오지 않는다하는 외할아버지의 숱 많은 머리털과
그 커다란 눈이 나는 닮았다 한다.

스물세 해 동안 나를 키운 건 팔 할(八割)이 ⓐ 바람이다.
㉣ 세상은 가도 가도 부끄럽기만 하더라.
어떤 이는 내 눈에서 죄인(罪人)을 읽고 가고
어떤 이는 내 입에서 천치(天痴)를 읽고 가나
나는 아무것도 뉘우치진 않으련다.

찬란히 틔어 오는 어느 아침에도
이마 위에 얹힌 시(詩)의 이슬에는
몇 방울의 피가 언제나 섞여 있어
㉤ 볕이거나 그늘이거나 혓바닥 늘어뜨린
병든 수캐마냥 헐떡거리며 나는 왔다.

– 서정주, 「자화상」

(나)
창 밖에 밤비가 속살거려
육첩방(六疊房)은 남의 나라,

시인이란 슬픈 천명인 줄 알면서도
한 줄 시(詩)를 적어 볼까,

땀내와 사랑내 포근히 품긴
보내 주신 학비 봉투를 받아

대학 노트를 끼고
늙은 교수의 강의를 들으러 간다.

생각해 보면 어린 때 동무를
하나, 둘, 죄다 잃어버리고

나는 무얼 바라
나는 다만 홀로 침전하는 것일까?

인생은 살기 어렵다는데
시가 이렇게 쉽게 씌어지는 것은
부끄러운 일이다.

육첩방은 남의 나라
창 밖에 밤비가 속살거리는데,

ⓑ 등불을 밝혀 어둠을 조금 내몰고,
시대처럼 올 아침을 기다리는 최후의 나,

나는 나에게 작은 손을 내밀어
눈물과 위안으로 잡는 최초의 악수.

– 윤동주, 「쉽게 씌어진 시」

(다)
시(詩)를 믿고 어떻게 살아가나
서른 먹은 사내가 하나 잠을 못 잔다.
먼–기적 소리 처마를 스쳐 가고
잠들은 아내와 어린것의 베개 맡에
밤눈이 내려 쌓이나 보다.
무수한 손에 뺨을 얻어맞으며
항시 곤두박질해 온 생활의 노래
지나는 돌팔매에도 이제는 피곤하다.
먹고 산다는 것,
너는 언제까지 나를 쫓아오느냐.

등불을 켜고 일어나 앉는다.
담배를 피워 문다.
쓸쓸한 것이 오장(五臟)을 씻어 내린다.
노신(魯迅)이여
이런 밤이면 그대가 생각난다.
온–세계가 눈물에 젖어 있는 밤
상해(上海) 호마로(胡馬路) 어느 뒷골목에서
쓸쓸히 앉아 지키던 등불
등불이 나에게 속삭거린다.
여기 하나의 상심(傷心)한 사람이 있다.
여기 하나의 굳세게 살아온 인생이 있다.

– 김광균, 「노신」

33 **(가)~(다)의 표현 방법에 대한 설명으로 적절하지 않은 것은?**

① (가)는 상징과 직유법으로 자신의 모습을 그리고 있다.
② (나)는 의문의 형식으로 자신의 고뇌를 토로하고 있다.
③ (다)는 돈호법과 의인법으로 시적 감정을 드러내고 있다.
④ (가)는 단정적인 어조를, (나)는 차분한 어조를 쓰고 있다.
⑤ (나)와 (다)는 모두 대구적 표현을 통해 시인의 처지를 드러내고 있다.

34 **(가)~(다)에 드러난 시적 상황에 대한 설명으로 가장 적절한 것은?** [3점]

① (가)와 (나)는 현실에 대한 무력감이 있는 반면, (다)는 그렇지 않다.
② (가)와 (다)는 믿고 따를 대상이 제시되지만, (나)는 그렇지 않다.
③ (가)와 (다)는 자신이 속한 현실을 초월하려 하나, (나)는 그렇지 않다.
④ (나)와 (다)는 시에 대한 의구심을 바탕으로 시상을 전개하지만, (가)는 그렇지 않다.
⑤ (가), (나), (다) 모두 자신에 대한 확신으로 현실을 극복하려는 태도를 드러낸다.

35 〈보기〉를 참조하여 (다)를 감상한 것으로 적절하지 <u>않은</u> 것은?

〈보기〉

노신(루쉰)은 중국의 근대 문학을 이끈 작가로, 항일 투쟁에 나섰다가 일본에 쫓기는 삶을 살았다. 중일전쟁 직전인 1936년 상하이 조계지에서 폐결핵으로 사망하였다.

① 시적 화자는 노신의 삶을 생각하면서 흔들리는 마음을 다잡고 있어.
② 절망 속에서도 굳센 결심으로 견뎌 내는 자세를 지녀야 한다는 것을 말하고 있어.
③ 노신의 '등불'은 시적 화자에게 굳건한 태도를 상기시켜 주는 존재로 그려지고 있어.
④ 경제적 무능함에 대한 비난을 받던 화자는 결국은 노신을 본받아 생활고에서 벗어나려 하고 있어.
⑤ 시적 화자의 고난은 개인적 삶에서 나오지만, 노신의 경우는 사회에 대한 이상과 관련이 있어.

36 ⓐ의 함축적 의미를 '인물이 처한 환경'이라고 볼 때, 함축적 의미가 ⓐ와 가장 <u>이질적인</u> 것은?

① ㉠ ② ㉡
③ ㉢ ④ ㉣
⑤ ㉤

37 ⓑ를 이해한 내용으로 가장 적절한 것은?

① 부정적인 현실이 절정에 달한 상태에서 슬픔과 외로움을 감내하고 있다.
② 불의와 맞서 온 자신의 과거를 떠올리면서 최후의 노력을 기울이고 있다.
③ 미래에도 희망이 실현되지 못할 것이라는 회의감을 벗어나지 못하고 있다.
④ 그동안 추구해 온 이상향이 실현되리라는 믿음으로 구원의 가능성을 확신하고 있다.
⑤ 어두운 시대에 적극적으로 맞서지는 못하지만 희망을 간직하는 태도를 드러내고 있다.

[38~41] 다음 글을 읽고 물음에 답하시오.

가치가 일종의 '실재(reality)'라는 생각은 다분히 플라톤적이다. 고대 그리스의 플라톤은 현상계의 감각적인 모든 것뿐만 아니라 심지어 우리 생각에 떠오르는 것들, 대표적으로 가치에도 존재성을 부여하려고 했으며, 나아가 가치의 존재성을 위해 가치의 객관성을 입증하려 했다. 물론 그는 일상에서 경험하는 현상계에 그러한 객관성이 존재하지 않는다는 것을 누구보다도 잘 알았기에 현상계를 넘어서는 새로운 세계, 곧 관념이 실재하는 이데아의 세계를 구상하게 된다. 그런 점에서 가치의 존재성은 플라톤적인 철학적 열망이 만들어 낸 거대한 신화이다. 이후 수많은 철학자들이 플라톤의 시도에 매료되었으며, 이로써 형이상학적 사유는 서양 철학사에서 지배적인 흐름을 형성했다.

그러나 이러한 가치의 실재론적 철학은 20세기에 들어와 반박된다. 대표적으로 비트겐슈타인은 "선하거나 악한 것은 근본적으로 나이며 실재 세계가 아니다."라는 말로 가치에 관한 실재론을 부정한다. 이와 같은 가치의 실재성에 대한 거부는 기본적으로 경험주의에 바탕을 두고 있다. 경험주의자들은 사실과 가치를 엄격히 구분하는 데서 논의를 시작한다. 그동안의 도덕 이론이 '이다/아니다'와 같은 사실 명제에서 '해야 한다/하지 않아야 한다'는 당위 명제로 바로 이행하는 오류를 벗어나지 못했다고 지적했던 흄을 이어받아 경험주의자 특히 논리실증주의자들은 '가치 문장이 사실 문장에서 직접 추론될 수 없다'는 논제로 정형화한다. 곧 사실에서 가치가 직접 검증되거나 추론될 수 없다고 밝힘으로써 가치의 존재성을 부정했던 것이다.

이에 대해 퍼트남은 논리실증주의가 흄의 주장을 극단화하였다고 비판하였다. 논리실증주의는 가치에 대한 주장이 사실상 화자의 정서나 태도를 표출하는 '정서주의'에 지나지 않는다고 보았던 반면, 퍼트남은 그렇게 된다면 가치에 대한 논의가 불가능해지기에 '회의주의'를 벗어날 수 없다고 비판했던 것이다. 이에 더하여 그는 "가치와 규범을 벗어나서는 어떤 사실에 대한 판단도 불가능하다."라고 말하면서 '사실의 가치 의존성'이라는 명제를 제시한다.

한편, 존 설은 "가치 명제를 보조 전제로 도입해야만 사실 명제에서 가치 명제를 도출할 수 있다."라는 논리실증주의자들의 주장을 비판했다. 사실과 가치 사이에 어떤 차이가 있는 것은 너무나도 명백하지만, 그렇다고 해서 사실과 가치 사이에 아무런 상관이 없다는 결론이 따라 나오는 것은 아니라는 것이다. 그리하여 존설은 가치 평가와 관련된 진술이나 도덕적 원리가 개입하지 않고서도 사실 명제에서 가치 명제가 나오는 ㉠ <u>한 사례</u>를 논리실증주의의 반례로 제시하였다.

그러나 우리는 여기서 존 설보다 좀 더 깊은 차원에서 질문을 할 필요가 있다. 먼저 사실 명제와 가치 명제가 명확히 구별된다는 기본 가정이 과연 타당한가 하는 것이다. 가령 "내 방에 갈색 탁자가 하나 있다."라는 문장은 전형적으로 명확하게 사실 명제에 해당하겠지만, 문제는 상황에 따라 이 문장도 가치 명제로 이해될 수 있다는 것이다. 예를 들어, 탁자가 두 개 필요하다면 이 문장은 매우 부정적인 가치 평가를 함축할 것이기 때문이다. 따라서 우리는 사실 명제와 가치 명제를 판단하는 것이 문장 자체로만 이루어질 수 없으며, 그 문장을 둘러싼 상황과 맥락, 나아가 그 문장의 사용자가 지닌 목적과 의도 등을 포괄할 수밖에 없다는 점을 이해할 수 있다. 그런 점에서 처음부터 부적절한 가정에 의존하고 있었던 논리실증주의나 그에 대한 비판론자들의 관점을 넘어 가치의 실재성을 ㉡ <u>새로운 관점</u>으로 논할 필요가 있다.

38 윗글의 내용과 일치하지 <u>않는</u> 것은?

① 플라톤은 가치가 실재함을 입증하기 위해 이데아의 세계를 구상했다.
② 비트겐슈타인은 실재 세계는 가치가 있어야 존재할 수 있다고 보았다.
③ 논리실증주의자들은 사실과 가치의 절대적인 분리가 필요함을 주장했다.
④ 퍼트남은 사실이란 가치와 규범에 의존하여 판단될 수밖에 없다고 보았다.
⑤ 존 설은 사실과 가치 사이의 상관성을 부정하는 견해를 논박하였다.

39 윗글의 서술 방식으로 가장 적절한 것은?

① 여러 사실을 종합하는 귀납적인 방법으로 필자의 주장을 제시하고 있다.
② 그동안의 이론들을 긍정적으로 검토하고 최종적인 결론을 제시하고 있다.
③ 논제에 대한 여러 이론들을 반론과 그에 대한 재반론 식으로 제시하고 있다.
④ 논제에 대한 기본 개념을 정의하고 논의의 흐름을 연대순으로 소개하고 있다.
⑤ 논제를 논하는 큰 원칙을 먼저 제시하고 이에 따라 세부 사항들을 분석하고 있다.

40 〈보기〉는 ㉠으로 작성된 것이다. 이에 대한 설명으로 가장 적절한 것은? [3점]

〈보기〉

ㄱ. 존스는 "나는 이렇게 스미스 너에게 5달러를 지불할 것을 약속한다."라고 말했다.
ㄴ. 존스는 스미스에게 5달러를 지불하겠다고 약속했다.
ㄷ. 존스는 스미스에게 5달러를 지불할 의무를 졌다.
ㄹ. 존스는 스미스에게 5달러를 지불할 의무가 있다.
ㅁ. 존스는 스미스에게 5달러를 지불해야 한다.

① ㄱ은 존스가 말한 내용의 가치를 중하게 여기는 가치 명제이다.
② ㄱ~ㄷ은 사실 명제를 긍정적으로 판단하면 가치 명제로 바뀐다는 것을 보여 준다.
③ ㄱ~ㅁ은 평가적 진술 없이 사실 명제에서 가치 명제가 도출되는 과정을 보여 준다.
④ ㄷ은 사실 명제에서 직접 추론되지 않은 독립적인 가치 명제이다.
⑤ ㄷ~ㅁ은 경험주의자의 논리에 따르면 가치 명제가 사실 명제로 전환된 것이다.

41 ㉡의 내용으로 가장 적절한 것은?

① 사실 명제로 일단 판단되면 그 명제는 가치 명제가 될 수 없다.
② 문장 자체의 차원을 넘어서기 위해 논리실증주의의 관점을 계승해야 한다.
③ 문장 사용자의 의도는 경우에 따라 다르므로 가치를 판단하는 준거가 될 수 없다.
④ 사실 명제와 가치 명제의 분류 기준을 준수하면서 그 한계를 넘어설 방안을 찾아야 한다.
⑤ 상황과 맥락을 고려하여 명제를 파악해야 문장만으로 판단할 때의 오류를 벗어날 수 있다.

[42~45] 다음 글을 읽고 물음에 답하시오.

[앞부분 줄거리] 1970년대에 앉은뱅이와 꼽추는 살던 집이 도시 재개발 계획으로 헐리게 되자 사나이에게 입주권을 헐값에 팔게 된다. 속은 것을 알아차린 꼽추와 앉은뱅이는 사나이에게서 돈을 빼앗기로 한다.

앉은뱅이의 목소리는 여전히 작았다.
"당신은 나에게 이십만 원을 더 줘야 돼."
"뭐라구?"
"아무것도 모른다고 그럴 수가 있어? 삼십팔만 원짜리를 십육만 원에 사다 이십이만 원씩이나 더 받고 넘긴다는 건 말이 안 돼. 나에게 이십만 원을 줘도 이만 원의 이익을 보는 것 아냐? 더구나 당신은 우리 동네 입주권을 몰아 사버렸지?"
"비켜!"
사나이가 몸을 일으켰다.
"비키지 않으면 집어던질 테야."
"마음대로 해."
아주 짧은 순간 앉은뱅이는 정신을 잃었었다. 사나이의 구둣발이 그의 가슴을 차버렸던 것이다. 앉은뱅이는 거듭 들어오는 사나이의 구둣발을 정신없이 잡고 늘어졌다. 앉은뱅이는 너무 약했다. 사나이는 앉은뱅이의 얼굴을 큰 주먹으로 몇 번 쥐어박더니 번쩍 들어 풀숲으로 내던졌다.
그는 거꾸로 처박히듯 내던져진 앉은뱅이가 길 위로 기어 나오려고 꼼지락거리는 것을 확인하고 돌아섰다. 방해물이 기어 나오기 전에 빨리 지나가야 했다.

그는 승용차 안으로 들어가기 위해 몸을 굽혔다. 순간, 검은 그림자가 그의 명치 밑을 힘껏 차왔다. 사나이의 큰 몸이 힘없이 나가떨어졌다. 콩밭에 숨어 있던 꼽추가 차 안으로 들어가 있다 죽을힘을 다해 사나이를 차버렸던 것이다.

(중략)

'돈을 줄게!'

사나이는 말을 하고 싶었다. 그러나 그는 말을 할 수가 없었다. 꼽추가 그의 입에 큰 반창고를 붙인 뒤였다. 몸도 움직일 수가 없었다. 그의 몸은 전깃줄로 꽁꽁 묶여 있었다.

꼽추가 차 안으로 들어가 밤하늘을 일직선으로 가르며 켜져 있던 두 줄기의 불을 꺼버렸다. 엔진도 껐다. 그는 운전석 밑에서 검정색 가방을 찾았다.

밖에서는 앉은뱅이가 사나이의 등을 받쳐 밀어 앉혔다. 꼽추가 나와 허리를 껴안아 일으켰다. 두 친구는 사나이의 몸을 떠받치듯 밀어 운전석으로 올려 앉혔다.

"나를 저자 옆에 앉혀 줘."

앉은뱅이가 말했다. 꼽추가 그를 안아 바른쪽 좌석에 앉혀 주었다. 자신은 뒤쪽으로 들어가 검정색 가방을 열었다. 사나이는 보기만 했다.

"돈과 서류야."

꼽추가 말했다.

"보여 줘."

앉은뱅이가 말했다. 사나이는 앉은뱅이와 꼽추가 자기의 모든 것을 갖고 있다는 것을 알았다.

"우리 건 벌써 팔아 버렸어."

앉은뱅이가 가방 안을 뒤적이면서 말했다. 사나이는 두 눈만 껌벅거렸다.

"잘 봐."

㉠ <u>"우리 이름이 이 공책에 적혀 있어. 그런데 연필로 그어 버린 거야. 이건 팔았다는 뜻이야."</u>

앉은뱅이가 쳐다보자 사나이가 고개만 끄덕였다.

"삼십팔만 원에?"

사나이가 다시 고개를 끄덕였다.

"돈을 세어 봐."

꼽추가 말했다. 앉은뱅이가 돈을 세기 시작했다. 그는 꼭 이십만 원씩 두 뭉치의 돈만 꺼냈다.

"이건 우리 돈야."

앉은뱅이가 말했다. 사나이는 다시 고개만 끄덕였다. 그는 앉은뱅이가 뒷좌석의 친구에게 한 뭉치의 돈을 넘겨주는 것을 보았다. 앉은뱅이의 손이 부들부들 떨렸다. 꼽추의 손도 마찬가지로 떨렸다. 두 친구의 가슴은 더 떨렸다.

앉은뱅이는 앞가슴을 풀어헤쳐 돈뭉치를 넣더니 단추를 잠그고 옷깃을 여몄다. 꼽추는 윗옷 바른쪽 주머니에 넣었다. 꼽추의 옷에는 안주머니가 없었다.

돈을 챙겨 넣자 내일 할 일들이 머리에 떠올랐다. 앉은뱅이의 머리에도 내일 할 일들이 떠올랐다. 아이들은 천막 안에서 잠을 자고 있었다.

"통을 가져와."

앉은뱅이가 말했다. 그의 손에는 마지막 전깃줄이 들려 있었다. 밖으로 나온 꼽추는 콩밭에서 플라스틱 통을 찾았다.

(중략)

차에서 폭발 소리가 들려 왔을 때는 앉은뱅이도 놀랐다. 그러나 그것도 잠깐뿐이었다. 불길도 자고 폭발 소리도 자버렸다. 어둠과 침묵이 두 사람을 싸고 있었다. 꼽추가 앞서 걸었다. 앉은뱅이가 그 뒤를 따랐다.

㉡ <u>"살 게 많아."</u>

그가 말했다.

"모터가 달린 자전거와 리어카를 사야 돼. 그 다음에 강냉이 기계를 사야지. 자네는 운전만 하면 돼. 내가 기어 다니는 꼴을 보지 않게 될 거야."

앉은뱅이는 친구의 반응을 기다렸다. 꼽추는 말이 없었다.

"왜 그래?"

앉은뱅이는 급히 따라가 꼽추의 바짓가랑이를 잡았다.

"이봐, 왜 그래?"

"아무것도 아냐."

꼽추가 말했다.

㉢ "겁이 나서 그래?"
앉은뱅이가 물었다.
"아무렇지도 않아."
꼽추가 말했다.
"묘해. 이런 기분은 처음야."
"그럼 잘됐어."
㉣ "잘된 게 아냐."
앉은뱅이는 이렇게 차분한 친구의 목소리를 처음 들었다.
"나는 자네와 가지 않겠어."
"뭐!"
"자네와 가지 않겠다구."
꼽추는 이렇게 말하고 한마디 덧붙였다.

(중략)

"내가 ⓐ 무서워하는 것은 자네의 마음야."
"그러니까, 알겠네."
앉은뱅이가 말했다.
㉤ "가. 막지 않겠어. 나는 아무도 죽이지 않았어."

– 조세희, 「뫼비우스의 띠」

42 윗글의 서술 방식에 대한 설명으로 가장 적절한 것은?

① 작중 인물의 시각으로 그가 겪은 사건을 진술하고 있다.
② 인물의 심리 변화를 세밀히 서술하여 갈등 상황을 부각하고 있다.
③ 비유와 상징을 통해 사건의 기본적인 정황을 압축적으로 서술하고 있다.
④ 인물의 행위와 대화를 짧은 문장으로 서술하여 사건을 보여 주고 있다.
⑤ 편집자적 논평을 이용하여 독자들에게 인물의 선악 판단을 유도하고 있다.

43 ㉠~㉤ 중 말하는 인물이 다른 것은? [3점]

① ㉠
② ㉡
③ ㉢
④ ㉣
⑤ ㉤

44 윗글의 인물에 대한 설명으로 적절하지 않은 것은?

① 앉은뱅이는 꼽추와의 동료 의식을 드러내고 있다.
② 앉은뱅이는 미래의 계획을 구체적으로 세워 놓고 있다.
③ 사나이는 자신의 이익을 위해 비도덕적인 행위를 한다.
④ 꼽추는 앉은뱅이가 생각하지 않은 면에 대해 고려한다.
⑤ 꼽추는 앉은뱅이보다 주도적으로 중심 사건을 이끌고 있다.

45 〈보기〉를 근거로, ⓐ의 이유를 추론한 것으로 가장 적절한 것은?

〈보기〉

조세희의 「뫼비우스의 띠」 첫 부분에는 굴뚝에 들어간 두 아이에 대해 묻는 교사가 나온다. 교사는 두 아이 중 얼굴이 깨끗한 아이와 더러운 아이가 있다면 누가 얼굴을 씻겠는지 묻지만, 마지막에는 사실 그 질문이 잘못되었다면서 "한 아이의 얼굴이 깨끗한데 다른 한 아이의 얼굴은 더럽다는 일은 있을 수가 없다."라고 한다. 곧 어떤 문제 상황에서 처음에 한쪽이 잘못을 저지른다고 하더라도 다른 한쪽이 아예 잘못이 없는 경우는 없다는 것이다. 이는 이 소설의 제목을 안팎의 구분이 없는 '뫼비우스의 띠'로 삼은 이유이기도 하다.

① 앉은뱅이가 자신 몰래 사나이의 돈을 더 챙긴 것을 보고 그에 대한 신뢰감이 사라졌기 때문이다.
② 앉은뱅이가 자전거와 리어카를 사면서 자신에게는 어떤 고려도 하지 않는 이기적인 인물임을 깨달았기 때문이다.
③ 앉은뱅이가 돈을 주겠다는 사나이의 애원을 무시하고 강탈하는 무자비한 마음씨를 가졌음을 알아차렸기 때문이다.
④ 앉은뱅이가 범죄를 저질렀지만 돈을 되찾기 위한 일이었다고 여기면서 죄책감을 전혀 느끼지 않는다고 생각했기 때문이다.
⑤ 앉은뱅이가 내일 할 일에만 관심이 있고 사나이에게 다친 자신을 배려하지 않는 것을 보면서 지나치게 냉정하다고 생각했기 때문이다.

2025
경찰대학 10개년 국어

2016학년도 기출문제

국어영역

제1교시 국어영역

▶정답 및 해설 348p

01 다음 중 어법에 맞고 가장 자연스러운 것은?

① 기차가 발차할 시간이 다가오고 있었다.
② 나무 밑에도 어둠이 깃들기 시작하였다.
③ 그날 이후로 철수의 생활 방식은 눈에 띄게 달라졌다.
④ 꼭대기가 평평하게 되어 있는 산지인 고원은 세계의 지붕이라 일컫는 파미르 고원을 비롯하여 많은 고원이 있다.
⑤ 박 선생이 마을에 이주한 후 명령을 거역한 사실이 없었을 뿐 아니라, 농장일도 열심히 하였기 때문에, 죄인으로 다스릴 증거를 잡지 못하였다.

02 〈보기〉를 참조할 때, 밑줄 친 부분의 '-시-'의 사용이 올바른 것은?

〈보기〉

"주문하신 커피 나오셨습니다."라는 종업원의 말에 손님은 말문이 막혔다. "커피가 '나오셨다'고요? 왜 커피를 높이세요?" 손님의 말에 당황한 종업원은 웃으면서 말했다. "죄송하세요."
마트에서는 "그 상품은 품절이세요.", 병원에서는 "주사 맞으실게요.", 여행사에서는 "비수기 할인 가격이세요." 등과 같이 어법에 맞지 않는 말들이 허다하다. 별생각 없이 틀린 높임말을 쓰는 동안 한국어 어법이 뒤틀리고 있다.

① 이 옷 색상 예쁘시죠?
② 보라 언니가 들어가실게요.
③ 부탁하신 상품이 도착하셨습니다.
④ 현금으로 결제하시면 할인이 돼요.
⑤ 저희는 아이스 카푸치노도 제공하세요.

03 ㉠~㉢에 해당하는 것 중, 맞춤법에 어긋난 단어가 포함된 것을 고르면? [3점]

〈보기〉

*사이시옷은 다음과 같은 경우에 쓴다.
(순 우리말 합성어로 앞말이 모음으로 끝난 것)
㉠ 뒷말의 첫소리가 된소리로 나는 것
㉡ 뒷말의 첫소리 'ㅁ' 앞에서 'ㄴ' 소리가 덧나는 것
㉢ 뒷말의 첫소리 모음 앞에서 'ㄴㄴ' 소리가 덧나는 것

	㉠	㉡	㉢
①	나뭇가지	아랫마을	두렛일
②	볏가리	뒷머리	뒷입맛
③	아랫집	잇몸	나뭇잎
④	조갯살	텃마당	베갯잇
⑤	쳇바퀴	머릿말	댓잎

04 밑줄 친 조사의 용법이 나머지 넷과 다른 하나는?

① 구청에서 안내 말씀 드리겠습니다.
② 광주에서 유니버시아드 대회가 개최됩니다.
③ 우리 학교에서 대민 봉사활동을 실시하였습니다.
④ 이번 체육대회는 부산 경찰서에서 우승컵을 들어올렸다.
⑤ 요양원에서 건강 달리기 대회를 열어 모두 즐거운 휴일을 보냈다.

05 밑줄 친 부분의 근거로 가장 적절한 것은?

〈보기〉

철수는 외래어 표기법을 공부하면서 의문이 생겼다. 자주 쓰이는 외래어 중 '서비스'라는 단어가 있는데, [써비스]로 발음하는 경우가 많았다. 그런데 표기는 써비스가 아닌 서비스이다. 어두에서 된소리인 외래어들은 예사소리로 적었다. 예를들어 '버스'가 [뻐스]로 발음되지만, 버스로 적는다. 왜 [뻐스]를 버스로, [써비스]를 서비스로 표기할까?

① 파열음 표기에는 된소리를 쓰지 않는다.
② 외래어 표기법의 예외 사항에 해당한다.
③ 이미 굳어진 외래어는 관용대로 표기한다.
④ 받침에는 'ㄱ, ㄴ, ㄹ, ㅁ, ㅂ, ㅅ, ㅇ'만을 쓴다.
⑤ 외래어를 표기할 때에 새 글자나 부호를 쓰지 않는다.

06 〈보기〉를 참조하여, 한글 로마자 표기가 올바른 것을 고르면? [3점]

〈보기〉

* 로마 자 표기는 표준 발음법에 따라 적는다.
* 'ㄱ, ㄷ, ㅂ'은 어두나 모음 앞에서 'g, d, b'로, 어말이나 자음 앞에서는 'k, t, p'로 적는다.
* 'ㄹ'은 모음 앞에서는 'r'로, 자음 앞이나 어말에서는 'l'로 적는다. 단, 'ㄹㄹ'은 'll'로 적는다.

① 옥천 Ogcheon　② 백암 Paegam
③ 설악 Seolak　④ 울릉 Ulleung
⑤ 대관령 Daegwanlyeong

07 〈보기〉의 밑줄 친 '한 이치'에 해당하는 것은?

〈보기〉

1876년에 태어난 주시경 선생은 어릴 적에 한문수학(漢文修學)을 하시다가 15세에 이르러 국문(國文)을 공부하면서 국어의 한 이치를 깨닫게 되었다. "종이와 붓과 먹과 벼루와 책은 선비가 쓰는 물건이라."에서 '먹과', '벼루와' 같이 '과'와 '와'는 그 역할이 같지만 받침이 있는 글자 뒤에는 '과'가 쓰이고 받침이 없는 글자 뒤에는 '와'가 쓰인다는 사실을 깨달았다.

① '잡은 사람, 오는 사람'에서 '은'과 '는'의 관계
② '밥을 먹었다, 꽃이 피겠다'에서 '었'과 '겠'의 관계
③ '사람이 좋다, 나무가 자란다'에서 '이'와 '가'의 관계
④ '집을 빨리 짓다, 어서 빨리 가자'에서 '다'와 '자'의 관계
⑤ '철수는 벌써 갔고, 강수는 청소하며'에서 '고'와 '며'의 관계

2016 기출문제

[08~09] 다음 글을 읽고 물음에 답하시오.

언어 바꿔 쓰기가 실천되면 사람들은 그 안에 숨어있던 문제를 생각하게 된다. 공공장소에서의 금연 사례를 보자. 금연이 공적 기준이 되면, 흡연에 대해 사람들은 압박감을 느끼고 흡연을 ㉠ 다시 생각하기 시작한다. 언어 사용도 마찬가지다. 바꿔 쓰기가 공적 기준으로 되면 사람들은 사용하는 단어에 주의를 기울인다. 때론 무심하게, 때론 제멋대로 뱉은 말들을 조심하면서 그 사람의 사회적 태도도 바뀐다. 미망인(未亡人)이란 단어에는 '(남편을) 아직 따라 죽지 못한 사람'이라는 부정적 뜻이 담겼다. 물론 그 뜻을 생각하지 않고 쓰는 사람도 있다. 하지만 '미망인'이라는 단어를 쓰지 말자는 움직임이 사회적으로 실천되면, 남편과의 사별로 힘들어진 여성이 '미망인'이라는 지칭어로 상처받는 일은 줄어들 것이고, 사람들은 상처 주는 말, 차별적 태도에 대해 ㉡ 생각해 보게 될 것이다.

차별적인 말을 바꾸는 것이 사소한 일이라는 사람도 있다. 일상에서 '그냥 말일 뿐이야', '한번 말해봤어.'라는 말을 쓰기도 한다. 하지만 이런 태도가 문제이다. 언어가 언어일 뿐이라면, 왜 많은 나라에서 말에 의한 명예 훼손, 모욕, 협박과 위협 등을 법률로 정해 처벌하겠는가. ㉢ 이런 입장이라면, 원만한 자녀 관계, 부부 관계, 동료 관계를 맺고 이어가기 위해서 상처 주는 말을 하지 말고, 상대방을 배려하여 말하자는 조언서나 심리 강좌, 언어 강좌 등은 모두 쓸모없다고 주장해야 옳을 것이다.

08 ㉠, ㉡과 문맥상, 어울리는 단어는?

	㉠	㉡
①	재고(再考)하기	성찰(省察)하게
②	숙고(熟考)하기	관찰(觀察)하게
③	장고(長考)하기	감찰(監察)하게
④	사고(思考)하기	시찰(視察)하게
⑤	회고(回顧)하기	진찰(診察)하게

09 ㉢과 가장 잘 부합하는 것은?

① 막대기와 돌은 내 뼈를 부러뜨릴 수 있지만, 그 단어 자체는 나를 절대로 해치지 못하지.

② '노인네, 결손가정'과 같은 말보다도 '어르신, 한부모가정'이라고 표현한다면, 좀 더 부드러운 느낌이 들지.

③ 라이프니츠는 '언어는 인간 정신을 그대로 본떠 놓은 것'이라고 하면서, 언어가 인간의 정신을 반영한다는 이론을 정립하였어.

④ 에드워드 사이드는 아시아를 '오리엔탈'로 부르는 것에 반대했어. 지구는 둥근데 유럽인이 아시아를 동쪽이라 부르는 것은 유럽 중심적이라는 생각 때문이었지.

⑤ 말은 행위의 수행과 관련이 있지. '너희 나라로 돌아가'라는 말은 '명령한다'와 같은 수행 동사가 보이지 않더라도, 그 문장 속에는 '나는 네가 너희 나라로 돌아갈 것을 명령한다'는 뜻이 포함되어 있어.

10 〈보기〉의 밑줄 친 부분에 해당하지 않는 것은? [3점]

〈보기〉

훈민정음이 창제되고 한글 문헌이 많이 나온 시기가 바로 후기 중세 국어이다. 이것을 살펴보기 위해 용비어천가(龍飛御天歌)의 일부를 인용한다. “불휘 기픈 남ᄀᆞᆫ ᄇᆞᄅᆞ매 아니 뮐씨 곶 됴코 여름 하ᄂᆞ니” 이 문장의 현대어 역인 ‘뿌리깊은 나무는 바람에 아니 흔들리므로, 꽃이 좋고 열매가 많게 되느니라’와 비교해 보면 현대 국어와는 그 형태와 의미가 다른 단어들이 보인다.

① 불휘　② 아니
③ 곶　④ 됴코
⑤ 여름

11 아래 글을 고쳐 쓰기 위한 의견으로 타당하지 않은 것은?

화분에 있는 꽃에 물을 줄 때 어떻게 해야 할까? 꽃을 키울 때 가장 어려운 일은 물 주기다. ㉠ 물이 적게 주어도 안 되고, 많이 주어도 안 된다. 품종에 따라 적당하게 주어야 한다. ㉡ 바람이 적당하게 통하게 하는 것은 그런 면에서 중요하다. 토양의 수분 상태를 미리 파악하면 물 주는 시기의 양을 쉽게 조절할 수 있다. 먼저 나무로 된 이쑤시개를 2~3cm 깊이로 흙에 꽂고 30분 뒤 꺼냈을 때 이쑤시개가 1cm 이상 젖어 있다면 뿌리가 흡수할 수 있는 수분이 있다는 표시로 볼 수 있다. ㉢ 그 이상이면 물을 충분히 줘야 한다. 또 손가락으로 흙을 눌러 잘 들어가지 않으면 토양이 메말랐다는 증거이다.

물을 주는 방법도 중요하다. 보통 화초에 물을 줄 때 잎이나 꽃에 주는 경우가 많다. ㉣ 그리고 꽃에 물을 주면 꽃봉오리가 떨어지거나 빨리 시들게 되고, 잎과 잎 사이에 주름진 곳에 물을 주면 잎이 썩을 수도 있다. 따라서 물은 흙에만 주고 잎 사이 먼지는 부드러운 수건으로 닦아 주어야 한다. ㉤ 싱싱하고 아름다운 꽃을 오래 보기 위해서는 그만큼 정성을 쏟는 것이다.

① ㉠은 ‘주어도’가 타동사이기 때문에 목적어인 ‘물을’로 고치는 것이 좋다.
② ㉡은 글의 자연스러운 연결을 위해서 삭제하는 것이 좋다.
③ ㉢은 내용상 잘못 쓰였기 때문에 ‘이상이면’을 ‘미만이면’으로 바꿔야 한다.
④ ㉣은 앞의 내용과 반대가 되기 때문에 ‘그리고’를 ‘하지만’으로 바꾸는 것이 좋다.
⑤ ㉤은 주어와 서술어의 호응이 맞지 않으므로 ‘~정성을 쏟는다’로 고쳐야 한다.

[12~13] 다음 물음에 답하시오.

12 〈보기〉는 '자연 재해로 인한 재난과 나눔'에 관한 글을 쓰기 위해 작성한 개요이다. 수정 의견으로 가장 적절한 것은?

〈보기〉

Ⅰ. 자연 재해의 피해
- 국내와 국외의 자연 재해 실태
Ⅱ. 자연 재해의 종류와 예방법
1. 종류 ………… ㉠
가. 기상 이변 : 태풍, 홍수, 가뭄
나. 지변 재해 : 지진, 화산
다. 생물 재해 : 병충해, 전염병, 풍토병 ………… ㉡
2. 예방법
가. 기상 이변에 대한 대비
나. 위험 시설물의 지진 대비 설계
다. 국내와 해외 이동의 검역 철저
Ⅲ. 자연 재해 피해자에 대한 구호 방안 ………… ㉢
1. 각종 구호단체에 의연금 기부 ………… ㉣
2. 자원 봉사를 통한 이재민 구호
3. SNS(소셜 네트워크 서비스)를 통한 위험 경고 ………… ㉤
Ⅳ. 자연 재해의 재난 극복과 나눔의 세상 이룩

① ㉠의 하위 항목으로 '교통 재해 : 지하철 사고, 선박 침몰사고'를 추가해야겠어.
② ㉡은 주제에서 벗어난 내용이어서 'Ⅱ-1-나'와 중복되므로 생략해야겠어.
③ 글의 완결성을 위해 ㉢은 '자연 재해를 예방하기 위한 실천 방안'으로 바꿔야겠어.
④ 주장을 강조하기 위해 ㉣을 '구호 단체에 대한 감독 철저'로 바꿔야겠어.
⑤ 논리적 일관성을 고려해 ㉤은 Ⅱ-2의 하위 항목으로 옮겨야겠어.

13 〈보기〉를 참고로 하여 '자연 재해의 피해자를 돕자'를 홍보하기 위해 캠페인 문구를 만들 때, 아래의 조건에 맞게 쓴 것은?

〈보기〉

• 대구를 이루게 할 것
• 비유적 표현이 들어갈 것
• 구체적인 실천 방안을 제시할 것

① 숨 쉬는 것을 망설인 적이 있나요? 봉사와 기부는 지금 당장 필요한 산소와 같은 것입니다.
② 봉사하는 것은 이제 남의 일이 아닙니다. 이재민의 아픈 마음을 우리가 쓰다듬어 주어야 합니다.
③ 오늘 이재민을 위해 낸 우리의 의연금은 적금이 되어 나중에 우리를 살려주는 구세주가 될 수 있습니다.
④ 오늘 당신의 기부가 갈증을 달래는 생명수가 된다면, 언젠가 누군가의 봉사가 당신의 어둠을 밝히는 등불이 될 것입니다.
⑤ 태풍의 진로처럼 바뀔 수 있습니다. 오늘은 그들이 자연 재해 이재민이지만, 나중에는 우리가 자연 재해 이재민이 될 수 있습니다.

[14~16] 다음 글을 읽고 물음에 답하시오.

우리는 보통 공간을 배경으로 사물을 본다. 그리고 시간이나 사유를 비롯한 여러 개념들을 공간적 용어로 표현하는 경향이 있다. 그래서 공간에 대한 용어가 중의적으로도 쓰이고 한편으로는 일상적 다른 용법으로 인해 혼란을 겪기도 한다.

공간에 대한 용어인 차원이라는 용어 역시, 다양하게 쓰인다. 차원의 수는 공간 내에 정확하게 점을 찍기 위해서 알아야 하는 양의 개수이다. 특정 차원의 공간은 한 점을 표시하기 위해 특정한 수의 양이 필요한 공간을 의미한다. 다차원 공간이란 집을 살 때 고려해야 하는 사항들의 공간처럼 추상적일 수도 있고, 실제의 물리 공간처럼 구체적일 수도 있다. 어떤 사람을 1차원적 인간이라고 표현했다면 그것은 그 사람의 관심사가 하나밖에 없다는 것을 의미한다. 집에 틀어박혀 스포츠만 관람하는 인간은 오로지 스포츠라는 하나의 정보로 기술될 수 있고 그 정보를 직선 위에 점을 찍은 1차원 그래프로 표시할 수 있다.

3차원 공간에서 사람의 위치를 정하려면 3개의 숫자가 필요하다. 4차원 공간의 점은 3차원 공간에 1개의 축을 더한 것이다. 차원이 늘어난다는 것은 완전히 ㉠ <u>다른 방향</u>으로 움직일 수 있는 자유가 생긴다는 뜻이다. 차원이 줄어지는 경우도 있다. 책을 각 면으로 나누면, 각각의 면들은 2차원이 된다. 반대로 ㉡ <u>2차원의 면을 조합하면 또한 3차원 물체가 재구성된다.</u>

공을 환등기에 투영하면 뒷면의 스크린에 2차원의 원이 나타난다. 이처럼 투영은 차원이 높은 원래의 대상으로부터 정보를 삭감한다. 대상보다 낮은 차원의 그림을 그릴 때에 손실된 부분을 되살릴 수 있는 정보가 부가되기도 한다. 사진이나 그림에서 볼 수 있는 음영이나 색이 그러한 부가 정보이다. 르네상스 이후 대부분의 서양화가들은 원근법과 음영법을 사용하여 2차원 평면 위에 3차원 환영을 만들어 냈다. 서양 회화에서 가장 중요한 기술은 3차원 세계를 2차원으로 표현하는 것이었다. 이러한 노력은 낮은 차원의 이미지에서 어떻게 더 많은 정보를 얻을 수 있는지를 보여준다.

그러나 우리에게 꼭 필요한 것은 더 적은 정보일 수도 있다. 우리는 대체로 3차원이 제공하는 정보 모두에 신경 쓰지는 않는다. 예를 들어 세 번째 차원이 굉장히 얇은 물체라면 그 방향에서 일어나는 일에 아무런 관심도 가지 않을 것이다. 여러분들이 지금 읽고 있는 이 글에 인쇄된 잉크도 실제로는 3차원이지만 그것을 2차원으로 여긴다고 해서 잃을 것은 아무것도 없다. 현미경으로 보지 않는 한, 잉크에 두께가 있음을 느끼지 못한다. 중요한 정보를 취하고 세부를 무시하는 것은 사람들이 일상에서 행하는, 일종의 실용적 데이터 조작으로 많은 양의 정보를 다루는 방식일 따름이다. 우리는 보고, 듣고, 맛보고, 냄새 맡고, 만지는 거의 모든 것에 대해 세밀하고 철저히 파고들지, 아니면 다른 것에 우선순위를 두고서 큰 그림을 그릴지 선택하는 것이다.

14 위 글의 내용과 일치하지 <u>않는</u> 것은?

① 상상하는 추상적 공간도 다차원적으로 구성하는 것이 가능하다.

② 일상 언어에서 차원이라는 말을 사용하여 인간의 특성을 표현하기도 한다.

③ 3차원의 환영은 차원이 줄어들 때 발생하는 정보들의 삭감을 보충하기 위한 노력의 결과이다.

④ 투영이라는 방법이나 그림 그리기는 실제의 사물을 한 차원 낮춘다는 점에서 공통점을 지니고 있다.

⑤ 인간이 사물에 대한 차원을 실제와 근접하게 표현하기 위해서는 그 사물이 지니고 있는 고유한 세부 정보보다는 큰 그림을 그릴 수 있는 통찰력이 중요하다.

15 ㉠의 문맥적 의미로 가장 적절한 것은?

① 일정한 방향
② 각자 반대의 방향
③ 추상적인 방향
④ 구체적인 방향
⑤ 서로 독립적인 방향

16 ㉡의 예에 해당하는 것은?

① 고차원 공간에 관한 정보를 표면에 기록한 홀로그래피
② 다큐멘터리 프로듀서가 시골의 전원생활을 실제 그대로 생생하게 기록한 영화
③ 중세 시대의 화가들이 여러 성인들의 모습들을 성당 벽에 그려놓은 모자이크 그림
④ 피카소와 같은 입체파 화가들이 여러 각도에서 본 이미지들을 한 그림 속에 모아서 입체적으로 표현한 회화
⑤ 엑스선 단층 촬영을 여러 장 하고, 그 사진들을 순서대로 포개 공간 속에서 환자의 영상을 입체적으로 재현한 것

[17~21] 다음 글을 읽고 물음에 답하시오.

(가)
호ᄆᆡ도 ᄂᆞᆯ히언마ᄅᆞᄂᆞᆫ
㉠ 낟ᄀᆞ티 들 리도 업스니이다
아바님도 어이어신마ᄅᆞᄂᆞᆫ
위 덩더둥셩
㉡ 어마님ᄀᆞ티 괴시리 업세라
아소 님하
어마님ᄀᆞ티 괴시리 업세라

– 작자 미상, 「사모곡(思母曲)」

(나)
아바님 날 나ᄒᆞ시고 어마님 날 기ᄅᆞ시니
두 분 곳 아니시면 이 몸이 사라실가
㉢ 하ᄂᆞᆯ ᄀᆞᄐᆞᆫ ᄀᆞ업ᄉᆞᆫ ㉣ 은덕을 어 다혀 갑ᄉᆞ오리

어버이 사라신 제 셤길 일란 다ᄒᆞ여라
디나간 후면 애ᄃᆞᆲ다 엇디ᄒᆞ리
평생애 곳텨 못ᄒᆞᆯ 일 이 잇ᄲᅮᆫ인가 ᄒᆞ노라

– 정철, 「훈민가(訓民歌)」

(다)
정월이라 십오 일에 완월(玩月)하는 소년들아
흉풍(凶豐)도 보려니와 부모 봉양 생각세라
신체발부(身體髮膚) 사대절(四大節)은 부모님께 타났스니
태산같이 노픈 덕과 ㉤ 하해같이 기픈 ㉥ 정을 어이 하야 이즈리오
천세만세 미덧더니 봉래 방장 영주산에
불로초와 불사약을 인력으로 얻을손가 슬프다 우리 인생
수욕정이풍부지(樹欲靜而風不止)하고 자욕양이친부재(子欲養而親不在)라
공산낙목 일배상(一杯上)에 영결종천(永訣終天) 되겠구나
일 년 삼백육십 일에 일일(一日) 사친(思親) 십이 시라
음풍(陰風)이 적막하고 소식이 영절(永絕)하니
슬프다 우리 부모 상원(上元)인 줄 모르시나
그 달을 허송하니 이월이라 한식(寒食) 일에
천추절(千秋節)이 적막하니 개자추의 넋이로다
원산(遠山)에 봄이 드니 불 탄 풀이 속잎 난다
(중략)
슬프도다 우리 부모 청명(淸明)인 줄 모르시나
그 달 그믐 다 지나고 삼월이라 삼진날에
연자(燕子)는 나라드러 옛 집을 차자오고
호접(蝴蝶)은 분분하야 구색을 자랑한다
㉦ 기수(沂水)에 목욕하고 ㉧ 무우(舞雩)에 바람 쏘여 등동고이서소(登東皐而敍嘯)하고 임청류이부시(臨淸流而賦詩)로다

ⓧ 산화(山花)는 ⓩ 홍금(紅錦)이오 세류(細流)는 청사(靑絲)로다

(중략)

슬프도다 우리 부모 답청절(踏靑節)을 모르시나

– 작자 미상, 「사친가(思親歌)」

17 (가)~(다)의 공통점으로 가장 적절한 것은?

① 자식에 대한 부모의 차별적인 태도를 슬퍼하고 있다.
② 부모의 은혜에 대해 보답할 것을 당부하고 있다.
③ 돌아가신 부모에 대한 그리움을 표현하고 있다.
④ 부모를 위해 공덕을 쌓을 것을 강조하고 있다.
⑤ 부모의 사랑이나 은덕에 대해 생각하고 있다.

18 (나)와 (다)를 비교한 설명으로 적절하지 않은 것은?

① (나)와 (다)는 모두 화자가 청자보다 우위에 서서 말하고 있다.
② (나)와 (다)는 모두 부모에 대한 애달픈 심정을 말하고 있다.
③ (나)는 (다)와 달리 대구법을 사용하여 의미를 심화하고 있다.
④ (다)는 (나)와 달리 청자를 제한하여 분명히 밝히고 있다.
⑤ (다)는 (나)에 비해 시간의 흐름을 더욱 구체화하고 있다.

19 (가)의 표현상 특징에 대한 설명으로 적절하지 않은 것은?

① 동일한 어미를 반복하여 운율을 형성하고 있다.
② 대비적인 구도를 통하여 주제를 부각하고 있다.
③ 감탄 어구를 통해 화자의 정서를 표출하고 있다.
④ 중간에 조음구를 삽입하여 분위기를 반전시키고 있다.
⑤ 일상적인 도구를 비유로 사용하여 의미를 드러내고 있다.

20 (다)의 화자가 (가)의 화자에게 할 수 있는 말로 가장 적절한 것은? [3점]

① 부모가 돌아가신 후에 후회해도 소용없으니 마음의 응어리는 풀어 버리시오.
② 부모는 자식 때문에 고생한다지만 그래도 인생의 낙은 자식에 있다오.
③ 힘들다고 포기 말고 돌아가시기 전에 부모의 소원을 이루어 주시오.
④ 부모와 자식은 동고동락하며 한평생 함께 살아가는 사이라오.
⑤ 다음 생에서는 자식으로서의 아픔을 겪지 말기 바라오.

21 ㉠~㉩ 중 비유 관계로 짝지어지지 않은 것은?

① ㉠과 ㉡ ② ㉢과 ㉣
③ ㉤과 ㉥ ④ ㉦과 ㉧
⑤ ㉨과 ㉩

[22~25] 다음 글을 읽고 물음에 답하시오.

1837년(헌종 3) 16세 소녀 ⓐ 득열은 자신을 팔아 굶주림에서 벗어나고자 자매(自賣) 거래 전 관(官)에 ㉠ 소지(所志)를 올렸다. 이 소지에 따르면, 득열은 일찍 어머니를 여의고 아버지와 단둘이 가난하게 살아왔는데, 최근 연이은 흉년에 구걸하여 아버지와 자신의 목숨을 연명해 왔다. 엎친데 덮친 격으로, 올봄 기근이 심한 탓에 아버지를 굶주리지 않게 하려고 자신을 다른 사람에게 팔고자 했지만 매수인 측에서 나중에 득열이 배신할 것을 염려하여 선뜻 사겠다고 하지 않았다. 이에 득열은 아버지를 봉양해야 하는 자신이 기아 직전의 불쌍한 처지에 이른 것을 헤아려 '몸을 팔아 구활하라'는 내용으로 ㉡ 입지(立旨)를 작성해 달라고 읍소했다. 득열의 호소에 대해 ⓑ 대도호부사(大都護府使)는 구활이 음덕일 뿐 아니라 자매 또한 전례가 있으니 의심하여 염려할 일이 아니라면서, 매수인이 안심하고 득열을 살 수 있도록 관에서 보증을 서 주는 뎨김[題音]을 내렸다.

관에서 자매하려는 사람에게 도움을 주려 했던 이유는 무엇일까? 조선 정부는 기본적으로 양인과 천인 간의 신분 이동을 규제했다. 이러한 방침하에 양인을 천인으로 만드는 것 또한 엄격하게 규제하고 처벌했다. 그런데 대규모 기근과 전쟁이 발생하면서 이 정책을 그대로 유지하기가 어려워져 정책 수정을 할 수밖에 없었다. 정부의 힘만으로는 굶주린 사람들과 유망민(流亡民)들을 모두 구제하기 어려웠던 것이다. 더구나 조선 후기에는 이전보다 화폐 경제가 발달하고 신분 이동이 활발해졌다. 이러한 배경에서 18~19세기에 자매가 용인되었다.

16세기 이후 조선 정부는 기근이 발생하면 재력을 지닌 사족들이 백성을 구제하도록 장려했다. 이와중에 임진왜란이 일어나 유망민과 굶어 죽어 가는 백성이 대거 발생하자, 정부는 경제력을 가진 사람들이 굶주려 사망 직전에 이른 사람을 구제하여 살린 경우 그 사람을 부릴 수 있도록 하는 내용의 임시 ㉢ 사목(事目)을 반포하기도 했다. 전쟁이 끝난 뒤에도 대규모 기근이 발생하면 이와 같은 조치를 시행했다. 또한 버려진 아이들이 굶주려 죽음에 이르는 것을 방지하기 위해, 이들을 거두어 살려 주면 노비나 ㉣ 고공(雇工)으로 삼을 수 있도록 하는 한시적인 법을 제정하기도 했다. 이러한 역사적 과정을 거쳐 생계가 어려운 백성이 자신이나 자신의 가족을 팔아 생계를 유지하는 것이 제한적으로 용인되었다.

조선 정부가 아사지경(餓死之境)에 이른 사람들의 생존을 위해 자신이나 자신의 가족을 파는 것을 제한적으로 용인하긴 했지만, 자매자는 본래 양인이었다. 뒷날 자매한 당사자의 마음이 바뀌어 억울하게 노비가 되었다고 호소한다면, 자칫 매수인은 양인을 핍박하여 천인으로 삼았다고 의심받을 수도 있는 일이었다. 이러한 상황에 이르지 않더라도, 자매자가 다시 양인이 되고자 도망쳤을 때 그가 매수인의 도망 노비라는 사실을 증명할 확실한 증거를 만들어 둘 필요도 있었다.

이에 일부 매수인들은 자매 거래 전에 자매자로 하여금 관의 입지를 받아 오도록 했다. 입지는 ㉤ 입안(立案)보다 간단한 형태의 증빙 문서였다. 소지에 기재한 수령의 처분인 뎨김이 입지라는 명칭으로 증빙 문서의 역할을 했다. 자매자가 자매 거래 전에 입지를 받아 매수인에게 준다면, 매수인은 이 자매 거래가 굶어 죽어 가는 사람을 구제하기 위해 행해진 일임을 인정한 관의 증빙 문서를 확보하게 되는 셈이었다. 매수인은 이 문서를 확보함으로써 뒷날 분쟁을 예방하고, 만약 소송이 일어나더라도 유리한 위치에 서게 된다.

득열의 소지에서 매수인이 그의 배신을 의심했다는 것은, 바로 매수인이 자매자로 하여금 관에서 증빙 문서를 받아오라고 요구했다는 사실을 그렇게 표현한 것으로 보인다. 매수인이 관의 입지를 받아 오도록 요구하는 경우 자매하려는 사람은 소지를 올려 관으로부터 자매에 대한 긍정적인 뎨김을 받아야 했다. 입지를 받은 다음 날 득열의 자매 거래가 이루어졌다. 득열은 전문(錢文) 13냥을 받고 ⓒ 조광득에게 자신을 팔았다. 득열은 자신은 물론이고 자신의 미래 후손인 후소생까지 포함하여 매매했다. 이 거래로 득열은 조광득의 노비가 되었다.

22 위 글의 내용과 일치하지 않는 것은?

① 득열은 자신을 팔기 위해 필요한 증명서를 관청에 요청하였다.
② 득열은 나중에 자기가 낳을 자식들을 자매 거래에 포함시켰다.
③ 조선 정부는 생계유지와 생존을 위한 자매를 제한적으로 허용하였다.
④ 자매는 주로 양인의 신분에 있던 사람이 노비로 전락하는 경우가 많았다.
⑤ 관청의 증명서는 나중에 분란이 생길 경우 자매자에게 유리하게 작용하였다.

23 위 글의 주된 설명 방식으로 적절한 것은?

① 대상의 구조를 분석하여 설명하였다.
② 대상에 대해 사례를 들어 설명하였다.
③ 비교와 대조를 통해 대상을 설명하였다.
④ 대상을 체계적으로 분류하여 설명하였다.
⑤ 추상적인 개념을 사용하여 대상을 설명하였다.

24 ⓐ, ⓑ, ⓒ의 관계로 적절한 것은?

	ⓐ	ⓑ	ⓒ
①	매도인/매물	매수인	보증인
②	매수인/매물	보증인	매도인
③	매도인/매물	보증인	매수인
④	매수인/매물	매도인	보증인
⑤	보증인/매물	매도인	매수인

25 ㉠~㉤에 대한 뜻풀이로 바르지 않은 것은? [3점]

① ㉠ : 예전에, 청원이 있을 때에 관아에 내던 서면(書面)
② ㉡ : 관부에서 판결문을 쓰고 관인을 찍어 개인이 청원한 사실을 공증해 주던 문서
③ ㉢ : 공사(公事)에 관하여 정한 규칙
④ ㉣ : 지난날, 관가에서 부리던 노비
⑤ ㉤ : 조선 시대에, 관아에서 어떠한 사실을 인증한 서면

[26~30] 다음 글을 읽고 물음에 답하시오.

(가)
압천(鴨川) 십리(十里)ㅅ벌에
해는 저물어……저물어……

날이 날마다 님 보내기
목이 자졌다……여울 물소리……

찬 모래알 쥐어짜는 찬 사람의 마음,
쥐어짜라. 바수어라. 시원치도 않어라.

여뀌풀 우거진 보금자리
뜸부기 홀어멈 울음 울고,

제비 한 쌍 떠ㅅ다,
비맞이 춤을 추어.

수박 냄새 품어오는 저녁 물바람.
오렌지 껍질 씹는 젊은 ⓐ 나그네의 시름.

압천(鴨川) 십리(十里)ㅅ벌에
해가 저물어……저물어……

– 정지용, 「압천(鴨川)」

(나)
목숨이란 마—치 깨어진 ㉠ 뱃조각
여기저기 흩어져 마을이 한구죽죽한 어촌보다 어설프고
삶의 티끌만 오래 묵은 포범(布帆)처럼 달아 매였다.

남들은 기뻤다는 젊은 날이었건만
밤마다 내 꿈은 서해를 밀항하는 ㉡ 정크와 같아
소금에 절고 조수(潮水)에 부풀어 올랐다.

항상 흐렷한 밤 ㉢ 암초를 벗어나면 태풍과 싸워가고
전설에 읽어본 ㉣ 산호도(珊瑚島)는 구경도 못하는
그곳은 남십자성이 비춰주지도 않았다.

쫓기는 마음! 지친 몸이길래
그리운 지평선을 한숨에 기오르면
시궁치는 열대식물처럼 발목을 에워쌌다.

새벽 밀물에 밀려온 거미인 양
다 삭어빠진 ㉤ 소라 깍질에 ⓑ 나는 붙어왔다.
먼–ㄴ 항구의 노정에 흘러간 생활을 들여다보며

– 이육사, 「노정기(路程記)」

(다)
해심(海心)에 깜박이는 등불로 말미암아
밤바다는 무한히 캄캄하다.

물결은
발 아래 바위에 부딪쳐서 출렁이고
자유(自由)는
영원(永遠)한 우수(憂愁)를 또한 이 국토(國土)에 더하노라.

㉥ 어둠을 스쳐 멀리서 갈매기 우는 소리
귓가에 와서 가슴의 상처(傷處)를 허비고 사라지나니

아, 밤바다에 외치고 가는 시(詩)의 새여
그대의 길도 어둠에 차서 향방(向方) 없거늘
비애(悲哀)의 ⓒ 시인(詩人) 고뇌(苦惱)를 안고
또한 그대로 더불어 밤의 대양(大洋)으로 가랴.

– 김광섭, 「우수(憂愁)」

26 (가)~(다)의 공통점으로 가장 적절한 것은?

① 자연에 대비된 인간의 고달픈 삶을 그리고 있다.
② 삶의 목표를 이루려는 헌신적인 노력을 표현하고 있다.
③ 젊은 날의 아픈 기억을 통해 회한의 감정을 표출하고 있다.
④ 격동하는 물의 이미지를 통해 고난의 역사를 암시하고 있다.
⑤ 고뇌를 품고 안주하지 못하는 처지나 마음을 나타내고 있다.

27 ⓐ, ⓑ, ⓒ에 대한 설명으로 가장 적절한 것은? [3점]

① ⓐ, ⓑ, ⓒ는 모두 각 작품의 화자가 시적 대상으로 삼은 존재이다.
② ⓐ, ⓑ, ⓒ는 모두 각 작품에 표현된 정서의 부산물이다.
③ ⓐ, ⓒ는 ⓑ가 각 작품에서 형상적으로 그려진 존재이다.
④ ⓐ는 ⓑ와 갈등하고 ⓒ와 조화하는 의미를 지니고 있다.
⑤ ⓒ는 ⓐ, ⓑ가 도달하고자 하는 이상형이다.

28 (가)에 대한 설명으로 적절하지 않은 것은?

① 말줄임표를 사용하여 내면을 표현함으로써 여운을 남기고 있다.
② 몇몇 행을 명사로 끝냄으로써 사물들의 특징을 묘사하고 있다.
③ 주변 풍경이 내면의 상태와 조응하도록 그리고 있다.
④ 작품의 구조상 수미상관의 짜임새를 갖추고 있다.
⑤ 단어를 반복함으로써 정서를 심화하고 있다.

29 (나)의 ㉠~㉤ 중 (다)의 ㉥의 이미지와 거리가 가장 먼 것은?

① ㉠ ② ㉡
③ ㉢ ④ ㉣
⑤ ㉤

30 (다)에 대한 설명으로 적절하지 않은 것은?

① 사물에 담긴 뜻을 찾아 내면의 고통을 해소하고 있다.
② 역설적 의미를 통해 정서를 드러내고 있다.
③ 사물의 움직임에서 어떤 관념을 떠올리고 있다.
④ 사물에 화자의 감정을 이입하고 있다.
⑤ 의문형으로 마무리된 것에는 화자의 의지가 담겨 있다.

[31~33] 다음 글을 읽고 물음에 답하시오.

감옥에 가지 않아도 될 사람들이 투옥의 경험으로 인해 더 나쁜 사람이 된다는 사실을 알게 되자, 중범죄자와 접촉하지 못하게 하면 더 많은 재활 기회를 갖으리라 보고 그들을 재활 시설에 보내도록 하였다. 그러나 재활 시설이 만원이 되고 감옥에 수감자들이 가득 차면서 재활 시설은 감옥 체계의 또 다른 일부분이 되었다. 이에 사람들을 구류가 아닌 좀 더 자비로운 감독을 받게 할 통로를 마련하려는 개혁적인 제도가 도입되었다.

그 첫 번째가 ㉠ 보호관찰이다. 죄수가 선량하게 행동한다는 조건하에 법원이 임명한 사람의 지도와 감독을 받으며 지역사회에서 자유롭게 행동하도록 허락받는다. 선량한 행동의 내용으로 부과하는 조건은 금주, 중죄인과의 접촉 금지, 직업 보유, 보호관찰사와의 약속 이행, 다른 죄를 저지르지 않겠다는 서약 등이다. 그중 하나라도 위반하면 보호 관찰은 취소되고 죄수는 다시 교도소나 유치장에 수감된다.

두 번째는 ㉡ 가석방이다. 미국의 대통령이나 주지사에 의해 임명되는 가석방 위원회는 형기 만료 이전의 수감자를 석방시킬 수 있는 권한을 부여받는다. 가석방의 조건들은 보호관찰의 그것과 거의 유사하다. 이 역시 죄수가 조건을 어기면 가석방은 취소되고 잔여 형기를 교도소에서 보내게 된다.

세 번째는 ㉢ 청소년 법정이다. 너무 어려서 성인과 같이 취급할 수 없는 피고들을 청소년 심판관이나 판사가 심문하는 것으로 재판을 대신했다. 피고가 공적으로 처벌받을 만한지를 결정하지 않는 대신 어떤 처리가 그에게 가장 도움이 될 것인지를 결정한다. 법원은 아이의 호의적인 보호자여야 한다는 ⓐ '부모로서의 국가 원칙'에 따라 판단한다. 범죄 행위뿐 아니라 무단결석, 가출, 버릇없는 행위, 부모의 태만 등 지위 위반에 해당하는 것들도 고려한다.

이러한 제도들은 범죄자를 무조건 감옥에 가두는 것에서 '전환'하기 위해 고안된 것이다. 처음에는 이것들이 잘 실시되었다. 그러나 1920년대에는 범죄자를 관대히 다루는 것보다 구식의 처벌과 같은 것이 더 효과적이라는 믿음이 퍼졌다. 이에 전환 프로그램이 오히려 형사 사법에 의해 구류에 처해지는 사람의 수를 크게 증가시켰다. 오늘날 감옥은 전보다 더 커졌으며 더욱 엄격하게 운영되고 있다. 약 10만 명의 청소년이 구금되어 있고 수십만의 범죄자가 가석방 상태이며 250만 정도가 보호관찰을 받고 있다. 70만 명 이상이 교도소에 구금되어 있고 30만 명 이상이 유치장에 수감되는 것과 비교할 때 이는 전환 프로그램이 역기능을 한 결과이다.

1960년대에는 ㉣ 지역사회 교정이 적극적으로 권장되었다. 죄인을 수감하는 대신, 지역사회 교정에 처하는 것이 비용도 적고 쉽게 교정하는 방법이라고 여겨졌다. 실제로 1960년과 1975년 사이에 구금자의 수는 감소했다. 그러나 70년대 중반에는 반등 현상이 나타났다. 예컨대, 캘리포니아 주에서는 가석방 위원회가 죄수들의 수감 기간 연장을 요구하기도 하였다. 청소년 치료 프로젝트에 참여한 봉사자들은 후원자로서의 봉사 정신을 상실하고 마치 이전의 교정 기관 감독같이 되어 갔다. 지역사회 교정 프로그램이 조금씩 감소하기는커녕 점점 더 많은 교정 과정이 범죄자들에게 부과되었다. 그들이 프로그램에 참가하지 않았다면 법원의 판결에 의해 더 빨리 자유로워졌을지도 몰랐는데, 이제 교도소, 유치장, 청소년 교정 시설은 다시 가득 채워지게 되었다.

이러한 잘못을 극복하기 위해 ㉤ 스웨덴의 전환 프로그램을 참조할 수 있다. 이 나라의 구금 비율은 감소했고 교도소에는 소수의 죄수들만 엄격하게 구금시키고 있다. 범죄자들은 외부에서 일하기 위해 자유롭게 나다닐 수 있으며 심지어 밤에도 철창에 갇히는 경우가 드물다. 수감자들은 노동조합에 가입하고 있으며 활기차고 인간적인 교도소 분

위기를 당연하게 받아들인다. 스웨덴 사람들은 다른 사람을 위해 일할 수 있는 힘과 능력이 사회적 지원에서 나온다는 신념을 갖고 있다. 국가의 복지 혜택은 자선이 아니라 생산적 사회 질서의 토대로 생각된다. 보통의 사람보다 사회적 자원을 적게 갖는 범죄자가 비례적으로 더 많은 사회적 자원을 요구하는 것을 당연시한다.

스웨덴의 관행이 미국으로 직수입될 수 있다고는 생각하지 않는다. 그러나 기본적으로 국가가 시민의 복지를 위해 존재한다는 생각은 스웨덴이나 미국이나 사람들의 마음을 사로잡고 있다. 전환 프로그램이 고립된 상태에서 실현될 수 없으니 법보다 다양성의 보장이 사람들의 행동을 더 좋은 쪽으로 이끌 수 있다는 것을 믿어야 한다. 범죄자에 대한 전환 프로그램은 새로운 정치적 변화의 일부분이 되어야 할 것이다.

31 위 글의 제목으로 가장 적절한 것은?

① 개혁적 제도의 도입 과정
② 미국 법체계의 허점
③ 전환 프로그램의 전개와 문제점 극복 방안
④ 청소년 교정 프로젝트의 실패 요인
⑤ 범죄자에 대한 형사 사법의 과잉 대응

32 ㉠~㉤에 대한 설명으로 적절하지 않은 것은?

① ㉠, ㉡, ㉢은 수감 위주에서 교정 위주로의 전환을 시도한 제도들이다.
② ㉠, ㉡, ㉢은 지역사회가, ㉣, ㉤은 위원회가 중요한 역할을 한다.
③ ㉠, ㉡과 ㉢은 대상 범죄자의 연령상 차이가 난다.
④ ㉣은 ㉠, ㉡, ㉢이 지닌 전환적 의의를 계승한 제도이다.
⑤ ㉤은 ㉣이 드러낸 문제를 극복하기 위해 참조한 모델이다.

33 ⓐ의 적용 사례인 〈보기〉를 통해 ⓐ를 비판한 것으로 가장 적절한 것은? [3점]

〈보기〉

1967년 골트라는 15세 된 아이는 이웃 여성에게 음란 전화를 했다는 이유로 아리조나 주 법정으로부터 산업훈련학교에서 6년간 훈련받는 형을 받았다. 이 형량은 주심 소년법원 판사에 의해 임의로 부과되었는데, 동일한 범죄를 저지른 성인의 경우는 50달러의 벌금이나 지역 유치장에 30일 이하의 구류에 처해질 사건이었다.

① 피고가 성인이 아닌 아이라는 사정을 고려하지 않았군.
② 부모로서의 국가의 역할을 과소평가하여 나온 판결이군.
③ 아이를 보호한다는 명분하에 내린 판결이 너무 지나쳤군.
④ 국가의 역할을 부모와 동일시하여 관대한 처벌을 하였군.
⑤ 국가의 정책 방향을 충실히 따라서 내린 정치적 판결이군.

[34~37] 다음 글을 읽고 물음에 답하시오.

호랑이가 꾸짖기를,

"가까이 오지 마라! 구린내 난다! 내 들으니, 유(儒)란 족속은 유(諛)하다더니 과연 그렇구나. 너는 평소에는 세상의 나쁜 이름은 모두 모아 망령되이 내게 씌웠다. 이제 다급해 지자 면전에서 아첨을 하니 장차 누가 너를 믿겠느냐. 무릇 천하의 이치는 하나뿐이니 호랑이의 성품이 악하다면 인간의 성품 역시 악한 것이고, 인간의 성품이 착하다면 호랑이의 성품 또한 착한 것이다.

㉠ 우리 호랑이들은 초목을 먹지 않고, 벌레와 물고기도 먹지 않고, 누룩으로 빚은 술과 같이 퇴폐스럽고 어지러운 것들도 즐기지 않고, 자잘한 것들을 엎드려 먹는 것도 참지 못하지. 오직 산에 들어가 노루나 사슴을 잡아먹고 들에 나가 말이며 소를 잡아먹을 뿐이고, 일찍이 입이나 배에 누를 입히거나 음식 때문에 송사(訟事)를 한 적이 없으니, 호랑이의 도(道)야말로 광명정대(光明正大)하지 않느냐! 헌데 호랑이가 노루나 사슴을 잡아먹으면 너희들은 호랑이를 미워하지 않다가도 말이나 소를 잡아먹으면 원수처럼 대하니, 이것은 노루나 사슴은 인간에게 은혜가 없지만 말이나 소는 너희들에게 공을 세웠기 때문이 아니냐! 그런데도 그 태워주고 복종하는 노력과 충성하고 따르는 정성을 저버리고, 매일 도살하여 푸줏간을 가득 채우고도 모자라 뿔이나 갈기마저도 남기지 않더구나. 그러고도 다시 우리 먹이인 노루와 사슴까지 침범해서 우리들을 산에서 먹을 것이 없게 하고 들에서도 굶주리게 하니, 하늘로 하여금 그 정사(政事)를 공평하게 한다면 너를 먹어야 하겠느냐, 풀어 주어야 하겠느냐?

무릇 제 소유가 아닌 것을 취하는 것을 '도(盜)'라 하고 생명을 잔인하게 해치는 것을 '적(賊)'이라 한다. 너희들은 밤낮으로 허둥지둥 쏘다니며, 팔을 걷어붙이고 눈을 부릅뜬 채 노략질하고 훔치고도 부끄러워하지 않는다. 심지어는 돈을 형(兄)이라 부르기도 하고 장수(將帥)가 되기 위해 자신의 처를 죽이기도 하니, 이러고도 또다시 인륜의 도리를 논함은 말도 안 된다. 또한 메뚜기로부터 그 밥을 빼앗고, 누에로부터 그 옷을 빼앗고, 벌을 가두어 그 꿀을 긁어내고 심지어는 개미 알로 젓갈을 담가서 제 조상에 제사지낸다고 하니, 그 잔인하고 박정함이 너희보다 더한 것이 있겠느냐? 너희는 이(理)를 말하고 성(性)을 논한다. 툭하면 하늘을 일컫지만 하늘이 명한 바로써 본다면, 호랑이나 사람이다 한 가지 동물이다. ㉡ 하늘과 땅이 만물을 낳아 기르는 인(仁)으로 논하자면, 호랑이, 메뚜기, 누에, 벌, 개미들도 사람과 더불어 함께 길러지는 것으로 서로 거스를 수 없는 것들이다. 또한 그 선악으로 따지자면, 공공연히 벌과 개미의 집을 범하고 그 꿀과 알들을 긁어 가는 족속이야말로 어찌 천지간의 큰 도(盜)라고 하지 않겠느냐. 또한 메뚜기와 누에의 살림을 빼앗고 훔쳐 가는 족속이야말로 어찌 인의(仁義)의 큰 적(賊)이라고 하지 않겠느냐.

㉢ 호랑이는 일찍이 표범을 잡아먹은 적이 없다. 이는 제 동포를 해치지 못하는 까닭이다. 그리고 호랑이가 노루와 사슴을 잡아먹은 것을 헤아려도, 사람이 노루와 사슴을 잡아먹은 것만큼 많지는 않다. 또한 호랑이가 말과 소를 잡아먹은 것을 헤아려도, 사람이 말과 소를 잡아먹은 것만큼 많지 않을 것이다. ㉣ 더욱 어이없는 것은 호랑이가 사람을 잡아먹은 것이, 사람이 서로 간에 잡아먹은 것만큼 많지 않다는 점이다. 지난해 관중(關中) 지방에 큰 가뭄이 들었을 때 백성들 사이에 서로를 잡아먹은 것이 수만이요, 그에 앞서 산동(山東) 지방에 큰 홍수가 났을 때에도 백성끼리 서로 먹은 것이 수만이었다. 하지만 백성끼리 서로 잡아먹는 일이 많기로서니 어찌 춘추시대만 할까. 춘추시대에는 덕(德)을 세우겠다며 군사를 일으킨 것이 열일곱 차례나 되었으니, 피는 천 리를 흐르고 엎어진 시체는 백만에 달했다.

그러나 ㉤ 호랑이의 족속들은 홍수와 가뭄을 알지 못하니 하늘을 원망할 까닭이 없고, 원한과 은혜를 모두 잊고 지내니 다른 동물에게 미움을 받을 까닭이 없고, ⓐ 오직 천명(天命)을 알고 거기에 순종할 뿐이다. 그러므로 무당이나 의원의 간교함에 유혹되지 않는다. 또한 타고난 바탕을 그대로 지니고 있는 까닭으로 세속의 이해(利害)에도 병들지 않는다. 이것이 곧 호랑이의 슬기롭고도 성스러운 점이다.

– 박지원, 「호질」

34 위 글에서 호랑이의 말하기 방식으로 가장 적절한 것은?

① 대상과 자신을 비교하여 상대방의 잘못을 비판하고 있다.
② 대상에 대하여 연민의 감정을 가지고 설득하고 있다.
③ 대상이 자신보다 우위에 있음을 구체적 사례를 통해 논증하고 있다.
④ 자신의 입장과 대상의 주장을 통합하여 새로운 관점을 제시하고 있다.
⑤ 대상의 속성을 구분과 분류의 방식을 통해 분석하고 있다.

35 위 글과 〈보기〉의 내용을 대비하여 이해한 것으로 가장 적절한 것은?

〈보기〉

우리는 설사 포악한 일을 할지라도 깊은 산과 깊은 골과 깊은 수풀 속에서만 횡행할 뿐이요, 사람처럼 청천백일지하에 왕궁 국도에서는 하지 아니한다. 또한 옛적 사람은 호랑의 가죽을 쓰고 도적질하였으나, 지금 사람들은 껍질은 사람의 껍질을 쓰고 마음은 호랑이의 마음을 가져서 더욱 험악하고 더욱 흉포한지라. 하느님은 지공무사(至公無私)하신 하느님이시니, 이같이 험악하고 흉포한 것들에게 제일 귀하고 신령하다는 권리를 줄 까닭이 무엇이오? 사람으로 못된 일 하는 자의 종자를 없애는 것이 좋은 줄로 생각하나이다.

– 안국선, 「금수회의록」

① 위 글과 달리 〈보기〉는 호랑이의 흉포한 측면을 인정하지 않고 있다.
② 위 글과 달리 〈보기〉는 상대적으로 인간에 대한 공격성이 약화되어 있다.
③ 위 글과 〈보기〉는 모두 하느님을 청자로 하고 있다.
④ 위 글은 〈보기〉와 달리 호랑이와 사람이 동등한 권리를 지녔다고 본다.
⑤ 위 글과 〈보기〉는 모두 인간의 잘못을 창조주의 과오라고 주장한다.

36 〈보기〉의 밑줄 친 부분의 관점에서 호랑이를 비판한 것으로 가장 적절한 것은?

〈보기〉

사람다운 사람이 나를 사람답지 아니하다 하면 두려워할 것이며, 사람답지 아니한 사람이 나를 사람답다 해도 두려워할 것이다. 기뻐하고 두려워하는 것은 마땅히 나를 사람답다 하거나 나를 사람답지 아니하다는 사람의 사람다움과 사람답지 아니함이 어떤지를 살필 뿐이다. 그러므로 오직 인자(仁者)라야 사람을 사랑할 수도 있고, 사람을 미워할 수도 있나니, 나를 사람답다는 사람이 인자이겠는가, 나를 사람답지 아니하다는 사람이 인자이겠는가." 하였다.

– 이달충, 「애오잠」

① 된장에 풋고추 박힌 듯해.
② 우물가에서 숭늉 찾는 격이군.
③ 오십 보 백 보이군.
④ 호랑이가 고슴도치를 놓고 하품하는 격이군.
⑤ 벼 심은 데 벼 나고 콩 심은 데 콩 난다고들 하지.

37 ⓐ를 근거로 할 때, ㉠~㉤ 중 논점에서 벗어난 것은? [3점]

① ㉠ ② ㉡
③ ㉢ ④ ㉣
⑤ ㉤

[38~42] 다음 글을 읽고 물음에 답하시오.

우리의 말투는 점점 서로를 존중해 가고 있었다. "나는……" 하고 우리는 동시에 말을 시작하기도 했다. 그럴 때는 번갈아서 서로 양보했다.

"나는……." 이번에는 그가 말할 차례였다. ㉠ "서대문 근처에서 서울역 쪽으로 가는 전차의 도로리(트롤리)가 내 시야 속에서 꼭 다섯 번 파란 불꽃을 튀기는 것을 보았습니다. 그건 오늘 밤 일곱 시 이십오 분에 거길 지나가는 전차였습니다."

"안형은 오늘 저녁엔 서대문 근처에서 살고 있었군요."

"예, 서대문 근처에서 살고 있었어요."

"난, 종로 2가 쪽입니다. 영보빌딩 안에 있는 변소문의 손잡이 조금 밑에는 약 2센티미터 가량의 손톱자국이 있습니다."

하하하하 하고 그는 소리 내어 웃었다.

㉡ "그건 김형이 만들어 놓은 자국이겠지요?"

나는 무안했지만 고개를 끄덕이지 않을 수 없었다. 그건 사실이었다.

"어떻게 아세요?" 하고 나는 그에게 물었다.

"나도 그런 경험이 있으니까요." 그가 대답했다. "그렇지만 별로 기분 좋은 기억이 못 되더군요. 역시 우리는 그냥 바라보고 발견하고 비밀히 간직해 두는 편이 좋겠어요. 그런 짓을 하고 나서는 뒷맛이 좋지 않더군요."

ⓐ "난 그런 짓을 많이 했습니다만 오히려 기분이 좋았……." 좋았다고 말하려고 했는데, 갑자기 내가 했던 모든 그것에 대한 혐오감이 치밀어서 나는 말을 그치고 그의 의견에 동의하는 고갯짓을 해 버렸다.

그러자 그때 나는 이상스럽다는 생각이 들었다. 내가 약 삼십 분 전에 들은 말이 틀림없다면 지금 내 옆에서 안경을 번쩍이고 앉아 있는 친구는 틀림없는 부잣집 아들이고, 높은 공부를 한 청년이다. 그런데 왜 그가 이래야만 되는가?

"안형이 부잣집 아들이라는 것은 사실이겠지요? 그리고 대학원생이라는 것도……." 내가 물었다.

"부동산만 해도 대략 삼천만 원쯤 되면 부자가

아닐까요?

물론 내 아버지의 재산이지만 말입니다. 그리고 대학원생이란 건 여기 학생증이 있으니까……."

그러면서 그는 호주머니를 뒤적거려서 지갑을 꺼냈다.

"학생증까진 필요 없습니다. 실은 좀 의심스러운 게 있어서요. 안형 같은 사람이 추운 밤에 싸구려 선술집에 앉아서나 같은 친구나 간직할 만한 일에 대해서 얘기하고 있다는 것이 이상스럽다는 생각이 방금 들었습니다."

"그건…… 그건……." 그는 좀 열띤 음성으로 말했다.

"그건…… 그렇지만 먼저 물어 보고 싶은 게 있는데요.

김형이 추운 밤에 밤거리를 쏘다니는 이유는 무엇입니까?"

"습관은 아닙니다. 나 같은 가난뱅이는 호주머니에 돈이 좀 생겨야 밤거리에 나올 수 있으니까요."

"글쎄, 밤거리에 나오는 이유는 뭡니까?"

"하숙방에 들어앉아서 벽이나 쳐다보고 있는 것보다는 나으니까요."

"밤거리에 나오면 뭔가 좀 풍부해지는 느낌이 들지 않습니까?"

"뭐가요?"

"그 뭔가가. 그러니까 생(生)이라고 해도 좋겠지요. ㉢ 난 김형이 왜 그런 질문을 하는지 그 이유를 조금은 알 것 같습니다. 내 대답은 이렇습니다. 밤이 됩니다. 난 집에서 거리로 나옵니다. 난 모든 것에서 해방된 것을 느낍니다. 아니, 실제로는 그렇지 않을는지 모르지만 그렇게 느낀다는 말입니다. 김형은 그렇게 안 느낍니까?"

"글쎄요."

"나는 사물의 틈에 끼여서가 아니라 사물을 멀리 두고 바라보게 됩니다. 안 그렇습니까?"

"글쎄요, 좀……."

"아니, 어렵다고 말하지 마세요. 이를테면 낮엔 그저 스쳐지나가던 모든 것이 밤이 되면 내 시선 앞에서 자기들의 벌거벗은 몸을 송두리째 드러내놓고 쩔쩔맨단 말입니다. 그런데 그게 의미가 없는 일일까요? 그런, 사물을 바라보며 즐거워한다는 일이 말입니다."

"의미요? 그게 무슨 의미가 있습니까? ㉣ 난 무슨 의미가 있기 때문에 종로 2가에 있는 빌딩들의 벽돌수를 헤아리는 일을 하는 게 아닙니다. 그냥……."

"그렇죠? 무의미한 겁니다. 아니 사실은 의미가 있는지도 모르지만 난 아직 그걸 모릅니다. 김형도 아직 모르는 모양인데 우리 한번 함께 그거나 찾아볼까요. 일부러 만들어 붙이지는 말고요."

"좀 어리둥절하군요. 그게 안형의 대답입니까? ⓑ 난 좀 어리둥절한데요. 갑자기 의미라는 말이 나오니까."

"아, 참, 미안합니다. 내 대답은 아마 이렇게 될 것 같군요. 그냥 뭔가 뿌듯해지는 느낌이 들기 때문에 밤거리로 나온다고." 그는 이번엔 목소리를 낮추어서 말했다. "㉤ 김형과 나는 서로 다른 길을 걸어서 같은 지점에 온 것 같습니다. 만일 이 지점이 잘못된 지점이라고 해도 우리 탓은 아닐거예요." 그는 이번엔 쾌활한 음성으로 말했다. "자, 여기서 이럴 게 아니라 어디 따뜻한 데 가서 정식으로 한잔씩 하고 헤어집시다. 난 한 바퀴 돌고 여관으로 갑니다. 가끔 이렇게 밤거리를 쏘다니는 밤엔 난 꼭 여관에서 자고 갑니다."

– 김승옥, 「서울, 1964 겨울」

38 위 글의 내용과 일치하는 것은?

① '나'와 '안'은 해방감을 느끼기 위하여 밤중에 만났다.

② '안'은 밤에 나온 날이면 어김없이 여관에서 묵는다.

③ '나'는 매일 습관처럼 밤거리를 돌아다니곤 한다.

④ '나'와 '안'은 오래 전부터 알고 지내던 사이이다.

⑤ '나'와 '안'은 실재했던 일에 관해서는 이야기하지 않는다.

39 ㉠~㉤ 중 〈보기〉의 예로 가장 적절한 것끼리 묶인 것은?

〈보기〉

현대 도시의 삶을 살아가는 많은 사람들은 개인주의, 인간관계의 익명성 등의 문제점들을 당연한 듯이 받아들이고 살아가는 경우가 많다. 그런 까닭에 사실 여부와 상관없이 내뱉는 자기만의 이야기와 그에 대한 가식적인 응대 등 진실한 의사소통의 단절을 경험하면서 소외감과 고독감을 느끼기도 한다. 나아가 사회로부터 소외된 절대적으로 고독한 삶은 존재의 목적을 부정하는 것에 이르기도 한다.

① ㉠, ㉣　② ㉡, ㉢
③ ㉢, ㉣　④ ㉢, ㉤
⑤ ㉣, ㉤

40 인물 간의 대화에 관한 설명으로 가장 적절한 것은?

① 두 인물의 사유 방식이 동일하다고 하는 점을 유지하면서 대화가 전개된다.

② 두 인물은 모두 대화의 내용을 심화시키면서 삶의 의미를 확인하고 있다.

③ 대화가 진행되는 국면에 따른 두 인물의 미묘한 심리 변화가 드러나 있다.

④ 두 인물은 대화를 통해 상대방을 배려하면서 각자의 주장을 수정하고 있다.

⑤ 반복적으로 이어지는 대화를 통해 두 인물이 처음에 가졌던 연대감이 강화되고 있다.

41 ⓑ를 참고로 ⓐ에 담겨 있는 인물의 심리상태를 파악한 것으로 가장 적절한 것은? [3점]

① '나'는 '안'의 주장에 반론을 하려다가 반론의 정당성을 찾으려고 잠시 입을 다물었다.

② '나'는 순간적으로 자신이 행한 행동들에 의미를 부여하려고 하는 자신에게 화가 났다.

③ '나'는 '안'의 주장에 무관심하다는 것이 들킬까 봐 순간적으로 두려웠다.

④ '나'는 순간적으로 '안'의 의견에 동조하는 자신이 혐오스러웠다.

⑤ '나'는 '안'과 논쟁을 벌이기보다 이와 관련한 '안'의 생각을 더 알고 싶어졌다.

42 〈보기〉를 참고하여 위 글의 내용을 감상하고 이해한 것으로 가장 적절한 것은? [3점]

〈보기〉

주체라는 말에는 언제나 객체 혹은 대상이라는 짝이 따라 다닌다. 왜냐하면 내가 사고하는 주체라면, 이 주체가 사고하는 무언가가 있어야 하기 때문이다. 먹는 내(주체)가 있다면 먹히는 음식(객체, 대상)이 있어야 하듯이. 주체가 어떤 대상에 관하여 사고한 결과가 진리인가의 여부는 중요하다고 볼 수 있는데, 이는 곧 사고하는 주체가 출발점이라면 진리는 궁극적 도달점이라는 의미를 갖는다고 할 수 있다.

① '나'는 '안'과의 대화를 통해서 사고하는 주체로서 자신을 인정하게 되었어.
② '안'은 '나'와의 대화를 통해서 대상의 의미를 인정하지 않게 되었어.
③ '안'은 '나'와의 대화를 통해서 주체와 대상은 별개의 것이라고 생각하게 되었어.
④ '안'은 '나'와의 대화 속에서 사고하는 주체를 인정하지 않으려 해.
⑤ '나'는 '안'과의 대화 속에서 사고하는 주체로서 대상의 의미를 인정하지 않으려 해.

[43~45] 다음 글을 읽고 물음에 답하시오.

여러분은 나를 수령이라 부르지만, 나는 어려서부터 투사는 아니었습니다. 내 아버지는 지극히 경건한 어른이었고, 헤리콘 산기슭 포도덩굴과 올리브 수풀 속에서 사시고, ㉠ 내 어릴 적 생활은 늘 놀러 다니는 것이 일이었습니다. 날마다 포도나무나 베고 양도 지키고, 오정(午正)이 되면 양떼를 나무 그늘 한곳에 모아 두고 양치는 피리를 구슬프게 불며 지냈습니다. 그때 나의 동무들은 다 같은 농사꾼 아들이라 그들과 언제나 한 목장에서 양을 지키고 변변치 않은 점심을 함께 나눠 먹었습니다.

어느 날 저녁때였습니다. 양을 외양간에 몰아넣고 집 옆 고목 아래 앉으려니 할아버지께서 오셔서 옛날 전쟁 이야기를 들려 주셨습니다. 소세(小勢)의 스파르타 군사가 어마어마한 적의 대군을 산길에서 무찌르던 이야기였습니다. 나는 그때 전쟁이 무엇인지 몰랐으나 웬일인지 내 뺨에 더운 피가 괴고, 꿈꾸듯 할아버지 손을 잡고 있었습니다. 그러자 어머니가 오셔서 내게 키스를 하시고, ㉡ "무서운 전쟁은 생각도 말거라. 일찍 자야지." 하시며 집으로 데리고 갔습니다.

공교롭게 그날 밤이었습니다. 때 아닌 말발굽 소리가 이 산골의 평화를 여지없이 깨뜨렸습니다. 나를 길러 주신 어머니의 가슴이 잔인무도한 로마 병사의 말굽에 걷어차이고, 또 피투성이가 된 아버지의 시신(屍身)이 내 앞에 구르는 것을 보았습니다.

오늘 나는 검투로 나의 적수를 죽였습니다. 죽인 후 내가 그의 투구 끈을 끄르고 얼굴을 보았을 때 그는 나의 어렸을 때 벗이었습니다. 그도 나를 아는지 빙긋이 미소를 머금고 길이 눈을 감았습니다. 그 웃는 얼굴은 우리가 어릴 적에 둘이서 높은 낭떠러지를 타고 올라가 포도를 따 가지고 올 적에 웃던 바로 그 얼굴 같았습니다. ㉢ 나는 입회관(立會官)에게 그 벗의 시체를 거두어 장례를 치르겠노라고 하였습니다. 모래와 피로 범벅이 된 검투장(劍鬪場)에 꿇어앉아 간곡히 청하기도 했으나,

구경꾼들은 나를 비웃고 야유를 퍼붓는 것이었습니다. 입회관은 매정하게 "뭐? 장례? 로마 사람 외에도 사람이 있단 말인가?"라고 하였습니다. 불행한 벗! 그의 혼령은 이 세상에서 돌아다니다가 멀리 선조의 영이 쉬시는 에리시아의 정토로 돌아갈 것입니다. 여러분! ㉣ 이번에는 제가 개죽음을 당할 것입니다.

ⓐ 오, 로마여! 로마여! 나를 길러 준 은인 로마여!

피리소리밖에 모르고 자라난 양치기 아이에게 무쇠 골격과 돌 심장을 준 자는 바로 로마입니다. 투우장에서 악마같이 적과 결투를 하며 사나운 누미디아 사자에게 거침없이 덤벼들도록 가르친 자는 바로 로마입니다.

로마여!

이 스파르타쿠스는 누런 티버 강물이 핏줄이 되어 그 속 깊이 그대의 핏덩이가 엉킬 때까지 그대에게 보복하지 않고는 참지 못하리라.

여러분!

여러분이 만일 짐승이거든 머물러 살이 쪄 통통한 황소처럼 백정의 칼을 받을 것이며, 여러분이 만일 사람이거든 나를 따라 일어나 여러분의 조상이 험준한 산악에서 적을 막던 것같이 산길로 들어서서 원수와 싸우시오.

스파르타는 죽었는가?

여러분의 핏줄을 흐르는 그리스인의 피는 마르고 말았는가?

아, 동포여!

만일 싸우려거든 자기를 위해서 싸우라. 만일 살육하려거든 우리의 압제자를 살육하라. ㉤ 만일 죽으려거든 영예로운 싸움에 죽음을 바치라.

43 위 글에 대한 감상과 이해의 방식으로 적절하지 않은 것은?

① 화자는 청중에게 단정적 진술을 통하여 자신의 주장을 강조하고 있어.

② 화자는 자신의 과거 경험을 제시함으로써 자신의 행동에 대한 정당성을 부여하려고 해.

③ 화자는 자신의 행동에 대해 스스로 비판함으로써 청중들을 설득하려 해.

④ 화자는 청중과 관련 없는 역사적 사건을 제시하여 주장하는 바의 객관성과 정당성을 강조하고 있어.

⑤ 화자는 극단적인 두 상황을 제시하여 그중 하나를 청중들이 선택하도록 유도하고 있어.

44 〈보기〉의 밑줄 친 부분을 참고로 ㉠~㉤을 이해하는 방식으로 적절하지 않은 것은?

〈보기〉

대다수 인민은 피땀을 흘리며 토지를 갈아, 그 종년(終年) 소득으로 일신과 처자의 호구거리도 남기지 못하고, 우리를 잡아먹으려는 일본 강도에게 진공(進供)하여 그 살을 찌워주는 영세(永世)의 우마(牛馬)가 될 뿐이요, 환해(環海) 삼천리가 일개 대감옥이 되어, 우리 민족은 아주 인류의 자각과 자동적 본능까지 잃어 노예부터 기계가 되어 강도 수중의 사용품이 되고 말 뿐이며, 강도 일본이 참혹한 수단을 써서 공포와 전율로 우리 민족을 압박하여 인간의 '산송장'을 만들려 하는도다. 이상의 사실에 거(據)하여 우리는 일본 강도 정치가 조선민족 생존의 적임을 선언하는 동시에, 우리는 혁명 수단으로 우리 생존의 적인 강도 일본을 살벌(殺伐)로써 징치(懲治)함이 곧 우리의 정당한 수단임을 선언하노라.

① ㉠은 현재의 삶과 대비된 것으로 현재의 삶을 자각하게 하는 하나의 계기가 된다고 봐.
② ㉡은 어떤 상황에서도 전쟁은 하지 말라는 교훈으로 화자의 심리적 갈등을 일으키게 한다고 생각해.
③ ㉢은 인간의 마지막 존엄성을 지켜주고자 하는 사례에 해당하는 것이라고 생각해.
④ ㉣은 친구의 죽음을 계기로 자신의 운명을 자각하게 되었음을 드러내는 것이지.
⑤ ㉤은 현재의 삶을 극복해야 한다는 자각의 결과라고 생각할 수 있어.

45 ⓐ의 표현 방식과 가장 가까운 것은?

① 피아노에 앉은/여자의 두 손에서는/끊임없이/열 마리씩/스무 마리씩/신선한 물고기가/튀는 빛의 꼬리를 물고/쏟아진다.
② 아름다운 나무의 꽃이 시듦을 보시고/열매를 맺게 하신 당신은/나의 웃음을 만드신 후에/새로이 나의 눈물을 지어주시다.
③ 아아, 님은 갔지마는 나는 님을 보내지 아니하였습니다/제 곡조를 못 이기는 사랑의 노래는 님의 침묵을 휩싸고 돕니다.
④ 한 줄의 시는 커녕/단 한 권의 소설도 읽은 바 없이/그는 한 평생을 행복하게 살며/많은 돈을 벌었고/높은 자리에 올라/이처럼 훌륭한 비석을 남겼다.
⑤ 향료(香料)를 뿌린 듯 곱다란 노을 위에/전신주 하나하나 기울어지고/머언 고가선(高架線) 위에 밤이 켜진다.

2016 기출문제

Life is like riding a bicycle.
To keep your balance
you must keep moving.
인생은 자전거를 타는 것과 같다.
균형을 잡으려면 움직여야 한다.

– 알버트 아인슈타인(Albert Einstein)

2025
경찰대학 10개년 국어

2015학년도 기출문제

국어영역

제1교시 국어영역

▶정답 및 해설 355p

01 다음 중 어법에 맞고 가장 자연스러운 문장은?

① 이 연필의 장점은 연필심이 잘 부러지지 않는다.

② 동생은 5년 동안 김 교수에게서 피아노를 사사하였다.

③ 밤을 새고 잠의 유혹을 물리치기란 좀처럼 어려운 일이다.

④ 돌이켜 회고해 보면 우리는 형극의 가시밭길을 걸어 왔다.

⑤ 가정은 인간성의 함양과 사회적 덕목을 계발하는 터전이다.

02 〈보기〉에 공통적으로 나타나는 음운 변동에 대한 설명으로 적절한 것은?

〈보기〉

홑이불 → [혼니불], 꽃잎 → [꼰닙],
읊다 → [읍따], 헛웃음 → [허두슴]

① 종성의 자음이 탈락하였다.

② 음절 끝의 장애음이 평음으로 바뀌었다.

③ 비음 앞에서 파열음이 비음으로 바뀌었다.

④ 뒤에 오는 말의 초성으로 'ㄴ'이 첨가되었다.

⑤ 받침으로 쓰인 폐쇄음 뒤에서 자음이 된소리로 바뀌었다.

03 〈보기〉의 밑줄 친 부분의 발음에 대한 설명으로 적절한 것은? [3점]

〈보기〉

㉠ 실패에 실이 잘 <u>감기지</u> 않았다.
㉡ 형은 지금 군대에서 <u>7연대</u> 소속이다.
㉢ '<u>이원론</u>'이란 개념 자체가 이해하기 어렵다.
㉣ 우리말에서는 받침의 <u>지읒을</u> 표기대로 발음할 수 없다.
㉤ 수업 시간의 시작과 <u>끝을</u> 알리는 음악을 무엇으로 하지?

① ㉠ : '감기지'는 [감끼지]라고 발음해야 한다.

② ㉡ : '7연대'는 [칠련대]라고 발음해야 한다.

③ ㉢ : '이원론'은 [이월론]이라고 발음해야 한다.

④ ㉣ : '지읒을'은 [지으즐]이라고 발음해야 한다.

⑤ ㉤ : '끝을'은 [끄츨]이라고 발음해야 한다.

04 ㉠에 들어갈 예로 적절하지 않은 것은?

〈보기〉

조사는 그 기능과 의미에 따라 격 조사, 보조사, 접속 조사 등으로 분류할 수 있다. 격 조사는 결합하는 체언이 문장 안에서 일정한 자격을 가지도록 문법적 관계를 표시하는 조사이다. 문장에서 격 조사의 쓰임은 다음과 같은 예에서 확인할 수 있다. [㉠]

① '우리 형은 대학생이다.'의 '이다'.
② '선생님께서 책을 읽어 주신다.'의 '께서'.
③ '신이시여, 저를 도와주소서.'에서 '이시여'.
④ '학교로 가는 길에 친구를 만났다.'에서 '로'.
⑤ '누나는 개나리하고 진달래를 좋아한다.'의 '하고'.

05 〈보기〉의 자료를 읽고 탐구한 것으로 적절하지 않은 것은?

〈보기〉

보조 용언은 띄어 씀을 원칙으로 하되, 경우에 따라 붙여 씀도 허용한다. (㉠을 원칙으로 하고, ㉡을 허용함)

㉠	㉡
불이 꺼져 간다.	불이 꺼져간다.
내 힘으로 막아 낸다.	내 힘으로 막아낸다.

다만, 앞말에 조사가 붙거나 앞말이 합성 동사인 경우, 그리고 중간에 조사가 들어갈 적에는 그 뒤에 오는 보조 용언은 띄어 쓴다.

잘도 놀아만 나는구나!
강물에 떠내려가 버렸다.
그가 올 듯도 하다.

① '밀어내 버렸다.'는 '밀어내버렸다.'로 쓸 수 없겠군.
② '잘난 체를 한다.'는 '잘난 체를한다.'로 쓸 수 없겠군.
③ '이것은 믿을 만하다.'는 '이것은 믿을만하다.'로도 쓸 수 있겠군.
④ '어머니를 도와 드렸다.'는 '어머니를 도와드렸다.'로 쓸 수 없겠군.
⑤ '아이들이 떠들어만 댄다.'는 '아이들이 떠들어만댄다.'로 쓸 수 없겠군.

06 ㉠과 ㉡에 모두 해당하는 단어가 사용된 문장은? [3점]

우리말에는 ㉠ 피동사와 사동사의 형태가 동일한 단어가 있다. 이들이 사동사로 쓰인 경우와 ㉡ 피동사로 쓰인 경우는 다음과 같이 문맥을 통해서 구별할 수 있다.

- 할머니는 동생을 어머니에게 업혔다. (사동사로 쓰인 경우)
- 피곤한 동생이 어머니에게 업혔다. (피동사로 쓰인 경우)

① 사탕은 입 안에서 녹여 먹어야 한다.
② 그는 경찰에게 쫓기는 신세가 되었다.
③ 소가 지나간 자리에는 풀이 뜯겨 있었다.
④ 경품에 현혹되어 낚인 소비자가 등장하였다.
⑤ 두 달간의 폭염은 동네 샘물을 말려 버렸다.

07 **〈보기 1〉의 ㉠~㉤ 중, 〈보기 2〉의 ㉮가 쓰인 것은?**

〈보기 1〉

동생 : 누나! 형 어디 갔어?
누나 : 도서관 ㉠ 갔어. 내일 시험이 있다고 ㉡ 그러던데. 왜?
동생 : 음. ㉢ 그렇구나. 모르는 것 좀 물어보려고 ㉣ 했는데.
누나 : 뭔데? 나한테 물어보면 ㉤ 되지.
동생 : 그럼, 이 문제 좀 풀어줘.

〈보기 2〉

어말어미가 화자의 주관적 태도나 판단을 나타내는 경우가 있다. 예를 들어 '꽃이 예쁘게 피었네.'에서 '-네'는 말하는 이가 꽃이 예쁘게 핀 사건을 ㉮ 새롭게 알거나 깨닫게 된 것을 나타내는 어말어미이다.

① ㉠　② ㉡
③ ㉢　④ ㉣
⑤ ㉤

08 **〈보기〉를 바탕으로 '관형어'에 대해 탐구한다고 할 때, 적절하지 않은 것은?**

〈보기〉

㉠ 가을은 독서의 계절이다.
㉡ 동생은 새 자전거를 샀다.
㉢ 누나는 한국 역사에 관심이 많다.
㉣ 경찰인 형은 휴가에나 볼 수 있다.
㉤ 자기 전에 할 일을 모두 끝내야 한다.

① ㉠에서 명사가 관형격 조사와 결합하여 관형어로 쓰였군.
② ㉡에서 관형사가 다른 성분의 도움 없이 바로 관형어로 쓰였군.
③ ㉢에서 명사가 다른 성분의 도움 없이 바로 관형어로 쓰였군.
④ ㉣에서 동사가 관형사형 어미와 결합하여 관형어로 쓰였군.
⑤ ㉤에서 동사의 명사형이 관형어로 쓰였군.

09 **(가)를 참고할 때, (나)의 ㉠~㉢에 들어갈 단어를 바르게 묶은 것은?** [3점]

(가) 한글 맞춤법 조항
제21항　명사나 혹은 용언의 어간 뒤에 자음으로 시작된 접미사가 붙어서 된 말은 그 명사나 어간의 원형을 밝히어 적는다.
다만, 다음과 같은 말은 소리대로 적는다.
겹받침의 끝소리가 드러나지 아니하는 것

(나) 학생의 탐구 내용

보기	올바른 표기의 단어
'굵직하다', '굴찍하다', '국찍하다'	㉠
'짧다랗다', '짤따랗다', '짭따랗다'	㉡
'넓직하다', '널찍하다', '넙찍하다'	㉢

	㉠	㉡	㉢
①	굵직하다	짤따랗다	널찍하다
②	국찍하다	짭따랗다	넙찍하다
③	굵직하다	짧다랗다	넓직하다
④	굴찍하다	짧다랗다	넓직하다
⑤	굴찍하다	짤따랗다	널찍하다

10 ㉠, ㉡에 들어갈 예를 바르게 묶은 것은?

〈보기〉

어간이 '르'로 끝나는 용언은 모음 어미와 결합했을 때의 활용 양상에 따라 다음과 같이 세 가지 유형으로 분류할 수 있다.
- '따르다' 유형 : ………………………… ㉠
- '푸르다' 유형 : 이르다[至], 누르다[黃]
- '부르다' 유형 : ………………………… ㉡

	㉠	㉡
①	치르다	나르다
②	구르다	치르다
③	흐르다	구르다
④	기르다	흐르다
⑤	나르다	기르다

11 ㉠~㉤에 대한 탐구 내용으로 적절하지 않은 것은?

〈보기〉

㉠ 물이 얼음이 되었다.
㉡ 이것은 성린이가 읽던 책이다.
㉢ 항상 옳은 일을 하기는 쉽지 않다.
㉣ 비가 오지만, 바람은 불지 않는다.
㉤ 성연이는 밥을 먹으면서, 책을 본다.

① ㉠은 주어와 서술어가 한 번 나타나는 홑문장이다.
② ㉡은 관형절을 안은문장으로 겹문장이다.
③ ㉢은 전성어미가 붙어 만들어진 절이 주어로 쓰인 겹문장이다.
④ ㉣은 연결어미로 홑문장을 대등하게 연결한 겹문장이다.
⑤ ㉤은 연결어미로 홑문장을 종속적으로 연결한 겹문장이다.

[12~13] 다음은 '저출산 문제의 원인과 대책'에 대한 글을 쓰기 위해 학생이 작성한 개요와 추가로 수집한 자료이다. 물음에 답하시오.

◆ 제목 : 저출산 문제의 원인과 대책
◆ 개요
Ⅰ. 서론 : 문제 제기
Ⅱ. 저출산 문제의 심각성
　가. 경제적 측면
　나. 사회적 측면
Ⅲ. 저출산 문제의 원인
　가. 개인적 측면
　나. 사회적 측면
Ⅳ. 저출산 문제에 대한 대책
　가. 개인적 측면
　나. 사회적 측면
Ⅴ. 결론 : 요약 및 제언

[추가로 수집한 자료]

[A] 신문 기사 자료
우리나라 가계 지출에서 자녀 양육비는 매년 증가하고 있는데 그 이유는 교육비의 지출이 과도하게 늘어나고 있기 때문이다.

– ○○ 신문

[B] 인터뷰 자료
"기혼 여성의 사회적 진출이 늘어나고 있지만 아직까지 육아 문제가 여성들의 사회 활동에 가장 큰 걸림돌이 되고 있습니다."

– 사회 활동을 하는 기혼 여성 ○○○씨

[C] 보고서 자료
우리나라는 2020년경에 출산율의 저하로 인해 65세 이상의 인구가 전체 인구의 14% 이상이 되는 고령 사회로 진입할 가능성이 높다. 이로 인해 경제 비용이 증가할 것이다.

– ○○ 경제 연구소

12 개요를 작성한 후, [추가로 수집한 자료]의 활용 방안으로 적절하지 않은 것은?

① I에서 [C]를 활용하여 출산율의 저하가 고령 사회를 앞당길 수 있음을 들어 저출산에 대해 문제 제기한다.

② II-가에서 [C]를 활용하여 출산율의 저하는 젊은 계층의 노년층 부양 부담을 가중시키고 그로 인한 경제 비용이 증가할 수 있음을 다룬다.

③ III-가에서 [B]를 활용하여 사회 활동을 하면서 자녀를 두지 않고 자신의 삶을 즐기고 있는 기혼 여성의 사례를 다룬다.

④ IV-가에서 [A]를 활용하여 교육비 부담을 줄여 출산율을 높이기 위해 무상 교육 제도가 전면적으로 실시돼야 함을 언급한다.

⑤ IV-나에서 [B]를 활용하여 기혼 여성들의 사회 활동을 지원하기 위해 지속적인 출산 장려 정책이 필요함을 언급한다.

13 '저출산 문제'를 홍보하기 위한 캠페인 문구를 〈조건〉에 맞게 작성한 것으로 가장 적절한 것은?

〈조건〉

- 대구적 표현을 사용할 것.
- [추가로 수집한 자료]를 활용할 것.
- 비유적 표현을 사용할 것.

① 출산율 저하로 인해 다가올 폭풍우, 우리 모두가 함께 나서서 해결해야 합니다.

② 출산을 책임지는 나라, 가정을 책임지는 나라. 따뜻한 가정이 행복한 국가의 기본입니다.

③ 교육비 걱정이 사라진 나라, 양육비 걱정이 사라진 나라. 이것이 바로 부강한 나라입니다.

④ 육아의 고통을 개인과 국가가 함께 책임지는 것, 그것만이 아름다운 선진국으로 가는 지름길입니다.

⑤ 저출산 사회의 깊은 늪, 이제 남의 일이 아닙니다. 고령 사회의 무거운 짐, 이제 다른 나라의 일이 아닙니다.

[14~17] 다음 글을 읽고 물음에 답하시오.

[앞부분의 줄거리] 가뭄이 들자 나라에서 전국에 술 빚는 것을 금하고, 이를 어긴 자는 잡아들여 벌금을 내게 했다. 이에 명을 어긴 자를 관가에 몰래 일러바치고 포상금을 타려는 자들이 많아졌다.

(가)

어느 날 한성부의 아전 하나가 남산 아래 어느 거리의 외진 곳에 몸을 숨기고 있었다. 아전은 다모를 가까이 부르더니 시내 위로 놓인 다리 끝에서 몇 번째 집을 손가락으로 가리켰다.

"저긴 양반 집이라 내가 마음대로 들어가 볼 수가 없거든. 그러니 네가 먼저 안채로 들어가 쓰레기를 뒤져 보고 술지게미가 있거든 고함을 치거라. 그러면 내가 당장 들어가마."

다모는 그 말대로 살금살금 까치걸음으로 들어가 집 안을 수색했다. 과연 석 되들이쯤 되는 항아리에 새로 늦가을에 담근 술이 들어 있었다.

다모가 항아리를 안고 나오는데, 주인 할머니가 그 모습을 보고는 기겁을 하며 땅에 엎어졌다. 눈이 빛을 잃고 입가에 침을 흘리며 사지가 마비되고 얼굴이 파래졌다. 기절한 것이었다. 다모는 항아리를 내려놓고는 할머니를 끌어안고 뜨거운 물을 급히 가져다 입 안으로 흘려 넣었다. 잠시 후에 할머니가 정신을 차리자 다모가 질책했다.

"나라에서 내린 명령이 어떠한데 양반 신분인 분이 이처럼 법을 어긴단 말입니까?"

할머니는 사죄하며 말했다.

[A] "우리 집 양반이 지병을 앓고 있는데, 술을 못 마시게 된 이후로 음식을 삼키지 못해 병이 더욱 고질이 됐네. 가을부터 겨울까지 며칠씩 밥도 못 짓고 살다가 며칠 전에 마침 쌀 몇 되를 어디서 얻어 왔어. 노인의 병을 구완할 생각으로 감히 법을 어겨 술을 빚고 말았지만, 어찌 잡힐 줄 생각이나 했겠나. 선한 마음을 가진 보살께서 제발 우리 사정을 불쌍히 보아 주시기 바랄 뿐이네. 이 은혜는 죽어서라도 꼭 갚겠네."

다모는 불쌍한 마음이 들었다. 항아리를 안고 가서 잿더미에 술을 쏟아 버렸다. 그러고는 사발을 하나 손에 들고 문 밖으로 나왔다. 아전은 다모를 보고 물었다.

"어찌 됐느냐?"

다모는 웃으며 말했다.

"술 담근 걸 잡는 게 문제가 아니라 지금 송장이 나오게 생겼소."

다모는 곧장 죽 파는 가게로 가서 죽 한 그릇을 산 뒤 다시 양반댁으로 가서 할머니에게 죽을 건네주었다.

"할머니가 음식도 못 해 잡수신다는 말을 듣고 안타까워 드리는 겁니다."

다모는 그렇게 말한 뒤 여기서 몰래 술 담근 걸 누가 또 알고 있느냐고 물었다.

"쌀도 내가 찧고 술 담그는 일도 내가 했으니, 늙은 할미 혼자 지키는 집에 알 사람이 또 누가 있겠나?"

"그럼 다른 사람에게 술을 팔진 않으셨나요?"

"나는 늙은 남편 병을 구완할 생각으로 술을 담근 것뿐일세. 항아리도 겨우 몇 사발쯤밖에 안 되는 크기인데, 남에게 팔고 나면 무슨 남은 게 있어서 우리 집 양반을 드리겠나. 하늘에서 환한 해가 보고 있는데 내가 어찌 속이겠나?"

"정말 그러시다면 누군가 술맛을 본 사람이 달리 없을까요?"

"젊은 생원이 있네, 우리 시동생. 어제 아침에 성묘하러 가는데 우리 집 가난한 살림에 아침밥을 해 줄 수가 있나. 밥을 굶고 길 떠나야 될 형편이라 내가 술 한 사발을 떠다 드렸네. 그 말고는 다른 사람에게 준 적이 없어."

"젊은 생원과 이 댁 양반이 진짜 친형제가 맞으세요?"

"아무렴."

"젊은 생원은 나이가 어찌 됩니까? 얼굴은 살이 쪘나요, 말랐나요? 키는 얼마나 되고, 수염은 얼마나 났나요?"

할머니는 다모가 묻는 대로 자세히 대답해 주었

다. 다모는 "잘 알겠습니다"라고 하고는 밖으로 나와 아전에게 말했다.

"양반 댁엔 술이 없었어요. 그런데 제가 들이닥친 걸 보고는 주인 할머니가 놀라 쓰러져서 기절하고 말았어요. 내가 을러대다 할머니를 죽인 셈이다 싶어서 깨어날 때까지 기다리다 나오느라 늦었네요."

다모는 아전을 따라 한성부로 향했다. 젊은 생원 하나가 뒷짐을 지고 거리를 서성이며 아전이 돌아오기를 기다리고 있는 게 보였다. 젊은 생원의 생김새는 할머니가 가르쳐 준 시동생의 생김새와 똑같았다. 다모는 손을 쳐들어 생원의 따귀를 때리더니 침을 뱉으며 꾸짖었다.

"네가 양반이냐? 양반이란 자가 형수가 몰래 술을 담갔다고 고자질하고는 포상금을 받아먹으려 했단 말이냐?"

거리에 있던 모든 사람들이 깜짝 놀라 이들 주변을 빙 둘러서서 구경을 했다. 아전은 성난 목소리로 말했다.

"그 집 주인 할멈의 사주를 받아 나를 속이고 술 빚은 걸 숨겨 주고는 도리어 고발한 사람을 꾸짖어?"

(나)

아전은 다모를 붙잡아 주부 앞에 가서 다모의 죄를 고해 바쳤다. 주부가 심문하자 다모는 사실대로 모두 자백했다. 주부는 성이 난 척하며 말했다.

"술 담근 일을 숨겨 준 죄는 용서하기 어렵다. 곤장 20대를 쳐라!"

오후 6시 무렵 관청 일이 끝나자 주부는 조용히 다모를 따로 불러 엽전 열 꿰미를 주며 말했다.

"네가 숨겨 준 일을 내가 용서해서는 법이 서지 않기에 곤장을 치게 했다만, 너는 의인이로구나. 참 갸륵하다 여겨 상을 내리는 것이다."

다모는 돈을 가지고 밤에 남산의 그 양반 댁으로 가서 주인 할머니에게 건넸다.

[B] "제가 관청에 거짓 보고를 했으니 곤장 맞는 거야 당연한 일입니다만, 할머니가 술을 담그지 않으셨더라면 이 상이 어디서 나왔겠습니까? 그러니 이 상은 할머니께 돌려 드릴게요. 제가 보니 할머니는 겨우내 춥게 지내시는 모양인데, 이 1천 전 돈으로 반은 땔나무를 사고 반은 쌀을 사시면 추위와 굶주림 없이 겨울을 나시기에 충분할 거예요. 다만 앞으로는 절대 술을 담그지 마셔야 합니다."

주인 할머니는 한편으로는 부끄러워하고 한편으로는 기뻐하면서 돈을 사양했다.

"다모가 우리 사정을 봐 준 덕택에 벌금을 면하게 된 것만도 고마운데, 내가 무슨 낯으로 이 돈을 받는단 말인가?"

할머니가 굳이 사양하며 한참 동안이나 받지 않자 다모는 할머니 앞에 돈을 밀어 두더니 뒤도 돌아보지 않고 떠났다.

– 송지양, 「다모전」

14 윗글에 대한 설명으로 적절한 것은?

① 인물의 대화와 행동을 중심으로 하여 사건을 전개하고 있다.

② 선인과 악인의 대결을 생동감 있게 서술하여 흥미를 유발하고 있다.

③ 인물의 성격이 변화하는 양상을 제시하여 주제를 효과적으로 전달하고 있다.

④ 인물 하나하나의 심리 상태를 세밀하게 묘사하여 내적 갈등을 드러내고 있다.

⑤ 공간의 이동에 따라 국면을 전환하여 각 공간이 지닌 상징적 의미를 드러내고 있다.

15 **[A]와 [B]에 나타난 '할머니'와 '다모'의 말하기에 대한 설명으로 적절한 것은?**

① [A]는 유사한 사례를, [B]는 대비되는 사례를 들어 말하고 있다.
② [A]는 긍정적으로, [B]는 부정적으로 상황을 인식하며 말하고 있다.
③ [A]는 실제 일어난 상황을, [B]는 일어나지 않은 상황을 말하고 있다.
④ [A]는 상대방의 감정에, [B]는 상대방의 권위에 호소하며 말하고 있다.
⑤ [A]는 상대방의 무지를 지적하면서, [B]는 상대방의 다짐을 요구하면서 말하고 있다.

16 **(가)에 등장하는 인물의 구도를 〈보기〉와 같이 도식화했을 때, 이에 대한 설명으로 적절하지 <u>않은</u> 것은?** [3점]

〈보기〉

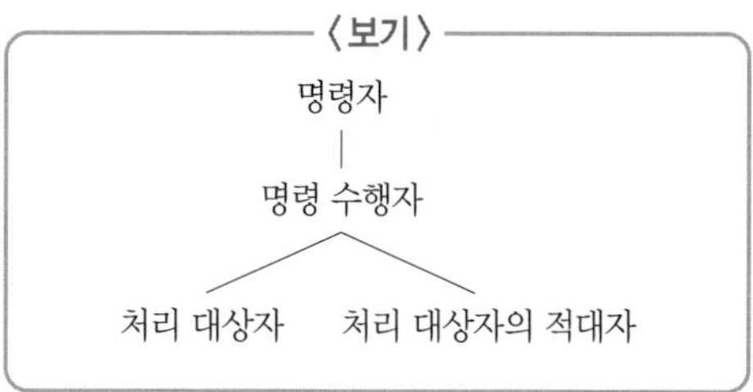

① '명령자'는 '처리 대상자'의 범법 사실을 모르고 '명령 수행자'에게 명령했다.
② '명령 수행자'는 '명령자'의 명령보다는 '처리 대상자'의 상황을 더 고려하고 있다.
③ '명령 수행자'는 '처리 대상자'를 통해 '처리 대상자의 적대자'가 누구인지를 인지했다.
④ '처리 대상자'는 '처리 대상자의 적대자'가 한 적대 행위를 모르고 있다.
⑤ '처리 대상자의 적대자'가 한 적대 행위에 대해 '명령 수행자'와 '명령자'는 서로 다른 태도를 취했다.

17 **〈보기〉는 윗글을 읽은 학생의 반응이다. (　　)에 들어갈 말로 가장 적절한 것은?**

〈보기〉

주부가 다모에게 곤장을 친 일은 (　　)(이)라고 할 수 있군.

① 구밀복검(口蜜腹劍)
② 반근착절(盤根錯節)
③ 삼인성호(三人成虎)
④ 오월동주(吳越同舟)
⑤ 읍참마속(泣斬馬謖)

[18~21] 다음 글을 읽고 물음에 답하시오.

소비하는 인간인 호모 콘수무스(homo consumus)는 소비 자본주의 시대의 신인류를 지칭하는 표현이다. 소비의 사전적 정의는 '인간의 욕구를 충족시키기 위해 필요한 물건을 구매하는 일'이다. 목마른 사람은 물을 사 먹고, 배고픈 사람은 밥을 사 먹는다. 이 점에서 소비는 노동과 함께 인간의 생존을 구성하는 중요한 기둥이다.

일반적으로 소비자들은 합리적인 경제 행위를 추구하기 때문에 최소 비용으로 최대 효과를 얻으려 한다는 것이 소비의 기본 원칙이다. 그들은 '보이지 않는 손'이라고 일컬어지는 시장 원리 아래에서 생산자와 만난다. 그러나 이러한 일차적 의미의 ㉠ 합리적 소비가 언제나 유효한 것은 아니다.

생산보다는 소비가 화두가 된 소비 자본주의 시대에 소비는 단순히 필요한 재화, 그리고 경제학적으로 유리한 재화를 구매하는 행위에 머물지 않는다. 최대 효과 자체에 정서적이고 사회 심리학적인 요인이 개입하면서, 이제 소비는 개인이 세계와 만나는 다분히 심리적인 방법이 되어버린 것이다. 곧 인간의 기본적인 생존 욕구를 충족시켜 주는 합리적 소비 수준에 머물지 않고, 소비는 자신을 표현하는 상징적 행위가 된 것이다. 이처럼 오늘날의 소비문화는 물질적 소비 차원이 아닌 심리적 소비 형태를 띠게 된다.

가령 베블런 효과(veblen effect)는 남들보다 돋보이거나 뽐내고 싶어서 비싼 물건일수록 사려고 하는 인간의 심리를 나타내는 용어이다. 특정 상품을 소비하는 사람이 많아질수록 수요가 오히려 줄어드는 스노브 효과(snob effect), 대중적으로 널리 알려진 상품을 소비하면서 다른 사람과 비슷해지고자 하는 밴드 웨건 효과(band wagon effect), 미적 특성 등과 같은 감성적 가치를 구매 결정의 우선 요소로 보는 헤도니스트 효과(hedonist effect) 등이 있다.

소비 자본주의의 화두는 이제 과소비가 아니라 ㉡ 과시 소비로 넘어간 것이다. 과시 소비의 중심에는 신분의 논리가 있다. 신분의 논리는 유용성의 논리, 나아가 시장의 논리로 설명되지 않는 것들을 설명해 준다. 혈통으로 이어지던 폐쇄적 계층 사회는 소비 행위에 대해 계급에 근거한 제한을 부여했다. 먼 옛날 부족 사회에서 수장들만이 걸칠 수 있었던 장신구에서부터, 제아무리 권문세가의 정승이라도 아흔아홉 칸을 넘을 수 없던 집이 좋은 예이다. 인도의 한 지방에선 하층 계급의 여인들은 긴치마를 입을 수도, 머리에 꽃 장식을 할 수도 없었다고 한다. 권력을 가진 자는 힘을 통해 자기의 취향을 주위 사람들과 분리시킴으로써 경외감을 강요하고, 그렇게 자기 취향을 과시함으로써 잠재적 경쟁자들을 통제한 것이다.

가시적 신분 제도가 사라진 현대 사회에서도 이러한 신분의 논리는 여전히 유효하다. 이제 개인은 소비를 통해 자신의 물질적 부를 표현함으로써 신분을 과시하려 한다. 문제는 혈통이 보장하는 신분에 비해 부에 의한 신분은 덜 견고하다는 것이다. 자본주의 시대의 신분 과시욕이 호모 콘수무스를 만들어 냈다면, 그 이면에는 자본주의 자체의 작동 원리가 움직이고 있다.

자본주의가 일구어 낸 산업화는 무엇보다도 생산의 극대화를 향해 돌진했다. 많이 만들고, 많이 팔아야 한다. 경제를 살리는 것은 절약이 아니라 건전한 소비이다. 그러나 필요량을 넘어서 과잉 생산된 상품을 팔기 위해 초기 산업화는 제국주의를 낳을 수밖에 없었다. 원료도 싸게 가져오고 싼 인건비로 만들어서 다시 비싸게 팔 수 있으니, 식민지만큼 매혹적인 것은 없었을 것이다. 하지만 자본주의가 고도화되면서 끊임없이 돌아가는 기계에서 쏟아져 나오는 제품들을 팔기 위해서는 필요성이나 가격과 무관한 욕망을 만들어 내는 것이 가장 효과적인 방법이 된다. 생산자나 판매자의 전략은 제품 자체보다는 제품에 부가되어 소비자의 욕망을 만들어 내는 요소에 집중될 수밖에 없다. 이것이 프랑스의 유명한 철학자인 보드리야르가 말하는 ⓐ 기호 가치이다. 사람들은 제품을 소비한다고 생각하지만, 정작 소비되는 것은 제품에 부여된 이미지라는 것이다. 그래서 자본주의의 꽃이라고 불리는 광고들은 최근 노골적으로 과시 소비를 부추기고 있다. 그렇게 TV는 온통 소비를 누리는 안온한 부르주아지의 삶을 떠안기느라 여념이 없다.

18 윗글의 서술 방식으로 적절하지 않은 것은?

① 개념을 정의하여 화제로 제시하고 있다.
② 구체적인 사례를 들어 개념을 설명하고 있다.
③ 예상되는 반론을 비판하여 주장을 드러내고 있다.
④ 전문가의 견해를 인용하여 논지를 강화하고 있다.
⑤ 통시적인 관점에서 개념을 대비하여 설명하고 있다.

19 윗글의 내용과 일치하지 않는 것은?

① 호모 콘수무스의 출현 이면에는 자본주의 자체의 원리가 작동한다.
② 소비 자본주의 사회에서는 물질적 부를 과시하기 위해 소비를 한다.
③ 소비 자본주의 사회에서는 생산자가 소비자의 구매 의사를 조절한다.
④ 폐쇄적 계층 사회에서 소비 행위는 권력과 계급에 의한 통제가 이루어진다.
⑤ 제국주의의 식민지 경영은 초기 산업화로 이어져 생산의 극대화를 가져왔다.

20 ㉠, ㉡에 대한 설명으로 적절하지 않은 것은?

① ㉠과 ㉡은 심리 요인의 개입 여부에 따라 구분된다.
② ㉠에 비해 ㉡은 시장의 논리로 설명된다.
③ ㉠에 비해 ㉡은 자신을 표현하는 상징적 행위의 의미가 크다.
④ ㉡에 비해 ㉠은 생존 욕구를 중시한다.
⑤ ㉡에 비해 ㉠은 최소 비용으로 최대 효과를 얻으려 한다.

21 ⓐ를 뒷받침하는 사례로 적절한 것은?

① A씨는 이민을 떠나는 친구로부터 저렴한 가격에 자동차를 인수하여 만족하고 있다.
② B씨는 자신이 좋아하는 인기 연예인이 광고하는 운동화를 구입하고 친구에게 자랑하였다.
③ C씨는 새로운 직장에 들어가 업무를 효율적으로 수행하기 위해 휴대폰을 추가로 구입하였다.
④ D씨는 사용하던 컴퓨터가 너무 오래되어 최첨단 기능이 탑재된 컴퓨터를 무리해서 구입하였다.
⑤ E씨는 돌아가신 아버지가 선물로 주신 시계가 고장 났지만 아버지와의 추억을 떠올리며 소중히 간직하고 있다.

[22~24] 다음 글을 읽고 물음에 답하시오.

민화를 아주 거칠게 정의해서 '민중들이 그들의 종교 생활과 생활 습속 속에서 필요에 의해 사용한 대중적인 실용화'라 한다면, 그 기원은 신석기 시대의 암벽화까지 ㉠ 올라갈 수 있다. 그러나 본격적인 민화는 임진 · 병자 양난이 끝난 17세기 이후에 생겨나 18~19세기에 전성기를 맞는다. 특히 19세기가 중요한데, 대부분의 민화는 이때 그려진 것으로 알려져 있다.

민화 작가에는 도화서의 화원에서부터 화원이 아닌 일반 화공들, 승려나 무당 가운데 재주 있는 사람들, 심지어는 시골장터나 동네를 돌아다니며 낙화(落畵)나 혁필화(革筆畵)를 그리던 유랑 화가들도 포함된다. 이들의 공통적인 특징은 모두 신분이 낮은 사람들이라는 것이다. 그러니 그들의 그림이 민중적이고 투박하지 않을 수 없다. 이들의 그림을 필요로 했던 사람들도 다양했다. 왕실부터 일반 가정에 이르기까지 거의 대부분의 계층이 민화의 수요자였다. 그 중에서도 수요가 많았던 민화는 나쁜 귀신을 쫓고 경사스러운 일을 맞기를 ㉡ 바라는 대중의 의식과 습속에 얽힌 그림, 집 안팎을 단장하기 위한 그림, 병풍 · 족자 · 벽화 같은 일상생활과 직결된 그림들이었다.

민화는 매우 자유분방한 화법을 구사한다. 민화는 본(本)에 따라 그리는 그림이기 때문에 전부가 비슷할 것이라고 생각하기 쉽다. 그러나 실상은 그 반대로 같은 주제이면서 똑같은 그림은 없다. 왜냐하면 양반처럼 제약받아야 할 사상이나 규범이 현저하게 약한 민중들은 얼마든지 자기 취향대로 생략하고 과장해서 그림을 그릴 수 있었기 때문이다.

민화의 자유분방함은 공간 구성법에서도 발견된다. 많은 경우 민화에는 공간을 묘사하는 데 좌우 · 상하 · 고저가 분명한 일관된 작법이 없다. 사실 중국이 중심이 된 동북아시아에서 통용되던 전형적인 화법은 한 시점에서 ㉢ 바라보고 그 원근에 따라 일관되게 그리는 것이 아니라 이른바 삼원법(三遠法)에 따라 다각도에서 그리는 것이다. 그런데 민화에서는 대상을 바라보는 시각이 이보다 더 자유롭다. 그렇다고 민화에 나타난 화법에 전혀 원리가 없다고는 할 수 없다. 민화에서는 종종 그리려는 대상을 한층 더 완전하게 표현하기 위해 그 대상의 여러 면을 화면에 동시에 그려 놓는다. 그런 까닭에 민화의 화법은 서양의 입체파들이 사용하는 화법과 비교되기도 한다. 가령 김홍도의 맹호도를 흉내 내 그린 듯한 민화의 경우처럼 호랑이의 앞면과 옆면을 동시에 그려 놓은 예나, 책거리 그림의 경우처럼 겉과 속, 왼쪽과 오른쪽을 동시에 그려 놓은 것이 그 예에 속한다. 민화의 화가들은 객관적으로 보이는 현실을 무시하고 자신의 의도에 따라 표현하고 싶은 것을 마음대로 표현해 버린 것이다. 그러니까 밖에 주어진 현실에 종속되기보다는 자신의 자유로운 판단을 더 믿은 것이다.

같은 맥락에서 볼 때 민화에서 가장 이해하기 힘든 화법은 아마 역원근법일 것이다. 이 화법은 책거리에 많이 나오는 것으로 앞면을 작고 좁게 그리고 뒷면을 크고 넓게 ㉣ 그리는 화법인데 이는 그리려는 대상의 모든 면 특히 물체의 왼쪽 면과 오른쪽 면을 동시에 표현하려는 욕심에서 나온 화법으로 판단된다. 이런 작법을 통해 우리는 당시의 민중들이 자신들의 천진하고 자유분방한 사고방식을 스스럼없이 표현할 수 있을 정도로 사회적 여건이 성숙되었음을 알 수 있다. 즉 이것은 19세기에 농상(農商)의 경제 체제의 변화나 신분 질서의 와해 등으로 기존의 기층민들이 자기를 표현할 수 있는 경제적 · 신분적 근거가 확고하게 되었음을 의미한다.

민중들의 자유분방함이 표현된 민화에는 화법적인 것 말고도 내용 면에서도 억압에서 ㉤ 벗어나려는 해방의 염원이 실려 있다. 민화가 농도 짙은 해학을 깔면서도 그러한 웃음을 통해 당시 부조리한 현실을 풍자했다는 것은 잘 알려진 사실이다. 호랑이 그림에서 까치나 토끼는 서민을, 호랑이는 권력자나 양반을 상징한다. 즉 까치나 토끼가 호랑이에게 면박을 주는 그림을 통해 서민이 양반들에게 면박을 주고 싶은 마음을 표현하고 있다. 이 모두가 민중들의 신장된 힘 혹은 표현력을 나타낸다.

결론적으로 민화는 민중들이 자신들의 기상천외한 발상법으로 그들의 생각에 따라 그리고 싶은 대로 그린 그림이라 볼 수 있다. 또한 이러한 그림이 가능했던 것은 당시의 사회적 분위기 때문이었다고 보아야 한다.

22 윗글의 내용과 일치하는 것은?

① 민화의 작가와 수요자는 공통적으로 신분이 낮은 사람들이었다.

② 사회적 여건의 성숙이 역원근법과 같은 자유로운 표현을 가능하게 했다.

③ 대부분의 민화가 19세기에 그려진 것은 기층 계층의 등장과 관련이 깊다.

④ 민화의 자유분방함은 같은 주제를 다루지 않는 민화 작가의 특성에서 비롯되었다.

⑤ 민화의 공간 구성법은 당시 동북아시아에서 통용되던 전형적인 방식에 충실했다.

23 윗글과 〈보기〉를 이해할 때 적절하지 않은 것은? [3점]

〈보기〉

입체파의 대표적인 화가 피카소의 그림 '아비뇽의 처녀들'(1907년)은 왜곡된 신체를 표현하고 있다. 정면을 바라보고 있는 두 여인의 코가 측면에서 본 모습으로 그려져 있고, 관람자에게 등을 보이고 앉은 여인의 얼굴이 정면을 향하고 있다. 이처럼 피카소는 대상을 객관적으로 재현하는 원근법과 결별하고 복수의 시점에 의해 대상을 해체하여 묘사함으로써 대상을 보다 완전하게 구현하고자 하였다. 그리고 이러한 인간 신체의 왜곡을 통해 피카소는 당시 물질주의가 만연한 근대 사회와 그 사회에서 기이한 사물처럼 살아가는 근대 인간을 비판하고자 하는 자신의 의도를 강하게 제시하였다.

① 민화와 '아비뇽의 처녀들'은 대상을 완전하게 표현하려 한다는 점에서 유사하군.

② 민화와 '아비뇽의 처녀들'은 그리는 이의 의도를 중시한다는 점에서 유사하군.

③ 민화에는 현실에 대한 풍자 의식이 드러나고 '아비뇽의 처녀들'에는 현실에 대한 비판 의식이 드러나는군.

④ 민화는 해학적 동물을 통해 당대 규범을 표현했고, '아비뇽의 처녀들'은 왜곡된 신체를 통해 사물화된 인간을 표현했군.

⑤ 민화가 대상의 앞면과 옆면을 동시에 그려 놓는 방법은 '아비뇽의 처녀들'이 복수의 시점으로 대상을 그리는 방법과 유사하군.

24 ㉠~㉤을 한자어로 바꾼 것으로 적절하지 않은 것은?

① ㉠ : 소급(遡及)할

② ㉡ : 기원(祈願)하는

③ ㉢ : 응시(凝視)하고

④ ㉣ : 모사(模寫)하는

⑤ ㉤ : 탈출(脫出)하려는

[25~29] 다음 글을 읽고 물음에 답하시오.

(가)
겨울 바다에 가 보았지
미지의 새
보고 싶던 새들은 죽고 없었네.

그대 생각을 했건만도
매운 해풍에
그 진실마저 눈물져 얼어버리고

허무의
불
물이랑 위에 불붙어 있었네.

나를 가르치는 건
언제나
시간……
끄덕이며 끄덕이며 겨울 바다에 섰었네.

남은 날은
적지만

기도를 끝낸 다음
더욱 뜨거운 기도의 문이 열리는
그런 영혼을 갖게 하소서.

남은 날은
적지만

겨울 바다에 가 보았지.
인고의 물이
수심 속에 기둥을 이루고 있었네.

– 김남조, 「겨울 바다」

(나)
ⓐ 상한 갈대라도 하늘 아래선
한 계절 넉넉히 흔들리거니
뿌리 깊으면야
밑둥 잘리어도 ⓑ 새순은 돋거니
충분히 흔들리자 상한 영혼이여
충분히 흔들리며 고통에게로 가자

뿌리 없이 흔들리는 부평초 잎이라도
물 고이면 꽃은 피거니
이 세상 어디서나 ⓒ 개울은 흐르고
이 세상 어디서나 등불은 켜지듯
가자 고통이여 살 맞대고 가자
외롭기로 작정하면 어딘들 못 가랴
가기로 목숨 걸면 ⓓ 지는 해가 문제랴

고통과 설움의 땅 훨훨 지나서
ⓔ 뿌리 깊은 벌판에 서자
두 팔로 막아도 바람은 불듯

영원한 눈물이란 없느니라
영원한 비탄이란 없느니라
캄캄한 밤이라도 하늘 아래선
마주 잡을 손 하나 오고 있거니

– 고정희, 「상한 영혼을 위하여」

(다)
저 지붕 아래 제비집 너무도 작아
갓 태어난 새끼들만으로 가득 차고
어미는 둥지를 날개로 덮은 채 간신히 잠들었습니다
바로 그 옆에 누가 박아 놓았을까요, 못 하나
그 못이 아니었다면
아비는 어디서 밤을 지냈을까요
못 위에 앉아 밤새 꾸벅거리는 제비를
눈이 뜨겁도록 올려다봅니다
종암동 버스 정류장, 흙바람은 불어오고
한 사내가 아이 셋을 데리고 마중 나온 모습
수많은 버스를 보내고 나서야
피곤에 지친 한 여자가 내리고, 그 창백함 때문에
반쪽 난 달빛은 또 얼마나 창백했던가요
아이들은 달려가 엄마의 옷자락을 잡고

제자리에 선 채 달빛을 좀 더 바라보던
사내의, 그 마음을 오늘 밤은 알 것도 같습니다
실업의 호주머니에서 만져지던
때 묻은 호두알은 쉽게 깨어지지 않고
그럴듯한 집 한 채 짓는 대신
못 하나 위에서 견디는 것으로 살아온 아비,
거리에선 아직도 ㉠ 흙바람이 몰려오나 봐요
돌아오는 길 희미한 달빛은 그런대로
식구들의 손잡은 그림자를 만들어 주기도 했지만
그러기엔 골목이 너무 좁았고
늘 한 걸음 늦게 따라오던 아버지의 그림자
그 꾸벅거림을 기억나게 하는
못 하나, 그 위의 잠

– 나희덕, 「못 위의 잠」

25 (가)~(다)의 공통점으로 적절한 것은?

① 자연적 소재를 동원하여 삶의 의미를 끌어내고 있다.
② 자연물이 지닌 상징적 의미를 통해 세태를 풍자하고 있다.
③ 자연과의 교감을 통해 자연과 일체된 삶을 추구하고 있다.
④ 자연물을 통해 화자가 지향하는 이상 세계를 드러내고 있다.
⑤ 자연과 현실을 대비하여 현실에 맞서려는 의지를 나타내고 있다.

26 〈보기〉를 바탕으로 (가)를 이해한 내용으로 적절하지 않은 것은? [3점]

〈보기〉

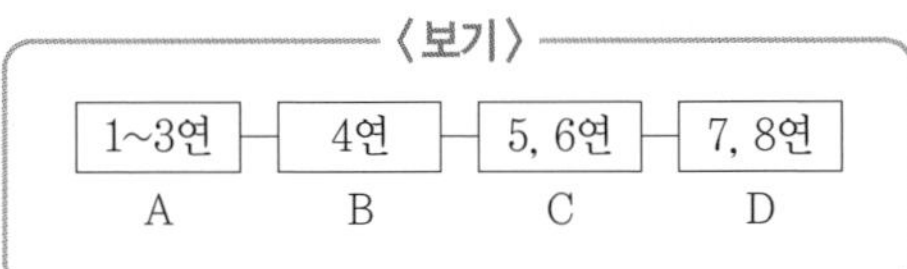

① A에서 가졌던 화자의 허무한 정서는 B에서 바뀌고 있다.
② B에서 화자가 '시간'을 통해 얻은 깨달음이 C에 나타난 화자의 태도에 영향을 미치고 있다.
③ C에서 하는 '기도' 행위에 대해 화자는 A에서 그 행위를 하게 될 줄 짐작하고 있었다.
④ A, B, D에 '겨울 바다'라는 공간이 공통적으로 제시되지만, 그 의미는 모두 다르다.
⑤ D는 B와 C의 과정을 거쳐야 이루어질 수 있는 상황이라고 할 수 있다

27 (다)에 대한 설명으로 적절하지 않은 것은?

① '골목이 너무 좁았고'를 통해 가난한 삶을 살아가는 가족의 상황을 표현하고 있다.
② '식구들의 손잡은 그림자'를 통해 가난하지만 서로 의지하는 가족의 모습을 표현하고 있다.
③ '창백함'과 '반쪽 난 달빛'을 통해 밤늦도록 고되게 일하다 돌아오는 어머니의 모습을 표현하고 있다.
④ '늘 한 걸음 늦게 따라오던 아버지의 그림자'를 통해 가족에게 미안해하는 아버지의 마음을 표현하고 있다.
⑤ '그럴듯한 집'과 '못 하나, 그 위의 잠'의 대비를 통해 과거로 돌아가고자 하는 아버지의 소망을 표현하고 있다.

28 (가)와 (나)의 표현상 특징으로 적절하지 않은 것은?

① (가)와 (나)는 의미가 대립되는 시어를 통해 시상을 전개하고 있다.
② (가)와 (나)는 시각적 이미지를 활용하여 추상적 관념을 구체화하고 있다.
③ (가)는 자연물의 의인화를 통해, (나)는 점층적 구조를 통해 정서를 심화하고 있다.
④ (가)는 동일한 문장의 반복을 통해, (나)는 유사한 통사 구조의 반복을 통해 의미를 강조하고 있다.
⑤ (가)는 기원의 어조로 화자의 소망을 표현하고 있으며, (나)는 청유형 어미로 화자의 의지를 표현하고 있다.

29 ⓐ~ⓔ 중, ㉠의 함축적 의미와 유사한 것은?

① ⓐ ② ⓑ
③ ⓒ ④ ⓓ
⑤ ⓔ

[30~33] 다음 글을 읽고 물음에 답하시오.

오늘날 중국은 대외적으로 주변 국가와 역사·영토의 귀속권을 둘러싼 분쟁을 벌이면서, 내부적으로는 각종 국가 이데올로기와 발전 전략을 통해 하나의 중국을 만들려는 사회적 흐름을 조성하고 있다. 이는 중국 내 역사학계를 통해 '통일적 다민족 국가론'이라는 이론적 틀로 제시되었는데, 일반적으로는 중화주의 혹은 중화 중심주의라는 말로 잘 알려져 있다. 그러나 역사적으로 중화주의란 용어는 과거에도 중국 내에서 널리 통용되었던 것으로서 오늘날 통일적 다민족 국가론의 맥락과는 다른 의미를 지닌다.

㉠ 전통적 중화주의는 전국시대부터 진·한 시대에 걸쳐 정치적 통일 과정과 유교적 덕치주의 이론의 정비 과정이 서로 맞물리면서 형성되었다. 여기에는 정통론에 입각한 화이론(華夷論)과 책봉·조공 체제의 논리 그리고 중국 왕조의 정치적·경제적·군사적인 우월감 등이 작용하였다. 진·한 시대 이전까지 정통의 기준은 민족적 혈연보다는 중원에서의 생존권과 중원에 대한 주도권을 쟁취해 중원 문화를 지녔느냐의 여부였다. 그러던 것이 진·한 시대에 접어들면서 우열 관계에 입각한 민족적, 문화적 구별이 점차 분명해져 '화'와 '이'는 각각 중국 문명이 발달한 민족과 발달하지 못한 민족으로 자리 잡게 되었다. 그리고 진·한대 이후에는 화하족(華夏族) 즉 한족의 통치 지역이 확대되면서 '중국'은 통일 왕조의 모든 영토를 지칭하게 되었고 이렇게 '화'와 '이'를 구별하는 관념은 당(唐)대에까지 지속되었다.

그러나 송·요·금대에 이르면 농경을 주업으로 하는 한족이 아니라 수렵이나 유목을 주업으로 하는 비(非)한족이 세운 국가들이 자신들을 정통으로 여기면서 '화'와 '이'의 구분이 모호해지기 시작한다. 원대에는 원을 비롯하여 송·요·금·서하 모두가 '중화'로 간주되었고, 청대에 접어들어 청조인은 자신들을 중화의 정통 계승자로 자임하면서 몽골·신강·서장·대만까지 '중국'의 일부로 간주하였다. 특히 청대에 이르면 한족 지식인조차 청조를 중국의 합법적인 정부로 승인하여 중화의 정통으로 여기게 되었다. 이 시기에 화이론이 붕괴되지 않고 그나마 명맥을 유지할 수 있었던 것은 강력한 경제·군사력을 바탕으로 변방의 소수 민족이나 국가에 대한 책봉·조공 체제를 강제할 수 있었기 때문이었다.

원대와 청대를 거치면서 오랜 기간 동안 한족과 대립하던 민족들 가운데 일부가 중화로 편입되긴 하였지만 이들 민족을 제외한 변방의 소수 민족이나 국가는 여전히 '중화'라는 중심이 유지될 수 있는 바깥 즉 '비중화'를 형성해 주었던 것이다. 그러나 이렇게 근근이 명맥을 유지하던 화이관은 아편 전쟁 이후 청 정부가 서양 오랑캐로 간주되었던 '양이(洋夷)'에게 수차례 패전하고 책봉·조공 체제의 일원이었던 조공국들이 그 체제에서 떨어져 나가면서 급격하게 무너지기 시작한다.

이에 비해 오늘날 ㉡ 통일적 다민족 국가론의 형태로 새롭게 표출되고 있는 중화주의는 화와 이의 통일성, 일체성을 강조한다. 통일적 다민족 국가론의 핵심은 중국이 한때 한족과 다수의 비(非)한족으로 나뉘어 서로 경쟁하면서 분열되기도 했지만 기본적으로는 대일통(大一統)의 오랜 전통에 의해 여러 민족이 단결·융합하면서 통일적인 다민족 국가를 형성해 왔다는 것이다. 이에 따라 중화 민족은 별개로 존재하는 다수 민족의 총합이 아니라 긴 역사 속에서 한족과 이민족이 교호 작용하면서 융합된 '복합 민족' 혹은 '역사 융합의 산물'로 규정된다. 새로운 중화주의로서의 통일적 다민족 국가론에서는 오늘날 중화인민공화국의 영토는 물론 1840년 아편 전쟁으로 인해 서구 열강에게 영토의 일부를 빼앗기기 이전까지의 청대 최대 영토 안에 존재했거나 존재하는 모든 민족은 '중국'이라는 역사 공동체를 형성하는 데 일정한 역할을 해왔기 때문에 모두 중국을 구성하는 중화 민족에 속한다고 주장한다. 따라서 그들이 역사 속에서 행해 왔던 모든 역사적인 활동이나 그들이 세운 왕조들 또한 모두 중국의 왕조이며, 각각의 왕조들이 관할하고 있던 각각의 강역(疆域) 즉 영토들의 총합 역시 역사상 중국의 강역에 해당한다고 본다.

한편 통일적 다민족 국가론을 지지하는 학자들의 상당수는 현대의 강역 형성 과정에 작용하였던 정치적·지역적 통합 의지를 과거에까지 적용하여, 역사적으로 나타났던 지역적 통일이나 광범위한 통일의 과정을 국가 통일과 강역 완성에 대한 민중의 요구가 반영된 결과물로 파악하는 과오를 범하기도 한다. 이에 따르면 전국시대 이후 진·한 왕조의 통일과 발전 역시 당시 인민들의 통일 욕구에 따른 것이 되어버리고 만다.

통일적 다민족 국가론의 역사 인식 혹은 오늘날의 중화주의의 이면에는 현 시대의 정치적 논리가 개입되어 있다. 개혁·개방 정책 이후, 중국 내부의 빈부 격차, 소수 민족의 소외감 표출과 분리 독립 요구 등과 같은 문제를 의식한 중국 정부가 중국 내 각 민족의 단결을 고취시키려는 의도가 통일적 다민족 국가론의 중핵에 자리하고 있는 것이다. 때문에 이 이론에는 여러 가지 모순점이나 문제점들이 발견된다. 그 단적인 예가 바로 고구려와 발해의 역사를 왜곡하고 있는 ⓐ 동북공정의 논리이다. 역사 연구는 과거와 현재 사이의 대등한 쌍방 관계를 전제로 해야 하지만, 통일적 다민족 국가론의 논리와 이것이 구체적으로 적용된 동북공정의 논리에는 이러한 역사 연구의 기본 전제조차 배제되어 있다.

30 윗글의 논지 전개 방식으로 적절한 것은?

① 대립되는 이론을 비교하여 절충안을 도출하고 있다.

② 이론의 배경을 분석하여 그 이론의 문제점을 지적하고 있다.

③ 자료를 활용하여 이론을 정립한 후 구체적 사례에 적용하고 있다.

④ 특정 이론의 변천 과정을 고찰하여 새로운 이론을 제안하고 있다.

⑤ 이론이 지닌 문제점을 분석하고 이에 대한 해결 방안을 제시하고 있다.

31 ㉠에 대한 설명으로 적절하지 않은 것은?

① '화이론'을 바탕으로 중화와 비중화를 구분하고자 하였다.
② 중국의 정치적 통일과 통치 이념의 정비 과정에서 출현하였다.
③ 원대와 청대에 들어서 비중화를 형성했던 대상 범위가 확장되었다.
④ 조공에 대한 강제력 행사 여부가 '화이론'을 유지할 수 있는 요소 중 하나였다.
⑤ 발달한 중국 문명의 소유 여부, 한족의 통치 지역인지 여부가 '화'와 '이'를 구분하는 하나의 기준이었다.

32 ㉡에 대한 반응으로 가장 적절한 것은?

① 전통적 중화주의의 '화이론'을 복원시켜 과거의 화려한 역사를 부활하려는 의도이군.
② 중화 민족은 다수 민족의 총합이라고 설정하여 소수 민족의 소외감을 해소하려는 의도이군.
③ 소수 민족을 중화 민족으로 융화시켜 국민적·영토적 통합을 강화시켜 나가려는 의도이군.
④ 과거 한족과 비한족의 대립이 민중의 통일 의지의 산물이라고 해석한 역사의식을 바로잡으려는 의도이군.
⑤ 현재의 영토를 기준으로 중국 민족 공동체를 설정하여 주변국과의 영토 분쟁에서 유리한 위치를 차지하려는 의도이군.

33 글쓴이의 입장에서 ⓐ에 대한 비판으로 적절한 것은?

① 역사란 과거의 역사적 사실들이 역사가의 해석과 무관하게 자체적으로 구성되는 체계인데, 이러한 체계를 지나치게 강조하고 있다.
② 역사는 역사적 사실을 인식하는 주체들의 현재적 관점이 투영되어 구성된 주관적 산물인데, 현재적 관점을 지나치게 강조하고 있다.
③ 역사는 일정한 규칙성에 따라 발생, 성장, 해체의 과정을 되풀이하는데, 이러한 과정 중에서 발생과 성장을 지나치게 강조하고 있다.
④ 역사는 역사가의 주관적 해석 과정과 과거의 객관적 사실 사이의 상호 작용을 중시해야 하는데, 객관적 사실을 지나치게 강조하고 있다.
⑤ 역사는 과거를 정확히 탐구하려는 의식과 과거 사실에 대한 객관적 서술 태도가 중요한데, 과거를 정확히 탐구하려는 의식을 지나치게 강조하고 있다.

[34~37] 다음 글을 읽고 물음에 답하시오.

(가)

[A]
반밤중 혼자 일어 묻노라 이 내 꿈아
만 리 遼陽(요양)을 어느덧 다녀온고.
반갑다 鶴駕(학가) 仙容(선용)을 친히 뵌 듯하여라. 〈제1수〉

풍셜 석거친 날에 뭇노라 北來使者(북래사자)야,
㉮ 小海容顏(소해용안)이 언매나 치오신고.

故國(고국)의 못 죽는 孤臣(고신)이 눈물계워 ᄒᆞ노라. 〈제2수〉

구렁에 낫는 풀이 봄비에 절로 길어
알을 일 업스니 긔 아니 조흘소냐.
우리는 너희만 못ᄒᆞ야 실람겨워 ᄒᆞ노라. 〈제8수〉

– 이정환, 「비가(悲歌)」

(나)

늘고 병(病)든 몸을 주사(舟師)로 보ᄂᆡ실ᄉᆡ, 을사(乙巳) 삼하(三夏)애 진동영(鎭東營) ᄂᆞ려오니, 관방중지(關防重地)예 병(病)이 깁다 안자실랴. 일장검(一長劍) 비기 ᄎᆞ고 병선(兵船)에 구테 올나, ㉠ 여기진목(勵氣瞋目)ᄒᆞ야 대마도(對馬島)을 구어보니, ᄇᆞ람 조친 황운(黃雲)은 원근(遠近)에 사혀 잇고, 아득ᄒᆞᆫ 창파(滄波)ᄂᆞᆫ 긴 ⓐ 하ᄂᆞᆯ과 ᄒᆞᆫ 빗칠쇠. 선상(船上)에 배회(徘徊)ᄒᆞ며 고금(古今)을 사억(思憶)ᄒᆞ고, 어리미친 회포(懷抱)애 헌원씨(軒轅氏)를 애ᄃᆞ노라. 대양(大洋)이 망망(茫茫)ᄒᆞ야 ⓑ 천지(天地)예 둘려시니, ㉡ 진실로 ᄇᆡ 아니면 풍파만리(風波萬里) 밧긔, 어ᄂᆡ 사이(四夷) 엿볼넌고. 무슴 일ᄒᆞ려 ᄒᆞ야 ᄇᆡ못기를 비롯ᄒᆞᆫ고. 만세천추(萬世千秋)에 ᄀᆞ업ᄉᆞᆫ 큰 폐(弊) 되야, 보천지하(普天之下)애 만민원(萬民怨) 길우ᄂᆞ다.

(중략)

시시(時時)로 멀이 드러 ⓒ 북신(北辰)을 ᄇᆞ라보며, 상시노루(傷時老淚)를 천일방(天一方)의 디이ᄂᆞ다. 오동방(吾東方) 문물(文物)이 한당송(漢唐宋)애 디랴마ᄂᆞᆫ, 국운(國運)이 불행(不幸)ᄒᆞ야 ㉢ 해추흉모(海醜兇謀)애 만고수(萬古羞)을 안고 이셔, 백분(百分)에 ᄒᆞᆫ 가지도 못 시셔 ᄇᆞ려거든, 이 몸이 무상(無狀)ᄒᆞᆫᄃᆞᆯ 신자(臣子)ㅣ 되야 이셔다가, 궁달(窮達)이 길이 달라 몬 뫼ᄋᆞᆸ고 늘거신ᄃᆞᆯ, 우국단심(憂國丹心)이야 어ᄂᆡ 각(刻)애 이즐넌고. 강개(慷慨) 계운 장기(壯氣)ᄂᆞᆫ 노당익장(老當益壯) ᄒᆞ다마ᄂᆞᆫ, 됴고마ᄂᆞᆫ 이 몸이 병중(病中)에 드러시니, 설분신원(雪憤伸寃) 어려올 ᄃᆞᆺ ᄒᆞ건마ᄂᆞᆫ, 그러나 사제갈(死諸葛)도 생중달(生中達)을 멀리 좃고, 발업ᄉᆞᆫ 손빈(孫臏)도 방연(龐涓)을 잡아거든, ᄒᆞ믈며 이 몸은 ⓓ 수족(手足)이 ᄀᆞ자 잇고 명맥(命脈)이 이어시니, 서절구투(鼠竊狗偸)을 저그나 저흘소냐. ㉣ 비선(飛船)에 ᄃᆞᆯ려드러 선봉(先鋒)을 거치면, 구시월(九十月) 상풍(霜風)에 낙엽(落葉)가치 헤치리라. 칠종칠금(七縱七擒)을 우린ᄃᆞᆯ 못 ᄒᆞᆯ것가. ㉤ 준피도이(蠢彼島夷)들아 수이 걸항(乞降)ᄒᆞ야ᄉᆞ라. 항자불살(降者不殺)이니 너를 구ᄐᆡ 섬멸(殲滅)ᄒᆞ랴. 오왕(吾王)성덕(聖德)이 욕병생(欲竝生) ᄒᆞ시니라. 태평천하(太平天下)애 요순군민(堯舜君民) 되야 이셔, 일월광화(日月光華)ᄂᆞᆫ 조부조(朝復朝) ᄒᆞ얏거든, 전선(戰船) ᄐᆞ던 우리 몸도 ⓔ 어주(魚舟)에 창만(唱晩)ᄒᆞ고, 추월춘풍(秋月春風)에 놉히 베고 누어 이셔, 성대(聖代) 해불양파(海不揚波)를 다시 보려 ᄒᆞ노라.

– 박인로, 「선상탄(船上嘆)」

34 (가)와 (나)에 대한 설명으로 적절하지 않은 것은?

① (가)와 (나)는 자연물을 통해 화자의 정서를 드러내고 있다.

② (가)와 (나)는 일정한 종결어미를 반복하여 화자의 심리를 드러내고 있다.

③ (가)와 달리, (나)는 명령적 어투를 통해 대상에 대한 행동 변화를 촉구하고 있다.

④ (가)와 달리, (나)는 역사적 인물과 관련된 고사를 활용하여 화자의 의지를 드러내고 있다.

⑤ (나)와 달리, (가)는 설의적 표현으로 화자의 심정을 드러내고 있다.

35 [A]와 〈보기〉를 비교한 내용으로 적절하지 <u>않은</u> 것은? [3점]

〈보기〉

출하리 잠을 드러 ᄭᅮᆷ의나 보려 ᄒᆞ니, 바람의 디ᄂᆞᆫ 닢과 풀 속에 우는 즘생, 므스 일 원수로서 잠조차 깨오ᄂᆞᆫ다. 천상(天上)의 견우직녀(牽牛織女) 은하수(銀河水) 막혀서도, 칠월칠석(七月七夕) 일년일도(一年一度) 실기(失期)치 아니거든, 우리 님 가신 후는 무슨 약수(弱水) 가렷관ᄃᆡ, 오거나 가거나 소식(消息)조차 ᄭᅳ쳣는고.

– 허난설헌, 「규원가(閨怨歌)」

① [A]와 〈보기〉에는 모두 화자가 그리워하는 대상이 드러나 있다.
② [A]와는 달리, 〈보기〉에는 화자를 방해하는 대상이 드러나 있다.
③ [A]와는 달리, 〈보기〉에는 대상에 대한 원망의 정서가 드러나 있다.
④ 〈보기〉와는 달리, [A]에는 화자의 상황과 대비되는 대상이 드러나 있다.
⑤ 〈보기〉와는 달리, [A]의 화자는 꿈을 통해서 그리워하는 대상을 만나고 있다.

36 ⓐ~ⓔ 중, ㉮의 함축적 의미와 가장 유사한 것은?

① ⓐ ② ⓑ
③ ⓒ ④ ⓓ
⑤ ⓔ

37 〈보기〉를 참고하여 ㉠~㉤을 이해한 내용으로 적절하지 <u>않은</u> 것은? [3점]

〈보기〉

이 작품은 임진왜란이 끝난 후에도 아직 전쟁의 기운이 사라지지 않은 부산진에 통주사로 내려온 작가가 쓴 작품이다. 작가는 배를 타고 전쟁의 시련을 떠올리면서 왜적에 대한 적개심과 분노를 드러내고 왜적이 다시 침략하면 분연히 맞서 싸울 것을 결의한다. 그러면서 한편으론 평화로운 세상을 희구한다.

① ㉠ : 무인으로서 왜적에 대한 분노가 담겨 있군.
② ㉡ : 배가 없었다면 전쟁이 일어나지 않았을 것이라는 원망이 담겨 있군.
③ ㉢ : 전쟁으로 인해 씻을 수 없는 치욕을 당했다고 생각하는군.
④ ㉣ : 왜적이 다시 침략하면 왜적을 앞장서서 물리치겠다는 의지를 드러내는군.
⑤ ㉤ : 왜적이 침략하지 않으면 왜적과 평화롭게 공존하겠다는 의지를 드러내는군.

[38~41] 다음 글을 읽고 물음에 답하시오.

㉠ <u>고대 그리스 철학자들</u>에게 여성은 불완전하고 수동적이며 잠정적인 존재로, 남성은 완전하고 능동적이며 현실적인 존재로 여겨졌다. 이러한 육체적 차이는 남녀 사이의 지적인 차이에 투영되었다. 17세기 기계적 철학은 물질과 영혼, 혹은 몸과 마음을 엄격하게 구분했다. 이러한 이분법은 흥미롭게도 육체의 차이가 반드시 영적 혹은 지적인 차이를 초래하는 것은 아니라는 결론을 낳을 수도 있었으며, 이는 여자들이 최소한 마음에 있어서는 남

자와 동등할 수 있다는 가능성을 열어 주었다. 실제로 ㉡ 소수의 기계적 철학자들은 여자들이 남자와 똑같은 두뇌와 똑같은 감각기관을 가졌기 때문에 지적 측면에서 해부학, 화학과 같은 과학을 남자만큼 잘 해낼 수 있을 것이라 지적했다.

그러나 이러한 새로운 가능성에도 불구하고, 17세기는 성(性) 기관에 있어서의 남녀 차이를 강조했던 시기였다. ㉢ 17세기 해부학자들은 여성의 성 기관들이 소모적이고 그 중에 어떤 것들은 심지어 무용지물이라고까지 주장하였다. 특히 현미경의 발달로 정자(精子)가 발견된 이래 소위 '정자론자'들은 자손이 여성의 몸이 아닌 남성의 정자 안에 처음부터 축소된 형태로 존재하며, 그렇기 때문에 번식은 전적으로 남성의 공헌이라고 주장하였다.

㉣ 18세기 해부학자들은 성 기관이 아니라 평범한 기관에서 남녀의 차이를 강조하기 시작하였다. 17세기의 해부학자들은 남성과 여성이 생식기관을 제외하고는 본질적으로는 다른 해부학적 차이가 없다고 생각했다. 이들은 여성이 굴곡이 있는 몸 형태를 가진 이유가 뼈가 다르기 때문이 아니라 단지 지방이 더 많기 때문이라고 보았으며, 남성과 여성의 골격은 본질적으로는 동일하다고 보았다. 그러나 18세기 해부학자들은 여성의 골격이 세 가지 중요한 측면에서 남성의 것과는 본질적으로 다르다고 주장하기 시작했다. 여성의 골격은 조직이 더 약하고, 골반이 더 넓으며, 두개골이 더 작다는 것이 그것이었다. 에딘버러의 해부학자였던 바클레이는 남성과 여성의 골격을 말과 타조의 골격에 비교하는 그림을 그리기도 했다. 여기서 말은 탄탄한 골격 때문에, 타조는 작은 머리와 넓은 골반을 가지고 있다는 점 때문에 의도적으로 선택되었다.

이 [남성과 여성의 골격 그림]은 단순히 해부학적인 도해가 아니라, 당시 남자다움과 여자다움이라는 이상을 표현한 것이었다. 말은 남성 골격의 위력을 상징했으며, 타조에 비유된 여성의 골격에서 상대적으로 작은 두개골은 여성의 낮은 지능을 상징했다. 여성의 더 넓은 골반은 강한 사내아이, 특히 큰 머리에 좋은 지능을 보유하고 태어날 사내아이를 낳기 위해 필요한 신체적 구조를 나타냈다. 여성의 뼈가 상대적으로 약하다는 것은 여성들의 육체적 나약함이라는 결과로 이어졌다. 이러한 그림들은 여성들 간의 개인적인 차이를 완전히 무시하고 이를 정형화했지만, 해부학, 두개골학 그리고 골상학과 같은 당시 과학의 지지를 받았다.

그렇지만 이러한 정형화된 이미지는 당시의 사회적, 정치적 상황 속에서 많은 사람에게 설득력을 지녔다. 18세기 후반부터 유럽에서 영아 사망률이 증가하고 이에 따른 인구의 감소가 심각한 사회 문제로 대두되었는데, 이를 국력의 쇠퇴로 우려한 남성들은 여성이 자녀 양육에 전념하는 것이 영아 사망률을 감소시키고, 인구를 증가시켜 국부에 기여하는 유일한 방법이라고 생각했다. 이들은 여자가 남자와 같이 정치, 상업, 교육, 과학 등의 사회적 활동에 ⓐ 참여하지 않는 것이 그녀의 가족은 물론 사회 전체에 이롭다고 간주했다. ㉮ 남녀의 골격 차이를 강조함으로써 성차의 본질적 차이를 주장한 해부학은 이러한 사회적 필요를 정당화했다. 18세기 해부학은 남녀의 육체적 차이를 통해 여성의 사회적 불평등을 정당화했다는 점에서 비판받을 수 있다.

38 ㉠~㉣에 대한 설명으로 적절한 것은?

① ㉠과 ㉢은 남녀 사이의 지적 차이와 육체적 차이가 무관하다고 생각했다.

② ㉢과 ㉣은 남녀의 골격 차이를 인정하고 있다.

③ ㉢과 ㉣은 생식기관의 차이를 중심으로 남녀의 차이를 설명하고 있다.

④ ㉢과 달리, ㉣은 남녀가 해부학적으로 차이가 있다고 보았다.

⑤ ㉣과 달리, ㉡은 여자와 남자가 지적으로 동등할 수 있다고 생각했다.

39 남성과 여성의 골격 그림에 대한 반응으로 적절한 것은?

① 남성과 여성의 차이를 해부학적으로 나타내는 단순한 도해이군.
② 여성의 육체적 나약함을 여성의 굴곡 있는 몸 때문으로 보고 있군.
③ 남성과 여성이 육체적 차이만 있지 지적 차이는 없다고 보고 있군.
④ 여성들마다 개인적인 차이가 있음에도 불구하고 이를 무시하고 있군.
⑤ 남성과 여성을 동물에 비유해 표현한 것은 당시의 동물숭배 사상을 반영하고 있군.

40 ㉮에 나타난 글쓴이의 입장을 강화하는 주장으로 적절한 것을 〈보기〉에서 골라 바르게 묶은 것은? [3점]

〈보기〉

ㄱ. 과학은 그 시대 현실과 관련하여 그 참모습을 포괄적으로 제시함으로써 인간이 살아가야 할 올바른 방향을 설정하는 데 중요한 기여를 할 수 있다.
ㄴ. 과학은 그 내용에 있어 사실 진술의 형태를 지니고 있다. 그런 점에서 과학은 가치중립적이다. 따라서 과학의 결과에 대하여 사회적, 윤리적 책임을 과학자에게 물을 수 없다.
ㄷ. 과학자는 자신의 연구가 장래 어떤 목적으로 활용될 것인가에 대해 각별한 주의를 기울이지 않으면 안 된다. 과학적 행위 결과가 인간의 삶에 심대한 영향을 미치게 되는 상황에서 학문적 성과에만 안주하여 그 도덕적 책임에 대해 눈을 감아서는 안 된다.
ㄹ. 과학적 실험이란 자연에 인공적으로 제약을 가하여 자연의 작용에 대한 정보를 얻고, 이를 통해 실험자의 가설을 검증하거나 새로운 사실을 획득하는 과정을 말한다. 따라서 과학적 실험이란 자연을 수동적으로 지켜보는 관찰과는 달리 자연에 대해 능동적으로 질문을 제기하고 그 해답을 캐내는 적극적 행위이다.

① ㄱ, ㄴ　② ㄱ, ㄷ
③ ㄴ, ㄷ　④ ㄴ, ㄹ
⑤ ㄷ, ㄹ

41 〈보기〉를 참고할 때, ⓐ와 동일한 방식으로 준말을 만들 수 있는 것은?

〈보기〉

어간이 '하'로 끝나는 용언은 다음과 같은 방식으로 준말을 만들 수 있다.
1. 어간의 끝 음절 '하'의 'ㅏ'가 줄고 'ㅎ'이 다음 음절의 첫소리와 어울려 거센소리로 될 적에는 거센소리로 적는다.
예 흔하다 → 흔타
2. 어간의 끝 음절 '하'가 아주 줄 적에는 준대로 적는다.
예 생각하건대 → 생각건대

① 평범하지　② 익숙하지
③ 깨끗하지　④ 넉넉하지
⑤ 갑갑하지

[42~45] 다음 글을 읽고 물음에 답하시오.

경희넨 집도 컸고 정원도 넓었지만 난 별로 눈부셔하지 않았다. 내 집보다 규모가 크고, 좀더 휘번드르르한데도 어딘지 내 집과 비슷했다. 편리한 양옥 구조가 다 그렇듯이 그저 그렇고 그랬다. 세간도 그랬다. 하긴 경희네 안방 자개 문갑과 내 집 자개 문갑이 같은 값일 리 없고, 그 문갑 위에 놓인 청자가 우리집 것과 같은 6백 원짜리 가짜일 리는 만무하다 하겠다. 그러나 경희나 나나 이런 가장집기들에게 약간의 용도와 금전적 가치와 전시 효과 외엔 특별한 심미안이나 애정을 두지 않긴 마찬가지일 테니, 그것들이 무의미하기도 마찬가지일 게 아닌가. 나는 조금도 위축되거나 비실비실하지 않았다. 경희는 품위도 우정도 잃지 않을 한도 내에서 절도 있게 나를 반가워했다. 그리고 나서 남편은 뭐 하는 사람이냐고 물었다. 영미가 약간 입을 비죽대며 "뭐 일본과 기술 제휴한 전자회사 사장이라나 봐" 했다. 곧 이어 희숙이 "글쎄 그 사람이 얘 세 번째 남편이래지 뭐니" 하고 덧붙였다.

경희는 정숙한 여자가 못 들을 망측한 소리를 들었다는 듯이 얼굴을 곱게 붉히더니 "계집애두" 하며 손을 입에 대고 웃었다. 덧니가 부끄러워 비롯된, 그녀의 손으로 입 가리고 웃는 버릇은 이제 덧니의 매력까지를 계산하고 있어 세련된 포즈일 뿐이다. 뱅어처럼 가늘고 거의 골격을 느낄 수 없이 유연한 손가락에 커트가 정교한 에메랄드의 침착하고 심오한 녹색이 그녀의 귀부인다운 품위를 한층 더해 주고 있다. 아름다운 포즈였다. 그러나 부끄러움은 아니었다. 노련한 연기자처럼 미적 효과를 미리 충분히 계산한 아름다운 포즈일 뿐이었다. 부끄러움의 알맹이는 퇴화하고 겉껍질만이 포즈로 잔존하고 있을 뿐이었다. 나는 실망과 안도를 동시에 느꼈다.

경희는 내 남편이 한다는 일에 각별한 관심을 보이며 자기가 요새 나가는 일본어 학원에 같이 다니지 않겠느냐고 했다.

"너희 남편이 일본 사람과 교제하려면 네 도움이 많이 필요할걸. 요샌 남편이 출세하려면 뒤에서 여자가 뒷받침을 잘 해줘야 해. 그러니 두말 말고 일본말 좀 배워 둬라. 내가 배우는 거야 그냥 교양 삼아 배우는 거지만 말야."

"너야 어디 일본말만 배웠니. 각 나라 말 다 조금씩 배워 봤잖아."

희숙이가 비굴하게 웃으며 끼어들었다.

"그야 해외 여행할 때마다 그때그때 그 나라 인사말 정도 배워갖고 간 거지 뭐."

나는 집에 와서 남편에게 비교적 소상히 그날의 얘기를 했다. 만나본 동창 중 경희 같은 소위 고위층의 부인이 있다는 소리에 남편은 점괘를 맞힌 박수무당처럼 징그럽게 좋아했다.

"거 보라구 내가 뭐랬나. 당신 친구 중에라고 고관의 부인 없으란 법 있겠느냐고 내가 안 그랬어. 잘됐어. 잘됐어. 뭐? 일본어 학원? 다녀야지. 암 다녀야구말구. 그런 여자하고 같이 다닐 기회 놓치면 안 되지. 그게 다 처세술이라구. 교제술이란 게 다 그렇구그런 거지 별건가."

그리고 나선 개화기의 우국지사처럼 자못 엄숙하고 침통해지면서,

"아는 것이 힘이라구. 배워야 산다구. 배워서 남 주나."

하고 악을 썼다. 경희의 권유에서라기보다 남편의 성화에 못 이겨 나는 곧 일어 학원엘 나가게 되었다. 또 다른 이유가 있다면, 만약 또 이혼을 하게 되면, 일본어로 자립의 밑천을 삼아 볼까 하는 생각도 있었다. 요샌 관광안내원이 괜찮은 직업이라 하지 않나.

일어 학원에서 경희를 만나는 일은 드물었다. 그녀는 중급반이요 나는 초급반인 탓도 있었고, 그녀는 별로 열심스러운 학생이 못 되어서 결석이 잦았다. 간혹 만나더라도 암만해도 강사를 집으로 초빙해야 할까 보다느니, 아무한테도 걔가 아무개 부인이란 발설을 말라느니, 이를테면 자기 신분에 신경을 쓰는 소리나 해서 거리감만 점점 느끼게 했다.

내 일본말은 늘지 않았다. 일제 때 배운 거라 대강은 알아들으니 쉬 익힐 법도 한데 강사인 일녀의

발음에 따라 '오하요'니 '사요나라'니 소리가 도무지 돼 나오지를 않았다.

일어 학원이 있는 종로 일대에는 일어 학원말고도 학원이 무수히 많았다. 서울 아이들은 보통 학교를 두 군데 이상이나 다니나 보다. 영수 학관, 대입 학원, 고입 학원, 고시 학원, 예비고사반, 연합고사반, 모의고사반, 종합반, 정통영어반, 공통수학반, 서울대반, 연고대반, 이대반…… 이 무수한 학원으로 무거운 책가방을 든 학생들이 몰려 들어가고 쏟아져 나오고 했다. 자식을 길러 본 경험이 없는 나는 이들이 은근히 탐나기도 했지만 이들의 반항적인 몸짓과 곧 허물어질 듯한 피곤을 이해할 수 없어 겁도 났다.

어느 날 어디로 가는 길인지 일본인 관광객이 한떼, 여자안내원의 뒤를 따라 이 거리를 지나고 있었다. 어느 촌구석에서 왔는지 야박스럽고, 경망스럽고, 교활하고, 게다가 촌티까지 더덕더덕 나는 일본인들에 비하면 우리나라 안내원 여자는 너무 멋쟁이라 개발에 편자처럼 민망해 보였다. 그녀는 멋쟁이일 뿐 아니라 경제 제일주의의 나라의 외화 획득의 역군답게 다부지고 발랄하고 긍지에 차 보였다. 마침 학생들이 쏟아져 나와 관광객과 아무렇게나 뒤섞였다. 그러자 이 안내원 여자는 관광객들 사이를 바느질하듯 부비며 소곤소곤 속삭였다.

"아노- 미나사마, 고치라 아타리카라 스리니 고주이 나사이마세(저 여러분, 이 근처부터 소매치기에 주의하십시오)."

처음엔 나는 왜 내가 그 말뜻을 알아들었을까 하고 무척 무안하게 생각했다. 그러다가 차츰 몸이 더워 오면서 어떤 느낌이 왔다. 아아, 그것은 부끄러움이었다. 그 느낌은 고통스럽게 왔다. 전신이 마비됐던 환자가 어떤 신비한 자극에 의해 감각이 되돌아오는 일이 있다면, 필시 이렇게 고통스럽게 돌아오리라. 그리고 이렇게 환희롭게. 나는 내 부끄러움의 통증을 감수했고, 자랑을 느꼈다.

나는 마치 내 내부에 불이 켜진 듯이 온몸이 붉게 뜨겁게 달아오르는 걸 느꼈다.

내 주위에는 많은 학생들이 출렁이고 그들은 학교에서 배운 것만으론 모자라 ××학원, ○○학관, △△학원 등에서 별의별 지식을 다 배웠을 거다. 그러나 아무도 부끄러움은 안 가르쳤을 거다.

나는 각종 학원의 아크릴 간판의 밀림 사이에 '부끄러움을 가르칩니다' '부끄러움을 가르칩니다'라는 깃발을 펄러덩펄러덩 훨훨 휘날리고 싶다. 아니, 굳이 깃발이 아니라도 좋다. 조그만 손수건이라도 팔랑팔랑 날려야 할 것 같다. '부끄러움을 가르칩니다' '부끄러움을 가르칩니다'라고. 아아, 꼭 그래야 할 것 같다. 모처럼 돌아온 내 부끄러움이 나만의 것이어서는 안 될 것 같다.

– 박완서, 「부끄러움을 가르칩니다」

42 윗글의 서술상 특징을 〈보기〉에서 찾아 바르게 묶은 것은?

〈보기〉

ㄱ. 서술자가 과거의 사건을 요약적으로 진술하고 있다.
ㄴ. 다른 장소에서 동시에 벌어진 사건들을 병치하고 있다.
ㄷ. 독백적인 어조를 통해 현실에 대한 문제 의식을 표현하고 있다.
ㄹ. 인물의 심리를 구체적으로 제시하여 인물의 내적 욕망을 제시하고 있다.

① ㄱ, ㄴ
② ㄱ, ㄷ
③ ㄱ, ㄹ
④ ㄴ, ㄷ
⑤ ㄷ, ㄹ

43 윗글의 인물에 대한 설명으로 적절한 것은?

① '여자 안내원'은 '나'의 심리적 변화를 유발하는 역할을 한다.

② '나'는 결혼을 통해 풍족한 생활을 하고 있는 것에 만족하고 있다.

③ '남편'은 '나'를 매개로 해서 '경희'에게 자신의 권력의 힘을 과시하려 한다.

④ '영미'와 '희숙'은 '경희'를 매개로 해서 '나'에 대한 과거의 거리감을 지우려고 한다.

⑤ '경희'는 '나'가 그녀의 가식적인 행위를 간파했음을 알고 더욱 품위 있게 행동한다.

44 윗글을 〈보기〉와 같은 이야기 단위로 정리할 때, 이에 대한 설명으로 적절한 것은? [3점]

〈보기〉

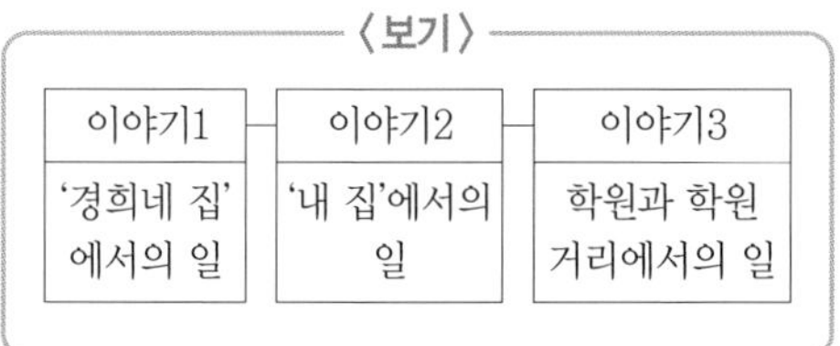

이야기1	이야기2	이야기3
'경희네 집' 에서의 일	'내 집'에서의 일	학원과 학원 거리에서의 일

① 이야기1과 이야기3에서 '나'가 '경희'에 대해 느끼는 심리적 거리감은 동일하다.

② 이야기3에서 '나'가 일본어를 배우게 된 본래 목적은 이야기1에 제시되어 있다.

③ 이야기2에 제시된 '나'의 가족에 대한 정보는 이야기1과 이야기3에서 확인할 수 있다.

④ 이야기3에서 '나'가 겪는 상황은 이야기2에서 '나'에 대한 '남편'의 배려에서 비롯되었다.

⑤ 이야기1~3에서 각 이야기 단위마다 서술 시점이 달라져 '나'의 다양한 고민이 부각된다.

45 〈보기〉를 바탕으로 윗글을 이해할 때 적절하지 않은 것은?

〈보기〉

이 작품은 급속한 산업화로 인해 새로운 질서가 자리 잡으면서 가치가 전도되는 사회를 비판하고 있다. 돈과 권력으로 대표되는 세속적 출세에 대한 욕망이 횡행하면서 인간의 내면적 순수함은 상실된다. 물질적 측면에서만 화려한 외피를 추구하는 과정에서 인간관계 또한 그것을 위한 도구 내지 수단으로 전락한다. 이 작품은 그러한 사회가 얼마나 비인간적인가를 뼈아프게 깨우쳐준다.

① '경희네 집'의 '가장집기'를 통해 물질적 측면에서만 화려한 외피를 추구하는 삶의 한 단면을 알 수 있다.

② '깃발'과 '손수건'을 날리려고 하는 것을 통해 '나'가 삶의 진정한 가치 회복을 간절히 바라고 있음을 알 수 있다.

③ '일어 학원'과 '일본인 관광객'을 통해 일본 문화로 대표되는 외래문화가 새로운 질서로 자리 잡게 된 것을 알 수 있다.

④ '나'와 '경희', '나'와 '남편'의 대화 내용을 통해 '나'가 살아가는 사회에는 인간적 유대감보다는 물질적 욕망 충족에 기초한 인간관계가 만연함을 알 수 있다.

⑤ '각종 학원의 아크릴 간판'을 통해 '나'가 살아가는 사회에는 인간의 순수한 내면적 가치 추구와 관련된 지식보다는 세속적 출세와 관련된 지식이 더 중요시됨을 알 수 있다.

Life is like riding a bicycle.
To keep your balance
you must keep moving.

인생은 자전거를 타는 것과 같다.
균형을 잡으려면 움직여야 한다.

– 알버트 아인슈타인(Albert Einstein)

정답 및 해설

• 2024학년도 기출문제

제1교시 국어영역 260

• 2023학년도 기출문제

제1교시 국어영역 272

• 2022학년도 기출문제

제1교시 국어영역 284

• 2021학년도 기출문제

제1교시 국어영역 295

• 2020학년도 기출문제

제1교시 국어영역 305

• 2019학년도 기출문제

제1교시 국어영역 315

• 2018학년도 기출문제

제1교시 국어영역 324

• 2017학년도 기출문제

제1교시 국어영역 338

• 2016학년도 기출문제

제1교시 국어영역 348

• 2015학년도 기출문제

제1교시 국어영역 355

빠른 정답찾기

2024 학년도

01 ②	02 ⑤	03 ④	04 ①	05 ③	06 ①	07 ②	08 ⑤	09 ②	10 ③
11 ①	12 ②	13 ⑤	14 ②	15 ④	16 ④	17 ③	18 ⑤	19 ⑤	20 ②
21 ④	22 ⑤	23 ③	24 ④	25 ③	26 ②	27 ④	28 ①	29 ⑤	30 ②
31 ①	32 ①	33 ②	34 ⑤	35 ④	36 ②	37 ②	38 ⑤	39 ③	40 ③
41 ④	42 ③	43 ①	44 ①	45 ③					

2023 학년도

01 ④	02 ⑤	03 ⑤	04 ①	05 ④	06 ⑤	07 ②	08 ③	09 ②	10 ①
11 ⑤	12 ③	13 ③	14 ②	15 ④	16 ②	17 ④	18 ④	19 ③	20 ⑤
21 ④	22 ①	23 ④	24 ②	25 ⑤	26 ①	27 ③	28 ②	29 ②	30 ③
31 ⑤	32 ①	33 ③	34 ⑤	35 ①	36 ②	37 ③	38 ④	39 ③	40 ③
41 ①	42 ⑤	43 ②	44 ④	45 ①					

2022 학년도

01 ①	02 ①	03 ②	04 ③	05 ①	06 ①	07 ①	08 ②	09 ②	10 ④
11 ④	12 ④	13 ③	14 ②	15 ⑤	16 ③	17 ③	18 ②	19 ⑤	20 ①
21 ②	22 ②	23 ④	24 ②	25 ①	26 ⑤	27 ⑤	28 ①	29 ②	30 ③
31 ④	32 ④	33 ⑤	34 ③	35 ⑤	36 ⑤	37 ③	38 ③	39 ④	40 ⑤
41 ⑤	42 ①	43 ②	44 ③	45 ④					

2021 학년도

01 ②	02 ③	03 ①	04 ②	05 ②	06 ①	07 ④	08 ③	09 ②	10 ③
11 ①	12 ⑤	13 ⑤	14 ③	15 ④	16 ⑤	17 ⑤	18 ②	19 ③	20 ④
21 ④	22 ①	23 ③	24 ①	25 ②	26 ③	27 ⑤	28 ②	29 ③	30 ③
31 ⑤	32 ②	33 ①	34 ④	35 ⑤	36 ④	37 ①	38 ⑤	39 ③	40 ⑤
41 ①	42 ④	43 ④	44 ④	45 ⑤					

2020 학년도

01 ⑤	02 ②	03 ①	04 ⑤	05 ③	06 ①	07 ④	08 ④	09 ②	10 ③
11 ④	12 ②	13 ②	14 ③	15 ④	16 ①	17 ③	18 ③	19 ③	20 ④
21 ②	22 ⑤	23 ①	24 ④	25 ①	26 ⑤	27 ①	28 ⑤	29 ⑤	30 ②
31 ④	32 ③	33 ③	34 ③	35 ④	36 ⑤	37 ②	38 ①	39 ②	40 ④
41 ①	42 ③	43 ③	44 ④	45 ⑤					

빠른 정답찾기

2019 학년도

01 ③	02 ⑤	03 ②	04 ③	05 ④	06 ③	07 ⑤	08 ①	09 ③	10 ①
11 ⑤	12 ④	13 ③	14 ③	15 ⑤	16 ⑤	17 ③	18 ②	19 ②	20 ④
21 ④	22 ④	23 ②	24 ②	25 ③	26 ④	27 ③	28 ⑤	29 ①	30 ③
31 ⑤	32 ③	33 ④	34 ①	35 ⑤	36 ③	37 ④	38 ①	39 ①	40 ①
41 ⑤	42 ②	43 ③	44 ①	45 ②					

2018 학년도

01 ①	02 ②	03 ⑤	04 ③	05 ②	06 ③	07 ②	08 ①	09 ②	10 ①
11 ⑤	12 ③	13 ①	14 ②	15 ③	16 ⑤	17 ②	18 ④	19 ④	20 ④
21 ⑤	22 ⑤	23 ④	24 ⑤	25 ④	26 ③	27 ⑤	28 ③	29 ④	30 ③
31 ①	32 ①	33 ④	34 ②	35 ④	36 ①	37 ④	38 ③	39 ⑤	40 ④
41 ②	42 ⑤	43 ②	44 ①	45 ③					

2017 학년도

01 ①	02 ③	03 ②	04 ②	05 ②	06 ②	07 ①	08 ①	09 ④	10 ④
11 ⑤	12 ⑤	13 ③	14 ①	15 ①	16 ②	17 ③	18 ⑤	19 ①	20 ⑤
21 ③	22 ④	23 ②	24 ②	25 ③	26 ⑤	27 ④	28 ③	29 ③	30 ⑤
31 ①	32 ①	33 ⑤	34 ④	35 ④	36 ②	37 ⑤	38 ②	39 ③	40 ③
41 ⑤	42 ④	43 ④	44 ⑤	45 ④					

2016 학년도

01 ②	02 ④	03 ⑤	04 ②	05 ①	06 ④	07 ③	08 ①	09 ①	10 ②
11 ⑤	12 ⑤	13 ④	14 ⑤	15 ⑤	16 ⑤	17 ⑤	18 ③	19 ④	20 ①
21 ④	22 ⑤	23 ②	24 ③	25 ④	26 ⑤	27 ③	28 ②	29 ④	30 ①
31 ③	32 ②	33 ③	34 ①	35 ④	36 ③	37 ④	38 ②	39 ①	40 ③
41 ②	42 ⑤	43 ④	44 ②	45 ③ 또는 ④					

2015 학년도

01 ②	02 ②	03 ②	04 ⑤	05 ④	06 ③	07 ③	08 ④	09 ①	10 ①
11 ⑤	12 ④	13 ⑤	14 ①	15 ③	16 ①	17 ⑤	18 ③	19 ⑤	20 ②
21 ②	22 ②	23 ④	24 ④	25 ①	26 ③	27 ⑤	28 ③	29 ④	30 ②
31 ③	32 ③	33 ②	34 ⑤	35 ④	36 ③	37 ⑤	38 ⑤	39 ④	40 ②
41 ①	42 ⑤	43 ①	44 ③	45 ③					

2024학년도 기출문제 정답 및 해설

2024학년도 [국어] 정답 및 해설

[국어] 2024학년도 | 정답

01	②	02	⑤	03	④	04	①	05	③
06	①	07	②	08	⑤	09	②	10	③
11	①	12	②	13	⑤	14	②	15	④
16	④	17	③	18	⑤	19	⑤	20	②
21	④	22	⑤	23	③	24	④	25	③
26	②	27	④	28	①	29	⑤	30	②
31	①	32	①	33	②	34	⑤	35	④
36	②	37	②	38	⑤	39	③	40	③
41	④	42	③	43	①	44	①	45	③

[국어] 2024학년도 | 해설

[01~05] 독서 - 과학

01 글의 중심 내용 파악하기 ②

[정답해설]
글의 서두에 19세기 초반부터 의학을 실험실에 접목하려는 실험실 의학이 체계적으로 시도되기 시작했다고 그 중심 내용을 밝히고 있다. 그리고 이후의 단락에서 19세기 초반부터 19세기 후반에 이르기까지 실험실 의학의 정립 과정을 상세히 소개하고 있다. 그러므로 '19세기 실험실 의학의 정립 과정'이 제시문의 중심 내용으로 가장 적절하다.

[오답해설]
① 자연발생설은 1850년대 후반 '파스퇴르-푸셰 논쟁'의 실험 대상으로 소개된 주제일 뿐 제시문의 중심 내용은 아니다.
③ 자연발생 여부를 두고 벌어진 1850년대 파스퇴르와 푸셰의 논쟁은 실험 방법의 중요성을 재확인한 실험실 의학의 정립 과정 중 하나이다.
④ 19세기 중반 파스퇴르와 푸셰의 논쟁, 1860~70년대의 미생물 연구의 진척과 질병세균설 옹호 등의 생물학적 성과는 실험실 의학의 정립 과정을 설명하기 위한 역사적 사건으로 제시된 것일 뿐 제시문의 중심 내용은 아니다.
⑤ 1860년 이후 파스퇴르의 미생물 연구는 질병세균설의 옹호와 더불어 여러 백신을 개발하는 데 성공한 파스퇴르의 업적으로 소개된 내용일 뿐 제시문의 중심 내용은 아니다.

02 내용과 일치하지 않는 것 고르기 ⑤

[정답해설]
첫 번째 문단에서 19세기 초반부터 의학을 실험실에 접목하려는 실험실 의학이 체계적으로 시도되기 시작했다고 서술되어 있다. 그러므로 실험실 의학의 중요성은 과학적 실험 방법이 마련된 20세기에 들어와서 비로소 인정되기 시작했다는 설명은 제시문의 내용과 일치하지 않는다.

[오답해설]
① 네 번째 문단에서 1850년대 후반부터 자연발생 여부를 두고 벌어진 '파스퇴르-푸셰 논쟁'은 실험 방법의 중요성이 다시금 확인된 사건이었다고 서술되어 있다. 그러므로 실험을 통해서 파스퇴르와 푸셰가 생물의 자연발생 여부에 관해 논쟁했다는 설명은 적절하다.
② 세 번째 문단에서 영양분이 공급되는 환경에서 생물들이 일종의 화학적 과정을 통해 만들어졌다는 해석이 1830년대 당시 과학자들의 일반적인 견해였다고 서술하고 있다. 그러므로 19세기 초반까지 과학자들이 대체로 생물의 발생을 화학적 과정으로 이해했다는 설명은 적절하다.
③ 네 번째 문단에서 그 이전까지는 발효를 효모가 반응속도만 높이

며 그 스스로는 변하지 않는 촉매 역할을 하는 일종의 화학적 반응으로 이해해 왔으나, 파스퇴르는 실험을 통해 발효가 포도나 밀가루 반죽의 당분을 먹고 살아가는 효모 때문에 일어나는 생물학적 과정임을 보여주었다고 서술하고 있다. 그러므로 효모가 발효 과정에서 촉매 작용만 하지는 않는다는 것을 파스퇴르가 실험을 통해 확인했다는 설명은 적절하다.

④ 다섯 번째 문단에서 파스퇴르는 자연발생이 일어났다는 푸셰의 관찰은 외부 미생물에 의해 실험기구가 오염된 결과라고 주장하였다. 그러므로 파스퇴르는 푸셰가 실험기구를 철저히 관리하지 않아 부정확한 실험 결과를 얻었다고 생각했다는 설명은 적절하다.

03 진술 의도 파악하기 ④

[정답해설]

과학적인 진리들은 현재는 최선의 답이지만, 사실 그것들을 대체할 더 나은 무언가를 찾을 때가지만 임시적으로 유용한 차선의 답이라는 것이다. 파스퇴르의 실험을 통해 미생물에 의한 생물학적 과정임이 밝혀지기 전까지는 영양분이 공급되는 환경에서 일종의 화학적 과정을 통해 만들어졌다는 것이 당시에는 ㉠의 질문에 대한 최선의 답이었다. 그러므로 ㉠의 질문에 최선의 답을 모른다면 차선의 답이라도 구해야 함을 의미한다.

04 글의 세부 내용 이해하기 ①

[정답해설]

제시문에서 고온의 가열에도 죽지 않는 균이 존재함을 알고 있는 오늘날의 관점에서 보면, 미생물을 발견한 푸셰의 실험 결과가 틀렸다고 하기는 어렵다고 서술하고 있다. 그러므로 "고온의 가열에도 죽지 않는 균이 존재한다."는 설명은 당시의 일반적인 견해에 해당되지 않음을 알 수 있다.

[오답해설]

② 제시문에서 이전까지는 발효를 효모가 반응속도만 높이면 그 스스로는 변하지 않는 촉매 역할을 하는 일종의 화학적 반응으로 이해해 왔다고 설명하고 있다. 그러므로 발효가 효모에 의해 일어나는 화학적 과정이라는 사실은 당시의 일반적 견해에 해당한다.

③ 제시문에서 썩은 고기나 고여 있는 물에서 단순한 생물이 생겨나는 것처럼 보인다는 '자연발생설'은 당시의 해묵은 논쟁이었다고 서술하고 있다. 그러므로 단순한 생물은 자연발생 과정으로 생겨날 수 있다는 사실은 당시의 일반적 견해에 해당한다.

④ 제시문에서 파스퇴르는 자연발생이 일어났다는 푸셰의 관찰은 외부 미생물에 의해 실험기구가 오염된 결과로 보았다고 서술하고 있다. 그러므로 외부적 관찰을 통해 생물의 발생 과정을 확인할 수 있다는 사실은 당시의 일반적 견해에 해당한다.

⑤ 제시문에서 방치된 고기 조각에서 생긴 구더기는 영양분이 공급되는 환경에서 일종의 화학적 과정을 통해 만들어졌다는 것이 당시의 일반적인 견해에 따른 해석이었다고 서술하고 있다. 그러므로 방치된 고기 조각에서 생긴 구더기가 화학적 변화의 결과라는 사실은 당시의 일반적인 견해에 해당된다.

05 글의 세부 내용 이해하기 ③

[정답해설]

파스퇴르가 독성이 약해진 닭콜레라 유발 미생물을 닭에게 주사하여 면역 여부를 확인한 것은 파스퇴르가 발효나 미생물 발생 실험에서 동물의 병을 일으키는 원인이 미생물과 관련이 있을 거라는 사실을 이미 알고 있었기 때문이라고 추측할 수 있다.

[06~10] 현대 소설

이청준, 「잔인한 도시」

- **갈래** : 현대 소설, 단편 소설
- **성격** : 비판적
- **시점** : 전지적 작가 시점
- **배경** : 시간 – 1970~1980년대, 공간 – 도시의 교소도 근처 공원
- **주제** : 폭력과 억압에서 벗어난 자유로운 세계 추구
- **특징**
  - 알레고리 수법을 이용해 형상화
  - 인간 상주의 따뜻한 고향으로 귀환하려는 한 죄수의 방생 이야기를 담음
  - 인간의 꿈과 그 구제의 가능성을 상징적인 수법으로 그려냄
  - 진정한 자유를 추구하려는 인간에 대한 희망적 주제 의식을 보여줌
  - 고향과 도시의 대비, 인물의 대비를 통해 주제 의식을 형상화함

06 서술상 특징 찾기 ①

[정답해설]

전지적 작가 시점은 작가가 등장인물의 행동과 태도는 물론 그의 내면세계까지도 분석 · 설명하여 이야기를 이끌어가는 방식으로, 해당 작품은 이야기의 전모를 알고 있는 전지적 서술을 통해 인물의 행위와 심리가 밀도 있게 드러나고 있다.

07 서사적 기능 이해하기 ②

[정답해설]

(가)를 통해 사내가 교도소에 복역하며 자유가 억압됐던 상황과 출소 후 자유의 몸이 된 상황의 변화가 대비되어 새 장수에 의해 조작된 구속과 해방이라는 새로운 사건의 계기가 형성되는 서사적 기능을 이해할 수 있다.

[오답해설]

① (가)에서는 시간적 변화의 흐름은 나타나 있지 않으며, 실제로 일어날 법한 일에 대한 개연성을 부각하고 있지도 않다.
③ (가)에서는 교도소에서의 출소라는 특별한 변화가 묘사되어 있으며, 사건의 반전이 아니라 사건의 시작점을 형성하고 있다.
④ (가)에서는 교도소에서 막 출소한 사내의 조심스러운 감정을 느낄 수 있으나, 사건의 위기감이 고조되고 있지는 않다.
⑤ (가)에서는 교도소에서 공원으로 공간적 배경의 변화가 감지되나, 사건 해결의 실마리를 제공하고 있지는 않다.

08 작품 속 대상 이해하기 ⑤

[정답해설]

'녀석'과 함께 고향으로 향하는 '사내'가 재회할 것으로 기대하는 대상은 '사내'의 아들이다. 그러므로 '녀석'은 '사내'가 재회의 기대를 이루어 반가워하는 대상은 아니다.

[오답해설]

① "가엾게도 작은 것이 날개를 너무 상했으니까"라는 말에서 '녀석'은 '사내'의 연민을 부르는 대상임을 알 수 있다.
② '사내'가 한사코 주머니 속에 깊이 아껴 뒀던 노역의 품삯으로 '녀석'을 데려온 것을 보면 '녀석'은 '사내'에게서 특별한 의미를 부여받은 대상임을 알 수 있다.
③ '사내'가 발가락을 몇 차례 꼼지락거리는 '녀석'의 발짓을 느끼고 있으므로, '녀석'은 '사내'가 몸의 감각을 통해 느낄 수 있는 대상이다.
④ '녀석'의 발짓을 느끼고 있던 사내의 얼굴에 만족스런 웃음기가 번지고 있는 데서, 또한 "녀석도 아마 잘했다고 할 거야."라고 말한 부분에서 '녀석'은 '사내'로 하여금 마음의 위로를 얻게 하는 대상임을 알 수 있다.

09 작품의 세부 내용 이해하기 ②

[정답해설]

ⓛ은 사내 곁을 지나가는 사람들의 말소리가 시끄러워 그들의 말소리가 사라질 때까지 기다린 것이지, 지향하는 가치관이 상반된 이들의 간섭으로 자신의 여정이 방해받고 있는 장면을 연출한 것은 아니다.

[오답해설]

① ㉠은 교도소에서 출소한 사내의 발길이 문득 머무른 곳이 새장의 새를 사서 제 보금자리로 날려 보내게 해 주는 방생의 집인 것을 사내가 확인하고 반가움에 안도한 것이다.
③ ⓒ은 새를 방생하느라 모아둔 돈을 다 써버린 사내가 볼품없는 모양새를 하고 빈손으로 아들을 만나러 가는 것에 대해 혹시 아들 녀석이 못 마땅하게 여기지 않을까 하는 의구심을 떨쳐내려는 모습을 표현하고 있다.
④ ⓔ은 사내가 직접 아들을 찾기 위해 남쪽으로 길을 나선 것에 대해 자신의 선택이 옳았다는 생각에 몰입해 가는 정황을 드러내고 있다.
⑤ ⓜ은 날이 저물고 어두워지는 시간의 변화로, 남쪽으로 가는 사내의 길이 차츰 윤곽이 흐려지고 있음을 표현한 것이다.

10 부적절한 감상 내용 찾기 ③

[정답해설]

'사내'가 자기 판단이 '잘한 일'이라고 말하는 장면에서 도시에 대적한 투쟁의 성공에 대한 확신과 의구심의 혼재는 '새'의 상태에서 비롯된 것이 아니라, 대적의 상대가 현대 사회의 강력한 구조적 문제의 거점인 '도시'인 까닭이다. 따라서 '사내'는 그 싸움의 승패를 섣불리 확신하기가 어렵다.

[오답해설]

① '교도소 길목'에서 '방생의 집'으로 향하는 '사내'의 심정은 억압된 처지에서 벗어나 자유로운 삶에 대한 염원을 새의 방생을 통해 기원하려는 선한 의지와 연결되어 있다.
② 그 '새'가 도시의 추위를 견디지 못하리라고 '사내'가 짐작한 이유는 방생에 쓰일 새들의 날개에 상처를 입혀 멀리 날지 못하게 한 후, 방생된 새들을 다시 수거하여 재사용하는 '방생의 집' 주인의 잔인한 이면을 보았기 때문이다.
④ '사내'와 '새'가 북쪽의 '잔인한 도시'를 떠나 함께 가는 곳은 남쪽에 위치해 있어 '겨울에도 대숲이 푸른 곳'으로, '새'가 겨울을 나고 상처를 치유하기에 적합한 환경이다.
⑤ '사내'의 남행 길을 비추는 '한 줄기 햇볕'이 사내의 가슴속을 끝없이 비춰주는 '영혼의 빛줄기'와 같다고 한 것은, '잔인한 도시'를 떠나 진정한 자유를 추구하는 새로운 삶에 대한 '사내'의 염원을 엿볼 수 있다.

[11~15] 현대 시

(가) 오규원, 「문」
- 갈래 : 자유시, 서정시, 운문시
- 성격 : 비판적, 성찰적, 저항적, 역설적
- 제재 : 문
- 주제 : 문에 대한 일반적인 인식 비틀기
- 특징
  - 동일 구절의 반복으로 문이 있는 일상적인 상황 제시
  - 대비되는 시어를 활용해 주제 의식 강조
  - 통사 구조의 반복으로 운율감의 시적 의미 강조
  - 대상에 대한 통념을 부정하여 새로운 인식 부여

(나) 정지용, 「유리창 1」
- 갈래 : 자유시, 서정시
- 성격 : 감각적, 회화적, 상징적
- 제재 : 어린 자식의 죽음
- 주제 : 죽은 자식에 대한 그리움
- 특징
  - 감각적인 이미지를 사용하여 화자의 정서를 드러냄
  - 애절한 슬픔을 드러내지 않고 절제하여 표현
  - 모순적인 표현으로 시의 함축성을 높임

11 작품의 내용 이해하기 ①

[정답해설]

(가)가 단정적 진술을 사용하여 '문'이라는 사물의 고정관념에 대한 비판의식을 표현하는 반면, (나)는 화자가 유리에 입김을 불고 닦는 행동을 감각적으로 묘사함으로써 어린 자식을 잃은 화자의 슬픔과 그리움을 직접적으로 표현하고 있다.

[오답해설]

② (가)에서는 화자가 현실과 환상을 함께 경험하고 있지 않으며, (나)에서는 화자가 유리창을 닦으면서 아이의 부재에서 오는 '외로움'과 입김으로나마 아이를 느낄 수 있는 '황홀함'의 모순된 감정을 드러내고 있다.

③ (가)에서는 '문'이 지닌 고정관념에 대한 화자의 비판과 저항 의식을 드러내고 있으나, (나)는 그렇지 않다.

④ (가)는 문이 열려 있지만 열려 있지 않다는 표현 등을 통해 '문'이 지닌 일반적인 속성을 부정함으로써 '문'에 대한 기존 통념을 비판하고 있으나, (나)는 그렇지 않다.

⑤ (가)에서는 작품 전반에 걸쳐 유사한 통사 구조의 반복과 병치를 통해 시적 의미를 강조하고 리듬감을 형성하고 있으나, (나)는 그렇지 않다.

12 부적절한 감상 내용 고르기 ②

[정답해설]

(가)는 일상생활에서 접하는 '문'에 대한 통념을 비틀어 '문'에 대한 새로운 인식을 제시하고 있으나, 하루하루 살아가는 과정에서 깨닫게 된 삶의 무상함을 표현하고 있지는 않다.

[오답해설]

① 대상이 '우리 집'에서 '어느 집'으로 확대되어 가면서 '문'에 대한 통념에서 벗어난 시인의 새로운 인식도 확장되고 있다.

③ 각각의 개인이 각각의 '집'이라 생각한다면 '문'이나 '담', '벽' 등은 사람들 사이의 다양한 소통 관계를 뜻한다. '문'은 '소통의 연결'을 의미하는 반면, '담'과 '벽'은 '소통의 단절'을 의미하는 것이 통념인데, 연결의 속성을 가진 '문'이 단절의 속성을 가진 '담'이나 '벽'이 되기도 하고, 심지어 '담'이나 '벽'보다 더 든든한 단절의 속성을 가지기도 한다.

④ 일상에서는 쉽게 놓칠 수 있는 '문'의 여러 특징들을 성찰을 통해 발견함으로써, '소통과 연결'이라는 '문'의 원래 의미와 다른 새로운 접근을 시도하고 있다.

⑤ '문'과 관련한 다양한 상황들을 제시하면서 화자가 그것의 의미들에 대한 단정적 언급을 회피한 것은 독자들의 자각을 통해 당연하다고 생각되는 통념을 비틀어 새로운 시각으로 세상을 바라볼 수 있게 유도하기 위한 것이다.

13 작품의 주제와 유사한 진술 찾기 ⑤

[정답해설]

(가)의 주제는 '문에 대한 일반적인 인식 비틀기'이다. 즉, 일상적인 '문'에 대한 기존 통념을 비틀어 '문'에 대한 새로운 시각을 제시하고 있다. ⑤에서 '웃음'은 일반적으로 선의라고 하는 긍정적 시각이 통념인데, '웃음'이 어색함일 수도 있고 위선일 수도 있다고 하며 '웃음'의 부정적 시각을 제시하고 있다. 그러므로 ⑤는 '웃음'에 대한 일반적인 인식 비틀기로, (가)의 주제와 가장 유사한 발상을 보여 주는 진술이다.

14 작품의 내용 이해하기 ②

[정답해설]

'길들은 양 언 날개'는 사라지는 입김이 새처럼 날개를 파닥거리는 듯하게 보이는 모양으로, 화자가 시적 대상인 죽은 자식의 환영을 불러내었음을 보여준다. 즉, '길들은 양 언 날개'는 시적 대상이 화자를 불러낸 것이 아니라, 화자가 시적 대상을 불러낸 것이다.

[오답해설]

① '차고 슬픈 것'은 화자가 유리창에 입김으로 만들어낸 죽은 자식의

환영으로, 자식을 잃은 슬픔과 안타까움이라는 화자의 내면 심리가 투영되어 있다.

③ '물먹은 별'은 화자가 눈물이 가득 고인 눈으로 별을 바라보는 것으로, 쉼표 다음에 나오는 '반짝'이 이러한 슬픔의 승화를 함축하여 표현하고 있다.

④ '고운 폐혈관이 찢어진 채'는 아이가 죽은 이유로 짐작되며, 이것이 시인이 작품을 창작하게 된 배경임을 암시하고 있다.

⑤ '날아갔구나!'는 어린 자식이 산새처럼 훌쩍 떠나 버린 것에 대한 현실을 화자가 새삼 자각하게 되었음을 드러내고 있다.

15 지시 대상 이해하기 ④

[정답해설]

(가)에서 화자는 ㉠(문)을 열리기도 하고 닫히기도 하며, 연결하기도 하고 단절되기도 하는 가변적 속성을 지닌 것으로 인식한다. 또한 (나)에서 화자는 ㉡(유리)을 죽은 자식을 단절하는 동시에 만남을 매개하는 가변적 속성을 지닌 것으로 인식한다.

[오답해설]

① (나)에서 화자는 ㉡(유리)을 통해 죽은 아이와 소통하고 있으나, (가)에서는 화자가 ㉠(문)을 통해 외부와 소통하고 있지는 않다.

② (가)에서 화자는 ㉠(문)이 지닌 여러 아이러니한 속성에 대해 탐구적인 태도를 취하고 있으나, (나)에서 화자는 ㉡(유리)을 죽은 아이와 소통하는 매개체로 보고 있다.

③ (나)에서 화자는 ㉡(유리) 넘어 산새처럼 날아간 죽은 아이를 더 이상 만날 수 없음에 절망하고 있으나, (가)에서 화자는 탐구를 통해 ㉠(문)에 대한 새로운 인식을 부여하고 있다.

⑤ (나)에서 화자는 ㉡(유리)을 통해 죽은 자식과 단절하기도 하고 소통하기도 한다는 점에서 ㉡(유리)과의 관계 형성은 중요한 과제이나, (가)에서 ㉠(문)은 화자에게 탐구의 대상이지 관계 형성의 대상은 아니다.

[16~20] 독서 – 철학

16 부합하는 내용 고르기 ④

[정답해설]

첫 번째 문단에서 인간 삶의 공간은 수행의 진전 여하에 따라 확장되거나 축소될 수 있고 다른 형태로 변경될 수도 있다고 하였다. 그러므로 공간을 고정된 사물로 보는 것은 인간과 공간의 관계에 대한 논의의 전제로 적절하지 않다고 볼 수 있다.

[오답해설]

① 두 번째 문단에서 인간은 공간에 버려진 듯이 느낄 수도 있고 공간에서 안도감을 느낄 수도 있으며, 공간과 일체감을 느끼기도 하고 공간을 낯설게 여기기도 한다고 하였다. 그러므로 인간과 공간의 일체감이 공간의 의미를 규정하는 유일한 기준은 아니다.

② 세 번째 문단에서 존재의 기획을 성공적으로 수행하지 못할 경우, 인간은 던져진 상태에서 벗어나지 못하는 것이라고 하였다. 따라서 던져진 자리에 머무르는 행위는 실패한 존재의 기획이므로, 존재의 기획을 위한 주요 전략은 아니다.

③ 인간이 어떤 곳에 묶여 있다고 느끼는 공간과의 일체감은 인간이 처한 공간에서 공간과 맺는 관계의 변화 양상 중 하나이므로, 그것이 인간과 공간의 관계에 대한 올바른 이해를 방해하는 것은 아니다.

⑤ 두 번째 문단에서 "공간은 인간 존재의 지향에 따라 의미를 얻는다."는 것은 인간이 특정한 공간에 부여한 의미가 상황이나 조건에 따라 달라질 수 있다는 것을 의미한다. 그러므로 인간이 특정한 공간에 부여한 의미에는 상황이나 조건의 변화에 따라 움직이는 가변의 자질이 있다고 보아야 한다.

17 적절한 논지 전개 방식 고르기 ③

[정답해설]

제시문은 장소에 대한 개념적 이해를 바탕으로 논리적 맥락을 형성해 가고 있으며, 이를 추가적으로 지원하기 위해 하이데거의 견해를 사례로 들어 설명하고 있다. 즉, 용어의 개념적 이해를 바탕으로 논의의 논리적 맥락을 형성하고 있는 것이다.

[오답해설]

① 제시문은 장소의 개념적 이해를 바탕으로 하며, 기존 논의의 한계를 지적하거나 새로운 논점을 제시하고 있지는 않다.

② 앞에서 설명한 장소에 대한 논리적 맥락을 추가적으로 지원하기 위해 다른 학자의 견해를 제시하고 있을 뿐, 해석의 가능성을 다양화 하고 있지는 않다.

④ 제시문은 장소의 개념적 이해에 대한 맥락을 형성하고 있을 뿐, 개념이 잘못 적용된 사례를 제시하거나 이를 바로잡는 과정은 나타나 있지 않다.

⑤ 제시문은 난해한 표현을 사용하여 장소에 대한 개념적 이해를 설명하고 있지 않으며 그리고 이를 대체하기 위해 일상적 표현을 사용한 것도 아니다.

18 적절한 추론 고르기 ⑤

[정답해설]

인간은 사물들 중의 하나가 아니라 주변 세계와 관계를 맺는 주체로, 그저 세상에 던져져 주어진 자리에 머무른 채 살지 않는 지향성의 존재이다. 반면에 사물은 그릇 속의 존재처럼 공간 속에 머무르는 객체이다. 그런 의미에서 인간의 존재 방식과 사물의 존재 방식은 공간과 연관될 때 ㉠(지향성)의 자질이 나타나는지의 여부에 따라 다르다고 볼 수 있다.

[오답해설]

① 인간은 어떤 필요에 따라 사물들을 이용하거나 대상에 대해 어떤 감각이나 느낌을 가지고 상호 작용한다. 그러므로 인간이 사물과 관계를 맺는 방식은 ㉠(지향성)을 배제하면 불가능하다.

② 인간은 사물들 중의 하나가 아니라 주변 세계와 관계를 맺는 주체이며, 그저 세상에 던져져 주어진 자리에 머무른 채 살지 않는 지향성의 존재이다. 그러므로 인간을 고정불변의 사물로 규정할 수 없다.

③ 인간이 필요에 따라 사물을 이용할 때 이미 ㉠(지향성)의 방향이 결정된 것이 아니라, 어떤 감각이나 느낌을 가지고 상호 작용을 하며 어떤 일을 처리해 나갈 때 ㉠(지향성)의 방향이 결정된다고 볼 수 있다.

④ 인간의 존재 방식과 사물의 존재 방식은 공간과 연관될 때 ㉠(지향성)의 자질이 나타나는지의 여부에 따라 다르므로, ㉠(지향성)은 인간과 사물을 구별하는 속성이라고 볼 수 있다.

19 지시 대상 이해하기 ⑤

[정답해설]

(나)에서 우리가 장소에 내린 뿌리는 애착으로 구성된 것이며, 이 애착이 포괄하고 있는 친밀감은 단지 장소에 대해 세부적인 것까지 알고 있는 것만이 아니라 그 장소에 대한 깊은 배려와 관심이라고 하였다. 그러므로 ㉡(한 장소에 뿌리를 내린다는 것)은 인간이 과거 경험을 통해 미래의 장소에 대해 세부적인 것까지 알게 되는 행위 이상의 것이다.

[오답해설]

① (나)에서 '한 장소에 뿌리를 내린다는 것'은 사물의 질서 속에서 자신의 입장을 확고하게 하는 것이라고 설명하고 있다. 그러므로 ㉡은 인간이 세계에서 입지를 확고하게 할 수 있는 행위라고 할 수 있다.

② (나)에서 '한 장소에 뿌리를 내린다는 것'은 특정한 어딘가에 의미 있는 심리적 애착을 가지는 것이라고 설명하고 있다. 그러므로 ㉡은 인간이 장소에 대해 친밀감을 가지려는 적극적인 행위라고 볼 수 있다.

③ (나)에서 애착을 가지는 장소들은 그 속에 우리의 복잡다단한 경험이 있으며 복잡한 애정과 반응을 불러일으키는 환경이라고 설명하고 있다. 그러므로 ㉡은 인간이 복잡다단한 삶을 이어갈 환경을 마련하는 행위라고 볼 수 있다.

④ (나)에서 '한 장소에 뿌리를 내린다는 것'은 세상을 내다보는 안전지대를 가지는 것이라고 설명하고 있다. 그러므로 ㉡은 인간이 세계를 경험할 때 자신을 보호해 줄 영역을 확보하는 행위라고 볼 수 있다.

20 부적절한 내용 고르기 ②

[정답해설]

(나)에서 장소를 무리하게 인간의 의지에 복종시키려 하지 않으면서 건물을 세우거나 농사를 지음으로써 장소를 돌보는 것은 온당한 자세라고 하였다. 그러므로 인간이 집을 짓고 특정한 공간을 점유하는 인간과 공간의 관계는 공간을 인간 자신의 의지에 복종시키는 부당한 행위라고 볼 수 없다.

[오답해설]

① 집은 인간에게 필요한 수행의 영역이 인간 삶의 공간에 상응하는 것으로, 집을 단순한 건축물이 아니라 공동체적 의미를 지닌 것으로 간주하는 것은 인간이 공간과 일체감을 느끼는 관계로 볼 수 있다.

③ 정착을 통해 집의 가치가 물리적 차원에서 개인적 · 심리적 가치를 지닌 곳으로 변환될 수 있는 것은 인간이 공간과 맺는 다양한 관계의 변화 양상 중 하나이며, 따라서 공간이 일정한 양태로 환원되지 않는 가변적 양태라는 점을 방증한다.

④ 집이 구성원들을 어우러지게 하는 심리적 터전이라고 보는 것은 특정한 장소에 심리적 애착과 깊은 유대를 가지는 것이 인간의 중요한 욕구이며, 우리가 집이라는 장소에 내린 뿌리는 바로 이 애착으로 구성되어 있기 때문이다.

⑤ 한 장소에 뿌리를 내린다는 것은 세상을 내다보는 안전지대를 가지는 것이며, 사물의 질서 속에서 자신의 입장을 확고하게 파악하는 것이다. 그러므로 가족들이 집에 함께 머무는 것은 결속을 강화하고 외부 세계의 위협에 맞설 수 있는 계기가 된다고 볼 수 있다.

[21~25] 독서 – 사회

21 부적절한 질문 고르기 ④

[정답해설]

제시문은 경제 문제의 분석에 적용하기 위한 게임이론의 핵심 개념과 전략적 행동에 대해 서술하고 있으나, 게임이론의 발전 과정에 대해 서술하고 있지는 않다. 그러므로 "게임이론이 만들어져 지금까지 발전해 온 과정은 어떠한가?"라는 질문은 제시문을 통해 알 수 없는 부적절한 질문 내용이다.

[오답해설]

① 게임이론의 핵심 개념은 '최적 대응'과 '내쉬균형'이라고 세 번째 문단에 제시되어 있으므로, "게임이론에서 핵심을 이루는 것은 무

엇일까?"라는 질문은 적절한 질문 내용이다.

② 우월전략, 우월전략균형, 내쉬균형 등 게임이론의 전략적 행동에 대해 세 번째 문단에서 소개하고 있다. 그러므로 "게임이론의 연구 대상인 전략적 행동은 무엇일까?"라는 질문은 적절한 질문 내용이다.

③ 게임이론에서 자주 인용되는 게임은 죄수의 딜레마 게임이라고 두 번째 문단에 제시되어 있으므로, "게임이론에서 다루는 게임에는 어떤 것이 있을까?"라는 질문은 적절한 질문 내용이다.

⑤ 현실에서 접하는 여러 경제 문제가 게임과 비슷한 구조를 지니고 있기 때문에, 게임이론이 경제학에서 상호작용이 중요하게 작용하는 과점기업들의 경쟁을 설명하는 이론으로 활용된다고 첫 번째 문단에 제시되어 있다. 그러므로 "게임이론을 경제 문제의 분석에 적용하게 된 이유는 무엇일까?"라는 질문은 적절한 질문 내용이다.

22 부적절한 내용 파악하기 ⑤

[정답해설]

네 번째 문단에서 정부가 과점기업들의 명시적 담합을 금지하고 있다고 서술하고 있으나, 과점기업들이 협정을 위반하는 것을 정부가 단속하고 있다는 내용은 제시되어 있지 않다. 그러므로 과점기업들이 협정을 위반하는 것을 정부가 엄격히 단속하기 때문에 과점기업들이 더 많은 이윤을 얻기가 현실적으로 어려운지의 여부는 제시문을 통해 알 수 없다.

[오답해설]

① 첫 번째 문단에서 게임이론이 경제학에서 상호작용이 중요하게 작용하는 과점기업들 간의 경쟁을 설명하는 이론이라고 하였다. 따라서 인접한 두 나라 간의 국제 경제 정책에서도 상호작용이 중요하게 작용하므로, 게임이론을 적용하는 것이 가능하다고 볼 수 있다.

② 완전경쟁시장에서 각 기업의 규모는 시장 전체에 비해 매우 작아서 기업끼리의 상호작용은 중요하지 않다고 첫 번째 문단에 제시되어 있다.

③ 마지막 문단에 일반적으로 과점기업들이 협조 관계를 유지하지 못하여 담합에 실패하는 것이 사회적으로 바람직할 수 있다고 서술되어 있다. 그러므로 담합을 통해 독점 이윤을 얻고자 하는 과점기업들이 협조 관계를 유지하지 못하는 것은 대체로 소비자들에게 유리하다고 볼 수 있다.

④ 첫 번째 문단에서 독점시장에서는 기업이 하나뿐이어서 상호작용이라는 것이 가능하지 않기 때문에 게임이론을 적용할 필요가 없다고 설명하고 있다. 그러므로 특정 재화를 독점 공급하는 기업이 이윤을 극대화하기 위해 가격정책을 수립하는 것에는 게임이론을 적용할 필요가 없다고 볼 수 있다.

23 지시 대상 이해하기 ③

[정답해설]

제시문에 따르면 내쉬균형의 전략은 주어진 상대방의 전략에 대해서만 최적 대응이라는 성격을 가지며, 균형이 아닌 상태에서는 적어도 한쪽이 자신의 전략을 바꿀 유인을 갖는다고 하였다. 그러므로 '내쉬균형'을 이룬 상태에서 상대가 전략을 바꾸면 균형이 아닌 상태가 되므로 자신의 전략이 바뀔 수 있다.

[오답해설]

① 게임에서 나타날 수 있는 여러 균형 중 우월전략균형과 내쉬균형은 서로 다른 종류의 균형이다. 즉, '우월전략균형'이 '내쉬균형'을 이루기 위한 필수 조건은 아니다.

② 상대의 전략과 상관없이 자신에게 최적인 전략은 '우월전략'이다.

④ 둘 다 우월전략을 선택해서 다른 상태로 바뀔 유인이 없는 상황을 '우월전략균형'이라고 하였으므로, 한 대상만 우월전략을 갖더라도 '우월전략균형'이 이루어지는 것은 아니다.

⑤ 제시문에 죄수의 딜레마 게임처럼 우월전략균형이 존재하는 조건이 현실에서 완전히 충족되기는 무척 어려우며, 어느 한쪽만 우월전략을 갖는 경우도 그리 흔하지 않다고 서술하고 있다. 그러므로 현실에서 '우월전략균형'의 조건이 충족되는 것은 불가능하다고 볼 수 있다.

24 사례를 추가할 위치 찾기 ④

[정답해설]

〈보기〉의 사례는 기업 간의 협정을 위반해 일시적으로 이득을 얻을 수 있다고 해도 곧 다른 기업의 보복으로 인해 더 큰 손해를 입을 수 있는 상황에 해당하므로, ⓓ에 추가하는 것이 가장 적절하다.

25 글의 세부 내용 이해하기 ③

[정답해설]

A가 광고를 하고 B가 광고를 하지 않을 경우, A의 수익은 700만원이고 B의 수익은 300만원이므로, B의 수익이 A의 수익보다 적다. 그러므로 B는 수익을 올리기 위해 전략을 수정할 필요가 있다.

[오답해설]

①·② A, B 모두 광고를 하지 않은 경우, A의 수익은 800만원이고 B의 수익도 800만원으로 동일하다. 그러므로 A와 B 모두 전략을 바꿀 유인을 갖지 않는다.

④ A가 광고를 하지 않고 B가 광고를 한 경우, A의 수익은 300만원이고 B의 수익은 700만원으로 A의 수익이 B의 수익보다 적으므로, A는 전략을 바꿀 유인을 가진다.

⑤ A, B 모두 광고를 한 경우, A의 수익은 400만원이고 B의 수익도 400만원으로 동일하므로, A와 B 모두 전략을 바꿀 유인을 갖지 않는다.

[26~30] 독서 - 기술

26 서술 방식 파악하기 ②

[정답해설]

1973년 슈마허가 적정기술의 개념을 처음 소개할 때, 그것은 첨단기술과 토속기술과 구분되는 중간기술로써 빈곤국의 자원과 필요에 적합하며 소규모이며 간단하고 돈이 적게 드는 기술을 의미했다. 그러나 1973~1974년의 석유 파동, 2004년의 남아시아 대지진, 2008년의 리만 브라더스 파산 등의 위기를 겪으면서 지속 가능한 기술로서의 적정기술이 부각되었고, 오늘날에는 경제적 수익을 창출하는 실용적이고 자립적인 기술로까지 그 개념이 확장되었다고 서술하고 있다. 그러므로 제시문은 시간적 흐름에 따라 적정기술 개념의 발전 과정을 소개하는 서술 방식이라고 볼 수 있다.

[오답해설]

① 적정기술이 이론적으로 타당한 것인지를 검증하기 위해 가설을 세우고 있지는 않다.
③ 적정기술 개념의 발전에 따른 다양한 사례를 들고는 있으나, 적정기술과 상반된 개념과의 절충을 시도하고 있지는 않다.
④ 시간적 흐름에 따른 적정기술 개념의 발전 과정을 서술하고 있으나, 적정기술 개념에 대한 필자의 주장을 드러내고 있지는 않다.
⑤ 사례를 통해 첨단기술의 문제점을 밝히고 이에 대한 대안으로써 적정기술의 재발견을 주목하고 있으나, 서로 다른 관점에서 분석 내용을 비교하고 있지는 않다.

27 내용과 일치하는 것 고르기 ④

[정답해설]

제시문에 따르면 오늘날 적정기술은 경제적 수익을 창출하는 실용적이고 자립적인 기술로까지 그 개념이 확장되어 사용되고 있다고 서술되어 있다. 그러므로 "오늘날 적정기술은 다수의 시민들에게 경제적이며 실용적인 이득을 제공해 줄 수 있다"는 ④의 설명은 제시문의 내용과 일치한다.

[오답해설]

① 적정기술은 극빈국 국민의 삶을 구제하기 위한 원조 기술이 아니라, 저개발국의 기술의 자주성에 초점이 맞춰진 단순한 기술이다.
② 오늘날 적정기술은 경제적 수익을 창출하는 실용적이고 자립적인 기술로까지 그 개념이 확장되고 있으므로, 영리를 기술 개발의 목적으로 삼는 것도 적정기술의 취지에 부합한다고 볼 수 있다.
③ 적정기술은 기본적으로 지속 가능한 시스템을 배경으로 작동하는 기술이기 때문에 사회 시스템의 도움을 받기 어려운 것은 아니다.
⑤ 적정기술은 단순하고 낮은 수준의 기술뿐 아니라 정보통신기술을 비롯한 첨단기술과의 접목을 추구한다. 그러나 첨단기술로부터 적정기술로의 전환을 의미하는 것은 아니다.

28 핵심 정보 파악하기 ①

[정답해설]

제시문의 마지막 문장에서 적정기술은 정보통신기술을 비롯한 첨단기술과의 접목을 통해 적은 비용으로 자원을 고갈시키지 않으면서 저개발 국가와 선진국의 다양한 사회 문제를 해결하는 복지 기술, 공동체 기술, 혹은 사회 문제 해결 기술 등과 같은 새 시대의 대안적 기술과 사업 모델로서 모색될 전망이라고 서술하고 있다. 그러므로 첨단기술이 적정기술과의 접목 가능성이 낮다고 볼 수 없다.

[오답해설]

② 첨단기술은 기술혁신이 빠르고 기술 집약도가 높으며 고부가가치 창출을 실현하기 위해 대규모로 자원을 소비하는 특징을 지녔으므로, 저비용의 친환경적 기술로 보기 어렵다.
③ 첨단기술은 구매력이 있는 상위의 소비자들만을 대상으로 하기 때문에 저개발 국가에서는 사용하기 어려운 제약이 있다.
④ 첨단기술은 고부가가치 창출을 실현하기 위해 대규모로 자원을 소비하는 특징을 지녔으므로, 대규모 에너지 공급을 안정적으로 지원받아야 한다.
⑤ 첨단기술은 지속 가능성을 염두에 두고 설계된 것이 아니기 때문에 정작 위기상황에 취약하며, 위기상황에 대처하는 유연한 체제를 갖추고 있지 못하다.

29 부적절한 사례 고르기 ⑤

[정답해설]

⑤번 사례의 경우 기부자나 투자자의 자본 및 기술 지원을 받은 소규모 친환경 태양광 발전소는 소규모이고 친환경이라는 점에서는 적정기술에 부합하나, 적은 비용으로 제품을 제작할 수 있고 자주적으로 유지·운영할 수 있는 지속 가능한 기술이 아니라는 점에서 적정기술로 볼 수 없다.

[오답해설]

① 폐지로 만든 '헬프데스크'는 작고 사용하기 간단하며 저렴하고 친환경적이라는 점에서 적정기술에 부합한다.
② 금속과 콘크리트로 만든 '범용 견과 껍질 제거기'는 노동 부담을 줄여주고 판매 수익을 높이는 데 기여하므로, 오늘날의 적정기술이

이 확장된다는 점에서 적성기술로 볼 수 있다.
경제적 수익을 창출하는 실용적이고 자립적인 기술로까지 그 개념

③ 현지 대나무 재료를 사용한 '페달 펌프'는 그 지역에서 생산되는 자원을 최대한 활용하고, 자주적으로 유지·운영할 수 있는 지속 가능한 기술이라는 점에서 적정기술에 부합한다.

④ 전등불을 대신하기 위해 물과 표백제를 넣은 투명 페트병은 소규모이고 간단하며 적은 비용의 지속 가능한 기술이라는 점에서 적정기술에 부합한다.

30	부적합한 이유 고르기	②

[정답해설]

〈보기〉에 플레이펌프(PlayPump)를 설치한 마을에서 아이들이 주민들이 먹을 만큼 지하수를 올리려면 학교도 가지 않고 하루 종일 놀이기구를 돌려야 하는 불편을 감수해야 한다는 사실이 확인되었기 때문에 실패한 적정기술이 되었다고 서술하고 있다. 그러므로 지속 가능한 발전을 고려하지 못했다는 점이 플레이펌프(PlayPump)가 적정기술로서 부적합한 가장 주된 이유이다.

[오답해설]

① 다른 지역에 적용하기 어려운 기술이 적정기술로 부적합한 이유는 아니다.

③ 〈보기〉의 지문을 통해 플레이펌프(PlayPump)가 환경 친화적인 기술을 적용했는지 안 했는지 정확하게 알 수 없다.

④ 사업에 필요한 자금을 기부를 통해 모은 것이 적정기술로 부적합한 이유는 아니다.

⑤ 기술을 구현하는 데 많은 천연 자원을 필요로 한 것이 적정기술로 부적합한 이유는 아니다.

[31~35] 갈래 복합

(가) 윤선도, 「견회요(遣懷謠)」
- 갈래 : 평시조, 연시조(전 5수)
- 성격 : 우국적, 연군적
- 정서 : 정의감, 충성심, 그리움
- 주제 : 사친과 우국충정
- 특징
  - 감정이입을 통해 화자의 정서를 드러냄
  - 대구법과 반복법을 사용하여 의미와 운율을 강조함
  - 각 연이 독립적이면서도 전체 주제 안에서 유기적으로 연관을 맺음

(나) 작자 미상, 「청천에 떠서」
- 갈래 : 사설시조, 정형시, 서정시
- 성격 : 애상적, 대조적
- 주제 : 임을 만날 수 없는 안타까움
- 특징
  - 기러기를 이중적 의미로 사용하여 기대와 실망을 드러냄
  - 청자를 설정하여 말을 건네는 어조로 화자의 처지를 드러냄
  - 화자와 기러기를 대조해 화자의 외로움을 심화함
  - 시간적, 공간적 배경을 통해 화자의 처지를 드러냄

(다) 작자 미상, 「황계사」
- 갈래 : 가사
- 성격 : 연모적, 애상적, 해학적
- 주제 : 임에 대한 간절한 그리움과 기다림
- 특징
  - 이별에 대한 슬픔을 해학적으로 유쾌하게 표현함
  - 임이 못 오는 까닭을 다양하게 제시하며 원망의 정서를 드러냄
  - 대중에게 인지도가 높은 고전 작품을 차용하여 호응을 유도함
  - 후렴구를 삽입하여 구비적 성격을 보여줌

31	작품의 공통점 찾기	①

[정답해설]

(가)에서는 임금과 부모에 대한 그리움, (나)에서는 임을 만날 수 없는 안타까움, (다)에서는 임에 대한 간절한 그리움과 기다림의 정서를 표현하고 있다. 그러므로 (가), (나), (다) 모두 임금, 부모, 임 등의 대상의 부재를 시적 상황으로 삼고 있다.

[오답해설]

② (다)에서는 '춘수(春水)', '하운(夏雲)', '추월(秋月)' 등 계절적 요소를 나타내는 시어들을 사용하여 계절의 변화에 따른 시상을 전개하고 있다. 그러나 (가)와 (나)에서는 계절의 변화가 드러나 있지 않다.

③ (가)에서는 모함을 받아 유배를 가는 세태에 대한 화자의 비판적 시선을 기본으로 하고 있으나, (나)와 (다)에서는 그러한 비판적 시선이 보이지 않는다.

④ (가), (나), (다) 모두 자연과 속세를 대비하여 주제의식을 강조하고 있는 부분은 나타나 있지 않다.

⑤ (가)에서는 〈제5수〉에서 임금을 잊으면 그것이 불효라며 규범과 현실의 괴리로 인한 심리 상태를 부각하고 있으나, (나)와 (다)에서는 그러한 심리 상태가 드러나 있지 않다.

32 적절한 표현상 특징 찾기 ①

[정답해설]
(가)의 〈제4수〉에서 '뫼는 길고 길고', '물은 멀고 멀고', '어버이 그리워 하는 뜻은 많고 많고 크고 크고', '외기러기는 울고 울고' 등에서 시어의 반복과 문장의 대구를 통해 각 소재가 갖는 속성을 강조하고 있다.

33 지시 대상 이해하기 ②

[정답해설]
(가)의 ⓐ는 화자의 정서와 관련된 객관적 상관물로써 화자의 감정을 이입한 대상이고, (나)의 ⓑ는 임에게 화자의 바람을 실행해 주기를 기대하는 의인화 된 대상이다.

34 지시 대상 이해하기 ⑤

[정답해설]
ⓜ은 밝은 달빛을 빌려 임이 계신 곳을 비추려는 화자의 모습에서 임을 향한 화자의 간절한 그리움을 표현하고 있다. 그러므로 밝은 달빛을 빌리는 것이 임의 안위에 대한 화자의 걱정을 의미하는 것은 아니다.

[오답해설]
① ㉠은 밤낮으로 쉬지 않고 흐르는 시냇물처럼 어버이와 임금을 향한 변함없는 사랑과 충성심을 다짐하는 화자의 강한 의지를 보여 주고 있다.
② ㉡은 자식이 부모를 모시듯 신하가 임금을 섬기지 않으면 불효와 같다는 의미로, 충과 효는 하나라는 화자의 가치관을 드러내고 있다.
③ ㉢은 '월황혼'이라는 시간적 배경과 '빈방'이라는 공간적 배경을 통해 화자의 외로운 처지를 절박하게 표현하고 있다.
④ ㉣은 임이 못 오는지 안 오는지 궁금해 하는 화자의 어조를 통해 임에 대한 화자의 그리운 심정을 느낄 수 있다.

35 부적절한 감상 내용 고르기 ④

[정답해설]
'춘수가 만사택', '하운이 다기봉', '추월이 양명휘'는 중국 육조 시대의 시인인 도연명의 「사시(四時)」에서 차용한 한시 구절로, 관념적이고 추상적인 사대부 가사에 문제를 제기하기 위한 것이 아니라 대중의 통속적 흥미와 관심에 맞추기 위함이다.

[오답해설]
① '이 아해야 말 듣소'와 같은 표현을 반복적으로 사용한 것은 조선 후기 가창 현장의 자유분방한 분위기가 반영되어 음악적 효과를 형성하기 위한 것이다.
② '육관 대사 성진이는 석교상에서 팔선녀 데리고 희롱한다'는 구절을 제시한 것은 대중들에게 잘 알려진 김만중의 「구운몽」의 내용을 차용함으로써 대중의 흥미를 불러일으키려고 한 것이다.
③ 노랫말의 맥락과는 동떨어진 정서인 '지어자 좋을시고'를 이용한 것은 가창 현장에 모인 대중들의 흥을 돋우기 위해 즉흥적이고 흥겨운 유흥적 상황이 반영된 결과들이다.
⑤ '병풍에 그린 황계 수탉'이 우는 모습을 구체적으로 묘사하여 나타낸 것은 정제된 형식의 틀에서 벗어나 가창 현장의 자유분방한 분위기를 반영하기 위한 것이다.

[36~40] 고전 소설

작자 미상, 「숙향전」
- **갈래** : 염정 소설, 적강 소설, 영웅 소설
- **성격** : 도교적, 낭만적, 초현실적
- **시점** : 전지적 작가 시점
- **배경** : 시간 – 중국 송나라 때 / 공간 – 형초 땅
- **제재** : 숙향과 이선의 사랑
- **주제** : 고난의 시련을 극복한 운명적 사랑의 성취
- **특징**
  - 천상계와 지상계의 이원적 공간이 설정됨
  - 영웅의 일대기 구조가 나타남
  - 주인공 숙향은 영웅으로서의 능력을 구비하지 못함

36 서술상 특징 찾기 ②

[정답해설]
상서 부부와 숙향과의 대화를 통해 숙향이 부모님을 잃고 장 승상 댁에 들어가 십 년을 살게 된 까닭, 그리고 이화정 할미와 만나기까지의 경위 등 숙향이 태어나서 열여섯 살이 되기까지 살아 온 과거의 행적이 드러나고 있다.

37 부적절한 내용 고르기 ②

[정답해설]
"다섯 살 때 부모님을 난리 중에 잃고 길거리를 방황했는데 어떤 짐승이 업어다 남군 땅 장 승상 댁에 내려놓았나이다. 마침 그 집에 자식이

없어 저를 친자식처럼 십 년을 기르셨으니, 고향은 물론 부모님의 성명도 모르옵나이다."라는 숙향의 말을 통해 숙향을 데려다 친자식처럼 십 년을 기른 인물이 장 승상임을 알 수 있다.

[오답해설]

① 여 부인이 상서를 심하게 꾸짖으니 상서가 아무 말도 못하였다는 대목과 "더 이상 죄 없는 낭자를 죽이려 하지 마시오."라는 여 부인의 말을 통해 맏누이가 숙향을 죽이려는 상서를 질타했음을 알 수 있다.

③ "네가 내 아들과 나이가 같고, 이름도 선녀가 일러준 것과 같되, 다만 부모가 누구인지 모른다고 하니, 참으로 답답하구나."라는 대목에서 상서 부부는 숙향의 부모가 누구인지 알고 싶어 함을 알 수 있다.

④ 낭자가 "제가 자란 후에 우연히 듣자오니, 지난번에 낙양 수령으로 계시던 김전이 제 부친이라 하더이다. 그러나 제가 어찌 그것을 자세히 알 수 있사오리까?"라고 말한 대목에서 김전이 낙양 수령을 지냈음을 알 수 있다. 또한 상서가 "김전은 이부상서 운수 선생의 아들이라. 가문이 어찌 거룩하지 않으리오."라고 말한 대목에서 김전이 이부상서를 지낸 가문의 자손임을 알 수 있다.

⑤ 부인이 말하기를 "시간이 지나면 자연 알게 되리이다."하고 낭자에게 이선의 처소인 봉황당에 가 있으라고 말한 대목에서 낭자가 상서 부인의 말에 따라 낭군의 처소에 머물게 되었음을 알 수 있다.

38 부적절한 지시 대상 고르기 ⑤

[정답해설]

상서 부인이 ⓜ처럼 말한 이유는 상서가 "김전은 이부상서 운수 선생의 아들이라. 가문이 어찌 거룩하지 않으리오."라는 말을 듣고 기대의 마음에 시간적 여유를 갖고 차차 알아보자는 의미이지, 자연의 이치를 고려하면서 이후에 펼쳐질 사태에 대해 염려하는 것은 아니다.

[오답해설]

① ㉠에서는 상서의 누님이 역사적 사실인 송나라 황제의 예를 들어 상서에게 숙향을 죽이지 말라는 자신의 요구를 관철시키고 있다.

② ㉡은 상서의 누님이 숙향을 죽이지 말라고 상서를 말리자, 상서가 연장자인 누님의 말을 어기지 못하고 마지못해 숙향을 죽이려는 자신의 생각을 고치고 있다.

③ ㉢은 장 승상 댁에서 삼천삼백오십 리나 되는 길을 이틀 만에 왔다는 숙향의 말에 이상하다고 의문을 표하고 있다.

④ ㉣에서 숙향은 지난번에 낙양 수령으로 계시던 김전이 자기 부친이라는 사실이 우연히 들은 이야기라 자세히 알 수 없다고 신중한 태도를 보이고 있다.

39 지시 대상 이해하기 ③

[정답해설]

ⓐ의 '비단주머니'를 보고 상서 부인이 크게 기뻐한 것이며, 상서가 적극적으로 숙향의 성씨를 추측하는 데서 숙향에 대한 상서 부부의 태도가 호의적으로 바뀌었음을 알 수 있다.

[오답해설]

① ⓐ의 '비단주머니'로 이해할 수 있는 숙향의 출신은 아직 밝혀지지 않은 가설이므로, 사건의 현실성을 의미하는 것은 아니다.

② ⓐ의 '비단주머니'는 현재 사건의 원인이 아니라 숙향의 출신과 신분을 밝혀줄 과거 사실의 증거이다.

④ ⓐ의 '비단주머니'가 선을 권하고 악을 벌한다는 권선징악의 주제 의식을 표출하고 있지는 않다.

⑤ ⓐ의 '비단주머니'를 통해 숙향의 감춰진 재능이 아니라 감춰진 출신과 신분이 드러나고 있다.

40 부적절한 감상 내용 고르기 ③

[정답해설]

선녀는 상서 부인이 아들인 이선을 낳을 때 해산을 도와준 사람으로, 숙향의 이름이 선녀가 일러준 것과 같다는 상서 부인의 말은 숙향이 선녀가 알려준 사람과 동일한 인물임을 확인한 것일 뿐, 하늘의 예정된 운명을 받아들이려는 의지의 표현을 의미하는 것은 아니다.

[오답해설]

① 화덕진군은 불에 타 죽을 위기에 처한 숙향을 도와준 천상계의 존재이다.

② 부모 몰래 아들이 결혼한 것이 조정의 시빗거리가 되었다는 상서의 말은 개인적 차원의 애정이 권위적인 지배 이념과 충돌하는 대목이다.

④ 아들이 미천한 여자와 결혼했다는 이유로 상서가 낭자(숙향)를 죽이려는 것은 개인적 애정보다 가문의 위상을 중시한 결과로 볼 수 있다.

⑤ 사향의 모함으로 장 승상 댁에서 쫓겨난 숙향이 죽으려 한 것은 남녀 주인공의 결합을 위한 고난의 여정이다.

[41~45] 독서 – 철학

41 글의 내용 이해하기 ④

[정답해설]

속죄양에 관한 개념을 만들어 자아의 부정적인 이미지를 입히는 것은 무의식이 자율적으로 보상 작용을 발휘하여 의식화하도록 무의식이 작용하는 결과이다.

42 지시 대상 이해하기 ③

[정답해설]

세 번째 문단에서 ㉠(무의식이 창조적 작용)은 자율성과 보상 작용으로 표현되는데, 자아 의식이 한 방향으로만 나가면 무의식이 자율적으로 작동하여 의식의 방향과는 다른 방향의 이미지를 보내서 그것을 보상한다고 설명하고 있다. 그러므로 ㉠(무의식이 창조적 작용)은 의식이 한 방향으로만 활성화될 경우 그에 반발하여 표출되는 무의식의 이미지 작용이라고 말할 수 있다.

43 지칭 대상 이해하기 ①

[정답해설]

제시문에서 친구한테 비난당할 때 심한 분노를 느낀다면, 바로 그 순간 미처 의식하지 못하고 있던 자기 그림자의 일부를 발견할 수 있다고 하였다. 그러므로 분노의 상황에서는 그림자를 볼 수 있다.

[오답해설]

② 그림자는 자아에게는 보이지 않는 무의식의 그늘에 속하는 인격이다.

③ 그림자의 투사는 집단 차원에서도 벌어지며, 그것은 어떤 집단 성원의 무의식에 같은 성질의 그림자가 형성되어 다른 집단에 투사되는 것을 가리킨다.

④ 그림자는 자아와 비슷하면서도 자아와는 대조되는, 자아가 가장 싫어하는 열등한 성격을 지니고 있다.

⑤ 인간 집단은 집단 행동을 통하여 그림자를 사회 표면으로 끌어 내어 사람들이 그것을 보고 경험하게 하는, '카니발'과 같은 문화적 장치를 가지고 있다.

44 부적절한 내용 찾기 ①

[정답해설]

그림자는 집단에서도 발생 가능한 무의식의 그늘에 속하는 인격이므로, 기성 질서에서 지배층도 '집단적 그림자'가 만든 무의식의 그늘에서 벗어날 수는 없다.

[오답해설]

② '가면'을 쓰거나 기괴한 모습으로 '분장'하는 행위는 억압된 욕망이 투사된 '그림자'를 극적으로 연출한 것이라고 할 수 있다.

③ '카니발'은 참여자들의 억눌린 감정을 표출할 수 있는 계기가 되므로, 문화적으로 허용되고 예술적으로 승화된 형태의 '그림자 놀이'를 설명하는 예로 삼기에 적당하다.

④ '수도원 곳간'은 이교(異教)의 귀신과 악마와 별의별 부도덕한 불한당과 같은 욕망과 연관된 '집단적 그림자'를 가두는 수용소이다.

⑤ '탈춤'은 양반 세력을 희화화하고 농락함으로써, 신분 질서에 억눌린 욕구가 연희를 통해 투사되는 장을 연다고 할 수 있으므로, '집단적 그림자'가 승화된 형태라 할 수 있다.

45 적절한 바꿔 쓰기 ③

[정답해설]

㉡의 '공산이 크다'에서 '공산'은 '어떤 상태가 되거나 어떤 일이 일어날 수 있는 확실성의 정도'를 의미하는 말로, '여지', '가능성'과 유사한 단어이다. 그러므로 '공산이 크다'는 '여지(餘地)가 많다' 또는 '가능성이 크다' 등으로 바꿔 쓸 수 있다.

[오답해설]

① **기회(機會)**: 어떠한 일을 하는 데 적절한 시기나 경우

② **단서(端緖)**: 어떤 문제를 해결하는 방향으로 이끌어 가는 일의 첫 부분

④ **예외(例外)**: 일반적 규칙이나 정례에서 벗어나는 일

⑤ **정보(情報)**: 관찰이나 측정을 통하여 수집한 자료를 실전 문제에 도움이 될 수 있도록 정리한 지식 또는 그 자료

2023학년도 기출문제 정답 및 해설

제1교시 국어영역

01 ④	02 ⑤	03 ⑤	04 ①	05 ④	06 ⑤
07 ②	08 ③	09 ②	10 ①	11 ⑤	12 ③
13 ③	14 ②	15 ④	16 ②	17 ④	18 ④
19 ③	20 ⑤	21 ④	22 ①	23 ④	24 ②
25 ⑤	26 ①	27 ③	28 ②	29 ②	30 ③
31 ⑤	32 ①	33 ③	34 ⑤	35 ①	36 ②
37 ③	38 ④	39 ③	40 ③	41 ①	42 ⑤
43 ②	44 ④	45 ①			

[01~05] 독서 – 철학

01 ④ 제시문에 따르면 경험적 적용은 이론의 예외가 되는 반증 사실이 있는지에 대해 검증하는 것이지 이론을 이상적으로 만드는 것은 아니다. 즉, 반증은 과학 이론에 대해 지속적인 비판이 이루어지는 것을 의미한다.

오답풀이

① 3문단에서 모든 이론의 가설이 동일한 정도로 반증 가능성이 있는 것은 아니라고 서술되어 있다.

② 3문단에서 포퍼는 자연의 진화처럼 과학 이론 역시 끊임없는 반증과 오류 제거를 통해 점진적으로 발전한다고 보았다.

③ 3문단에서 좋은 이론은 반증 가능성이 큰 대담한 내용을 내포함에도 쉽게 무너지지 않는 이론으로 파악하고 있다.

⑤ 2문단에서 과학 이론은 항상 오류 가능성을 포함하고 있기 때문에, 논리적으로 모순이 없다고 해도 반드시 경험적 적용을 통해 타당성을 검증해야 한다고 설명하고 있다.

02 ⑤ 4문단에서 포퍼는 현대 사회가 민주주의 사회로 발전했지만 다수결에 의해 폭군과 독재자가 통치하도록 결정될 수 있다는 역설을 배제할 수 없다고 보았다. 여기서 폭군과 독재자가 통치하도록 결정될 수 있는 사회는 주술적 가치를 통해 지배하는 닫힌 사회이다. 그러므로 주술적 가치가 다수결에 따를 때 나타날 수 없는 가치라는 ⑤의 설명은 옳지 못하다.

오답풀이

① 4문단에서 통치자가 어떤 반박도 허용하지 않는 주술적 가치를 통해 지배한다고 하였으므로, 주술적 가치는 비판과 검증을 허용하지 않는 가치라고 할 수 있다.

② 4문단에서 포퍼가 보기에 닫힌 사회는 주술적이라고 하였고, 닫힌 사회의 독단주의는 소수의 폐쇄된 집단만 사태를 정확히 인식한다고 전제하는 지적 오만을 드러낸다고 하였다. 그러므로 주술적 가치는 열린 사회에서 배척되어야 하는 가치이다.

③ 4문단에서 열린 사회는 범할 수 있는 오류를 인정하는 사회이므로, 사회를 무오류의 상태로 바꾸려는 가치는 열린 사회와 반대되는 닫힌 사회의 주술적 가치라고 볼 수 있다.

④ 6문단에서 역사적 법칙이 미래를 확실히 예측하는 수단인 것 같지만 실제로 이러한 예측은 불가능하며 오히려 그 법칙이 독단이 되어 국민을 억압하게 된다고 설명하고 있다. 또한 마지막 문단에서 미래가 어떨지는 누구도 알 수 없고, 그것을 주장하는 사람은 마법사일 뿐이라고 서술되어 있다. 그러므로 미래가 어떻게 될지 확신하는 것은 닫힌 사회의 주술적 가치이다.

03 ⑤ 제시문에 따르면 포퍼는 사회도 자연의 진화처럼 시행착오와 오류 제거를 통해 변화한다고 보았으며, 독단의 법칙에 의해 뒷받침되는 불변적이고 절대적인 이상 사회인 유토피아가 최종 목적이 아니라고 보았다. 그러므로 ⑤의 '시행착오로 인한 희생이 있어도 이상적 미래를 구현하게 하는 제도'가 ⓒ에서 말하는 사악하거나 무능한 지배자들이 심한 해악을 끼치지 않도록 하는 정치 제도는 아니다.

오답풀이

① 5문단에서 포퍼는 단편적 지식만 아는 다수가 자신이 아는 지식을 자유롭게 교환하면서 국가의 미래를 논의하는 것이 전체주의보다 낫다고 보았다.

② 소수 집단이라 해도 자신의 의견을 자유롭게 개진하는 것은 열린 사회이므로, 그러한 제도는 사악하거나 무능한 지배자들이 심한 해악을 끼치지 않도록 하는 정치 제도에 해당한다.

③ 치열한 토론과 자유로운 의사 결정은 지식의 자유로운 교

환을 통해 국가의 미래를 결정할 수 있으므로, 그러한 제도는 사악하거나 무능한 지배자들이 심한 해악을 끼치지 않도록 하는 정치 제도에 해당한다.

④ 마지막 문단에서 포퍼는 현재 문제를 점진적으로 해결하려는 합리적 과정을 통해 설정된 단기적 목적을 이루는 것이 더 중요하다고 보았다.

04 ① ⓐ의 '싹트다'는 '어떤 생각이나 감정, 현상 따위가 처음 생겨나다'는 뜻이므로, '어떤 일이나 생기려는 기운이 싹틈'을 의미하는 ①의 '태동(胎動)'과 그 의미가 가장 유사하다.

오답풀이

② **준동(蠢動)**: 벌레 따위가 꿈적거린다는 뜻으로, 불순한 세력이나 보잘것없는 무리가 법석을 부림을 이르는 말이다.
③ **활동(活動)**: 몸을 움직여서 행동함을 의미한다.
④ **가동(可動)**: 움직일 수 있음을 의미한다.
⑤ **약동(躍動)**: 생기 있고 활발하게 움직임을 뜻한다.

05 ④ 칼 포퍼는 '반증주의'를 통해 과학 이론은 항상 오류 가능성을 포함하고 있기 때문에 논리적으로 모순이 없다고 해도 반드시 경험적 적용을 통해 타당성을 검증해야 한다고 보았다. 또한 혁명적 과정에서 나타날 수 있는 정치적 독단은 지적 오만을 드러내고 국민을 억압하게 되므로 문제 해결을 오히려 저해할 수 있다고 설명하고 있다. 그러므로 〈보기〉의 견해에 대해 ④의 설명이 칼 포퍼가 제기할 만한 반론으로 가장 적절하다.

오답풀이

① 과학 이론은 경험적 적용을 통해 타당성을 검증해야 하고, 이론의 예외가 되는 반증 사실이 있을 경우 그 이론은 수정되거나 폐기될 수 있다. 그러므로 과학의 이론적 틀이 하나여서 결코 바뀌지 않는 것은 아니다.

② 〈보기〉의 견해는 생각의 틀 자체를 바꾸는 혁명을 통한 급격한 변화가 과학과 정치의 발전을 가져올 수 있다는 내용이므로, 반증의 많고 적음이 과학 이론의 성공을 결정한다는 반론은 적절하지 못하다.

③ 포퍼는 자연의 진화처럼 과학 이론 역시 끊임없는 반증과 오류 제거를 통해 점진적으로 발전한다고 보았으며, 정치 역시 반증 가능성이 발전의 조건이 된다고 보았다.

⑤ 칼 포퍼의 '반증주의'는 과학 이론 또는 정치를 경험적 적용을 통해 타당성을 검증하는 가설이지, 여러 과학 이론이나 정치적 해결책 중 어느 것을 선택할지 결정하는 역할을 하는 것은 아니다.

[06~10] 현대 시 복합

(가) 이용악, 「전라도 가시내」
- 갈래 : 자유시, 서정시
- 성격 : 서사적, 애상적, 비극적
- 제재 : 전라도 가시내
- 주제 : 일제강점기 유이민들의 비참한 삶
- 특징
  - 전형적인 이야기시의 서술 형식을 취함
  - 토속적인 시어와 사투리를 사용함
  - 전라도 가시내와 함경도 사내의 대화 형식으로 내용을 전개함

(나) 김동명, 「파초」
- 갈래 : 자유시, 서정시, 참여시
- 성격 : 상징적, 우의적, 의지적
- 제재 : 식민지의 극한 상황
- 주제 : 잃어버린 조국에 대한 향수와 극복 의지
- 특징
  - 자아와 세계와의 대결 구조
  - 자연물에 감정을 이입하여 화자의 정서를 표출함
  - 대상에 대한 호칭 변화(파초–너–우리)를 통해 정서적 거리감을 좁힘

06 ⑤ (가)에서는 두만강을 건너 북간도로 온 과거 상황을 상상하여 시적 대상인 '가시내'의 슬픈 처지를 이해하고 있으며, (나)에서는 파초에 감정을 이입하여 조국을 떠나온 '파초의 꿈'을 통해 조국을 잃어버린 화자의 처지를 간접적으로 드러내고 있다. 그러므로 (가)와 (나)의 공통점은 '대상의 과거 상황을 상상하여 대상의 현재 처지를 이해한다.'는 ⑤의 설명이 가장 적절하다.

오답풀이

① (나)는 3연의 '소낙비를 그리는 너는 정열(情熱)의 여인(女人)'에서 의인법을 사용하여 '너', 즉 '정열의 여인'을 통해 동적인 이미지를 구현하고 있으나, (가)에서는 의인법이 사용되고 있지 않다.

② (가)와 (나) 모두 독백적 어조로 자신의 상황을 반성적으로 성찰한 부분은 보이지 않는다.

③ (가)에서는 단풍이 물들던 가을에 두만강을 건너 겨울인 지금 북간도 술막에서 일하고 있는 '가시내'의 서사적 맥락이 형성되어 있으나, (나)에서는 서사적 맥락이 보이지 않는다.

④ (가)와 (나) 모두 반어의 수사적 표현이 사용되지 않았다.

07 ② (가)에서는 시적 화자인 '함경도 사내'가 북간도 술막에서 일하고 있는 시적 대상인 '전라도 가시내'의 슬픔에 공감과 위로를 보내고 있으며, (나)에서는 시적 화자가 시적 대상인 파초에 감정을 이입하여 조국을 잃어버린 자신의 처지에 공감하고 있다. 그러므로 (가), (나)의 화자가 시적 대상에 대해 가지고 있는 태도는 '공감적' 태도이다.

08 ③ (가)의 5연에서 '잠깐 너의 나라로 돌아가거라'라고 말한 것은 시적 화자인 '함경도 사내'가 '가시내'를 위로하기 위한 말이며, 실제로 '가시내'가 언제 떠날 수 있을 지는 기약이 없다. 오히려 봄이 되면 노래도 없이 자욱도 없이 사라지는 것은 시적 화자인 '함경도 사내'이다. 그러므로 '봄이 오면 술막을 떠날 예정이다.'라는 ③의 설명은 옳지 못하다.

오답풀이

① 북간도 술막에서 만난 함경도 사내와의 대화를 통해 '가시내'가 고향을 그리워하고 있음을 알 수 있다.
② 3연에서 석 달 전 단풍이 물들 때 두만강을 건너왔다고 하였으므로, '가시내'가 가을 무렵 두만강을 건너왔고 석 달 이후인 지금은 겨울임을 알 수 있다.
④ 5연의 '때로 싸늘한 웃음이 소리 없이 새기는 보조개'에서 술집 작부로 전락한 자신의 처지에 대한 냉소적 태도를 엿볼 수 있다.
⑤ 전라도 사람인 '가시내'가 먼 길을 떠나 현재의 장소인 북간도까지 오게 된 서사적 과정이 묘사되어 있다.

09 ② '불타는'은 파초의 고향인 남국의 특성이자 잃어버린 조국을 그리워하는 시적 화자의 열정적 마음의 표현이며, '밤'과 '겨울'은 일제 치하의 어두운 현실로 서로 대립적 관계에 있다고 볼 수는 없다. 또한 시적 대상인 '너'는 시적 화자인 '나'가 동반자적 애정과 일체감을 보이는 감정 이입의 대상이지 '밤'과 '겨울' 즉, 일제 치하의 어두운 현실에 저항하는 능동적인 존재는 아니다.

오답풀이

① '불타는'과 '정열(情熱)'은 모두 파초의 고향인 남국의 특성으로, 파초가 뜨거운 고향인 남국을 그리워하듯 시적 화자 또한 감정 이입을 통해 잃어버린 조국을 열렬히 그리워하고 있음을 나타낸다.
③ 조국에 대한 그리움에 불타 갈증을 느끼는 것에 대해, '샘물'이 그리움이라는 갈증을 해소시켜주는 수단으로 사용되었다.
④ 조국에 대한 불타는 향수를 치유할 '소낙비'는 그리움의 대상이지만, '소낙비'가 내리지 않아 발등에 '샘물'을 길어 부음으로써 이를 대신하는 것이다.
⑤ '불'과 '정열(情熱)'의 타오르는 모습은 상승적 이미지를 연상시키며, 시적 화자인 '나'는 감정 이입의 대상인 파초 즉, '너'를 긍정적 가치를 지닌 존재로 파악한다.

10 ① ㉠의 '헤매이자'는 '가시내'의 어두운 옛 이야기를 듣는 나의 모습을 나타낸 것으로 행위 주체는 화자이지만, ㉡의 '가리우자'는 일제 치아의 암울한 현실을 파초와 함께 이겨내자며 청자에게 청유하고 있는 것으로 행위 주체는 청자이다.

오답풀이

② ㉠의 '헤매이자'는 '가시내'의 어두운 옛 이야기에 빠져드는 화자의 모습에서, ㉡의 '가리우자'는 어두운 현실을 함께 극복하자는 청유에서 화자와 청자의 심리적 거리가 가까워지고 있다.
③ ㉡의 '가리우자'는 암울한 현실을 이겨내자고 청자에게 행위의 동참을 요구하고 있지만, ㉠은 그렇지 않다.
④ ㉠의 '헤매이자'는 '함경도 사내'가 '가시내'의 어두운 옛 이야기에 빠져드는 모습으로, 불확실한 미래에 대한 걱정을 바탕으로 한 것은 아니다. ㉡의 '가리우자'도 현실 극복에 대한 의지를 나타낸 것으로 불확실한 미래를 걱정하고 있지는 않다.
⑤ ㉡의 '가리우자'는 암울한 현실을 극복하면 현실의 고난에서 벗어날 수 있다는 믿음이 담겨 있지만, ㉠에서는 그런 모습을 볼 수 없다.

[11~15] 현대 소설

- 갈래 : 현대 소설, 중편 소설, 사실주의 소설
- 성격 : 사실적, 비판적, 자조적
- 시점 : 1인칭 주인공 시점
- 배경
  - 시간 : 3·1 만세 운동 전
  - 공간 : 일본에서 조선으로 돌아오는 여정
- 주제 : 지식인의 눈으로 바라본 일제 강점기의 암울한 조선의 현실
- 특징
  - 일본에서 조선(부산–김천–서울)으로 돌아오는 여정을 중심으로 전개되는 여로형 소설임
  - 상세한 묘사와 함께 세태를 사실적으로 묘사함

11 ⑤ 이 글은 1인칭 주인공 시점으로 등장인물인 서술자, 즉 작품 속의 주인공인 '나'가 다른 인물들을 관찰하며 그들의 삶과 내면 심리를 논평하고 있다.

오답풀이

① 위 작품은 인과 관계가 약한 사건들을 병치하여 우연성을 강조하기 보다는 생기를 잃고 무기력하게 살아가는 조선인의 비참한 삶을 있는 그대로 보여주고 있는 사실주의 소설이다.

② 이야기 속 이야기는 외부 이야기가 내부 이야기를 액자처럼 포함하고 있는 소설 기법인데, 위의 작품에서는 이야기 속 이야기가 아니라 대화와 관찰을 통해 인물의 과거를 소개하고 있다.

③ 위 작품은 '무덤'이라는 상징적 소재를 통해 일제 강점기 조선의 식민지 상황을 냉담하게 비판하고 있으나, 중심 갈등이 해소되는 과정은 서술되어 있지 않다.

④ 인물의 내적 독백을 통해 인물들의 긍정적인 면모가 아니라 일제 강점기 조선인들의 암울한 삶에 대한 부정적인 면모를 부각하고 있다.

12 ③ (가)에서 '무덤'은 일제 강점기 식민지 조선의 참담한 모습을 상징하고, '구더기'는 그런 암울한 현실에서 비참하게 살아가는 조선 민중의 모습을 상징한다. 서술자이자 주인공인 '나'가 "이게 산다는 꼴인가? 모두 뒈져 버려라!"고 말한 혼잣말 속에서 한심하게 살아가는 조선 민중에 대한 안타까움과 분노의 태도를 엿볼 수 있다.

오답풀이

① 실의에 빠진 대상을 포용하는 것이 아니라 절망적인 상황을 냉소적인 시선으로 비판하는 태도를 보이고 있다.

② 일방적으로 저주하는 태도가 아니라 조선인의 무기력한 삶의 모습에 안타까움과 분노의 태도를 보이고 있다.

④ 일본인들에게 굴종적인 모습을 보이는 조선인들을 마음의 소리로 표현한 것이지, 큰 소리로 말하고 싶은데 대상이 잘 받아들이지 않을 것을 염려하여 혼잣말로 외친 것은 아니다.

⑤ 무기력한 대상을 구원하려던 시도는 보이지 않으며, 극복 방안 없이 냉소적인 시선으로 비판만 하는 지식인의 한계를 드러내고 있다.

13 ③ "예서 아주 자라났답니다. 제 어머니가 조선 사람인데요." 라는 변론하는 듯한 말과 "그렇지!" 하며 얼굴을 들이대는 동료에 대해 '화롯불 가져온 아이'는 싫은 내색을 하거나 언짢아하는 모습을 보이지 않았다.

오답풀이

① "예서 아주 자라났답니다. 제 어머니가 조선 사람인데요." 라고 말하는 동무 계집애의 말을 통해 '화롯불 가져온 아이'는 조선에서 태어나고 자랐음을 알 수 있다.

② 조선애가 아닌가도 싶다고 추측하는 '나'의 시선에 "예서 아주 자라났답니다. 제 어머니가 조선 사람인데요."라고 '화롯불 가져온 아이'를 변론하는 듯한 동무 계집애의 말로 보아 '화롯불 가져온 아이'가 자신이 혼혈인 것이 드러나는 것을 꺼린다는 사실을 알 수 있다.

④ 어머니가 대구에 있으며, 대구에 가는 인편을 통해 알아보고 싶다는 말을 통해 어머니와 헤어진 상태임을 알 수 있다.

⑤ "천생 언문으로 편지를 쓸 줄 알아야죠."라는 말을 통해 '화롯불 가져온 아이'가 한글로 편지를 쓸 줄 모른다는 사실을 알 수 있다.

14 ② ⓒ은 조선 사람들에 대한 비판적 내용 중 '소댕 뚜껑이 무거워야 밥이 잘 무른다'는 지식을 예로 들어 조선 사람의 무식함을 외국 사람에게 직접 눈으로 확인시켜 주었다는 비아냥거림을 담고 있다. 그러므로 외국 사람에게 조선인들이 실제 물건들을 사용하여 교육하는 것을 의미하는 것은 아니다.

오답풀이

① ㉠ 다음의 문장에서 조선 사람은 외국인에게 대해서 아무것도 보여 준 것이 없다며 조선 사람들에 대한 비판적 내용을 열거한 것으로 보아, ㉠의 '이러한 사실'은 문맥상 조선인들이 일본인에게 천대를 받는 것은 조선인들에게 원인이 있다는 사실을 의미한다.

③ 딸자식으로 태어났으면서도 조선 사람인 어머니보다는 일본 사람인 아버지를 찾아가겠다는 것은 부모에 대한 자식의 정리를 지나서 타산이 앞을 서기 때문이라는 것으로 보아, ⓒ의 '어떠한 이해관계'는 일본인 아버지에게 기대어 사는 것이 더 이롭다는 계산을 의미한다.

④ ㉣은 딸아이가 아버지와 헤어진 조선인 어머니가 아니라 어떠한 이해관계 때문에 일본인 아버지를 찾아간다는 것은 그 어머니가 남편과 딸에게 모두 버림받았기 때문에 더 가엾다고 생각된다는 의미이다.

⑤ ㉤의 '우중충한 남폿불'은 찻간 사람들의 머리 위를 밝히는 등불이 아니라 무덤 같은 찻간의 분위기를 더욱 무겁게 만드는 흐리고 침침한 램프 불빛을 의미한다.

15 ④ 작품 속 '무덤'은 일제 강점기 식민지 조선의 참담한 모습을 상징하고, '구더기'는 그런 암울한 현실에서 비참하게 살아가는 조선 민중의 모습을 상징한다. 그러므로 당시 조선인들을 무덤 속 구더기로 보는 '나'의 관점에서는 희망도 미래도 없는 무기력한 조선에서 민족의 자주성을 드높이는 만세 운동이 일어난 것은 이해할 수 없는 사건이다.

오답풀이

① 작품 속 주인공인 '나'는 무덤 같은 일제 치하의 환경 속에서 구더기처럼 비굴하게 살고 있는 당시 조선인들의 삶을 비난하고 있지만, 그들이 자주적으로 선택한 삶이라고 보

정답 및 해설

고 있지는 않다.

② 작품의 서술자인 '나'는 일제 치하에서 구더기처럼 굴종하며 살아가는 조선인들을 비난하고 있다. 그러므로 일본에 기대어야 한다는 생각을 벗어나지 못한 것은 아니다.

③ 작품 속 일본 유학생인 '나'는 구습에 젖은 당시 조선인들의 삶에서 희망을 찾거나 극복 방안을 제시함이 없이 비난만 하는 지식인의 한계를 드러내고 있다. 그러므로 '나'가 희망을 발견하려는 자신이 우월하다는 생각은 찾을 수 없다.

⑤ 작품 속 중인공인 '나'는 시대에 뒤떨어진 조선 민중의 삶에 안타까움과 분노의 태도를 보이며 자조하고 있지, '나'가 일본인들의 잘못을 비난하는 모습은 보이지 않는다.

[16~19] 독서 - 과학

16 ② 1문단에서 유전자 치료 중 현재 가장 발전한 것이 3세대 유전자 가위인 크리스퍼 시스템이라고 정의한 후, '일정한 스페이서를 둔 서열의 발견', '크리스퍼 시스템과 적응 면역의 관련 가능성', '인간의 유전자에 크리스퍼 시스템의 적용' 등 그와 관련된 사항들을 구체적으로 설명하고 있다. 그러므로 "대상을 정의한 후, 그와 관련된 사항들을 구체적으로 설명하고 있다"는 ②의 내용이 제시문의 서술 방식으로 가장 적절하다.

17 ④ ⓒ 박테리아 유전체에서 일정한 스페이서를 둔 서열이 발견된 것은 1987년이다.

ⓐ 세균의 유전자에 존재하는 특정한 반복 염기서열을 크리스퍼로 명명한 것은 2002년이다.

ⓑ 크리스퍼 시스템과 적응 면역의 관련 가능성을 실험적으로 증명한 것은 2007년이다.

ⓓ 인간의 유전자에 크리스퍼 시스템을 사용할 수 있음을 확인한 것은 이듬해인 2008년이다.

18 ④ 제시문에 따르면 근본적인 원인이 되는 비정상 유전자를 고치는 것을 유전자 치료라고 하는데, 이것은 질병의 원인이 되는 표적 염기서열을 절단하는 것이다. 그래서 1세대의 징크핑거 뉴클레아제, 2세대의 탈렌에 이어 크리스퍼 시스템을 3세대 유전자 '가위'라고 한다. 그러므로 ④의 '가이드 RNA와 카스에 의한 표적 염기서열 절단'이 크리스퍼 시스템의 핵심적인 작동 기제라고 볼 수 있다.

19 ③ 5문단의 말미에 크리스퍼 시스템이 아직까지는 기술적 정확성 면에서 한계가 있고 유전자 변이를 완벽히 통제하지 못하고 있다는 제약을 가지고 있으므로, 우생학적 편견 같은 잘못된 가치관을 만났을 때 잘못 이용되지 않도록 유전자 편집의 경계 기준을 기술적인 차원에서뿐 아니라 생명 윤리 차원에서도 다루어질 필요가 있다고 당부하고 있다. 이것은 크리스퍼 시스템이 ③에서처럼 생명 윤리 차원에서 우생학적 편견을 안고 있는 방법이라고 단정하고 있는 것은 아니다.

오답풀이

① 2문단에서 크리스퍼 시스템은 기술적으로 비교적 다루기 쉽고 비용이 적게 든다는 장점이 있어 〈사이언스〉에서 가장 혁신적인 기술로 선정되었다고 서술되어 있다.

② 4문단의 마지막 문장에 인간을 포함한 고등생물에서도 이 크리스퍼 시스템이 사용될 수 있다는 것이 증명되었다고 서술되어 있다.

④ 5문단의 첫 번째 문장에 크리스퍼 시스템은 생명과학 분야에서 유전자 교정을 통해 동식물의 생산량과 안정성을 조절하는 데 기여할 수 있다고 서술되어 있다.

⑤ 1문단의 마지막 문장에 3세대 유전자 가위인 크리스퍼 시스템이 현재까지는 기술적으로 가장 발전한 유전자 치료 방법이라고 서술되어 있다.

[20~23] 독서 - 경제

20 ⑤ 5문단에서 여느 고객이 누리는 혜택에 더하여 배타적이고 고객 특화적인 추가 혜택이 주어지며 무료 혜택이 함께 부여되는 소비자는 구독료가 비싸더라도 구독 서비스에 충성한다고 하였다. 그러므로 구독 서비스가 충성도 높은 소비자를 유지하기 위해 반드시 값싼 구독료를 유지하는 일반적인 전략을 선택하는 것은 아니다.

오답풀이

① 1문단에서 구독은 '정기적으로 내는 기부금, 가입, 모금, (서비스) 사용'으로 정의되며, 3문단에서 구독은 소비자가 비용을 지불한 이후에도 계약 기간 동안 그 관계가 지속된다고 하였다. 그러므로 구독 서비스는 비용을 지불한 서비스의 계약 기간을 조건으로 한다고 볼 수 있다.

② 3문단에 따르면 기존의 판매는 판매자가 상품을 소비자에게 건네주고 소비자가 그에 맞는 비용을 지불함으로써 그 관계가 일단 완성되는 반면, 구독은 소비자가 비용을 지불한 이후에도 계약 기간 동안 그 관계가 지속된다고 설명하고 있다.

③ 4문단에 모바일 기술이나 콜드 체인 기술 같은 발전된 기술로 인해 판매자와 소비자가 직접 연결될 수 있게 되었고, 소비자의 요구에 따라 특화되거나 개별화된 상품을 신속하게 제공하는 것이 가능하게 되었다고 서술되어 있다.

④ 4문단에 기술적 발전 외에도 가치 소비 세대로서 밀레니얼

세대가 새로운 소비 주체로 등장하게 된 것도 구독 경제의 규모를 키우는 주요한 요인이 되었다고 서술되어 있다

21 ④ 4문단에서 전통적인 유통 채널은 일방향성이라는 소통적 특성과 시간적 지연이 있는 반면에, 구독 서비스는 모바일 기술이나 콜드 체인 기술 같은 발전된 기술로 인해 판매자와 소비자가 직접 연결될 수 있게 되었고, 기업이나 판매자가 소비자와 쌍방향적으로 직접 소통하며 소비자의 요구에 따라 특화되거나 개별화된 상품을 신속하게 제공하는 것이 가능하게 되었다고 서술되어 있다. 그러므로 ④의 '유통 채널의 직접성과 쌍방향성'이 판매와 비교하여 구독 서비스가 갖는 특징으로 가장 적절하다.

오답풀이

① 소비자는 소유에 의한 독점적 이용도 가능하므로, '상품의 독점적 사용'이 구독 서비스만의 특징은 아니다.
② 기업이 소비자의 수요를 고려하여 싸고 질좋은 제품을 판매하는 것은 기본이므로, '상품의 저렴한 가격'이 구독 서비스만의 특징은 아니다.
③ '상품의 높은 품질과 명성'은 충성 고객을 유도하기 위해 전통적인 판매자와 구독 서비스 모두 필요로 하는 특징이다.
⑤ 기업이 소비자의 수요를 고려하여 싸고 질좋은 제품을 판매하는 것은 전통적인 판매의 특징이다.

22 ① 4문단에서 전통적인 유통 채널은 일방향성이라는 소통적 특성과 시간적 지연으로 인해 소비자의 욕구와 불만을 후속 판매에 반영하는 데 제약이 있다고 설명하면서, 소유를 전제로 한 이러한 경제 모델은 미래에도 존재할 것이라고 단서를 달고 있다. 그러므로 미래에는 소유를 목적으로 한 소비는 사라질 것이라는 ①의 설명은 윗글의 맥락과 일치하지 않는다.

오답풀이

② 4문단에서 기술적 발전, 1인 세대의 증가, 새로운 소비 주체로 밀레니얼 세대의 등장 등이 구독 경제의 규모를 키우는 주요한 요인이라고 설명하고 있다. 그러므로 구독 경제가 오늘날 경제에서 규모를 키워가고 있음을 알 수 있다.
③ 4문단에서 기술적 발전 외에 1인 세대가 증가한 것 그리고 가치 소비 세대로서 밀레니얼 세대가 새로운 소비 주체로 등장하게 된 것도 구독 경제의 규모를 키우는 주요한 요인이 되었다고 서술되어 있다. 그러므로 구독 서비스의 활성화는 세대 구성의 변화와 밀접한 관련이 있다고 볼 수 있다.
④ 4문단에서 구독 서비스의 등장을 통해 기업이나 판매자가 소비자와 쌍방향적으로 직접 소통하며 소비자의 요구에 따라 특화되거나 개별화된 상품을 신속하게 제공하는 것이 가능하게 되었다고 설명하고 있다. 그러므로 구독 서비스에서는 소비자가 상품 생산에 직접적인 영향을 끼치기도 한다는 설명은 타당하다.
⑤ 5문단에서 소비자의 반복된 구독에 의해 생산되는 구독 정보를 구독 서비스의 비용 절감을 위한 평가 및 예측 정보로 활용할 수 있고 나아가 상품이나 서비스와 직접 관련이 없는 소비자 정보까지도 빅데이터로 활용하여 새로운 사업 진출에 중요한 판단 근거로 활용할 수 있다고 하였다. 그러므로 소비자의 구독 정보는 해당 구독 서비스 외의 목적을 위해서도 활용될 수 있다.

23 ④ 〈보기〉의 사례는 꽃 구독 서비스이다. 〈보기〉의 마지막 문장에서 꽃 구독 서비스는 자주 꽃을 사서 직접 장식하기에는 시간과 노력의 부담이 있지만 집을 아름답고 생기 있게 꾸미고자 하는 젊은 가치 소비 세대에게 특히 호응을 얻고 있다고 설명하고 있다. 그러므로 새로운 소비 주체로써 가치 소비 세대인 밀레니얼 세대의 등장을 언급한 4문단 다음(ⓔ)에 들어가는 것이 가장 적절하다.

[24~27] 독서 – 사회

24 ② 제시문에는 집단 내 가스라이팅 방식과 그 극복 방안 등에 대해 설명하고 있으나, 개인적 차원의 가스라이팅이 발생하는 원인이나 발생 방식 등에 대한 설명은 제시되어 있지 않다.

오답풀이

① 1문단에 '가스라이팅'이란 용어는 1944년 조지 쿠커가 감독한 영화 〈가스등(Gaslight)〉에서 유래했다고 제시되어 있다.
③ 2문단에 집단 내 가스라이팅은 특히 억압적 질서와 과잉된 친밀함을 제도화하고 있는 집단에서 강한 권력관계에 의한 불평등한 위계질서를 바탕으로 나타난다고 서술되어 있다. 그러므로 가스라이팅이 일어나는 집단은 억압적 질서와 과잉된 친밀함을 제도화하고 있다는 특징을 보인다.
④ 4문단에서 집단 내 가스라이팅은 상급자에 의해 저질러지는 위계에 의한 성폭력 즉 권력형 성범죄를 포함하여 조직 내 괴롭힘의 형태인 폭력, 갑질, 업무 과중, 따돌림 등의 다양한 방식으로 이루어진다고 서술되어 있다.
⑤ 5문단에 가스라이팅을 당하지 않거나 거기서 벗어나기 위해서 집단의 구성원은 자신의 목소리를 낼 수 있어야 할 뿐 아니라 그 목소리를 키우기 위해 같은 처지의 구성원들과 연대해야 한다고 그 극복 방법을 제시하고 있다.

25 ⑤ 제시문에 따르면 가스라이팅은 지속적인 심리 조작으로 피해자가 자기 불신과 가해자에 대한 자발적 순종 또는 의존을 하게 만드는 심리적 억압 기제를 갖는다고 하였다. 그러

므로 심판의 날이 다가왔다며 종말에 대한 지속적인 심리 조작으로, 신도들 스스로 지옥에 떨어질 수 있다는 불신을 조장하고, 모든 재산을 헌납하고 종교활동에만 몰두하도록 지속적으로 세뇌하는 가해자인 신흥 종교의 교주에게 자발적으로 순종 또는 의존하게 만드는 것은 가스라이팅에 대한 가장 적절한 사례로 볼 수 있다.

오답풀이

① "내가 없어서 그래."라는 말은 친구의 자기 확신이며, 가스라이팅의 요소인 피해자의 자기 불신에 대한 태도가 아니므로 가스라이팅의 적절한 사례로 볼 수 없다.
② 사회의 급격한 인구 감소는 사회 현상에 해당하고, 토론자의 주장은 심리적 억압 기제가 아니므로 가스라이팅의 적절한 사례로 볼 수 없다.
③ 목숨을 바쳐 조국을 지키는 것은 가스라이팅의 요소인 심리적 억압 기제나 불신의 대상이 아니며, 보편적 가치를 지닌 숭고한 정신이다.
④ 학생들에게 명문대에 합격해 줄 것을 부탁하는 교장의 훈시는 당부이자 격려이지, 가스라이팅의 요소인 심리적 억압 기제가 아니다.

26 ① 5문단에서 가스라이터는 자기 주관이 약하고 의존적인 심리를 갖는 사람을 표적으로 삼는다고 하였으므로, 자기 주관이 강한 사람이 주로 가스라이팅의 표적이 된다는 ①의 설명은 옳지 못하다.

오답풀이

② 3문단에서 심지어 가스라이팅을 자신의 무지와 무능 때문에 받는 처벌처럼 받아들이며 피해자가 자책하는 경우도 있다고 설명하고 있다.
③ 2문단에서 '집단 내 가스라이팅'은 억압적 질서와 과잉된 친밀함을 제도화하고 있는 집단에서 강한 권력관계에 의한 불평등한 위계질서를 바탕으로 나타난다고 서술되어 있다.
④ 3문단에 따르면, 집단의 권력 관계가 강해지면 더 커지는 권력 거리를 은폐하기 위해 집단 내 친밀성은 더 강하게 요구되며, 가해자는 친밀함으로 위장된 권력 관계를 이용하여 하급자에 대한 가스라이팅을 일상화한다.
⑤ 4문단에서 피해자의 동료들이 침묵으로 가스라이팅의 방관자가 되고 무력감으로 인해 피해자와 동료들 모두가 순응하게 됨으로써 가스라이팅에 참여하게 된다고 설명하고 있다.

27 ③ 3문단에서 집단 내 가스라이팅'으로 인해 피해자는 가스라이팅을 심지어 자신의 무지와 무능 때문이라며 자책하게 되고, 자신이 겪는 고통도 해결할 수 없기에 가해자에게 의존할 가능성도 더 커진다고 하였다. 즉, ⓒ의 '아이러니한 것'은 가스라이팅의 고통에서 벗어나려고 가해자인 가스라이터에게 더 의존하는 것을 의미한다.

[28~32] 고전 시가 복합

(가) 정철, 「속미인곡」
- 갈래 : 양반 가사, 서정 가사, 정격 가사
- 성격 : 서정적, 충신연주지사
- 제재 : 임에 대한 그리움
- 주제 : 연군의 정
- 특징
  - 대화 형식으로 내용을 전개함
  - 여성 화자의 목소리로 노래함
  - 세련되고 뛰어난 우리말 표현을 구사함

(나) 박인로, 「누항사」
- 갈래 : 양반 가사, 은일 가사, 정격 가사
- 성격 : 고백적, 사실적, 전원적, 사색적
- 제재 : 안분지족의 생활
- 주제 : 누항에 묻혀 사는 선비의 곤궁한 삶과 안빈낙도의 추구
- 특징
  - 운명론적인 인생관이 나타남
  - 농촌의 일상생활과 관련된 어휘들과 어려운 한자어가 많이 쓰임
  - 자연에 은밀하면서도 현실의 어려움을 직시하는 삶을 사실적으로 드러냄

(다) 작자 미상, 「시집살이 노래」
- 갈래 : 민요, 부요(婦謠)
- 성격 : 여성적, 서민적, 풍자적, 해학적
- 제재 : 당대 여성의 고통과 애환
- 주제 : 시집살이의 어려움과 한(恨)
- 특징
  - 언어 유희를 통해 가사에 재미를 줌
  - 시집살이 상황을 해학적으로 그려 냄
  - 대화와 문답의 형식으로 주제 의식을 강화함
  - 대구, 대조, 반복, 열거 등 다양한 표현법을 사용함

28 ② (가)는 을녀가 갑녀와의 대화를 통해 임과 이별한 사연을 서술하고 있지만 그것을 자신과 조물주의 탓으로 돌리고 있으므로, 억울한 일을 당한 원통함의 정서라고 볼 수는 없다. (나) 또한 선비의 궁핍한 농촌 생활을 묘사하고 있지만 억울한 일을 당한 원통함의 정서는 보이지 않는다.

오답풀이

① (가)는 화자와 보조 화자인 '갑녀'와의 대화를 통해 연군의 마음을 전달하고 있고, (나)는 대화체와 일상 언어로 화자의 궁핍한 삶을 묘사하고 있으며, (다)는 대화와 문답 형식으로 시집살이라는 주제 의식을 표현하고 있다.

③ (가)는 여성 화자의 목소리로 연군지정을 노래하고 있고, (다)는 화자인 여성 아낙을 등장시켜 시집살이의 어려움과 애환을 표현하고 있다.

④ (가)에 비해 (나)는 농사를 지을 소가 없어 소를 빌리러 간 데서 화자의 경제적 궁핍이 구체적으로 그려져 있다.

⑤ (가)에 비해 (다)는 밭에 당추와 고추 심기, 밥상 차리기, 물 긷기와 방아 찧기, 아홉 솥에 불 때기, 열두 방에 자리 걷기 등 화자가 시집살이를 통해 겪는 실제적인 어려움이 나타나 있다.

29 ② (가)는 날씨, 식사, 수면 등 건강과 관련하여 '님'에 대한 화자의 걱정을 드러내고 있는 반면에, 〈보기〉는 '님'과의 이별로 인해 한숨짓고 눈물 흘리는 화자의 현재 처지를 나타내고 있다.

오답풀이

① (가)와 (나) 모두 '님'과의 이별을 소재로 시상을 그려내고 있다.

③ (가)는 '님'과의 이별을 자신의 탓으로 돌리는 슬픔과 자책의 감정을 보이고 있으며, 〈보기〉 또한 '님'과의 이별로 분노와 절망이 아닌 슬픔과 눈물을 표현하고 있다.

④ (가)와 (나)의 화자 모두 '님'과의 이별로 인한 슬픔에 경박하고 소심한 태도가 아니라 정중하고 우아한 태도를 보이고 있다.

⑤ (가)는 '빅옥경(白玉京)'과 같은 고유어의 사용은 보이나 고사성어를 사용한 시구는 보이지 않는다. 〈보기〉는 '광한뎐(廣寒殿)', '연지분(臙脂粉)' 등의 한자어의 사용은 보이나 한시구의 사용은 보이지 않는다.

30 ③ (나)는 당시의 음식인 기름에 튀긴 수꿩 음식과 삼해주가 소재로 쓰였고, (다)는 밥상 차리기, 물 긷기와 방아 찧기, 아홉 솥에 불 때기, 열두 방에 자리 걷기 등 시집살이를 통한 가사노동의 양상이 반영되어 있다.

오답풀이

① (나)는 농촌의 일상을 사실적으로 묘사하고 있으며, (다)는 아낙네의 가사노동을 통한 혹독한 시집살이가 묘사되어 있다.

② (나)는 화자가 이른 저녁인 초경(初更)에 소를 빌리러 가고 있지만, 시간의 역전을 통한 시상 전개는 보이지 않는다. (다)는 밭, 부엌, 우물, 방앗간 등의 공간 배치를 통해 가사노동의 시상을 전개하고 있다.

④ (나)는 농촌 생활의 어려움을 직시하는 삶을 사실적으로 묘사하고 있으나 상징적이고 역설적인 표현은 보이지 않는다. (다)는 언어 유희를 통해 가사에 재미를 주고 시집살이 상황을 해학적으로 그려내고 있다.

⑤ (나)는 농사의 현실적 어려움을 대화를 통해 사실적으로 묘사하고 있으나 대상을 풍자하고 있지는 않다. (다)는 서사적인 상황이 아니라 대화와 문답을 통해 혹독한 시집살이라는 주제 의식을 강화하고 있다.

31 ⑤ (가)의 ㉠은 백옥경을 떠나 '님'과 어떻게 이별하게 되었는지 묻는 갑(甲)녀의 질문에 을(乙)녀인 화자의 발화를 유도하여 '님'과의 이별이라는 주제를 드러내고 있다. (다)의 ㉡은 화자가 형님에게 시집살이가 어떻냐고 물음으로써 형님의 발화를 통해 문답 형식으로 시집살이라는 주제를 이끌어내고 있다.

32 ① 화자는 임을 믿어 아무 생각 없이 한 ⓐ의 행동으로 반기시는 얼굴빛이 옛날과 다르다고 하였고, 이로 인한 '님'과의 이별을 자신의 탓으로 돌리고 있다. 그러므로 ⓐ의 행동은 자기의 행동에 대한 자부심과 만족감이 아니라 후회와 자책감이 드러난 것이라 볼 수 있다.

오답풀이

② 물같이 연약하여 몸이 편한 적이 없었다고 '님'의 건강을 염려하는 모습에서 ⓑ을 통해 화자가 예전에 '님'을 모신 적이 있음을 드러내고 있다.

③ 화자가 소를 빌리러 갔으나 건넛집 사람에게 소를 빌려주기로 되어 있어, 소 주인이 부탁을 들어주기 어렵다는 거절의 뜻을 ⓒ를 통해 완곡하게 전달하고 있다.

④ '푸르다'는 세력이 당당함을 비유한 말로 ⓓ의 비교를 통해 화자를 힘들게 하는 시어머니의 시집살이가 혹독함을 나타낸다.

⑤ 식구들의 시집살이도 힘든데 우는 아이로 인한 자녀 양육이 화자를 더욱 힘들게 하는 마음의 고통을 ⓔ를 통해 나타내고 있다.

[33~37] 고전 소설

(가) 허균, 「홍길동전」
- 갈래 : 고전 소설, 한글 소설, 영웅 소설
- 성격 : 현실 비판적, 영웅적, 전기적
- 시점 : 전지적 작가 시점

• 배경
– 시간 : 조선 시대
– 공간 : 조선국과 율도국
• 제재 : 적서 차별
• 주제 : 모순된 사회 제도의 개혁과 이상 사회의 건설
• 특징
– 우리나라 최초의 국문 소설임
– 사회 제도의 불합리성을 비판함
– 영웅의 일대기 구조가 드러나며 전기적 요소가 강함
– 불합리한 사회 제도에 대한 저항 정신이 반영된 현실 참여 문학임

(나) 작자 미상, 「유충렬전」
• 갈래 : 국문 소설, 영웅 소설, 군담 소설
• 성격 : 영웅적, 전기적, 비현실적
• 시점 : 전지적 작가 시점
• 배경 : 중국 명나라
• 주제 : 유충렬의 고난과 영웅적 행적
• 특징
– 천상계와 지상계의 이원적 공간 설정
– 유교, 불교, 도교 사상이 작품에 반영됨
– 전형적인 영웅 일대기 구조 속에서 사건이 전개됨

33 ③ (가)에서는 첫 번째 첩 초란이 길동의 비범한 재주가 장차 화근이 될까 두려워 특재라는 자객을 고용하여 길동이를 해하려 한다. (나)에서는 정한담이 충렬의 아버지인 유심을 모함하여 귀양을 보내게 한 후 유심의 집에 불을 놓아 충렬 모자마저 살해하려고 한다. 즉, (가)와 (나)는 모두 주인공 측과 적대자 측의 갈등이 심각한 양상으로 나타난다.

오답풀이

① (가)에서는 서자로 태어난 길동이가 적대자 측의 공격을 방어한 후 아버지에게 인사를 드리고 집을 떠나게 되며, (나)에서는 충렬 모자가 적대자 측의 공격을 피해 목숨을 부지한다. 그러므로 (가)와 (나) 모두 적대자 측이 주인공의 부모 상봉을 방해하는 것은 아니다.
② (가)에서는 길동이 위기에 빠질 것을 스스로 직감하고 대처한 반면에, (나)에서는 꿈속에 나타난 한 노인의 구원 덕택에 위기를 모면하고 목숨을 구한다.
④ (가)와 (나) 모두 전기적 요소가 강한 영웅의 일대기를 그린 작품으로 주인공의 내면적 고뇌보다는 행동과 태도가 중점적으로 나타난다.
⑤ (가)에서는 초란이 자객 특재를 고용하여 길동이를 죽이려 하고, (나)에서는 정한담이 유심의 집에 불을 놓아 충렬 모자마저 살해하려고 한다. 즉, (나)에서도 적대자 측에 대한 주인공 측의 포용은 보이지 않는다.

34 ⑤ (가)에서는 길동이가 자객의 습격에 죽음을 모면한 후 집을 나와 활빈당을 세우고 율도국의 왕이 된다. (나)에서는 정한담의 습격을 가까스로 모면한 충렬이 후에 도술을 연마하여 반란을 꾀한 정한담을 물리치고 위기에 빠진 나라를 구한다. 그러므로 (가), (나) 모두 최종의 성공에 이르기 위해 영웅이 역경에 처하여 고난을 겪는 과정을 묘사하고 있다.

오답풀이

① (나)의 충렬은 개국 공신의 후예인 유심의 아들로써 고귀한 혈통으로 태어났지만, (가)의 길동은 첩의 아들인 서자 출신으로 태어났다.
② (나)에서는 '옥황께서 주신 아들'이라는 장 부인의 꿈속에 나타난 노인의 말을 통해 영웅이 당하는 고난의 동기가 비정상적인 출생에 있음을 보여주고 있으나, (가)에서는 길동의 비범한 출생이 보이지 않는다.
③ (가)에서는 길동이가 비범한 능력을 발휘하여 초란의 사주를 받은 자객 특재의 공격을 물리치지만, (나)의 충렬 모자는 한담의 공격에 가까스로 도망하여 살아남는다.
④ (가)에서는 길동이 위기에 빠질 것을 스스로 직감하고 대처한 반면에, (나)에서는 꿈속에 나타난 한 노인의 구원 덕택에 위기를 모면하고 목숨을 구한다.

35 ① 자객 특재가 길동과 대면하며 한 ㉠의 말에는 길동을 죽이려고 하는 이유를 설명하고 있으나, 초란으로부터 돈을 받았다는 내용은 직접적으로 언급되어 있지 않다. 그러므로 ㉠의 말이 길동이 특재의 재물 욕심을 꾸짖는 이유가 된 것은 아니다.

오답풀이

② 자객 특재가 초란의 사주를 받아 길동을 죽이려 한 것이므로 길동에게 개인적인 원하는 없다는 것이다. 그러므로 ㉠은 특재가 자신에게 잘못이 없다는 이유를 댄 것이다.
③ 초란이가 무녀인 관상녀와 함께 길동이를 죽일 계획을 세운 것은 맞으나 길동의 아버지인 상공과 의논한 것은 아니다. 즉, ㉠은 특재가 이전의 상황에 거짓을 덧붙여 말한 것이다.
④ 초란의 사주를 받은 특재가 길동을 죽이기 위해 밤에 길동의 거처를 습격하였으나, 길동이 이를 눈치 채고 둔갑술로 피한 후 특재와 대면한다. 그러므로 ㉠은 특재와 길동이 날카롭게 대립하는 중에 나온 말이다.
⑤ 길동은 ㉠의 말을 통해 특재가 자신을 죽이려는 이유를 알고는 분한 마음을 이기지 못하고 그날 밤 바로 관상녀를 찾아가 그녀를 죽인다. 그러므로 ㉠은 관상녀를 죽이는 길

동의 행동을 촉발하는 계기로 작용하였다.

36 ② ㉡에는 정한담의 습격을 피해 도망하는 충렬 모자의 고난의 과정이 작가의 시선으로 잘 묘사되어 있을 뿐, 사건 전개상 이후의 사건을 암시하는 복선은 나타나 있지는 않다.

오답풀이

① ㉡에는 자신들을 죽이려는 정한담의 습격을 피해 도망하는 충렬 모자의 고난의 과정이 잘 묘사되어 있다.

③ (나)는 전지적 작가 시점으로, ㉡에서 알 수 있는 것처럼 인물과 사건에 대한 서술자의 직접적인 개입이 나타나 있다.

④ ㉡에서 '백옥 같은 몸에 유혈이 낭자하고 월색같이 고운 얼굴 진흙빛이 되었으니'라는 표현을 통해, 평상시의 고귀한 모습과 대조하여 고난의 현재 모습을 부각하고 있음을 알 수 있다.

⑤ ㉡에서 '불쌍하고 가련함은 천지도 슬퍼하고 강산도 비감한다'는 표현을 통해, 독자의 동정심을 유발하기 위해 감정을 자극하는 표현을 쓰고 있음을 확인할 수 있다.

37 ③ ⓒ의 '남가일몽(南柯一夢)'은 '덧없는 꿈'을 의미하는 것으로, 충렬의 어머니인 장 부인이 꾼 꿈을 말한다. 즉, 장 부인의 꿈속에서 한 노인이 나타나 곧 위험이 닥치니 충렬을 데리고 피하라는 내용이다.

오답풀이

① ⓐ의 '첩첩산중(疊疊山中)'은 '여러 산이 겹치고 겹친 산속'을 뜻하며, 현실 속 배경이 아닌 길동의 진언으로 나타난 환상 속 배경이다.

② ⓑ의 '진퇴유곡(進退維谷)'은 '이러지도 저러지도 못하는 꼼짝할 수 없는 궁지'로, 길동을 죽이러 온 특재가 길동이 도술로 만든 조화 속에 갇힌 상황을 묘사하고 있다.

④ ⓓ의 '일진광풍(一陣狂風)'은 '한바탕 몰아치는 사나운 바람'을 뜻하며, 한담의 나졸들이 충렬 모자를 죽이기 위해 묻은 화약 염초가 폭발했음을 의미한다.

⑤ ⓔ의 '추풍낙엽(秋風落葉)'은 '가을바람에 떨어지는 낙엽'을 뜻하며, 화약 염초의 폭발로 충렬의 집과 세간이 무너진 것을 묘사한 것이다.

[38~41] 독서 – 사회

38 ④ 3문단에서 20세기에 장애인들이 경험했던 배제와 의존성은 자본주의의 초기에 손상을 지닌 사람들이 '비생산적'이고 의존적인 존재로 강등되었던 사실에서 기원을 찾을 수 있다며, 사회적 모델론이 초기 자본주의가 장애에 끼친 영향을 다루고 있음을 밝히고 있다.

오답풀이

① 1문단에서 장애가 오로지 의료나 복지의 문제로만 취급되는 것에 반대하면서, 이를 사회적 억압의 한 형태로 재공식화하는 작업은 1970년대 영국에서 시작되었다고 서술되어 있다. 그러므로 1970년대 이전에는 장애를 의료와 복지의 문제로 취급하였음을 알 수 있다.

② 마지막 문단에 따르면 사회적 모델론자들은 손상을 지닌 삶에 대한 개인적 경험은 장애학의 관심사가 아니라며 이의 중요성을 간과하였고, 이에 대한 비판으로 손상에 대한 체험의 중요성을 강조하는 손상의 사회학과 몸의 사회학이 제기되었다.

③ 5문단에서 코커는 사회적 모델이 견지하는 유물론에서는 인간의 행위 주체성이 누락되고, 담론은 사회 구조의 부수적 효과로 간주되기 때문에, 행위 주체성도 담론도 사회 변화를 위한 초점이 될 수 없다고 비판하였다.

⑤ 4문단의 마지막 문장에서 지구적 자본주의 또는 초자본주의로 특징지어지는 현재의 경제 제도들이 손상을 지닌 사람들의 사회적 위상을 어떻게 변화시키고 있는지를 검토해야 한다고 서술되어 있다.

39 ③ 의료적 모델과 사회적 모델은 그 접근 방법과 해결책을 달리하지만, 장애가 손상 자체로부터 야기된다는 사실은 의료적 모델이든 사회적 모델이든 장애의 공통적 원인이므로 그러한 원인이 의료적 모델에 대한 사회적 모델의 반박 근거는 되지 못한다.

오답풀이

① 장애를 손상과 동일한 것으로 보는 의료적 모델에 대해 사회적 모델은 장애를 사회적 억압의 측면에서 손상과 구분되는 개념으로 이해하고 있다.

② 장애를 신체적인 손상으로 보고 이를 치료하여 회복하려는 의료적 모델에 대해 사회적 모델은 장애를 노동 시장에서의 배제나 강요된 빈곤 등 사회 제도에 의한 제약으로 이해하고 있다.

④ 장애를 개인적은 문제로 간주하는 의료적 모델에 대해 사회적 모델은 장애를 손상을 지닌 사람들과 그렇지 않은 사람들 간의 사회적 관계의 결과로 이해하고 있다.

⑤ 의료적 모델이 장애에 대한 해결책을 지식과 기술을 지닌 전문가에게 맡기는 것과 달리, 사회적 모델은 장애에 대한 해결책이 사회의 책임 하에 있으며 '장애인 운동'과 같은 하나의 사회적 양상으로 나타난다.

40 ③ 기술의 발달은 장애인을 사회적 의존 상태에서 벗어나게 하는 것이 아니라 장애 보조 기술이나 보조 장치 등 기술 의존도를 심화시키므로 점점 더 의존적인 존재로 만든다.

오답풀이

① ⓒ에서 손상을 지닌 사람들에 관한 부정적인 사회 문화적 인식들이 장애를 구성하는 역할을 하고 있다고 하였으므로, 장애 보조 기술이나 보조 장치 또한 장애를 두드러져 보이게 하므로 장애를 구성하는 데 사회 문화적 인식들이 역할을 하고 있다고 볼 수 있다.

② ⓒ에서 혐오스러운 것으로 속성화된 신체적·행동적 차이를 지닌 사람들을 제약한다고 하였으므로, 장애 보조 기술이나 보조 장치의 사용 또한 신체적·행동적 차이가 드러나기에 사회적 제약을 받을 수 있다.

④ ⓒ에서 손상을 지닌 사람들에 관한 부정적인 사회 문화적 인식들이 장애를 구성하는 역할을 하고 있다고 하였으므로, 기술이나 장치의 사용으로 숨겨져 있던 장애를 드러내고 이를 통해 장애의 낙인 효과를 발생시키는 '보조 기술 낙인' 또한 장애에 대한 일종의 사회 문화적 인식이라 할 수 있다.

⑤ ⓒ에서 손상을 지닌 사람들에 관한 부정적인 사회 문화적 인식들이 장애인들의 자존감과 정체성을 심각하게 훼손한다고 하였으므로, 장애의 낙인 효과를 발생시키는 '보조 기술 낙인' 또한 장애인의 자존감과 정체성을 훼손시킬 수 있다.

41 ① 제시문에 따르면 장애인 운동을 계기로 의료나 복지 문제로만 취급하던 장애를 사회 문제로 취급하는 사회적 모델론이 제시되었다. 또한 장애학의 중심 사상이 된 사회적 모델론은 장애인 운동에 공감하는 장애 단체들을 불러 모아 사회생활의 모든 영역에서 장애인 운동을 다면화시키는 계기가 되었다. 그러므로 ⓐ의 '장애인 운동'과 ⓑ의 '사회적 모델론'은 서로 영향을 주고받는 상호 계기적 관계라고 볼 수 있다.

[42~45] 독서 – 윤리

42 ⑤ 2문단에서 윤리적 이타주의는 타인의 이익을 위해 행동해야 한다는 입장으로 이는 성인(聖人)의 경지라고 하겠지만, 가족을 위할 때나 익명으로 기부할 때처럼 평범한 이들도 이러한 행위를 할 수 있다고 서술되어 있다. 그러므로 "성인이 아닌 평범한 사람은 타인을 위한 행위를 할 수 없다."는 ⑤의 설명은 적절하지 못하다.

오답풀이

① 3문단에서 윤리적 이기주의자들은 자신의 입장이 심리적 이기주의를 기반으로 성립한다고 주장하고 있으며, 심리적 이기주의가 타당하다면 인간은 자기 이익을 위해 행동하는 것이 마땅하다는 윤리 규범도 성립하는 것으로 설명하고 있다.

② 7문단의 마지막 문장에 이기심이 맹목적으로 지금 당장 자신만 위하게끔 하는 경향 외에 무엇이 자신에게 장기적으로 더 이익이 될 것인지 고려하면서 타인과 협력하거나 상호부조를 하게끔 하는 합리적인 경향으로도 나타날 수 있다고 서술되어 있다.

③ 6문단에서 심리적 이기주의를 기반으로 윤리적 이기주의가 성립한다는 주장은 근거가 빈약할뿐더러 윤리적 이타주의로 되돌아가도 인간의 모든 행위를 포괄할 수 없다고 설명하고 있다.

④ 2문단에서 타인의 이익을 위해 행동해야 한다는 입장인 윤리적 이타주의는 무엇이 타인을 위한 행위가 되는지 모를 수 있다고 설명하고 있다.

43 ② 2문단에서 윤리적 이타주의를 행하는데 있어 무엇이 타인을 위한 행위가 되는지 모를 수 있고, 적절한 행위가 떠오른다고 해도 그것을 실제로 행할 능력이 없을 수도 있다고 하였다. 또한 〈보기〉에서 칸트는 마땅히 해야 할 것이라 해도 실천할 수 있어야 규범이 될 수 있다고 설명하고 있다. 그러므로 이타적인 행위가 아무리 옳다고 해도 실천할 수 없다면 ⓒ의 '윤리적 이타주의'는 규범으로 성립할 수 없다.

44 ④ 5문단에서 자신과 타인의 이익 대신 오로지 도덕적으로 옳은 것만을 고려하는 의무적 동기에는 그 이면에 자기 이익이라는 동기가 반드시 숨어 있을 것이라고 하였다. 그러므로 말기 암 환자에게 암에 걸린 사실을 알려주고자 한 ⓓ의 행위가 진실을 알려줌으로써 환자에게 죽음에 대비할 시간을 주려고 했을 것이라는 해석에는 자기 이익이라는 동기가 숨어 있지 않으므로 바른 해석으로 볼 수 없다.

오답풀이

① 타인에게 해를 끼치는 악의적 동기는 오로지 자신의 이익만 추구하는 이기적 동기의 변형으로, 그 이면에 자기 이익이라는 동기가 반드시 숨어 있을 것이다. 그러므로 재판에서 피고인을 빠뜨리려고 거짓 증언을 하는 ⓐ의 행위에는 그로 인해 얻는 유형무형의 이익이 반드시 있을 것이다.

② 자신과 타인의 이익을 같이 고려하는 합리적 동기는 자신의 이익을 우선으로 여기므로, 친구와 즐거운 시간을 보내려고 놀이공원에 가고자 하는 ⓑ의 행위는 자신의 즐거움이라는 이익을 보려 한 것이 우선일 것이며, 친구의 즐거움은 부수적일 것이다.

③ 타인의 이익만을 고려하는 이타적 동기는 겉으로는 이타적일지 몰라도 속으로는 심리적 자기만족이라는 동기가 숨어 있다. 그러므로 연인과 헤어진 동료에게 위로차 식사를 대접하고자 하는 ⓒ의 행위는 동료에게 자신이 인간적임을

드러내는 만족감을 느끼려 한 것이다.

⑤ 마음의 유덕한 성품에서 저절로 우러나오는 유덕한 동기는 그 이면에 자기 이익이라는 동기가 반드시 숨어 있을 것이다. 그러므로 길거리에 쓰러진 할머니를 측은하게 여기는 마음으로 돕고자 한 ⓔ의 행위는 할머니를 돕는 데 드는 노력과 시간보다 할머니를 외면함으로써 받을 도덕적 비난을 받지 않는 것이 더 낫다는 자기 이익의 동기가 숨어 있다.

45 ① 7문단에서 '합리적인 윤리적 이기주의'는 이기심이 맹목적으로 지금 당장 자신만 위하게끔 하는 경향 외에 무엇이 자신에게 장기적으로 더 이익이 될 것인지 고려하면서 타인과 협력하거나 상호부조를 하게끔 하는 합리적인 경향으로도 나타날 수 있음을 시사한다고 하였다. 즉, '합리적인 윤리적 이기주의'는 타인과 협력하거나 상호부조를 하게끔 하는 이기심이므로 〈보기〉의 사례에서 '그'를 포함한 모든 운전자들이 교통 규칙을 지키는 것이 더 이익이 된다고 믿었으니까 목적지에 빠르고 안전하게 도착하게 된 거라고 '그'에게 말할 수 있다.

2022학년도 기출문제 정답 및 해설

제1교시 국어영역

01 ①	02 ①	03 ②	04 ③	05 ①	06 ①
07 ①	08 ②	09 ②	10 ④	11 ④	12 ④
13 ③	14 ②	15 ⑤	16 ③	17 ③	18 ②
19 ⑤	20 ①	21 ②	22 ②	23 ④	24 ②
25 ①	26 ⑤	27 ⑤	28 ①	29 ②	30 ③
31 ④	32 ④	33 ⑤	34 ③	35 ⑤	36 ⑤
37 ③	38 ③	39 ④	40 ⑤	41 ⑤	42 ①
43 ②	44 ③	45 ④			

[01~05] 문법 – 언어

01 ① 외국인에게 있어 한국어의 어려움은 글의 6문단에서 통사 수준의 어려움은 음운 구조의 어려움보다 훨씬 더하다고 말하고 있다. '통사 구조가 한국어와 꽤 엇비슷한 일본어 화자의 경우'라는 문장에서 통사 구조는 문장에서 문장의 구성 요소들이 문장을 이루는 구조를 뜻한다. 한국어와 일본어의 문장을 이루는 구조는 엇비슷하며, 한국어와 일본어는 어순이 비슷하다는 것을 알 수 있다.

오답풀이

② 외국인이 한국어를 배우는 데 있어 어려움에 대한 것은 서술하고 있지만 배우려는 외국인이 늘고 있다는 내용에 대해선 서술하고 있지 않다.

③ 2문단에서 외국인이 한국어를 배우는 데 있어 음운 구조와 통사 구조가 주류 언어들과 크게 달라 어려움을 겪을 수밖에 없음을 말하고 있지만 음운 구조가 체계적이라는 점은 말하고 있지 않다.

④ 3문단의 한국어의 유성음에 대한 말과 4문단의 무성 평자음이 두 유성을 사이에서 유성 자음으로 변화하는 규칙에 대해 말했다. 5문단에서 대다수 한국인들도 이러한 음운 규칙이 일어나는 이유에 대해서는 모른다고 말하고 있다.

⑤ 2문단에서 많은 외국어는 조음부가 같은 자음에 대해 성대 울림 유무에 따라 변별된다고 말하고 있다. 한국어의 조음부는 공기의 흐름을 어떻게 방해하는지에 따라 이 자음들을 변별한다고 말하고 있다.

02 ① [A]에서 무성 평자음은 두 유성음 사이에서 유성 자음으로 변하는 규칙이다. 3문단에서 유성 자음에 대해 /ㄴ/ /ㄹ/ /ㅁ/ /ㅇ/ 소리 말고는 유성음 사이의 동화로만 실현되며, 무성 평자음 'ㄱ'은 그것을 둘러싼 모음의 영향을 받으면 유성음으로 변한다고 말하고 있다. 논리[놀리]는 무성 평자음에 해당하는 'ㄱ'이 없기 때문에 적절하지 않다.

오답풀이

② '독립문'에서 '독'의 받침 'ㄱ'에 '립'의 'ㄹ'이 연결되면 [ㄴ]으로 발음되고, 받침 'ㄱ'은 [ㄴ]으로 인해 [ㅇ]으로 발음되어 [동닙]으로 '닙'의 받침 'ㅂ'은 '문'의 'ㅁ'으로 인해 'ㅁ'으로 발음되어 [동님문]으로 발음한다. 이러한 규칙에 따라 '섭리'는 [섬니]로 발음한다.

③ 유음화 현상으로 'ㄹ'과 'ㄴ'이 가까이 있게 되면 'ㄴ'이 'ㄹ'에 동화하여 'ㄹ'로 바뀐다. 그러므로 '칼날'은 [칼랄]로 발음한다.

④ 연음 법칙에 해당하는 사례로, 앞 음절의 모음으로 시작되는 형식 형태소가 이어지면 앞 받침이 뒤 음절의 첫소리로 발음한다. 홑받침 또는 쌍받침이 모음으로 시작되는 조사, 모음으로 시작되는 어미, 접미사와 결합하는 경우와 겹받침의 두 번째 자음이 뒤 음절의 첫소리로 이동하는 경우가 있다.

⑤ 자음이 단어의 끝 또는 다른 자음 앞에 오게 되면 음절 종성에 위치하게 된다. 받침소리는 7개 자음(ㄱ, ㄴ, ㄷ, ㄹ, ㅁ, ㅂ, ㅇ)만 발음할 수 있기 때문에 '갓'과 '갗'의 받침 'ㅅ', 'ㅊ'은 [ㄷ]으로 발음되어 [갇]으로 발음하게 된다.

TIP **표준 발음법 제20항**

'ㄴ'은 'ㄹ'의 앞이나 뒤에서 [ㄹ]로 발음한다.

1. 난로[날:로], 신라[실라], 천리[철리], 광한루[광:할루], 대관령[대:괄령]
2. 칼날[칼랄], 물난리[물랄리], 줄넘기[줄럼끼], 할는지[할른지]

[붙임] 첫소리 'ㄴ'이 'ㅀ', 'ㄾ' 뒤에 연결되는 경우에도 이에 준한다.

예 닳는[달른], 뚫는[뚤른], 핥네[할레]

03 ② 3문단에서 한국인들은 유성음과 무성 평자음의 변화에 대한 규칙을 깊이 내면화하고 있어 깨닫지 못한 상태에서 실현하지만 외국인은 자신의 모국어에 이러한 규칙이 없다고 말하고 있다. 복잡한 음운규칙의 내면화는 한국어에만 해

당되는 내용으로 외국어를 발음하기 쉽다는 추론은 적절하지 않다.

오답풀이

① 5문단에 외국인의 모국어에 /ㅡ/나 /ㅢ/에 가까운 모음이 없는 경우에는 외국인들이 이 소리를 제대로 익히는 일이 쉽지 않다고 말하고 있다.

③ 6문단에 결론에 외국인들이 통사 구조를 익히는 것만으로 마무리되는 것이 아니라 한국인들도 헷갈릴 만큼 복잡한 경어 체계로 인해 외국인들이 실수로 반말하는 경우가 복잡한 경어 체계 때문이다.

④ 6문단 → 외국인들에게 낯선 주격조사와 보조사
6문단에서 한국어 초보자인 외국인들에게 주격 조사 '이', '가'와 보조사 '은', '는'의 구별은 악몽이라 말하고 있다.

⑤ 1문단에 한국어를 구사하는 외국인들의 모국어가 새로 익힌 한국어에 간섭하고 있다며, 한국인이 외국어를 배울 때에도 생기는 일이라 말한다. "Marry with me."는 한국인의 모국어인 한국어가 간섭한 결과이다.

04 ③ 3문단에서 '가구'의 첫 음절과 둘째 음절은 둘 다 'ㄱ'으로 시작하지만 음성 수준에선 각각 [k]와 [g]로 실현된다고 말하고 있다. 〈보기〉에서는 음성은 의미 변별의 기준이 되지 못한다고 서술하고 있다. 그러므로 유성음이 되어 의미 변별이 된다는 것은 적절하지 않다.

오답풀이

① 3문단에서 '가구'의 첫 번째, 두 번째 음절은 둘 다 'ㄱ'으로 이루어져 있으나, [k]와 [g]로 실현된다. 그러므로 외국인들에게는 서로 다르게 들릴 수 있다.

② 〈보기〉에서 음성은 사람이 말할 때 사용 되는 소리를 가리키며 [ka:gu]에서 [k]와 [g]는 말할 때 사용되는 소리이기 때문에 음성에 해당된다.

④ 2문단에 많은 외국어는 성대 울림 유무로 자음을 변별하지만, 한국어는 공기의 흐름을 어떻게 방해하는지에 따라 자음을 변별한다고 말하고 있다. 그러므로 한국어는 성대 울림 유무만으로 단어의 뜻이 변별되는 경우는 없다.

⑤ 〈보기〉에서 음운은 머릿속에서 추상적으로 인식하는 소리라고 서술했다. 최소의 소리 단위로 자음과 모음의 변화가 단어의 의미를 다르게 하는 것이다. 4문단에서 '낯', '낮', '낫'은 자음인 'ㅊ', 'ㅈ', 'ㅅ'으로 의미를 변별하여 음운의 자격을 갖추게 된다.

05 ① ㉠ 방해는 '남의 일을 간섭하고 막아 해를 끼치다'라는 의미로, 2문단에서 한국어의 자음은 공기의 흐름을 어떻게 방해하는지에 따라 구별된다고 말하고 있다. ㉡, ㉢, ㉣, ㉤과 달리 ㉠은 '공기의 흐름'을 가리키고 있다.

오답풀이

② ㉡의 넘지 못할 산이 가리키는 것은 자음의 변별에 대해 한국인들에게 너무 쉽지만, 한국어를 배우는 외국인들에게는 극복해야 하는 장애물임을 나타낸다.

③ ㉢의 악몽이 가리키는 것은 주격조사 '이', '가'와 보조사 '은', '는'의 구별은 한국어 초보자인 외국인에게 있어 한국어 공부를 힘들게 할 정도로 어렵다는 것을 나타낸다.

④ ㉣의 괴물이 가리키는 것은 외국인의 모국어에는 없는 문법 개념일 경우에 구별하지 못하게 되면 한국어를 어색하게 구사할 수밖에 없는 어려운 문법 요소임을 나타낸다.

⑤ ㉤의 어려움이 가리키는 것은 외국인이 한국어를 배우는 경우에 겪을 수밖에 없는 모든 어려운 문법 요소이다.

[06~08] 독서 – 기술

06 ① 패러다임은 한 시대의 사람들의 견해 또는 사고를 근본적으로 규정하는 테두리로서의 인식 체계이다. 2문단에서 디지털 시대는 글쓰기 조건, 지식 전달 방식, 지식 분배 방식과 대화 구조에서 사용되는 양방향적 채널을 통해 지식을 확대·재생산한다. 그러므로 문맥상 ㉠ 패러다임의 변화의 의미는 디지털 시대의 글쓰기 조건과 방식, 도구, 정보 전달 방향을 포함한 모든 변화이다.

오답풀이

② 3문단의 ㉡ 디지털 시대의 저자는 문자와 개념을 디지털 이미지로 만들어 수용자와 주고받는 사람을 나타낸다. 이미지와 상징을 문자로 표현하는 사람은 디지털 시대 이전의 저자에 해당된다.

③ 4문단에서 ㉢ 기술적 형상은 이전 시대의 주도적 소통 방식인 문자의 개념적 의미를 이미지로 펼쳐 보인 것이라 말하고 있다. 따라서 '디지털 도구나 기계로 만든 대화 구조'라는 의미는 적절하지 않다.

④ 5문단에서 ㉣ 기술적 상상력은 기술적 형상을 이해하고 기술을 이용해 상상과 개념을 종합한 새로운 능력이라 말하고 있다. 그러므로 '문자가 개념화한 의미를 선형적으로 배열하는 능력'에 대한 의미로 적절하지 않다.

⑤ 5문단에서 ㉤ 정보 유희자는 기술적 상상가를 달리 이르는 용어라는 것을 알 수 있다. 1문단과 2문단에서 과거에 일방적이었던 전달 방식에 대해 말하는 내용이 있으며 정보 유희자가 내포하고 있는 의미과 거리가 멀다.

07 ① [A]에서 디지털 시대는 글쓰기의 조건, 지식 전달 방식, 지식 분배 방식을 변화시킨다. 디지털 글쓰기의 양방향적 채널은 지식을 확대·재생산하고 '구조화한 지식의 특징을 비판적으로 수용'할 수 있게 한다. 바둑, 장기, 체스 경기 이

해에 필요한 기본 규칙은 구조화한 지식을 비판적으로 수용할 수 없기 때문에 거리가 먼 사례에 해당된다.

오답풀이

② 대화 구조에서 사용되는 양방향적 채널에 대해 지식을 확대 · 재생산 할 수 있으며 과거의 일방적이었던 전달 방식이 구조화한 지식의 특징까지 비판적으로 수용할 수 있다고 말하고 있다. 과거에는 매체, 사건 등을 눈으로 직접 보는 일방적인 전달방식을 취했다면, 디지털 시대에는 먼 거리에서 매체와 사건 등을 통해 개인의 의사를 전달할 수 있다.

③ 디지털 시대는 글쓰기 조건, 지식전달 방식, 지식 분배 방식의 변화는 누구나 글을 올리고 수정할 수 있는 소프트웨어 미디어 위키 등의 매체를 통해 지식을 전달할 수 있음을 알 수 있다.

④, ⑤ 디지털 시대의 조건 및 방식의 변화와 양방향적 채널이 복합적으로 작용한다. 스마트 기기 사용자는 관심 또는 취향에 관련한 검색어 및 선호 매체 등을 저장하여 SNS 알고리즘을 통해 같은 선호 유형을 가진 사용자에게 추천하거나, 새롭게 나온 선호 매체를 추천하여 누구나 정보를 자유롭게 접할 수 있도록 한다.

08 ② 5문단에서 새로운 소통방식인 기술적 형상에 대해 대중이 비판의 필요성을 간과, 무시했을 때, 권력, 자본은 대중 매체를 통해 정보 수용자들을 탈정치화, 탈윤리화, 탈가치화할 수 있다고 강조한다. 따라서 기술적 발전으로 의미의 해독과 생산을 방해해 탈정치화한다는 근거는 글에서 말하는 논지와 거리가 멀다.

오답풀이

① 4문단에서 기술적 발전과 대중 매체 확산에 따른 대중문화 현상들이 인간과 세계를 의미화하는 강력한 방식으로 대두되었다. 기술적 형상은 이전 시대의 소통 방식이었던 문자의 개념적 의미를 이미지로 변환해 수용자에게 빠르게 전달할 수 있다는 내용을 통해 디지털 사회와 깊은 연관성을 갖고 있음을 알 수 있다.

③ 플루서는 1문단에서 저자와 독자의 상호 대화적 관계로의 변화, 2문단의 지식의 전달 및 분배 방식의 변화, 양방향적 채널을 통한 지식의 확대 재생산을 제시하고 있다. 이를 통해 상호 작용성, 지식 개방과 공유, 참여와 협력 등을 내비치고 있음을 알 수 있다.

④ 정보 수용자들이 쉽고 간단한 이미지에 만족해 메시지를 주고받는 것에만 집중하고 비판의 필요성을 간과, 무시한다면 권력, 자본에 의해 탈정치화 될 수 있음을 말하고 있다. 그러므로 디지털 글쓰기 주체들은 협력적으로 지식을 생산, 공유해 저항하는 것은 지지하는 근거로 적절하다.

⑤ 플루서는 디지털 이미지가 은폐와 기만의 작용을 하고 있으며 우리는 아직 새로운 소통 방식인 기술적 형상에 어울리는 의식을 갖추지 못했다고 주장하고 있다. 이는 권력과 자본이 대중 매체를 이용하여 통제될 수 있음을 암시하기 때문에 새로운 소통 방식(기술적 형상)에 어울리는 의식을 갖추어야 한다.

[09~13] 현대 시 복합

(가) 정지용, 「바다2」
- 갈래 : 서정시, 자유시
- 성격 : 감각적, 역동적
- 제재 : 바다
- 주제 : 밀려오고 밀려나는 바다의 모습
- 특징
  - 역동적 이미지를 부각
  - 색채 대비를 통한 선명한 시각적 표현
  - 현실에서 상상으로 시상이 확장됨

(나) 곽재구, 「사평역에서」
- 갈래 : 서정시, 자유시
- 성격 : 회고적, 애상적
- 제재 : 사평역 대합실의 풍경
- 주제 : 막차를 기다리는 사람들의 애환
- 특징
  - 감각적 표현의 사용으로 삶의 애환을 나타냄
  - 힘겹게 살아가는 사람에 대한 연민을 표현

(다) 김선우, 「단단한 고요」
- 갈래 : 서정시, 자유시
- 성격 : 감각적, 개성적, 산문적
- 제재 : 도토리묵
- 주제 : 도토리묵이 되는 과정에 대한 개성적 통찰
- 특징
  - 의인법을 활용하여 살아있는 존재로 표현함
  - 청각적 심상을 통해 대상을 개성화함
  - 도치법, 역설법을 사용하여 도토리묵을 강조함

09 ② 의인법을 활용하여 살아 있는 것처럼 생동감을 드러내고 있다. (가)는 바다를, (다)는 도토리 알을 소재로 의인법을 사용했다.

오답풀이

① 개인의 서정 및 자연을 시어로 활용하고 있으므로 이국적인 것과 거리가 멀다.

③ (나)는 화자가 막차를 기다리며 소외된 사람들에 대한 연민과 삶의 애환이며, (다)는 도토리 알이 도토리묵이 되기까지 다양하고 개성적인 통찰을 정서로 하고 있다.

④ (가), (나), (다)에서 시제 변화를 나타낸 표현을 찾을 수 없다.
⑤ (다)의 외부에서 아궁이로의 시선의 이동에 따른 공간 변화를 제외하면, (가), (나)에서는 화자의 시선 이동으로 인한 공간 변화를 찾을 수 없다.

10 ④ 반어적 표현으로 파도의 흔적을 구체화한 것이 아니라 시각적 표현으로 파도의 흔적을 나타내고 있다.

오답풀이

① 빠르게 움직이는 파도를 '푸른 도마뱀떼'로 비유하였고, 모래사장과 뒤섞이는 파도의 흔적을 '붉고 슬픈 생채기'로 비유하여 다양한 비유 및 선명한 이미지가 사용되었다.
② 4연의 '흰 발톱(파도)에 찢긴'과 파도가 남긴 '산호보다 붉고 슬픈 생채기!'를 통해 색채 대비를 엿볼 수 있다.
③ 7연의 '찰찰 넘치도록'과 '돌돌 구르도록'에서 바다가 밀려오고 밀려나는 것을 음성적인 시어로 나타내고 있다.
⑤ 1연부터 6연까지 바다에서 일어나는 파도를 관찰하는 이미지가 형성되고, 7연과 8연에서 화자의 시상이 확대되면서 상상을 중심으로 시상을 전개하고 있다.

11 ④ '모두들 아무 말도 하지 않았다'는 고단한 삶을 사는 사람들의 모습을 표현한 것으로 서로를 믿지 않음을 암시하는 것으로 적절하지 않다.

오답풀이

① 사람들의 애환이 느껴지는 공간으로 고단한 삶을 살고 있는 사람들이 잠시 머무르다 떠나는 곳이다.
② 막차를 기다리는 사람의 고단한 삶을 위로해주는 소재이다.
③ 고단한 삶에 지친 사람들의 모습을 형상화한다.
⑤ 사람들의 애환에 대한 화자의 연민과 슬픔을 나타낸다.

12 ④ ⓐ 단풍잎 같은 몇 잎의 차창에서 원관념은 단풍잎 같은 보조관념은 몇 잎의 차창이 된다. 〈보기〉에서 ⓐ는 원관념과 보조 관념 모두 구상성을 지닌다고 제시한다. 구상성은 사물이나 대상이 갖는 구체적인 성질, 추상성은 실제로 존재하지 않거나 구체적으로 경험할 수 없는 성질을 의미한다. 구상성은 실제로 존재하는 것을 뜻하므로 '푸른 건반인 듯 주름진 계단'이 ⓐ와 유사한 관계를 형성하고 있다.

오답풀이

① 사랑과 숭고한 정념은 실제로 존재하여 구체화되지 않는 성질로 추상성에 해당된다.
② 내 마음같이는 추상성에 해당하며, 푸른 모래밭은 구상성에 해당한다.
③ 추억인 양은 추상성, 내리는 물안개는 구상성에 해당한다.
⑤ 해바라기처럼은 구상성, 타오르는 기도는 추상성에 해당한다.

13 ③ 가슴 동당거리는 소리, 이별 인사 하는 소리, 저토록 시끄러운, 저토록 단단한 등의 시구를 통해 정서를 드러냈음을 알 수 있다. 그러므로 정서를 배제했다는 설명은 적절하지 않다.

오답풀이

① 1연에서 가슴 동당거리는 소리, 어루만져 주는 소리, 이별 인사 하는 소리, 저희끼리 다시 엉기는 소리, 서로 핥아주는 소리 등으로 유사한 시구를 반복적으로 사용하고 있다.
② 3연에서 '저 고요'와 '저토록 시끄러운'은 서로 역설적인 관계로 구성되어 있으며 2연의 '다갈빛 도토리묵', 3연의 '모든 소리들이 흘러들어 간 뒤에 비로소 생겨난 저 고요…'는 도치법이 사용되었다.
④ 멍석 위에 나란히 잠든, 채머리 떠는 소리, 맷돌 속에서 껍질 타지며 가슴 동당거리는 소리 등의 시구를 통해 청각적 감각이 두드러지며 시각적인 감각도 활용하여 도토리의 변화과정을 나타내고 있다.
⑤ 가을에 익어 떨어진 도토리를 모아 햇볕에 말리고, 맷돌로 갈아 가루로 만든 뒤에 아궁이에서 엉기고 단단해져 도토리묵이 되는 과정을 나타내고 있다.

[14~17] 독서 – 철학

14 ② 1문단에서 4문단까지는 플라톤이 주장한 이데아론의 통념을 제시했다. 현실 세계와 이데아 세계의 구분과 이데아에 가까운 것과 멀어진 것을 구분 하는 것이 중요하다는 것이 통념의 요점이 된다.
반면 5문단에서 플라톤이 이데아론을 체계화한 목적은 현실 세계 사물들 사이에 위계를 세우기 위함이었음을 추측하고 있다. 이데아는 허상으로부터 그은 직선을 연장할 때 도달하는 가장 진실한 극점이라 말한다. 역으로 극점에서 직선을 그어 연장했을 때 반대 극점은 허상이 된다고 주장한다. 이를 통해 이데아론이 가치론적 맥락에서 착상되었다는 기존의 통념과 다른 해석 관점을 주장하고 있다.

15 ⑤ 2문단의 '진짜가 존재하고 우리가 그것을 알 수 있다면, 다른 모든 것들은 진짜에 대한 모방의 성공 정도에 입각해 존재론적으로 파악할 수 있다'와 3문단의 '현실 세계의 의자는 의자의 이데아를 모방한 인공물이다' 등을 통해 이데아의 세계가 현실 세계보다 더 가치가 있음을 알 수 있다. 그러므로 현실 세계가 이데아의 세계보다 존재론적으로 가치가 있다는 내용은 일치하지 않다.

오답풀이

①, ② 3문단에서 인공물인 의자와 의자 그림은 존재론적 위계에서 차이가 난다. 현실 세계의 의자는 의자의 이데아를

모방한 인공물이다. 의자를 그린 그림은 현실 세계의 의자를 모방하였기에 이데아로부터 두 단계나 떨어져 있다고 주장한다.

③ 3문단에 이데아 모방론을 전제할 때, 결론 중 하나는 인공물에 대한 자연물의 존재론적 우위이다. 자연은 이데아를 모방했지만, 인공물은 자연물을 다시 모방한 산물이라는 것을 말하고 있다.

④ 4문단에서 플라톤은 저서인 『소피스트』를 통해 모상술, 사상술, 허상술로 위계화한다. 이데아와 현실을 구분하는 것 못지않게, 이데아로부터 아예 멀어진 것을 구분하는 것이 중요하다고 말한다. 3문단의 현실 세계의 의자와 의자를 그린 그림을 통해 이데아로부터 얼마나 가까운지, 떨어져 있는 지를 알 수 있다.

16 ③ 3문단에서 현실 세계의 의자는 이데아를 모방한 것이 되며 의자를 그린 그림은 현실 세계의 의자를 모방하였기 때문에 현실 세계의 의자보다 이데아에서 더 멀어졌다는 통념을 제시하고 있다. '성공한 케이팝 아이돌의 이미지'는 곧 현실 세계의 의자를 모방한 '의자를 그린 그림'에 가까우며 이데아와는 거리가 멀다. 즉, '아이돌'의 원형적인 이미지가 이데아에 가깝다고 할 수 있다.

오답풀이

① 2문단에서 현실 세계가 제작된 것으로 보는 관점에서 현실 세계가 이데아 세계를 모방하도록 창조되었다는 것을 말하고 있다. 그러므로 실제의 남자 철수와 여자 순이는 남자의 이데아, 여자의 이데아를 모방한 존재이다. 그러므로 남자의 이데아, 여자의 이데아는 현실 세계에 존재할 수 없다.

② 3문단에서 자연은 이데아를 모방한 산물이라는 통념을 통해 비슷한 맥락으로 봤을 때, 인간(자연물)은 신(이데아)를 모방한 창조물이 될 수 있다.

④ 5문단에 이데아는 허상으로부터 직선을 긋고 그 선을 계속 연장할 때 도달하게 되는 가장 진실한 극점이 이데아다. 역으로 이데아라는 극점에서 직선을 긋고 그 직선을 계속 연장했을 때 도달하는 반대 극점은 허상이라는 관점을 제시하고 있다. 이를 통해 원근법, 명암, 투시법은 이데아라는 극점에서 직선을 그어 계속 연장하여 도달한 반대 극점인 허상이 된다.

17 ③ 3문단의 이데아를 모방한 자연, 자연물을 모방한 인공물에 대한 통념을 통해 〈보기〉의 모방 대상을 이데아라고 빗댄다면 '서사시가 역사보다 위대하다.'고 본 것은 모방 대상의 본질을 꿰뚫은 허구(서사시)는 역사보다 모방 대상(이데아)에 더 가깝다는 결론을 내릴 수 있다. 그러므로 '서사시'는 '역사'보다 가치론적으로 우위에 있다고 할 수 있다.

오답풀이

①, ② 〈보기〉의 시적 진실에 대한 설명에서 '모방 대상의 본질을 꿰뚫은 허구'는 이데아에 가깝다고 말한다. 그러므로 시적 진실은 현실을 모방한 가짜의 극점으로 적절하지 않다.

② 3문단에서 현실 세계의 의자는 '의자의 이데아'를 모방한 인공물이므로 현실 세계에 존재하는 의자는 의자의 이데아에서 한 단계 떨어지는 위계에 있으며, 〈보기〉의 시적 진실에 적용하면 역사보다 이데아에 떨어져 있는 것은 적절하지 않다.

④ 〈보기〉의 내용만으로 허구의 가치가 허상의 위계를 명확히 구분할 수 있는지에 대해 알 수 없다.

⑤ 〈보기〉에서 '서사시와 역사보다 위대하다.'는 문장에서 서사시와 역사가 3문단의 내용처럼 이데아를 모방한 것을 다시 모방했다는 관계를 〈보기〉에서 설명하고 있지 않기 때문에 현실 세계에 대한 폄하가 반영되어 있다는 것은 적절하지 않다.

[18~20] 독서 – 과학

18 ② 3문단에서 꿈꾸는 사람은 외부 세계로 향하던 정신적 에너지를 자아로 되돌려 집중하고, 4문단에서 정신적 에너지를 내면 세계로 집중한다고 말하고 있으므로 정신에너지가 외부로 향한다는 것은 적절하지 않다.

오답풀이

① 5문단에서 '깨어 있는 의식은 내면 세계를 가리거나 보호해 내면의 관찰을 방해하기 때문이다.'라는 내용을 반대로 본다면, 꿈은 인간의 내면세계를 들여다볼 수 있게 해주는 기제가 된다.

③ 4문단에서 정신적 에너지를 내면 세계로 집중함으로써 평소에 억누르고 있던 내적 욕구나 콤플렉스를 민감하게 느낄 수 있다. 3문단에서 꿈속에서는 모든 감각이 크게 과장되며 이를 꿈의 과장성이라 하며, 그 이유로 정신적 에너지를 자아에 집중하기 때문이라는 것을 말하고 있다.

④ 5문단의 깨어 있을 때는 꿈이 알려 주는 문제를 쉽사리 알아내기 어렵다는 내용이 있다.

⑤ 3문단의 꿈속에서는 모든 감각이 크게 과장되어 있기 때문에 깨어 있을 때보다 더 빨리, 더 분명하게 신체적 이상을 감지할 수 있다는 내용이 있다.

19 ⑤ ⓐ 퇴행은 말을 배우기 전의 유아처럼 스스로 한 행동에 대해 책임을 지지 않아도 되는 상태로 돌아가 자아를 보호하려는 방어기제라고 설명하고 있다. 그러므로 동생이 태어난 후에 정신적인 충격 등으로 대소변을 제대로 못 가리는 아이가 ⓐ에 해당하는 사례로 가장 적절하다.

20 ① 4문단에서 꿈꾸는 사람이 깨닫지 못하는 무의식의 세계를 구체적 형태로 바꾸어서 보여 준다는 점과 정신 분석학에서 무의식의 세계를 외적 형태로 구체화하는 꿈의 역할을 '투사'라 설명하고 있다. 4문단과 〈보기〉의 내용을 참고하면, 꿈은 즉각적인 쾌락을 추구하는 무의식인 이드(id)를 의식 세계와 연결하는 역할을 한다고 이해할 수 있다.

오답풀이

② 1문단의 '자아를 보호하려는 방어기제', 3문단의 '사람이 외부 세계로 향하던 정신적 에너지를 자아로 되돌려 집중하기 때문에 가능하다.' 등의 내용을 통해 '내면'에 가깝다고 볼 수 있으므로 쾌락 원칙으로 해석하기 어렵다.

③ 3문단의 꿈속에서 모든 감각이 크게 과장된 것을 '꿈의 과장성'이라 하였고, 〈보기〉의 초자아는 규범과 가치를 내면화한 의식이며 도덕 원칙을 따른다고 정의하고 있다. 그러므로 초자아는 꿈의 과장성보다 내면 세계를 가리거나 보호하는 '깨어 있는 의식'에 더 가깝다고 볼 수 있다.

④ 쾌락 원칙을 따르는 '이드'는 꿈에 의해 의식 세계와 연결되고, 4문단에서 외부 세계로 향하던 정신적 에너지를 자아(내부)로 집중하기 때문에 정신 작용의 방향을 외부가 아니라 내부로 돌린다고 이해할 수 있다.

⑤ 꿈은 외부가 아닌 내부 세계에 대한 관심이며, 도덕 원칙이 아니라 쾌락 원칙에 해당된다.

[21~25] 현대 소설

이동하 「장난감 도시」
- 갈래 : 현대소설, 연작소설(3부작)
- 배경 : 6 · 25전쟁 직후의 도시
- 성격 : 회고적, 독백적
- 시점 : 1인칭 주인공 시점
- 주제 : 도시에서의 암울한 삶을 통한 소년의 의식 성장
- 구성
  - 발단 : 6 · 25전쟁이 끝난 직후, '나'와 가족들은 도시의 판자촌으로 이사함
  - 전개 : '나'와 가족은 가난한 생활로 도시의 냉혹한 현실을 깨닫고, 아버지는 풀빵과 냉차 장사를 시작함
  - 위기 : 아버지의 장사는 장마로 인해 끝나고, 형편이 더욱 어려워짐
  - 절정 : 아버지가 장물인 줄 모르고 나른 짐 때문에 경찰에 의해 유치장으로 끌려감
  - 결말 : 가족은 해체되고 '나'는 아버지를 잃은 슬픔, 도시 생활에 회의를 느낌

21 ② 화자는 어린 아이이며 6 · 25전쟁 이후, 가족들과 도시로 이사 온 '나'가 겪은 경험에 대해 서술하고 있다. 그러므로 '인물이 서술자가 되어 자신의 경험을 서술하고 있다'가 가장 적절하다.

22 ② 다른 사람들이 도시로 가는 '나'를 부러워 할 것이라 생각했지만, 도시는 훨씬 가까운 곳에 있어 다른 사람이 작정하면 금방 따라올 것이란 생각을 하게 되고 자존심이 상한 것이다. 그러므로 ㉡ 나는 조금 자존심이 상했다는 스스로 부끄럽게 생각한 것으로 적절하지 않다.

오답풀이

① '도시는 더 멀고 아득한 곳에 있어야 한다'는 내용에서 아무나 갈 수 없는 도시에 대한 이상과 동경을 투영한 것이다.

③ 도시와 도시 생활이 주는 경이와 흥분을 오래도록 느끼고 싶은 마음에 돈을 주고 산 물을 마시지 않은 것이다.

④ 물장수가 컵을 들고 가려는 '나'를 불러 세우자, 스스로 어떤 잘못을 했는지 몰라 당혹해하고 있다.

⑤ 다른 사람들은 쉽게 오기 힘든 도시의 생활에 자부심을 느끼며 행동하고 있었지만, '나'의 실수로 물장수에게 시골출신이라 무안당한 나의 심리가 드러난다.

23 ④ ⓐ는 실수한 '나'가 물장수로부터 시골출신이라며 무안당한 것 때문에 어정거릴(한가하게 이리저리 천천히 걸음) 겨를이 없어질 정도로 부끄러웠던 것이다. 그러므로 비슷한 의미를 지닌 '쥐구멍에라도 들어가고 싶다.'가 적절하다.

오답풀이

① '먹은 것이 적어 먹으나 마나 하다'의 의미를 지니고 있으므로 '나'의 상황과 거리가 멀다.

② 일의 순서가 뒤바뀌어 애쓴 보람이 없거나 뜻하지 않게 이익을 보는 경우를 가리키며, '나'의 상황과 거리가 멀다.

③ 자그마한 나쁜 일도 버릇이 되면 나중에 큰 죄를 저지르게 된다는 뜻으로, '나'가 처한 상황과 거리가 멀다.

⑤ 좋지 않은 어떤 일을 피하려다 더 불행한 일을 만난다는 뜻으로, '나'가 처한 상황에 맞지 않는 표현이다.

24 ② 물을 먹고 탈이 난 '나'는 어지러움을 느끼다 토하게 된다. 그러므로 ⓑ는 '나'가 낯선 도시 생활에 적응하지 못하고 있다는 것을 비유적으로 나타낸 것이다.

오답풀이

① '나'가 물을 잘못 먹고 탈이 났기 때문에 일어난 일로써 가족 간 갈등이 일어날 조짐과는 거리가 멀다.

③ 도시의 물을 비롯하여 주변 환경이 비위생적인 이유로 토한 것이 아니며 그러한 내용으로 볼 수 없다.

④ 도시 위치를 몰랐던 것을 알게 된 이유와 거리가 멀다.

⑤ '나'가 도시를 두려워하거나 피하고 있다고 볼 수 없다.

25 ① 〈보기〉의 도시의 인상과 감정이 시골에서의 추억과 대비되는 장면은 '시골에서 봐왔던 도시 골목에 잔뜩 쌓여 있는 세간살이들은 이물스런 느낌을 준다'는 내용이다. 이물스런 느낌은 시골에서 그대로 가져온 세간살이에 대해 도시와 어울리지 않음을 나타내는 것이다. 그러므로 '나'가 세간살이들이 이사 와서 보니 촌스럽고 보잘것없게 느껴졌다는 것과 거리가 멀다.

오답풀이

② 글 마지막 부분에 공동펌프장에서 길어 온 물로 밥을 지어 노란색을 띠고 녹 냄새가 났다는 내용이 서술되어 있다.
③ 글 중간에 물장수가 컵을 가져가려는 '나'를 불러 시골에서 왔다는 말을 들은 뒤, 이후 도시의 이물스러움을 견디지 못해 속이 가슴이 답답하고, 머리가 어지럽고, 속이 메스껍게 된 것이다.
④ 글 처음에 지금까지 상상해왔던 도시는 급행열차로 하루 낮, 하루 밤은 걸리는 아주 먼 곳이었지만 털털거리는 짐차를 타고 두세 시간 만에 도착 한 것에 '결함처럼 내게는 느껴졌다'라는 장면에서 실망했음을 알 수 있다.
⑤ 글 중간에 좁고 어둡고 질척한 많은 골목들 등의 내용을 통해 코크스 덩어리와 검은 탄가루 등을 통해 시골 교실과 반대되는 풍경임을 알 수 있다.

[26~30] 독서 – 경제

26 ⑤ 글의 서술 방식은 계약 이행에 대한 개념과 사례를 제시하고 있다. (가), (나)의 사례 및 [표]를 통한 예시로 이해를 돕고 있으며, 질문을 통해 설명의 범위를 확장시키고 있다.

오답풀이

① 통계자료와 논지의 신뢰성을 강화하고 있는 내용을 서술하고 있지 않다.
② 계약의 이행, 불이행 등으로 발생하는 사회적 순편익과 신뢰손실에 대해 어떠한 결과가 나오는지 설명하고 있지만 다양한 추론과 해석으로 문제의 원인을 규명하는 것으로 적절하지 않다.
③ 글에서는 가설을 세워 검증하는 내용을 서술하지 않았다.
④ 서로 다른 주장과 사례를 비교하는 내용을 서술하지 않았다.

27 ⑤ ㉠의 의미는 2문단에서 큰 레스토랑을 개업하려고 한빛조명이란 회사와 계약한 A의 사례를 들고 있다. 3문단에서 A가 2백만 원을 지출하여 개업 전단지를 돌렸다. 한빛조명이 계약을 이행하지 않으면 쓸모없는 지출이 될 수 있음에도 A가 계약이 이행될 것이라 믿고 행한 투자를 '신뢰투자'라고 설명하고 있다. 같은 사례로 해외에 있는 친구가 집을 못 빌려 줄 수 있음에도 비행기표를 <u>미리 구입하는 경우</u>를 ㉠에 해당하는 사례로 볼 수 있다.

오답풀이

① 캠페인에 참가하여 헌혈하는 경우는 계약이행을 위해 투자한 것이 아니기 때문에 신뢰투자로 볼 수 없다.
② 편의점을 임대하고 점포세를 받는 것은 계약이행을 위한 투자의 개념과 거리가 멀다.
③ 지인의 조언으로 부동산을 매입 한 것은 계약을 맺어 자신의 소유로 한 것이기 때문에 계약을 통한 투자의 개념에 해당되지 않는다.
④ 조카에게 게임기를 사 주겠다며 친구와 사이좋게 지내라고 하는 것은 이득을 얻기 위한 투자에 해당되지 않는다.

28 ① 8문단에서 계약을 위반한 측이 손해를 본 측에게 만일 계약이 이행되었더라면 누렸을 효용 수준과 동일한 수준을 보장하는 금액인 ⓐ <u>기대손실의 원칙</u>, 만약 그 계약이 맺어지지 않았더라면 누렸을 효용 수준과 똑같은 수준의 효용을 보장하는 금액인 ⓑ <u>신뢰손실의 원칙</u>에 대해 설명하고 있다. 6문단에 있는 [표]에서 구입자의 순편익 항목에 ⓐ를 적용하면 계약 이행시 비용과 손실된 신뢰투자분을 더한 5백만 원을, ⓑ를 적용하면 손실을 입은 신뢰투자분 2백만 원을 A에게 지불해야 한다.

29 ② 5문단에서 한빛조명이 B의 제의를 받아들이고 A의 계약을 불이행하면 이윤은 700만 원이 된다. 문제는 A와 계약을 위반한 것 때문에 어느 정도의 손해배상을 해 주어야 하는가에 있다. 6문단의 [표]에서 계약 불이행시 사회적 순편익은 900만 원이 된다.
그러므로 B의 순편익과 한빛 조명의 이윤을 더한 값이 사회적 순편익이 될 수 없으며, A에게 손해배상 할 신뢰투자분까지 빼야 사회적 순편익이 된다.

오답풀이

① A는 한빛조명과 2천만으로 샹들리에를 계약했지만, 5문단에서 건축업자 B가 A와 계약한 샹들리에를 보고 2천 4백만 원에 샹들리에를 팔라고 제의 한다. 이에 한빛조명이 이윤을 따져 검토를 하게되면 효율적 계약불이행의 사례가 된다.
③ 6문단의 [표]에서 계약을 이행했을 때, 사회적 순편익은 600만 원이며, 계약 불이행 시 사회적 순편익은 900만 원이므로, 계약 불이행 시의 사회적 순편익이 더 크다.
④ 5문단에서 B가 제안한 샹들리에의 가격은 2천 4백만 원이다. 2문단에서 한빛조명의 샹들리에 제작비는 1천 7백만 원이 된다. 그러므로 A와의 계약을 불이행하면 B가 제안한 2천 4백만 원에서 샹들리에 제작비 1천 7백만 원을 뺀 것이 된다.

⑤ 한빛조명이 B의 제의를 거절해 계약이 불이행된다면, 5문단의 B가 샹들리에 구입에 지불할 용의가 있던 최고 금액인 2천 8백만 원에서 A와 계약한 샹들리에를 보고 지불하겠다고 제의한 2천 4백만 원을 뺀 값이 B의 순편익이 된다.

30 ③ 9문단에서 '(가) 사례의 경우에는 신뢰손실의 원칙이 효율적 계약불이행을 유발하며, 기대손실의 원칙하에서는 계약이 이행되는 비효율적 결과가 나타난다.'라 말하고 있다. 10문단에서는 9문단의 결론을 통해 신뢰손실의 원칙이 언제나 효율적인 계약불이행을 가져다주며, 기대손실의 원칙은 언제나 비효율적인 결과를 유발하지는 않는다고 말한다. 그러므로 어떤 손해 배상의 원칙이 효율적인 결과를 가져오는지는 주변 여건에 따라 달라지지 않는다는 추론은 적절하지 않다.

오답풀이

① 기대손실 원칙, 신뢰손실 원칙 모두 계약을 위반한 측이 손해를 본 측에게 배상하는 것이다. 두 가지 원칙 모두 계약을 위반한 측에게 손해액을 보상받게 되므로, 손해를 본 측은 지연 등의 이유로 나타난 손실을 제외하고 손해를 입을 위험이 없게 된다. 그러므로 과다한 신뢰투자를 유발하게 된다.

② 12문단에서 '한빛조명이 기대손실의 원칙하에서 손해 배상액이 계약파기로 증가하는 이익보다 크므로 계약을 그대로 이행하기로 결정한다.'는 내용에서 기대손실의 원칙이 효율적인 결과를 가져오는 상황으로 반전되었음을 알 수 있다.

④ 9문단에서 A의 계약 불이행으로 인한 손해 배상액이 회사가 얻게 될 추가적 이윤보다 작으면 계약을 파기하면 신뢰손실의 원칙이 효율적인 계약불이행을 유발했다고 볼 수 있다. 신뢰손실의 원칙하에서는 예약 불이행으로 얻는 이익이 더 크므로 과다한 계약 파기 문제, 과소한 계약 이행 문제가 발생한다.

[31~35] 고전 시가 복합

(가) 작자미상, 「만전춘별사」
- 갈래 : 고려속요
- 성격 : 남녀상열지사, 퇴폐적, 노골적
- 주제 : 임과의 영원한 사랑을 소망하는 여인의 모습
- 특징
  - 화자의 임에 대한 사랑을 직접적으로 표현함
  - 과장법을 활용하여 화자의 사랑을 부각시킴
  - 「쌍화점」, 「이상곡」 등으로 대표되는 남녀상열지사 작품 중 하나

(나) 매창, 「이화우 흩날릴 제~」
- 갈래 : 평시조
- 성격 : 애상적, 연정적
- 주제 : 임을 그리는 마음과 이별의 슬픔
- 특징
  - 하강적인 심상의 시어로 화자의 쓸쓸한 감정을 심화함
  - 은유법을 사용하여 임과 이별한 애상적인 분위기를 부각시킴

홍랑, 「뫼ㅅ버들 가려 걲어~」
- 갈래 : 평시조
- 성격 : 애상적, 연정적
- 주제 : 임을 그리는 마음과 이별의 슬픔
- 특징
  - 자연물에 의탁하여 임에 대한 지고지순한 사랑을 노래함
  - 상징법과 도치법을 사용하여 임을 강하게 그리워하고 있음을 표현함

(다) 작자 미상, 「상사별곡」
- 갈래 : 잡가
- 성격 : 비애적, 영탄적
- 주제 : 독수공방의 외로움과 사랑하는 임에 대한 그리움을 표현함
- 특징
  - 4음보 율격 구성으로 운율을 형성하고 있음
  - 자연물을 소재로 임과 이별한 화자의 심정을 상징화
  - 시조의 구성과 유사한 음보 및 단 구조

31 ④ (가), (나), (다)의 공통점은 임을 떠나보낸 화자가 소식이 없는 임에 대한 답답함과 애절함을 나타내고 있다. 화자는 자신을 두고 멀리 떠난 임에 대한 추억과 원망의 감정을 표현하고 있다. 정서적으로, 물리적으로 먼 곳에 있는 임과의 추억과 임을 향한 원망의 감정이 가장 고조되는 밤을 시간대로 삼아 시상을 전개하고 있다.

32 ④ (나)의 '추풍낙엽'과 (다)의 '오동추야'는 가을(秋)이라는 시간대를 나타내고 있으며, '낙엽'과 '오동'으로 대표되는 자연물을 활용하여 임을 떠나보낸 화자의 심정을 드러내고 있다.

오답풀이

① (가)는 극한적인 상황을 표현하여 사랑이 죽음(얼어 죽는 것)보다 강함을 나타냈다. (나)는 임과의 정서적 거리가 천리만큼 멈을 나타냈다. 그러나 과장된 표현을 반복하여 화자의 심정을 고조시키고 있지 않다.

② (가)의 '아련 비올하'와 (나)의 '피는 불이 일러나면'은 임이 화자로부터 떠나는 것에 대해 원망하는 감정을 드러내는

것으로 풍자적 기법과는 거리가 멀다.

③ (가)의 '보내노라 님의손대'는 어순 도치를 사용했지만, (다)의 '듣고지고 임의 소리'는 앞의 '보고지고 임의 얼굴'을 반복적으로 표현하여 리듬감을 형성하고 있다.

⑤ (나)의 '새 잎 곧 나거든'은 화자를 잊지 말아달라는 임에게 보내는 화자의 소망이 담겨있다. (다)의 '일촌간장 구비 썩어'는 화자의 애타는 심정이 나타나는 표현이다. 그러므로 과거와 현재를 대비하여 화자의 처지를 부각한 것은 적절하지 않다.

33 ⑤ (나)의 [B] '뫼ㅅ버들 가려 겪어'는 임에 대한 화자의 사랑의 매개체이자 화자의 분신으로 화자의 사랑을 나타낸 표현이다. 그러므로 화자의 원망으로 이해한 것은 적절하지 않다.

오답풀이

① (가)의 '도화'는 단어 그대로 복숭아꽃을 뜻한다. 아름답게 핀 복숭아꽃과 반대로 화자는 임을 떠나보내고 외로워하는 상태이다. 도화는 외로운 상태에 있는 화자의 마음을 아프게 하는 객관적 상관물이 된다.

② (가)의 '넉시라도'에서 넋(마음) 만이라도 임과 함께 살고 싶다고 임과 이별하기 전에 화자가 함께 약속하는 장면이다.

③ (가)의 화자가 상상해 낸 공간으로 임과 다시 만나고픈 화자의 욕망이 직접적으로 드러나는 장소이다.

④ [A]의 화자는 임을 그리워하고 있지만 정서적 거리가 멀다는 것을 알고 있어 임과 다시 만나기 어려울 것이라는 심리가 드러나 있다.

34 ③ '천금주옥(금은보화)'에도 관심 없으며 세사 일부(세상에서 제일가는 부자)에 상관하지 않으며 오직 임만을 생각하는 화자의 사랑이 드러난 부분이다. 그러므로 화자가 임과 이별한 이유를 간접적으로 드러낸 부분으로 적절하지 않다.

오답풀이

① '화자와 임과 만나지 못하는 상태(상사불견)'이며, 내 마음(진정)은 누구도 모른다는 것을 드러내고 있다. ㉠은 작품 전체의 내용과 주제를 압축적으로 제시하고 있다.

② 첩첩한(여러 겹으로 겹침) '산'과 충충(물이 흐리고 침침함) 흘러 '소(늪)'가 되는 물은 모두 임과의 만남을 방해하는 소재이며 화자의 고립감을 부각하고 있다.

④ 적적(조용하고 쓸쓸함), 혼자는 임을 만날 수 없어 화자가 내쉬는 한숨의 의미를 강조하고 있다.

⑤ 화자가 흘리는 눈물로 배를 탈 정도로 화자에 대한 연정을 과장되면서 설의적으로 나타내고 있다.

35 ⑤ (가)의 제6연 중 '아소 님하'는 〈보기〉를 통해 고려 속요에서 발견된다는 내용을 찾아볼 수 없으며, 후렴구는 각 연마다 반복되는 특징을 지니고 있기 때문에 형식상 특징으로 적절하지 않다.

오답풀이

① 제2연의 '경경 고침상애/어느 ᄌᆞ미 오리오' 등과 제5연의 '남산애 자리 보와/옥산을 벼여 누어' 등을 통해 시조의 4음보 율격이 드러나 있음을 알 수 있다.

② 〈보기〉의 '3단 구성이 보이는 10구체 향가, 시조, 고려 속요' 등의 내용과 제2연, 반복되는 부분을 뺀 제5연은 시조의 3단 구성과 유사하다는 것을 알 수 있다.

③ 제3연의 '넉시라도 님을 ᄒᆞᆫ듸'는 〈보기〉에서 '넉시라도 님은 ᄒᆞᆫ듸 녀져라 아으'에서 확인할 수 있다.

④ 제3연 '녀닛 경(景) 너기더니'는 〈보기〉의 '위~경(景) 긔 엇더ᄒᆞ니잇고'라는 내용을 통해 경기체가의 양식적 특징과 유사함을 알 수 있다.

[36~40] 독서 – 과학

36 ⑤ 1문단에서 과학자들은 유전자를 조작해 해당 종에게 특성을 제공하는 생명 공학을 통해 자연 선택의 법칙을 위반하는 중이며, 자연 선택을 지적 설계로 대체하는 기술로 사이보그 공학, 비유기물 공학 등을 제시했다. 이러한 지적설계는 4문단에서 프로젝트 중 가장 혁명적인 것은 '뇌와 컴퓨터를 직접 연결하는 방법'이라고 제시하고 있다.

오답풀이

① 6문단에서 유전적 프로그래밍의 원형은 컴퓨터 바이러스다. 백신 프로그램까지 피하는 능력이 있는 '변종 바이러스'가 나타난다면 더 잘 살아남을 것이라는 내용이 있다. 그러므로 컴퓨터 바이러스가 백신 프로그램을 무력화할 수 있도록 만들어졌다는 것과 일치하지 않는다.

② 2문단에서 사이보그 공학에서 말하는 사이보그는 생물과 무생물을 부분적으로 합친 존재라 제시하고 있다. 인간이 '사이보그가 되는 경계선'을 넘게 되면 성격, 정체성 등이 달라지게 하는 비유기물적 속성을 갖게 된다. 그러므로 인간은 비유기물적 속성을 선천적으로 갖고 있다는 내용과 일치하지 않는다.

③ 4문단에서 과학자들은 뇌와 컴퓨터를 직접 연결하는 방법을 시도하고 있으며 컴퓨터가 인간의 뇌에 전기 신호를 읽어내는 동시에 뇌가 읽을 수 있는 신호를 내보내는 것을 통해 '뇌 인터넷으로 발전할 수 있을 것'이라 예측하고 있다. 그러므로 스스로 복제할 수 있는 능력이 없다는 것은 글의 내용과 일치하지 않는다.

④ 3문단에서 '광세포'는 감각수용체로서 눈에 비치는 빛을 흡수해 전기 신호로 바꾸는 역할을 한다. 전기 신호는 망막의

손상되지 않은 신경 세포로 전달된다고 제시하고 있다. 그러므로 망막의 신경 세포가 외부의 빛을 전기 신호로 바꾸어 뇌에 보낸다는 것과 일치하지 않는다.

37 ③ 1문단에서 과학자들은 살아 있는 개체의 유전자를 조작해 원래 해당 종에게 없던 특성을 제공하는 것을 ㉠ 생명 공학을 통해 자연 선택의 법칙을 위반하는 중이라 말한다. 뇌의 신경망을 모방한 컴퓨터 전기 회로를 컴퓨터 안에 심는 것은 2문단의 사이보그 공학에 해당되는 내용이므로 ㉠의 예로 적절하지 않다.

오답풀이

①, ②, ④, ⑤ 유전자 변형에 의한 생명공학에 해당한다.

38 ③ 2문단에서 사이보그의 예로 생체 공학적 의수를 지닌 인간을 들었고, 타고난 감각과 기능을 안경, 심장 박동기, 의료 보장구, ㉡ 컴퓨터와 스마트폰으로 보완하고 있다고 말하고 있다. 그러므로 자료 저장 처리의 부담을 덜어준다고 할 수 있다.

오답풀이

① 글에서 인간의 생리 기능 등에 해당하는 내용을 말하고 있지 않다.

② 글에서 인간이 자연 선택 결과에 해당하는 내용을 말하고 있지 않다.

④ 컴퓨터와 스마트폰이 전기적 명령을 해석할 수 있는 생체 공학용 팔의 원시적 형태물이라는 것과 관련된 내용을 말하고 있지 않다.

⑤ 컴퓨터와 스마트폰은 인간의 뇌가해야 하는 저장, 처리 등을 보완하는 역할을 하며, 데이터를 처리하는 능력의 한계와 거리가 멀다.

39 ④ 5문단에서 자연 선택의 법칙을 바꾸는 또 다른 방법은 완전히 무생물적 존재를 제작하는 것으로, 많은 프로그래머들이 창조자에게서 완전히 독립한 상태로 학습, 진화할 능력을 지닌 '프로그램을 창조하는 꿈'을 꾼다고 말하고 있다. 〈보기〉에서 비유기물 공학에서 독립적인 진화가 가능한 대상을 연구하고 있으므로, ㉮에 들어갈 적절한 말은 '컴퓨터 프로그램'이 된다.

40 ⑤ '부분을 맞추어 전체를 꾸며 만들다'의 뜻으로 사용한 ⓐ 짰기는 '만들다' 또는 '여러 요소를 모아 일정하게 짜서 이룸' 등의 어감으로 이해하면, 제작(製作), 구성(構成), 조직(組織), 개발(開發) 등으로 바꿔 쓸 수 있다. 활용(活用)은 '충분히 잘 이용함'의 의미를 지니고 있으므로 ⓐ와 바꿔 쓸 수 있는 말로 적절하지 않다.

TIP 동음이의어 '짜다'

- 짜다[1]
  - 사개를 맞추어 가구나 상자 등을 만듦
  - 실이나 끈 등을 씨와 날로 결어 천 등을 만듦
  - 머리를 틀어 상투를 만듦
- 짜다[2]
  - 누르거나 비틀어 물기나 기름 따위를 빼냄
  - 온갖 수단을 동원해 남의 재물 등을 빼앗음
  - 새로운 것을 생각해 내기 위해 온 힘 · 정신을 쏟음
- 짜다[3] : 소금과 같은 맛이 있음

[41~45] 고전 소설

김시습 「만복사저포기」
- 갈래 : 전기소설, 한문소설
- 성격 : 비극적, 비현실적
- 시점 : 전지적 작가시점
- 배경
  - 시간적 배경 : 고려 말 공민왕이 재위할 무렵
  - 공간적 배경 : 만복사, 개녕동, 보련사
- 구성
  - 기 : 양생이 불전에서 소원을 빌다가 부처와 저포 놀이 시합에서 이기고 여인을 만남
  - 승 : 여인(하씨녀)과 절에서 하룻밤을 보내고 서로 손을 잡으며 사랑을 나눔
  - 전 : 양생은 여인이 이 세상 사람이 아닌 것을 알게 되며, 결국 이별하게 됨
  - 결 : 이별한 슬픔을 이기지 못한 양생은 지리산으로 들어가 약초를 캐며 은둔함
- 주제 : 남녀 간의 시공을 초월한 사랑
- 특징
  - 불교 용어 및 소재를 사용함
  - 한시를 통해 남녀 간의 감정을 은유적으로 전달함
  - 최초의 한문소설이며 몽유록계 소설의 효시

41 ⑤ 여인(하씨녀)의 부모가 은그릇을 들고 길가에서 기다리던 양생을 보고 '여인이 노략질하던 왜구의 손에 죽어 장례를 치르지 못하다 절에서 재(불교에서 죽은 이를 천상에 가도록 기원하는 일)를 베풀어 저승 가는 길을 배웅하려는 참'이라는 대화를 통해 양생은 여인이 장례 후에 저승으로 간다는 사실을 알 수 있다.

오답풀이

① 여인이 양생의 아내가 되어 함께 살다가 죽음을 맞이한 것

이 아니라, 이승에 있는 사람이 아님에도 양생의 아내가 되고 싶었지만 이별할 수밖에 없는 상황에 슬퍼하고 있다.
② 여인은 양생에게 자신이 저승 사람이라는 사실을 고백하지 못하고 있다.
③ 부모가 양생을 만나기 위해 일행을 이끌고 보련사로 향한 것이 아니라, 여인이 길가에서 기다렸다 자신의 부모와 함께 절에 가달라고 양생에게 부탁한 것이다.
④ 지나가는 이들은 양생 옆에 여인이 함께 가는 것을 알지 못한 채로 어디로 가는지 묻고 있으며, 양생은 이들의 질문에 마지못해 대답했다는 서술은 글에서 찾아볼 수 없다.

42 ① [A]는 여인과 양생이 한시로 서로의 감정을 은유적으로 드러내고 있음을 알 수 있다. 〈보기〉에서 한시는 서사적 기능을 담당하며 그 중에서 '등장인물 간 대화를 대신하는 것'이 [A]의 역할로 가장 적절하다.

오답풀이

② 여인의 우스갯소리는 양생에게 자신의 감정을 전달하고 있고, 양생 또한 여인에 대한 자신의 감정을 전달하고 있다. 그러므로 남녀 주인공의 감정을 위로하는 것은 적절하지 않다.
③ 내용 상, 남녀 주인공은 이미 절(만복사)에서 하룻밤을 보내고 난 뒤에 해당되며, 첫 만남을 매개하는 것은 적절하지 않다.
④ 경물을 묘사한 것은 사건의 결말을 암시하는 것이 아니라 서로의 감정을 전달하기 위한 매개체이다.
⑤ 이별의 슬픔을 표현하고 있지 않다. 여인이 장난스럽게 한시로 운을 떼고, 이어 양생도 화답하듯 한시로 화답하여 서로 감정을 전달하고 있다.

43 ② 여인의 부모는 양생이 여인과 있었던 일을 말했음에도 의심하는 마음을 지울 수 없어 딸과 함께 절로 와 주기를 청한 것이며, 재를 베풀어 저승길을 배웅하려고 절에 온 것이다.

오답풀이

① [앞부분 줄거리]에서 노총각 양생은 법당에서 좋은 배필을 달라고 소원을 빌고, 부처와 저포놀이 시합에서 이긴 것을 통해 여인을 만나기 위한 필요조건이라는 것을 알 수 있다.
③ 양생과 여인이 손을 잡고 하얀 장막 안으로 들어가 밥을 먹기 시작했을 때, 수저 소리가 들리고 그가 한 말이 맞았음을 안 여인의 부모는 그를 믿게 된다.
④ 공자의 시경과 서경은 유교 서적이며 과거시험의 주요 출제 경전으로서, 이를 통해 여인이 명문가 규수로 유교적인 소양을 갖춘 인물임을 알 수 있다.
⑤ '양생의 아내가 되어 평생 도리를 다하고 싶었지만, 정해진 운명은 피할 수 없고 이승과 저승의 경계는 넘을 수 없었다.'는 내용을 통해 여인은 운명론적 세계관을 지니고 있음을 알 수 있다.

44 ③ ⓒ의 여인이 양생과 헤어지기 전 건넨 '은그릇'은 두 남녀의 사랑의 징표이자 여인과 관련 있는 사람임을 알리는 매개체이다. 은그릇은 이어지는 사건 전개에 필연성을 강화하는 소재가 된다.

오답풀이

① ㉠의 사건 이해에 필요한 대상의 특징을 묘사하는 상황이 아니라 절에서 마을로 이동하는 공간의 변화를 나타낸 것이다.
② ㉡의 들판을 뒤덮은 쑥과 하늘을 가릴 정도로 가시나무가 뒤덮인 것은 비현실적인 배경을 나타내기 위한 소재에 해당된다.
④ ⓒ의 하인이 한 말은 양생의 비범한 능력을 부각한 것이 아니라 여인이 이미 죽은 존재임을 은유적으로 암시하고 있다.
⑤ ㉣의 다가오고 있는 여자 한 사람과 여종이 이승의 존재가 아님을 직설적으로 드러내는지 알 수 없다.

45 ④ [B]에서 한밤중에 양생에게 나타난 여인이 '규범을 어기면서까지 양생과 사랑을 맺으려 시도했지만, 운명에 의해 이별할 수밖에 없는 것을 슬퍼하는 것'이다. 그러므로 현실 세계의 고달픈 삶을 긍정하는 민중의식으로 이해하는 것은 적절하지 않다.

오답풀이

① 명혼(冥婚)은 '부부가 되지 못하고 죽은 남녀'를 위해 인연을 맺게 하는 의식이다. 왜구에 의해 죽은 뒤, 골짜기에 묻힌 여인과 부모를 일찍 여의고 만복사에서 외롭게 지내던 양생은 각자 짝이 없는 결핍 상태에 처해 있다. 두 남녀가 만난 만복사는 현실(양생)과 비현실(여인)이 인연을 맺는 공간이 되며, 결핍 상태(짝이 없음)인 현실 세계의 벗어나고픈 욕망을 형상화한다고 볼 수 있다.
② 이승과 저승 간의 경계를 상징하는 불교 용어로 삼도천, 황천 등이 있다. 두 내(川)에는 이승에서 저승으로 이동하면 돌아올 수 없는 규칙이 있다. 이는 이승에서 저승으로 왕래할 수 없음을 상징한다. 그러므로 이승에 있는 양생과 곧 저승으로 가야하는 여인은 이어질 수 없으며, 양생의 고독은 해소될 수 없음을 의미한다.
③ 여인은 저승으로 갔어야 하지만 이를 어기고 양생과 사랑하고 싶었지만 결국 이별할 수밖에 없는 상황은 죽음을 넘어서고 싶었지만 운명에 의해 실현되지 못한 비극적 아이러니에 해당된다.
⑤ [앞부분 줄거리]에 나온 양생이 불전에서 빈 소원과 [B]의 여인이 고백한 자신의 사연이 담긴 축원문의 바람이 서로 통하여 두 남녀의 인연이 부처에 의해 이루어졌음을 알 수 있다.

2021학년도 기출문제 정답 및 해설

제1교시 국어영역

01 ②	02 ③	03 ①	04 ②	05 ②	06 ①
07 ④	08 ③	09 ②	10 ③	11 ①	12 ⑤
13 ⑤	14 ③	15 ④	16 ⑤	17 ⑤	18 ②
19 ③	20 ④	21 ④	22 ①	23 ③	24 ①
25 ②	26 ③	27 ⑤	28 ②	29 ③	30 ③
31 ⑤	32 ②	33 ①	34 ④	35 ⑤	36 ④
37 ①	38 ⑤	39 ③	40 ⑤	41 ①	42 ④
43 ④	44 ④	45 ⑤			

01 ② 맞춤법에서 ㉠ 표음주의는 소리 나는 대로 적는 것이고 ㉡ 표의주의는 어법에 맞도록 적는 것이다. '쓰레기(쓸- + -에기)'는 발음 나는 그대로 적었으므로 표음주의의 사례이고, '달맞이'는 '달마지'라고 소리나는 대로 적지 않고 어간의 원형을 살려 적었으므로 표의주의의 사례이다.

- **표음주의** : 무르팍(무릎 + -악), 쓰레기(쓸- + -에기), 코끼리(곻 + 길- + -이)
- **표의주의** : 쇠붙이, 달맞이

오답풀이

① 쇠붙이는 표의주의의 사례이고 무르팍은 표음주의의 사례이다.

③ 달맞이와 쇠붙이 모두 표의주의의 사례이다.

④ 코끼리와 쓰레기 모두 표음주의의 사례이다.

⑤ 무르팍과 코끼리 모두 표음주의의 사례이다.

TIP 한글 맞춤법 제19항

어간에 '-이'나 '-음/-ㅁ'이 붙어서 명사로 된 것과 '-이'나 '-히'가 붙어서 부사로 된 것은 그 어간의 원형을 밝히어 적는다.

1. '-이'가 붙어서 명사로 된 것
 예 길이 높이 달맞이 먹이 살림살이 쇠붙이
2. '-음/-ㅁ'이 붙어서 명사로 된 것
 예 걸음 믿음 얼음 엮음 웃음 죽음 앎
3. '-이'가 붙어서 부사로 된 것
 예 같이 굳이 높이 많이 실없이 짓궂이
4. '-히'가 붙어서 부사로 된 것
 예 밝히 익히 작히

다만, 어간에 '-이'나 '-음'이 붙어서 명사로 바뀐 것이라도 그 어간의 뜻과 멀어진 것은 원형을 밝히어 적지 아니한다.

예 굽도리 무녀리 코끼리 거름(비료) 노름(도박)

[붙임] 어간에 '-이'나 '-음' 이외의 모음으로 시작된 접미사가 붙어서 다른 품사로 바뀐것은 그 어간의 원형을 밝히어 적지 아니한다.

(1) 명사로 바뀐 것
 예 귀머거리 까마귀 너머 무덤 쓰레기 주검
(2) 부사로 바뀐 것
 예 너무 바투 불긋불긋 비로소 차마
(3) 조사로 바뀌어 뜻이 달라진 것
 예 나마 부터 조차

02 ③ '논의'의 '의'는 이중 모음 'ㅢ'로 발음하되, '다만(2)'에 의하여 단어의 첫 음절 이외의 '의'에 해당하므로 [ㅣ]로 발음하는 것도 허용된다. 즉 '논의'는 [노늬] 또는 [노니] 모두 표준 발음이다.

오답풀이

① '의식'은 이중 모음 'ㅢ'를 살려 [의식]으로 발음한다.

② '너희'의 '희'는 자음 'ㅎ'을 첫소리로 가지므로 '다만(1)'을 적용하여 [너히]로 발음해야 한다. [너희]는 틀린 발음이다.

④ '의의'는 [의의] 또는 [의이]로 발음해야 한다. [으이]는 틀린 발음이다.

⑤ '너의 (집)'는 이중 모음 'ㅢ'를 살려 [너의]로 발음한다. 그런데 여기서의 '의'는 조사이므로 '다만(2)'를 적용하여 [너에]로 발음해도 옳다.

TIP '의'의 여러 가지 발음

- '민주주의의 의의'의 표준 발음
- [민주주의의 의의]
- [민주주의의 의이]
- [민주주이의 의의]
- [민주주이의 의이]
- [민주주의에 의의]
- [민주주의에 의이]
- [민주주이에 의의]
- [민주주이에 의이]

03 ① '비+어서 → [벼:서]'는 모음 'ㅣ'와 'ㅓ'가 만나서 'ㅕ[ㅕ:]'로

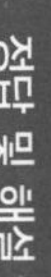

축약이 된 것이므로 모음이 탈락하였다는 ㉠의 사례로는 적절하지 않다.

오답풀이

② 모음 'ㅓ'가 탈락하였다.
③ 모음 'ㅓ'가 탈락하였다.
④ 모음 'ㅡ'가 탈락하였다.
⑤ 모음 'ㅡ'가 탈락하였다.

04 ② 첫 번째 문장에서의 부사어는 부사 '몰래'가 쓰였으나, 두 번째 문장에서 부사어는 '예전에'로, 부사가 아니라 명사 '예전'에 부사격 조사를 붙인 것이다.

오답풀이

① 첫 번째 문장에서 '나는/선물을/엄마에게'라는 주어, 목적어, 부사어가 필요한 서술어 '드리다'가 쓰였고, 두 번째 문장 역시 '나는/선생님께/편지를'이라는 주어, 부사어, 목적어가 필요한 서술어 '보내다'가 쓰였다. 그러므로 두 문장 모두 세 자리 서술어가 쓰였다.
③ 객체 높임은 동사의 행위가 미치는 대상을 높이는 표현인데, 첫 번째 문장에서는 '드렸다'가, 두 번째 문장에서는 '께'가 쓰였다.
④ 첫 번째 문장에서는 '정성껏 만든'이라는 선물을 꾸며주는 관형어가, 두 번째 문장에서는 '존경하던'이라는 선생님을 꾸며주는 관형어가 안겨 있다.
⑤ 문법적 관계를 나타내는 품사는 조사인데, 두 문장 모두 조사가 쓰였다.

TIP 문장성분의 종류

- 주성분
  - 주어 : 동작이나 상태, 성질의 주체가 되는 문장성분
  - 서술어 : 주어의 동작이나 성질, 상태 따위를 풀이하는 기능을 함
  - 목적어 : 서술어의 동작 대상이 되는 문장성분
  - 보어 : 서술어의 설명의 부족함을 보완해주는 문장성분
- 부속 성분
  - 관형어 : 체언 앞에서 체언을 수식하는 기능을 함
  - 부사어 : 용언이나 부사 앞에서 이들을 수식하는 기능을 함
- 독립 성분
  - 독립어 : 홀로 독립하여 쓰이는 문장성분

05 ② '병따개'에는 '-개'라는 접사가 들어있지만 '병'과 '따개'로 쪼개지는 합성어이다. '병'과 '따개' 모두 어근 또는 어근의 자격을 지니고 있기 때문이다.

오답풀이

① **나뭇가지 ← 나무 + 가지** : 합성어
③ **손가락질 ← 손가락+ -질** : 파생어
④ **아침밥 ← 아침 + 밥** : 합성어
⑤ **비웃음 ← 비웃- + -음** : 파생어

TIP 단어의 형성

- **어근과 접사**
  - 어근 ; 실질적인 의미를 나타내는 부분
  - 접사 : 어근에 붙어 그 뜻을 제한하는 부분
- **합성어** : 둘 이상의 어근이 결합된 복합어 (어근 + 어근)
  - 어근이 대등하게 본래의 뜻을 유지하는 합성어
  - 한쪽의 어근이 다른 한쪽의 어근을 수식하는 합성어
  - 어근들이 완전히 하나로 융합하여 새로운 의미를 나타내는 합성어
- **파생어** : 하나의 어근에 접사가 붙어 결합된 복합어 (접사 + 어근, 어근 + 접사)

06 ① '넣다'는 활용할 때 '넣으니, 넣어, 넣은, 넣으면, 넣어지다' 등으로 'ㅎ'이 탈락하지 않으므로 〈보기〉에서 설명하는 사례에 속하지 않는다.

오답풀이

② **울다** : 우니, 운, 웁니다, 우시다, 우오
③ **젓다** : 저어, 저으니, 저은, 저어도, 저었다
④ **벌겋다** : 벌건, 벌거니, 벌거면, 벌게지다
⑤ **잇다** : 이어, 이으니, 이은, 이어도, 이었다

07 ④ 타동사는 동작의 대상인 목적어를 필요로 하는 동사이고, 자동사는 동사가 나타내는 동작이나 작용이 주어에만 미치는 동사를 의미한다. '그가 부르던 노랫소리가 그쳤다.'에서는 노랫소리가 그쳤으므로 자동사로, '그는 하던 일을 갑자기 그쳤다.'에서는 일을 그친 것이므로 타동사로 쓰였다.

오답풀이

① '그는 사람들에게 천사로 불렸다.'에서는 '부르다'의 피동사로, '그는 갖은 방법으로 재산을 불렸다.'에서는 '붇다'의 사동사로 쓰였다.
② '그는 수배 중에 경찰에게 잡혔다.'에서는 붙들린다는 뜻인 '잡다'의 피동사로, '그는 자기 집도 저당으로 잡혔다.'에서는 담보로 맡겨진다는 뜻인 '잡다'의 피동사로 쓰였다.
③ '그가 접은 배가 물에 잘 떴다.'에서는 물속이나 지면 따위에서 가라앉거나 내려앉지 않고 물 위나 공중에 있거나 위쪽으로 솟아오른다는 뜻인 '뜨다'의 자동사로, '그는 집에 가기 위해 자리를 떴다.'에서는 다른 곳으로 가기 위하여 있던 곳에서 다른 곳으로 떠난다는 뜻인 '뜨다'의 타동사로 쓰였다. 그러나 이 두 문장에서 쓰인 '뜨다'는 서로 의미가 다른 동음이의어이기 때문에 '동일한' 동사가 아니므로 ㉠의 예로 적절하지 않다.
⑤ '그는 품행이 매우 발랐다.'에서는 말이나 행동 따위가 사회적인 규범이나 사리에 어긋나지 아니하고 들어맞다는 뜻

인 형용사 '바르다'로, '그는 손에 연고만 발랐다.'에서는 약 따위를 물체의 표면에 문질러 묻힌다는 뜻인 '바르다'의 자동사로 쓰였다.

08 ③ 사람들이 틈(어떤 행동을 할 만한 기회)을 이용하여 도주한 것이므로 어떤 조건이나 시간, 기회 등을 이용한다는 의미의 예문으로 적절하다.

오답풀이

① '바닥이 미끄러운 곳에서 어떤 기구를 이용하여 달리다'의 예문으로 적절하다.

② '다량의 액체에 소량의 액체나 가루 따위를 넣어 섞다'의 예문으로 적절하다.

④ '그네나 시소 따위의 놀이 기구에 몸을 싣고 앞뒤로, 위아래로 또는 원을 그리며 움직이다'의 예문으로 적절하다.

⑤ '바람이나 물결, 전파 따위에 실려 퍼지다'의 예문으로 적절하다.

09 ② 'ㅒ'는 'ㅑ'와 'ㅣ'의 두 글자가 합쳐진 글자이다.

TIP 표준어의 모음

- 표준어의 모음은 다음 21개로 한다.
  ㅏ, ㅐ, ㅑ, ㅒ, ㅓ, ㅔ, ㅕ, ㅖ, ㅗ, ㅘ, ㅙ, ㅚ, ㅛ, ㅜ, ㅝ, ㅞ, ㅟ, ㅠ, ㅡ, ㅢ, ㅣ
- 기본모음
  ㅏ, ㅑ, ㅓ, ㅕ, ㅗ, ㅛ, ㅜ, ㅠ, ㅡ, ㅣ
- 기본모음 외의 모음

<table>
<tr><td>ㅏ
ㅑ
ㅓ
ㅕ</td><td>+ ㅣ</td><td>ㅐ
ㅒ
ㅔ
ㅖ</td></tr>
<tr><td>ㅗ +</td><td>ㅏ
ㅐ(ㅏ+ㅣ)
ㅣ</td><td>ㅘ
ㅙ
ㅚ</td></tr>
<tr><td>ㅜ +</td><td>ㅓ
ㅔ(ㅓ+ㅣ)
ㅣ</td><td>ㅝ
ㅞ
ㅟ</td></tr>
<tr><td>ㅡ</td><td>+ ㅣ</td><td>ㅢ</td></tr>
</table>

10 ③ 선혜가 꽃을 사고 싶어했는데, 구이가 이는 대궐에 ⓒ 보내어 부처께 바칠 꽃이라서 안된다고 하였다. 그러므로 ⓒ은 '선혜'를 높이는 말이 아니다.

오답풀이

① 선혜가 정성이 ㉠ 지극하시므로

② 선혜가 … 꽃이 솟아나거늘 좋아서 불러 사고 싶다고 ㉡ 하시니

④ 구이가 (꽃을 사고 싶다는 선혜에게) ㉣ 물으시되

⑤ (선혜가 꽃을 사서) 무엇에 ㉤ 쓰시리?

[11~14] 독서 – 예술

11 ① 주어진 글은 '인공 지능이 그린 그림을 예술품이라고 할 수 있을까?', '적어도 누군가 돈을 주고 샀으니 예술품인 걸까?', '하지만 작품은 언제나 작가에 의해 만들어질까?' 등의 질문을 계속해서 제시하며 쟁점 사항을 구체화하여 설명을 전개하고 있다.

12 ⑤ 주어진 글의 2문단에서 예술에 특별한 의미를 부여하는 사람들은 예술의 가치를 돈으로 평가하는 것 자체에 거부감을 느낄 수도 있다고 하였다.

오답풀이

① 5문단에서 동물은 자신이 그린 그림의 지적 재산권을 가질 수 없다고 하였으므로 침팬지의 그림 역시 지적 재산권을 가질 수 없다.

② 7문단에서 인공 지능의 작품이 예술품이 되지 못하도록 막는 것은 예술은 인간만이 할 수 있다는 근거 없는 믿음이라고 하였다.

③ 2문단에서 인공 지능이 만든 작품의 거래에 있어 그림이 진짜 예술품인지 여부는 중요하지 않다고 하였다.

④ 6문단에서 법인(法人)은 인간이 아니더라도 인간의 법적 권리를 가질 수 있다고 하였다. 재단 법인은 인간의 모든 권리를 갖는 것은 아니더라도 인간의 필요에 의해서 권리의 일부를 부여받을 수 있기 때문이다.

13 ⑤ 주어진 글의 '하는'은 '어떤 직업이나 분야에 종사하거나 사업체 따위를 경영하다'의 의미로 쓰였다. '문학을 하다, 피아노를 하다, 회사를 하다' 등으로 쓰이는데, 이와 문맥적 의미가 가장 가까운 것은 ⑤의 '전공을 했다'이다.

오답풀이

① '표정이나 태도 따위를 짓거나 나타내다'의 의미로 쓰였다.

② '어떤 일을 그렇게 정하다'의 의미로 쓰였다.

③ '먹을 것, 입을 것, 땔감 따위를 만들거나 장만하다'의 의미로 쓰였다.

④ '(간접 인용의 경우에는 '고'가, 직접 인용의 경우에는 '라고'가 쓰인다) 이르거나 말하다'의 의미로 쓰였다.

14 ③ 5문단에서 앤디 워홀이 그의 작품을 직접 제작하지 않았음에도 그의 작품이 예술품이라고 한다면, 인간은 기획이나 지시만으로도 예술품을 만들 수 있다는 말이 된다고 하였다. 즉 인간이 주체라면 의도만으로도 예술품을 만들 수 있

다는 뜻인데, 이는 7문단으로 이어져 인간이 의도를 가지고 인공 지능을 이용하여 작품을 만들면 그것 역시 예술품이 될 수 있다고 본 것이다. 그러므로 앤디 워홀의 기획과 지시를 통해 만들어진 작품이나 인간의 의도가 반영된 인공 지능의 창작이나 같은 맥락으로 볼 수 있다.

오답풀이

① 앤디 워홀과 오비어스의 그림 창작에 들인 공력을 비교할 수는 없다.

② 앤디 워홀이 작품을 직접 제작하지 않았고 오비어스가 그림을 직접 그렸다.

④ 콩고 역시 인간이 아니기 때문에 콩고의 그림 매매와 오비어스의 그림 매매는 서로 같은 문제로 볼 수 있다.

⑤ 오비어스의 그림과 콩고의 그림 수준을 비교할 수는 없다.

[15~19] 현대 시 복합

(가) 이상 「거울」
- **갈래** : 자유시, 초현실주의 시
- **성격** : 초현실주의적, 주지적, 실험적, 자의식적
- **제재** : 거울, 자아의식
- **주제** : 자아 분열 양상과 현대인의 불안 심리
- **특징**
  - 자동 기술법 사용으로 초현실주의적 경향을 보임
  - 역설적 표현으로 자아의 모순성 드러냄
  - 띄어쓰기를 무시하는 실험성을 드러냄
- **구성**
  - 1연 : 조용한 거울 속의 세상
  - 2연 : 현실과 단절된 거울 속의 세상
  - 3연 : 두 자아의 화해 실패
  - 4연 : 차단과 만남이라는 거울의 모순성
  - 5연 : 자아 분열의 심화
  - 6연 : 서로 완전히 분리된 두 자아에 대한 안타까움
- **이해와 감상** : '거울'이라는 소재를 통해 현실적 자아(거울 밖의 나)와 내면적 자아(거울 속의 나)의 분열을 보여주는 작품이다. 둘은 서로 화합이 불가능한 상태이며 이때 거울은 차단과 만남이라는 모순성을 지니는 상징물이다. 또한 자동 기술법과 띄어쓰기의 파괴를 통해 무의식의 자유로운 표출과 자아 분열의 양상, 현대인의 불안 심리를 부각시키고 있다.

(나) 윤동주 「자화상」
- **갈래** : 자유시, 서정시
- **성격** : 성찰적, 고백적
- **제재** : 우물에 비친 자신의 모습
- **주제** : 자아 성찰과 자신에 대한 애증
- **특징**
  - '–ㅂ니다'로 끝나는 구어체의 산문적 표현
  - 시상 전개에 따른 화자의 심리 변화가 분명히 보임
- **구성**
  - 1연 : 우물을 들여다보며 자아를 성찰함
  - 2연 : 우물 속의 아름다운 풍경
  - 3연 : 자아에 대한 미움
  - 4연 : 자아에 대한 연민
  - 5연 : 자아에 대한 미움과 그리움
  - 6연 : 추억 속 자아에 대한 그리움
- **이해와 감상** : 이 시의 화자는 우물을 통해 자기 반성과 내면 성찰을 하고 있다. 일제 강점기라는 시대에 적극적으로 대처하지 못하는 지식인의 고뇌와 부끄러움을 드러내고 있으며 자신에 대한 애증을 반복하며 내적 갈등을 해소하고자 한다.

(다) 최두석 「성에꽃」
- **갈래** : 자유시, 서정시
- **성격** : 감각적, 상징적, 현실 참여적
- **제재** : 성에
- **주제** : 어두운 현실을 살아가는 서민들의 삶에 대한 애정
- **특징**
  - 역설적인 표현의 사용
  - 촉각적 이미지와 시각적 이미지로 성에를 표현함
- **구성**
  - 1~4행 : 새벽 시내버스 차창에 핀 성에꽃
  - 5~19행 : 성에꽃에 나타난 서민들의 삶
  - 20~22행 : 만날 수 없는 친구에 대한 안타까움
- **이해와 감상** : 새벽 시내버스의 창가에 낀 성에를 보며 1980년대를 힘겹게 살아가는 서민들의 삶에 대해 노래한 작품이다. 암울한 시대 속 서민들에 대해서 애정과 연민을 보여 주며, '면회마저 금지된'이라는 표현을 통해 자유를 억압받던 시대 상황을 짐작하게 한다.

15 ④ (가), (나) 모두 두 개의 자아가 등장하며 자아 성찰이 이루어지고 있으나, 그 대립과 갈등을 직접적으로 드러냈다고는 볼 수 없다.

오답풀이

① 무의식에서 떠오르는 내용을 그대로 기술하는 '자동 기술법'을 사용하고 띄어쓰기를 무시하는 방식으로 자의식의 세계를 보여 주고 있다.

② 우물 속 아름다운 풍경, 그 속의 사나이(자아) 등을 병렬적으로 나열하여 화자의 현실(일제 강점기를 살아가며 고뇌하는 지식인)과 대비되는 세계를 표현하고 있다.

③ 성에꽃이라는 은유적 표현을 사용하여 시적 대상의 아름다움을 감각적으로 표현하고 있다.

⑤ (나)에서는 자아에 대해, (다)에서는 서민들에 대해 연민의

정서를 드러내고 있다.

16 ⑤ 거울은 만남이자 단절의 매개체이기 때문에 '나'는 거울을 통해 거울 속 세상의 자신을 바라볼 수 있다. 그러나 거울을 쳐다보지 않을 때에 거울 속 자신의 모습을 어떻게 생각하는지는 알 수 없다.

오답풀이

① 1~2연에서 거울 속 세상은 조용하며 내 말을 알아듣지 못하는 귀가 있다고 하였으므로 '나'는 거울 속 세상을 아무 소리도 들리지 않는 곳이라고 느끼고 있다.

② 3연에서 거울 속의 나는 '나'의 악수를 받을 줄 모른다고 하였다.

③ 2연에서 '나'의 말을 알아듣지 못한다고 하였으므로 '나'는 거울 속 자신에게 대화를 시도하지만 거울 속의 나에게는 들리지 않음을 알 수 있다.

④ 4연에서 거울 속 나를 만져보지 못한다 하였으므로 '나'는 거울 속 자신과 단절되었다고 생각하면서도 거울이 아니었다면 거울 속의 자신을 만날 수조차 없었을 것이라고 생각하고 있다.

17 ⑤ 화자는 우물 속에 보이는 아름답고 평화로운 자연을 통해 과거의 순수했던 자신을 추억하고 있다.

오답풀이

① 화자는 우물을 찾아가 우물 속의 평화로운 풍경을 보며 자아를 성찰하려 하고 있으나, 현실에 비판적인 자신에 대한 부끄러움을 드러내고 있지는 않다.

② 화자는 현실 초월적인 자신의 모습에 슬픔을 느끼거나 공감하고 있는 것이 아니라 초라한 자아에 대해 부끄러움을 느끼고 있다.

③ 화자는 미래를 동경하고 있는 것이 아니라 자아에 연민을 느끼고 있다.

④ 화자는 자신에 대한 애증을 반복하고는 있으나 그것을 현실에 대한 타협적인 태도라고 볼 수는 없다.

18 ② ⓒ의 엄동 혹한은 고단한 삶을 살아가는 서민들의 암담한 현실을 의미한다.

오답풀이

①·③·④·⑤ 차창에 서린 성에를 의미한다.

19 ③ 사람들의 입김 때문에 '차창'에 생긴 성에를 보고 화자는 같은 버스에 앉아 있던 서민들을 생각하게 된다. 창에 닿은 서민들의 입김과 숨결이 성에꽃, 기막힌 아름다움 등으로 감각적이게 표현되며 '차창'이 세상을 바라보게 하는 통로의 역할을 하고 있다.

오답풀이

① '거울'은 사회를 반영하는 대상이 아니라 현실의 자아가 내면의 자아를 들여다볼 수 있게 해주는 매개체이다.

② '우물'은 자신의 내면을 비추는 사물로 자아 성찰의 매개체이지, 양면성을 통해 현대인의 불안 의식을 강조하는 기능을 하고 있지 않다.

④ '거울'과 '차창'은 밖과 안의 대비를 드러내는 소재가 아니다.

⑤ '우물'을 통해 자아 성찰을 하며 내적 갈등을 해소하게 될 수는 있지만, 그것이 자기 자신을 긍정의 대상으로 심화하는 사물이라고 보기는 어렵다.

[20~23] 독서 – 사회

20 ④ 주어진 글은 저작권이 적용되는 기준에 대한 설명을 시작으로 더 나아가 저작권법으로 보호될 수 있는 요건을 갖추었더라도 저작권 보호가 부인되는 경우에 대한 설명까지 심화하여 다루고 있다.

21 ④ 5문단에서 '사실상의 표준'을 인정하면서 최초 창작자의 권리 역시 충분히 보호받을 수 있도록 해야 한다고 하였으므로 저작권과 무관하다는 설명은 적절하지 않다.

오답풀이

① 1문단에서 아이디어는 제한 없이 공유되고 소통되어야 하므로 저작권이 미치지 않는다고 하였다. 반면에 기술과 산업 분야에서의 착상은 특허법 등 다른 법률에 의해 보호된다고 하였으므로 아이디어와 착상은 법적으로 서로 다르다.

② 3문단에서 저작권법으로 보호될 수 있는 요건을 갖춘 표현이라 할지라도 특정 아이디어를 표현할 수 있는 방법이 매우 제한된 경우에는 저작권 보호가 부인된다고 하였다.

③ 2문단에서 실제 저작물에서 아이디어와 표현을 분리하는 것은 쉽지 않다고 하며 소설을 예로 들었다. 즉, 표현으로 보호하는 범위는 분명하게 정해져 있는 것이 아니라 판단하는 이에 따라 다를 수 있다고 볼 수 있다.

⑤ 1문단에서 저작권의 보호 범위를 판단할 때 표현과 아이디어를 구분해야 한다고 하였는데, 이때 사상과 표현의 자유는 이와 관련이 있다.

22 ① 저작권 적용의 여부는 가치 인정에 있는 것이 아니라 표현과 아이디어의 구분에 있다.

오답풀이

② 저작권은 표현에는 적용되고 아이디어에는 적용되지 않는다고 하였는데, 요리책은 저자의 요리 레시피를 소개하여 정식으로 '표현'한 것이고 요리 방법은 '아이디어'에 해당하

므로 이에 따라 각각 저작권 침해의 여부가 갈린다.

③ 가위바위보의 승패 규칙을 설명하는 방식은 지극히 제한되어 있기 때문에 '합체의 원칙'이 적용된다.

④ 현재 가장 보편적으로 쓰이는 컴퓨터 자판 배열은 '쿼티 키보드'인데, 이 배열이 이미 업계의 표준으로 굳어져 통용되고 있으므로 '사실상의 표준'이 적용된다.

⑤ 황량한 들판에서의 총잡이의 결투 장면은 서부 영화에서 전형적으로 등장하는 유형이므로 예술적 저작물에 주로 적용되는 '필수 장면'이 적용된다.

23 ③ ⓒ에서 쓰인 '어떤'의 문맥적 의미는 '주어진 여러 사물 중 대상으로 삼는 것이 무엇인지 물을 때 쓰는 말'이다. 저작권법으로 보호될 수 있는 표현이라 할지라도 어떤 기준에 의하여 판단했을 시 저작권 보호가 부인될 수도 있다는 내용이 3문단에 나오고 그 뒤로 3가지의 기준이 나온다. 그러므로 ⓒ에서 쓰인 '어떤'은 3문단 뒤로 이어지는 기준들 중에 하나를 선택하는 의미로 쓰였다.

오답풀이

①·②·④·⑤ 여기에서 쓰인 '어떤'은 대상을 뚜렷이 밝히지 아니하고 이를 때 쓰는 말이다.

[24~28] 고전 소설

작자 미상 「임진록」
- **갈래** : 역사 소설, 군담 소설, 영웅 소설
- **성격** : 전기적, 설화적
- **시점** : 전지적 작가 시점
- **배경**
  - 시간적 배경 : 조선 선조 임진왜란 전후
  - 공간적 배경 : 조선 및 왜국
- **주제** : 임진왜란 때 영웅들의 활약상
- **특징**
  - 역사적 사실을 바탕으로 설화와 혼용하여 창작됨
  - 영웅들이 활약하는 애국적 무용담을 순차적으로 엮음
- **구성**
  - 기 : 임진왜란이 일어나기 직전의 국내외 형편과 왜의 침략 의도
  - 승 : 민중의 저항과 통치자들의 무능
  - 전 : 전쟁에서의 승리
  - 결 : 왜에 건너가 항복을 받아냄
- **이해와 감상** : 임진왜란이라는 역사적 사실을 소재로 허구적 요소를 덧붙여 쓴 역사 소설이자 군담 소설로, 실제로는 패전한 전투를 우리의 승리로 바꾸어 적음으로써 허구의 세계에서나마 정신적 위안을 얻고자 하였다.

24 ① 이여송 – 상 – 이항복의 대화, 곽재우의 전투와 곽준의 딸 부부의 죽음, 순신과 진인의 여러 일화 등을 통하여 임진왜란이라는 전체 사건에 대한 여러 모습을 보여 주고 있다.

25 ② 진인은 천성이 강포한 자라 그를 두려워하는 사람이 많았다는 점을 통해 진인의 위세를 등에 업은 진인의 군사가 조선의 관리에게 횡포를 부린 것임을 알 수 있다.

오답풀이

① 임금에게 벌레를 권하는 이여송에게 이항복이 생낙지를 권한 것은 임금이 벌레를 먹지 못하는 것과 마찬가지로 이여송 역시 생낙지를 먹지 못할 것이라 생각했기 때문이다.

③ 진인은 왜군과의 싸움에서 조선을 도우러 온 것이다. '진인이 수십여 척을 머물러 싸움을 돕게 하니라'라고 한 것을 보면 알 수 있다.

④ 진인이 천총을 내친 것은 조선의 군사는 적을 백여 명 죽였으나 천병은 하나도 잡지 못하였다는 보고를 듣고 분노하였기 때문이다.

⑤ 이순신의 이러한 행동은 천병이 민간을 노략하였기 때문이다.

26 ③ 조선 군사는 도적 떼를 물리쳤으나 천병은 그러지 못하였다며 분노하는 진인에게 나의 승리는 곧 당신의 승리라며 위로하고 있는 장면이다.

오답풀이

① 벌레 따위를 왕에게 권하는 제독의 무례함을 넌지시 꾸짖고 있다.

② 상의 질책이 담긴 물음에 제독은 답하지 못하고 멋쩍게 웃고 말을 돌리며 인정하고 있다.

④ 진인은 이순신을 '이야(李爺)'라 일컬었는데 '이(李)'는 순신의 성이고 '야(爺)'는 남자의 존칭으로, 진인이 이순신을 공경하고 있음을 알 수 있다.

⑤ 다른 곳으로 가려는 순신을 진인이 만류하려 하는 행동이다.

27 ⑤ 의병장 곽재우는 물러가는 적의 뒤를 쫓아 그들을 몰아내었다.

오답풀이

① 적이 곽재우가 지키는 화왕산성을 치려다 산세가 험하여 물러가 황석산성을 치는 등 전세의 변화에 따라 적의 행로가 바뀌기도 하였음을 알 수 있다.

② 적이 승승장구하여 각읍 수령이 다 도망하였다고 하였다.

③ 곽준의 딸은 지아비와 아비, 오라비가 모두 죽자 그들을 따라 죽었다.

④ 각읍 수령이 도망하였으나 곽준과 같이 끝까지 남아 항전한 자들도 있었다.

28 ② 여러 장수와 의병들은 나라를 지키기 위해 항전을 치르지만, 왕과 양반들은 도망치기에 급급하였다. 그러므로 '상'은 백성을 위하는 왕이라고 할 수 없다.

오답풀이

① 명의 제독 이여송 등의 부정적 모습을 통해 조선을 직접적으로 공격한 왜군에게뿐만 아니라 원군으로 온 명군에 대한 반감도 드러남을 알 수 있다.

③ 곽준이 죽고 그의 딸마저 따라 죽는 장면은 왜군에 대한 분노가 반영되었다고 볼 수 있다.

④ 이순신의 역량을 인정받는 장면을 통해 조선에 뛰어난 인물이 존재한다는 점을 드러내려 하였다.

⑤ 이순신이 책임감을 느끼는 모습을 통해 백성을 위하는 마음을 엿볼 수 있다.

[29~32] 독서 - 사회

29 ③ 주어진 글은 지역마다 문명 발달의 차이가 생긴 원인에 대해 분석하고 있는데, 4문단에서는 생물학적 관점을, 5문단에서는 환경적 요인에 의한 관점을 제시하고 있다. 그러나 글 전체를 보았을 때 문명 발달을 위해 환경적 제약을 극복해야 한다는 내용은 나타나 있지 않다.

오답풀이

① 주어진 글은 지역에 따라 과학 기술이나 사회 제도의 발달에 차이를 보이게 된 이유에 대해 다루고 있는 글이므로 문명의 발달이 지역에 따라 차등적으로 이루어졌다는 내용을 기본으로 하고 있다.

② 1문단에서 지역의 삶의 방식과 문명의 발달에 따라 약탈과 정복의 역사가 비롯되었다고 하였다.

④ 4문단에서 지역별 인종의 능력 차이는 문명 발달 차이의 원인으로 수용할 수 없다고 하였다.

⑤ 3문단에서 발달된 문명을 가진 지역의 경우에는 과학이 발달해 있고, 정치 체제를 비롯한 사회 구조도 갖추어져 있다고 하였다.

30 ③ 지역에 따라 과학 기술이나 사회 제도의 발달이 차이를 보이게 된 이유를 묻는 질문에 대한 답변을 생물학적 관점과 환경적 관점으로 나누어 소개하고 있다.

오답풀이

① 인용이 나타난 부분은 없다.

② 통계 자료를 인용한 부분은 없다.

④ 다양한 사례로 공통점과 차이점을 설명하고 있지 않다.

⑤ 쟁점에 대한 근본적 원인을 분석하려고는 하고 있으나 일관된 해결책을 정립하는 것이 아니라 관점이 다른 두 가지의 견해만을 제시하고 있다.

31 ⑤ (a)와 (b) 모두 자연환경에 따른 사회 · 경제적, 문화적 차이에 대한 내용이다. 토양이 척박한가 비옥한가, 가뭄이 빈번한가 큰 강이 많은가 등은 모두 환경적인 요인이기 때문에 각각의 지역이 처한 생태 환경적 요인으로 인하여 문명 발달의 차이가 나타났다고 설명하는 ㉡의 사례로 활용될 수 있다.

32 ② 〈보기〉에서 세계사의 서술 대상은 발전된 문명을 가진 경우가 중심이 된다고 하였는데, 이는 왜 이집트나 중국 등은 문명이 발전하였고 아프리카나 오세아니아 등과 같은 지역은 문명이 발달하지 못했는가에 대한 근본적인 이유는 설명하지 못한다. 같은 시기임에도 지역마다 다른 역사가 나타나게 된 것에 대한 이유를 명백히 밝힐 필요가 있다.

[33~37] 고전 시가

작자 미상 「노처녀가」
- **갈래** : 내방가사
- **성격** : 해학적, 독백적
- **주제** : 혼기를 놓친 노처녀의 신세 한탄과 양반의 허위의식 비판
- **특징**
  - 대조되는 소재와 대비를 통한 화자의 처지 부각
  - 기대와 실망이 반복되는 상황을 해학적으로 그림
- **이해와 감상** : 40세가 되도록 혼인을 하지 못한 양반가 노처녀가 자신의 처지를 한탄하는 가사이다. 화자는 자신이 노처녀가 된 것은 몰락한 양반임에도 허위의식을 버리지 못한 부모 탓이라고 생각하여 원망한다. 시집을 가지 못한 한을 불특정 다수에게 하소연하듯 시작하여 자신의 처지에 대한 한탄과 부모에 대한 원망으로 전개하고 혼기가 다 지나고 늙어가는 것에 대한 슬픔으로 마무리 짓는다.

33 ① 화자가 겪고 있는 시집가지 못한 상황에 대해 반복적으로 제시하며(손님이 오면 중매쟁이로 기대하지만 사실은 관리가 온 것이고, 편지가 오면 청혼서로 기대하지만 사실은 부고였음 등) 한탄을 하고 있다.

오답풀이

② 처음부터 끝까지 화자는 일관되게 시집을 가고 싶어하며 부모를 원망하고 있으므로 시간의 흐름에 따라 화자의 정서가 달라진다는 설명은 적절하지 않다.

③ '아마도 모진 목숨 죽지 못해 원수로다' 등의 표현으로 보아

화자는 미래 상황을 부정적으로 보고 있음을 알 수 있다.
④ 화자는 내면의 심리를 직접적으로 드러내고 있다.
⑤ 화자가 겪어 온 갈등의 양상이 드러나 있지는 않다.

34 ④ 상처(喪妻)했다는 말은 아내가 죽었다는 뜻으로, 아내를 잃은 김동(金童)이나 칠거지악을 저지른 아내를 버린 이동(李童)이 모두 현재 아내가 없기 때문에 화자가 혼인 상대로 바라보고 있는 대상이다.

오답풀이

① 화자가 자신의 사연을 털어놓는 대상은 맞지만, 화자의 고민을 해결해 주는 존재는 아니다.
② 사십이 되도록 시집을 가지 못한 자신과는 달리 이십이 되기도 전에 시집을 간 대상으로 화자의 부러움의 대상이기도 하지만 그의 앞날을 축복하고 있는지는 알 수 없다.
③ 조만간 시집을 가는 이웃으로, 화자와 아픔을 공유해 왔던 친구인지도 알 수 없으며 그를 비난하고 있지도 않다.
⑤ 화자가 아이들과 화해를 시도하고 있다는 설명은 적절하지 않다.

35 ⑤ 화자는 거울에 인격을 부여하여 나나 너나 모두 쓸데없다며 동병상련을 느끼고는 있지만, 대화를 주고받는 것이 아니라 거울을 보며 혼잣말로 신세 한탄을 하고 있다.

오답풀이

① '흐르는 이 세월에 아까울손 나의 거동'이라며 시집을 가지 못한 채 흘러가는 시간을 안타까워하고 있다.
② '감정 암소 살져 있고 봉사 전답 같건마는/사족 가문 가리면서 이대도록 늙히노니'에서 혼인하기 위한 최소한의 경제적 여건은 준비되어 있으나 양반이기 때문에 상대의 가문을 따지느라 시집갈 상황이 되지 않음을 알고 있다.
③ '연지분도 있건마는 성적 단장 전폐하고'를 보면 얼굴을 단장할 도구를 지니고 있지만 성적(成赤) 단장, 즉 혼인날 신부가 얼굴에 분을 바르고 연지를 찍는 일을 전폐한다고 하였다.
④ '원산 같은 푸른 눈썹 세류 같은 가는 허리/아름답다 나의 자태 묘하도다 나의 거동'이라면서 화경 거울 앞에서 자신의 모습에 자부심을 느끼고 있다. 이때 대구법이 사용되었다.

36 ④ '풍헌 약정 환자 재촉'에서 풍헌과 약정은 향약 조직의 임원이고 환자는 환곡, 즉 국가에서 빌려주던 곡식을 의미한다. 그러므로 '풍헌 약정 환자 재촉'은 관리들이 환곡을 받으러 왔다는 뜻은 맞지만, 환곡은 수탈의 도구가 아니라 백성 구휼을 위한 제도이고, ㉣의 앞뒤 문맥적 상황을 살펴보면 어디서 온 손님이 중매쟁이일 줄 알고 기대하였으나 알고보니 환곡을 받으러 온 관리여서 실망하였다는 설명이 더 적절하다고 볼 수 있다.

오답풀이

① 혼자 살거나 처녀로 산다고 해서 더 오래 사는 것도 아니라는 자조적 한탄을 통해 본성이 억제된 삶에 대한 부정적 시각을 표출하고 있다.
② 집이 가난함에도 불구하고 양반이라는 지위에 집착하여 딸이 나이가 먹도록 시집을 못 보내고 있는 부모의 허위의식을 폭로하고 있다.
③ 부친은 반편(지능이 보통사람보다 모자라는 사람을 낮잡아 이르는 말)이고 모친은 숙맥불변(사리 분별을 못 하고 세상 물정을 잘 모름을 이르는 말)이라 하며 부모의 절대적 권위에 반발하고 있다.
⑤ 경제적 형편이나 신분에 상관없이 개인이 보기에 인물 풍채 마땅하다면 혼인 상대로 괜찮다는 가치관을 드러내고 있다.

37 ① 화자는 반드시 혼례를 하고 싶어하는 마음을 [B]에서 가상 혼례를 치름으로써 이루어냈다. 그러나 첫 줄에서 '남이 알까 부끄러우나'라고 시작한 것을 보아 자신의 행동을 스스로 자랑스럽게 여긴 것은 아님을 알 수 있다.

[38~40] 독서 - 과학

38 ⑤ 8문단에서 각방을 쓰지 않고 한 방에 두 개씩 들어가는 것은 금지되어있다고 하였다. 먼저 각각의 전자로 모든 방을 완전히 채운 후, 빈방이 없을 때에만 다른 성질의 전자를 각각의 방에 들어가게 할 수 있다.

오답풀이

① 산소는 6개의 전자 중 양쪽 손을 제외한 네 개의 손이 서로 두 개씩 손을 잡고 있어 뼈대를 이루지 못한다고 하였다.
② 물은 산소 1개와 수소 2개가 공유 결합을 하여 이루어진다.
③ 2문단에서 원자들은 가장 바깥 껍질의 전자를 공유하는 방식으로 분자를 구성한다고 하였다.
④ 탄소의 전자들은 같은 성질을 가진 네 개의 전자들이 각 방에 하나씩만 들어가 있다.

39 ③ 주어진 글은 유추를 통해 새로운 이론을 정립하는 글이 아니라 의인화와 예시 등을 사용해 원자의 공유 결합이라는 과학적 현상을 쉽게 풀어 설명하고 있는 글이다.

오답풀이

① 분자를 구성하는 방식에 대해 설명하면서 전자, 공유 결합, 오비탈 등의 용어를 제시하고 있다.

② 원자들이 공유 결합하는 것을 손과 손을 맞잡는 것이라고 의인화를 사용해 표현함으로 이해를 돕고 있다.
④ '도대체 이 능력은 어디에서 온 것일까?', '어떻게 나눠 쓸 수 있을까?' 등의 물음을 던진 후 그에 대한 대답을 설명으로 이어나가고 있다.
⑤ 공유 결합을 설명하면서 물을 예로 들고, 오비탈을 설명하며 호텔방을 예로 들어 이해를 돕고 있다.

40 ⑤ A는 가장 바깥 껍질에 5개의 전자가 있고 방이 5개 있으므로 다른 원자와 공유할 수 있는 전자의 수, 즉 손이 5개이다. B는 가장 바깥 껍질에 7개의 전자가 있고 방이 4개가 있으므로 4개의 전자가 먼저 방을 채우고 남은 3개의 전자가 하나씩 이미 채워져 있는 방에 들어가게 된다. 그러면 전자가 1개만 채워진 방이 하나만 남게 되므로 B는 다른 원자와 공유할 수 있는 전자의 수, 즉 손이 1개뿐이다. 그러므로 A와 B가 결합하면 AB_5와 같은 분자가 만들어진다.

오답풀이

① A는 방도 5개, 전자도 5개이므로 모두 각방을 사용해야 한다.
② 5개의 방에 전자가 1개씩만 들어있으므로 다른 원자와 공유할 수 있는 전자도 5개이다.
③ B는 3개의 방에 전자가 2개씩 들어있고 남은 하나의 방에만 전자가 1개 있으므로 다른 원자와 공유할 수 있는 전자의 수는 1개이다.
④ 7개의 전자가 4개의 방에 들어가야 하므로 각방을 사용하는 것은 1개이다.

[41~45] 현대 소설

김정한 「수라도」
- **갈래** : 중편 소설, 가족 소설
- **배경**
  - 시간적 배경 : 일제 강점기부터 광복 직후까지
  - 공간적 배경 : 낙동강 유역의 어느 농촌
- **성격** : 회고적, 고발적
- **시점** : 3인칭 관찰자 시점이지만, 부분적으로 전지적 작가 시점이 섞임
- **주제** : 오봉 선생의 애국심과 가야 부인의 종교적 초월 의지
- **구성**
  - 발단 : 손녀 분이가 가야 부인이 시집오던 일을 회상함
  - 전개 : 시조부와 시동생의 사망 후 집안이 흔들리자 불심에 의지하는 가야 부인
  - 위기 : 시아버지 오봉 선생의 투옥과 사망
  - 절정 : 박 서방이 옥이를 구한 후 결혼함
  - 결말 : 광복 후에도 가문이 살아나지 못하고 가야 부인은 사망함
- **이해와 감상** : '수라도'는 불교에서 말하는 아수라도(阿修羅道)중 하나로, 교만과 시기심이 많은 사람이 죽어서 가는 곳이다. 작품의 제목이 수라도인 것은 작품 내의 세상이 전쟁과 수탈로 인해 역경을 겪고 있음을 나타낸다. 이러한 역경 속에서 일제에 협력하는 자들을 비판하고 불의에 대항하려는 의지와 당시 우리 민족의 수난사를 보여 주는 작품이다.

41 ① 주어진 글은 3인칭 관찰자 시점과 전지적 작가 시점이 섞여 있는 글로 서술자가 인물의 말과 행동에 내재된 심리를 서술하고 있다.

42 ④ 가까운 미륵당에 시주를 하고 '관세음보살'을 염하며 이웃들을 위로하는 모습을 보아, 가야 부인은 유교를 신봉했다기보다는 불교에 의지하며 한(恨)을 달랬음을 알 수 있다.

오답풀이

① 가족을 잃고 미륵불 앞에서 흐느끼는 이웃들을 위로하는 모습을 보아 알 수 있다.
② 김 진사는 위엄 있는 말씨를 갖춘 기백있는 인물로, 오봉 선생의 상갓집에 와있는 이와모도 참봉에게 호통을 치는 등의 모습을 보아 암울하고 부조리한 현실에 대해 비판적인 태도를 지녔음을 알 수 있다.
③ 김 진사가 자신을 비난하자 상갓집에서 자리를 뜨는 것을 통해 알 수 있다.
⑤ 오봉 선생과 김 진사는 옥중 동지였다고 하였다.

43 ④ 주어진 글은 가족을 잃은 슬픔을 종교에 의탁해 해소하려는 사람들을 비판하려는 작품이 아니다. 오히려 ㉣은 '수라도'를 걷는 듯한 고통의 삶을 종교적 초월을 통해 헤쳐나가려는 극복 의지를 보여 주는 장면이다.

오답풀이

① ㉠에서 김 진사는 까막소(감옥소)에서 오봉 선생과 아는 사이였음을 드러내고 가야 부인의 친정과 자신의 출신 지역을 언급하며 친밀감을 표출하고 있다.
② 김 진사는 상갓집에 와 있는 이와모도 참봉에게 오봉은 네 자식이 죽인 것이라며 오봉 선생의 죽음에 대한 원인을 직접적으로 언급하며 분노하고 있다.
③ 이와모도 참봉이 오봉 선생의 죽음과 관련이 있음을 드러내며 김 진사와의 갈등에 개연성을 부여하고 있다.
⑤ 시조부와 시동생, 시아버지를 모두 잃은 가야 부인은 자신과 비슷한 처지에 놓인 이웃들에게 동병상련을 느끼며 그들을 위로하고 있다.

44 ④ ⓐ는 오봉 선생과 옥중 동지였던 김 진사가 오봉의 며느리인 가야 부인을 알아보고 위로하러 온 이유에 대한 설명이고, ⓓ는 가난한 집 처녀 총각, 젊은 사내들이 기차를 타지 않고 태고나루에서 떼를 지어 짐배를 타고 가는 이유에 대한 설명이다.

오답풀이

① ⓐ는 인물의 의도라기보다는 인물이 그렇게 행동한 데에 대한 이유라고 볼 수 있다. ⓑ 역시 독자의 궁금증을 유발하고 있다고 보기는 힘들다.

② ⓒ는 방언과 표준어에 대한 내용이 아니라 일본 원어와 그에 대한 해석을 달아놓은 것이다.

③ ⓒ는 일본 원어에 대한 의미를 설명해놓은 것이고, ⓓ는 있는 사실 그대로를 서술한 것이라 문장의 내포적 의미를 상세하게 풀이하였다고 보기는 어렵다.

⑤ ⓑ와 ⓓ 모두 인물의 행동과 사건의 진행을 직접적으로 지시한다고 보기는 어렵다.

45 ⑤ "그들은 말없는 미륵불 앞에 엎드리어 떠난 아들딸들이 무사히 살아 돌아오기를 빌고 또 비는 것이었다."라는 부분은 항일 독립운동 내력을 가진 집안의 모습을 보여 준다기보다는 일제 치하에서 고통받는 사람들이 불심을 통해 간절히 희망을 바라고 슬픔을 초월하며 이겨내길 바라는 모습을 보여 주는 것이라고 할 수 있다.

2020학년도 기출문제 정답 및 해설

제1교시 국어영역

01 ⑤	02 ②	03 ①	04 ⑤	05 ③	06 ①
07 ④	08 ④	09 ②	10 ③	11 ④	12 ②
13 ②	14 ③	15 ④	16 ①	17 ③	18 ③
19 ③	20 ④	21 ②	22 ⑤	23 ①	24 ④
25 ①	26 ⑤	27 ①	28 ⑤	29 ⑤	30 ②
31 ④	32 ③	33 ③	34 ③	35 ④	36 ⑤
37 ②	38 ①	39 ②	40 ④	41 ①	42 ③
43 ③	44 ④	45 ⑤			

01 ⑤ '굴복하면서'의 '굴복하다'는 '…에'를 필요로 하는 서술어이므로 부사어 '자연에'를 보충하여 '인간은 자연의 위대한 힘과 맞설 때도 있었지만 대개는 자연에 굴복하면서 살아왔다.'로 써야 한다. '섞이다'는 '…과' 또는 '…에'를 필요로 하는 서술어이므로 문맥 상 부사어 '수돗물에'를 보충하여 '대도시의 수도관이 낡고 녹슬어서 수돗물에 녹이 섞이거나, 물이 새는 일이 적지 않다.'로 써야 한다.

TIP 문장성분의 호응

주어와 서술어, 주어와 부사어 또는 수식어와 피수식어 사이에 짝이 이뤄져야 한다.

- 그 일은 담당자에게 상의하십시오.
  → 그 일은 담당자와 상의하십시오.
- 어제는 비와 바람이 불었다.
  → 비가 오고 바람이 불었다.
- 용감한 그의 아버지는 적군을 향해 돌진했다.
  → 그의 용감한 아버지는 적군을 향해 돌진했다.
- 확실한 사실은 그가 지금까지 성실하게 살아왔다.
  → 확실한 사실은 그가 지금까지 성실하게 살아왔다는 것이다.

02 ② '본따서'는 어법상 틀린 표현이다. '본떠서'는 어간 '본뜨-'에 연결어미 '-어서'가 결합한 말이므로 모음 '-'가 탈락해 '본떠서'로 표기하는 것이 옳다.

오답풀이

① '아니에요'는 어간 '아니-'와 어미 '-에요'가 연결된 말로, '아니에요'라고 써야 한다. '아니예요'는 틀린 표현이다.

③ '빨갛다'는 색상을 나타낸 형용사로, 어간 '빨갛-'에 어미 '-네'가 결합한 형태이다. '빨가네'처럼 'ㅎ'이 탈락한 형태도 허용된다.

④ '누레지다'는 '누렇게 되다'의 의미로, 모음 조화에 의해 음성모음은 음성모음끼리 이어져야 하므로 'ㅜ' 뒤에 'ㅔ'가 오는 것이 적절하다. '누래지다'는 틀린 표현이다.

⑤ '가팔라서'는 '가파르-'와 '-아서'가 결합한 말로, '르' 불규칙 활용 때문에 '가팔라서'가 된다.

TIP '르' 불규칙 활용

어간의 끝음절 '르'가 어미 '-아', '-어' 앞에서 'ㄹㄹ'로 바뀌는 활용

예 '자르-' + '-아' → 잘라
'부르-' + '-어' → 불러

03 ① '열여섯'은 앞 말이 자음으로 끝나고 뒷 말이 'ㅕ'로 시작하므로 'ㄴ'이 첨가되는 'ㄴ'첨가와 음절의 끝소리 규칙에 의해 '열녀섣'이 된다. 이 과정에서 발생하는 음운 변동은 음운 첨가와 음운 교체이고, 유음화에 의해 'ㄴ'이 'ㄹ'로 변해 '열녀섣'이 [열려섣]으로 발음될 때 발생하는 음운 변동은 음운 교체이다. 즉, ㉠에서는 음운의 첨가와 교체, ㉡에서는 음운의 교체 현상이 발생한다.

TIP 음운의 교체

- **음절의 끝소리 규칙** : 음절의 끝에서 'ㄱ, ㄴ, ㄷ, ㄹ, ㅁ, ㅂ, ㅇ'만 발음되는 현상
  예 옷[옫], 낮[낟]
- **자음군 단순화** : 음절 끝에 두 개의 자음이 놓일 때 하나의 자음만 남고 나머지 하나의 자음은 탈락하는 현상
  예 몫[목], 여덟[여덜], 밟고[밥꼬]
- **된소리되기** : 두 개의 예사소리가 만나 뒤 음절의 첫소리가 'ㄲ, ㄸ, ㅃ, ㅆ, ㅉ'으로 발음되는 현상
  예 국밥[국빱]
- **자음 동화** : 음절 끝의 자음이 뒤에 오는 자음과 비슷해지거나 같은 소리로 바뀌는 현상
  - 비음화 : 'ㅂ, ㄷ, ㄱ' + 'ㄴ,ㅁ' → [ㅁ, ㄴ, ㅇ]
    예 밥물[밤물], 닫는[단는]
  - 유음화 : 'ㄴ' + 'ㄹ' → [ㄹ]
    예 칼날[칼랄], 신라[실라]
- **구개음화** : 'ㄷ, ㅌ' + 'ㅣ' → 'ㅈ, ㅊ'
  같이[가치], 굳이[구지]

04 ⑤ ⓜ의 '집현전'은 [지편전]으로 발음된다. 그러나 〈보기〉의 4번을 참고하면 '집현전'은 명사이므로 'ㅎ'을 밝혀 적어야 한다. 따라서 '집현전'은 'Jiphyeonjeon'으로 표기해야 한다.

오답풀이

① '신라'는 유음화에 의해 [실라]로 발음되므로 〈보기〉의 1번을 참고하면 'silla'로 표기해야 한다.

② '알약'은 'ㄹ'첨가에 의해 [알략]으로 발음되므로 〈보기〉의 2번을 참고하면 'allyak'으로 표기해야 한다.

③ '같이'는 구개음화에 의해 [가치]로 발음되므로 〈보기〉의 3번을 참고하면 'gachi'로 표기해야 한다.

④ '놓다'는 격음화에 의해 [노타]로 발음되고, 용언이므로 〈보기〉의 4번을 참고하면 'nota'로 표기해야 한다.

TIP 로마자 표기법 제3장

제1항

음운 변화가 일어날 때에는 변화의 결과에 따라 다음 각호와 같이 적는다.

1. 자음 사이에서 동화 작용이 일어나는 경우

백마[뱅마]	Baengma	신문로[신문노]	Sinmunno
왕십리[왕심니]	Wangsimni	신라[실라]	Silla

2. 'ㄴ, ㄹ'이 덧나는 경우

학여울[항녀울]	Hangnyeoul	알약[알략]	allyak

3. 구개음화가 되는 경우

해돋이[해도지]	haedoji	같이[가치]	gachi

4. 'ㄱ, ㄷ, ㅂ, ㅈ'이 'ㅎ'과 합하여 거센소리로 소리 나는 경우

좋고[조코]	joko	놓다[노타]	nota
잡혀[자펴]	japyeo	낳지[나치]	nachi

05 ③ ㉠의 '가는'은 '가다'의 어간 '가-'와 어미 '-는'이 결합한 형태이다. ㉡의 '가는'은 '갈다'의 어간 '갈-'과 '-는'이 결합한 형태이다. ㉢의 '가는'은 '가늘다'의 어간 '가늘-'과 어미 '-는'이 결합한 형태이다. 따라서 적절한 것은 ③이다.

TIP 형태소

- 자립성 유무에 따라
  - 자립 형태소 : 독립된 단어가 될 수 있는 형태소
  - 의존 형태소 : 다른 형태소와 결합할 때 단어가 될 수 있는 형태소
- 의미의 기능 여부에 따라
  - 실질 형태소 : 실질적 의미를 가지고 있는 형태소
  - 형식 형태소 : 문법적인 기능을 하는 형태소
- 형태소의 분석 : 단어의 원형을 밝혀야 한다.

  예 떠내려갔다 : 뜨-/-어/내리-/-어/가-/-았-/-다 → 7개

  여쭈어봤다 : 여쭈-/-어/보-/-았-/-다 → 5개

06 ① 밑줄 친 '비교적'은 '쉽다'를 수식하고 있고, '쉽다'는 형용사이므로 용언에 속한다. 용언을 수식하는 품사는 부사이므로 '비교적'은 부사이다.

오답풀이

② 밑줄 친 '비상식적'은 서술격 조사 '-이다' 앞에 결합했으므로 조사와 결합한 '비상식적'은 명사이다.

③ 밑줄 친 '기술적'은 뒤의 체언 '결함'을 수식하므로 관형사이다.

④ 밑줄 친 '전국적'은 조사 '-으로'가 결합했으므로 명사이다.

⑤ 밑줄 친 '평화적'은 뒤의 체언 '방법'을 수식하므로 관형사이다.

07 ④ '-라도'와 '-이라도'는 앞 말의 환경에 따라 다르게 적용되는 이형태 관계이다. '-라도'는 앞말이 모음으로 끝났을 때, '-이라도'는 앞말이 자음으로 끝났을 때 결합하는 조사이다.

TIP 형태소의 이형태

- 음운론적 이형태 : 특정 음운 조건에서 자동으로 변동되어 나타나는 이형태로, 대부분의 조사가 이형태에 해당함

  예 선생님이 / 친구가
- 형태론적 이형태 : 특정 형태소와 어울릴 때 변동되어 나타나는 이형태
  - 어간의 마지막 말 모음에 'ㅏ, ㅗ'가 있을 때 : '-아서'와 결합
  - 어간의 마지막 말 모음에 'ㅏ, ㅗ'가 없을 때 : '-어서'와 결합
  - 어간의 마지막 말 모음에 '-하-'가 있을 때 : '-여서'와 결합

  예 잡아서, 보아서, 먹어서, 주어서, 하여서

08 ④ ④는 부사절 '누나를 설득하도록'을 포함한 안은문장으로, 밑줄 친 '설득하도록'은 '누나를'이 선행하므로 ㉠【…을】의 용례이다.

ⓔ의 용례로는 '누나에게 집에 가도록 설득했다'가 있다.

오답풀이

① 밑줄 친 '설득하여'는 '용의자를'이 선행하므로 ㉠【…을】의 용례이다.

② 밑줄 친 '설득하였다'는 '학생들에게 용기를 낼 것을'이 선행하므로 ㉡【…에게 …을】의 용례이다.

③ 밑줄 친 '설득하였다'는 '범인에게 투항하기를'이 선행하므로 ㉢【…에게 -기를】의 용례이다.

⑤ 밑줄 친 '설득하였다'는 '두 사람에게 그만 화해하라고'가 선행하므로 ⓜ【…에게 -고】의 용례이다.

09 ② 밑줄 친 '머리에 털 나고'는 '세상에 태어나서'라는 의미이다.

오답풀이

① '손을 떼다'는 '하던 일을 중도에 그만두다'라는 의미이다.

③ '입에 풀칠하다'는 '겨우 목숨이나 부지할 정도로 굶지나

않고 산다'라는 의미이다.

④ '눈에 흙이 들어가다'는 '사람이 죽어 땅에 묻히다'라는 의미이다.

⑤ '가슴에 새기다'는 '잊지 않게 단단히 마음에 기억하다'라는 의미이다.

10 ③ 도서관에서 떠드는 사람에게 "거, 조용히 좀 합시다."라고 하는 것은 조용히 하는 행동의 주체가 청자이므로 ⓒ이 아닌 ⓔ의 예시가 된다.

오답풀이

① 문제를 논의하는 행동의 주체가 화자와 청자이므로 ㉠의 예로 적절하다.

② 밥을 먹는 행동의 주체가 청자이므로 ⓒ의 예로 적절하다.

④ 길을 비키는 행동의 주체가 청자이므로 ⓔ의 예로 적절하다.

⑤ 책을 보는 행동의 주체가 화자이므로 ⓜ의 예로 적절하다.

11 ④ '太子'는 사람이고 높임의 대상이다. 관형격 조사 'ㅅ'은 높임의 대상인 유정물에 사용하므로 무정물이라서 관형격 조사 'ㅅ'을 사용했다는 설명은 적절하지 않다.

오답풀이

① '호리이다'는 'ᄒᆞ오리이다'에서 'ㆍ'이 탈락한 것으로 'ᄒᆞ오리이다'에는 선어말어미 '-오-'가 들어 있다.

② '내 롱담ᄒᆞ다라'에서 '-하라'체를 사용한 것을 보면 화자가 청자보다 상위자임을 알 수 있다.

③ '太子'는 주어이므로 '太子ㅣ'의 'ㅣ'는 주격 조사임을 알 수 있다.

⑤ '아니 ᄒᆞ시는'에서 '아니'는 동사 'ᄒᆞ다'를 수식하므로 부사임을 알 수 있다.

12 ② '가다가'의 '-다가'가 연결어미이므로 ㉠의 동일 모음 탈락이 적용된 예로는 적절하지 않다.

오답풀이

① '자도'는 '자-'와 '-아도'의 결합에서 동일 모음 '-아'가 탈락한 것이다. '닫아도', '잡아도' 등은 어간이 자음으로 끝났으므로 '-아'가 탈락하지 않있다.

③ '떠나야'는 '떠나-'와 '-아'의 결합에서 동일 모음 '-아'가 탈락한 것이다. '닫아야', '잡아야' 등은 어간이 자음으로 끝났으므로 '-아'가 탈락하지 않았다.

④ '서서'는 '서-'와 '-어'의 결합에서 동일 모음 '-어'가 탈락한 것이다. '먹어서' '들어서' 등은 어간이 자음으로 끝났으므로 '-어'가 탈락하지 않았다.

⑤ '자'는 '자-'와 '-아'의 결합에서 동일 모음 '-아'가 탈락한 것이다. '문 닫아'의 '닫아'는 어간이 자음으로 끝났으므로 '-아'가 탈락하지 않았다.

[13~17] 독서 – 인문

13 ② 주어진 글은 웃음의 발생 원리와 특징에 대한 다양한 견해를 설명한 글이다. 따라서 ②의 '웃음에 관한 다양한 이해'가 적절한 제목이다.

14 ③ 주어진 글은 3문단부터 웃음 발생에 관여하는 영역, 웃음에 관련된 실험 등에 대한 전문가의 견해를 통해 웃음에 대한 과학적 논의를 설명하고 웃음이 사회적 신호임을 밝히고 있다.

15 ④ 〈보기〉는 인위적인 감정의 변화가 실제 감정의 변화에 영향을 준다는 사실을 설명하고 있다. 따라서 이를 참고해 주어진 글의 '웃음'에 대해 바르게 이해한 것은 ④이다.

16 ① [A]에 따르면 여자들은 같은 여자와 함께 영화를 볼 때보다 남자와 영화를 볼 때 많이 웃으며 낯선 남자와 함께 볼 때 더 크게 웃는 반면 혼자 영화를 보거나 여자들과 영화를 볼 때는 웃음소리가 점점 잦아들었다고 하였으므로 여성은 남성과 개그 프로그램을 볼 때 혼자 볼 때보다 크게 웃을 것이다.

오답풀이

② [A]에 따르면 여자들은 같은 여자와 함께 영화를 볼 때보다 낯선 남자와 함께 볼 때 더 크게 웃는다고 하였으므로 낯선 여성들과 볼 때 조용할 것이다.

③ [A]에 따르면 남자들은 아는 남자와 함께 영화를 볼 때 여성이나 낯선 사람과 영화를 볼 때보다 더 크게 웃는다고 하였으므로 낯선 여성과 볼 때 더 조용할 것이다.

④ 여성이 낯선 남자와 함께 영화를 볼 때 더 크게 웃는다고 하였으므로 아는 남성과 볼 때보다 더 크게 웃을 것이다.

⑤ 남자들은 아는 남자와 함께 영화를 볼 때 낯선 사람과 영화를 볼 때보다 더 크게 웃는다고 하였으므로 아는 남성과 볼 때 더 크게 웃을 것이다.

17 ③ 2문단에서 웃음소리를 들으면 웃음 감지 영역이 자극되고, 신호가 웃음 발생 영역으로 전달되어 따라 웃게 되는 것이라고 하였으므로 자극되는 영역의 순서는 '웃음 감지 영역 → 웃음 발생 영역'이다.

오답풀이

① 4문단에서 웃음 유발 영역이면서 감정적 판단과 의사결정을 관장하는 전두엽은 고등동물일수록 발달된다고 하였으므로 다른 동물들보다 발달했을 것이다.

② 4문단에서 우울증 환자들은 전두엽 하단이 정상적으로 반응하지 않는다고 하였다.

④ 3문단에서 피실험자들에게 다른 사람의 웃음소리를 녹음한 테이프를 들려주고 핵자기공명영상(MRI)을 이용해 뇌의 어떤 부분이 웃음에 관여하는지 실험했다고 하였다.
⑤ 6문단에서 농담을 듣는 사람보다 농담을 하는 사람이 1.5배 더 많이 웃는다고 하였으므로 전두엽 하단이 더 활성화된다.

[18~21] 독서 – 사회

18 ③ 주어진 글은 제2차 세계대전 이후 비트 세대 작가들의 반문화 형성과 그 배경 및 의의를 설명한 글로, 가설을 세워 그 논리를 비교하는 방식은 나타나있지 않다.

오답풀이

① 1문단에서 비트 세대 작가들에 대해 제2차 세계대전 이후 1950~60년대 미국의 지배적인 정치, 경제, 문화 상황에 저항하면서 반문화를 형성한 작가들이라고 정의하고 있다.
② 7문단에서 앨런 긴즈버그(Allen Ginsberg)의 대표작 「절규」를 비트 세대 작가들의 저항과 대안 추구의 예로 들어 그 내용을 구체화하고 있다.
④ 3문단에서 로버트 로웰(Robert Lowell)의 견해와 8문단에서 비트 작가인 윌리엄 버로스(William Burroughs), 게리 스나이더(Gary Snyder)의 견해를 소개하면서 설명을 뒷받침하고 있다.
⑤ 6문단에서 미국 사회의 개인이 매체에 의해 쉽게 선동되는 일차원적 인간이 된 것이 자본주의적 경제와 통치의 효율성을 위하여 개인의 사적인 경험, 자율적인 판단, 자유는 억압되거나 유보되었기 때문이라는 원인을 밝히고 있다.

19 ③ 8문단에서 케루악의 방랑이 '정신적 소외, 불안감, 불만'에서 시작된 것이었고 스나이더는 방랑의 시작이 '1950년대 미국의 정신적, 정치적 외로움'이었다고 하였다.

오답풀이

① 3문단에서 1950년대 미국 사회가 '진정제 맞은 1950년대'라고 규정되었던 이유는 당시 미국 사회는 순응과 획일성을 강요받아 마치 진정제를 맞은 환자처럼 그저 평온한 사회였기 때문이라고 하였다.
② 6문단에서 미국의 개인주의는 냉전 시기에 그 존립 근거를 상실했다고 하였다.
④ 9문단에서 비트 세대 작가들은 선불교 사상 등을 수용하여 주류문화에 저항하고자 했다고 하였다.
⑤ 10문단에서 비트 세대 작가들은 주류 사회가 강요한 가치들과 대조되는 가치를 추구하여 자아 표현으로 나아가고자 했다고 하였다.

20 ④ 6문단에서 제시된 '일차원적 인간'은 소비로 불안감을 대신하고 대중문화나 매체에 의하여 쉽게 선동되어 스스로 결정을 하지 못하는 인간이라고 하였으므로 사회적 현안에 대해 자신의 관점을 갖지 못하는 경향이 있다는 설명이 가장 적절하다.

21 ② ㉠의 '밝히다'는 '진리, 가치, 옳고 그름 따위를 판단하여 드러내 알리다.', '드러나지 않거나 알려지지 않은 사실, 내용, 생각 따위를 드러내 알리다.'의 의미이므로 ②의 '밝히다'와 의미가 유사하다.

[22~27] 현대 수필

김현 「두꺼운 삶과 얇은 삶」
- **갈래** : 경수필
- **성격** : 비판적, 사색적, 자기 고백적
- **제재** : 아파트에서의 삶과 땅집에서의 삶
- **주제** : 정신적 가치가 살아 있는 삶의 중요성
- **특징**
  – 땅집에서의 삶과 아파트에서의 삶을 대조하여 주제를 전달함
  – 현재의 삶을 비판적으로 인식하고 반성함
- **이해와 감상** : 이 글은 단순한 주거공간으로서가 아닌 인간의 사고 양식으로서의 아파트와 땅집을 대조하고 있다. 글쓴이는 아파트에서의 삶은 인위적이고 표면적으로 드러나는 삶이고, 땅집에서의 삶은 자연적이고 정신적인 가치가 존중되는 삶이라고 말하면서 현대인의 삶에 대한 비판적인 시각을 드러낸다.

22 ⑤ 주어진 글에서는 글쓴이가 '땅집'에 대한 자신의 추억을 이야기하는 부분이 있지만 허구적인 상황을 설정하여 서술의 초점을 이동하고 있지는 않다.

23 ① 글쓴이는 1문단에서 아파트가 비밀을 가질 수 없는 공간인 이유에 대해 '모든 것이 같은 높이의 평면 위에 나열되어 있어 자신을 숨길 데가 없다'고 이야기하고 있다. 아파트가 삶을 효율적으로 만든다는 부분은 제시되어 있지 않다.

오답풀이

② 1문단에서 아파트는 같은 높이의 평면 위에 있어 아파트에서의 삶은 입체감을 갖고 있지 않은 반면 땅집은 모든 것이 나름의 두께와 깊이를 가지고 있다고 하였다.
③ 1문단에서 아파트는 모든 방이 한 평면에 나열되어 있어 한눈에 드러난다고 하였고, 4문단에서 땅집이 아름다운 것은

땅집이 아름다운 것은 곳곳에 우물과 같은 비밀스러운 것들이 있기 때문이라고 하였다.

④ 2문단에서 땅집이 아름다운 것은 땅집에서는 모든 것이 자기 나름의 두께와 깊이를 가지고 있기 때문이라고 하였다.

⑤ 2문단에서 글쓴이는 다락방이나 지하실에 혼자 들어가, 낯설지만 흥미로운 것들을 한두 시간 매만지면서 혼자만의 세계에 잠겨 있었을 때와 글쓴이가 태어난 태어난 시골의 외갓집 부엌을 회상하고 있다.

24 ④ 글쓴이는 2문단에서 땅집의 다락방과 지하실에서는 하찮은 것들도 굉장한 신비를 가진 것들로 나타나 우리를 쓰임새의 세계에서 안 쓰임새의 세계로 인도해 간다고 하였으므로 하찮은 것들에도 의미를 부여하는 공간이 '땅집'임을 알 수 있다. 따라서 땅집에서의 삶이 쓸모 있는 것과 쓸데없는 것을 구분해준다는 설명은 적절하지 않다.

오답풀이

① 2문단에 낯설지만 흥미로운 것들을 한두 시간 매만질 때에 행복했다는 것이 제시되어 있다.

② 2문단에 땅집의 다락방과 지하실이 우리를 쓰임새의 세계에서 안 쓰임새의 세계로 인도해 간다고 하였다.

③ 2문단에 황혼이 느리게 내려 모든 것이 있음과 없음의 그 미묘한 중간에 있는 것을 보고 느낄 때의 심정이 제시되어 있다.

⑤ 2문단에 이미 전기가 들어와 바깥은 컴컴하나 안은 눈처럼 밝은 것을 볼 때의 심정이 제시되어 있다.

25 ① 은수저는 '은 + 수저'의 의미 구조를 지니며 '은'은 장소의 의미가 아니라 재료의 의미를 지니므로 '땅집'과 의미 구조가 다르다.

오답풀이

② 산돼지는 산에 사는 돼지라는 뜻으로 '장소 + 대상'의 의미 구조를 지닌다.

③ 가로등은 길거리에 있는 등이라는 뜻으로 '장소 + 대상'의 의미 구조를 지닌다.

④ 북극곰은 북극에 사는 곰이라는 뜻으로 '장소 + 대상'의 의미 구조를 지닌다.

⑤ '섬마을'은 섬에 있는 마을이라는 뜻으로 '장소 + 대상'의 의미 구조를 지닌다.

26 ⑤ 주어진 글의 글쓴이는 '땅집'이 아름다운 이유에 대해 비밀을 간직한 깊이 있는 공간의 의미를 가지기 때문이라고 설명하고 있다. 이런 점에서 본 〈보기〉의 '골목길'은 옛 추억과 담긴 의미 있는 공간이다. 따라서 적절한 반응은 ⑤이다.

27 ① 등급(정도) 반의어는 두 단어 사이에 중간 단계가 있거나 정도를 나타내는 수식어의 꾸밈을 받을 수 있는 반의어이지만 상보 반의어는 동시에 긍정하거나 부정할 수 없다. ㉠의 '높거나 낮다'는 동시에 긍정 또는 부정이 가능한 반면 ㉡의 '살다 – 죽다'는 '살지도 않고 죽지도 않다'라고 동시에 부정하면 모순되므로 상보 반의어에 속한다.

오답풀이

② '춥다 – 덥다'는 '춥지도 않고 덥지도 않다'로 동시에 부정할 수 있으므로 등급 반의어에 속한다.

③ '좋다 – 싫다'는 '좋지도 않고 싫지도 않다'로 동시에 부정할 수 있으므로 등급 반의어에 속한다.

④ '크다 – 작다'는 '크지도 않고 작지도 않다'로 동시에 부정할 수 있으므로 등급 반의어에 속한다.

⑤ '빠르다 – 느리다'는 '빠르지도 않고 느리지도 않다'로 동시에 부정할 수 있으므로 등급 반의어에 속한다.

TIP 반의 관계의 종류

- **상보 반의어** : 개념 영역이 상호배타적으로 양분되는 반의어로, 한 쪽 항이 성립되면 다른 항은 반드시 부정되며 중간항이 있을 수 있다.
- **정도(등급) 반의어** : 반의어의 쌍은 양 극단적 의미 영역이며 중간 영역이 존재한다.
- **방향(대칭) 반의어** : 두 단어가 상대적 관계를 형성하고 있으며, 의미상 대칭을 이루어 일정한 방향성을 가진 대립쌍을 이루고 있다.

[28~32] 고전 소설

작자미상 「운영전」

- **갈래** : 염정 소설, 몽유 소설, 액자 소설
- **성격** : 염정적, 비극적
- **시점**
  - 외화 : 전기적 작가 시점
  - 내화 : 1인칭 주인공 시점
- **배경**
  - 시간적 배경 : 조선 초기~중기
  - 공간적 배경 : 한양의 수성궁, 천상계
- **특징**
  - 액자식 구성으로 되어 있음
  - 궁중을 배경으로 함
  - 고전 소설 중 보기 드물게 비극적 결말을 보임
  - 단순한 액자식 구성이 아닌 '입몽'과 '각몽'의 형태가 다른 구성을 나타냄
- **구성**
  - 발단 : 선비 유영이 안평 대군의 집터에서 홀로 술을 마시

다 잠이 들고, 운영과 김 진사를 만나 그들의 사랑 이야기를 들음
- 전개 : 안평 대군의 궁녀였던 운영과 시객이었던 김 진사가 우연히 만나 연정을 나누고 밤마다 몰래 만남
- 위기 : 안평 대군이 운영과 김 진사 사이를 의심하여 두 사람이 만나지 못하게 함
- 절정 : 안평 대군이 운영과 궁녀들을 문책하자 운영이 자결함
- 결말 : 유영이 졸다가 깨어 보니 운영과 김 진사의 이야기를 기록한 책만 남아 있음

• **이해와 감상** : 이 작품은 안평 대군의 수성궁을 배경으로 '운영'과 '김 진사'의 사랑 이야기를 그린 애정 소설로, 유영에 대한 외부 이야기와 김 진사, 운영에 대한 내부 이야기로 구성된 액자식 구성 방식으로 사건이 전개되고 있다. 또한 고전 소설에서는 보기 힘든 비극적인 결말을 통해 자유연애에 대한 선구적인 시대 의식도 담고 있다.

28 ⑤ 대군은 궁녀들이 올린 초사를 다 보고 점차 화가 풀려 궁녀들을 풀어준 것이지 '김 진사'와의 의리 때문에 궁녀들을 용서하고 있는 것은 아니다.

오답풀이

① 자란은 "남녀의 정욕이 어찌 유독 저희들에게만 없겠습니까?"라며 본성을 근거로 운영의 사랑을 옹호하고 있다.
② 운영은 "정절을 고수하지 못한 것이 저의 첫 번째 죄입니다.", "끝내 사실대로 아뢰지 못한 것이 저의 두 번째 죄입니다.", "죄 없는 서궁 사람들이 저 때문에 함께 죄를 입게 된 것이 저의 세 번째 죄입니다."라며 모든 잘못을 자기 탓으로 돌리고 있다.
③ 옥녀는 "서궁의 영광을 제가 이미 함께 했는데, 서궁의 재난을 저만 홀로 면하겠습니까?"라며 죄를 함께 받을 것이라는 소신을 밝히고 있다.
④ 유영은 잠에서 깬 뒤 침식을 모두 폐하고 명산을 두루 유람하였다.

29 ⑤ ㉻는 운영과 김 진사의 과거를 회고하는 부분으로, 안평대군이 몰락한 일로 비통해 하는 이유가 나타나 있는 부분은 ㉹이다.

30 ② 궁녀들은 "운영이 하루 저녁에 아침 이슬처럼 스러진다면, 주군께서 비록 측은한 마음을 두시더라도 돌이켜 보건대 어떤 이익이 있겠습니까?"라며 운영의 죽음이 초래할 결과에 대해 일깨워 주고 있다.

31 ④ 유영과 김 진사의 대화에서, 김 진사는 운영과 김 진사는 원래 천상의 선인(仙人)이었으나 김 진사가 옥원의 과실을 운영에게 주었다가 발각되어 인간 세상에 오게 된 것임을 밝히고 있다. ⓐ~ⓔ의 시간적 순서는 'ⓓ → ⓐ → ⓒ → ⓑ → ⓔ'이다.

32 ③ 운영은 수성궁에 다시 와 지난날을 추억하는데 이미 대군이 몰락하여 수성궁에 주인이 없어져 달라져버린 모습에 서글퍼하고 있으므로 '옛 자취 찾노니 눈물이 수건 적심 금치 못하네'를 통해 ③이 유영의 정서와 가장 가까움을 알 수 있다.

오답풀이

① '거문고 타매 한스러움 현(絃)을 울리네. 가슴속 원망 끝이 없어서'를 통해 한의 정서가 나타나 있음을 알 수 있다.
② '바람 맞으며 홀로 설워하나니'를 통해 서러움의 정서가 나타나 있음을 알 수 있다.
④ '기러기는 울며 초나라로 돌아가누나'를 통해 그리움의 정서가 나타나 있음을 알 수 있다.
⑤ '눈 빠지게 기다리나 소식이 없네'를 통해 기다림의 정서가 나타나 있음을 알 수 있다.

[33~37] 고전 시가 복합

(가) 정서 「정과정」
• **갈래** : 고려 가요, 향가계 고려 가요
• **성격** : 애상적
• **제재** : 임과의 이별
• **주제** : 임금을 향한 변함없는 충절
• **특징**
- 형식 면에서 향가의 전통을 이음
- 감정 이입을 통해 정서를 표출함

• **이해와 감상** : 이 작품은 고려 가요 가운데 작가나 내용이 가장 분명한 작품으로, 화자는 권신들의 세력 다툼 과정에서 고향인 동래로 귀양을 오게 되었으나 아무리 기다려도 왕이 자신을 다시 부르지 않자 결백을 알리기 위해 이 작품을 지었다. 즉, 몸은 떨어져 있지만 마음만은 임금과 함께 한다는 것을 노래하며 다시 자신을 사랑해 주기를 간절히 호소하고 있는 내용이다. 이 작품은 3단 구성으로 되어있다는 점, '아소 님하'와 같은 여음구가 사용되고 있다는 점을 볼 때 10구체 향가의 전통을 잇는 작품으로 평가된다. 내용면에서는 표현의 진솔함과 자유로움이 돋보여 고려 가요의 특징도 가지고 있다고 할 수 있다.

(나) 조위 「만분가」
• **갈래** : 가사, 유배 가사
• **성격** : 한탄적, 원망적

• 제재 : 무오사화로 인한 유배
• 주제 : 귀양살이의 억울함과 연군의 정
• 특징
  – 고사를 활용하여 유배에 대한 억울한 심정을 토로함
  – 자연물에 의탁하여 정서를 드러냄
• 이해와 감상 : 이 작품은 무오사화(戊午士禍)로 인해 유배를 간 화자가 자신의 억울한 심정을 담은 작품으로, 유배생활의 슬픔과 원통함을 선왕(先王)인 성종에게 하소연하는 형식이 나타난다. 또한 이 작품은 조선 전기 유배 가사의 전형적인 형태를 띠고 있으며, 조선 후기 유배 가사의 형성에도 많은 영향을 끼쳤다.

(다) 정철 「속미인곡」
• 갈래 : 서정 가사, 양반 가사, 정격 가사
• 성격 : 서정적, 여성적, 연모적
• 제재 : 임에 대한 그리움
• 주제 : 임에 대한 그리움, 연군지정(戀君之情)
• 구성
  – 서사 : 임과 이별하게 된 사연
    갑녀의 질문 – 백옥경을 떠난 이유
    을녀의 답 – 조물의 탓(자책과 체념)
  – 본사 : 갑녀의 위로와 을녀의 사연
  – 결사 : 을녀의 사설인 임에 대한 죽어서라도 이루려는 사모의 정과 갑녀의 위로로 맺음
• 특징
  – 우리말의 구사가 절묘함
  – 대화 형식으로 되어 있음
  – 은유법, 미화법 등을 사용함
• 이해와 감상 : 이 작품은 '사미인곡'의 속편으로, '사미인곡'과는 다르게 '갑녀'와 '을녀'의 대화체로 구성되어 있으며 '사미인곡'보다 언어의 구사와 시의의 간절함이 더 뛰어나다는 평가를 받는다. 임금을 그리워하는 마음을 노래한 이 작품은 고유어의 미를 살려 소박하고 진실하게 자신의 심정을 표현하고 있다. 또한 작품 속 '갑녀'와 '을녀'는 작자의 분신이면서 작자의 의도를 더 효과적으로 표현하기 위해 등장하는 인물로, '갑녀'는 '을녀'의 하소연을 유도하며 더 극적으로 가사를 종결짓게 하는 역할을 하고 있다.

33 ③ (가)의 '아소 님하 도람 드르샤 괴오쇼셔'를 통해 임이 다시 사랑해 주기를 간절히 바라는 심정이, (나)의 '중의 싸힌 말솜 쓸커시 ᄉᆞ로리라'를 통해 자신의 억울함을 하소연하고 싶은 심정이, (다)의 '님다히 쇼식이 더옥 아득ᄒᆞᆫ뎌이고'를 통해 임의 소식을 알고 싶은 심정이 드러난다. 이를 통해 (가)~(다) 화자의 현재 상태를 벗어나고픈 욕망이 드러난다.

오답풀이
① 4음보의 율격으로 화자의 정서를 표출하는 것은 (다)이다.
② '아소'의 감탄사를 사용하여 시상을 집약하며 마무리하고 있는 것은 (가)이다.
④ 화자가 현재 상황에 처하게 된 원인이 제시되어 있는 것은 참소의 말이 거짓임을 드러내고 있는 (가)와 조정의 혼란 탓에 유배에 처하게 된 상황을 드러내고 있는 (나)이다.
⑤ (가), (나), (다) 모두 임을 만나고 싶어 하지만 만날 수 없는 현실에 대해 안타까워하고 있으므로 같은 공간에 놓여 있는 상황이 아니다.

34 ③ (나)의 '천상(天上) 백옥경(白玉京)'은 임금이 계신 곳을, (다)의 '높픈 뫼'는 높은 곳에 있는 임과의 거리를 좁혀 보려는 화자의 끝없는 노력을 의미한다.

오답풀이
① (가)의 '산(山) 접동새'는 화자의 감정 이입 대상을, (나)의 '가태부(賈太傅)의 넋'은 자신의 처지를 비유한다.
② (가)의 '괴오쇼셔'는 '사랑해 주세요'의 뜻으로 임에 대한 사랑의 소망을, (나)의 '꿈'은 꿈에서라도 궁궐에 닿고 싶다는 소망을 담고 있다.
④ (나)의 '구름'은 화자의 심정을 전해주는 것이고, (다)의 'ᄇᆡ길'은 '뱃길'의 뜻으로, 화자가 임을 만나는 소망을 성취할 수 있는 길을 의미한다.
⑤ (다)의 '구름'과 'ᄇᆞ람', '믈결'은 모두 화자와 임의 사랑을 방해하는 장애물을 의미한다.

35 ④ 7행의 '과(過)도 허믈도 천만(千萬) 업소이다'는 자신의 억울함을 호소하는 구절로, 왕을 모시고 싶다는 충정은 5행에서 드러난다.

오답풀이
① 1, 2행의 접동새의 울음은 접동새에 감정을 이입하는 것으로 자신의 한스러움과 억울함을 표상하고 있다.
② 4행의 '잔월효성(殘月曉星)'은 '지는 달과 새벽 별'이라는 뜻으로 절대자, 초월적 존재를 의미한다.
③ 5행의 '넉시라도 님은 ᄒᆞᆫᄃᆡ 녀져라'는 임을 모시고 싶다는 화자의 충정이 드러난다.
⑤ 10행의 '니미 나ᄅᆞᆯ ᄒᆞ마 니ᄌᆞ시니잇가'에서는 원망과 기원의 심정이, 11행의 '도람 드르샤 괴오쇼셔'에서는 임에 대한 그리움의 심정이 드러난다.

36 ⑤ (다)의 보조 화자인 '갑녀'는 주 화자인 '을녀'에게 궂은 비가 되어 임 곁에 있으라는 위로의 말을 건네고 있다. '궂은 비'는 임에 대한 적극적인 사랑을 의미하므로 보조 화자는 주 화자에게 사랑의 표현을 좀 더 적극적으로 할 것을 조

언하고 있는 것이다.

오답풀이

① ㉠의 보조 화자의 조언을 통해 가사의 끝을 맺고 있다.
② ㉠은 죽어서라도 임에게 가고 싶다는 의미이다.
③ ㉠의 조언을 건넨 화자의 발화가 주 화자의 발화보다 강렬하고 의미가 있다는 점을 보아 두 화자 모두 작가의 처지를 대변하고 있음을 알 수 있다.
④ 보조 화자는 주 화자의 죽어서라도 임에게 가고 싶은 심정을 공감하며 ㉠의 조언을 건네고 있다.

37 ② ⓑ의 '황하수(黃河水)'는 고사를 인용하여 화자의 억울함을 강조하기 위한 대상으로 화자의 외로움을 심화시키는 대상은 아니다.

오답풀이

① ⓐ의 '산(山) 접동새'는 화자가 외로운 감정을 이입하는 감정 이입 대상이다.
③ ⓒ의 '빈 배'는 화자의 쓸쓸하고 외로운 마음을 간접적으로 보여 주는 객관적 상관물이다.
④ ⓓ의 '초가집 찬 잠자리'는 임이 곁에 없는 상황을 촉각적 심상을 통해 드러내는 것으로, 화자의 외로움을 심화시킨다.
⑤ ⓔ의 '벽 가운데 걸려있는 등'은 임을 위해 걸어두었으나 임이 오지 않는 상황을 시각적 심상을 통해 드러내는 것으로, 화자의 외로움을 심화시킨다.

[38~41] 현대 시 복합

(가) 전봉건 「사랑」

- **갈래** : 자유시, 서정시
- **성격** : 상징적, 비유적
- **제재** : 사랑, 과목(果木)
- **주제** : 온갖 정성과 마음을 쏟아야 하는 사랑의 참된 의미
- **특징**
  - 수미상관을 통해 시상의 안정감을 부여함
  - 사랑하는 것을 과목을 키우는 행위에 비유함
- **구성**
  - 1~2연 : 과목을 가꾸듯 사랑의 토대를 만들기 위한 과정
  - 3~4연 : 사랑한다는 것은 정성을 다해 곁에서 지켜봐 주는 것
- **이해와 감상** : 이 시의 화자는 '사랑'에 대해 저절로 생겨나는 것이 아니라 온갖 정성과 보살핌을 통해 이루어지는 것이라고 말하고 있다. 또한 '사랑한다는 것'을 과목을 가꾸는 행위에 빗대어 사랑에도 열매 맺기 위한 준비 과정이 중요함을 강조한다. 3연에서는 사랑이란 상대방이 고난과 시련에 흔들릴 때 옆에서 지켜봐 주는 것이라고 말하고 있다.

(나) 이육사 「교목」

- **갈래** : 자유시, 상징시, 저항시
- **성격** : 지사적, 상징적, 저항적, 현실참여적
- **제재** : 교목(喬木)
- **주제** : 극한 상황 대처를 위한 결의, 부정적 현실에 굴하지 않는 의지
- **특징**
  - 사물을 의인화하여 화자의 태도를 암시적으로 표현함
  - '–라'의 종결어미를 반복하여 주제를 강조함
  - 절제된 언어를 사용함
- **구성**
  - 1연 : 굽힐 수 없는 강인한 의지와 의연한 자세
  - 2연 : 후회 없는 삶의 결의
  - 3연 : 극한 상황에 대한 대결 의지와 결연한 부동의 자세
- **이해와 감상** : 조국 해방을 위한 현실 극복의 의지가 나타나 있는 작품이다. 이 시의 '교목'은 화자 자신, 또는 강인한 의지와 의연한 자세를 가진 사람을 지칭하고 있다. '~라' 형식의 종결어미 또한 부정적인 현실에 대한 저항 의지를 나타내는 요소이다.

(다) 김영랑 「독을 차고」

- **갈래** : 참여시
- **성격** : 상징적, 의지적, 직설적, 참여적
- **제재** : 독(毒)
- **주제** : 죽음을 각오한 현실 저항 의지
- **특징**
  - 내면의 직서적으로 표출함
  - 현실의 상황을 우의적이고 상징적으로 표현함
  - 두 삶의 자세가 대조적으로 드러남
- **이해와 감상** : 일제 강점기의 치열한 삶의 자세와 대결 의지가 나타나는 작품으로, 이 시의 '독'은 현실의 시련 속에서 치열하게 살아가려는 대항 의식이며 의지이다. 화자는 끝이 죽음으로 끝나더라도 무기력하게 생명을 잃어버리고 덧없이 소멸하는 외로움으로부터 자신을 구원할 수 있는 '독'을 품을 수밖에 없음을 말하고 있다.

38 ① (가)의 화자는 마음속에 '밤새 지켜보는 일'인 '사랑'의 가치를 간직하고 있고, (나)의 화자는 부정적인 상황 속에서도 현실과 타협하지 않는 꿋꿋한 기상과 신념을 지니고 있으며 (다)의 화자는 죽음을 각오하고 현실과 대항하려는 강력한 의지를 지니고 있다.

39 ② (가)는 이루어지지 못한 사랑을 의미하는 '뿌리가 썩은 나무', 새로운 사랑을 의미하는 '새 과목', 사랑을 뒤흔드는 시

련과 역경을 상징하는 '비바람이 삼킨 밤' 등의 상반된 의미의 함축적인 시어를 사용하고 있다.

오답풀이

① (가)의 화자는 성찰적 어조를 통해 대상에 대한 인식을 드러내고 있다.

③ 비유, 대조의 표현 방법을 사용하고 있지만 두 가지 이상의 감각이 공존하는 공감각적 표현은 나타나있지 않다.

④ 추상적인 것을 '과목'을 가꾸는 행위에 빗대어 나타내고 있지만 계절의 변화를 드러내는 시어는 사용되지 않았다.

⑤ 수미상관의 구성을 통해 시상을 강조하고 있지만 점층적 표현은 사용되지 않았다.

40 ④ ㉣의 '검은 그림자'는 암울한 시대적 상황 속 그림자처럼 살 수밖에 없는 자신의 처지를 의미한다.

오답풀이

① ㉠의 '푸른 하늘'은 작가가 염원하는 이상적인 것, 조국 해방을 의미한다.

② ㉡의 '낡은 거미집'은 암담하고 부정적인 현실의 모습을 상징한다.

③ ㉢의 '끝없는 꿈길'은 끊임없는 조국 해방을 위한 투쟁, 즉 마음속의 이상을 의미한다.

⑤ ㉤의 '바람'은 일제 강점기의 가혹한 탄압, 시련을 의미한다.

41 ① '독'은 일제 강점기라는 암울한 현실 속에서 정신적 순결을 지키려는 의지, 일제에 대한 저항과 대결 의지를 의미한다.

오답풀이

② '독'은 정신적 순결을 지키려는 매서운 지조와 의지로, 독을 차면 덧없이 소멸하는 외로움으로부터 자신을 구원할 수 있다고 믿었다.

③ '독'은 일제 강점기의 암울한 현실에서 가질 수밖에 없는 화자의 정신적 순결을 지키려는 삶의 태도이다.

④ '독'은 부정적인 현실 속에서 자신을 구원할 수 있는 힘의 원천이다.

⑤ '독'은 '허무한데 독은 차서 무엇하느냐'라고 말하는 허무주의적인 세계관을 가진 사람들과 갈등을 겪게 한다.

[42~45] 현대 소설

박경리 「불신 시대」

- **갈래** : 단편소설
- **배경**
  - 시간적 배경 : 9 · 28 수복 직후의 혼란기
  - 공간적 배경 : 1950년대 서울
- **성격** : 혼란기 사회의 부정에 대한 고발.
- **시점** : 전지적 작가 시점
- **주제** : 혼란기의 부정적 사회에 대한 분노와 고발.
- **구성**
  - 발단 : 전쟁 중 남편과 사별한 진영은 유일한 희망인 아들 문수마저 의사의 무성의한 치료로 잃게 된다.
  - 전개 : 사회에 대한 진영의 불신은 더욱 증폭된다.
  - 절정 · 결말 : 아들의 명복을 위해 절에 맡겼던 문수의 사진과 위패를 되찾아 태움으로써 그녀의 사회에 대한 증오는 절정에 달한다.
- **구성**
  - 발단 : 전쟁 중 남편과 사별한 진영은 유일한 희망인 아들 문수마저 의사의 무성의한 치료로 잃게 된다.
  - 전개 : 사회에 대한 진영의 불신은 더욱 증폭 된다.
  - 절정 · 결말 : 아들의 명복을 위해 절에 맡겼던 문수의 사진과 위패를 되찾아 태움으로써 그녀의 사회에 대한 증오는 절정에 달한다.
- **이해와 감상** : 이 작품은 박경리의 전쟁 체험이 담겨 있는 자전적 소설로, 전쟁의 상황에서 훼손되는 인간의 존엄성, 그리고 위선과 허위의 세계를 살아가는 의사나 종교가들의 모습을 통해 전쟁으로 인한 인간성의 황폐화를 우회적으로 형상화하고 있다. 작품의 마지막 대목에서 주인공 진영은 아들의 위패를 불에 태우는데, 이를 통해 인간성이 황폐화된 사회와 맞서 싸우려는 주인공의 의지가 드러난다.

42 ③ 주어진 작품은 전지적 작가 시점이지만 사건과 상황의 전개가 주인공 진영의 시각에서 진영의 체험과 의식 위주로 제시되고 있다.

43 ③ 주어진 글의 '창백한 볼이 불그스름해진다. 폐결핵에서 오는 발열이다.'를 통해 주인공 진영이 폐결핵이라는 병을 앓고 있음이 드러난다.

오답풀이

① '진영'의 아들은 넘어져 병원에 갔으나 엑스레이도 찍어보지 않고, 약 준비도 하지 않은 의사의 무관심으로 인해 죽었다고 하였다.

② '진영'의 어머니는 일찍부터 홀로 되어 외동딸인 진영에게 의지하며 살아왔다고 하였다.

④ '진영'은 연탄가스가 새고 있다고 생각했지만 가스가 가득 차면 죽을 것이라는 생각을 하고 잠에 들었으므로 집을 떠나고 싶어 하지 않는다.

⑤ 절의 늙은 중에게 아들의 위패를 달라며 쏘아붙이고 있다.

44 ④ ㉣은 아들의 위패를 가져오겠다는 결심에 찬 모습을 나타내는 것이지 늙은 중과의 언쟁을 예측할 수 있는 상황이 아니기 때문에 화가 나 있음을 의미하지는 않는다.

오답풀이

① 의사의 무관심 속에 발생한 아이의 죽음을 '도수장 속의 망아지'에 비유하고 있다.
② 아이의 죽음 이후에 눈을 감은 '진영'에게 아이 울음소리의 환청이 들리는 것을 보아 인물이 아이의 죽음을 잊지 못하고 있음을 알 수 있다.
③ 인물이 괴로운 잠에 들어 '내장이 터진 소년병'의 꿈을 꾸는 것을 통해 인물이 겪고 있는 심리적 고통이 드러난다.
⑤ 아들의 위패를 가져와 '사진'을 태우고 "내게는 아직 생명이 남아 있었다."라고 말하는 것을 통해 새로운 삶에 대한 의지를 드러내고 있다.

45 ⑤ [A]는 주인공이 자신이 처한 전후 시대의 황폐화된 현실 내에서 내면적으로 극복 의지를 갖게 되는 부분이다. 이 작품에서는 의사뿐만 아니라 종교가들도 위선과 허위의 세계를 살아가는 인물로 그려지므로 종교적 믿음으로 극복 의지를 갖게 된 것은 아니다.

2019학년도 기출문제 정답 및 해설

제1교시 국어영역

01 ③	02 ⑤	03 ②	04 ③	05 ④	06 ③
07 ⑤	08 ①	09 ③	10 ①	11 ⑤	12 ④
13 ③	14 ③	15 ⑤	16 ⑤	17 ③	18 ②
19 ②	20 ④	21 ④	22 ④	23 ②	24 ②
25 ③	26 ④	27 ③	28 ⑤	29 ①	30 ③
31 ⑤	32 ③	33 ④	34 ①	35 ⑤	36 ③
37 ④	38 ①	39 ①	40 ①	41 ⑤	42 ②
43 ③	44 ①	45 ②			

01 ③ '동일 하자로 고장 발생 시 3회까지는 무료로 수리해 드립니다.' 라는 문장은 문장 성분 간의 호응과 단어의 쓰임이 적절하므로 어법에 맞는 자연스러운 문장이다.

오답풀이

① 웃으면서 다가오는 주체가 누구인지 알 수 없는 중의적 표현이다.

② 필요한 문장 성분이 생략되었으므로 어법에 맞지 않는 문장이다.

④ 목적어와 서술어의 호응이 적절하지 않은 문장이다.

⑤ 단어의 쓰임이 적절하지 않은 문장이다.

02 ⑤ 부사격조사 중 '에게', '한테', '더러', '보고'에서, '에게'는 주로 문어체나 공식적인 대상에 쓰인다. '한테', '더러', '보고'는 주로 친근한 대상에게 쓰이며 공식적인 대상에 대해서는 잘 쓰이지 않는다. 따라서 구어체를 문어체로 수정한 문장으로 가장 적절한 것은 ⑤이다.

03 ② '지팡이>지팽이'는 'ㅣ'모음 역행 동화 현상으로 'ㅣ'모음이 앞의 모음 'ㅏ, ㅓ, ㅗ, ㅜ'에 영향을 주어 'ㅐ, ㅔ, ㅚ, ㅟ'로 변하게 하는 현상이다. 따라서 혀의 전후 위치가 달라진다.

오답풀이

① '그리고>그리구'는 입술 모양과 혀의 전후 위치가 달라지는 변동이다.

③ '블>불'은 입술 모양이 달라지는 변동이다.

④ '거죽>가죽'은 혀의 높낮이가 달라지는 변동이다.

⑤ '웟어른>웃어른'은 혀의 전후 위치가 달라지는 변동이다.

TIP 모음동화

- 전설모음 'ㅣ'앞 혹은 뒤에서 모음이 변화하는 현상. 수의적 변화이며 표준발음으로 인정하지 않는다.
- 모음동화는 다음의 두 가지 환경에서 일어난다.
  1) 'ㅣ'소리 앞에서('ㅣ'모음 역행동화/전설모음화/움라우트) : [ㅏ, ㅓ, ㅇ, ㅜ] → [ㅐ, ㅔ, ㅚ, ㅟ]
     예 손잡이 → [손잽이], 먹이다 → [멕이다], 고기 → [괴기], 죽이다 → 주기다 → [쥐기다]
  2) 'ㅣ'소리 뒤에서 : [ㅓ, ㅗ] → [ㅕ, ㅛ]
     예 기어 → [기여], 먹이었다 → [머기엳따], 미시오 → [미시요], 당기시오 → [당기시오]

※모음동화에 의한 발음은 표준 발음으로 인정하지 않지만, 예외적으로 표준 발음으로 인정하는 단어들도 있다. 예 냄비, 멋쟁이, (불을)댕기다, 서울내기, 풋내기, 멋쟁이, 소금쟁이, 담쟁이덩굴, 되어[되어/되여], 피어[피어/피여], 이오[이오/이요], 아니오[아니오/아니요]

04 ③ ⓒ에 들어갈 어형은 '핥이다'이며 'ㄾ' 받침 뒤에 조사나 접미사의 '-이, -히'가 결합되는 구조이다.

오답풀이

① 종속적 관계란, 형태소 연결에 있어서 실질 형태소인 체언, 어근, 용언 어간 등에 형식 형태소인 조사, 접미사, 어미 등이 결합하는 관계를 말한다.

② '맏이', '핥이다'는 품사의 변화가 일어나지 않았다.

④ '같이', '끝이'는 선행 음절의 받침이 같고 '가치', '끄치'와 같이 구개음이 같게 실현된다.

⑤ '훑이다'는 '부푼 듯하고 많던 것이 다 빠져서 졸아들다.'라는 뜻으로 '훑다'의 피동사이다.

05 ④ '값'은 '값이'에서는 '값'으로, '값도'에서는 '갑'으로, '값만'에서는 '감'으로 소리가 다르게 나타난다. 이때 '값', '갑', '감'을 형태소 '값'의 이형태라고 한다.

06 ③ 사잇소리 현상은 두 개의 형태소 또는 단어가 합쳐져 합성명사를 만들 때, 앞말의 끝소리가 울림소리이고, 뒷말의 첫

소리가 안울림 예사소리이면 뒤의 예사소리가 된소리로 변하는 현상을 말한다. '빨랫줄'은 사잇소리를 첨가하여 표기하고 된소리로 발음한다. '빨래집게'는 사잇소리 현상이 나타나지 않는다.

오답풀이

① ㉠, ㉡, ㉢은 모두 둘 이상의 어근이 결합되거나 어근과 접사가 결합되어 이루어진 단어인 복합어이다.

② ㉠, ㉡, ㉢은 모두 직접 구성 요소 중 앞의 요소인 '빨래'가 뒤의 요소를 꾸며준다.

④ '빨랫줄'과 '빨래터'를 이루는 직접 구성 요소들은 모두 어근에 해당한다.

⑤ '빨래집게'는 '빨래', 동사인 '집다', 접미사인 '-게'가 결합되어 세 개의 구성요소로 이루어졌다.

TIP **복합어**

복합어를 구성하고 있는 둘 이상의 형태소의 성격이 무엇인가에 따라 합성어와 파생어로 구분된다.

- **합성어** : 둘 이상의 실질형태소가 결합된 것(어근 + 어근)
  예 집안, 소나무, 작은형, 높푸르다
- **파생어** : 실질형태소에 형식형태소가 결합된 것(어근 + 접사)
  예 맏아들, 맨손, 풋사랑, 먹이다

07 ⑤ 파생 접미사 '-음'과 명사형 전성 어미 '-음'은 문장에서의 역할에 따라 구별하여야 한다. 일반적으로 파생 접미사와 명사형 전성 어미는 주어가 있거나, 서술성이 있거나, 부사의 수식을 받거나, 선어말 어미가 쓰일 수 있으면 명사형 전성 어미이고, 이것들이 모두 불가능하면 파생명사이다.

오답풀이

①·②·③·④ 용언의 명사형 → '-음/-ㅁ'이 붙어서 명사로 된 것

08 ① 혼자서는 쓰이지 못하고 반드시 다른 용언의 뒤에 붙어서 의미를 더하여 주는 용언을 보조용언이라 한다. 보조용언은 기본적으로 선행하는 본용언의 어미가 '-아/-어, -게, -지, -고'로 한정되나 '-ㄴ/은가, -ㄹ/을까, -(으)면' 등이 오기도 한다.

- 밖의 날씨가 매우 더운가 보다.
- 이 부분을 소리 내어 읽어 보렴.

TIP **본용언과 보조용언의 구별**

- 용언이 두 개 이상 연이어 있을 때 맨 앞의 것이 무조건 본용언이다.
- 둘째 이하의 용언 중, 다음의 경우는 보조 용언이다.(홑문장)
  - 단독으로 서술어가 될 수 없는 경우
  - 단독으로 서술어가 될 수 있어도 본래 의미를 상실하는 경우
- 두 번째 이하의 용언이 단독으로 서술어가 되어도 의미 변화가 없으면 본용언이고 이때는 문장의 이어짐이다. 본용언 + 본용언(겹문장)
- 본용언 + 보조용언은 하나의 서술어로 간주한다.

09 ③ '다'문장은 대상의 일부로 그 전체를 나타내는 제유법에 해당하며, '마'문장은 대상과 관련된 속성으로 그 대상 자체를 나타낸 환유법에 해당한다. 따라서 ㉠, ㉡에 해당하는 용례를 바르게 짝 지은 것은 ③이다.

오답풀이

가. 주전자 안에 들어 있는 내용물이 끓는 것을 의미하는 환유법이다.

나. 대유법이 사용되지 않은 문장이다.

라. 대유법이 사용되지 않은 문장이다.

10 ① 문장 유형과 발화 의도가 일치하는 발화를 직접 발화라고 하고, 문장의 유형과 발화 의도가 일치 하지 않는 발화를 간접 발화라고 한다. 간접 발화는 수행하고자 하는 기능과 다른 문장 유형을 사용하기 때문에 상황에 따라 구체적인 의미가 달라진다. ①의 발화는 명령형 어미를 사용하여 명령행위를 하고 있으므로 직접적인 발화이다.

오답풀이

② 아이가 늦게 들어온 것에 대해서 어머니가 비난하고 경고하는 의도를 담고 있다.

③ 비가 많이 오니 우산을 들고 가라는 의미를 담고 있으므로 간접화법에 해당한다.

④ 지갑을 까먹고 안 가지고 왔으므로 대신 계산을 부탁한다는 의미를 담고 있다.

⑤ 음악 소리를 줄여 달라는 의미를 담고 있으므로 간접화법에 해당한다.

TIP **직접발화와 간접발화**

- **직접발화** : 문장 유형과 발화 의도가 일치하며 상황보다 의도가 우선적으로 고려됨
- **간접발화** : 문장 유형과 발화 의도가 불일치

11 ⑤ '-샤'는 주체 높임 선어말어미에 연결어미 '-아'가 결합된 형태로, 현대국어의 '-시어'에 대응된다.

TIP 중세 국어의 주체높임

주체높임법 : 문장의 주체를 높이고 존중하는 어법
- **현대** : 주격조사 '께서'와 선어말어미 '-시'로 실현됨
  예 엄마가 밥을 준비한다. = 엄마께서 밥을 준비하신다.
- **중세** : 선어말 어미 '-샤-'(모음 어미 앞에 사용), 선어말 어미 '-시-'(자음 어미 앞에 사용)
  예 - 선어말 어미 '-샤-'(모음 어미 앞에 사용) : 궁夷잉니라샤대(니라샤오대)
  - 선어말 어미 '-시-'(자음 어미 앞에 사용) : 善쎤慧혜 드르시고

[12~14] 독서 - 인문

12 ④ 지라르는 욕구는 본능적으로 실제 대상을 향하는 실질적인 것인 반면, 욕망은 실제 대상 그 자체보다는 그 대상과 관련된 것을 향하는 관념적인 것이라고 보았다.

오답풀이

① 지라르는 심층적으로 보면 나의 비밀과 타인의 비밀 사이의 차이는 없으며, 한 사람의 심층적 자아는 보편적 자아라고 할 수 있다고 하였다.

② 우구를리엥은 주변 사람들과의 대칭적 교환과 만남의 한가운데에서 일어나는 지속적 창조 행위의 결과가 우리의 자아라고 주장하였다.

③ 프로이트의 심리학은 욕망이 주체의 타고난 본능에서 나온다고 보았다.

⑤ 우구를리엥은 자아가 고정된 것이 아니며 궁극적으로 유동적이고 가변적인 운동 상태라고 보았다.

13 ③ 지라르의 주장에 따르면 욕망이란 욕망 주체와 욕망 대상 사이의 2자 관계에서 나오는 게 아니라 욕망 주체와 이 주체가 본받고 싶어 하는 모델, 그리고 욕망 대상의 삼각관계에서 나온다고 주장하였다. 즉 인간이 욕망하는 것이 사실은 중개자의 욕망을 모방한다고 보았으므로 칸트를 흠모하는 철학도가 매일 규칙적으로 생활하는 것은 ㉠의 사례를 이해한 것으로 적절하다.

14 ③ 〈보기〉에서는 중개자를 통해 욕망하던 대상이 제한적일 경우, 주체가 중개자를 존경의 대상이 아닌 경쟁자나 적으로 인식하기도 한다고 하였다. 즉 타인이 욕망의 매개로 개입하여 욕망하는 주체와의 모방적 경쟁관계를 통해 욕망을 부추긴다고 보았으므로 중개자가 주체의 일상 안에 들어온 경우, 욕망의 주체는 대상이 희소성을 띨수록 중개자와 갈등 관계에 놓일 가능성이 높다는 것은 옳은 추론이다.

[15~19] 현대 시

(가) 정지용, 「인동차(忍冬茶)」
- **갈래** : 자유시, 서정시
- **성격** : 감각적, 회화적, 관조적, 탈속적
- **제재** : 인동차
- **주제** : 정신적 고결함을 지키면서 혹독한 현실을 견디는 삶의 자세
- **특징**
  - 시적 화자의 감정을 절제하여 대상을 객관적으로 표현함
  - 눈 내리는 겨울, 깊은 산중이라는 탈속의 공간을 배경으로 하고 있음
  - 주로 시각적 이미지의 시어를 사용하였으며, 색채의 대비가 돋보임
- **구성**
  - 1연 : 인동차를 마시는 노주인
  - 2연 : 자작나무의 붉은 불
  - 3연 : 추위 속에 돋아난 무순
  - 4연 : 풍설 소리에 잠착함
  - 5연 : 눈 덮인 산중

(나) 이성부, 「누룩」
- **갈래** : 자유시, 서정시
- **성격** : 상징적, 의지적, 희망적, 참여적
- **제재** : 누룩
- **주제**
  - 공동체를 위한 희생의 역설
  - 민중에 대한 기대와 신뢰감
- **구성**
  - 1연 : 누룩이 뜨는 까닭에 대한 인식(=민중의 연대감)
  - 2연 : 누룩이 겪는 고통과 시련(=민중의 강인한 의지)
  - 3연 : 누룩의 기다림(=민중의 인내)
  - 4연 : 누룩의 발효(=희생을 통해 가치를 이룩하는 민중)
  - 5연 : 누룩 냄새의 확산(=민중 세력에 대한 기대감)
- **이해와 감상** : 이 시는 술을 담글 때 쓰이는 '누룩'을 의인화하여 민중의 저력을 형상화하고 있다. 알맞은 바람을 만나고 좋은 물을 만나 썩어 문드러짐을 통해 다른 누군가를 기쁘게 하는 누룩의 속성을 통해 자신을 희생하고 사회적 연대를 통해 억압된 현실을 극복해가는 민중의 모습을 그리고자 하였다.

(다) 박성우, 「애호」
- **갈래** : 자유시, 서정시
- **성격** : 자연친화적, 성찰적
- **제재** : 호박넝쿨
- **주제** : 호박에서 본 자연 본연의 생명력
- **특징**
  - '애호'라는 시어의 이중적 의미를 통해 의외로 자연 본연

의 생명력을 깨달음을 전달함
- 어법에 맞지 않은 연 구분으로 화자의 놀라는 마음을 전달함
• **이해와 감상** : 이 작품은 인간의 손에서 벗어난 존재인 호박 넝쿨을 통해 자연을 인간의 시점이 아닌 그 자체로서 보여주는 작품이다. 화자는 자신이 심은 소나무 전체를 덮어버린 호박넝쿨을 통해 인간의 의도와 무관한 자연 본연의 생명력을 깨닫는다.

15 ⑤ (가)는 노주인의 태도를 통해 바깥 세상에 초연한 채 몸을 다스리고, 정신적 고결함을 지키면서 혹독한 현실을 견디고자 하는 의지를 드러내고 있으며, (다)는 인간의 의도와는 무관한 자연 본연의 생명력을 나타내고 있다. 따라서 자연의 변화가 눈앞의 현실과 지향하는 현실 사이의 대립을 초래하고 있다는 설명은 적절하지 않다.

오답풀이

① (가)는 초연한 자세로 혹독한 현실의 시련을 견뎌내는 고결한 삶의 자세를 그리고 있다.
② (나)는 고통과 핍박을 이겨내고 새로운 시대를 만들어가는 민중의 힘을 형상화하였다.
③ (다)는 소나무와 호박 넝쿨을 통해 경계에 길들여진 인간의식을 성찰하고 있다.
④ (가)와 (나)는 자연의 생명력에 빗대어 암담하고 절망적인 상황에서도 좌절하지 않고 인내심을 가지면 현실을 이겨낼 수 있으리라는 의지와 소망이 담겨 있다.

16 ⑤ ㉠, ㉡, ㉢, ㉣의 시어는 일제 강점하의 현실을 견디게 하는 인내와 기다림의 힘, 역경에 굴하지 않는 강인한 생명력 등을 상징하며 ㉤ 하이얀 삼동은 일제 강점하의 험난한 현실을 상징한다.

TIP 「인동차(忍冬茶)」의 감상

이 시는 정지용의 동양 고전에 대한 관심을 보여 주는 작품이다. 인동차를 마시며 살아가는 노주인인 작중 인물은 바로 시인 자신이며, 그가 마시는 인동차는 겨울로 표상된 일제 치하를 견디게 하는 인내와 기다림의 힘을 상징한다. 특히 2연과 3연은 어떤 역경에도 굴하지 않는 강인한 생명력을 상징한다. 즉 꺼진 줄 알았던 자작나무 덩그럭 불이 도로 피어 붉고 마당 한 구석에 묻어 둔 무가 순 돋아 파릇한 모습은 암담하고 절망적인 상황에서도 좌절하지 않고 인내심을 가지고 생활하면 현실의 상황(겨울)도 충분히 이겨낼 수 있으리라는 시인의 의지와 소망이 상징적으로 담겨 있다고 할 수 있다. 현실은 비록 삼동이 하이얀 시절(험난한 시절)이지만 흙냄새가 훈훈히 김도 사라졌다가 바깥 풍설 소리에 잠착하듯 굳은 인내심을 가지면 언젠가 이 겨울 같은 모진 시련을 벗어날 수 있으리라는 기대와 믿음을 져버리지 않는 것이다.

17 ③ (나)는 술을 빚는 데 사용하는 발효제인 누룩을 이용하여 술을 만드는 과정을 보면서, 이를 민중의 연대와 사랑, 새로운 시대를 열기 위한 그들의 저항과 실천에 연결시키고 있으며, (다)는 호박 넝쿨의 모습에서 자연은 인간의 시점이 아닌 그 자체로서의 주체임을 깨닫고 있다. 따라서 (나)와 (다) 모두 대상의 외적 모습에서 화자의 내적 변화를 이끌어 내고 있다.

18 ② (나)의 시적 화자는 누룩을 이용하여 술을 만드는 과정을 보면서, 이를 민중의 연대와 사랑, 새로운 시대를 열기 위한 그들의 저항과 실천에 연결시키고 있다. 민초는 고통과 핍박 속에서 누룩처럼 썩어가지만, 절망하고 죽는 것이 아니라 새로운 시대에 대한 각자 나름대로의 응어리진 기다림을 추구한다. 그러다가 이들이 좋은 기회를 만나 서로 뭉치고 연대하여 새로운 시대를 열어나간다는 것이다. 즉 새로운 시대를 여는 것은, 스스로 썩고 희생하며 서로 뭉쳐 싸워나가는 민중에 의해 실현된다는 시인의 믿음이 표현되어 있으므로 제재의 부정적 속성을 강조한다는 설명은 적절하지 않다.

19 ② 박성우 시에서의 공동체에 대한 탐구는 인간 중심의 문화를 근본적으로 성찰하는 문제의식으로 심화되며, 모든 인간적 시점을 뒤로한 채 자연 그 자체를 주체로 세운다고 하였으므로 인간 중심의 문화에 대한 화자의 초월적 태도를 보여준다는 설명은 적절하지 않다.

[20~23] 독서 – 사회

20 ④ 윗글의 필자는 여러 학자들의 이론을 검토한 뒤 라드브루흐의 이론을 바탕으로 자신의 입장을 정리하고 있다.

21 ④ 옐리네크(㉠)는 법과 도덕을 포함 관계로 설정하고 법은 도덕 가운데에서 특별히 그 실현을 강제할 필요가 있는 경우에 한하여 성립한다고 보았으며, 슈몰러(㉡)는 법의 효력을 중시하여, 법에는 강제력이 있으므로 도덕보다는 실효성이 확고하다고 보았다.

오답풀이

① 옐리네크(㉠)는 도덕중에서 실현을 강제할 필요가 있는 경우를 택하여 법으로 성립해야 한다고 보았다. 따라서 슈몰러(㉡)에 비해 법 규범의 제정에 보다 신중할 것이다.
② 슈몰러(㉡)는 도덕적 가치의 실현이 법을 통해 가능하다고 보았으므로 법 규범의 효과에 대해 확신하는 태도를 보일 것이다.
③ 라드브루흐(㉢)는 '법은 도덕을 실현할 가능성과 동시에 부

도덕을 실현할 가능성도 지닌다.'라고 하였으며 옐리네크(㉠)와 달리 법과 도덕의 영역을 포함 관계로만 생각하지 않았다.

⑤ 옐리네크(㉠), 슈몰러(㉡), 라드브루흐(㉢)는 모두 법과 도덕이 적절한 관계를 유지해야 한다는 데에 동의하였다.

22 ④ ㉯ 간통죄 위헌 결정은 부부 간의 정조 의무를 위반한 행위가 비도덕적이기는 하나 법으로 처벌할 사항은 아니라고 보았으므로, 도덕적으로 허용되지 않는 행위가 반드시 위법한 행위가 된다고 본다는 설명은 적절하지 않다.

오답풀이

① 착한 사마리아인의 법은 '위기에 빠진 사람을 외면해서는 안 된다'는 근본적으로 도덕적 · 윤리적 문제 아래 시행되는 법이다.

② ㉮는 도덕적 차원의 문제를 법의 강제력으로 실현하려 하였다는 점에서 프로이센 '일반란트법'의 제179조나 미국의 '금주법'과 그 취지가 상통하다고 볼 수 있다.

③ ㉯ 간통죄 위헌 결정은 도덕의 영역이 법의 영역보다 더 크다는 전제를 바탕으로 하였다.

⑤ ㉮와 ㉯는 도덕과 법이 공통의 목적과 사명을 띠고 있다는 전제를 바탕으로 한다.

23 ② ⓑ '자체'는 '바로 그 본래의 바탕'이라는 뜻으로 밑줄 친 '자체'와 그 문맥적 의미가 일치한다.

오답풀이

① ⓐ **지지** : 어떤 사람이나 단체 따위의 주의 · 정책 · 의견 따위에 찬동하여 이를 위하여 힘을 쓰다.
지지 : 무거운 물건을 받치거나 버티다.

③ ⓒ **차원** : 사물을 보거나 생각하는 처지. 또는 어떤 생각이나 의견 따위를 이루는 사상이나 학식의 수준.
차원 : 기하학적 도형, 물체, 공간 따위의 한 점의 위치를 말하는 데에 필요한 실수의 최소 개수.

④ ⓓ **허용** : 허락하여 너그럽게 받아들임.
허용 : 주로 각종 경기에서, 막아야 할 것을 막지 못하여 당함. 또는 그런 일.

⑤ ⓔ **기초** : 사물이나 일 따위의 기본이 되는 토대.
기초 : 글의 초안을 잡다.

[24~28] 고전 산문

작자미상 「적벽가」

- **갈래** : 판소리 사설
- **성격** : 풍자적, 해학적, 희화적
- **시점** : 전지적 작가 시점
- **배경** : 중국 후한 말, 양자강 적벽 일대
- **주제** : 적벽 대전 영웅들의 활약상과 전쟁으로 인한 하층민의 고통
- **특징**
  - '삼국지연의'의 '적벽 대전'을 바탕으로 함
  - 조조로 표상되는 당대 양반층에 대한 민중의 신랄한 저항 정신을 표출함
  - 군사들을 통해 서민들의 고통과 전쟁의 참혹함을 드러냄
- **이해와 감상** : 적벽가는 '삼국지연의(三國志演義)' 중 적벽 대전의 이야기를 바탕으로 한 판소리 사설로, 재창조 과정에서 원작을 새롭게 해석하여 우리 실정에 맞게 주체적으로 재구성하여 우리 민족의 주체성과 감각을 살리고 있는 작품이다. '삼국지연의'는 영웅을 중심으로 한 이야기이지만 '적벽가'는 영웅이 아닌 전쟁에 강제 동원된 병사들이 전장에서 겪는 고통의 이야기를 첨가하여 해학적인 희극미를 형상화하고 있다. 또한 영웅적 인물 '조조'를 졸장부로 희화화하여 기성 권위와 권력을 비판 · 풍자하고 있다.

24 ② [A]에서 고사를 활용하여 발화자의 행위를 구체적으로 묘사하고 있는 부분은 나타나지 않는다.

오답풀이

① '공든 탑이 무너지며 심든 남기가 꺾어지랴.', '자식밖에 또 있느냐.' 등에서 설의적 표현을 통하여 발화자의 판단을 강조하고 있다.

③ '터덕터덕', '방긋방긋', '도리도리' 등 의태어를 활용하여 인물에 대한 애정을 드러내고 있다.

④ '여봐라, 군사들아'에서 청자들을 호명하여 주의를 끌고 있다.

⑤ '위국땅 백성들아, 적벽으로 싸움 가자. 나오너라.'에서 발화 속에 등장하는 인물의 말을 직접 인용하여 생동감을 높이고 있다.

25 ③ 윗글에서 '아내'는 '날 죽이고 가오, 살려 두고는 못 가리다. 이팔홍안 젊은 년을 나 혼자만 떼어 놓고 전장을 가랴시오.'라며 전장에 나가려는 남편을 붙잡고 있다. 따라서 국가에 대한 책무보다는 자신과 가족의 소중함을 앞세우고 있다.

오답풀이

① '한 군사'는 고향에 두고 온 자식을 그리는 사연을 이야기하며 자신의 처지가 서러움을 표현하고 있다.
② '또 한 군사'는 고향의 아내를 그리는 사연으로 생사가 조석이라 하였다. 따라서 공을 세울 수 있다는 확신을 지닌다는 설명은 적절하지 않다.
④ 윗글에서 조조는 엎어지고 자빠지며 황급히 도망가고 있으므로 일시적인 패배를 만회할 기대를 품고 있다는 설명은 적절하지 않다.
⑤ 정욱과 조조는 함께 도망가는 상황이며 적대감을 직설적으로 표출하여 갈등을 빚는 부분은 나타나지 않는다.

26 ④ 적벽가는 외래문화를 주체적으로 변용하여 수용하였으며, 징발되어 가는 백성들을 통해 서민들의 고통과 전쟁의 참혹함을 드러내며 조조로 표상되는 당대 양반층에 대해 민중의 신랄한 저항 정신을 표출하고 있다. 그러나 윗글에서 백성들은 적국에 대한 적개심 보다는 부모와 아내, 자식들과의 이별에 대한 설움을 표현하고 있으므로 외세에 대한 비판 의식이 팽배했을 것이라는 추론은 적절하지 않다.

27 ③ ⓒ은 과거에 아내의 손을 뿌리치고 전장으로 나온 일을 떠올리며 세월이 지나도 끝나지 않는 전쟁 상황에 대한 한탄을 표출하고 있다.

오답풀이

① ㉠은 고향에 두고 온 자식을 그리워하며 서러워하는 군사에게 나머지 군사들이 꾸짖고 있는 부분이다.
② ㉡은 아내가 전장에 나가는 남편을 붙잡는 모습으로 행동에 포함된 허위를 드러내고 있다는 설명은 적절하지 않다.
④ ㉣은 조조가 정욱과 함께 도망가는 장면을 과장되게 묘사한 것으로 사건 전개에 개연성을 부여하는 것과 상관이 없다.
⑤ ㉤은 전쟁에서 지고 생사가 위태로이 도망가는 처지에 술안주를 생각하는 조조를 해학적으로 나타내는 부분이다. 따라서 상대의 처지에 공감한다는 설명은 적절하지 않다.

28 ⑤ [B]는 전쟁에서 패배하여 생사가 위태로운 처지에 놓인 조조가 정욱과 함께 도망가는 상황이다. 이러한 처지에도 술안주를 떠올리는 조조의 모습을 풍자와 해학으로 표현하고 있다. 〈보기〉는 지은이가 황진이를 생각하며 지은 시조로 임이 오지 않으리라는 생각 속에서도 안타깝게 기다리는 그리운 마음을 드러내고 있다.

TIP 서경덕, 「마음이 어린 후니」

- **갈래** : 평시조, 정형시, 서정시
- **성격** : 감상적, 낭만적
- **제재** : 기다림
- **주제** : 임을 기다리는 마음
- **해석** : 마음이 어리석으니 하는 일이 모두 어리석구나.
  구름이 겹겹이 쌓여 험난하고 높은 이 산 중으로 어느(어찌) 임이 나를 찾아오겠는가 마는,
  떨어지는 나뭇잎 소리와 바람 부는 소리에 혹시 임이 오는 소리가 아닌가 하노라.

[29~31] 독서 – 예술

29 ① 윗글은 고려청자와 조선백자를 비교·대조하는 방식으로 조선백자의 아름다움을 표현한 글이다. 그러나 조선백자를 유형별로 세분화하여 종류와 특징을 구체적으로 나열하는 부분은 나타나지 않는다.

30 ③ 고려청자(㉠)는 고려의 귀족 문화를 그대로 반영한 듯 섬세함과 유려함이 있고 명성만큼이나 화려하지만, 조선백자(㉡) 역시 고려청자에 필적할 만큼 기술력이 뛰어나고 예술성은 어떤 의미에선 고려청자보다 훨씬 높은 경지에 있다고 하였으므로 기술력의 차이가 두드러지게 드러난다는 설명은 적절하지 않다.

오답풀이

① 고려청자(㉠)는 모양이나 상감된 문양에 섬세함과 유려함, 거기에 기기묘묘함까지 깃들어 있어 고려 시대 문학사에서 하나의 지평을 열었다는 이규보는 고려청자의 아름다움을 하늘의 조화를 빌려 빚은 '천공술(天工術)'이라고 극찬한 바 있다고 하였다.
② 조선백자(㉡)의 형태는 단순하고 빛깔은 소박하여 단순미와 평범함을 미학적 자질로 삼는 아름다움의 세계를 담고 있다.
④ 조선백자(㉡)는 고려청자(㉠)와 달리 안으로 착 가라앉은 듯 순하고 부드러운 빛깔을 지니며 어떤 의미에서는 고려청자보다 훨씬 높은 경지에 있다고 하였다.
⑤ ㉠과 ㉡은 모두 동아시아 도자 문화사에서 기술력이 아주 뛰어난 예술로 손꼽힌다.

31 ⑤ 〈보기〉에서 글쓴이는 조선의 도자기에 재현된 평범함은 생래적인 아름다움이라고 생각하며 단순한 미적 가치를 퇴색하고 싶지 않아한다. 윗글에서도 조선 예술이 평범한 점을 들어 미적 요소가 부족한 것으로 인식하는 것을 생각하면 가슴 한 켠이 답답해진다고 하였으므로 윗글에 나타난 예술관을 추론한 것으로 가장 적절한 것은 ⑤이다.

[32~36] 고전 시가 복합

(가) 송순, 「면앙정가」
- 갈래 : 서정 가사, 양반 가사, 은일 가사
- 율격 : 3(4) · 4조, 4음보
- 어조 : 풍류를 즐기는 호방한 어조
- 구성
  - 서사 : 제월봉의 위치와 형세, 면앙정의 모습
  - 본사1 : 면앙정 주변의 풍경(근경에서 원경으로 시선 이동)
  - 본사2 : 사계절에 따른 면앙정의 주변 풍경
  - 결사 : 풍류와 호연지기 및 군은(君恩)
- 주제 : 아름다운 대자연 속의 풍류 생활
- 이해와 감상 : 이 작품은 작가가 벼슬에서 물러나 고향인 담양에 머물던 시기에 창작한 작품으로, 작가는 면앙정의 경치를 묘사하면서 아름다운 자연에서 얻은 흥취를 사계절의 변화에 따라 서술하였다. 또한 이 작품은 비유, 대구 등의 다양한 표현법과 우리말의 아름다움을 잘 살려 문학적 가치가 높은 작품으로 평가받는다.

(나) 정철, 「성산별곡」
- 갈래 : 서정 가사, 양반 가사
- 성격 : 전원적, 풍류적, 묘사적
- 주제 : 당시의 문인 김성원이 세운 서하당(棲霞堂) · 식영정(息影亭)을 중심으로 성산의 풍물과 김성원의 풍류를 예찬
- 구성
  - 서사 : 김성원의 풍류를 즐기는 모습과 식영정 주변의 모습
  - 본사1 : 성산의 봄 풍경
  - 본사2 : 성산의 여름 풍경
  - 본사3 : 성산의 가을 풍경
  - 본사4 : 성산의 겨울 풍경
  - 결사 : 전원생활의 멋과 풍류
- 이해와 감상 : 이 작품은 담양군에 있는 '성산'의 사계절 풍경과 식영정 정자, 서하당 정자에 대한 내용으로, 사계절에 따른 그 곳의 풍물과 김성원에 대한 흠모의 정을 노래한 작품이다. 한자어의 사용이 많고 한 개인의 칭송에 치우친 점이 있지만 전원 생활의 흥취와 개성이 잘 드러난 작품이다.

(다) 작자미상, 「백사장 홍료변에」
- 갈래 : 평시조
- 성격 : 세태가
- 주제 : 인생살이가 힘들고 어려움을 탄식함
- 이해와 감상 : 세상살이의 어려움을 백로를 통해 우의적으로 표현하고 있다. 먹고살기 위해 온갖 어려움을 참고 견디며 살아가는 우리 인간들의 삶의 모습을 신랄하게 풍자하고 있는 작품이다.

32 ③ (가)는 면앙정에서 작가의 풍류 생활과 임금의 은혜에 감사하는 마음을 노래하고 있으며, (나)는 자연에 묻혀 풍류를 향유하는 식영정의 주인을 칭송하며 전원생활의 멋을 노래하고 있다. 따라서 계절감을 지닌 소재들을 활용하여 계절의 변화를 묘사하고 있다는 설명은 적절하지 않다.

33 ④ (가)의 '누으락 안즈락'에서는 누웠다가 앉았다가 하며 화자가 흥취를 즐기는 모습이 나타난다. 또한 (나)의 '일락 배락'의 현대어 풀이는 '흥했다가 망했다가'로서 세상의 흥망성쇠에 대한 화자의 의식이 투영되었다.

오답풀이

① (가)에서는 술과 노래로 태평성대를 구가하는 생활의 흥취를 즐기고 있으며, (나)에서 역시 술잔을 기울이니 마음에 맺힌 시름이 조금이나마 덜어진다고 하였다.

② (가)는 벗과 함께 술을 마시고, 노래를 부르고 악기를 타며 취흥을 즐기고 있으며 (나)에서 벗의 부재를 아쉬워하는 부분은 나타나지 않는다.

③ (가)에서는 모든 시름을 잊고 전원생활의 즐거움을 만끽하고 있으며, (나)에서는 인간의 흥망성쇠에 애달픔을 느끼며 험한 세상에 시름하고 있다.

⑤ (가)의 '나의 이 삶이야말로 신선의 삶이로다' 에서 화자가 신선과 일체감을 느끼고 있다는 것을 알 수 있다. (나)에서는 신선같이 풍류를 즐기며 사는 주인의 모습을 '진선(학)'에 비유하며 칭송하였다.

34 ① 〈보기〉의 화자는 가난하지만 풍월을 벗하며 사는 삶은 어떤 부귀영화와도 바꿀 수 없다는 자연에 대한 애착과 그 속에서 사는 즐거움을 노래하고 있다. (가)에는 자신의 세계관을 타인과 공유하는 부분이 나타나지 않는다.

TIP 조찬한, 「빈쳔을 팔랴 하고」
- 갈래 : 평시조, 서정시
- 성격 : 풍자적
- 제재 : 자연애(自然愛)
- 주제 : 강산풍월을 벗삼아 살고자 함. 자연 속에 묻혀 사는 즐거움

35 ⑤ ⓔ '힝혀 아니 만나신가'의 현대어 풀이는 '혹시 만나지 않았는가'로서 세속을 떠나 신선 같은 삶을 사는 주인을 진선(학)에 비유해 칭송하며 달 아래에서 혹시 만난 적이 있지 않느냐고 묻는 부분으로, 대상과 재회하고자 하는 기대감이 나타났다고 할 수 없다.

36 ③ (다)는 백로를 통해 세상사의 어려움을 우의적으로 표현하고 있는 작품이다. 즉 먹고 살기 위해 온갖 어려움을 참으며 살아가고 있는 인간들의 모습을 먹이를 찾아 먹기 위해

몸을 굽혔다 폈다 하는 백로의 모습에 빗대어 풍자하고 있다. 따라서 일상적으로 자행되던 탐욕에 대한 묘사라는 설명은 적절하지 않다.

오답풀이

① 〈보기〉에서 조선 후기 시조는 삶의 체험을 다루는 쪽으로 조절되는 양상이 두드러졌다고 하였으므로 '백사장 홍료변'은 일상생활 공간으로서의 의미를 지닌다고 볼 수 있다.
② '굽니러 먹는 져 빅노'는 하루하루 먹고 살아가기 위해 고군분투하는 인간의 모습을 표현하고 있다.
④ (다)의 화자는 '우리도'라는 말을 통해 화자가 속한 인간들의 처지가 '백로'의 처지와 같다고 하여 일상적 삶에 대한 성찰을 집약하고 있다.
⑤ '구복이 웬슈'란 입으로 먹고 배를 채우는 일이 원수 같다는 뜻으로, 당시 삶의 고달픔을 강조하기 위한 표현이라고 볼 수 있다.

[37~40] 독서 – 과학

37 ④ 윗글은 빙하의 변화, 이동과정 등의 현상이 발생하는 원인을 유추의 방식으로 설명하고 구체적 수치를 자료로 활용하여 빙하에 대한 개념을 소개함으로써 독자들의 이해를 돕는 글이다. 그러나 동일한 현상을 설명하는 상반된 이론의 특징을 대비하는 부분은 나타나지 않는다.

38 ① 눈이 얼음 결정을 이루면서 새 빙하가 생성되는 시기를 집적대, 얼음 결정이 기화 또는 액화되면서 빙하의 규모가 줄어드는 시기를 소모대라 한다. 150만 년 전에는 빙하의 비율이 지금보다 2배 이상 높았고 이후 확장과 축소를 20번 넘게 반복하였다고 하였으므로 집적대보다 소모대가 항상 우세하였다는 설명은 적절하지 않다.

오답풀이

② 보통 기후 조건에 따라 빙하의 변동 폭에 차이가 생기며 소모대에 비해 집적대가 확장될 경우 빙하가 성장하고, 반대일 경우 빙하의 규모는 자연히 줄어든다고 하였다.
③ 빙하의 무게로 발생하는 압력이 높아지면 빙하의 표면과 지면 사이에 충돌이 격화되고 그 결과 빙하가 이동하게 된다고 하였다.
④ 액화 현상이 빙하와 지면 사이의 마찰을 줄이면서 빙하의 이동을 가속화하는 결정적인 원인이 된다고 하였다.
⑤ 빙하의 침식 작용은 암석 덩어리에 분열이 일어나면서 파편이 되는 것과, 작은 암석 퇴적물이 빙하 아래의 기반암을 사포로 긁어내듯 갈아 내는 것이 있다.

39 ① 수위가 높으면 대류가 잘 일어나고 대류가 잘 일어나면 물이 움직이므로 얼음이 잘 얼지 않아 빙하가 생성되기 어렵다. 〈보기〉에서 대류의 규모는 수위와 비례한다고 하였으므로 다른 조건들이 모두 같다면 수위가 높은 바닷물에서는 빙하가 생성되기 어려울 것이라고 추론할 수 있다.

오답풀이

② 기온이 내려가면 물 분자가 압력을 받으면서 협소해진 공간 안에 있던 물의 분자 구조가 재결정 작용이 일어난다고 하였으므로 어는점이 낮은 바닷물은 얼음 입자들이 생기는데 불리할 것이다.
③ 바닷물 속에 포함된 염분 때문에 어는점이 낮다고 하였으므로 다른 조건들이 모두 같다면 염분이 높은 바닷물 보다는 염분이 낮은 바닷물에서 빙하가 생성되기 더 쉬울 것이다.
④ 바닷물이 얼어서 빙하가 만들어지는 경우는 눈의 무게가 없어 빙하의 생성이 어렵다.
⑤ 흐르는 물에서는 물의 분자 구조가 재배치되기 어려워 빙하가 잘 만들어지지 않는다고 하였으므로 바다에서는 대류 현상 때문에 물 분자가 압력을 받는데 불리할 것이다.

40 ① ⓐ의 '이른다.'는 어떤 대상을 무엇이라고 이름 붙이거나 가리켜 말한다는 뜻으로 그 문맥적 의미가 같은 것은 ①이다.

오답풀이

② 어떤 사람의 잘못을 윗사람에게 말하여 알게 하다.
③ 무엇이라고 말하다.
④ 잘 깨닫도록 일의 이치를 밝혀 말해 주다.
⑥ 책이나 속담 따위에 예부터 말하여지다.

[41~45] 현대 소설

김정한, 「사하촌」
- **갈래** : 단편소설, 농민소설
- **배경** : 일제시대, 관과 절의 횡포와 수탈의 대상이 되고 있는 사하촌 성동리
- **시점** : 전지적 작가 시점
- **의의** : 농민 다수를 주동 인물로 설정하여 농민 문제 해결책 암시.
- **주제** : 부조리한 농촌 현실과 농민들의 저항 의지
- **구성**
  - 발단 : 극심한 가뭄으로 인한 궁핍한 농촌의 삶 묘사
  - 전개 : 가뭄과 지주들의 횡포로 인한 농민과 농민, 지주와 소작인 간의 갈등
  - 위기 · 절정 : 간평원을 통한 지주의 횡포와 농민들의 불만

고조
- 결말 : 농민들의 소작 쟁의
- **이해와 감상** : 이 작품은 보광리와 성동리 마을을 배경으로, 친일 세력과 보광사 중들로 이루어진 지주 계층에게 수탈당하는 농민의 저항 의식을 사실주의적 수법으로 나타낸 작품이다. 농민들의 끈질긴 삶을 통해 이 땅의 민중에 대한 애정을 보여주고 있으며, 모순에 맞서는 민중의 모습을 인상적으로 제시하고 있다. 작가는 극중 친일 세력과 농사 조합 평의원, 보광사 중들로 이루어진 지주 계층과 현실 속에서 고통을 겪는 농민들의 대립을 통해 자연 재해와 소작 제도의 모순을 보여 준다.

41 ⑤ 이 작품은 절 소유의 농토를 부쳐 먹고 사는 가난한 농민들의 고통스런 삶을 제재로 하여, 수탈과 착취의 사회상을 그리고 있는 현대 소설로 서술자가 현실 문제를 객관적으로 관찰하고 보고하는 형식으로 상황을 설명하고 있다는 것은 적절하지 않다.

42 ② 치삼 노인은 젊었을 때 중의 꾐에 빠져 보광사에 논을 기부하고는 이제 그 논을 소작하는 신세로, 딱한 살림에 아들 보기에 여간 미안스러운 일이 아니라고 하였다. 따라서 자신의 과거 행동으로 인해 지금의 상황을 초래한데 대한 미안함을 가지고 있다는 설명이 적절하다.

43 ③ 가을이 되었으나 추수할 것이 없을 정도의 흉작이었으므로 ⓒ은 아들에 대한 두려움으로 쉽게 말을 꺼내지 못하는 것이 아니라 상황이 안 좋다는 대답이 나올 것을 알기에 대답을 두려워하는 것으로 보는 것이 적절하다.

44 ① 개미떼는 농민들의 삶을 궁지에 몰아넣는 사람들이고 지렁이는 그들의 무관심과 횡포에 의해 더욱 찌들어 가는 농민을 상징한다. 따라서 지렁이는 들깨에 적용할 수 있으며 개미떼는 보광사의 중들에 적용할 수 있다.

45 ② '기사년'이란 그들의 기억 속에 있는 극심한 가뭄이든 해를 말한다. 지금의 가뭄이 그때보다 더 심함을 말한 것이다. 농민들 간의 대립이 첨예화된 현재의 원인과 당시의 상황이 발생한 원인이 같다고 생각하고 있다는 설명은 적절하지 않다.

2018학년도 기출문제 정답 및 해설

제1교시 국어영역

01 ①	02 ②	03 ⑤	04 ③	05 ②	06 ③
07 ②	08 ①	09 ②	10 ①	11 ⑤	12 ③
13 ①	14 ②	15 ③	16 ⑤	17 ②	18 ④
19 ④	20 ④	21 ⑤	22 ⑤	23 ④	24 ⑤
25 ④	26 ③	27 ⑤	28 ③	29 ④	30 ③
31 ①	32 ①	33 ④	34 ②	35 ④	36 ①
37 ④	38 ③	39 ⑤	40 ④	41 ②	42 ⑤
43 ②	44 ①	45 ③			

01 ① '졸임'은 '속을 태우다시피 초조해하다'는 뜻의 '졸이다'의 명사형이고, '조림'은 '양념을 한 고기나 생선, 채소 따위를 국물에 넣고 바짝 끓여서 양념이 배어들게 하다'는 뜻의 '조리다'의 명사형이다. ①의 문장에서는 문맥상 '조림'으로 표기하는 것이 옳다.

예 오늘 저녁에는 생선으로 조림을 만들었다.
그녀는 마음을 졸이며 그가 오기를 기다렸다.

오답풀이

② '졸다'의 어간 '졸-' 뒤에 명사형 어미 '-ㅁ'이 붙으면, '졺'의 형태가 되므로, '수업 시간에 졺'과 같이, '졺'으로 적는 것이 옳다.

③ '만듦새'는 '물건이 만들어진 됨됨이나 짜임새'를 뜻하는 말로, 올바른 표기이다.

④ '알음'은 '사람끼리 서로 아는 일'을 뜻하는 말로, 올바른 표기이다.

⑤ '얾'은 '얼다'의 명사형으로 'ㄹ' 받침인 용언의 어간 '얼-' 뒤에 붙어 그 말이 명사 구실을 하게 하는 어미 '-ㅁ'이 붙어 만들어졌다.

TIP 졸이다/조리다

- **졸이다** : 1. 바짝 태워 안타깝고 초조해하다.
  2. 담은 그릇을 가열하여 물의 양이 적어지게 하다.
- **조리다** : 양념한 뒤 국물이 졸아들어 간이 스며들도록 바짝 끓이다.
- **졸이다** : 고기나 생선, 야채 등을 양념하여 국물이 거의 없게 바짝 끓이는 조리법

02 ② '더펄이'는 '더부룩한 물건 따위가 조금 길게 늘어져 자꾸 바람에 흔들리다. 또는 그렇게 되게 하다'라는 뜻의 '더펄거리다'의 어근 '더펄'에 접미사 '-이'가 붙어 생성된 말로, 한글맞춤법 제23항에 따라 그 원형을 밝혀 적어야 하므로 '더펄이'가 옳다. '꽹과리'는 '-하다'나 '-거리다'가 붙을 수 없는 어근에 '-이'나 또는 다른 모음으로 시작되는 접미사가 붙어서 명사가 된 것은 그 원형을 밝히어 적지 아니한다는 [붙임] 규정에 의해 '꽹과리'로 적는 것이 옳다.

오답풀이

① **오뚜기 → 오뚝이** : '오뚝이'는 '작은 물건이 도드라지게 높이 솟아 있는 상태'를 나타내는 형용사 '오뚝하다'의 어근 '오뚝'에 접미사 '-이'가 붙은 것이므로 '오뚝이'로 적는 것이 옳다.

③ **깔쭈기 → 깔쭉이** : '깔쭉이'는 '거칠고 깔끄럽게 따끔거리다'라는 뜻의 '깔쭉거리다'의 어근 '깔쭉'에 접미사 '-이'가 붙은 것이므로 '깔쭉이'로 적는 것이 옳다.

④ **얼룩이 → 얼루기** : 한글맞춤법 제23항에 따르면, '-하다'나 '-거리다'가 붙는 어근에 '-이'가 붙어서 명사가 된 것은 그 원형을 밝히어 적는다. 그러나 '-하다'나 '-거리다'가 붙을 수 없는 어근에 '-이'나 또는 다른 모음으로 시작되는 접미사가 붙어서 명사가 된 것은 그 원형을 밝히어 적지 아니한다는 [붙임] 규정에 따라 '얼룩이'는 '얼루기'로 적는 것이 옳다.

⑤ **삐주기 → 삐죽이** : '삐죽이'는 '비웃거나 언짢거나 울려고 할 때 소리 없이 입을 내밀고 실룩거리다'는 뜻의 '삐죽거리다'의 어근 '삐죽'에 접미사 '-이'가 붙은 것이므로 '삐죽이'로 적는 것이 옳다.

03 ⑤ '이 정보가 누구에게 도움이 되다'에서 주체는 '정보'인데, 이는 무생물이므로 높임의 대상이 될 수 없기 때문에 주체 높임 선어말 어미 '-시'를 붙이지 않는 것이 옳다. 따라서 국어 생활과 관련된 질문에 대한 답으로 적절한 것은 ⑤이다.

오답풀이

① '부끄럽다'는 형용사로, 부정 표현은 '부끄럽지 않다'이고 '부끄러워하다'는 동사로, 부정 표현은 '부끄러워하지 않다'이다. '부끄러워 않다'는 '부끄러워하지 않다'의 줄임 표현에 해당한다.

② 한자어나 복합어에서 모음과 'ㅎ' 또는 'ㄴ, ㅁ, ㅇ, ㄹ'과

'ㅎ'이 결합된 경우에는 'ㅎ'을 본음대로 발음함이 원칙이다. 따라서 '안녕히'는 [안녕히]로, '전화'는 [전화]로 발음하는 것이 옳다.

③ '쏘이어'의 준말로 '쐬어', '쏘여' 두 가지 모두가 가능하다. 피동접미사 '-이-'가 앞 음절에 붙으면서 줄어드는 경우(쐬어)와 뒤 음절에 붙으면서 줄어드는 경우(쏘여)가 있다. 따라서 '쏘였다'와 '쐬었다' 모두 표준 발음으로 인정한다.

④ '시래기죽'은 '시래기'와 '죽'이 결합되어 생성된 말로 [시래기쭉/시래긷쭉]으로 발음하지 않고 [시래기죽]으로 발음하므로 사이시옷을 적지 않고 '시래기죽'으로 적는 것이 옳다.

04 ③ 부사어 '비단'은 부정하는 말 앞에서 '다만', '오직'의 뜻으로 쓰이는 말로, 뒤에 부정의 뜻을 지닌 서술어와 호응한다. 즉 '비단~가 아니다'와 같은 구조로 사용되어야 하므로 ③의 예문은 '그가 남긴 작품은 비단 이 그림 한 가지뿐이 아니었다.'가 되어야 한다.

오답풀이

① '결코'는 '어떤 경우에도 절대로'라는 뜻의 부사어로, '아니다', '없다', '못 하다' 따위의 부정어와 함께 쓰인다.

② '절대로'는 '어떠한 경우에도 반드시'라는 뜻의 부사어이다.

④ '오직'은 '여러 가지 가운데서 다른 것은 있을 수 없고 다만'이라는 뜻의 부사어로, '~만', '~뿐'이 붙은 명사와 함께 쓰인다.

⑤ '반드시'는 '틀림없이 꼭'이라는 뜻의 부사어이다.

TIP 부사어의 종류

- **성분부사** : 용언, 다른 부사, 일부 체언을 수식하는 부사
  - 성상부사 : 용언의 내용을 실질적으로 꾸미는 부사
    예 잘, 다, 멀리, 많이, 너무, 홀로, 오직, 단지, 겨우, 아주, 특히
  - 지시부사 : 특정 대상(시간, 공간)을 가리키는 부사
    예 이리, 저리, 일찍이, 언제, 아까, 곧, 이미, 앞서, 매일
  - 부정부사 : 부정의 뜻을 가진 부사
    예 못, 안(아니)
  - 의성부사 : 사물의 소리를 흉내 내는 부사
    예 쾅쾅, 철썩철썩, 딸랑딸랑
  - 의태부사 : 사물의 모양을 흉내 내는 부사
    예 데굴데굴, 느릿느릿, 울긋불긋
- **문장부사** : 문장 전체를 수식하는 부사
  - 양태부사 : 화자의 태도를 나타내는 부사
    예 과연, 분명히, 도리어, 다행히
  - 접속부사 : 단어나 문장의 앞뒤를 이어주는 부사
    예 그리고, 즉, 또한, 및, 그러나, 게다가, 하지만, 더욱이

05 ② '붙다'의 반의어에는 '떨어지다', '뜨다'가 있다. '벗다'의 반의어에는 '(옷을) 입다', '(모자, 안경을) 쓰다', '(시계, 칼을) 차다', '(양말, 신발을) 신다', '(장갑을) 끼다', '(짐을) 지다'가 있다.

TIP 반의어의 종류

- **상보 반의어** : 개념적 영역이 상호 배타적이고 중간항이 없는 반의어
  예 살다 - 죽다, 남자 - 여자, 합격 - 불합격
- **방향 반의어** : 방향상의 대립관계를 나타내는 반의어
  예 가다 - 오다, 들어가다 - 나오다, 머리 - 발끝
- **등급 반의어** : 정도나 등급을 나타내는 반의어
  예 길다 - 짧다, 두껍다 - 얇다, 좋다 - 나쁘다

06 ③ '다' 문장에서 이번 순서의 바로 뒤가 노래할 순서라고 하였으므로 '다음'은 '이번 차례의 바로 뒤'의 의미로 사용되었음을 알 수 있다.

오답풀이

① '가'의 문장을 통해 '얼마의 시간이 지난 뒤'의 공통된 의미 영역을 지니고 있음을 알 수 있다.

② '나'에서 '나중'은 '얼마의 시간이 지난 뒤' 즉 미래의 한 시점을 의미한다. 따라서 '알지 못하는 동안에 어느덧'이라는 의미로 쓰였다는 설명은 적절하지 않다.

④ '라'에서 순서를 전제로 하고 있는 것은 '나중'이 아니라 '다음'이다.

⑤ '마'에서 '다음'은 '이번 차례의 바로 뒤'를 뜻한다.

TIP '다음'과 '나중'의 뜻

- 다음
  1) 이번(어떤) 차례의 바로 뒤
  2) 어떤 시일이나 시간이 지난 뒤
  3) 나란히 있는 사물의 바로 인접한 것
  4) (동사의 관형사형 어미 '-ㄴ' 뒤에 쓰여)어떤 일이나 과정이 끝난 뒤
- 나중
  1) 얼마의 시간이 지난 뒤
  2) 다른 일을 먼저 한 뒤의 차례
  3) 순서상이나 시간상의 맨 끝

07 ② '대학의 재정 상태', '대학의 학과별 인원'은 대학의 객관적 정보에 관한 것으로, '성공적인 대학 생활'이라는 주제에 어긋나는 내용이다.

오답풀이

① 주제가 '신입생의 성공적인 대학 생활을 위하여'이므로 예상 독자는 예비 대학생과 대학 신입생이 된다.

③ 전공별 교과 과정, 학교 편람, 대학생 동아리 안내, 장학 안내 등은 신입생들이 알아야 할 중요한 사항들이므로 성공적인 대학 생활에 필요한 요소들로 볼 수 있다.

④ 예상 독자인 대학 신입생들은 고등학교를 갓 졸업한 사람들이 대다수이기 때문에 고등학교와의 공부 방식의 차이를

통해 설명한다거나, 대학생으로서 가장 관심 가질 만한 전공별 특성, 자기 주도적 시간 활용 등의 내용을 통해 설명해볼 수 있다.

⑤ 전문인으로서의 능력과 교양인으로서의 소양을 함께 갖출 수 있도록 전략적으로 안내하는 것은 좋은 강조점이 될 수 있다.

TIP 작문 시의 내용 생성 방안

- 글의 제목과 중심 내용을 바탕으로 삼아 체계적이며 창의적인 사고 활동을 전개한다.
- 작문 상황 및 작문 계획에 맞게 글의 중심 내용을 조정하고 구체화한다.
- 작문 계획과 생성한 내용을 비교 · 검토하여 생성한 내용을 수정 · 보완한다.
- 작문 상황에 적합한 전략을 활용하여 중심 내용을 뒷받침할 세부 내용을 생성한다.
- 생성된 내용을 검토하여 작문 계획을 조정하고 구체화한다.

08 ① (가)에 제시된 글자들은 중국어에서의 치두음과 정치음을 표기한 것이다. 이는 중세국어에는 없는 발음이어서 중국어를 통하여 썼다고 하였고, 현대 국어에 또한 없는 발음이다. 따라서 현대 국어에는 없는 발음이 중세 국어에는 있었다는 설명은 적절하지 않다.

오답풀이

② (가)는 (나)의 앞부분에 실린 내용이라고 하였으므로 (가)에서 각 글자들의 쓰임을 제시하고 (나)에서 글자들을 소개하고 있는 것으로 볼 수 있다.

③ (가)에서 중국어의 잇소리는 치두음과 정치음 두 종류로 구분한다고 하였다.

④ (가)에 제시된 글자들은 중국 소리를 적기 위한 글자이지, 우리말을 적기 위한 글자는 아니었다.

⑤ (가)에 제시된 글자들은 훈민정음의 자음의 형태와 다른 것을 알 수 있다. 이를 통해 중국 소리를 적기 위해 형태를 약간씩 변형했음을 알 수 있다. 따라서 창제 당시의 훈민정음은 글자의 모양을 바꿀 수 있는 가능성도 열려있었다고 볼 수 있다.

09 ② '광우리'는 '광주리'의 잘못된 표현으로 '광주리'만 표준어로 삼는다.

오답풀이

① '서럽다'와 '섧다'는 모두 표준어로 인정한다. 이 둘은 모두 'ㅂ불규칙 용언'으로 각각 '서러워', '설워'와 같이 활용한다.

③ '가엽다'와 '가엾다'는 '마음이 아플 만큼 안되고 처연하다'라는 뜻으로, "한 가지 의미를 나타내는 형태 몇 가지가 널리 쓰이며 표준어 규정에 맞으면 그 모두를 표준어로 삼는다."는 표준어 규정 제3장 제5절 제26항에 따라 둘 다 표준어로 인정한다.

④ '모쪼록'과 '아무쪼록'은 표준어 규정 제3장 제5절 제26항에 따라 둘 다 표준어로 인정한다.

⑤ "어감의 차이를 나타내는 단어 또는 발음이 비슷한 단어들이 다 같이 널리 쓰이는 경우에는 그 모두를 표준어로 삼는다"는 표준어 규정 제2장 제5절 제19항에 따라 '거슴츠레하다'와 '게슴츠레하다' 모두 표준어로 인정한다.

TIP 복수로 인정되는 표준어

- **표준어 규정 제3장 제5절 제19항** : 어감의 차이를 나타내는 단어 또는 발음이 비슷한 단어들이 다 같이 널리 쓰이는 경우에는, 그 모두를 표준어로 삼는다.

거슴츠레-하다/게슴츠레-하다, 구린-내/쿠린-내, 고까/꼬까, 꺼림-하다/께름-하다, 고린-내/꼬린-내, 나부랭이/너부렁이

- **표준어 규정 제3장 제5절 제26항** : 한 가지 의미를 나타내는 형태 몇 가지가 널리 쓰이며 표준어 규정에 맞으면, 그 모두를 표준어로 삼는다.

가는-허리/잔-허리	극성-떨다/극성-부리다
가뭄/가물	기세-부리다/기세-피우다
가엾다/가엽다	기승-떨다/기승-부리다
-거리다/-대다	넝쿨/덩굴
게을러-빠지다/게을러-터지다	녘/쪽
곰곰/곰곰-이	눈-대중/눈-어림/눈-짐작
관계-없다/상관-없다	신/신발
다달-이/매-달	아래-위/위-아래
-다마다/-고말고	아무튼/어떻든/어쨌든/하여튼/
뒷-말/뒷-소리	여하튼
들락-거리다/들랑-거리다	어기여차/어여차
-뜨리다/-트리다	보-조개/볼-우물
만큼/만치	보통-내기/여간-내기/예사-
말-동무/말-벗	내기
멀찌감치/멀찌가니/멀찍이	뾰두라지/뾰루지
모쪼록/아무쪼록	어림-잡다/어림-치다
민둥-산/벌거숭이-산	어이-없다/어처구니-없다
밑-층/아래-층	어저께/어제
바른/오른(右)	옥수수/강냉이
버들-강아지/버들-개지	욕심-꾸러기/욕심-쟁이
벌레/버러지	-이에요/-이어요
삽살-개/삽사리	재롱-떨다/재롱-부리다
성글다/성기다	척/체
-(으)세요/-(으)셔요	한턱-내다/한턱-하다

10 ① '비록'은 '아무리 그러하더라도'의 뜻을 지닌 부사로, '-ㄹ지라도', '-지마는'과 같은 어미가 붙는 용언이다. ①의 문장에서는 '비록'과 '~일지라도'가 호응관계를 이루고 있으므로 어법에 맞고 자연스럽게 쓰였다.

오답풀이

② 문장의 주어는 '항상 가슴에 명심하여야 할 것은'이므로 서술어가 '~것이다'가 되어야 호응 관계가 성립한다. 따라서 문장을 옳게 고치면 '항상 가슴에 명심하여야 할 것은 열심히 공부해야 한다는 것이다.'이다.

③ '들려서'는 '들리다'의 어간 '들리-'에 '-어서'가 결합한 것으로, '들리다'는 '병이 들리다', '소리가 들리다', '가방이 들리다'의 경우에 쓰이는 피동사이다. 해당 문장에서는 '방문'의 의미를 지니는 '들르다'의 활용형인 '들러서'를 써야 옳다.

④ '환기'는 '탁한 공기를 맑은 공기로 바꿈'이라는 뜻으로, '공기를 환기하다'는 표현은 의미상 중복이 되므로 '춥더라도 자주 창문을 열어 환기해야 해.'가 적절한 표현이다.

⑤ '-든지'는 나열된 동작이나 상태, 대상들 중에서 어느 곳이든 선택될 수 있음을 나타내는 연결어미이고, '-던지'는 회상을 나타내는 것으로, 막연한 의문이 있는 채로 그것을 뒤 절의 사실이나 판단과 관련시키는 데 쓰는 연결 어미이다. 해당 문장에서는 선택적 상황을 나타내고 있으므로 '든지'를 사용하는 것이 옳다.

11 ⑤ 겹받침 'ㄳ', 'ㄵ', 'ㄼ, ㄽ, ㄾ', 'ㅄ'은 어말 또는 자음 앞에서 각각 [ㄱ, ㄴ, ㄹ, ㅂ]으로 발음한다는 표준발음법 제10항에 따라 'ㄾ'은 'ㄹ'로 발음하여야 하므로, 경음화 현상에 의해 최종적으로 [할따]로 발음하는 것이 옳다.

오답풀이

① 표준발음법 제10항에서 '넓-'은 다음과 같은 경우에 [넙]으로 발음한다고 하였는데, 그러한 경우에 해당하는 것이 '넓죽하다[넙쭈카다]'이다.

② 표준발음법 제10항에 따라 '외곬'은 [외골]로 발음하여야 한다.

③ 표준발음법 제10항에 따라 '없다'의 'ㅄ'은 'ㅂ'으로 발음하여야 하므로 최종적으로 [업따]로 발음하는 것이 옳다.

④ 표준발음법 제10항에 따라 '여덟'은 [여덜]로 발음하여야 한다.

TIP 겹받침의 발음

앞 자음이 발음되는 경우			뒤 자음이 발음되는 경우		
표기	발음	예	표기	발음	예
ㄳ	ㄱ	넋[넉]	ㄺ	ㄱ	닭[닥]
ㄵ	ㄴ	앉다[안따]	ㄻ	ㅁ	삶[삼]
ㄼ	ㄹ	여덟[여덜]	ㄿ	ㅍ[ㅂ]	읊다[읍따]
ㄽ	ㄹ	외곬[외골]			
ㄾ	ㄹ	핥다[할따]			
ㅄ	ㅂ	값[갑]			
ㄶ	ㄴ	않고[안코]			
ㅀ	ㄹ	싫다[실타]			

12 ③ ⓒ의 문장에서 〈에그몬트〉, 〈코리올란〉, 〈레오노레 제3번〉, 〈휘델리오〉 이 4곡은 고금의 명곡으로서, 희곡이나 오페라의 내용과 정신을 정확하게 표현하였고, 음악적으로도 매우 훌륭하다고 하였다. 즉, 곡의 표현적 측면과 음악적 측면 모두를 이야기하는 것이므로 '게다가'의 의미를 지니는 '~할 뿐만 아니라'로 문장을 연결시키는 것이 적절하다.

오답풀이

① '못지않다'는 '못지아니하다'의 준말로, 붙여 적는 것이 옳다.

② ⓛ은 베토벤의 교향곡을 평가하고 있는 내용으로, 서곡에 대해 설명하고 있는 글의 전체 내용과 문맥상 어울리지 않는다. 따라서 뒤의 문장과 위치를 바꾸는 것이 아니라 삭제하는 것이 적절하다.

④ ⓔ은 앞뒤 문맥을 고려했을 때 역접 관계나 인과 관계로 볼 수 없다. 따라서 '그래서', '그렇지만'과 같은 접속어가 오기에 적절하지 않다.

⑤ '하였다'는 주체의 능동형 서술어이고 '되었다'는 주체의 수동형 서술어이다. 문맥상 ⓜ에는 '되었다'를 사용하는 것이 적절하다.

[13~16] 독서 - 과학

13 ① 마지막 문단에서 우주선은 무게를 줄여야 하고 극단적으로 높고 낮은 외부 온도에도 견뎌야 한다고 언급하였다. 부피가 작아야 한다는 내용은 윗글을 통해 알 수 없다.

오답풀이

② 2문단을 통해 그물 안의 액체는 표면장력 때문에 바깥으로 새지 않아 그 형태를 유지할 수 있음을 알 수 있다.

③ 6문단을 통해 실리카에어로겔은 만드는 비용이 비싸서 잊혔음을 알 수 있다.

④ 마지막 문단에서 과학자들은 실리카에어로겔이 포획한 혜성의 우주 먼지를 분석하여 태양계 형성의 비밀을 파헤치고 있다고 하였으므로 혜성의 우주 먼지는 태양계 형성 연구의 재료가 됨을 알 수 있다.

⑤ 6문단에서 키스틀러는 실리카에어로겔의 쓰임새를 단열재로 보았는데, 실리카에어로겔은 작고 가벼우면서도 단열을 효율적으로 할 수 있다고 하였으므로 키스틀러가 자신의 발명품이 실용적 용도가 있다고 보았음을 알 수 있다.

14 ② 1문단에서 실리카에어로겔은 $1cm^3$ 안에 수십 억 개의 자잘한 그물망이 거품 모양으로 엉켜 있다고 하였다. 그러나 젤라틴 겔이 전체적으로 커다란 거품의 모양인지에 대해서는 알 수 없다.

오답풀이

① 3문단에서 액체가 증발하는 힘에도 젤라틴 그물망이 쉽게 쪼그라들어 버린다고 하였으므로 견고하지 않아서 충격에 약하다는 것을 알 수 있다.

③ 3문단에서 젤리 속 액체가 그대로 기체가 되게 한 후 젤리에서 천천히 기체가 빠져나오게 한다고 하였으므로 속에 든 액체를 빼는 과정을 거쳐 만들어진다는 것을 알 수 있다.

④ 3문단에서 알코올을 넣은 젤리를 압력 용기에 넣고 용기를 가열하여 끓는점을 넘도록 한다고 하였으므로 적절한 열과 입력을 이용하여 만들어진나는 것을 알 수 있다.

⑤ 2문단에서 젤라틴은 원래 고체이지만 물 같은 액체에 닿으면 분자 결합이 느슨하게 풀려서 그물을 이루고 그 안에 물을 가두게 된다고 하였으므로 액체에 닿아서 분자 결합이 변화한 결과임을 알 수 있다.

15 ③ 1문단에서 실리카에어로겔은 빠른 속도로 움직이는 우주 먼지들을 낱낱이 거품 속으로 파고들게 해서 붙잡는 일을 성공적으로 수행했다고 하였다. 따라서 빠른 속도로 움직이는 물체들을 한곳으로 모아서 원형 그대로 붙잡을 수 있다는 설명은 옳지 않다.

오답풀이

① 4문단에서 실리카에어로겔은 유리의 주재료인 이산화규소(실리콘)로 만들어져서 젤라틴 겔보다 단단하고 가볍다고 하였으므로 유리 성분이 주원료여서 젤라틴 겔보다 형태 보존성이 좋음을 알 수 있다.

② 4문단에서 실리카에어로겔은 젤라틴 겔과 같은 원리를 이용하여 만들었다고 하였는데, 3문단에서 젤라틴 겔은 액체가 임계온도를 넘기면 기체로 변하는 현상을 이용하여 만들었다고 하였으므로 적절한 설명이다.

④ 4문단에서 공기가 전체 부피의 99.8%를 차지한다고 하였으므로 고체 형태보다 그 속에 포함된 기체의 부피가 훨씬 커서 보기보다 매우 가볍게 느껴진다는 것을 알 수 있다.

⑤ 6문단에서 유리창을 약간씩 띄워서 겹겹이 배치하면 단열이 되는 것과 같은 이치라고 하였으므로 적절한 설명이다.

16 ⑤ 5문단에서 빛이 약한 곳에 두면 푸른 빛으로 보이고 밝은 곳에서는 거의 보이지 않는다고 하였다. 이를 통해 빛을 세게 쪼이면 거의 보이지 않는다는 것을 알 수 있다. 따라서 빛을 세게 쪼이면 빛의 꺾임 현상이 겔 안에서 크게 일어나 푸르게 보일 것이라는 추론은 적절하지 않다.

[17~21] 현대 시

(가) 함형수, 「해바라기의 비명–청년 화가 L을 위하여」

- **갈래** : 자유시, 서정시
- **성격** : 정열적, 의지적, 낭만적
- **제재** : 해바라기
- **주제** : 죽음을 넘어선 열정적인 삶의 추구
- **특징**
  - 단호한 명령형 어조를 사용해 화자의 의지를 강조함
  - 대립적인 시어를 사용하여 시상을 전개함
  - 상징적 시어를 통해 주제의식을 드러냄
  - 색채 대비를 통해 풍부한 생명력을 표현함
  - 행의 길이가 점점 길어지는 점층적 전개를 통해 화자의 의지를 강조함
- **이해와 감상** : 이 작품에서 비명은 비석에 새긴 글을 말하는 것으로, 시적화자는 죽음이라는 절망적 상황 앞에서 오히려 열정적인 삶을 상징하는 '해바라기'를 통해 죽음을 초월하려는 정열과 의지를 강렬히 드러내고 있다. 그리고 부제 '청년 화가 L을 위하여'를 붙인 것에서 알 수 있듯이 죽음을 초월한 예술가의 열정과 의지를 형상화한 작품이다. 또한 이 작품에서는 비생명성을 상징하는 '차가운 빗돌'을 거부하고 생명성을 상징하는 '해바라기, 보리밭, 태양, 노고지리'를 지향하는 태도를 통해 생명에 대한 강한 의지를 표출하고 있다. 그리고 단호한 명령형 종결 처리법을 통해 죽음의 세계를 부정하고, 생에 대한 욕망을 표출하려는 화자의 내면 심리를 효과적으로 드러내고 있다. 이처럼 이 작품은 시각적인 이미지와 단호한 어조를 통해 죽음을 초월하여 진정한 예술 세계에 도달하려는 예술가의 생명 의지를 나타내고 있다.

(나) 유치환, 「생명의 서」

- **갈래** : 자유시, 서정시
- **성격** : 의지적, 상징적, 관념적
- **제재** : 생명
- **주제** : 생명의 본질을 추구하는 강한 의지
- **특징**
  - 관념적 어휘와 어려운 한자어의 사용이 빈번함
  - 내적 독백의 다짐과 강한 의지를 표출함
  - 인생의 허무함을 극복하고자 극한 상황을 설정함
- **이해와 감상** : 이 시는 생명의 본질을 강인한 의지로 추구하고 있는 작품이다. 생명의 본질적이고 순수한 모습을 찾기 위해서는 자신의 목숨까지도 버릴 각오가 되어 있다고 화자는 결연한 어조로 말한다. 시적 화자는 자신이 현실적으로 지니고 있는 지식이나 감정으로는 생명의 본질을 깨우칠 수 없음을 알고서 '병든 나무'처럼 고통스럽게 살아간다. 생명 본연의 존재 이유에 대해 회의를 품

고, 삶의 허무와 회의감에 빠져 살아가는 것이다. 그러나 화자는 이러한 좌절에만 머물러 있지 않는다. 화자는 허무감에 빠진 현실적 자아를 버려야만 본질적 자아에 이를 수 있다는 사실을 깨닫고 아라비아 사막으로 떠나게 된다. 그곳은 '영겁의 허적'과 관련된 '알라의 신'만이 존재하는 절대적 공간이고, 일체가 사라져 버린 죽음의 공간으로, '일체'는 화자가 현실적으로 지니고 있는 모든 것을 가리킨다. 시적 화자는 바로 이러한 역설적 공간으로서의 아라비아 사막에서 치열하게 생명의 본질을 추구하면서, 참되고 순수한 생명의 모습을 찾을 수 없다면 차라리 죽음을 택하겠다고 결연한 의지를 다진다.

(다) 백석, 「남신의주 유동 박시봉방」

- 갈래 : 자유시, 서정시
- 성격 : 서사적, 독백적, 반성적, 의지적
- 제재 : 떠도는 자의 삶
- 주제 : 무기력한 삶에 대한 반성과 새로운 삶의 의지
- 특징
  - 시간과 정서의 추이에 따라 시상을 전개함
  - 사투리와 토속적 소재를 사용하여 향토적 정서를 환기하고 일제 강점 하 민족의 주체 의식을 간접적으로 드러냄
  - 객관적 상관물을 통해 화자의 의지를 나타냄
  - 편지글의 형식으로 자신의 근황을 드러냄
  - 산문적 진술이나, 쉼표를 통해 내재율을 획득함
- 이해와 감상 : 이 시는 일제 식민지 치하에 창작된 작품으로 무기력하게 살고 있는 지식인이 자신의 삶을 반성하고 새로운 삶의 의지를 다짐하는 내용을 담고 있다. 제목이 편지 형식으로 되어 있고 산문으로 길게 늘어 쓴 이 시는 주로 순간적 감정을 전달하는 시 장르적 특징을 벗어나 우리들에게 한 사람의 삶의 스토리와 그가 느끼는 생각들을 차근차근 전달하고 있다. 우리는 그의 이야기를 들으면서 자신의 의지와 다르게 만들어진 화자의 비참하고 무기력한 생활을 보게 되고 그가 얼마나 큰 슬픔과 자괴감, 부끄러움을 느꼈을지 짐작해 볼 수 있다. 그러나 정한 갈매나무를 생각하는 화자의 마지막 말에서 어떠한 환경과 운명의 장난 속에도 굳세고 깨끗한 삶을 살아보겠다는 화자의 새로운 의지도 엿볼 수 있다.

17 ② (가)의 화자는 죽음을 초월하려는 정열과 의지를 강렬히 드러내고 있으므로 삶에 대한 희망적 태도를 드러내고 있다고 볼 수 있다. 그러나 (다)의 화자는 죽음까지 생각하게 하는 절망적 상황에 처해있지만, 홀로 눈을 맞으며 서 있는 굳고 정한 '갈매나무'를 떠올리며 갈매나무처럼 맑고 꿋꿋하게 시련을 이겨나가겠다는 의지를 다진다. 따라서 (다)의 화자가 삶에 대한 절망적인 관점을 벗어나지 못하고 있다고 볼 수 없다.

오답풀이

① (가)의 시적 화자는 자신이 죽은 후 다른 사람들이 자신을 '해바라기', '노고지리'를 통해 기억하기를 바라고 있다. 여기서 '해바라기'는 화자의 정열적 사랑을, '노고지리'는 화자가 간직했던 꿈과 이상을 상징한다. 반면 (나)의 시적 화자는 나약한 자신의 모습을 변화시키고자 극한의 공간인 '아라비아 사막'에서 시련과 고뇌를 통한 자기 단련과 성찰을 통해 본질적 자아를 찾고자 한다.

③ (나)의 화자는 원시적 생명력을 가진 자아를 찾기 위해서는 극한적 상황에 처해 있어야 함을 깨닫고 고난을 능동적으로 받아들이는 태도를 드러내고 있는 반면, (다)의 화자는 시련과 고난으로 인해 죽음을 생각할 정도로 나약하고 무기력한 태도를 드러내고 있다.

④ (가)의 화자는 자신이 죽은 뒤 무덤 앞에 빗돌 대신에 노란 해바라기를 심어달라고 하면서 사랑과 꿈을 실현하고자 하는 의지를 드러내는 반면 (다)의 화자는 남신의주 유동에서 머물면서 차분히 자신의 삶을 반성하고 굳은 갈매나무와 같은 삶을 살겠다고 다짐하고 있지만 자신의 꿈을 실현하려는 의지를 명시적으로 드러내고 있지는 않다.

⑤ (가), (나), (다) 모두 시련과 절망의 상황 속에서 자신의 모습을 성찰하고 삶을 보다 의미 있는 방향으로 발전시키고자 하는 의지와 다짐을 드러낸다.

18 ④ (가)는 단호하면서도 명령적인 어조를 사용하고 있고, (나)는 남성적이고 의지적인 어조를 사용하고 있다. 또한 (다)는 독백체의 성찰적 어조를 사용하고 있다.

오답풀이

① '노오란', '푸른'과 같은 강렬한 색채 심상을 통해 열정적 삶에 대한 소망을 드러내고 있다.

② '나는 가자'와 같은 1인칭 청유형의 시적 허용 수법을 사용함으로써 시적 화자의 단호한 의지를 보여주고 있다.

③ 편지형식으로, 주로 호흡이 긴 문장을 사용하여 화자의 내면의식을 드러내고 있다.

⑤ (가)에서는 '태양같이', (나)에서는 '병든 나무처럼, 불사신같이', (다)에서는 '소처럼'을 사용하였으므로 모두 직유를 통해 시상을 전개하고 있다고 볼 수 있다.

19 ④ ㉠은 '정렬적인 사랑'을, ㉡은 '꿈과 이상'을, ㉢은 '원시적 생명력을 지닌 존재의 본질'을, ㉤은 '굳고 정결한 삶'을 나타낸다. 즉 ㉠, ㉡, ㉢, ㉤은 모두 화자가 지향하는 것들을 상징한다. ㉣은 시적 화자의 자아인식 즉, 운명론적 세계관을 뜻하는 것이다. 따라서 의미가 가장 이질적인 것은 ㉣이다.

20 ④ ⓐ '저 머나먼 아라비아 사막(沙漠)'은 극한의 공간으로, 성찰의 공간이자 생명의 본질을 구하고자 하는 곳을 의미한다. ⓑ '이 습내 나는 춥고, 누긋한 방'은 열악하고 누추한 환경으로, 어렵고 힘든 화자의 현실을 의미한다. ⓑ는 지나온 삶에 대한 회한의 공간이기도 하므로, 시대적 불의에 항거하는 원동력이 된다는 설명은 적절하지 않다.

오답풀이

① ⓐ는 소멸, 무생명을 상징하는 극한의 공간으로, 비현실성을 띠는 공간이다.

② ⓐ는 시련을 통해 화자를 변화시키는 공간으로, 존재의 본질을 탐색하기 위한 전제가 된다.

③ ⓑ는 화자가 지내온 열악한 공간으로, 어렵고 힘든 화자의 처지를 상징한다.

⑤ ⓐ의 공간에서 화자는 자아의 본질을 모색하고자 하고, ⓑ의 공간에서 화자는 지난날의 어리석음을 반성한다. 따라서 ⓐ와 ⓑ 모두 정신적인 재탄생이 이루어지는 공간이다.

21 ⑤ (다)의 시적 화자는 '절망'(유랑하는 무기력하고 무의미한 삶 → 자살 충동 → 삶에 대한 체념과 운명론적 태도)에서 '희망'(굳고 정한 갈매나무를 생각하며 의지를 다짐)으로 그 태도를 변화시킨다. 전반부에서는 방에 누워 울기도 하며 괴로워 하지만 '고개를 들어, 허연 문창을 바라보든가 또 눈을 떠서' 등의 행위를 통해 슬픔을 극복하고 굳고 정한 갈매나무와 같이 굳세게 살 것을 다짐한다. 따라서 시적 화자는 신체적 자세 변화를 통해 현실을 대하는 정신적 변화를 보여 주고 있다고 볼 수 있다.

TIP 남신의주 유동 박시봉방의 시상전개

- 1~8행 : '아내도 없고', '집도 없어지고'를 통해 가족과 고향을 상실하고 떠돌아다니는 쓸쓸한 삶을 드러내고 있다.
- 9~15행 : '슬픔이며 어리석음이며를'에서 자신이 살아 온 삶에 대한 비애와 탄식을 보이고 있고, '쌔김질'은 화자가 그 감정에 빠져 들어가고 있음을 보여 준다.
- 16~19행 : '나는 내 슬픔과 – 없는 것을 느끼는 것이었다.'에서 모진 운명에 대한 체념이 잘 나타나 있다.
- 20~끝 : 혹독한 운명임에도 불구하고 굳고 강하게 살겠다는 다짐을 보이고 있다. '굳고 정한 갈매나무'처럼 굳세고 깨끗하게 살아갈 것을 다짐하고 있다.

[22~24] 독서 – 예술

22 ⑤ 4문단에서 종묘는 제사를 통해 효 윤리가 실현되었던 유교적 문화 공간이라고 하였고, 5문단에서 사직은 유교 문화의 경제적 기반이었던 농업과 밀접한 관련이 있는 곳이라고 하였다. 따라서 사직을 유교 윤리의 실현에 맞게 개편한 것이라는 설명은 옳지 않다.

오답풀이

① 4문단을 통해 유교의 핵심적인 윤리인 '효'는 종묘를 통해 실현되었음을 알 수 있다.

② 마지막 문단에서 종묘와 사직은 동아시아의 보편적 문화와 더불어 조선만의 독특한 유교 문화, 왕실 문화, 농경문화가 집약되어 있는 곳이라고 하였다.

③ 1문단에서 종묘와 사직은 모두 국가에서 주관하는 제사를 시행하던 공간이라고 하였다.

④ 2문단에서 국왕은 남면을 하고, 종묘는 궁궐의 왼쪽에 세우고, 사직은 궁궐의 오른쪽에 세운다고 하였다.

23 ④ 3문단에서 삼강오륜 중에서 가장 중요한 것이 '효'와 '충'인데 부모에 대한 효가 사회·국가적 차원으로 확장된 것이 충이라고 하였다. 이러한 효와 충은 마음과 정성을 다해 웃어른을 공경하는 자세를 기초로 한다. 또한 윗사람은 아랫사람에게 은혜를 베풂으로써 상호 간 사랑과 정성으로 도리를 다해야 한다. 따라서 부모는 자식에 대해, 국왕은 백성에 대해 군림하는 존재라고 한 것은 윗사람이 아랫사람에게 지켜야 할 마땅한 도리를 행한 것으로 볼 수 없으므로 옳지 못한 설명이다.

오답풀이

① 부모 자식 간의 관계가 사회적으로 확장된 것으로, 윗사람은 아랫사람에게 은혜를 베푸는 존재이다.

② 임금과 백성의 관계는 더 넓은 의미에서 부모 자식 간의 관계로 볼 수 있다.

③ 부모 자식 간의 관계가 사회적으로 확장된 것이 임금과 백성 간의 관계이다.

⑤ 부모에 대한 효가 사회·국가적 차원으로 확장된 것이 충이므로 부모에 대한 소임을 다하는 자식처럼 국왕에 대해 백성도 그렇게 할 수 있다.

24 ⑤ ⓒ에서 제사를 거행할 때는 반드시 음악이 연주되었는데, '예(禮)'와 '악(樂)'이라는 유교 원칙에 따라 거행되었다고 하였다. 〈보기〉에서 종묘 제례악은 종묘에서 제사를 지낼 때 기악, 노래, 춤을 갖추고 종묘 제례 의식에 맞추어 연행하는 음악이라고 하면서 음악 연주에 사용되는 다양한 악기들을 소개하였다. 이는 모두 종묘의 음악적 측면을 드러낸 것으로, 종묘 음악은 다양한 악기를 사용하여 유교 문화의 원칙을 충실히 구현한다고 이해할 수 있다.

[25~29] 고전 시가

(가) 월명, 「제망매가」

- **갈래** : 10구체 향가, 서정시
- **성격** : 추모적, 애상적, 불교적
- **제재** : 누이의 죽음
- **주제** : 죽은 누이에 대한 추모
- **특징**
  - 누이의 죽음과 관련된 내용을 비유적으로 표현함
  - 10구체 향가의 전형적인 특징인 낙구(감탄사)가 나타남
  - 불교의 윤회사상이 반영됨
  - 현재(1~4구) - 과거(5~8구) - 미래(9~10구)의 3단 구성에 따라 시상이 전개됨
- **이해와 감상** : 이 시는 신라 35대 경덕왕 때 승려인 월명사가 죽은 누이를 추모하여 지은 작품으로, 서정성이 뛰어나며 상징성이 두드러진다. 누이의 죽음을 가을에 떨어지는 나뭇잎에 비유하고, 한 부모님이 낳은 오누이의 관계를 같은 가지에서 나온 것으로 인식하여 비유한 표현법이 탁월하다. 불교의 윤회 사상을 바탕으로 새로운 만남을 기약하고 있는데, 이는 인간적인 슬픔을 종교적 믿음으로 정화하여 극복하고자 하는 숭고한 정신의 표현이라 할 수 있다.

(나) 성삼문, 「이 몸이 죽어 가셔~」

- **갈래** : 평시조, 서정시
- **성격** : 의지적, 지사적, 절의적
- **제재** : 낙락장송
- **주제** : 죽어서도 변할 수 없는 절개, 임금에 대한 충절
- **이해와 감상** : 이 시조는 단종의 복위를 꾀하려다가 실패하고 죽임을 당할 때 읊은 시조로 온 세상이 다 세조를 섬기는 세상이 되더라도 자신만은 남산 위에 우뚝 솟은 소나무처럼 단종만을 받들어 절개를 지키겠다는 심정을 토로한 것으로 가상적인 전제로 이루어진 이 시조에서 '낙락장송'은 '굳은 절개'를 '백설이 만건곤할 때'는 '수양대군의 득세'를 '독야청청하리라'는 '시류에 휩쓸리지 않고 홀로라도 지조를 지키겠다'는 굳은 결의를 상징하는 것으로 그의 죽음은 이러한 단호함과 지조에 연유한다고 할 수 있다.

(다) 작자 미상, 「바리공주」

- **갈래** : 무가(巫歌), 서사무가
- **성격** : 신화적, 교훈적, 비현실적, 서사적
- **제재** : 바리공주의 일생
- **주제** : 부모에게 효도하려는 바리공주의 고난과 성취
- **특징**
  - 죽음을 주관하는 신의 유래를 밝힌 본풀이임
  - 한국 서사문학의 한 특징인 영웅 설화적 구조를 지님
  - 주술성을 지닌 구비문학임
- **이해와 감상** : 이 작품은 죽은 이의 영혼을 위로하고 저승으로 인도하기 위해 베풀어지는 사령제이다. 전국 각지에서 수십 편이 채록되어 있는데, 각 편은 전승 지역마다 많은 차이를 보이며, 구연자가 누구냐에 따라서도 세부적인 면에서는 많은 차이가 있다. 그러나 각 편들이 공유하고 있는 서사적 구조는 일관성을 유지하고 있다. 이 작품의 신화적 성격에는 다음과 같은 특징이 있다. 바리데기가 사령을 통제하는 신이면서 동시에 죽음이라는 현상을 관장하는 신이라는 데에 있으며, 개인적인 효녀로서의 바리데기가 국가의 공신으로서 집단적 추앙을 받는 영웅이 되고, 다시 모든 사람의 죽음을 관장하는 신이 되어 영속적인 신앙의 대상이 되었다는 것이다. 이러한 이중적 성격은 죽음에서 다시 살아나기를 바라는 마음과 죽음과 동시에 이승과는 단절해야 한다는 인간의 이중적 심리가 함께 반영되어 있는 것으로 볼 수 있다.

25 ④ (가)는 누이의 죽음에 대한 애통함을 미타찰(극락세계)에서 다시 만날 것을 기대하며 종교적으로 승화하고자 하는 윤회사상을 드러내고 있으며 (나)는 죽어서 소나무가 되어 영원히 푸르겠다고 하면서 저승에 가서라도 충정을 다하겠다는 굳은 절개를 드러내고 있다. 또한 (다)는 바리공주가 죽지 않고 살아나 부모를 살리는 구원자가 되는 과정을 통해 초월적 세계의 모습을 드러내고 있다. 따라서 (가)~(다) 모두 이승의 삶 이후 상황을 상정하고 주제를 형상화하고 있다고 볼 수 있다.

오답풀이

① (가)에서는 앞부분에서 슬픔이 점차 고조되다가 시상의 전환이 이루어져 슬픔을 극복하고자 하는 다짐을 드러냄으로써 미적 쾌감을 불러일으킨다. (나)와 (다)에는 이러한 특징이 나타나지 않는다.

② (다)는 서사무가로서 인물과 배경이 설정되어 사건 전개가 이루어진다. (가)와 (나)에는 이러한 특징이 나타나지 않는다.

③ (나)는 4음보의 평시조로 일정한 율격으로 편안하고 안정된 느낌을 준다. (가)와 (다)에는 이러한 특징이 나타나지 않는다.

⑤ (가)~(다) 모두 동적 이미지와 정적 이미지를 대비시킨 부분은 없다.

26 ③ (나)의 화자는 혼탁한 세태에 휩쓸리지 않는 꿋꿋한 절개와 정신적 승리를 드러냄으로써 자신이 처한 현실에 의연하게 대처하였다. '백설이 만건곤홀 제 독야청청 ᄒᆞ리라'에서 외로운 길을 택한 화자의 의연한 태도를 알 수 있다. <보기>

의 화자는 자신의 결백함을 자연물을 통해 호소하였다. '잔월효성이 아ᄅᆞ시리이다'에서 '잔월효성'은 천지신명으로, 시적 화자의 결백을 알고 있는 존재이다. 따라서 〈보기〉는 시적 대상에게 자신의 억울함을 호소하였다고 볼 수 있다.

오답풀이

① (나)에는 미래에 대한 희망이 나타나있지 않고 〈보기〉에는 현재 처지에 대한 슬픔이 나타나 있다.

② (나)의 화자는 의지적 태도를 보이고 있지만 실제로 그것을 구현하려는 것은 아니다. 〈보기〉의 화자는 자신의 감정을 직설적으로 드러내고 있다.

④ (나)에는 자연의 풍광이 실제로 제시되어 있는 것이 아니라 화자의 내면을 자연에 빗대어 표현한 것이다. 〈보기〉에는 자연 속에서의 삶을 동경하는 모습이 나타나있지 않다.

⑤ (나)의 화자는 자유로운 세상을 추구하는 것이 아니라 지조와 절개를 지키고자 하는 마음을 드러냈다. 〈보기〉의 화자는 지위 상승을 추구하고 있지 않다.

TIP 정서, 「정과정」 작품해제

- **갈래** : 향가계 고려가요, 향가계 여요(10구체), 유배 시가
- **성격** : 충신연주지사
- **제재** : 연군지정
- **주제** : 임을 향한 변함없는 마음, 임금을 향한 충절
- **특징**
  - 비연시(비분절체)의 형식을 취함
  - 향가의 영향을 받음(3단 구성, 감탄사의 존재)
  - 조선시대까지 궁중 음악으로 불림
  - 충신연주지사의 원류가 되어 후대의 시가에 영향을 줌
- **이해와 감상** : 이 노래는 향찰로 표기되어 전해지는 '향가'는 아니지만, 형식면에서 볼 때 10구체 향가의 파격으로 되어 있어서 향가의 전통을 잇고 있는 향가계 여요(麗謠)로 분류되는 작품이다. 인종의 총애를 받다가 의종이 즉위하자 조정의 참소(讒訴 남을 헐뜯어서 없는 죄를 있는 듯이 꾸며 고해바치는 일)로 귀양[자신의 고향인 동래]을 간 정서(鄭敍)가 오랜 세월이 흘러도 자신을 불러주지 않는 임금에 대한 억울한 심정과 연모의 정을 전하기 위하여 지었다는 노래이다. 유배 문학의 원류(源流)로, 정철의 〈사미인곡(思美人曲)〉, 〈속미인곡(續美人曲)〉과 맥을 같이 하는 충신연주지사(忠臣戀主之詞)이다.

27 ⑤ '저히고'는 '두렵다'는 의미이고 '머뭇그리고'는 '머뭇거리고'라는 의미이므로 그 뜻이 서로 다르다.

28 ③ ㉡은 죽은 누이를 나타내는 시어로, 삶과 죽음에 대한 허무함과 무상감을 나타낸다. 누이를 '떨어질 잎'이라고 표현한 것은 혈육 간의 이별로 인한 삶의 고뇌와 인생무상을 나타내는 것이다. ㉢은 꼿꼿한 절개를 나타내는 것으로, 어떤 상황에서도 굽힐 수 없는 화자의 정신적 자세와 단호한 의지를 드러낸다. 따라서 더 능동적인 의지가 반영되어 있는 것은 ㉡이 아니라 ㉢이다.

오답풀이

① ㉡은 가지의 '잎'을 ㉢은 '소나무'를 나타내는 것으로 둘 다 식물적인 이미지를 표현하였다.

② ㉡은 '죽은 누이'를 빗대어 표현한 것이고 ㉢은 '화자 자신의 절개'를 빗대어 표현한 것으로 둘 다 원관념에 대한 보조 관념에 해당한다.

④ ㉡은 바람이 불 때 가지에서 쉽게 떨어져 버리는 잎으로 볼 수 있고 ㉢은 가지가 늘어질 만큼 오래되고 큰 소나무로, 오랜 시간 같은 모습을 유지하고 있는 것으로 볼 수 있다. 그러므로 ㉡은 ㉢에 비해 동적인 성격이 두드러지게 나타난다.

⑤ ㉢은 한겨울의 추위에도 잎이 지지 않고 늘 푸르름을 간직하고 있으므로 ㉡에 비해 색채 이미지가 시상 전개에 중요한 역할을 한다고 볼 수 있다.

29 ④ ⓓ 바로 뒤에 '하도 무서웁고 끔찍하여 물러나 삼배를 드리니'라고 말한 것으로 보아 묘사된 무상 신선은 두렵고 무서운 존재임을 알 수 있다. 친근한 느낌을 준다는 설명은 적절하지 않다.

오답풀이

① 청의동자는 아기를 버린 죄로 옥황상제의 명을 받아 양전마마의 명패를 풍도 섬에 가두러 왔다고 말하고 있다. 이는 양전마마가 벌을 받아 동시에 죽는다는 뜻으로 이해할 수 있다.

② 태어나자마자 부모에게 버림받았지만, 열 달 동안 품어주고 낳아준 정을 생각하여 효행길에 나서겠다는 뜻으로 이해할 수 있다.

③ 양전마마의 수결은 무엇인가를 증명할 때 필요한 것이므로 왕과 왕비의 명령과 결정에 의한 행동이라는 점을 증명한다고 볼 수 있다.

⑤ 바리공주가 부모를 살리기 위해 감수해야 할 고난의 시간을 의미하므로, 부모 봉양을 위해 희생해야 할 시간과 노력이 필요하다는 뜻으로 이해할 수 있다.

[30~32] 독서 – 인문

30 ③ 5문단에서 새벽녘에는 사물과 접하지 않아서 그 기운이 청명할 때에는 양심이 발현되지만, 낮에 행하는 불선(不善)으로 인해 그것이 없어지기도 한다고 하였다. 따라서 청명한 기운으로 양심이 일어나면 나쁜 행위는 저절로 사라진다는 설명은 적절하지 않다.

오답풀이

① 3문단에서 공자의 말을 인용하여 '잡으면 보존되고 놓아 버리면 없어져서 나가고 들어옴이 일정한 때가 없어 방향을 알 수 없는 것이 오직 사람의 마음이라 할 것이다.'라고 한 것을 통해 알 수 있다.

② 5문단에서 밤에는 그 기운이 청명하여 양심이 발현되지만 낮에 행하는 불선(不善)이 잇따라서 질곡하여 없어지게 한다고 한 것을 통해 알 수 있다.

④ 7문단에서 마음을 잡는 방법은 공경하여 그것을 곧게 하는 것일 따름이라고 한 것을 통해 알 수 있다.

⑤ 마지막 문단에서 범순부의 딸이 '마음이 어찌 나가고 들어옴이 있겠는가' 라고 한 것을 통해 알 수 있다.

31 ① 1문단에서 맹자는 우산(牛山)은 본래 아름다웠으나 사람들이 도끼와 자귀로 매일 나무를 베어 감으로 인해 헐벗게 되고 사람들은 그 헐벗은 것이 우산의 본성이라 여긴다고 하면서, 그러한 상황을 인간의 본성에 빗대어 표현하였다. 인간의 본성도 그와 같이 본래는 인의로우나 낮의 소행이 양심을 잃어버리게 하여 본성이 금수 같다고 여긴다고 하였다. 즉, 맹자는 주장에 상응하는 비유를 통해 설득하기의 말하기 방식을 사용하고 있다.

32 ① 맹자와 주자는 인간은 본래 선한 마음을 지니고 있으나 낮의 소행이 그것을 잊어버리게 만든다고 하면서, 본성을 잊어버리지 않거나 양심을 기르기 위해 의식적으로 노력해야 한다고 하였다. '마음에서 일어나는 감정을 솔직하게 인정하고 실행에 옮기고자 하였다.'는 것은 본성을 잊어버리지 않기 위한 노력으로 볼 수 없으므로 윗글의 내용을 실천한 사례로 볼 수 없다.

오답풀이

② 본래의 마음이 낮의 소행으로 인해 사라진다고 하였으므로 본래의 마음을 찾고자 하는 노력을 스스로 포기하지 않으려 한 것은 윗글의 내용을 실천한 사례로 적절하다.

③ 본래의 마음은 선하므로 항상 깨어 있고자 하는 것은 본래의 선한 마음을 지키고자 하는 행위이다. 따라서 윗글의 내용을 실천한 사례로 적절하다.

④ 정자는 공경하는 마음으로 그것을 곧게 하는 것이 중요하다고 하였으므로 모든 일에 대해 공경하는 자세로 마음을 바르게 갖고자 한 것은 윗글의 내용을 실천한 사례로 적절하다.

⑤ 혼자 있을 때에도 삼가고 조심하는 것은 본래의 선한 마음을 유지하고자 하는 노력이므로 윗글의 내용을 실천한 사례로 적절하다.

[33~37] 고전 소설

김만중, 「사씨남정기」

- **갈래** : 고전 소설, 국문 소설, 가정 소설
- **성격** : 풍간적(諷諫的), 가정적
- **배경** : 명나라 초기, 중국 북경 금릉 순천부
- **시점** : 전지적 작가 시점
- **구성**
  - 발단 : 명나라 유현의 아들 연수는 15세에 한림학사가 됨
  - 전개 : 유한림과 결혼한 사씨는 아기를 낳지 못하자 교씨를 첩으로 들이게 함
  - 위기 : 교씨는 한림에게 사씨에 대한 온갖 참소를 함
  - 절정 : 교씨는 자기 아들을 죽여 사씨를 모함하고 정실이 된 후 한림을 참소하고 갖은 악행을 저지름
  - 결말 : 교씨의 모든 악행이 드러나고 한림과 사씨가 해후하여 교씨를 처형함
- **주제** : 처첩 간의 갈등과 사씨의 고행, 권선징악(勸善懲惡)
- **특징**
  - 대화를 통해 사건을 전개하고 갈등을 사실적으로 표현함
  - 선인과 악인의 대립적 구도를 통해 사건을 전개함
  - 까다로운 한문투의 표현을 피하고 구어체를 사용함
  - 속담이나 격언 등을 적절히 활용하여 우리말을 능숙하게 구사함
- **이해와 감상** : 이 작품은 중국 명나라 때 양반 사대부인 유한림의 가정에서 벌어진 처첩 간의 갈등을 그려 축첩 제도의 문제점을 드러내고 비판한 가정 소설로, 가정 소설이라는 하나의 유형을 제시한 작품이다. 치밀한 구성과 섬세한 심리 묘사로 당대의 현실을 사실적으로 그려 내고 있으며, 후처(교씨)의 모략으로 고생하던 본처(사씨)가 고생 끝에 남편의 사랑을 되찾는다는 권선징악의 교훈을 준다. 이 작품에서 작가는 정실 부인 사씨를 고매한 부덕(婦德)의 소유자로, 첩 교씨를 간교한 여인으로 설정하고 있다. 이와 같은 대립적 인물 설정은 주인공 사씨의 인격을 강조하기 위한 것으로, 인현 왕후를 옹호하다 귀양을 가게 된 김만중이 인현 왕후 폐위의 부당성을 풍자한 것으로 볼 수 있다. 그러나 사씨 부인의 성격을 지나치게 이상적으로 묘사함으로써, 작가의 가치관이 봉건적 도덕성을 옹호하고자 했다는 한계를 보인다.

33 ④ 본문에서 유 한림이 교씨에게 명하여 노래를 부르라고 한 것으로 보아 교씨와 거리를 두는 사이가 아님을 알 수 있다. 또한 유 한림이 사 부인을 대하는 태도는 윗글에 제시된 바가 없으므로 알 수 없다.

오답풀이

① 본문의 내용을 살펴보면 사 부인은 교씨를 하대하고, 교씨

는 사 부인에게 존대를 하고 있다. 이를 통해 사 부인과 교씨는 유 한림에게 처와 첩인 관계임을 알 수 있다.

② 교씨는 사 부인에게 존댓말을 사용하고, 사 부인은 교씨에게 하게체를 사용하고 있다.

③ 교씨는 유 한림과 그의 처인 사 부인 앞에서 공손한 태도를 보이고 있다.

⑤ 본문에서 사 부인이 춘낭에게 명을 내리는 것으로 보아 춘낭은 사 부인을 주인으로 모시고 있음을 알 수 있다.

TIP 「사씨남정기」의 인물 유형

- **사씨** : 유 한림의 본처. 현모양처(賢母良妻)로서 유교적 여성관을 드러내는 전형적인 인물이다.
- **교씨** : 유 한림의 첩. 자신의 이익과 행복을 위해서는 수단과 방법을 가리지 않는 악인의 전형적인 인물이다.
- **유 한림** : 본성은 착하나 판단력이 부족하고, 양반 사대부가의 봉건적 사고방식을 지닌 전형적인 인물이다.
- **두(杜) 부인** : 유연수의 고모. 유순하면서도 덕이 있으며 사리 판별이 뛰어난 인물로 다가올 일을 암시하는 복선의 역할을 한다.
- **유 소사** : 유연수의 부친. 당대 사회에서 존경받는 인물로 사씨의 재능을 알고 아들 유 한림과 혼인시킨다.

34 ② '그대의 거문고 소리와~합당하지 못할 것이네.', '남자라도 거문고를 타는 것은~하는 바이라.'라는 말을 통해 사 부인은 음악에 심취하는 것은 여자의 도리에 합당하지 않다고 생각하고 있음을 알 수 있다.

오답풀이

① '이 곡조를 요즘 사람이 많이 타나~이는 망국의 음악이라 본디 취할 것이 아니네.'라고 말한 것으로 보아, 요즘 사람들은 음악의 유래를 모르고 즐긴다는 것을 알 수 있다.

③ 사람의 감정을 숨김없이 표현한 음악이 좋은 음악이라고 언급한 부분은 찾아볼 수 없다.

④ 혼자서 조용하게 음악을 감상하는 것이 올바른 태도라고 언급한 부분은 찾아볼 수 없다.

⑤ 아내로서 남편의 즐거움을 위해 음악을 연주하는 것은 필요하다고 언급한 부분은 찾아볼 수 없다.

35 ④ ㉠은 교씨가 겉으로는 사 부인이 지적한 자신의 잘못을 인정하고 받아들이고 있으나, 속으로는 자신을 지적한 사 부인에게 앙심을 품고 앙갚음을 하겠다는 이면적 의미가 담겨져 있다고 볼 수 있다. 또한 〈보기〉에서 '벽계수'는 시냇물을 의미하지만 사람의 이름이기도 하고, '명월'은 밝은 달을 의미하지만 황진이의 호를 의미하기도 한다. 즉, 표면적 주제는 인생무상을 나타내고 있지만 그 이면에는 황진이가 벽계수를 유혹하는 내용이 담겨져 있는 것이다. 따라서 두 작품은 모두 문면에 나타난 의미 외에 숨겨진 의미가 있다고 볼 수 있다.

오답풀이

① ㉠과 〈보기〉 모두 감정의 노출은 드러나 있지 않다.

② ㉠과 〈보기〉 모두 화자의 의도가 분명하게 드러나 있지 않다.

③ ㉠과 〈보기〉 모두 인물의 형상화에 초점을 맞추고 있지 않다.

⑤ ㉠은 상대에게 높임말을 사용하였고 〈보기〉에서는 낮춤말을 사용하였다.

TIP 황진이, 「청산리 벽계수야~」 작품해제

- **갈래** : 평시조
- **성격** : 감상적, 낭만적
- **제재** : 벽계수, 달
- **주제** : 인생의 덧없음과 향락의 권유
- **이해와 감상** : 황진이가 지향하는 문학적 가치관의 일부를 보여주는 작품으로 초중장에서 인생의 덧없음을 전제한 뒤, 종장에서 인생을 즐겁게 살아가자고 호소하고 있는 작품이다. 많은 사람들에 의해 애창되는 이 작품은 황진이가 왕족인 벽계수를 유혹하고자 불렀다고 한다. 한 번 바다로 흘러가면 다시는 돌아올 수 없다는 논리로 벽계수를 유혹하면서 종장에서 밝은 달과 자신으로 시상(詩想)을 자연스럽게 연결시킨 기지가 돋보이는 작품이다. 세월은 빠르고 인생은 덧없는 것이니, 인생을 즐겁게 살아가자는 시조로 교훈적이고 유교적인 인습에 젖어 있던 당시의 사대부들에게 무엇인가를 일깨우는 작품이다. 여기서 주의할 것은 중의법으로 쓰인 '벽계수'는 흐르는 물과 왕족인 벽계수(碧溪水)를, '명월'은 달과 황진이 자신을 동시에 의미한다.

36 ① '연목구어'는 나무에 올라 고기를 얻으려고 한다는 뜻으로, 불가능한 일을 굳이 하려 함을 비유하는 말로, 자신의 행복을 위해서는 수단과 방법을 가리지 않는 악인의 전형인 교씨를 비판하는 말로는 적절하지 않다.

오답풀이

② **적반하장(賊反荷杖)** : 도둑이 도리어 몽둥이를 든다는 뜻으로, 잘못한 사람이 도리어 잘 한 사람을 나무하는 경우를 비유적으로 이르는 말이다.

③ **교언영색(巧言令色)** : 말을 교묘하게 하고 얼굴빛을 꾸민다는 뜻으로, 다른 사람의 환심을 사기 위해 말을 번지르르하게 하고 표정을 그럴싸하게 지어 아첨하고 알랑거리는 태도를 말한다.

④ **침소봉대(針小棒大)** : 작은 바늘을 큰 몽둥이라고 한다는 뜻으로, 작은 일을 크게 부풀려서 말함을 비유적으로 이르는 말이다.

⑤ **표리부동(表裏不同)** : 겉과 속이 같지 않다는 뜻으로, 속마음과 다르게 말하거나 행동하는 것을 말한다.

37 ④ ㉢에서 유 한림은 교씨의 계략을 제대로 판별하지 못하여, 사 부인이 전에는 투기함 없이 교씨의 단점을 이야기한 적이 없었으나 사 부인이 자기 모르게 교씨를 박대하는 것은

아닌가 하고 사 부인의 말과 행동에 의심을 품게 되었다.

TIP 「사씨남정기」의 인물 분석

	긍정적 측면	부정적 측면
사씨	후덕한 인품을 지니고 있고 명분을 중시함	일을 슬기롭게 처리하지 못해서 아들이 시련을 겪게 되고 집안의 혼란을 초래함
교씨	나타나지 않음	정실부인을 모해하고, 여러 남자들과 사통하고, 책임을 다른 사람에게 전가함 → 간교하고 사악함
유 한림	교씨의 죄상을 알고 죄목 열 가지를 들면서 엄히 징치함 → 악행에 대해서 단호하게 처벌함	교씨의 계략을 제대로 판별하지 못하고 가정의 혼란을 초래함 → 판단력이 부족해서 악인의 계략에 넘어가 가정에 우환이 생기게 함

[38~40] 독서 – 사회

38 ③ 4문단에서 유권자들은 소외, 이탈, 자기만족 등을 겪으면서 정치 과정에서의 단절감을 드러낸다고 하였다. 따라서 단절감을 극복하기 위해 자기만족을 추구한다고 볼 수 없다.

오답풀이

① 2문단에서 '합리적인' 정치적 의사나 판단은 세 가지 기준, 즉 '사실을 중시'하고 '미래를 중시'하고 '타인을 중시'하는 것이어야 한다고 하였으므로 정치적 판단이 사실에 대해 무지하거나 장래의 일까지 생각하지 못한다면 결함이 있는 것이라는 주장은 ㉠의 주장과 일치한다.

② 3문단에서 오페와 프로이스는 '참여가 증가하는 만큼 합리성도 증가하는 것은 아니다'라고 했다고 하였으며 현재 과제는 '숙고를 거친, 사회적으로 입증되고 정당화될 수 있는 선호가 형성되도록 장려하는 제도나 절차의 도입'에 관한 것이라고 하였으므로 숙고를 거쳐 사회적으로 정당화될 선호가 형성되도록 해야 한다는 주장은 ㉠의 주장과 일치한다.

④ 4문단에서 유권자들은 소외, 이탈, 자기만족 등을 겪으면서 정치 과정에서의 단절감을 드러내고, 유명인사의 인기가 신념에 입각한 정치 주장을 대체한다고 하였으므로 유권자들이 정치 과정에서 소외되고 정치인의 인기도가 정치적 주장을 대체하고 있다는 주장은 ㉡의 주장과 일치한다.

⑤ 7문단에서 숙의는 어떤 우월적 규범이나 권위에 의해 제약되지 않을 때 자유로울 수 있으며 이런 이상이 실현되려면 권력, 부, 교육 등 자원의 불평등에 따른 왜곡에 의해서가 아니라 합리적 동기에 의한 합의가 필요하다고 하였으므로 정책 수립은 어떤 규범이나 권위에 제약되지 않는 숙의 과정을 통해 합리적 동기에 따른 합의가 요구된다는 주장은 ㉢의 주장과 일치한다.

39 ⑤ '숙의 민주주의'는 '정제되고 사려 깊은 선호'를 중시하며 동시에 '숙고를 거친, 사회적으로 입증되고 정당화될 수 있는 선호가 형성되도록 장려하는 제도나 절차의 도입'을 중시한다. 즉 참여가 증가한다고 해서 합리성도 증가하는 것은 아니며 시민들의 선호는 항상 달라질 수 있으므로 결론 도출의 과정에 있어서의 합리적이고 정당한 방법이 필요하다는 것이다. 또한 6문단에서 숙의 민주주의자들은 정치적 정통성이 투표 결과에 달려 있다기보다는 공적 결정에 대해 옹호 가능한 이유와 설명을 제시하는 데 있다고 본다고 하였다. 그러므로 다수파가 누가 되든지 그것은 논의의 균형을 보여 주는 지표일 뿐, 지속된 논의를 통해 제도를 정당화하는 것이 합리적이라는 주장이 ⓐ의 입장을 지지하는 견해이다.

오답풀이

① 7문단에서 숙의는 어떤 우월적 규범이나 권위에 의해 제약되지 않을 때 자유로울 수 있다고 하였다. 그런데 독특한 사회 관습이나 규칙, 관습적인 인간관계의 방식에 따라 논쟁이 달라진다는 것은 규범이나 권위에 의해 제약되는 것으로 볼 수 있다.

② 숙의 민주주의의 목표는 자유로운 숙의를 통해 합리적인 판단을 하는 것이다. 이기적인 정치 행위자가 이타적인 인간으로 바뀌는 것과는 연관성이 없다.

③ 숙의 민주주의는 이전의 개념 선택에 의해 좌우되는 것이 아니다.

④ 불편부당함의 기준을 두고 토론하면서 좀 더 나은 결론을 추구한다고 해서 상대방이 가진 충분한 이유와 근거를 인정할 수 없는 것은 아니다. 숙의 민주주의가 지향하는 바는 상대방의 근거가 옳고 그른지 판단하는 것이 아니라 공적 선호를 추구하는 것이기 때문이다.

40 ④ ⓑ는 '숙고를 거친, 사회적으로 입증되고 정당화될 수 있는 선호가 형성되도록 장려하는 제도'를 의미한다. ④에서 육아 설비 실태를 재검토하여 남성뿐만 아니라 여성도 공적 생활에 참여할 수 있는 기회를 가질 수 있게 한다고 한 것은, 숙고를 거치지 않았고 사회적으로 입증되고 정당화될 수 있는 선호인지 알 수 없다.

오답풀이

① 후보 선택에 대해 논의하였으므로 숙고 과정을 거쳤고 이에 대한 결과는 정당한 선호가 된다.

② 공적 논증과 정치적 선택에 필요한 능력을 계발하는 데 기여할 수 있는 교육은 시민들에게 선호가 형성될 수 있도록 장려하는 절차이다.

③ 인터넷을 활용하여 시민들이 제기하고 검증한 혁신 방안은 숙고를 거친 것이고 이를 제도화하는 것은 정당한 선호가

반영된 것이다.

⑤ 쟁점에 대해 전문가의 견해를 참조하고 토의한 것은 숙고를 거친 것이므로 이를 통한 여론 조사는 정당한 선호가 될 것이다.

[41~45] 현대 소설

손창섭, 「비 오는 날」

- **갈래** : 단편 소설, 전후 소설
- **성격** : 냉소적, 비극적, 실존적, 허무적
- **배경** : 6·25 전쟁 중의 장마철, 피난지 부산의 변두리 마을
- **시점** : 전지적 작가 시점
- **구성**
  - 발단 : 비가 내리는 날이면 원구에게는 동욱 남매의 음산한 생활 풍경이 회상됨
  - 전개 : 원구는 황폐한 동욱의 집을 방문하여 동욱과 그의 누이동생 동옥을 만남
  - 위기 : 미군들의 단속이 심해지면서 부대에 들어갈 수가 없게 되자 동욱 남매는 유일한 생계 수단인 초상화 작업을 못하게 됨
  - 절정 : 동옥은 노파에게 돈을 떼이고, 세 들어 살던 집마저 떠나게 됨
  - 결말 : 원구가 그 집을 방문했을 때 이미 그들은 떠나고, 그는 자책감에 빠져 돌아옴
- **제재** : 피난민의 무기력한 삶
- **주제** : 전쟁의 극한 상황이 가져온 인간의 무기력한 삶과 허무의식
- **특징**
  - 종결어미를 사용하여 사건을 간접적으로 제시함
  - '원구'라는 인물이 '동욱' 남매의 불구적 삶을 회상하는 구성으로 전개됨
  - 사회적 배경과 상황적 배경, 시·공간적 배경이 적절히 배합되어 생존의 비극성을 밀도 있게 구현함
- **이해와 감상** : 이 작품은 전후소설을 대표하는 것으로, 절망의 시대 분위기가 빚어낸 비인간적이며 무기력하고 참담한 모습을 그려내고 있다. 절망적인 상황과 비정상적인 인간들의 삶을 통해 전쟁이 가져다 준 물질적·정신적 상처와 참상을 고발하고 있다. 즉, 전쟁이라는 극한 상황이 인간을 얼마나 무기력하고 황폐하게 만드는가를 적나라하게 보여주며 그로 인한 절망이 단순한 인간애로 극복될 수 없다는 인식을 드러내고 있다. 특히 '비'는 단순한 비가 아니라 이 소설의 전체적인 분위기를 지배하고 있다. 그리고 이 비는 등장인물이 처해 있는 전후시대의 상황을 상징적으로 그린 것이다. 질척거리면서 거리에 내리는 비는 시대적 부정성을 뜻한다. 청명한 날이 없는 시대, 그들을 계속 무겁게 누르는 불운을 비의 이미지를 통해 드러낸 것이다. 작가는 절망의 시대를 껴안은 채 고통 받는 존재들을 질척거리는 비를 맞고 사는 것으로 극화한 것이다.

41 ② 이 소설은 전지적 작가 시점으로서, '원구'라는 인물의 시각을 통해 '동욱' 남매의 참담한 삶을 보여주고 있다.

오답풀이

① 액자식 구성을 취하고 있지 않고 인물의 과거를 폭로하고 있지도 않다.
③ 서술자의 논평이 드러난 부분은 찾을 수 없다.
④ 인물 간의 대화가 직접적으로 드러나 있지 않다.
⑤ 반어적으로 묘사된 부분은 찾을 수 없다.

42 ⑤ 원구는 상대방을 조롱하는 것 같은 닝글닝글한 웃음을 이전부터 몹시 꺼려했다고 하면서 그러한 웃음이 원구에게 어떤 운명적인 중압을 암시하여 감당할 수 없이 마음이 무거워졌다고 하였다. 그럼에도 원구는 동욱을 아껴줘야겠다고 생각한다. 따라서 원구는 동욱에게 마음에 안 드는 점이 있어도 그를 인간적으로 배려하고 있다는 설명은 적절하다.

오답풀이

① 동옥은 생활고를 해결하기 위해 미군 부대를 돌아다니며 초상화 주문을 받으면서 생활하였다.
② 원구는 동옥을 볼 때마다 마음이 차츰 끌리게 되지만 서로 사랑하는 사이는 아니다.
③ 동욱과 동옥이 서로에게 책임을 미루는 태도는 나타나있지 않다.
④ 동욱은 원구에게 신세 한탄을 하기도 하고 어깨가 축 늘어져서 걸어가는 초라한 뒷모습을 보이기도 하는 것으로 보아 밝은 웃음을 잃지 않고 낙관적으로 살고자 한다고 볼 수 없다.

TIP 「비 오는 날」의 등장인물

- **동욱** : 전쟁으로 인해 월남하여 동생이 그린 초상화를 미군 부대에 팔아 생활하고 있다. 동생 동옥이를 박대하고 험한 말을 내뱉는 것 같으나, 친구 원구에게 동옥이를 아내로 맞이할 것을 당부하는 것으로 보아, 속으로는 정이 많은 인물임을 알 수 있다.
- **동옥** : 오빠를 따라 월남하여 그림을 그리며 살고 있으며, 결혼 적령기임에도 결혼을 하지 못하고 있다. 불편한 다리 때문에 세상에 대해 경계심을 지니고 살지만 오빠의 친구인 원구에게는 차츰 마음을 열어 놓는다.
- **원구** : 동욱의 친구로, 동옥을 알게 되고 냉랭하던 그녀가 차츰 생기를 찾아가는 것을 보고 마음이 끌리나, 그녀와의 결혼에 관한 결단을 결국 내리지 못하는 우유부단한 성격이다.

43 ② 본문에서 동욱은 별로 원구와 동옥을 인사시키거나 소개하려 하지 않았다고 설명한 것으로 보아 동욱이 원구에게 결혼을 강요하려고 한 것은 아님을 알 수 있다. 단지 동옥의 처지를 딱하게 여겨 원구와 결혼했으면 하는 동욱의 작은 바람이 담긴 것으로 볼 수 있다.

오답풀이

① 영문과를 졸업했는데 미군 부대를 찾아다니며 초상화의 주문을 맡는 자신의 처지를 자조적으로 표현한 것이므로, 동욱이 자신이 하는 일을 마음에 들어 하지 않음을 알 수 있다.

③ 종잡을 수 없는 동욱의 말에 원구는 무슨 영문인지도 모르면서 '암 그럴 테지' 하며 동조하는 것으로 보아 원구는 동욱의 처지를 동정하여 무슨 말이든 일단 동조해주는 태도를 드러내고 있음을 알 수 있다.

④ 원구는 동욱의 과거와 그 집안을 그려 보며 그의 모순된 태도를 이해하고 그를 아껴 줘야겠다고 하는 것으로 보아, 동욱의 모순된 태도가 현실에서의 삶의 어려움에 기인한 것임을 알 수 있다.

⑤ 동옥의 태도가 결코 호의적이지 않음에도 찾아가지 않을 수 없다고 하였으므로 원구 자신도 그 이유를 명확히 깨닫지 못한 채 행동하는 것임을 알 수 있다.

44 ① 동욱 남매가 사는 방을 '무덤 속 같은 이 방'이라고 표현한 것은 남매의 삶이 죽음보다 못할 만큼 힘겹다는 것을 뜻한다. 따라서 ⓐ는 삶의 안정감 없이 살아야 하는 인물들의 비참한 상황을 상징한다고 볼 수 있다.

45 ③ 동옥의 태도는 원구가 찾아갈 때마다 달라지는데, 이는 동옥이 원구에게 좋은 감정을 느끼게 된다는 것을 의미한다. 따라서 동옥은 〈보기〉에서 가난하고 소외된 사람들이 힘겹게 살아가는 곳을 뜻하는 '가장 낮은 곳'에 사는 '잠 못 든 이'로 볼 수 있고, 원구는 그러한 사람들에게 희망과 위로를 전하는 '함박눈'으로 볼 수 있다.

오답풀이

① 동욱은 동옥을 떠나가려 하고 있지 않고, 그녀는 '흩날리는 진눈깨비'처럼 고통을 주는 존재도 아니다.

② 동욱은 동옥을 1·4후퇴 당시 데리고 왔는데 요새 와서는 짐스러워 후회될 때가 있다고 하였으므로 동옥이 동욱에게 정신적인 의지처가 되고 있다고 볼 수 없다.

④ 동옥이 그림을 그리는 것은 동욱에게 위안을 주기 위함이 아니라 생계를 위함이었다.

⑤ 원구는 동욱을 이해해주는 친구이지만, 동욱의 결정에 대하여 '새 살'처럼 용기를 주고 있지는 않다.

TIP 안도현, 「우리가 눈발이라면」의 시어 및 시구 풀이

- **우리가 눈발이라면** : 가정형 서술로, 장차 미래에 이루어질 그 무언가를 상징함으로써 부정적 현실에 대해 간접적으로 비판하는 효과를 줌
- **허공에서 쭈빗쭈빗 흩날리는** : 의미 없는 공간에서 머뭇거리기만 하는 상태를 나타냄
- **진눈깨비** : 부정적인 이미지로, 다른 사람들을 힘들게 하는 대상이며, 함박눈과 대조적인 의미를 지님
- **세상이 바람 불고 춥고 어둡다 해도** : 힘들고 고달픈 삶의 조건과 상황을 나타냄
- **사람이 사는 마을 / 가장 낮은 곳** : 가난하고 소외된 상태로 외롭고 힘겹게 살아가는 사람들이 모여 있는 곳, 사람의 따뜻한 정과 사랑이 없는, 희망을 잃어버린 곳을 상징함
- **따뜻한 함박눈** : 긍정적인 이미지로 진눈깨비와 대조가 되며, 다른 사람들에게 희망과 위로가 되는 존재를 상징함
- **잠 못 든 이** : 힘든 세상살이로 인해 마음에 상처를 안고 괴로워하는 사람을 상징함
- **편지** : 위로와 희망이 될 수 있는 존재를 상징함
- **깊고 붉은 상처** : 현실로 인한 고통과 절망을 상징함
- **새살** : 부스럼이나 상처가 난 자리에 새로 돋아난 살로, 희망, 치유를 상징하는 긍정적 대상

2017학년도 기출문제 정답 및 해설

제1교시 국어영역

01 ①	02 ③	03 ②	04 ②	05 ②	06 ②
07 ①	08 ①	09 ④	10 ④	11 ⑤	12 ⑤
13 ③	14 ①	15 ①	16 ②	17 ③	18 ⑤
19 ①	20 ⑤	21 ③	22 ④	23 ②	24 ②
25 ③	26 ⑤	27 ④	28 ③	29 ③	30 ⑤
31 ①	32 ①	33 ⑤	34 ④	35 ④	36 ②
37 ⑤	38 ②	39 ③	40 ③	41 ⑤	42 ④
43 ④	44 ⑤	45 ④			

01 ① '경신'은 '이미 있던 것을 고쳐 새롭게 함'이라는 뜻으로, '우리 선수가 드디어 종전 최고 기록을 경신했다.'는 어법상 자연스러운 문장이다.

예 그는 마라톤 경기에서 신기록을 경신하였다.
국제 시장에서 원자재 가격이 연일 최고가를 경신하였다.
연일 최고 기온이 경신되는 무더위로 전력 사용량이 급증하고 있다.

cf) 갱신 : 법률관계의 존속 기간이 끝났을 때 그 기간을 연장하는 일

예 신용카드 유효기간이 만료되어 갱신해야 한다.
그는 운전면허를 갱신하였다.
보증기간을 갱신할 수 있다.

오답풀이

② '잊혀지지 않는'에서 '잊혀지지'는 '잊다'라는 동사에 피동 접미사 '-히'와 피동 표현 '~어지다'가 붙어서 생성된 이중 피동의 표현이다. 이중피동은 문법적으로 허용되지 않으므로 '잊히지 않는'으로 고쳐 써야 옳다.

③ 문장 전체에서 목적어와 서술어가 호응 관계를 이루고 있지 않다. '보았다.'라는 서술어는 '물질적 피해를'이라는 목적어와만 호응하고 '큰 정신적 충격을'과는 호응하지 않는다. 따라서 '큰 정신적 충격을 받았고 물질적 피해를 보았다.' 또는 '큰 정신적 충격과 물질적 피해를 입었다.'라고 고쳐 써야 옳다.

④ '어떤 일이 생기기 전에. 또는 어떤 일을 하기에 앞서'라는 뜻의 부사 '미리'와 '미리 헤아려 짐작함'이라는 뜻의 '예측하다'의 의미가 중복되므로 '미리'를 삭제하는 것이 옳다.

⑤ '반드시 의논을 하는 것이 좋다.'에서 '~와'에 해당하는 필수 성분이 생략되어 있어 문장의 호응 관계가 성립되지 않는다. '누가 누구와 무엇을 의논하다'의 문형으로 써야 한다. 따라서 '자신의 진로를 스스로 결정하기 어려울 때는 반드시 ~와 의논을 하는 것이 좋다.'로 고쳐 써야 옳다.

02 ③ 표준발음법 제6항에 따르면 용언의 활용형에서 음절이 축약된 경우에는 긴소리로 발음하는 것이 일반적이나, '오아 → 와, 지어 → 져, 찌어 → 쪄, 치어 → 쳐'는 예외적으로 짧게 발음한다. 그러므로 '쪄'는 [쩌]로 짧은소리로 발음하는 것이 옳다.

오답풀이

① 용언의 활용형에 나타나는 '져, 쪄, 쳐'는 [저, 쩌, 처]로 발음한다. 따라서 '다쳐서'는 [다처서]로 발음하는 것이 옳다.

② '기어'는 [기어]로 발음함을 원칙으로 하되, 반모음 'j'가 첨가된 음운의 첨가 현상으로 [기여]로 발음함도 허용한다.

④ 표준발음법 제6항에 따르면 용언의 단음절 어간에 어미 '-아/-어'가 결합되어 한 음절로 축약되는 경우에는 긴소리로 발음한다. 따라서 '되어'는 '돼'로 축약되고 [돼 :]와 같이 긴소리로 발음한다.

⑤ '쐬어도'는 모음 축약 현상으로 인해 '쐐도'가 되는데, '돼'와 마찬가지로 용언의 단음절 어간에 어미 '-아/-어'가 결합되어 음절이 축약된 경우이므로 [쐐: 도]와 같이 긴소리로 발음한다.

03 ② 'ㅅ'과 'ㅌ'은 조음의 위치상 잇몸소리(치조음)이고, 'ㅈ'과 'ㅊ'은 센입천장소리(경구개음)이다. [낟]에서 'ㄷ'의 조음 위치는 잇몸소리(치조음)이므로, '낫, 낯'은 원래의 자음과 다른 조음 위치의 예삿소리로 바뀌어 발음된다고 볼 수 있다.

TIP 조음 위치에 따른 자음의 분류

종류	소리 나는 위치	해당 자음
입술소리(순음)	두 입술	ㅁ, ㅂ, ㅃ, ㅍ
잇몸소리(치조음)	윗잇몸과 혀끝	ㄴ, ㄷ, ㄸ, ㅌ, ㄹ, ㅅ, ㅆ
센입천장소리(경구개음)	센입천장과 앞혓바닥	ㅈ, ㅉ, ㅊ
여린입천장소리(연구개음)	여린입천장과 뒷혓바닥	ㄱ, ㄲ, ㅋ, ㅇ
목청소리(후음)	목청	ㅎ

04 ② '데'가 '곳, 장소, 일, 것, 경우' 등의 의미로 쓰일 때는 의존명사가 된다. ⓛ에서 사용된 '데'는 의존명사로서, 자유롭게 홀로 쓰이지 못하고, 그 앞에 꾸며 주는 말을 거느려야 한다. 따라서 '그리는 데'와 같이 앞말과 띄어 쓰는 것이 옳다.

오답풀이

① ㉠에서의 '만큼'은 앞말과 비슷한 정도나 한도임을 나타내는 격 조사로, '생각만큼'과 같이 붙여 쓰는 것이 옳다.

③ ㉢에서의 '대로'는 어떤 모양이나 상태와 같음을 나타내는 의존명사로, 띄어 쓰는 것이 옳다.

④ ㉣에서의 '-ㄹ수록'은 앞 절 일의 어떤 정도가 그렇게 더하여 가는 것이, 뒤 절 일의 어떤 정도가 더하거나 덜하게 되는 조건이 됨을 나타내는 연결 어미로, 앞말과 붙여 쓰는 것이 옳다.

⑤ ㉤에서의 '-는지'는 막연한 의문이 있는 채로 그것을 뒤 절의 사실이나 판단과 관련시키는 데 쓰는 연결 어미로, 앞말과 붙여 쓰는 것이 옳다.

TIP 조사와 의존명사

일반적으로 조사는 앞말에 붙여 쓰고 의존명사는 띄어 쓴다.

① '만'
- 조사 : 난 여행만 좋아한다. 하나만 알고 둘은 모른다.
- 의존명사 : 떠난 지 삼일 만에 돌아왔다.

② '대로'
- 조사 : 처벌하려면 법대로 해라. 너는 너대로 나는 나대로 그곳으로 가자
- 의존명사 : 시키는 대로 하겠다. 될 수 있는 대로 빨리 오세요.

③ '뿐'
- 조사 : 이 학교는 남자뿐이다.
- 의존명사 : 그녀는 웃을 뿐 말이 없다.

④ '만큼'
- 조사 : 나도 너만큼 친구가 좋다.
- 의존명사 : 노력한 만큼 대가가 있다. 까다롭게 검사하는 만큼 잘 해야 한다.

05 ② ㄴ의 '넓적하다'는 [넙쩌카다]로 발음하고, ㄹ의 '굵다랗다'는 [국: 따라타]로 발음한다. 따라서 어간의 겹받침은 모두 발음되기도 하고 일부만 발음되기도 하는 것이 아니라, 일부만 발음한다.

06 ② ⓛ에서 '-게'는 하게할 자리에 쓰여, 손아래나 허물없는 사이에 무엇을 시키는 뜻을 나타내는 종결 어미로 사용되었다. ⓛ은 '아범'에게 하는 말로 '아범'은 '사랑사람'보다 손아래이거나, '사랑사람'과 허물없는 사이임을 알 수 있다. 그런데 뒤에 오는 대화에서 '이 양반'을 '이 어른'이라고 지칭하였고 '드리다'라는 객체 높임 표현을 사용한 것으로 보아 ⓒ는 ⓑ보다 ⓐ를 높이고 있음을 알 수 있다.

오답풀이

① ㉠과 ⓛ에서 사용된 '-게' 모두 하게할 자리에 쓰여, 손아래나 허물없는 사이에 무엇을 시키는 뜻을 나타내는 종결 어미이므로, 경어법상 잘 어울린다.

③ ⓛ의 '드리게'와 ㉣의 '드려'는 모두 ⓒ가 ⓑ에게 한 말인데, '드리게'는 어느 정도의 격식을 갖춘 표현이지만 '드려'는 명령적 어조로 볼 수 있다. 따라서 경어법에 변화가 나타난다.

④ '-께서'는 주체인 '영감'을 높이는 주체 높임의 조사이고, '-시-' 또한 '내주다'의 높임 표현으로, 주체 높임의 선어말 어미이다. 따라서 ㉤의 '-께서'와 ㉥의 '-시-'는 경어법상 잘 어울린다.

⑤ ㉢에서는 높임을 나타내는 보조사 '-요'를 사용하였고 ㉥에서는 보조사 '-요'보다는 격이 낮은 접미사 '-ㅂ쇼'를 사용하였다. 따라서 ⓒ에 대한 ⓑ의 경어법에 변화가 나타난다.

07 ① '버스에 타는 시간이 길어 늘 피곤하다.'에서 '타다'는 '탈 것이나 짐승의 등 따위에 몸을 얹다.'의 의미이고, 두 번째 '타다'는 '바람이나 물결, 전파 따위에 실려 퍼지다.'의 의미로 두 낱말은 다의어 관계이다.

②·③·④·⑤ 소리만 같고 뜻은 전혀 다른 동음이의어 관계이다.

TIP 동음이의어와 다의어

- **동음이의어** : 두 개 이상의 낱말이 우연히 소리만 같을 뿐 전혀 다른 뜻으로 사용되는 낱말
- **다의어** : 하나의 낱말이 두 가지 이상의 관련된 의미로 쓰이는 낱말

08 ① '어떤 시련이 닥쳐와도 내 힘으로 반드시 이겨 내겠다'에서 '-겠-'은 주체의 의지를 나타내는 어미로 사용되었다. '동생은 혼자 정상에 오르겠다고 떼를 쓴다.'에서 역시 '-겠-'이 주체의 의지를 나타내는 어미로 사용되었다.

오답풀이

② '오래 살다 보니 별 이상한 일을 다 보겠다.'에서 '-겠-'은 '헤아리거나 따져 보면 그렇게 된다.'는 뜻을 나타내는 어

미로 사용되었다.

예 세월이 가면 잊히겠지.

③ '밤이 늦었으니 이제 그만 돌아가 주시겠어요?'에서 '-겠-'은 완곡하게 말하는 태도를 드러내는 어미로 사용되었다.

예 내가 말해도 되겠니?

④ '이 정도 문제는 고등학생이라면 누구나 풀겠다.'에서 '-겠-'은 가능성이나 능력을 나타내는 어미로 사용되었다.

예 기름 1리터로 10km는 넉넉히 가겠다.

⑤ '지금쯤 내가 살던 고향에서는 벌써 추수를 끝냈겠다.'에서 '-겠-'은'추측이나 판단을 나타내는 어미로 사용되었다.

예 지금 떠나면 새벽에 도착하겠구나.

09 ④ ㉣ 같이는 '어떤 상황이나 행동 따위와 다름이 없이'의 의미를 나타내는 '부사'이다.

오답풀이

① ㉠은 수단 · 도구를 나타내는 격 조사로, 용언을 수식하는 역할을 한다.

② ㉡은 체언에 조사 '의'가 결합하여 뒷말을 수식하는 관형어의 역할을 하며, ㉢은 체언에 조사 '과'가 결합하여 다른 것과 비교하거나 기준으로 삼는 대상임을 나타낸다.

③ ㉡은 관형어로서 체언을 수식하고, ㉤은 형용사로서 체언을 수식한다.

⑤ ㉥은 관형격 조사 '의'가 붙으면 관형어가 될 수 있고, '의'가 생략되면 부사어가 될 수 있다.

10 ④ ㉣의 전후 맥락을 살펴볼 때, '반증'이 아닌 '방증'이 오는 것이 적절하다.

- **방증** : 사실을 직접 증명할 수 있는 증거가 되지는 않지만, 주변의 상황을 밝힘으로써 간접적으로 증명에 도움을 줌. 또는 그 증거.
- **반증** : 어떤 사실이나 주장이 옳지 아니함을 그에 반대되는 근거를 들어 증명함. 또는 그런 증거

11 ⑤ 수정 후의 문장 역시 수정 전과 동일하게 선생님이 전체 학생 중 일부의 학생과만 인사를 한 게 아쉬운 것인지, 어떤 학생과도 인사를 하지 못한 게 아쉬운 것인지가 불분명하다. 상황을 고려하여 적절히 수정하려면, '선생님은 모든 학생과 빠짐없이 인사하지 못한 게 아쉬웠다.' 혹은 '선생님은 일부의 학생과 인사하지 못한 게 아쉬웠다.'라고 고쳐 써야 한다.

오답풀이

① 울고 있는 주체가 '나'인지 '그녀'인지에 대한 중의성이 해소되었다.

② 네가 내가 아닌 그녀를 더 좋아하는 것이 싫은 것인지, 내가 그녀를 좋아하는 정도보다 네가 그녀를 더 좋아하는 정도가 더 강한 것이 싫은 것인지에 대한 중의성이 해소되었다.

③ 군복을 이미 입고 있는 상태인 것인지, 군복으로 갈아입고 있는 중인지에 대한 중의성이 해소되었다.

④ 친구가 새로운 것인지, 친구의 집이 새로운 것인지에 대한 중의성이 해소되었다.

12 ⑤ ㉢에서 세대 간 갈등의 원인은 '연결 고리의 부재'라고 하였다. 이를 통해 중간세대가 신세대와 구세대를 이어주는 연결 고리의 역할을 한다는 것을 알 수 있다. 그러므로 ㉤에는 '눈치 보기와 비위 맞추기'가 아닌 '다리 역할 하기' 혹은 '올바른 연결 고리가 되기'와 같은 소제목을 넣는 것이 적절하다.

오답풀이

① 세대 간 갈등의 문제를 명확하게 보여주기 위하여 문제 제기 내용을 추가하는 것이 적절하다.

② ㉣에서 갈등의 원인으로 '배려의 부족'을 제시하였고, Ⅳ에서 세대 간 갈등의 해결을 위한 구세대의 태도에서 '눈높이 맞추기'를 제시하였다. 이를 통해 볼 때 ㉠에는 '저 나이 때 나는 안 그랬는데'라는 소제목이 들어가는 것이 적절하다.

③ 다른 부분의 소제목들은 모두 신세대, 구세대, 중간세대의 항목을 포함하고 있으므로 ㉡에도 '중간세대'에 해당하는 내용이 추가되어야 한다.

④ 다른 부분들은 모두 신세대, 구세대, 중간세대의 순서로 내용을 제시하고 있으므로 Ⅲ에서 ㉢과 ㉣의 순서를 맞바꾸는 것이 적절하다.

13 ③

- **공모의 취지에 맞도록 문장을 작성할 것** : '응원'을 촉구하는 메시지가 담겨져 있다.
- **모두의 참여와 단합의 중요성을 강조할 것** : 응원의 열기가 모두의 올림픽을 만든다고 하면서 참여와 단합의 중요성을 강조하였다.
- **연쇄적 표현을 사용할 것** : 뜨거운 응원이 메달의 등급을 높이고, 높아진 메달의 등급이 응원의 열기를 돋운다고 하며 연쇄적 표현을 사용하였다.
- **대구적 표현을 사용할 것** : '뜨거운 응원이~높이고, 높아진 등급이~돋울 때'와 같이 앞뒤의 문장이 유사한 구조를 반복함으로써 대구를 이루고 있다.

오답풀이

① 연쇄적 표현이 사용되지 않았다.

② 공모의 취지에 맞지 않고, 참여와 단합의 중요성을 강조하지 않았다.

④ 연쇄적 표현과 대구적 표현이 사용되지 않았다.

⑤ 공모의 취지에 맞지 않고, 연쇄적 표현과 대구적 표현이 사용되지 않았다.

[14~16] 비문학 – 과학

14 ① 6문단에서 '인간의 뇌는 외관상 완벽한 축소판으로 보이는 유인원의 뇌와 뉴런들의 연결 패턴이 다르다는 점이 중요하다.'고 하였다. 이를 통해 인간의 뇌와 유인원의 뇌는 작은 성분들의 조합과 배열에 있어서 차이가 있음을 알 수 있다.

오답풀이

② 3문단에서 인간의 뇌는 태아기의 뇌 성장이 출생 후 1년 동안 연장됨으로써 폭발적으로 성장한다고 하였다.

③ 1문단에서 포유동물 간의 뚜렷하고 큰 차이는 부분들의 팽창이나 축소에서 발견된다고 하였다.

④ 1문단에서 포유동물의 신체가 그러하듯이 포유동물의 뇌도 공통적인 설계를 따른다고 하였으므로 뇌의 구조도 어느 정도 공통점이 있음을 알 수 있다.

⑤ 4문단에서 복잡한 형식을 처리하는 이후의 영역들은 시각 정보를 언어와 개념 영역들로 돌리는 영역들처럼 크기가 확대되었다고 하였다.

15 ① 인간과 원숭이의 뇌를 비교 · 대조하여 그 공통점과 차이점을 진술한 글이다. 과정을 통해 변화의 단계를 제시하고 있지는 않다.

오답풀이

② 2문단에서 원숭이, 박쥐, 사막생쥐의 예시를 통해 특출한 재능이 뇌 전체 구조에 반영됨을 설명하였고, 6문단에서 컴퓨터 프로그램, 마이크로칩, 책, 비디오테이프의 예시를 통해 인간과 유인원의 뇌의 뉴런들의 연결 패턴이 다르다는 점을 설명하였다.

③ 1문단에서 인간과 유인원의 뇌의 가장 큰 차이가 무엇인지 설명하고 있으며, 5문단과 6문단에서 특정 영역과 관련해서 인간과 원숭이의 뇌의 차이점을 대조하여 설명하였다.

④ 3문단과 4문단에서 동일 부류인 인간과 원숭이의 뇌의 공통적인 특성을 비교하여 설명하였다.

⑤ 3문단에서 인간의 뇌가 원숭이나 유인원보다 약 세 배가량 크다는 점을 통해 영장류의 뇌가 크게 개량되어 결국 인간의 뇌가 되었음을 유추하고 있다.

16 ② ㉠ 팽창은 중요한 역할을 하는 부위가 확대된 것이고 ㉡ 축소는 덜 중요한 역할을 하는 부위가 줄어든 것이다. 4문단을 통해 후각 영역은 축소되었고, 시각 영역, 청각 영역, 전전두엽은 팽창되었음을 알 수 있다. 또한 2문단에서 사막생쥐는 인지적 지도가 있는 부위를 더 크게 갖고 태어난다고 하였다. 이를 토대로 ㉠과 ㉡에 해당하는 사례를 구분해보면, ㉠ – ㄱ, ㄴ, ㄹ, ㅁ, ㉡ – ㄷ이 된다.

[17~21] 갈래 복합

(가) 정철, 〈관동별곡〉

- **갈래** : 양반가사, 정격가사, 기행가사
- **성격** : 유교적, 도교적
- **운율** : 3 · 4조 음수율, 4음보 음보율
- **주제** : 관동 지방의 절경 유람과 연군지정
- **특징**
  - 시적 화자의 정서적 추이와 갈등을 함축적으로 드러냄
  - 시간적, 공간적 순서에 따른 추보식 구성
  - 작가의 정서 변화와 갈등을 함축적으로 표현함
  - 직유법, 대구법, 상징법 등 다양한 수사법을 사용함
- **이해와 감상** : 조선시대의 대표적인 가사로, 송강 정철이 강원도 관찰사로 부임하면서 관동팔경과 해금강 등을 둘러보고 여행의 경로와 풍경을 자신의 감정과 결부시킨 노래이다. 더불어 임금에 대한 충성심과 애민의 정서를 드러낸다. 3 · 4조의 가사로 순수한 우리말 표현이 많으며, 송강 정철의 웅장하고 명쾌한 문장이 돋보인다.

(나) 이중환, 〈택리지〉

- **갈래** : 인문 지리서
- **구성**
  - 사민 총론 : 사 · 농 · 공 · 상의 유래 및 사대부의 역할과 사명
  - 팔도 총론 : 조선 팔도의 위치, 역사적 배경, 지리적 특성과 지역성
  - 복거 총론 : 사람이 살 만한 네 가지 조건(지리(地理), 생리(生利), 인심(人心), 산수(山水))
- **이해와 감상** : 조선후기 실학자인 이중환이 지은 인문 지리서로, 전국 8도의 살기 좋은 곳을 선택하여 풍수지리설에 입각하여 설명하였고, 그 지방의 지역성을 정치, 경제, 사회, 문화, 인물 등과 관련하여 서술하였다.

17 ③ (가)는 작가가 강원 관찰사의 배명을 받아 부임하여 관동팔경과 금강산을 유람하며 자연의 아름다운 경치와 임금에 대한 충성, 그리고 백성에 대한 선정의 포부를 드러내고 있는 작품으로, 다양한 표현 기법을 사용하여 자신이 체험한 바를 생동감 있게 그리고 있다. (나)는 지방의 지역성을 토대로 지형과 풍습을 묘사함으로써 정보 전달에 초점을 두고 있다.

오답풀이

① 관동 지방의 풍물과 관습에 대해 말하고 있는 것은 (나)이다. (가)는 관동 지방의 절경 유람과 연군, 애민의 정에 대해 말하고 있다.

② 관동 지방을 여행하는 모습은 (가)에만 나타난다. (나)는 현지답사를 토대로 지역의 특성을 서술하고 있다.

④ (가)는 (나)와 달리 열거한 대상의 일부를 부각하여 설명하고 있다.

⑤ (가)는 비유적 표현을 사용하여 대상을 묘사하였고, (나)는 답사한 것을 토대로 대상을 설명하고 있다.

18 ⑤ (가)의 화자는 금강산과 관동 팔경을 두루 유람한 후에 아름다운 경치와 그에 대한 느낌을 표현하고 있다. 또한 아름다운 자연의 경관을 노래하면서 연군과 애민의 정서를 드러내며 선정을 베풀겠다는 포부를 다짐하고 있다. 웅장한 자연 속에서 인간의 왜소함을 인식하고 있지는 않다.

TIP 〈관동별곡〉에 나타난 작가의 마음

- **연군지정** : 임금을 그리워하는 마음
- **우국지정** : 나랏일을 걱정하고 근심하는 마음
- **인생무상** : 인생이 덧없음을 깨닫는 마음
- **유교사상** : 임금에 대한 충성과 관직자로서의 포부
- **도교사상** : 신선적 풍모

19 ① (나)는 1문단에서 지리적 위치와 소속 고을에 대해 설명하였고, 2문단에서 자연 경치에 대해, 3문단에서 민풍에 대해 설명하였다.

20 ⑤ [A]에서 '취션'은 '취한 신선'으로 화자 자신을 가리키는 것이므로 스스로에 대한 자긍심이 나타난다고 볼 수 있다. 〈보기〉는 벼슬을 버리고 강호에 노니는 강호한정의 심정을 드러낸 시조로, 화자는 관직 세계의 놀란 물결이 강호에까지 미칠 리 없다면서 자연 속에서 흰 갈매기와 벗하며 살고자 하는 마음을 드러낸다. 임금에 대한 걱정을 나타내고 있지는 않다.

오답풀이

① [A]는 스스로를 신선에 빗대어 자연 속으로 향하는 모습을 나타냈고, 〈보기〉는 관직에서 떠나 자연 속에서 살고자 하는 마음을 나타냈으므로 모두 자연 친화적인 관점을 드러내고 있다고 볼 수 있다.

② [A]와 〈보기〉 모두 '백구(흰 갈매기)'에 감정 이입을 함으로써 자연 친화적인 태도를 드러내고 있다.

③ [A]에서 '바다ᄒᆞᆯ 겻틔 두고'라고 하였으므로 바닷가를 배경으로 하고 있음을 알 수 있고, 〈보기〉에서는 '강산에 말 업시 누엇시니'라고 하였으므로 일반적인 자연을 배경으로 하고 있음을 알 수 있다.

④ [A]에서는 '빅구야'라고 하며 대상에게 말을 건네는 돈호법을, 〈보기〉에서는 '~가'의 어미로 끝내는 설의법을 사용하여 강호한정에 대한 의미를 강조하고 있다.

21 ③ 2문단에서는 동해의 자연 경치를 묘사하면서 산과 바다 사이에 기이하고 훌륭한 경치가 많다고 하였다. 이를 통해 볼 때, '선인(仙人)의 이상한 유적'은 자연과 벗하며 사는 상상 속 인물이 만들어낸 자연 경관을 의미한다고 볼 수 있다. ⓒ은 바위에 새긴 붉은 글씨로, '영랑을 비롯한 무리들이 남쪽으로 향함'이라는 내용을 담고 있다. 이는 ⓐ에서 말하는 유적과 거리가 멀다.

[22~24] 비문학 – 사회

22 ④ 이 글은 출근 시 일반 근로자 사망 사건에 대한 대법원의 판결이 국회의 법 개정의 방향을 좌우하게 된 예를 들면서, 사회권적 기본권에 대한 판결의 내용과 그것이 입법에 끼친 영향에 대해 이야기하고 있다.

23 ② '사안과 연관된 국가의 경제적 수준의 중요도를 판단하는 문제'에 대하여 '다수 의견'은 사회권적 기본권을 실현하는 데 있어서 국가의 경제적 수준에 따른 재원 확보 가능성을 먼저 고려해야 한다고 하였고, '반대 의견'은 경제 수준을 감안하더라도 입법적으로 해결하는 것이 가장 바람직하다고 하였다. '일반 근로자와 공무원의 산재 인정 범위를 서로 다르게 판단하는 문제'에 대하여 '다수 의견'은 공무원과 일반 근로자에 대한 재해 보상법이 법적으로 다른 것을 재정적 부담 규모의 현격한 차이, 보험 주체의 차이와 기여금의 불입 등을 고려한 입법 정책의 차이로 보았다. 그러나 '반대 의견'은 이것이 공무원과 일반 근로자를 불합리하게 차별하는 것으로 보았다.

오답풀이

ㄷ. 4문단에서 '다수 의견과 반대 의견 모두 현재 입법부와 행정부가 출퇴근 재해를 업무상 재해에 포함하려는 절차를 진행하고 있는 점을 높이 평가하고 기대한다는 뜻을 명시적으로 담고 있다.'고 하였으므로 '출퇴근 사고를 근로자의 처지에서 당할 수밖에 없는 재해라고 판단하는 문제'는 ㉠과 ㉡ 간의 쟁점이라고 볼 수 없다.

24 ② 5문단에서 국회와 행정부는 대법원의 기대와 달리 출퇴근 재해에 대해 종전의 입장을 고수하는 데 머물렀을 뿐 아니라 오히려 다수 의견의 판결문을 인용해 법률을 개정했다

고 하였다. 당시 산재보험법에 출퇴근 재해에 대한 명시적인 규정이 없던 것을 제37조에서 '사업주가 제공한 교통수단이나 그에 준하는 교통수단을 이용하는 등 사업주의 지배 관리하에서 출퇴근 중 발생한 사고'를 업무상 재해로 본다고 규정한 것이다. 이는 대법원의 판결에 근거하여 이제껏 애매했던 산재 범위를 분명히 정함으로써 분쟁을 막고자 한 것으로 볼 수 있다.

오답풀이

① 대법원의 기대와 달리 종전의 입장을 고수하는 데 머물렀을 뿐 아니라 좀 더 진전된 해석을 간단히 폐기하고 말았다.
③ 명시적인 규정이 없던 것은 제37조로 명시하여 규정하면서 행정부의 재량권이 축소되었다.
④ 서로 합의하지 못한 부분에 대해 종래의 해석을 답습한 다수 의견을 그대로 받아들였다.
⑤ 반대 의견은 법조문에 반영되지 않았다.

[25~29] 고전 산문

(가) 작자미상, 〈춘향전〉
- **갈래** : 국문 소설, 애정 소설, 판소리계 소설, 염정 소설
- **성격** : 해학적, 풍자적
- **배경** : 조선 후기, 전라도 남원
- **주제** : 신분을 초월한 남녀 간의 사랑(표면적), 신분의 제약을 극복한 인간의 해방(이면적)
- **특징**
  - 해학과 풍자에 의한 골계미가 나타남
  - 서술자의 편집자적 논평이 드러남
  - 판소리의 영향으로 운문체와 산문체가 혼합됨
- **이해와 감상** : 이 작품은 전승 과정에서 판소리로 불리다가 소설로 정착된 판소리계 소설로, 이본(異本)이 120여 종에 이를 정도로 많은 사랑을 받은 우리 민족의 대표적인 고전 소설이다. 작품의 표면적 주제는 남원 부사의 아들 이몽룡과 퇴기 딸 춘향의 신분을 초월한 사랑인데, 그 이면에는 양반과 상민 사이의 신분 차별에 대한 저항 의지가 깔려 있다고 볼 수 있다. 암행어사 출도 부분에는 탐관오리의 횡포에 대해 저항하는 사회적 의식도 드러난다.

(나) 임방, 〈천예록〉
- **갈래** : 야담, 애정 소설
- **주제** : 신분을 초월한 남녀 간의 사랑
- **이해와 감상** : 야담으로 전해지던 것이 후대에 소설로 정착된 것으로, 양반과 천한 기생의 사랑을 다루고 있다는 측면에서 '기녀신분갈등' 유형에 해당하는 작품이다. 애정 지상주의와 신분 상승의 요소를 적절히 섞어 중세적 신분 질서를 부정적으로 보는 독자층의 기대를 충족시키려는 의도가 있는 작품으로 볼 수 있다. '옥소선'은 〈천예록〉에 실려 있는 것으로, 〈천예록〉에는 귀신, 신선, 특이한 사람들이 만들어내는 기이한 이야기들이 소개되어 있다.

25 ③ (가)에서는 재치 있는 표현과 언어유희로 해학적인 분위기를 조성한 반면, (나)에는 해학적인 분위기가 드러나지 않는다.

오답풀이

① (가)는 농부들이 일하는 곳에서 춘향의 집으로, (나)는 서울에서 평양으로의 공간적 배경의 변화가 나타나 있다.
② 사건의 흐름이 시간에 따라 순차적으로 진행되고 있다.
④ (가)는 춘향과 이몽룡의 사랑을 주제로, (나)는 생과 자란의 사랑을 주제로 사건이 전개된다.
⑤ (가)에서는 '이몽룡'에게 (나)에서는 '생'에게 초점을 맞추어 사건을 진행하고 있다.

26 ⑤ (가)는 이몽룡이 장원 급제하여 암행어사가 된 후, 걸인행색을 하고 남원으로 왔다가 춘향의 모를 만나는 과정을 보여주고 있다. 춘향의 모는 걸인행색을 한 이몽룡을 보고 놀라하지만, 극적 반전을 통해 사건을 마무리하고 있지는 않다.

오답풀이

① 4 · 4조 중심의 운문체 어투로 문장이 리듬감 있게 구성되어 있다.
② 걸인행색을 한 이몽룡의 외양에 대한 묘사가 나타나 있다.
③ 농부의 말 속에 비속어가 사용되고 있다.
④ 이몽룡과 춘향 모의 대화를 통해 춘향 모의 심리가 드러나고 있다.

27 ④ ㉮는 농부의 말을 들은 이몽룡의 반응으로, 춘향에 대한 인식과 여론에 대해 안도하는 한편, 그런 춘향을 버리고 간 자신에 대한 안 좋은 평판에 멋쩍어 하고 있다.

오답풀이

① 농부의 말이 모두 사리에 맞다고 여기지만, 멋쩍어 할 뿐 반박할 수 없음에 애태우고 있는 것은 아니다.
② 사또의 위세에 눌리고 있는 모습을 나타내는 것은 아니다.
③ 농부의 말을 통해 춘향이 처한 상황을 깨닫고 안도하였을 뿐, 농부에게 멸시를 당했다고 여겨 분노하고 있지는 않다.
⑤ 상황을 모면하고자 한 말이 아니다.

28 ③ 'ⓐ 춘향의 모'는 춘향과 이몽룡의 관계를, 'ⓑ 그 어미(자란의 모)'는 자란과 생의 관계를 염두에 두고 상대방을 대하고 있다.

오답풀이

① ⓐ는 상대방을 인식한 후, 상대방에 대한 태도가 변하였지만 ⓑ는 상대방을 인식한 후에도 상대방에 대한 태도에 변함이 없었다.

② ⓐ와 ⓑ는 인물 사이에 직접적으로 개입하여 인물 간 갈등을 해소하는 역할을 하고 있지 않다.

④ 걸인이 되어 돌아온 이몽룡을 보고 기가 막혀 하는 것으로 보아 ⓐ는 상대방에 대한 기대가 높았고, 생을 대하는 태도로 보아 ⓑ는 상대방에 대한 기대가 낮았음을 알 수 있다.

⑤ '수원수구를 할까마는 내 딸 춘향 어쩔남나.'라고 한 것으로 보아, ⓐ는 누구를 원망하거나 탓할 것 없이 딸 춘향을 걱정하는 마음을 앞세우고 있다. ⓑ는 자란을 찾아온 생에게 자란의 상황을 설명하며 생을 딱하게 여기고 있다. 자신의 상황을 회피한다고 볼 수는 없다.

29 ③ 'ⓒ 털모자'는 '생'이 평양으로 향하기에 앞서 챙겨 입은 것으로, 명주옷, 가죽신과 함께 귀한 신분과 부유함을 상징한다. 이와 반대로 나머지 ㉠, ㉡, ㉣, ㉤은 모두 굶주림과 고단함, 고생을 상징한다.

[30~32] 비문학 – 사회

30 ⑤ 폭력적 세계와 비폭력적 세계를 보여주는 것이 아니라, 폭력적 세계에서 살아가고 있는 폭력적 성향의 인물(크리스티안)과 비폭력적 성향의 인물(안톤). 이 두 세계를 보여주고 있는 것이다.

오답풀이

① 엘리아스의 학교가 폭력의 시작이고, 크리스티안의 폭력이 폭력의 결과임을 보여 주고 있다.

② 안톤의 비폭력이 정당하다는 것을 암시하면서 끝맺지만, 폭력으로 인한 엘리아스의 비참함과 안톤의 무력감, 아이들의 울분과 같은 문제들을 그냥 참고 넘길 수 있는가에 대한 문제가 남는다. 또한 폭력을 징치하는 사회의 제도마저 폭력이 될 수 있다는 의문점이 제기된다.

③ 엘리아스의 동생이 또래 아이와 사소한 시비가 붙게 되고, 이어 또래 아이의 아버지가 등장해 안톤에게 더 큰 폭력을 휘두르는 과정이 제시된다.

④ 폭력적 상황에서, 폭력에 대응하는 강력한 폭력을 휘두르는 크리스티안과, 폭력에 맞서지 않고 비폭력으로 대응하는 안톤의 상반된 대처 방식을 보여 주고 있다.

31 ① 지역 군벌의 우두머리가 폭력을 반복하면서, 비폭력을 주장해왔던 안톤은 그러한 폭력의 상황 속에서 딱히 대책이 없는 자신의 모습에 대하여 회의를 느꼈을 것이다. 그러나 비폭력적 대응이 피해자를 방관하고자 한 것은 아니며, 이로 인해 회의를 느꼈다고 볼 수 없다.

②·③·④·⑤ 모두 비폭력에 대한 소신으로 안톤이 느꼈을 회의로 볼 수 있다.

32 ① 엘리아스는 학교 폭력으로 고통을 당해 왔을 뿐, 그러한 경험이 비폭력의 중요성을 깨닫게 해준 것은 아니다.

오답풀이

② 크리스티안은 엘리아스를 돕고자 엘리아스를 괴롭힌 학생들에게 폭력을 휘둘러 승리를 거둔 듯 보였지만, 이는 폭력에 대응하기 위해서는 그보다 더 큰 폭력을 가해야만 한다는 인식을 가져다주었다고 볼 수 있다.

③ 폭력을 폭력으로 대처하는 것은 모두에게 파멸을 가져다주는 잘못된 방식이므로 우리가 지양해야 할 대처 방식이다.

④ 엘리아스가 당한 폭력에 대한 크리스티안과 안톤의 대처는 모두 개인적 차원의 대처 방식이므로, 사회적 차원의 대처 방식에 대한 논의도 필요하다고 볼 수 있다.

⑤ 안톤은 폭력으로서 복수를 다짐하다가 실패한 크리스티안을 포용함으로써 비폭력이 모든 문제를 해결하지는 못하지만 그래도 그 방향으로 나아가야 함을 보여준다.

[33~37] 현대 시

(가) 서정주, 〈자화상〉

- **갈래** : 자유시, 서정시
- **성격** : 고백적, 회고적, 상징적
- **제재** : 자화상(유소년기의 경험)
- **주제** : 과거에 대한 성찰과 치열한 삶의 의지
- **특징**
  - 고백적 어조와 직설적 표현을 혼용함
  - 자신의 삶을 성찰하면서 동시에 강한 삶의 의지를 드러냄
- **이해와 감상** : 시인이 23세 되던 해에 지은 작품으로, 역사적 변혁기에 고난과 시련의 삶을 살아온 자신의 인생을 회고하면서 그러한 고난을 강렬한 생명력으로 승화시키고자 하는 의지를 표명한 작품이다. 시적 화자는 봉건적이고 부정적인 사회 현실 속에 매몰되지 않고 그러한 사회와 대결하고자 하는 강한 저항의지를 표출하고 있다.

(나) 윤동주, 〈쉽게 씌여진 시〉

- **갈래** : 자유시, 서정시
- **성격** : 고백적, 반성적, 의지적, 미래지향적
- **제재** : 어두운 현실 속의 무기력한 삶
- **주제** : 현실의 고뇌와 자기 성찰을 통한 극복 의지

- 특징
  - 고백적 어조를 통해 자기 성찰과 극복 의지를 보여줌
  - '밝음'과 '어둠'의 시각적 이미지를 대비시켜 부정적 현실과 그 극복의지를 부각시킴
  - 시행을 바꾸어 반복함으로써 현실 상황에 대한 화자의 인식을 보여줌
- **이해와 감상** : 이 시는 윤동주가 일본 유학 중에 쓴 것으로, 어두운 시대 현실에 대한 고뇌와 자신에 대한 부끄러움, 그리고 그 부끄러움을 미래에 대한 희망과 의지로 극복하고자 하는 마음이 잘 드러나 있는 시이다. 시적 화자는 식민지 지식인으로서, 나라를 빼앗긴 채 현실에 안주하여 무기력한 삶을 살고 있음을 인식하고 부끄러워한다. 그리고 이 '부끄러움'을 통하여 '시대처럼 올 아침'을 생각하고 '등불'로서 '어둠'을 몰아내고자 하는 실천적 지식인으로 거듭난다. 이에 악수를 통해 무기력한 자아를 떨쳐내고자 하는 내면적 자아의 갈등을 해소하고 미래의 의지와 희망을 내비춘다.

(다) 김광균, 〈노신〉

- **갈래** : 자유시, 서정시
- **성격** : 고백적, 의지적, 상징적
- **제재** : 가난한 현실과 노신
- **주제** : 현실과 이상 사이에서의 갈등과 그 극복 의지
- 특징
  - 현실 공간과 상상 공간의 이중 구조를 보임
  - 화자의 내면의 갈등과 고뇌를 담담한 어조로 표현함
  - 자신의 상황을 중국의 문인 노신과 동일시함으로써 인식 전환의 계기를 마련함
- **이해와 감상** : 이 시는 시인으로서의 신념과 생계에 대한 책임이 충돌하여 갈등하는 화자의 내면을 보여준다. 시적 화자는 잠든 가족의 모습을 보며 고통을 가해 오는 생계의 부담에 괴로워하고, 비굴한 삶을 생각하지 않고 지조를 지키기를 원하고 있다는 점에서 현실 공간과 상상의 공간의 이중구조를 보이고 있다. 이러한 현실과 이상 사이에서 갈등하는 화자의 고뇌를 담담한 어조로 그리고 있으며, 참신한 비유를 통한 이미지 제시와 현실에서 느끼는 감회에 대한 진솔한 표현이 나타나 있다. 또한 화자는 가난하지만 한평생 신념을 지키며 살아간 중국 문인 '노신'의 삶을 떠올리며 노신과 자신을 동일시함으로써 인식 전환의 계기를 맞이하고 고뇌에서 벗어나고자 하는 의지를 다지게 된다.

33 ⑤ (다)에는 '여기 하나의 상심(傷心)한 사람이 있다.'와 '여기 하나의 굳세게 살아온 인생이 있다.'의 두 행에서 대구적 표현이 드러나고, 이는 시인의 처지를 드러낸다. (나)에는 대구적 표현이 드러나지 않는다.

오답풀이

① (가)에서 '손톱이 까만 에미의 아들', '시의 이슬', '몇 방울의 피', '병든 수캐' 등의 상징적인 시어와 화자의 모습을 빗댄 표현을 통해 화자 자신의 모습을 그리고 있다.

② (나)에서 화자는 '나는 무얼 바라 / 나는 다만 홀로 침전하는 것일까?'라고 하며 의문의 형식으로 자신의 고뇌를 토로하고 있다.

③ (다)에서 '노신이여'라고 하며 화자에게 등불과 같은 존재인 노신을 부르는 돈호법을 사용하여 시적 감정을 드러냈고, '먹고 산다는 것 / 너는 언제까지 나를 쫓아오느냐'라고 하며 '힘겨운 생계'를 의인화하여 표현함으로써 시적 감정을 드러냈다.

④ (가)의 화자는 단정적이고 솔직한 어조로 힘겹게 살아온 자신의 삶을 회고하며 성찰하고 있으며, (나)의 화자는 차분하고 고백적인 어조로 자아성찰과 현실 극복의지를 드러내고 있다.

34 ④ (나)에서는 '인생은 살기 어렵다는데 / 시가 이렇게 쉽게 씌여지는 것은'이라고 하였고, (다)에서는 '시(時)를 믿고 어떻게 살아가나'라고 하였다. 이를 통해 (나)와 (다)는 시에 대한 의구심을 바탕으로 시상을 전개하고 있음을 알 수 있다. 그러나 (가)에서는 이러한 부분을 찾아볼 수 없다.

35 ④ (다)에서 화자는 경제적으로 궁핍하여 힘겨운 삶을 살고 있지만, 항일 투쟁에 나섰다가 일본에 쫓기는 삶을 살았던 노신을 생각하며 어려움을 극복하고 굳은 의지로 흔들리는 마음을 다잡고 있다. 노신을 본받아 생활고에서 벗어나려 하고 있지 않다.

36 ② '바람'은 고난과 시련으로 점철된 '부정적인 현실'을 의미한다. 그런데 '어매는 달을 두고 풋살구가 꼭 하나만 먹고 싶다 하였으나'라는 구절을 통해 '풋살구'를 지향하는 바, 소망, 이상 등으로 해석할 수 있다. ㉠, ㉡, ㉢, ㉣은 모두 화자가 처한 고된 현실을 의미한다.

37 ⑤ '등불'은 새 시대를 향한 노력과 극복 의지이고, '아침'은 '어둠'과 대립되는 이미지로, 개인적 번민으로부터의 해방 혹은 새로운 시대를 의미한다. 또한 '최후의 나'는 굳은 의지를 지닌 또 다른 시적 자아를 가리킨다. 이 시적 자아는 어두운 시대에 적극적으로 맞서지는 못하지만 굳은 의지와

희망을 간직하고 있음을 알 수 있다.

오답풀이

① 부정적인 현실이 절정에 달한 상태에서 자기정화와 새로운 시대를 위한 노력을 다짐하고 있는 것이다.
② 불의와 맞서지 못했던 부끄러운 자신의 과거를 떠올리며 최후의 노력을 기울이고 있는 것이다.
③ 희망적인 자세로 시대처럼 올 아침을 기다리는 모습이다.
④ 부끄러웠던 지난날을 깨우치고 새롭게 의지를 다지는 모습이다.

[38~41] 비문학 – 인문

38 ② 2문단을 통해 비트겐슈타인은 가치에 관한 실재론을 부정했음을 알 수 있다. 그는 경험주의를 바탕으로 사실에서 가치가 직접 검증되거나 추론될 수 없다고 밝힘으로써 가치의 존재성을 부정하였다.

오답풀이

① 1문단에서 플라톤은 현상계에는 가치의 객관성이 존재하지 않으므로 가치의 실재함을 입증하기 위해 이데아의 세계를 구상하게 된다고 하였다.
③ 2문단에서 논리실증주의자들은 경험주의에 바탕을 두고 있는데, 경험주의자들은 사실과 가치를 엄격히 구분하는 데서 논의를 시작했다고 하였다.
④ 3문단에서 퍼트남은 "가치와 규범을 벗어나서는 어떤 사실에 대한 판단도 불가능하다."라고 말하면서 '사실의 가치 의존성'이라는 명제를 제시한다고 하였다.
⑤ 4문단에서 존 설은 "가치 명제를 보조 전제로 도입해야만 사실 명제에서 가치 명제를 도출할 수 있다."라는 논리실증주의자들의 주장을 비판했다고 하였다. 이는 사실과 가치 사이의 상관성을 부정하는 견해를 논박한 것이다.

39 ③ 이 글은 가치의 실재론적 철학에 대한 여러 이론에 대하여, 반론하는 입장(논리실증주의자)과, 이를 재반론 하는 입장(퍼트남, 존 설)을 제시하면서 글을 전개해나가고 있다.

오답풀이

① 다양한 관점들을 제시하고 새로운 관점으로 논의할 필요성을 제시할 뿐, 여러 사실을 종합하는 귀납적인 방법으로 주장을 제시하고 있지 않다.
② 그동안의 이론들을 긍정적으로 검토하여 최종 결론을 내린 것이 아니라 그동안의 이론들을 통해 더 깊은 차원의 논의가 필요함을 주장하고 있다.
④ 논의의 흐름을 반론과 재반론 식으로 전개하고 있는 것이지, 연대순으로 소개하고 있는 것은 아니다.
⑤ 논제에 대한 다양한 관점들을 제시하고 있는 것이지, 논제를 논하는 큰 원칙을 제시하고 세부 사항들을 분석하고 있는 것은 아니다.

40 ③ ㄱ~ㅁ은 가치 평가와 관련된 진술이나 도덕적 원리가 개입하지 않고서도 사실 명제에서 가치 명제가 나오는 한 사례로, 평가적 진술 없이 사실 명제에서 가치 명제가 도출되는 과정을 보여 준다.

오답풀이

① ㄱ은 사실 명제에 해당한다.
② 사실 명제를 긍정적으로 판단하면 가치 명제로 바뀌는 것이 아니라, 사실 명제가 자연스럽게 가치 명제를 도출해낼 수 있다는 것을 보여 준다.
④ ㄹ은 ㄱ~ㄷ으로부터 직접 추론된 가치 명제이다.
⑤ 경험주의자의 논리에 따르면 가치 문장이 사실 문장에서 직접 추론될 수 없으므로, ㄷ~ㅁ은 가치 명제가 사실 명제로 전환된 것이라고 볼 수 없다.

41 ⑤ 마지막 문단에서 '우리는 사실 명제와 가치 명제를 판단하는 것이 문장 자체로만 이루어질 수 없으며, 그 문장을 둘러싼 상황과 맥락, 나아가 그 문장의 사용자가 지닌 목적과 의도 등을 포괄할 수밖에 없다는 점을 이해할 수 있다.'고 하였으므로 실재성에 대한 새로운 관점의 내용은 ⑤가 된다.

[42~45] 현대 소설

조세희, 〈뫼비우스의 띠〉
- **갈래** : 단편 소설, 액자 소설, 연작 소설, 모더니즘 소설
- **성격** : 사회비판적, 고발적
- **배경** : 1970년대, 도시 재개발 지역
- **시점** : 외부 이야기 – 3인칭 관찰자 시점 / 내부 이야기 – 전지적 작가 시점
- **주제** : 산업화의 과정에서 인간의 가치가 소외되는 사회 현실, 사물에 대한 고정 관념 경고
- **이해와 감상** : 이 작품은 조세희의 연작 소설 '난쟁이가 쏘아 올린 작은 공'의 12편 중 첫 번째 작품이다. 다른 연작과 달리 작품의 내용이 수학 교사가 학생들에게 이야기하는 과정 속에 제시되는 액자 소설의 형태를 보여 준다는 점에서 특징적이다. 1970년대의 사회 구조적인 현실을 작가는 수학 교사를 통해 제시하고 있다.

42 ④ 사나이에게 사기를 당하고, 그에게 보복을 하고자 하는 꼽추와 앉은뱅이의 행위와 대화를 짧은 문장으로 서술하여

사건의 긴장감을 높이고 있다.

오답풀이

① 작중 인물이 아닌 전지적 작가 시점에서 사건이 서술되고 있다.
② 앉은뱅이와 사나이의 갈등 상황이 드러나고 있지만, 인물의 심리 변화가 세밀하게 서술되고 있는 것은 아니다.
③ 인물 자체가 상징성을 지니고 있는 것은 맞지만, 서술 방식에 있어서 비유와 상징을 활용하여 사건의 정황을 압축적으로 서술한 것은 아니다.
⑤ 전지적 작가 시점에서 인물의 행위와 심리가 묘사되고 있지만, 편집자적 논평을 가하여 인물의 선악 판단을 유도하고 있지는 않다.

43 ④ ㉠, ㉡, ㉢, ㉤은 앉은뱅이가 한 말이고, ㉣은 꼽추가 한 말이다.

44 ⑤ 주도적으로 중심 사건을 이끌고 있는 인물은 앉은뱅이이다. 앉은뱅이는 부동산 업자로부터 사기당한 돈을 돌려받기 위해 부동산 업자를 납치하여 목적을 달성한 뒤, 차와 함께 불태워 버린다. 꼽추는 돈을 돌려받기 위해 앉은뱅이와 함께 행동하지만, 앉은뱅이의 잔혹한 행동을 보고 그를 떠나기로 결심한다.

오답풀이

① 앉은뱅이와 꼽추는 사나이에게서 함께 돈을 되찾는 과정에서 서로 도우며 동료 의식을 드러낸다.
② 사나이를 죽인 후 "모터가 달린 자전거를 사야 돼. 그 다음에 강냉이 기계를 사야지."라고 하는 앉은뱅이의 말을 통해 그가 강냉이 기계를 사서 생활할 계획을 구체적으로 세워 놓고 있음을 알 수 있다.
③ 사나이는 앉은뱅이와 꼽추를 속여 입주권을 헐값에 팔게 하였다.
④ 꼽추는 "내가 무서워하는 것은 자네의 마음이야"라고 하며 자신이 저지른 일에 대하여 죄책감을 느끼지 못하는 앉은뱅이의 행위가 잘못되었음을 꼬집는다.

45 ④ 〈보기〉를 근거로 소설의 제목인 '뫼비우스의 띠'의 의미를 이야기에 적용해보면, 앉은뱅이와 꼽추는 피해자가 될 수도, 가해자가 될 수도 있다. 자신들의 돈을 되찾기 위해 사람을 죽인 행위는 분명히 범죄이고 잘못된 행위이다. 그러나 앉은뱅이는 그러한 행위를 정당화하며 여전히 자신을 피해자라고만 생각하여 죄책감을 전혀 느끼지 못하였다. 따라서 꼽추가 무서워하는 것은, 죄책감을 느끼지 않는 앉은뱅이의 마음이라고 볼 수 있다.

2016학년도 기출문제 정답 및 해설

제1교시 국어영역

01 ②	02 ④	03 ⑤	04 ②	05 ①	06 ④
07 ③	08 ①	09 ①	10 ②	11 ⑤	12 ⑤
13 ④	14 ⑤	15 ⑤	16 ⑤	17 ⑤	18 ③
19 ④	20 ①	21 ④	22 ⑤	23 ②	24 ③
25 ④	26 ⑤	27 ③	28 ②	29 ④	30 ①
31 ③	32 ②	33 ③	34 ①	35 ④	36 ③
37 ④	38 ②	39 ①	40 ③	41 ②	42 ⑤
43 ④	44 ②	45 ③ 또는 ④			

01 ② '깃들다'는 '아늑하게 서려 들다'는 뜻으로, '어둠이 깃들다'는 어법상 자연스러운 문장이다.

예 거리에는 어느새 황혼이 깃들었다.
꽃이 피어 화단에 봄기운이 깃들어 있었다.
마을에 살며시 깃드는 달큼한 향기가 그리웠다.

오답풀이

① '발차하다'는 자동차, 기차, 전동차 따위가 떠나다는 뜻으로, 기차(汽車)와 발차(發車)가 중복되므로 기차가 '떠날' 또는 '출발할' 등으로 고쳐 써야 옳다.

③ '눈에 띄게 달라졌다'가 바른 표현으로, '띄다'는 '다른 것보다 훨씬 두드러지다'라는 뜻이다.

④ 문장 전체의 주어인 '꼭대기가 평평하게 되어 있는 산지인 고원은'과 서술어인 '고원이 있다'가 서로 호응이 되지 않아 어색한 문장이다.

⑤ '마을에 이주한 후'가 아니라 '마을로 이주한 후'로 고쳐 써야 옳다. '–에'는 앞말이 처소의 부사어임을 나타내는 격조사이고, '–로'는 움직임의 방향을 나타내는 격조사이다. 또한 '죄인은 다스릴'에는 목적어에 해당하는 문장 성분이 빠져 있으므로 '그를 죄인으로 다스릴'이라고 고쳐 써야 옳다.

02 ④ '결제하다'의 주체가 상대방 즉, 고객이므로, 주체 높임 선어말 어미 '–시'를 사용하여 행위자를 높인 것은 바른 표현이다.

오답풀이

① '예쁘다'의 주체가 옷이므로, 높임의 대상이 되지 못한다.

② '–ㄹ게'는 어떤 행동을 할 것을 약속하는 뜻을 나타내는 종결어미로, 이를 자신의 행동에 대하여 쓰는 것은 자연스럽지만, 상대방의 행동에 대하여 쓰는 것은 어색하다.

③ '도착하다'의 주체가 상품이므로, 높임의 대상이 되지 못한다.

⑤ '제공하다'의 주체가 발화자이므로 높임법을 사용할 필요가 없으며, 높임법을 사용한다면 객체 높임법을 사용하여 '제공해 드립니다.'라고 써야 옳다.

03 ⑤ 쳇바퀴[체빠퀴/첻바퀴], 머리말[머리말], 댓잎[댄닙]

'머리말'은 순우리말 '머리'와 순우리말 체'말'로 된 합성어인데, [머리말]과 같이 표기 그대로 발음되므로 사이시옷을 받치어 적지 않는다.

오답풀이

① 나뭇가지[나무까지/나묻까지], 아랫마을[아랜마을], 두렛일[두렌닐]

② 볏가리[벼까리/볃까리], 뒷머리[뒨:머리], 뒷입맛[뒨:님맏]

③ 아랫집[아래찝/아랟찝], 잇몸[인몸], 나뭇잎[나문닙]

④ 조갯살[조개쌀/조갣쌀], 텃마당[턴마당], 베갯잇[베갠닏]

04 ② 앞말이 행동이 이루어지고 있는 처소의 부사어임을 나타내는 부사격 조사이다.

예 우리는 아침에 도서관에서 만나기로 하였다.
가게 앞에서 사람들이 싸우고 있었다.
이 물건은 시장에서 사 왔다.

①, ③, ④, ⑤ : 단체를 나타내는 명사 뒤에 붙어 앞말이 주어임을 나타내는 주격 조사이다.

05 ① 외래어표기법 제1장 제4항의 '파열음 표기에는 된소리를 쓰지 않는 것을 원칙으로 한다.'라는 규정에 따른 것으로, 외래어를 발음할 때 [p, t, k], [b, d, g]가 된소리에 가깝게 발음이 되더라도 된소리로 적지 않아야 한다는 규정이다. 즉, 외국어의 파열음에 가장 가깝게 적는 방법은 유성 파열음 [b, d, g]와 무성 파열음 [p, t, k]를 각각 [ㅂ, ㄷ, ㄱ]과 [ㅍ, ㅌ, ㅋ]으로 적되, 된소리 글자의 파열음은 된소리로 적지 않는다.

오답풀이

② 외래어 표기법의 예외 규정에 해당되지 않는다.

③ 외래어 표기법 제1장 5항의 "이미 굳어진 외래어는 관용을 존중하되 그 범위와 용례는 따로 정하도록 한다(예 : 라디오, 바나나 등)"는 규정이 있으나, '버스'와 '서비스'는 이에 해당되지 않는다.

④ 제시된 단어들인 '버스'와 '서비스'에는 받침이 없다.

⑤ 된소리 표기는 새로운 글자나 부호가 아니다.

06 ④ 'ㄹ'은 모음 앞에서는 'r'로, 자음 앞이나 어말에서는 'l'로 적되 'ㄹㄹ'은 'll'로 적으므로 '울릉(Ulleung)'은 바른 표기이다.

오답풀이

① **옥천** Ogcheon → Okcheon : 'ㄱ, ㄷ, ㅂ'은 어말이나 자음 앞에서는 'k, t, p'로 적는다.

② **백암** Paegam → Baegam : 'ㄱ, ㄷ, ㅂ'은 어두나 모음 앞에서 'g, d, b'로 적는다.

③ **설악[서락]** Seolak → Seorak : 'ㄹ'은 모음 앞에서는 'r'로 적는다.

⑤ **대관령[대:괄령]** Daegwanlyeong → Daegwallyeong : 'ㄹ'은 자음 앞이나 어말에서는 'l'로 적되, 'ㄹㄹ'은 'll'로 적는다.

07 ③ 〈보기〉의 '한 이치'는 음운론적 이형태를 말하는데, 이는 하나의 형태소가 다른 음운 환경에서 다른 형태를 갖고 있는 것을 말하는 것으로 앞 음절의 받침 유무나 앞 음절의 모음이 양성 모음이냐 음성 모음이냐에 따라 그 뒤에 오는 형태소가 달라진다.

예 • **-이/가** : 자음+이 / 모음+가
• **-을/를** : 자음+을 / 모음+를
• **-로/으로** : 자음+으로 / 모음+로
• **-어라/아라** : 양성모음+아라 / 음성모음+어라

오답풀이

① '-은'과 '-는'은 조사가 아니라 관형형 어미이므로 음운론적 이형태에 해당되지 않는다.

• **'-은'** : 앞말이 관형어 구실을 하게 하고 동작이 과거에 이루어졌음을 나타내는 어미
• **'-는'** : 앞말이 관형어 구실을 하게 하고 이야기하는 시점에서 볼 때 사건이나 행위가 현재 일어남을 나타내는 어미

② '-었'과 '-겠'은 선어말 어미로 음운론적 이형태에 해당되지 않는다.

• **'-었'** : 과거 시제 선어말 어미
• **'-겠'** : 미래 시제 선어말 어미

④ '-다'와 '-자'는 종결 어미로 음운론적 이형태에 해당되지 않는다.

• **'-다'** : 평서형 종결 어미
• **'-자'** : 청유형 종결 어미

⑤ '-고'와 '-며'는 연결형 어미로 음운론적 이형태에 해당되지 않는다.

• **'-고'** : 대등한 관계의 연결 어미
• **'-며'** : 대등하지 않은 관계의 연결 어미

08 ① ㉠ **재고(再考)** : 어떤 일이나 문제 따위에 대하여 다시 생각함
㉡ **성찰(省察)** : 자기의 마음을 반성하고 살핌

오답풀이

② ㉠ **숙고(熟考)** : 곰곰이 잘 생각함
㉡ **관찰(觀察)** : 사물이나 현상을 주의하여 자세히 살펴봄

③ ㉠ **장고(長考)** : 오랫동안 깊이 생각함
㉡ **감찰(監察)** : 단체의 규율과 구성원의 행동을 감독하여 살핌

④ ㉠ **사고(思考)** : 생각하고 궁리함
㉡ **시찰(視察)** : 두루 돌아다니며 실지의 사정을 살핌

⑤ ㉠ **회고(回顧)** : 지나간 일을 돌이켜 생각함
㉡ **진찰(診察)** : 의사가 여러 가지 방법으로 환자의 병이나 증상을 살핌

09 ① ㉢의 '이런 입장'이란 차별적인 말을 바꾸는 것은 사소한 일이며 '언어가 언어일 뿐'이라는 입장이므로, 실물이 아닌 언어로써의 막대기와 돌은 아무런 해가 되지 않는다고 보는 견해이다.

10 ② '아니'는 부정이나 반대의 뜻을 나타내는 부정 부사로, 중세 국어와 현대 국어에서 모두 그 형태와 의미가 동일하다.

오답풀이

① **불휘** : 현대어의 '뿌리'와 그 형태가 다르다.

③ **곶** : 현대어의 '꽃'과 그 형태가 다르다.

④ **됴코** : 현대어의 '좋고'와 그 형태가 다르다.

⑤ **여름** : 현대어의 '열매'와 형태가 다르며, 현대어의 '여름'과 의미가 다르다.

11 ⑤ 문장 구조가 '~하기 위해서는 ~해야 한다'이므로, 주어와 서술어가 서로 호응하기 위해 '~정성을 쏟아야 한다' 또는 '~정성을 쏟아야 하는 것이다'로 고쳐 써야 옳다.

오답풀이

① 물이 주어가 아니고 물을 주는 행위자인 사람(생략)이 주어이며, 물은 타동사 '주다'의 목적어이므로 '물을'로 고치는 것이 올바르다.
② 꽃에 물을 주는 방법에 대해 서술하고 있으므로, 통풍의 중요성에 대해 언급하는 것은 글의 통일성을 깨뜨리므로 삭제하는 것이 좋다.
③ 앞 문장에서 이쑤시개가 1cm 이상 젖어 있다면 뿌리가 흡수할 수 있는 수분이 있다는 표시라고 했으므로, '이상이면'을 '미만이면'으로 고치는 것이 옳다.
④ 앞뒤 문장의 내용이 서로 반대이므로 역접의 관계를 나타내는 접속사 '하지만'으로 바꾸는 것이 올바르다.

12 ⑤ ㉤의 'SNS(소셜 네트워크 서비스)를 통한 위험 경고'는 자연 재해 피해자의 구호 방안이 아니라 자연 재해의 예방법에 해당되므로 Ⅱ-2의 하위 항목으로 옮기는 것이 올바르다.

오답풀이

① ㉠은 자연 재해의 종류에 해당하므로 지하철 사고, 선박 침몰 사고 등의 교통 재해는 이에 포함되지 않는다.
② ㉡의 생물 재해는 주제에서 벗어나거나, '지변 재해'와 중복되지 않으므로 생략해서는 안 된다.
③ 하위 항목들이 '자연 재해 피해자에 대한 구호 방안'의 내용에 알맞으므로, '자연 재해를 예방하기 위한 실천 방안'으로 바꾸는 것은 옳지 않다.
④ 상위 항목이 '자연 재해 피해자에 대한 구호 방안'이므로 '구호 단체에 대한 감독 철저'는 그 내용과 무관하여 바꾸는 것이 옳지 않다.

13 ④ • **대구를 이루게 할 것** : '오늘 ~가 된다면, 언젠가 ~이 될 것입니다'와 같이 앞뒤의 문장이 유사한 구조를 반복함으로써 대구를 이루고 있다.
• **비유적 표현이 들어갈 것** : '기부가 갈증을 달래는 생명수'와 '봉사가 당신의 어둠을 밝히는 등불'이라는 은유법을 사용하였다.
• **구체적인 실천 방안을 제시할 것** : '기부'와 '봉사'라고 하는 구체적인 실천 방안을 제시하고 있다.

오답풀이

① 대구법이 사용되지 않았다.
② 대구법과 비유적 표현이 사용되지 않았다.
③ 구체적인 실천 방안이 제시되어 있지 않다.
⑤ 구체적인 실천 방안이 제시되어 있지 않다.

14 ⑤ 인간이 사물에 대한 차원을 실제와 근접하게 표현하기 위해서는 그 사물이 지니고 있는 고유한 세부 정보에 관심을 기울여야 하지만, 실제로는 차원이 높은 원래의 대상으로부터 정보를 삭감하여 낮은 차원으로 표현한다. 그러므로 마지막 문단에서 밝힌 것처럼 우리에게 꼭 필요한 것은 더 적은 정보일 수 있으며, 중요한 정보를 취하고 세부를 무시하는 것은 사람들이 일상에서 행하는, 일종의 실용적 데이터 조작으로 많은 양의 정보를 다루는 방식일 따름이다. 따라서 ⑤는 위 글의 내용과 부합되지 않는다.

15 ⑤ 본문에서 차원이 늘어난다는 것은 완전히 다른 방향으로 움직일 수 있는 자유가 생긴다는 뜻이라고 하였으므로, ㉠의 '다른 방향'이란 각각의 차원이 서로 영향을 미치지 않는 독립적인 방향을 의미한다.

16 ⑤ 엑스선 단층 촬영 사진은 2차원의 면에 해당하고, 그 사진들을 순서대로 포갠 것은 2차원의 면을 조합한 것이며, 환자의 영상을 입체적으로 재현한 것은 3차원 물체로 재구성한 것이다.

오답풀이

① 3차원에 관한 정보를 3차원으로 표현한 것이다.
②, ③, ④는 3차원에 대한 정보를 2차원으로 표현한 것이다.

17 ⑤ (가)는 호미와 낫에 비유하여 어머님의 사랑을 얘기하고, (나)는 부모님의 은덕에 감사하고, (다)는 돌아가신 부모님을 회상하고 그리워하고 있다. 그러므로 세 작품 모두 부모의 사랑이나 은덕에 대해 생각하게 하는 글이다.

오답풀이

① 자식에 대한 부모의 차별적인 태도를 슬퍼하는 작품은 없다.
② 부모의 은혜에 대해 보답할 것을 당부하고 있는 작품은 (나)이다.
③ 돌아가신 부모에 대한 그리움을 표현하고 있는 작품은 (다)이다.
④ 부모를 위해 공덕을 쌓을 것을 강조한 작품은 없다.

18 ③ (나)와 (다) 모두 비슷한 문장 구조를 사용한 대구법으로 의미를 심화하고 있다.

〈대구법의 사용 예〉

(나) : '아바님 날 나흐시고 어마님 날 기 시니'
(다) : '태산같이 노픈 덕과 하해같이 기픈 정을 어이 하야 이즈리오'
(다) : '산화(山花)는 홍금(紅錦)이오 세류(細流)는 청사(靑絲)로다'

오답풀이

① (나)와 (다) 모두 화자가 청자보다 우위에 서서 명령형 어미를 사용하여 부모의 사랑과 은덕에 대해 조언하듯이 얘기하고 있다.

② (나)에서는 '디나간 후면 애돏다 엇디ᄒᆞ리'에서 (다)에서는 '슬프도다 우리 부모~'의 반복 어구를 통해 부모에 대한 애달픈 심정을 말하고 있다.

④ (다)에서는 '정월이라 십오 일에 완월(玩月)하는 소년들아' 라고 첫 문장에서 청자의 대상을 지적하여 구체적으로 밝히고 있다.

⑤ (다)는 월령체 형식으로 '그 달 그믐 다 지나고 삼월이라 삼진날에'하고 시간의 흐름을 구체적으로 표현하고 있다.

19 ④ 글의 중간에 '위 덩더둥셩'이라는 조음구를 사용하고 있지만, 분위기를 반전시키기 위한 것이라기보다는 운율을 형성하기 위해 아무런 의미 없이 사용한 여음구에 해당한다.

오답풀이

① '-마ᄅᆞᄂᆞᆫ', '-세라'와 같이 동일한 어미를 반복하여 운율을 형성하고 있다.

② 호미와 낫에 비유한 대비적인 구도를 통해 아버지보다 어머니의 사랑을 부각시키고 있다.

③ '아소 님하'와 같은 감탄 어구를 통해 화자의 애틋한 정서를 표출하고 있다.

⑤ 호미와 낫과 같은 일상적인 도구를 비유하여 아버지와 어머니의 사랑을 표현하고 있다.

20 ① (나)는 호미와 낫에 비유하여 아버지보다 어머니의 사랑을 예찬하고 있지만, 역설적으로 '아소 님하'라는 감탄사를 통해 아버지의 사랑이 부족함을 애틋하게 표현하고 있다. 그러므로 돌아가신 부모님에 대한 회상과 그리움을 표현한 (다)의 화자는 그런 마음의 응어리를 풀고 살아계실 때 정성으로 봉양할 것을 (가)의 화자에게 주문할 수 있다.

21 ④ 작품 (다)의 '기수(沂水)에 목욕하고 무우(舞雩)에 바람 쏘여'는 공자와 그의 제자 증석(증점) 사이의 증점영귀(曾點詠歸) 고사를 인용한 것으로, 기수(沂水)와 무우(舞雩)는 모두 중국의 지명 또는 장소이므로 둘이 서로 비유적 관계에 있다고 볼 수 없다.

〈증점영귀(曾點詠歸)〉: 공자가 제자들에게 '만약 너희를 알아주는 사람이 있다면 어떻게 하겠냐고' 묻자 증석(증점)이 '저는 늦은 봄에 봄옷을 지어 입은 뒤, 어른 대여섯 명, 어린 아이 예닐곱 명과 함께 기수(沂水)에서 목욕하고 무우(舞雩)에서 바람을 쐬고는 시를 읊조리고 돌아오겠습니다.'라고 대답한 데서 유래한 고사이다.

① 어머니의 사랑을 낫에 비유하였다.

② 부모님의 은덕을 하늘에 비유하였다.

③ 부모님의 깊은 정을 하해(河海)에 비유하였다.

⑤ 산에 피는 꽃(산화)을 붉은 비단(홍금)에 비유하였다.

22 ⑤ 본문에서 "매수인은 이 문서를 확보함으로써 뒷날 분쟁을 예방하고, 만약 소송이 일어나더라도 유리한 위치에 서게 된다."고 하였으므로, 자매자가 아니라 매수인에게 유리하게 작용하였다고 볼 수 있다.

오답풀이

① 득열은 아버지를 봉양해야 하는 자신이 기아 직전의 불쌍한 처지에 이른 것을 헤아려 '몸을 팔아 구활하라'는 내용으로 입지(立旨)를 작성해 달라고 읍소했다.

② 득열은 자신은 물론이고 자신의 미래 후손인 후소생까지 포함하여 매매했다.

③ 생계가 어려운 백성이 자신이나 자신의 가족을 팔아 생계를 유지하는 것이 제한적으로 용인되었다.

④ 조선 정부가 아사지경(餓死之境)에 이른 사람들의 생존을 위해 자신이나 자신의 가족을 파는 것을 제한적으로 용인하긴 했지만, 자매자는 본래 양인이었다.

23 ② 위 글은 '득열'이라는 16세의 소녀가 자신을 팔아 굶주림에서 벗어나고자 했던 사례를 예로 들어, 조선시대 대규모 기근과 전쟁으로 인해 제한적으로 행해졌던 자매(自賣) 거래 제도에 대해 설명하고 있다.

24 ③ ⓐ **득열** : 굶주림에서 벗어나고자 자매(自賣 : 자신을 팖)한 사람이므로, 매도인이자 매물에 해당된다.

ⓑ **대도호부사** : 매수인이 득열을 안심하고 살 수 있도록 관에서 보증을 서 주는 뎨김[題音]을 내린 사람이므로, 보증인에 해당된다.

ⓒ **조광득** : 득열을 자매 거래로 구매한 사람이므로, 매수인에 해당된다.

25 ④ 고공(雇工)은 주로 농가에 고용되어 그 집의 농사일과 잡일을 해 주고 대가를 받는 머슴을 말하는데, 본문에서 매수인들이 자매 거래 전에 안심하고 매수할 있도록 관에서 뎨김[題音]을 내려 보증을 서주는 역할을 했으므로, 고공은 관가에서 직접 부리기 위해 착출한 관노비가 아니라 사적으로 매매하는 사노비임을 알 수 있다.

26 ⑤ (가)는 나그네가 느끼는 외로움과 고독의 정서를, (나)는 어두운 삶에 대한 회고와 비애를, (다)는 부정적 현실에 대한 시인의 비애와 고뇌를 각각 표현하고 있다. 그러므로 세 작

품 모두 고뇌를 품고 안주하지 못하는 처지나 마음을 공통적으로 나타내고 있다.

오답풀이

① 자연에 대비된 인간의 고달픈 삶을 그리기보다는 인간의 고달픈 삶을 자연에 담아 비유적으로 표현하였다.
② 세 작품 모두 삶의 비애와 고난을 표현하고 있지만, 삶의 목표를 이루려는 헌신적인 노력을 표현한 것은 없다.
③ (나)의 2연에서 묘사된 내용이다.
④ (다)의 2연에서 묘사된 내용이다.

27 ③ (나)의 시적 화자인 '나'가 (가)에서는 '나그네'로 (다)에서는 '시인'으로 형상화되어 외로움과 고독, 삶의 고뇌와 비애 등을 느끼는 주체가 된다.

오답풀이

① ⓐ, ⓑ, ⓒ는 모두 각 작품의 화자가 시적 대상으로 삼은 존재가 아니라, 시적 화자와 동일시되는 존재이다.
② ⓐ, ⓑ, ⓒ는 모두 각 작품에 표현된 정서의 부산물이 아니라, 정서를 느끼는 주체이다.
④ ⓐ, ⓑ, ⓒ는 모두 각 작품에서 갈등과 고뇌를 느끼는 시적 화자이다.
⑤ 각 작품 속에서 ⓐ, ⓑ가 도달하고자 하는 이상형이 ⓒ라는 근거는 없다.

28 ② 사물의 특징을 묘사하기 위해 몇몇 행을 명사로 끝낸 것이 아니라, 시적 화자의 정서를 표현하기 위해 의도적으로 사용한 것이다.

오답풀이

① 말줄임표를 사용하여 내면을 표현하고 여운을 남김으로써, 시적 화자의 고뇌하는 정서를 시각적으로 나타내고 있다.
③ 주변 풍경이 내면의 상태와 조응하여, 시적 화자가 느끼는 외로움과 고독의 정서를 잘 그리고 있다.
④ 첫 행과 마지막 행을 중복하는 수미상관식 구조를 통해 화자의 심리적 정서를 효과적으로 표현하고 있다.
⑤ '저물어'라는 시어를 반복함으로써 외로움과 고독의 정서를 심화하고 있다.

29 ④ ⓗ의 '어둠'이란 (다)에서 부정적 현실을 의미하는데, 이와 마찬가지로 '깨어진 ㉠ 뱃조각', '밀항하는 ㉡ 정크', '㉢ 암초', '삭어빠진 ㉣ 소라 깍질' 등은 모두 어두운 삶과 비애를 표현하기 위한 부정적인 시어이다. 그러나 '전설에 읽어 본 ㉤ 산호도(珊瑚島)는 구경도 못하는'에서 '산호도'는 화자가 가고자 소망하는 이상향을 의미하므로 긍정적인 시어로 볼 수 있다.

30 ① 마지막 연에서 '비애(悲哀)의 시인(詩人) 고뇌(苦惱)를 안고 ~대양(大洋)으로 가랴.'라는 수사적 의문문을 통해 고뇌의 짐을 버리지 않겠다는 화자의 의지를 표현하고 있으므로, 내면의 고통이 해소되지 않았음을 알 수 있다.

오답풀이

② 1연의 '깜박이는 등불로 말미암아 밤바다는 무한히 캄캄하다'라는 역설적 의미를 통해 암울한 현실을 표현하고 있다.
③ 2연에서 물결의 역동적인 움직임을 통해 격동의 시대에서 '자유'의 관념을 떠올리고 있다.
④ 새에 화자의 감정을 이입하여 시인의 고뇌를 안고 떠날 것을 주문하고 있다.
⑤ 마지막 연에서 '대양(大洋)으로 가랴'라고 설의법을 사용함으로써, 고뇌를 그만두지 않겠다는 화자의 의지를 표현하고 있다.

31 ③ 위 글의 중심 어휘는 '전환 프로그램'이다. 수감 위주에서 교정 위주로의 전환 프로그램이 등장하게 된 배경을 글의 전반부에서 소개하고 있고, 이어서 보호관찰, 가석방, 청소년 법정 등 전환 프로그램의 종류에 대해 상세히 설명하고 있다. 글의 중반부에서는 전환 프로그램의 역기능으로 나타난 문제점을 설명하고 있고, 글의 후반부에서는 이를 극복하기 위한 방안으로 지역사회 교정 제도와 스웨덴의 전환 프로그램을 예로 들어 설명하고 있다. 따라서 위 글의 제목으로는 '전환 프로그램의 전개와 문제점 극복 방안'이 적합하다.

32 ② ㉠은 법원이 임명한 사람, ㉡은 가석방 위원회, ㉢은 청소년 심판관이나 판사, ㉣과 ㉤은 지역사회가 중요한 역할을 한다.

오답풀이

① ㉠, ㉡, ㉢은 죄수들을 감옥에 격리 수용하는 수감 위주에서 좀 더 자비로운 감독을 받으며 교화를 목적으로 하는 교정 위주의 전환 프로그램들이다.
③ ㉠, ㉡과 달리 ㉢은 나이가 어린 청소년을 대상으로 하는 전환 프로그램이므로 대상 범죄자의 연령상 차이가 난다.
④ ㉣은 ㉠, ㉡, ㉢ 등 이전의 전환 프로그램에서 역기능이 나타나자 이를 계승하여 지역사회에 교정 기능을 부여한 제도이다.
⑤ ㉤은 ㉣의 과도한 교정 과정으로 인한 문제를 극복하기 위해 참조한 모델이다.

33 ③ 〈보기〉에서 성인의 경우 50달러의 벌금이나 지역 유치장에 30일 이하의 구류에 처해질 사건을 15세 된 아이는 산업훈련학교에서 6년간 훈련받는 형을 선고받았다. 이는 '부모로서의 국가 원칙'을 적용하여 아이를 보호한다는 명분하에 내린 판결이 너무 지나쳤다고 비판할 수 있다.

34 ① 대상인 사람과 자신인 호랑이를 비교하여 상대방의 잘못을 훈계조로 비판하고 있다.

오답풀이

② 호랑이는 대상인 사람에 대하여 연민을 느끼기보다는 사람의 위선과 가식을 강하게 꾸짖고 있다.
③ 호랑이는 대상인 사람과 동등한 입장이라고 생각하며, 오히려 구체적인 사례를 들어 사람의 잘못을 신랄하게 비판하고 있다.
④ 대상인 사람의 주장이나 관점은 위 글에 나타나 있지 않으며, 호랑이의 입장에서 자신의 관점을 훈계조로 전달하고 있다.
⑤ 대상의 속성을 비판하고 있으나 사람을 구분과 분류의 방식을 통해 분석하고 있지는 않다. 오히려 천명에 대한 순종 여부를 기준으로 천명에 순종하는 인간 외의 다른 동물들과 천명을 거스르고 '도(盜)'와 '적(賊)'을 일삼을 인간을 구분하고 있다.

35 ④ 〈보기〉에서는 "이같이 험악하고 흉포한 것들에게 제일 귀하고 신령하다는 권리를 줄 까닭이 무엇이오?"라고 말한 것으로 보아 사람이 더 좋은 권리를 지녔다고 보며, 위 글은 "호랑이나 사람이나 다 한 가지 동물이다."라고 말한 것으로 보아 호랑이와 사람이 동등한 권리를 지녔다고 본다.

오답풀이

① 〈보기〉는 '우리는 설사 포악한 일을 할지라도~'에서 호랑이의 흉포한 측면을 인정하지만, 위 글은 인정하고 있지 않다.
② 〈보기〉는 "사람으로 못된 일 하는 자의 종자를 없애는 것이 좋은 줄로 생각하나이다."라고 말하는 것으로 보아 인간에 대한 공격성이 약화되어 있다고 볼 수 없다.
③ 〈보기〉는 하느님을 청자로 하고 있지만, 위 글은 사람을 청자로 하고 있다.
⑤ 〈보기〉는 험악하고 흉포한 사람에게 제일 귀하고 신령하다는 권리를 준 것을 창조주의 과오라고 여기고 있으나, 위 글은 그렇지 않다.

36 ③ 〈보기〉의 밑줄 친 관점에서 볼 때 위 글의 호랑이도 인자(仁者)라야 사람을 사랑할 수도 있고 미워할 수도 있지만, 위 글에서 호랑이를 인자한 존재로 볼만한 근거가 없으므로, 조금 낫고 못한 차이는 있지만 본질적인 차이가 없다는 뜻의 '오십 보 백 보'가 호랑이에 대해 가장 적절하게 비판한 속담이다.

오답풀이

① 어떤 한 곳에 꼭 틀어박혀 자리를 떠나지 않고 있음을 이르는 말이다.
② 때를 기다리지 않고 성급하게 일을 처리하려다 도리어 망치는 경우를 이르는 말이다.
④ 만만하기는 하지만 자칫 자기가 피해를 입을까봐 섣불리 해치지 못하고 그저 바라보고만 있는 경우를 이르는 말이다.
⑤ 모든 일은 원인에 따라 결과가 생기는 것을 이르는 말이다.

37 ④ 밑줄 친 ㉣에서 '사람이 서로 간에 잡아먹는 것' 즉, 사람이 동족을 살해하는 일은 천명(天命)을 알고 거기에 순종하는 모습으로 볼 수 없다.

38 ② 위 글의 마지막 줄에서 "가끔 이렇게 밤거리를 쏘다니는 밤엔 난 꼭 여관에서 자고 갑니다."라는 내용으로 보아 '안'은 밤에 나온 날이면 어김없이 여관에 묵는 사실을 알 수 있다.

오답풀이

① '안'은 해방감을 느끼기 위해 밤거리를 쏘다니지만, '나'와 '안'이 해방감을 느끼기 위해 밤중에 만난 것은 아니다.
③ 본문에서 "김형이 추운 밤에 밤거리를 쏘다니는 이유가 무엇입니까?"하고 묻는 '안'의 질문에 습관은 아니라고 답했으므로, 일치하지 않는 내용이다.
④ 위 글은 대화를 통해 서로에 대해 알아가는 과정을 묘사하고 있으므로, '나'와 '안'은 오래 전부터 알고 지낸 사이가 아니라 처음 만난 사이임을 유추할 수 있다.
⑤ '나'와 '안'은 주로 실재 있었던 경험담에 대해 얘기를 나누고 있다.

39 ① 〈보기〉에서 말하는 '사실 여부와 상관없이 내뱉는 자기만의 이야기'에 해당되는 문장을 고르면 되므로 ㉠, ㉣이 적합하다. 나머지 문장들은 상대방과의 대화를 통한 의사소통을 표현한 문장이다.

40 ③ 영보빌딩 안에 있는 변소문의 손톱자국이나 밤거리를 쏘다니는 이유 등의 대화가 진행되는 동안 두 인물 사이에 생각의 차이가 있음을 보이는 미묘한 심리 변화가 잘 드러나 있다.

오답풀이

① '안형 같은 사람이 추운 밤에 싸구려 선술집에 앉아서 나 같은 친구나 간직할 만한 일에 대해 얘기하고 있다는 것이 이상스럽다'라고 말한 문장을 보면, 두 인물이 살아온 환경이 다르므로 사유 방식이 동일하지 않음을 추측할 수 있다.
② 대화가 진행될수록 삶의 의미보다는 삶의 무의미함을 드러내고 있다.
④ 두 인물의 의견 차이가 있음을 보여주고는 있지만, 각자의 주장을 수정하고 있지는 않다.
⑤ 두 인물은 처음 만난 사이라 처음부터 연대감을 갖고 있지는 않았으며, 서먹함과 어색함으로 인한 대화의 양보와 존중이 드러나 있다.

41 ② ⓑ의 내용은 자신의 어떤 행동에 갑자기 의미를 부여하려는 '안'의 말에 어리둥절함을 느끼는 것이므로, ⓐ에 담겨 있는 '혐오감'의 심리 상태는 순간적으로 자신이 행한 행동들에 의미를 부여하려고 하는 자신에게 화를 내고 있는 모습을 묘사한 것이라고 볼 수 있다.

42 ⑤ 〈보기〉에 따르면 사고하는 주체에는 사고할 대상이 필요한데, 위의 글에서 '나'는 사고하는 대상에 어떤 의미를 부여하려는 '안'에게 어리둥절함을 느끼고 있으므로 '나'는 '안'과의 대화 속에서 대상의 의미를 인정하지 않고 있다고 이해할 수 있다.

43 ④ 할아버지께서 들려주신, 소세(小勢)의 스파르타 군사가 어마어마한 적의 대군을 물리친 역사적 사건을 제시하여 화자가 주장하는 바의 객관성과 정당성을 강조하고 있다.

오답풀이

① '여러분!', '로마여!' 등의 단정적이고 결연한 어조를 사용함으로써 자신의 주장을 강조하고 있다.
② 어머니와 아버지가 잔인무도한 로마 병사에 의해 살해당한 과거 경험을 제시함으로써 자신의 행동에 대한 정당성을 부여하고 있다.
③ "이번에는 제가 개죽음을 당할 것입니다."라고 말하며 화자는 자신의 행동에 대해 스스로 비판함으로써 청중들을 설득하고 있다.
⑤ 글의 마지막 부분에서 '여러분이 만일 짐승이거든 ~, 여러분이 만일 사람이거든~'하고 화자는 극단적인 두 상황을 제시하여 그 중 하나를 청중들이 선택하도록 유도하고 있다.

44 ② 전쟁에 두려움을 느꼈을 어린 화자에 대해 자식을 사랑하는 어머니로서의 걱정과 염려일 뿐 화자의 심리적 갈등을 일으키는 요인이라고 볼 수 없다.

오답풀이

① 검투사로서의 현재의 삶에 대비되어 전쟁에 관심이 없었던 어린 시절의 모습이다.
③ 벗의 시체를 거두어 장례를 치르고자 했던 것은 인간의 마지막 존엄성을 지켜주고자 하는 사례라 볼 수 있다.
④ 검투에서 어릴 적 벗인 줄 모르고 친구를 죽인 일로 검투사로서의 자신의 운명을 자각하는 계기가 되었다.
⑤ 친구의 죽음을 통해 검투사로서의 현재의 삶을 극복하고 영예롭게 싸우다 죽을 것을 결심하는 자각의 결과이다.

45 ③, ④ ⓐ에 사용된 수사법은 영탄법, 반복법, 돈호법, 반어법, 역설법 등이며, ③에는 영탄법과 역설법이 ④에는 반어법이 사용되었다.

오답풀이

① 은유법을 사용하여 피아노를 치는 여자의 모습을 물고기가 헤엄치는 것에 비유하였다.
② 대구법을 사용하여 꽃의 시듦과 열매로 나의 웃음과 눈물을 표현하였다.
⑤ 직유법을 사용하여 아름다운 노을의 모습을 향료를 뿌린 것에 묘사하였다.

2015학년도 기출문제 정답 및 해설

제1교시 국어영역

01 ②	02 ②	03 ②	04 ⑤	05 ④	06 ③
07 ③	08 ④	09 ①	10 ①	11 ⑤	12 ④
13 ⑤	14 ①	15 ③	16 ①	17 ⑤	18 ③
19 ⑤	20 ②	21 ②	22 ②	23 ④	24 ④
25 ①	26 ③	27 ⑤	28 ③	29 ④	30 ②
31 ③	32 ③	33 ②	34 ⑤	35 ④	36 ③
37 ⑤	38 ⑤	39 ④	40 ②	41 ①	42 ⑤
43 ①	44 ③	45 ③			

01 ② '사사(師事)하다'는 '스승으로 섬기다. 스승으로 삼고 가르침을 받다'라는 의미로, '사사를 받다'라고 잘못 쓰지 않도록 유의해야 한다.

오답풀이

① 주어와 서술어의 호응이 자연스럽지 못한 문장으로, 이 문장은 '이 연필의 장점은 연필심이 잘 부러지지 않는다는 것이다'와 같이 고쳐야 한다.

③ '좀처럼'은 주로 부정적인 의미의 단어와 호응하는 부사로 '여간하여서는'이라는 뜻이다. 또한 '새다'는 '날이 밝아 오다'라는 의미로, '한숨도 자지 아니하고 밤을 지내다.'라는 의미일 때에는 '새우다'를 써야 한다. 따라서 '밤을 새우고 잠의 유혹을 물리치기란 좀처럼 쉬운 일이 아니다'와 같이 고쳐야 한다.

④ '회고하다'라는 동사가 '지나간 일을 돌이켜 생각하다'라는 뜻이므로 '돌이켜 회고해 보면'은 의미가 중복된 표현이다. 따라서 이를 '돌이켜 보면' 또는 '회고해 보면'과 같이 고쳐야 한다. 또한 '형극'은 '나무의 온갖 가시'라는 의미이므로 '형극의 가시밭길'에는 '가시'의 의미가 중복되어 있다. 따라서 이를 '고난의 가시밭길' 또는 '형극의 길'로 수정해야 한다.

⑤ '인간성의 함양'과 '계발하는'이 서로 호응되지 않으므로, '인간성의 함양'을 목적어와 서술어로 풀어서 '가정은 인간성을 함양하고 사회적 덕목을 계발하는 터전이다'와 같이 고쳐야 한다.

TIP 문장 성분의 호응

㉠ 주어와 서술어의 호응 : 문장의 기본 구조를 갖추기 위해서는 주어와 서술어가 반드시 필요하다. 문맥상 의미가 통할 때 주어가 생략되거나 이중 주어가 오는 경우도 있다.

㉡ 수식어와 피수식어의 호응 : 꾸밈을 받는 말과 꾸미는 말은 거리가 가까울수록 좋다.

㉢ 부사어와 서술어의 호응 : 특정 부사어가 특정 서술어와 호응하는 것으로, 그 관계가 매우 고정적이라는 특징이 있다.

02 ② '장애음'이란 구강 통로가 폐쇄되거나 마찰이 생겨서 나는 소리로 파열음, 마찰음, 파찰음을 지칭한다. 〈보기〉의 단어들은 음절 끝 장애음인 'ㅎ', 'ㅍ', 'ㄿ', 'ㅅ'이 각각 [흗], [입], [읍], [헏]과 같이 평음으로 바뀐다.

오답풀이

①, ⑤ '읊다'에 해당하는 설명이다. '읊다'는 종성 자음인 'ㄿ'에서 'ㄹ'이 탈락하였다. 나머지 단어들은 음절의 끝소리로 교체되었다.

③, ④ '홑이불'과 '꽃잎'에 해당하는 설명이다.

03 ② 표준 발음법 제29항 붙임 2의 규정에 따라 '7연대'는 'ㄴ'음이 첨가된 [칠년대]에서 자음 동화가 일어나 [칠련대]라고 발음된다.

오답풀이

① 표준 발음법 제24항에 따르면 어간 받침 'ㄴ(ㄵ), ㅁ(ㄻ)' 뒤에 결합되는 어미의 첫소리 'ㄱ, ㄷ, ㅅ, ㅈ'은 된소리로 발음해야 하나 피동, 사동의 접미사 '-기-'는 된소리로 발음하지 않으므로 '감기지'는 [감기지]로 발음해야 한다.

③ 표준 발음법 제20항에 따르면 'ㄴ'은 'ㄹ'의 앞이나 뒤에서 [ㄹ]로 발음해야 하지만 '이원론'은 실제의 발음을 고려하여 [이:원논]으로 발음하도록 규정하고 있다.

④ 표준 발음법 제16항에 따르면 한글 자모의 이름은 그 받침소리를 연음하여야 하나 'ㄷ, ㅈ, ㅊ, ㅋ, ㅌ, ㅍ, ㅎ'은 예외를 두고 있으므로 '지읒을'은 [지으슬]로 발음해야 한다.

⑤ 표준 발음법 제13항에 따르면 홑받침이나 쌍받침이 모음으로 시작된 조사나 어미, 접미사와 결합되는 경우에는, 제 음가대로 뒤 음절 첫소리로 옮겨 발음하는 것이 원칙이므로 '끝을'을 [끄틀]로 발음해야 한다.

TIP 표준 발음법(제7장 : 음의 첨가)

제29항 합성어 및 파생어에서, 앞 단어나 접두사의 끝이 자음이고 뒤 단어나 접미사의 첫음절이 '이, 야, 여, 요, 유'인 경우에는, 'ㄴ' 음을 첨가하여 [니, 냐, 녀, 뇨, 뉴]로 발음한다.

다만, 다음과 같은 말들은 'ㄴ' 음을 첨가하여 발음하되, 표기대로 발음할 수 있다.

예 이죽 – 이죽[이중니죽/이주기죽]
야금 – 야금[야금냐금/야그먀금]
욜랑 – 욜랑[욜랑뇰랑/욜랑욜랑]
검열[검:녈/거:멸]
금융[금늉/그뮹]

[붙임 1] 'ㄹ' 받침 뒤에 첨가되는 'ㄴ' 음은 [ㄹ]로 발음한다.

예 들 – 일[들:릴] 솔 – 잎[솔립] 설 – 익다[설릭따]
물 – 약[물략] 불 – 여우[불려우] 서울 – 역[서울력]
물 – 엿[물렫] 휘발 – 유[휘발류] 유들 – 유들[유들류들]

[붙임 2] 두 단어를 이어서 한 마디로 발음하는 경우에도 이에 준한다.

예 한 일[한닐] 서른여섯[서른녀섣] 3연대[삼년대]
할 일[할릴] 스물여섯[스물려섣] 1연대[일련대]

다만, 다음과 같은 단어에서는 'ㄴ(ㄹ)' 음을 첨가하여 발음하지 않는다.

예 6 · 25[유기오] 3 · 1절[사밀쩔] 등 – 용문[등용문]

04 ⑤ '누나는 개나리하고 진달래를'의 '하고'는 격조사가 아니라 접속 조사이다. 접속 조사는 두 단어를 같은 자격으로 이어 주는 역할을 한다.

오답풀이

① '이다'는 서술격 조사이다.
② '께서'는 주격 조사이다.
③ '이시여'는 호격 조사이다.
④ '로'는 부사격 조사이다.

TIP 격조사의 종류

㉠ 주격 조사 : 이/가, 께서, 에서, 서
㉡ 목적격 조사 : 을/를
㉢ 보격 조사 : 이/가
㉣ 부사격 조사 : 에/에서, 에게/에/께, (으)로, (으)로서, (으)로써, 와/과, 하고, (이)랑, 라고, 고 등
㉤ 관형격 조사 : 의
㉥ 호격 조사 : 아/야, 이시여
㉦ 서술격 조사 : 이다

05 ④ '드리다'는 다른 사람을 위하여 어떤 행동을 함을 나타내는 보조 동사이므로 '도와 드렸다'는 '도와드렸다'와 같이 붙여 쓸 수 있다.

오답풀이

① '밀어내 버렸다'는 앞말이 '밀다'와 '내다'가 결합된 합성 동사이므로 '밀어내버렸다'와 같이 붙여 쓸 수 없다.

② '체'는 '그럴듯하게 꾸미는 거짓 태도나 모양'을 의미하는 의존 명사이며, '체하다'는 앞말이 뜻하는 행동이나 상태를 거짓으로 그럴듯하게 꾸밈을 나타내는 보조 동사이다. '체를 한다'는 중간에 조사 '를'이 들어갔기 때문에 '체를한다'와 같이 붙여 쓸 수 없다.

③ '만하다'는 어떤 대상이 앞말이 뜻하는 행동을 할 타당한 이유를 가질 정도로 가치가 있음을 나타내는 보조 형용사이므로 '믿을 만하다'는 '믿을만하다'와 같이 붙여 쓸 수 있다.

⑤ '떠들어만 댄다'는 본용언에 보조사 '만'이 붙어 있으므로 뒤에 오는 보조 용언과 붙여 쓸 수 없다.

06 ③ '풀이 뜯겨 있었다'에서 '뜯기다'는 풀이 소에 의해 뜯음을 당한 것으로, 피동사로 쓰였다.

오답풀이

① '녹이다'는 녹다'(고체가 열기나 습기로 말미암아 제 모습을 갖고 있지 못하고 물러지거나 물처럼 되다)'의 사동사이다.

② '쫓기다'는 '쫓다(어떤 대상을 잡거나 만나기 위하여 뒤를 급히 따르다)'의 피동사이다.

④ '낚이다'는 '낚다(꾀나 수단을 부려 사람을 꾀거나 명예, 이익 따위를 제 것으로 하다)'의 피동사이다.

⑤ '말리다'는 '마르다'(물기가 다 날아가서 없어지다)'의 사동사이다.

TIP 사동과 피동

㉠ 사동 : 사동주가 피사동주로 하여금 어떠한 행위를 하게 하거나 어떠한 상황에 처하게 하는 표현이다.
㉡ 피동 : 다른 사람이나 다른 사물에 의해 어떠한 행동이나 작용이 이루어지는 표현이다.

07 ③ '–구나'는 해라할 자리나 혼잣말에 쓰여, 화자가 새롭게 알게 된 사실에 주목함을 나타내는 종결어미로 흔히 감탄의 뜻이 수반된다.

오답풀이

① '–어'는 해할 자리에 쓰여, 어떤 사실을 서술하거나 물음 · 명령 · 청유를 나타내는 종결어미이다.

② '–데'는 화자가 직접 경험한 사실을 나중에 보고하듯이 말할 때 쓰이는 종결어미로 '–더라'와 같은 의미를 전달한다.

④ '–는데'는 뒤 절에서 어떤 일을 설명하거나 묻거나 시키거나 제안하기 위하여 그 대상과 상관되는 상황을 미리 말할 때에 쓰는 연결어미이다.

⑤ '–지'는 해할 자리에 쓰여, 어떤 사실을 긍정적으로 서술하거나 의문, 명령, 제안 따위로 두루 쓰이는 종결어미이다.

08 ④ '경찰인'은 '형'을 수식하는 관형어인데, 명사 '경찰'에 서술격 조사 '이다'가 결합된 형태에 현재 시제를 나타내는 관형사형 어미 '-ㄴ'이 붙은 것이다.

오답풀이

① 명사 '독서'에 관형격 조사 '의'가 결합하여 관형어로 쓰였다.

② '새'는 관형사로 '자전거'를 꾸미는 관형어로 쓰였다.

③ 명사 '한국'이 다른 성분의 도움 없이 관형사로 바로 쓰인 형태로, 관형격 조사 '의'가 생략되었음을 알 수 있다. 이처럼 앞의 명사구가 뒤 명사구의 소유주일 경우 관형격 조사는 생략할 수 있다.

⑤ 동사 '자다'에 명사형 전성어미 '-기'가 결합된 형태가 관형어로 쓰였다.

TIP 관형어

관형어는 체언으로 된 주어, 서술어, 목적어, 보어 앞에 붙어 이를 꾸미는 문장 성분으로 관형사, 관형격 조사, 관형사형, 관형사절의 형태로 성립한다.

09 ① 한글 맞춤법 제21항의 규정에 따라 원형을 밝히어 적는 말에는 '굵직하다' 외에도 '값지다', '홑지다', '넋두리', '낚시', '덮개' 등이 있으며, 소리대로 적는 말에는 '짤따랗다', '널찍하다' 외에도 '할짝거리다', '얄따랗다' 등이 있다.

TIP 한글 맞춤법(제21항)

제21항 명사나 혹은 용언의 어간 뒤에 자음으로 시작된 접미사가 붙어서 된 말은 그 명사나 어간의 원형을 밝히어 적는다.

1. 명사 뒤에 자음으로 시작된 접미사가 붙어서 된 것

예 값지다　넋두리　빛깔
　옆댕이　잎사귀

2. 어간 뒤에 자음으로 시작된 접미사가 붙어서 된 것

예 낚시　늙정이　덮개
　뜯게질　갉작갉작하다　갉작거리다
　뜯적거리다　뜯적뜯적하다　굵다랗다
　굵직하다　깊숙하다　넓적하다
　높다랗다　늙수그레하다　얽죽얽죽하다

다만, 다음과 같은 말은 소리대로 적는다.

(1) 겹받침의 끝소리가 드러나지 아니하는 것

예 할짝거리다　널따랗다　널찍하다
　말끔하다　말쑥하다　말짱하다
　실쭉하다　실큼하다　얄따랗다
　얄팍하다　짤따랗다　짤막하다

(2) 어원이 분명하지 아니하거나 본뜻에서 멀어진 것

예 넙치　올무　골막하다　납작하다

10 ① '따르다'는 보조적 연결어미 '-어'가 결합할 때 어간의 'ㅡ'가 탈락하는 규칙 활용을 하며 이와 같은 유형의 단어는 '치르다'이다. '부르다'는 모음 어미 앞에서 어간의 '르'가 'ㄹㄹ'로 바뀌는 불규칙 활용을 하며 이와 같은 유형의 단어는 '나르다', '구르다', '흐르다', '기르다' 등이다.

11 ⑤ '-(으)면서'는 두 가지 이상의 움직임이나 사태 따위가 동시에 겸하여 있음을 나타내는 대등적 연결어미이다. 따라서 ⓜ은 '성연이는 밥을 먹는다', '성연이는 책을 본다'를 대등하게 연결한 겹문장이다.

오답풀이

① '얼음이'는 보어이므로 ㉠은 주어와 서술어가 한 번 나타나는 홑문장이다.

② ㉡은 '성린이가 읽던'이 관형절로 안겨 있는 겹문장이다.

③ ㉢의 주어는 '항상 옳은 일을 하기'로, '항상 옳은 일을 하다'에 명사형 전성어미 '-기'가 결합한 것이다.

④ ㉣은 홑문장 '비가 온다'와 '바람은 불지 않는다'가 연결어미 '-만'으로 대등하게 연결된 겹문장이다.

12 ④ 무상 교육 제도의 전면 실시는 사회적 측면의 대책이므로 'Ⅳ-가'에서 활용하기에 적절하지 않다.

오답풀이

① [C]의 보고서 자료에서 출산율 저하로 인한 고령 사회로의 진입 가능성을 다루고 있으므로 'Ⅰ'에서 활용하기에 적절하다.

② 'Ⅱ-가'에서는 저출산 문제의 경제적 측면의 심각성을 다루어야 하므로 [C]의 자료를 활용하는 것은 적절하다.

③ 'Ⅲ-가'에서는 저출산 문제의 원인을 개인적 측면에서 다루므로 [B]의 인터뷰 자료를 활용하는 것이 적절하다.

⑤ 'Ⅳ-나'에서는 저출산 문제에 대한 대책을 사회적 측면에서 다루어야 하므로 [B]를 활용하여 지속적인 출산 장려 정책이 필요함을 언급하는 것은 적절한 활용 방안이다.

13 ⑤ 추가로 수집한 자료 중 [C]의 보고서 자료를 활용하였으며, '깊은 늪', '무거운 짐'과 같은 비유적 표현을 사용하였다. 또한 '저출산 사회의 깊은 늪', '고령 사회의 무거운 짐'과 '이제 남의 일이 아닙니다', '이제 다른 나라의 일이 아닙니다' 부분에서 대구적 표현이 쓰인 것을 확인할 수 있다.

오답풀이

① 대구적 표현이 사용되지 않았다.

② 비유적 표현이 사용되지 않았으며, 추가로 수집한 자료도 활용되지 않았다.

③ 비유적 표현이 사용되지 않았다.

④ 대구적 표현과 비유적 표현이 사용되지 않았다.

[14~17] 고전 소설

송지양, 〈다모전〉
- 갈래 : 한문 소설, 전계 소설, 단편 소설
- 성격 : 사실적, 현실 비판적
- 배경 : 1852년 금주령이 내려진 시기, 한양
- 특징
  - 한 인물의 행적을 담은 전계 소설이다.
  - 현실을 사실적으로 보여 주면서 새로운 통치 이념을 제시하고 있다.
- 등장인물
  - 다모 : 의로운 사람으로 평가받는 인물로, 실정법보다 인정을 중시한다.
  - 주부 : 모범적인 벼슬아치로, 법 기강을 확립하기 위해 다모에게 벌을 주지만 다모의 의로움을 알아보는 인물이다.
  - 아전 : 실적을 올리는 데에만 관심이 있는 인물이다.
  - 시동생 : 금전적 이익을 위해 형수를 고발한다.
- 주제 : 인륜을 생각하는 다모의 법 집행
- 작품 해설 : 이 글은 다모의 아름다운 행적을 담은 소설로, 법을 엄격하게 집행하는 것보다 백성의 안위를 먼저 살피는 다모의 공평한 행적과 주부의 너그러움을 통해 바람직한 통치자의 모습을 제시하고 있다. '다모'란 조선 시대에 관공서에서 허드렛일을 맡아 하던 여자 종을 가리키는데, 한성부나 포도청에 소속된 다모는 아전이나 포졸의 업무를 보조하는 여성 수사관의 역할을 수행하기도 했다.

  이 작품처럼 금주령 위반에 관한 이야기는 야담으로도 몇 편 전해지는데, 〈다모전〉을 위시한 이러한 작품들은 실정법에 앞서는 인간으로서의 도리를 우선시하고 있다. 단속 위주의 법 집행도 중요하지만 미풍양속의 권장을 바탕으로 하는 교화적 통치 이념을 구현하는 것이 이보다 앞선다는 의지의 서사적 표현이라 할 수 있다.

14 ① 이 글에서는 다모, 아전, 주부, 젊은 생원 등 등장인물의 대화 및 행동을 중심으로 사건이 전개되고 있다.

15 ③ [A]에서는 '할머니'가 술을 빚게 된 경위를 실제 상황을 바탕으로 말하고 있으며, [B]에서는 '다모'가 '할머니'에게 돈을 주며 땔나무와 쌀을 사면 겨울을 충분히 날 수 있을 것이라며 일어나지 않은 상황에 대해 말하고 있다.

16 ① 〈보기〉의 도표에서 '명령자'는 '아전', '명령 수행자'는 '다모', '처리 대상자'는 '할머니', '처리 대상자의 적대자'는 '할머니'의 시동생인 '젊은 생원'이다. 아전(명령자)은 젊은 생원(처리 대상자의 적대자)의 밀고를 통해 할머니(처리 대상자)가 술을 빚은 사실(범법 사실)을 알고 있었으므로, '명령자'가 '처리 대상자'의 범법 사실을 모르고 '명령 수행자'에게 명령했다는 설명은 적절하지 않다.

오답풀이

② 다모는 아전의 명령보다는 할머니의 궁핍한 상황을 더 고려하여 범법 사실을 숨겨 주었다.

③ 다모는 할머니의 말을 듣고 할머니의 시동생이 술을 빚은 사실을 알고 있다는 것을 알게 됨으로써 처리 대상자의 적대자를 인지하였다.

④ 할머니는 시동생이 자신을 밀고한 사실을 모르고 있다.

⑤ 할머니의 시동생인 젊은 생원의 밀고에 대해 다모는 "네가 양반이냐? 양반이란 자가 형수가 몰래 술을 담갔다고 고자질하고는 포상금을 받아먹으려 했단 말이냐?"라고 말한 반면 아전은 "그 집 주인 할멈의 사주를 받아 나를 속이고 술 빚은 걸 숨겨 주고는 도리어 고발한 사람을 꾸짖어?"라고 말한 것으로 보아 서로 다른 태도를 취함을 알 수 있다.

17 ⑤ 이 글에서 주부가 다모에게 곤장을 친 뒤 다모를 따로 불러 돈을 주며 "네가 숨겨 준 일을 내가 용서해서는 법이 서지 않기에 곤장을 치게 했다만, 너는 의인이로구나. 참 갸륵하다 여겨 상을 내리는 것이다."라고 말한 것으로 보아 괄호 안에 들어갈 말로 적절한 것은 '읍참마속'임을 알 수 있다. '읍참마속(泣斬馬謖)'은 큰 목적을 위하여 자기가 아끼는 사람을 버림을 이르는 말이다. ≪삼국지≫의 〈마속전(馬謖傳)〉에 나오는 말로, 중국 촉나라 제갈량이 군령을 어기어 가정 싸움에서 패한 마속을 눈물을 머금고 참형에 처하였다는 데서 유래한다.

오답풀이

① 구밀복검(口蜜腹劍)은 입에는 꿀이 있고 배 속에는 칼이 있다는 뜻으로, 말로는 친한 듯하나 속으로는 해칠 생각이 있음을 이르는 사자성어이다.

② 반근착절(盤根錯節)은 서린 뿌리와 얼크러진 마디라는 뜻으로, 처리하기가 매우 어려운 사건을 이르는 사자성어로 ≪후한서≫에 나오는 말이다. 세력이 깊이 뿌리박고 있어 흔들리지 아니한다는 것을 뜻하기도 한다.

③ 삼인성호(三人成虎)는 세 사람이 짜면 거리에 범이 나왔다는 거짓말도 꾸밀 수 있다는 뜻으로, 근거 없는 말이라도 여러 사람이 말하면 곧이듣게 됨을 이르는 사자성어이다.

④ 오월동주(吳越同舟)는 서로 적의를 품은 사람들이 한자리에 있게 된 경우나 서로 협력하여야 하는 상황을 뜻하는 사자성이이다. 중국 춘추 전국 시대에, 서로 적대시하는 오나라 사람과 월나라 사람이 같은 배를 탔으나 풍랑을 만나서 서로 단합하여야 했다는 데에서 유래한 것으로, 출전은 ≪손자(孫子)≫의 〈구지편(九地篇)〉이다.

[18~21] 비문학 – 사회

18 ① 첫 번째 단락에서 '소비'의 사전적 정의를 설명하면서 화제로 제시하고 있다.
② 네 번째 단락에서 베블린 효과, 스노브 효과, 밴드 웨건 효과, 헤도니스트 효과 등 심리적 소비 형태의 예를 들고 있다. 그리고 다섯 번째 단락에서 폐쇄적 계층 사회가 소비 행위에 대해 계급에 근거한 제한을 부여했던 사례를 들고 있다.
④ 마지막 단락에서 프랑스 철학자 보드리야르의 견해를 인용하여 필자의 논지를 강화하고 있다.
⑤ 과거의 합리적 소비와 오늘날의 심리적 소비를 대비하여 설명하고 있다.

19 ⑤ 제국주의 식민지 경영이 초기 산업화로 이어진 것이 아니라 초기 산업화로 인한 대량 생산이 제국주의의 식민지 경영으로 이어진 것이다. 즉 자본주의로 인한 생산의 극대화로 과잉 생산된 상품을 팔기 위하여 제국주의가 야기되었다.

오답풀이
①, ② 여섯 번째 단락을 통해 알 수 있다.
③ 마지막 단락을 통해 알 수 있다.
④ 다섯 번째 단락을 통해 알 수 있다.

20 ② 두 번째 단락에 시장의 원리에 따라 이루어지는 것은 일차적 의미의 합리적 소비라고 제시되어 있다. 즉, 시장의 논리로 설명되는 것은 ©(과시 소비)이 아니라 ㉠(합리적 소비)이다. 다섯 번째 단락에 따르면 ©(과시 소비)의 중심에는 시장의 원리가 아니라 신분의 논리가 있음을 알 수 있다.

오답풀이
① 세 번째 단락을 보면 이제 소비가 '다분히 심리적인 방법이 되'었다고 설명하고 있으므로, 과거의 합리적 소비와 오늘날의 과시 소비는 심리 요인의 개입 여부에 따라 구분할 수 있다.
③ 세 번째 단락에서 '소비는 자신을 표현하는 상징적 행위가 된 것이다'라고 제시한 것을 통해 파악할 수 있다.
④ 세 번째 단락에서 합리적 소비 수준은 '인간의 기본적인 생존 욕구를 충족시켜' 준다고 설명한 것을 통해 파악할 수 있다.
⑤ 두 번째 단락에서 '최소 비용으로 최대 효과를 얻으려 한다'는 소비의 기본 원칙을 언급하고 있는데 합리적 소비는 이와 같은 시장 원리에 따라 이루어지므로 적절한 설명이다.

21 ② ⓐ의 '기호 가치'는 프랑스 철학자 보드리야르가 말한 것으로, 제품의 생산자나 판매자의 전략은 제품에 부가되어 소비자의 욕망을 만들어 내는 요소에 집중되는데, 이때 사람들은 제품이 아니라 제품에 부여된 이미지를 소비하게 된다는 것이다. 이를 뒷받침하는 사례로 적절한 것은 자신이 좋아하는 인기 연예인이 광고하는 운동화를 구입한 B 씨이다.

[22~24] 비문학 – 예술

22 ② 다섯 번째 단락에서 역원근법에 대해 '이런 작법을 통해 우리는 당시의 민중들이 자신들의 천진하고 자유분방한 사고방식을 스스럼없이 표현할 수 있을 정도로 사회적 여건이 성숙되었음을 알 수 있다'라고 설명하고 있다.

오답풀이
① 두 번째 단락에 따르면 민화의 수요자는 왕실부터 일반 가정에 이르는 거의 대부분의 계층이었음을 알 수 있다.
③ 다섯 번째 단락에 따르면 기존의 기층 계층의 경제적 · 신분적 근거가 확고하게 되어 민화를 통해 스스럼없이 사고방식을 표현하게 되었음을 알 수 있다.
④ 세 번째 단락에 따르면 민화는 같은 주제이면서 똑같은 그림은 없다고 제시되어 있다. 즉 같은 주제를 다루지 않는 것이 아니라 동일한 주제를 가지고 자유분방한 화법을 구사했다는 것이다.
⑤ 네 번째 단락에 따르면 민화는 동북아시아에서 통용되던 전형적인 공간 구성법인 삼원법에 따르지 않고 더 자유로운 시각을 취했음을 알 수 있다.

23 ④ 〈보기〉에서 피카소가 '아비뇽의 처녀들'에서 인간의 신체를 왜곡하여 표현함으로써 사물처럼 살아가는 근대 인간을 비판하고자 하였다고 설명하였으므로, '아비뇽의 처녀들'이 사물화된 인간을 표현했다는 설명은 적절하다. 반면 여섯 번째 단락에 따르면 민화에서는 서민을 까치, 토끼로, 권력자나 양반을 호랑이로 표현했음을 알 수 있는데, 이는 동물을 통해 부조리한 현실을 풍자한 것이다. 따라서 민화가 해학적 동물을 통해 당대 규범을 표현했다는 것은 적절하지 않다.

오답풀이
① 네 번째 단락에서 '민화에서는 종종 그리려는 대상을 한층 더 완전하게 표현하기 위해 그 대상의 여러 면을 화면에 동시에 그려 놓는다'고 설명하였고, 〈보기〉에서 피카소가 '대상을 보다 완전하게 구현하고자 하였다'고 설명하였다.
② 네 번째 단락에 따르면 민화의 화가들은 자신의 의도에 따라 표현하고자 하는 것을 마음대로 표현하였으며, 〈보기〉의 '아비뇽의 처녀들'의 피카소 역시 자신의 의도를 강하게 제시하였다.

③ 여섯 번째 단락에 따르면 민화는 부조리한 현실을 풍자하였고, 〈보기〉의 '아비뇽의 처녀들'에서도 물질주의가 만연한 근대 사회와 근대 인간을 비판하고자 하였다.

⑤ 네 번째 단락에 따르면 민화에서 대상의 여러 면을 화면에 동시에 그려 놓는 화법이 서양의 입체파들의 화법과 비교된다고 하였으므로 적절한 해석이다.

24 ④ '모사(模寫)하다'는 '어떤 그림의 본을 떠서 똑같이 그리다'라는 의미이므로 ㉣의 문맥적 의미와 맞지 않는다. 이에 맞는 한자어는 '어떤 대상이나 사물, 현상 따위를 언어로 서술하거나 그림을 그려서 표현하다'라는 의미의 '묘사(描寫)하다'이다.

오답풀이

① '소급(遡及)하다'는 '과거에까지 거슬러 올라가서 미치게 하다'라는 의미이다.

② '기원(祈願)하다'는 '바라는 일이 이루어지기를 빌다'라는 의미이다.

③ '응시(凝視)하다'는 '눈길을 모아 한 곳을 똑바로 바라보다'라는 의미이다.

⑤ '탈출(脫出)하다'는 '어떤 상황이나 구속 따위에서 빠져나오다'라는 의미이다.

[25~29] 현대 시

(가) 김남조, 〈겨울 바다〉

- 갈래 : 자유시, 서정시
- 성격 : 주지적, 상징적, 회고적, 사색적, 낭만적
- 제재 : 겨울 바다
- 구성
  - 1~3연 : 이상과 사랑이 소멸된 허무의 현실
  - 4연 : 깨달음과 생의 긍정
  - 5~6연 : 허무의 초극을 위한 갈구
  - 7~8연 : 성숙한 의지로 현실 고뇌 극복
- 주제 : 진실과 사랑에 대한 소망
- 특징
  - 과거 회상을 통해 현실적 삶의 인식을 노래함
  - 허무에 대한 극복 의지를 형상화함
- 이해와 감상 : 이 시는 '겨울 바다'가 주는 절망감과 허무 의식을 극복하고자 하는 삶의 의지를 그린 작품이다. 소멸 이미지로서의 '불'과 생성 이미지로서의 '물'이 대립을 이루는 가운데, 부정과 좌절, 대립과 갈등을 통해 깨달음과 긍정에 이르는 과정을 보여준다.

(나) 고정희, 〈상한 영혼을 위하여〉

- 갈래 : 자유시, 서정시
- 성격 : 의지적, 낙관적, 희망적, 역설적
- 구성
  - 1연 : 고통을 직시하고 대면하려는 의지
  - 2연 : 고통에 대한 수용과 포용의 태도
  - 3연 : 고통 극복에 대한 낙관적 신념
- 주제 : 고통을 수용하는 성숙한 삶의 자세, 내면의 고통에 대한 포용
- 특징
  - '거니, 자, 니라'의 반복을 통해 운율감 형성
  - 상징적 시어를 활용하여 주제를 형상화
  - 점층적 전개
  - 고통을 가까이 하려는 역설적 인식
- 이해와 감상 : 인생은 고통과 설움을 이겨나가는 과정임을 노래하고 있는 시이다. 고통을 마주하게 되면 이를 피해가지 말고 정면으로 맞서 견뎌나가야 하며, 외로움을 견디고 맞서기로 각오하면 어떠한 고통과 절망도 이겨낼 수 있다는 것이다. 시적 화자는 암울한 현실 속에서도 구원의 희망을 잃지 말아야 한다고 노래하고 있다.

(다) 나희덕, 〈못 위의 잠〉

- 갈래 : 자유시, 서정시
- 성격 : 서사적, 병렬적, 애상적
- 제재 : 못 위에서 잠을 자는 아비 제비
- 구성 : 현재 과거 현재의 구조
  - 1~8행 : 제비를 바라봄(현재)
  - 9~25행 : 아버지의 초라한 삶(과거)
  - 26~27행 : 아버지를 떠올리게 하는 못 위의 잠(현재)
- 주제 : 어린 시절 남루했던 아버지에 대한 회상과 연민
- 특징
  - 실직한 초라한 가장과 못 위에서 자는 아비 제비의 모습을 병치시킴
  - 시각적인 이미지를 다양하게 구사하면서 대상을 감각적으로 묘사함
- 이해와 감상 : 어미와 새끼들이 모여 있는 제비집이 너무 좁아 옆에 박힌 못 위에 앉아서 잠을 자는 아비 제비를 보며, 시적 화자는 아버지를 떠올린다. 아버지는 실업자였고 어머니가 대신 생계를 꾸려야 했던 어린 시절을 회상하며, 시적 화자는 좌절과 비애를 느꼈을 아버지의 마음을 이해하게 되면서 눈이 뜨거워진다. 못 위에서 잠을 자는 아비 제비의 모습을 통해 어린 시절 '아버지'라는 존재의 남루했던 모습에 연민의 감정을 느끼게 된 것이다.

25 ① (가)는 '겨울 바다'라는 소재를 통해 삶의 절망과 허무에 대한 극복 의지를, (나)는 '상한 갈대', '부평초 잎', '바람' 등의 소재를 통해 삶의 고통을 이겨내는 태도를 노래하고 있다. (다)는 '제비'를 소재로 아버지에 대한 회상과 연민을 노래하고 있다.

26 ③ 화자가 A에서 '허무의/불/물이랑 위에 불붙어 있었네'라고 노래한 것으로 보아 화자는 허무, 절망, 상실감을 느끼고 있으므로 C에서 화자가 '기도'하게 될 것을 짐작하고 있었다고 보기 어렵다. 화자는 B에서의 깨달음을 통해 C에서 기도를 하게 된 것이라고 볼 수 있다.

오답풀이

① A에서 느낀 허무의 감정은 B에서의 깨달음을 통해 바뀌고 있다.

② B의 '나를 가르치는 건/언제나/시간'이라는 구절을 통해 화자가 '시간'을 통해 깨달음을 얻었음을 알 수 있다.

④ A에서는 소멸의 공간, B에서는 깨달음의 공간, D에서는 생성의 공간을 의미한다.

⑤ D에서 현실의 고뇌를 극복한 것은 B의 깨달음과 C의 기도를 통해 가능하였다.

27 ⑤ '못 하나, 그 위의 잠'은 '그럴 듯한 집'을 마련하지 못해 못 위에서 잠이 든 아비 제비의 희생 또는 자식들을 제대로 부양하지 못하는 아버지의 애달픈 마음을 뜻한다.

오답풀이

① 골목길이 좁다는 것은 작은 집들이 다닥다닥 붙어 있기 때문이라고 할 수 있으므로 이를 통해 가난한 가족의 상황을 드러낸 것이다.

② 서로 손을 잡고 걸어가는 가족의 모습을 통해 서로에게 의지하고 있음을 표현하고 있다.

③ 직업이 없는 아버지 대신 일을 해야 하는 어머니의 고달픈 삶이 어머니의 '창백함'과 '반쪽 난 달빛'을 통해 드러나고 있다.

④ 좁은 골목을 함께 지나갈 수 없자 아버지가 한 걸음 뒤에서 따라 걸어가는 모습을 통해 가족에 대한 아버지의 미안함을 엿볼 수 있다.

28 ③ (가)는 시적 화자의 정서 변화에 따라 시상이 심화되고 있다. (나)는 '고통에게로 가자', '고통이여 살 맞대고 가자'와 같은 점층적 구조를 통해 정서를 심화하고 있다.

오답풀이

① (가)는 물과 불이라는 대립적 시어를, (나)는 상한 갈대와 새순, 흔들리는 부평초 잎, 꽃 등의 대립적 시어를 사용하였다.

② (가)에서는 '물', '불'의 시각적 이미지가 '생성'과 '소멸'을, (나)에서는 '개울', '등불'의 시각적 이미지가 '희망'을 나타내며 각각 추상적 관념을 구체화하고 있다.

④ (가)는 '겨울 바다에 가 보았지'라는 문장을 반복하고 있으며 (나)는 '~라도~거니', '이 세상 어디서나 ~고(듯)', '~기로~하면~라' 등 유사한 통사 구조를 반복하고 있다.

⑤ (가)는 '~하소서'라는 기원의 어조를 사용하고 있으며 (나)는 '가자', '서자' 등의 청유형 어미를 사용하고 있다.

29 ④ ㉠ '흙바람'은 시련과 고난을 의미하므로 이와 함축적 의미가 유사한 것은 ⓓ '지는 해'이다. '지는 해'는 힘들고 어두운 현실을 의미한다.

오답풀이

① ⓐ '상한 갈대'는 상처받은 영혼을 의미한다.

② ⓑ '새순'은 삶에 대한 희망을 의미한다.

③ ⓒ '개울'은 삶에 대한 희망을 의미한다.

⑤ ⓔ '뿌리 깊은 벌판'은 삶의 고통을 극복한 경지를 의미한다.

[30~33] 비문학 – 인문

30 ② 이 글은 중국의 '통일적 다민족 국가론'이 어떻게 형성되어 왔는지 그 배경을 분석하여 이론의 문제점을 지적하고 있다.

31 ③ 네 번째 단락에 따르면 원대와 청대를 거치면서 한족과 오랫동안 대립했던 민족들 중 일부가 중화로 편입되었다고 하였으므로, 비중화의 대상 범위가 확장되었다는 설명은 적절하지 않다.

오답풀이

① ㉠의 형성에는 정통론에 입각한 화이론이 작용하였다고 하였다.

② ㉠은 전국시대부터 진 · 한 시대에 걸친 정치적 통일 과정과 유교적 덕치주의 이론의 정비 과정이 맞물림에 따라 형성되었다고 하였다.

④ 세 번째 단락에서 송 · 요 · 금대에 이르러 '화'와 '이'의 구분이 모호해졌으나 화이론이 붕괴되지 않고 유지된 것은 주변의 소수 민족이나 국가에 대해 책봉 · 조공 체제를 강제할 수 있었기 때문이라고 설명하고 있다.

⑤ 두 번째 단락에서 진 · 한 시대에는 발달한 중국 문명의 소유 여부가, 진 · 한대 이후에는 한족의 통치 지역 여부가 '화'와 '이'를 구분하는 기준이었다고 설명하고 있다.

32 ③ 다섯 번째 단락에서 ㉡의 '통일적 다민족 국가론'은 중화주의의 표출로서, 화와 이의 통일성 및 일체성을 강조한다고 하였다. 즉, 중국이 대일통의 오랜 전통에 의해 여러 민족이

단결·융합하면서 통일적인 다민족 국가를 형성해 왔다는 것으로, 청대 최대 영토 안에서 존재했거나 존재하는 모든 민족을 '중국'에 포함시킨다는 것이다. 이를 통해 국민적·영토적 통합을 강화시키고자 하는 의도를 엿볼 수 있다.

오답풀이

① 전통적 중화주의의 '화이론'이 화와 이를 구별하던 것과 달리 ㉡은 화와 이의 통일성, 일체성을 강조하는 개념이다.
② ㉡에서는 중화 민족을 다수민족의 총합이 아닌 복합 민족 혹은 역사 융합의 산물로 규정한다.
④ 현대의 정치적·지역적 통합 의지를 과거에까지 적용하는 것은 ㉡을 지지하는 학자들의 과오라고 하였다.
⑤ ㉡에서는 오늘날의 영토뿐만 아니라 청대 최대 영토를 기준으로 한다.

33 ② 중국이 주장하는 ⓐ '동북공정의 논리'는 통일적 다민족 국가론의 단적인 예로, 글쓴이는 마지막 단락에서 통일적 다민족 국가론에는 현 시대의 정치적 논리가 개입되어 있다고 주장하였다. 그리고 ⓐ는 과거와 현재 사이의 대등한 쌍방 관계를 전제로 하지 않은 역사 연구라고 비판하였다. 이를 토대로 글쓴이는 ⓐ가 현재적 관점이 지나치게 강조되었다고 비판할 수 있다.

[34~37] 고전 시가

(가) 이정환, 〈비가(悲歌)〉

- 갈래 : 평시조, 연시조
- 성격 : 우국적, 애상적
- 출전 : 송암유고(松巖遺稿)
- 표현 : 대조법, 상징법
- 주제 : 국치에 대한 비분과 강개
- 의의 및 특성
  - 우리나라 최초의 월령체 노래
  - 고려 시대 민속 연구의 귀중한 자료
- 구성
  - 제1수 : 소현세자와 봉림대군을 꿈에서 봄
  - 제2수 : 왕세자에 대한 염려
  - 제3수 : 세자와 왕자를 모시고 돌아올 신하가 없음을 한탄함
  - 제4수 : 왕자를 걱정하는 충신이 없는 현실을 슬퍼함
  - 제5수 : 자신의 신세와 나라의 형편을 한탄함
  - 제6수 : 많은 무신을 두고 청나라에 굴복한 것을 통탄
  - 제7수 : 근심 많은 임금에 대한 걱정
  - 제8수 : 시름 많은 사람의 한평생
  - 제9수 : 자신의 처지에 대한 안타까움
  - 제10수 : 국치의 울분을 술로 달램
- 이해 및 감상 : 병자호란 때 인조가 삼전도에서 청나라 태종에게 항복하고 소현세자와 봉림대군 두 왕자와 왕자 대신들이 볼모로 잡혀간 것에 대한 비분강개의 심정과 왕세자를 비롯해 잡혀간 사람들의 안위에 대한 걱정을 담은 노래이다. 전 10수로 된 연시조이며 본래 제목은 '국치 비가(國恥悲歌)'이다. 병자호란을 다룬 연시조 형식의 유일한 시조로, 나라를 빼앗긴 상황 속에서 신하된 도리를 다하지 못하는 부끄러움과 안타까움을 절실한 언어로 잘 표현하였다. 청에 볼모로 잡혀간 소현세자를 꿈에서 만난 이야기로 시작하여 국치의 비분강개를 꾸밈없고 직선적으로 노래하였다.

(나) 박인로, 〈선상탄(船上嘆)〉

- 갈래 : 가사, 전쟁 가사
- 연대 : 조선 선조 38년(1605)
- 출전 : 노계집(蘆溪集)
- 성격 : 우국적
- 형식 : 3·4조, 4음보 연속체
- 제재 : 배
- 주제 : 전쟁의 비애를 딛고 태평성대를 염원하는 우국 단심
- 의의 및 특성
  - 임진왜란의 체험이 반영된 전쟁 가사의 대표작
  - 감상에 흐르지 않고 민족의 정기와 무인의 기개를 읊음
  - 표현상 예스러운 한자 성어와 고사가 지나치게 많음
  - 왜적에 대한 적개심과 경계심이 나타남
- 구성
  - 서사 : 작가가 병선 위에서 적진을 바라보는 정경
  - 본사 : 선상에서의 회포와 우국지정
  - 결사 : 태평성대에 대한 간절한 희구
- 이해 및 감상 : 이 작품은 임진왜란이 끝난 후인 선조 38년, 통주사로 부산진에 내려온 작가가 왜적에 대한 비분강개와 평화에 대한 염원을 노래한 전쟁 가사이다. 임진왜란 때 직접 전란에 참여한 작가의 전쟁에 대한 정서가 잘 반영되어 있으며, 민족의 자부심에 상처를 입힌 왜적에 대한 적개심과 우국충정의 의지, 태평성대에 대한 간절한 희구가 잘 드러나 있다. 현실을 관념적으로 다룬 조선 전기의 가사와는 달리, 이 작품은 전쟁의 시련에 처한 민족 전체의 삶을 구체적으로 다루어 가사가 집단적 의지의 표현에도 적합한 양식이라는 것을 보여주고 있다.

34 ⑤ 설의적 표현이란 전달하고자 하는 말을, 듣는 이가 정확히 알도록 물음의 형태로 나타내는 것으로, (가)의 '긔 아니 조흘소냐'에서, (나)의 '진실로 ᄇᆡ 아니면~엿볼넌고' 등에서 그러한 표현을 찾아볼 수 있다.

오답풀이

① (가)는 '비', (나)는 '추월춘풍'에서 화자의 정서가 드러난다.
② (가)는 '하노라', (나)는 '~노라'라는 종결어미를 반복적으로 사용하고 있다.
③ (나)에서는 왜적들에게 명령적 어투로 항복할 것을 촉구하고 있다.
④ (나)에서는 '헌원씨', '제갈공명'과 '손빈'의 고사 등을 활용하고 있다.

35 ④ [A]에는 화자의 상황과 대비되는 대상이 드러나 있지 않으나 〈보기〉에는 화자의 상황과 대비되는 대상(견우직녀)이 드러나 있다.

오답풀이

① [A]에서는 '鶴駕(학가)(소현세자)'를, 〈보기〉에서는 '우리 님'을 그리워하고 있다.
② 〈보기〉에서 화자는 꿈에서라도 님을 만나고자 하나 '바람의 디 닢'과 '풀 속에 우는 즘생'이 화자의 잠을 방해하고 있다.
③ 〈보기〉에서는 소식이 끊긴 임에 대한 원망이 나타난다.
⑤ 〈보기〉에서는 꿈에서라도 '님'을 만나고자 하나 실패한 반면 [A]의 화자는 꿈에서 '鶴駕(학가)'를 만났다.

TIP 허난설헌, 〈규원가(閨怨歌)〉

- 갈래 : 내방가사(규방가사)
- 성격 : 체념적, 원망적, 절망적
- 주제 : 봉건 제도하 부녀자의 원정(怨情)
- 의의 : 현존하는 내방가사 중 가장 오래된 작품이며, 사대부의 전유물이던 가사의 작자층이 여성으로 확대됨

36 ③ ㉮의 '小海容顔(소해용안)'은 왕세자의 얼굴을 의미하는데 이는 화자가 그리워하는 대상이므로, 이와 함축적 의미가 유사한 것은 ⓒ '북신'이다. '북신'은 '북극성'으로 임금이 계신 곳을 의미한다.

37 ⑤ ⓜ을 현대어로 풀이하면 '꾸물거리는 섬나라 오랑캐들아 빨리 항복하려무나. 항복하는 자는 죽이지 않으니 너희를 구태여 섬멸하겠는가?'로, 왜적에게 항복할 것을 권하고 있다.

오답풀이

① ㉠ : 기운을 떨치고 눈을 부릅떠 대마도를 굽어보니
② ㉡ : 진실로 배가 아니면 풍파가 많은 만 리 밖에서 어느 오랑캐가 엿볼 것인가?
③ ㉢ : 왜적들의 흉악한 꾀에 빠져 천추에 씻을 수 없는 부끄러움을 안고 있어, 백분의 일이라도 못 씻어 버렸거든
④ ㉣ : 나는 듯이 빠른 배에 달려들어 선봉을 휘몰아치면, 구시월 서릿바람에 덜어지는 낙엽처럼 헤치리라

[38~41] 비문학 – 인문

38 ⑤ 소수의 기계적 철학자들(㉡)은 여자들이 남자와 똑같은 두뇌와 감각기관을 가졌기 때문에 지적 측면에서 남자와 차이가 없다고 지적한 반면, 18세기 해부학자들(㉣)은 여성의 두개골이 상대적으로 작다는 이유로 여성이 낮은 지능을 가진다고 보았다.

오답풀이

① 고대 그리스 철학자들(㉠)은 남녀의 육체적 차이를 지적 차이에 투영시켰다.
② 17세기 해부학자들(㉢)은 남녀의 골격이 본질적으로 동일하다고 보았다.
③ 17세기 해부학자들(㉢)은 생식기관의 차이를 중심으로 남녀의 차이를 설명한 반면 18세기의 해부학자들(㉣)은 생식기관이 아닌 평범한 기관에서 남녀 차이를 강조하였다.
④ 17세기 해부학자들(㉢)은 남녀의 생식기관에서, 18세기 해부학자들(㉣)은 생식기관뿐 아니라 골격에서도 해부학적으로 차이가 있다고 보았다.

39 ④ 남성과 여성의 골격 그림 은 남성을 말에, 여성을 타조에 비교한 것으로, 네 번째 단락에서 '이러한 그림들은 여성들 간의 개인적인 차이를 완전히 무시하고 이를 정형화했다'고 설명하고 있다.

오답풀이

① 이 그림은 단순히 해부학적인 도해가 아니라 당시 남자다움과 여자다움이라는 이상을 표현한 것이었다.
② 여성의 뼈가 상대적으로 약하기 때문에 여성의 육체가 나약하다고 보았다.
③ 여성의 두개골이 남성보다 상대적으로 작기 때문에 여성의 지능이 낮다고 보았다.
⑤ 말은 탄탄한 골격 때문에, 타조는 작은 머리와 넓은 골반 때문에 의도적으로 선택된 것이다.

40 ② ㉮에서 글쓴이는 과학이 여성의 사회적 불평등을 정당화했다는 점에서 비판받을 수 있다고 하였다. 즉 글쓴이는 과학이 사회에 큰 영향력을 끼친다고 보므로 이러한 입장을 강화하는 주장으로 적절한 것은 ㄱ과 ㄷ이다.

41 ① ⓐ의 '참여하지'는 〈보기〉의 1의 규정에 따라 '참여치'로 적어야 하며, 해당 규정에 따르는 것은 '평범하지'이다. 〈보기〉에서 1의 규정은 앞의 말이 울림소리일 때, 2의 규정은 안울림소리 받침일 때 적용된다.

오답풀이

② '익숙하지'는 '익숙지'로 적는다.
③ '깨끗하지'는 '깨끗지'로 적는다.
④ '넉넉하지'는 '넉넉지'로 적는다.
⑤ '갑갑하지'는 '갑갑지'로 적는다.

TIP 한글 맞춤법(제40항)

제40항 어간의 끝음절 '하'의 'ㅏ'가 줄고 'ㅎ'이 다음 음절의 첫소리와 어울려 거센소리로 될 적에는 거센소리로 적는다.

예 간편하게(간편케) 다정하다(다정타)
연구하도록(연구토록) 정결하다(정결타)
가하다(가타) 흔하다(흔타)

[붙임 1] 'ㅎ'이 어간의 끝소리로 굳어진 것은 받침으로 적는다.

예 않다 그렇다 아무렇다 어떻다
이렇다 저렇다

[붙임 2] 어간의 끝음절 '하'가 아주 줄 적에는 준 대로 적는다.

예 생각하건대(생각건대)
생각하다 못해(생각다 못해)
깨끗하지 않다(깨끗지 않다)
넉넉하지 않다(넉넉지 않다)
못하지 않다(못지않다)
섭섭하지 않다(섭섭지 않다)
익숙하지 않다(익숙지 않다)

[붙임 3] 다음과 같은 부사는 소리대로 적는다.

예 결단코 결코 기필코 무심코
아무튼 요컨 정녕코 하마터면
하여튼 한사코

[42~45] 현대 소설

박완서, 〈부끄러움을 가르칩니다〉

- 갈래 : 현대 소설, 단편 소설
- 배경 : 1970년대 초반, 서울
- 시점 : 1인칭 주인공 시점
- 주제 : 속물근성과 허위의식에 대한 비판, 삶의 진정성 회복에 대한 소망
- 이해 및 감상 : 이 작품은 중년 여성을 화자로 내세워 물질적 가치에 전도된 근대화의 부정적 이면을 비판하면서, 그 과정 속에서 상실된 삶의 진정성에 대한 깨달음을 일깨워 주는 소설이다. '나'는 우연히 소매치기를 조심하라는 안내원 여자의 말을 듣고 부끄러움의 감각을 불현듯 느낀다. 이는 물질적 가치에 경도된 현실적 상황과 그로 인한 정신적 공백에 대한 자각을 뜻한다. 작품의 제목인 '부끄러움을 가르칩니다'에서 '부끄러움'은 '나'가 속물적인 세태 속에서 현실적으로 변모하기 이전에 지니고 있었던 순수한 감정을 상징한다. 따라서 이 작품의 제목은 '전도된 가치의 질서 속에서 삶에 대한 진정성을 회복하려는 노력의 환기'를 의미하는 것이다.

42 ⑤ ㄷ. 이 작품은 주인공이자 서술자인 '나'의 독백적인 어조를 통해 현실에 대한 문제의식을 표현하고 있다.
ㄹ. 이 작품은 1인칭 주인공 시점으로, 인물의 심리가 구체적으로 제시됨에 따라 인물의 내적 욕망이 잘 드러난다.

43 ① 일본인 관광객을 통솔하는 '여자 안내원'이 일본인 관광객들에게 소매치기에 주의하라고 말하는 것을 우연히 듣게 된 '나'는 이를 계기로 부끄러움을 느끼게 되었다.

44 ③ 이야기1의 '경희네 집'에서의 대화를 통해 '나'의 '남편'이 전자회사 사장이며 '나'의 세 번째 남편임을 알 수 있으며, 이야기3의 학원 및 학원 거리에서의 일을 통해 '나'가 자식을 길러 본 적이 없다는 것을 알 수 있다.

오답풀이

① 이야기3에서 '나'는 경희가 자기 신분에 신경 쓰는 소리를 해서 심리적 거리감을 점점 더 느끼게 되었다고 하였다.
② '나'가 일본어를 배우게 된 본래 목적은 이야기2에 제시되어 있다.
④ '나'가 이야기3에서 일어 학원을 가게 된 것은 남편의 '배려'에서 비롯된 것이 아니라 남편의 '성화' 때문이다.
⑤ 이야기1~3은 동일한 서술 시점을 유지하고 있다.

45 ③ '일어 학원'과 '일본인 관광객'은 '나'가 부끄러움을 느끼게 되는 계기로 작용하였다.